TENTH EDITION

경영정보시스템

Management Information Systems

MIS, 10th Edition

Hossein Bidgoli

Original edition © 2021 South Western, a part of Cengage Learning.
MIS, 10th Edition by Hossein Bidgoli
ISBN: 9780357418697

This edition is translated by license from South Western, a part of Cengage Learning, for sale in Korea only.

ISBN-13: 9791188425266

Cengage Learning Korea Ltd.
14F YTN Newsquare 76 Sangamsan-ro
Mapo-gu Seoul 03926 Korea
Tel: (82) 2 1533 7053
Fax: (82) 2 330 7001

Cengage is a leading provider of customized learning solutions with employees residing in nearly 40 different countries and sales in more than 125 countries around the world. Find your local representative at: **www.cengage.com**.

To learn more about Cengage Solutions, visit **www.cengageasia.com**.

Printed in Korea
Print Number: 1 Print Year: 2023

TENTH EDITION

경영정보시스템

Management Information Systems

Hossein Bidgoli, Ph.D.
California State University - Bakersfield
김은정 · 오창규 · 윤현식 · 이문봉 공역

초아출판사

Cengage

Australia • Brazil • Canada • Mexico • Singapore • United Kingdom • United States

역자 소개

김은정 동의대학교 경영정보학과 부교수
학력 동의대학교 경영정보학과 경영학학사, 석사, 박사
저역서 경영학의 이해(초아출판사)
논문 키워드 네트워크 분석을 이용한 MIS 교과정보와 NCS기반 빅데이터 분석 직무 역량에 대한 연구(정보시스템연구, 2020년)외 다수
경력 한국산업정보학회 총무이사, 편집위원, 한국정보시스템학회 사무국장, 한국인터넷전자상거래학회 사무국장

윤현식 전남대학교 경영학부 교수
학력 University of Missouri(Columbia) 공학박사(경영정보시스템 전공)
저역서 뉴노멀시대의 정보시스템(이프레스)
논문 머신러닝을 활용한 지역축제 방문객 수 예측모형 개발(정보시스템연구, 2020년),
인적자원의 부정채용을 감시하기 위한 머신러닝의 활용(한국범죄심리연구, 2020) 외 다수
경력 University of Missouri(Columbia) 경영대학 겸임교수, Oklahoma State University(Stillwater) 경영대학 전임교수

오창규 경남대학교 경영정보학과교수
학력 부산대학교 상학사, 경영학석사, 경영학박사
저역서 인공지능으로 구현되는 세상, 정보시스템 분석 및 설계 외 다수
논문 인플루언서 속성이 유튜브 정보수용과 구매의도에 미치는 영향 외 다수
특허 학과 맞춤형 직무기반 교육을 위한 교육과정 설계 서비스 방법 외 다수
경력 한국정보시스템학회 편집위원장, 차기 회장을 비롯한 다수의 학회 활동

이문봉 동의대학교 경영학과 교수
학력 연세대학교 경영학사, 경영학 석사, 경영학박사
저역서 4차 산업혁명 시대의 e-비즈니스의 이해(생능)
논문 배달앱 서비스의 온·오프라인 품질요인이 지속이용의도에 미치는 영향
(정보시스템연구, 2020년) 외 다수
경력 한국정보시스템학회 편집위원장

경영정보시스템 제10판

발행일 2023년 8월 10일 10판 1쇄
지은이 Hossein Bidgoli
옮긴이 김은정, 오창규, 윤현식, 이문봉
발행인 송자영
발행처 초아출판사
주소 서울시 성북구 정릉로 36길 41
대표전화 070-8739-0036
팩스 0504-178-5627
E-mail choapublish@hanmail.net
디자인 에이팩토리 bikoon73@daum.net

ISBN 979-11-88425-26-6
정가 35,000원

10TH EDITION

MIS 경영정보시스템

BRIEF CONTENTS

1부 정보시스템 기초

2부 데이터 통신, 인터넷, 전자상거래 및 글로벌 정보시스템

3부 정보시스템 개발, 엔터프라이즈시스템, 인공지능, 최신 트렌드

CONTENTS

1부. 정보시스템 기초

5장 정보 자원 보호 86

2부. 데이터 통신, 인터넷, 전자상거래 및 글로벌 정보시스템

6장 데이터 통신 110

7장 연결된 세상 138

8장 전자상거래 170

9장 글로벌 정보시스템 200

3부. 정보시스템 개발, 엔터프라이즈시스템, 인공지능, 최신 트렌드

10장 성공적인 정보시스템 구축 219

11장 엔터프라이즈시스템 242

12장 의사결정 및 프로세스 지원 266

1부

정보 시스템 기초

1장

기업에서의 정보시스템

학습목표

1-1 컴퓨터와 정보시스템의 일반적인 응용에 대해 토론한다.

1-2 컴퓨터 활용 능력과 정보 활용 능력의 차이점을 설명한다.

1-3 거래처리시스템을 정의한다.

1-4 경영정보시스템을 정의한다.

1-5 정보시스템의 네 가지 주요 구성요소를 설명한다.

1-6 데이터와 정보의 차이점에 대해 토론한다.

1-7 비즈니스의 기능 영역에서 정보시스템의 중요성과 응용을 설명한다.

1-8 경쟁우위를 확보하기 위해 정보기술이 어떻게 사용되는지 분석한다.

1-9 경쟁우위 확보를 위한 5요인 모델과 전략을 적용한다.

1-10 IT 취업 시장을 이해한다.

1-11 정보시스템의 미래 전망을 요약한다.

Wright Studio/Shutterstock.com

이 장은 컴퓨터와 정보시스템의 일반적인 용도에 대해 살펴보고, 컴퓨터 활용 능력과 정보 활용 능력의 차이점을 설명하고, 정보시스템의 초기 애플리케이션 중 하나인 거래처리시스템에 대해 알아본다. 데이터, 데이터베이스, 프로세스 및 정보를 포함한 정보시스템의 구성요소를 논의한 다음, 정보시스템이 정보기술과 어떻게 관련되는 지를 탐구한다. 또한, 정보시스템의 역할과 응용을 다루고 경쟁 우위를 확보하기 위한 전략을 개발하는데 사용되는 5요인 모델에 대해 설명한다. 마지막으로, IT 취업 시장을 검토해 보고 정보시스템의 미래에 대해 정리한다

> Organizations use computers and information systems to reduce costs and gain a competitive advantage in the marketplace.

1-1 일생 상활에서의 컴퓨터와 정보시스템

기업은 비용을 절감하고 시장에서 경쟁우위를 확보하기 위해 컴퓨터와 정보시스템을 사용한다. 이 교재를 통해 정보시스템의 많은 애플리케이션을 소개할 것이며, 먼저 일상 생활에서 사용되는 몇 가지 애플리케이션을 살펴본다.

컴퓨터와 정보시스템은 우리 주변에 있다. 학생으로서, 여러분은 컴퓨터와 오피스 소프트웨어를 사용하면서 온라인 수업을 듣고 있을 것이다. 컴퓨터는 학생들의 시험 답안을 채점하고 학급 학생들이 제출한 과제를 비교하는 자세한 보고서를 작성하는데 자주 사용된다. 또한 컴퓨터와 정보시스템은 학점과 성적을 계산하여 여러분에게 전달할 수도 있다.

컴퓨터와 정보시스템은 식료품점과 소매점에서도 흔히 사용된다. 예를 들어, POS(Point of Sale) 시스템은 장바구니에 있는 품목의 세계 상품코드(universal product code; UPC)를 읽어 서비스 속도를 높인다(그림 1.1 참조). 또한 매장 재고를 관리하고, 일부 정보시스템은 재고를 자동으로 재주문할 수도 있다. 은행들 역시 컴퓨터와 정보시스템을 사용하여 월별 명세서를 작성하고 ATM을 운영하며 다른 많은 은행 업무를 처리한다.

많은 근로자들이 이제 재택근무로 집에서 업무를 수행하고, 다른 근로자들은 이동 중에 모바일 기기를 사용하여 업무를 수행하고 있다. 가장 일반적인 모바일 장치는 스마트폰이다. 스마트폰은 미니 PC처럼 고급 기능을 갖춘 휴대폰이다. 이메일과 웹 브라우저 기능을 포함하고 있으며 대부분 내장 키보드나 블루투스 기능을 활용한 외

그림 1.1 POS 시스템

Taras Vyshnya/Shutterstock.com

장 키보드를 이용한다(그림 1.2 참조). iPad와 같은 태블릿 컴퓨터가 점점 더 많이 사용되고 있으며, 태블릿에는 공용 애플리케이션(app)들이 함께 제공되어 사용자의 효율성을 향상시킨다. "Smartphone Everywhere and for Everything" 사례는 스마트폰의 몇 가지 인기 있는 애플리케이션을 소개하고 있다.

인터넷은 쇼핑에서 학습과 일에 이르기까지 모든 종류의 활동에 사용된다. 검색 엔진과 광대역 통신은 몇 초 만에 정보를 여러분의 PC 화면으로 가져온다. 또한 사회적 목적으로도 사용되는데, Facebook, Twitter, LinkedIn 및 Foursquare와 같은 소셜 네트워킹 사이트를 이용하면 온라인으로 친구, 가족 및 동료와 연결하여 관심사와 취미가 비슷한 사람들을 만날 수 있다. 예를 들어, Twitter(www.twitter.com)는 단문 메시지 서비스를

그림 1.2 스마트폰

Scanrail1/Shutterstock.com

Smartphone Everywhere and for Everything

FINANCE | TECHNOLOGY IN SOCIETY | APPLICATION

iPhones과 Android 폰 모두 사용할 수 있는 앱의 수가 증가함에 따라 개인과 기업들은 스마트폰을 생산성 도구와 모든 종류의 활동을 위한 지능적인 보조 도구로 사용하고 있다. 몇 가지 인기 있는 예를 들면 다음과 같다.

GroupMe는 그룹 문자 앱으로 직원이나 고객 집단에게 메시지를 보낼 때 사용한다. 비디오 카메라 보안 시스템인 삼성 iPolis 앱은 회사나 집을 감시하는 영상을 원격으로 시청할 수 있다. 앱을 이용하여 청구서를 지불하고, 회사의 웹 사이트를 업데이트하고, 제품이나 서비스를 광고하고, 고객에게 다가가고, 어디에서나 직원들과 연락을 취할 수 있다. 일부 업체들은 주문 문자를 보낼 수 있도록 Google Voice 번호를 고객에게 제공한다. Google calendar는 행사를 조정하는데 사용되고, Instagram은 신상품의 사진을 올리는 데 사용된다.

6명의 직원을 거느린 2천만 달러 규모의 사업체인 Wine Connection의 소유주이자 회장인 Massimo Marinucci에 따르면, iPhone은 데스크탑 컴퓨터가 하던 거의 모든 일을 할 수 있다고 한다. 직원들은 자신의 iPhone을 사용하여 재고를 확인하고, 당일 매출을 확인하고, 보고서를 작성하고, 인쇄하고, 가격을 변경하고, 재고 수량을 검토한다. 새로운 POS 앱은 새로운 와인이 출시되는 즉시 고객이 구매할 수 있도록 해준다.

Starwood Hotel & Resort Worldwide는 New York주 Harlem과 California주 Cupertino에 있는 호텔을 이용하는 고객에게 가상키를 제공할 계획이다. 투숙객들은 붐비는 체크인 데스크를 거치지 않고 스마트폰을 이용해 객실로 들어갈 수 있게 된다. Starwood 앱을 이용하여 투숙객들은 블루투스 기술을 이용하여 스마트폰으로 객실의 잠금을 해제할 수 있는 메시지를 받는다. Marriott International도 일부 호텔에서 모바일 체크인을 제공한다. 로열티 프로그램의 고객이 스마트폰을 통해 체크인한 뒤 별도의 체크인 데스크에서 키를 수령할 수 있다.

질문 및 토론

1. Wine Connection에서 사용하고 있는 두 개의 iPhone 애플리케이션과 앱은 무엇인가?
2. 모바일 체크인의 두 가지 장점은 무엇인가?

이용한 소셜 네트워킹으로 사용자들은 트윗이라고 불리는 문자 올리기를 이용하여 간단하게 소식을 게시할 수 있다. 이러한 게시물은 자신의 프로필 페이지에 표시되며, 다른 사용자는 자신의 받은 편지함으로 타인의 게시물을 받을 수 있다.

기업은 소셜 네트워킹 사이트를 사용하여 고객에게 최신 정보와 동영상을 통한 지원 방법을 제공한다. 대규모 고객을 대상으로 저렴한 매체인 인터넷을 이용하기 때문에 기업은 비용을 절감할 수 있다. 또한, 사람들은 뉴스, 스포츠 행사, 그리고 엔터테인먼트 비디오를 보기 위해 비디오 공유 사이트를 이용한다. 가장 인기 있는 사이트 중 하나는 YouTube(www.youtube.com)이다. 웹 사이트, 모바일 장비, 블로그 및 이메일을 통해 동영상을 업로드하고 공유할 수 있다. CBS, BBC, Sony Music Group, Sundance Channel 등 미디어 기업들도 콘텐츠를 제공하지만, Youtube에 게시된 대부분의 콘텐츠들은 개인 사용자들에 의해 업로드 되고 있다. YouTube에서는 누구나

Rawpixel.com/Shutterstock.com

동영상을 볼 수 있지만 동영상을 업로드하려면 회원으로 가입해야 한다. 기업들은 제품과 서비스를 홍보하기 위해 YouTube를 점점 더 많이 사용하고 있다.

그러면 이러한 예들은 과연 무엇을 의미하는가? 컴퓨터와 정보기술은 미래의 지식 근로자들이 어떤 직업을 선

Social Networking and the Vulnerability of Personal Information

TECHNOLOGY IN SOCIET Y | APPLICATION | SOCIAL AND ETHICAL ISSUES

Facebook, Twitter, Snapchat, Foursquare 등 SNS의 인기가 높아지고 있다. 2019년 7월 현재 전 세계적으로 Facebook의 월간 활성 사용자(MAU)는 23억 8천만 명 이상이며, 그 수는 매일 증가하고 있다. 하지만 잠재적인 위험도 마찬가지로 증가한다. InfoWorld 연구에 따르면, 소셜 네트워크 사용자의 절반 이상이 사이버 범죄자들에 의해 악용될 수 있는 정보를 게시함으로써 그들 자신을 위협에 빠뜨리고 있다고 한다. 많은 SNS 사용자들이 자신의 생년월일, 집 주소, 자신과 가족의 사진, 집을 비우는 시간 등을 게시한다. 이러한 정보는 사이버 범죄자들이 악의적인 목적으로 사용할 수 있다. 보고서에 따르면, 연구에 참여한 2,000명 중에서 9%가 악성코드 감염, 사기, 신원 도용, 괴롭힘과 같은 컴퓨터 관련 문제를 경험했으며, 위험을 줄이고 개인정보 유출 문제를 개선하기 위한 몇 가지 팁을 다음과 같이 제시하였다.

- SNS에서 제공하는 개인정보 보호 기능을 항상 사용하시오.
- 대소문자, 숫자 및 기호를 혼합한 긴 암호(12자 이상)를 사용하시오.
- 전화번호나 전체 주소를 게시하지 마시오.
- 사진 태그나 캡션에도 자녀의 이름을 게시하지 마시오.
- 휴가나 출장에 관한 정보를 게시할 때 구체적으로 작성하지 마시오.

질문 및 토론

1. 인기 있는 세 가지 SNS는 무엇인가?
2. 소셜 미디어를 사용할 때 위험을 줄이고 개인정보 유출 문제를 개선할 수 있는 권장 사항 세 가지를 제시하시오.

택하든 더 효과적이고 생산적인 일을 할 수 있도록 도와줄 것이다. 게다가, 이러한 근로자들은 정보, 지식, 비디오, 아이디어, 그리고 디지털화할 수 있는 거의 모든 것을 공유하기 위해 세상의 모든 지역과 연결할 수 있을 것이다. 교재 전반에 걸쳐 이러한 기회와 더불어 컴퓨터와 정보시스템의 영향력에 대해 살펴볼 것이다. 그리고, 정보시스템과 정보기술이라는 용어는 상황에 따라 혼용되어 사용되었다. 정보시스템은 정보기술에 비해 범위가 넓지만 여러 분야에서 중복되는 경우가 많다. 두 가지 모두 조직의 경쟁력을 높이고 전반적인 효율성과 효과성을 개선하는데 사용된다. 정보기술은 의사결정을 개선하는데 많은 이점을 제공하지만 보안과 개인정보 보호문제와 같은 몇 가지 과제도 수반하고 있다. "Social Networking and the Vulnerability of Personal Information" 사례에서 잠재적인 문제점 중 하나를 소개한다.

1-2 컴퓨터 활용 능력과 정보 활용 능력

Computer literacy is skill in using productivity software, such as word processors, spreadsheets, database management systems, and presentation software, as well as having a basic knowledge of hardware and software, the Internet, and collaboration tools and technologies.

Information literacy is understanding the role of information in generating and using business intelligence.

Business intelligence (BI) provides historical, current, and predictive views of business operations and environments and gives organizations a competitive advantage in the marketplace.

Transaction-processing systems (TPSs) focus on data collection and processing; the major reason for using them is cost reduction.

21세기 지식 노동자는 직장에서 경쟁력을 갖추기 위해 컴퓨터 활용 능력과 정보 활용 능력의 두 가지 유형의 지식이 필요하다. **컴퓨터 활용 능력(Computer Literacy)**은 워드프로세서, 스프레드시트, 데이터베이스 관리 시스템, 프리젠테이션 소프트웨어와 같은 생산성 소프트웨어를 사용할 수 있고 하드웨어와 소프트웨어, 인터넷, 협업 도구와 기술에 대한 기본 지식을 보유하고 있는 능력이다. 반면에, **정보 활용 능력(Information Literacy)**은 **비즈니스 인텔리전스(Business Intelligence; BI)**를 생성하고 사용하는 데 있어 정보의 역할을 이해하는 능력이다. BI는 단순한 정보 이상의 것으로, 비즈니스 운영과 환경에 대한 과거, 현재 및 예측 상황을 제공하여 시장에서의 경쟁 우위를 획득할 수 있도록 한다(BI에 대해서는 3장에서 자세히 설명). 요약하면 지식 노동자는 다음 사항을 알아야 한다.

- 내부 및 외부 데이터 원천
- 데이터 수집 방법
- 데이터 수집 이유
- 수집해야 할 데이터 유형
- 데이터가 정보로, 최종적으로 BI로 변환되는 방법
- 데이터 색인 및 갱신 방법
- 경쟁 우위를 확보하기 위해 데이터와 정보를 사용하는 방법

1-3 거래처리시스템

지난 60년 동안, **거래처리시스템(transaction processing system; TPS)**은 기록 보관, 단순 사무 작업, 재고 관리 등과 같은 구조화된 업무에 적용되어 왔다. 예를 들어, 급여 관리는 가장 먼저 자동화된 업무 중 하나이다. TPS는 데이터 수집과 처리에 초점을 맞추고 있으며, 비용을 크게 절감시켜 준다. 컴퓨터는 거래처리 작업에 가장 유용하다. 이러한 작업은 수많은 수표를 인쇄하는 것과 같이 반복적이거나 다국적 섬유 회사의 재고 관리처럼 엄청난 양의 데이터를 처리한다. 이러한 시스템이 자동화되면 사람의 개입이 최소화된다. 예를 들면, 자동화된 급여 시스템을 이용하면 수표를 인쇄하고 발송하는 작업에서 관리자의 판단이 거의 필요 없게 되어 인건비가 절감된다.

거래처리시스템은 많은 발전을 해 왔다. 예를 들어, 1969년 첫 번째 ATM은 매우 기본적인 기능들만 갖추고 영업을 시작했다. 다른 정보기술들과 마찬가지로, ATM도 큰 변화와 개선을 거쳤다. 나중에, JPMorgan Chase는 전자 뱅킹 키오스크(electronic banking kiosks)를 도입했다. 키오스크를 사용하는 고객은 다양한 금액($10, $20 등)

을 현금으로 인출할 수 있으며, 수표를 현금화할 수도 있다. 고객은 지문이나 눈의 홍채 스캔과 같은 생체인식 기능을 사용하여 식별된다.

카드 없는 ATM은 일부 은행이 젊은 고객을 유치하기 위해 도입한 최신 기술 중 하나이다. 은행에서 제공하는 앱을 이용하여 현금을 인출할 수 있는데, 고객이 앱에 인출할 금액을 입력하면 은행 ATM에 스캔할 코드를 고객의 스마트폰으로 보내준다. ATM은 현금을 지급하고, 영수증은 스마트폰으로 전송되거나, ATM에서 인쇄될 수 있다.

Chicago에 본사를 둔 BMO Harris Bank에 따르면 카드 기반 인출이 45초 걸리는 것에 비해 모바일 현금거래는 15초밖에 안 걸리기 때문에 모바일 인출이 사기를 줄일 수도 있고 효율성도 높다고 한다.

JPMorgan Chase는 앞으로 나오게 될 ATM 기능으로는 Applepay와 유사한 기술을 이용하여 스마트폰으로 ATM에서 현금을 인출하는 것, 일부 ATM에서 최고 3천 달러까지 인출하는 것, 그리고, 고객이 ATM에서 신용카드로 담보대출을 할 수 있도록 하는 것 등이 포함될 것이라고 밝혔다.

그러나 ATM 사용과 관련된 보안상의 위험이 있다. ATM 스키밍은 매년 20억 달러 이상의 피해를 유발하는 전 세계적인 문제거리 중의 하나이다. 스키머들은 ATM 내부나 기계 상단에 설치된 신용카드 크기의 카드를 이용해 사용자의 PIN 번호와 기타 금융정보를 훔쳐낸다. 이것은 ATM이나 주유소에서 직접 카드를 긁었을 때 발생한다. 칩 기반 카드는 훔치기가 더 어렵기 때문에 스키머들은 마그네틱 띠가 있는 카드에서 금융 정보를 훔쳐 왔다. ATM을 사용하는 동안 금융 정보를 보호하려면 다음 단계를 따라야 한다.

- 은행 명세서를 정기적으로 확인한다. 보통 2일 이내에 사기 혐의를 신고하면 은행이 50달러 이상의 금액을 변제해 준다.
- 주유기의 ATM이 조작되었는지 확인한다. 물리적으로 기계를 만지거나 블루투스에서 비정상적인 와이파이 네트워크를 확인하면 된다.
- PIN 번호를 입력할 때는 다른 사람이 보지 못하도록 한다.

1-4 경영정보시스템

경영정보시스템(management information system; MIS)은 의사결정 목적에 적합하고, 정확하고, 유용한 정보를 적시에 생성하도록 설계된 하드웨어, 소프트웨어, 데이터, 프로세스, 그리고 인적 요소가 조직적으로 통합된 것이다.

2장에서 논의될 하드웨어는 입력, 출력, 메모리 장치를 포함하며 사용되는 애플리케이션과 조직에 따라 다르다. 소프트웨어는 상업용 프로그램이나 내부적으로 개발된 프로그램으로, 애플리케이션이나 조직에 따라 사용되는 소프트웨어 유형이 결정된다. 프로세스는 일반적으로 MIS 애플리케이션에서 작업을 수행하는 방법이다. 인적 요소에는 사용자, 프로그래머, 시스템 분석가, 그리고 기타 기술 인력 등이 포함된다. 이 교재는 MIS 사용자를 위한 것이다. MIS를 설계할 때, 첫 번째 작업은 시스템의 목표를 명확히 정의하는 것이다. 둘째, 데이터를 수집하고 분석해야 하며, 마지막으로, 의사결정 목적에 유용한 형식으로 정보를 제공하는 것이다. 많은 MIS 애플리케이션들이 민간과 공공 부문 모두에서 사용된다. 예를 들어, 재고 관리를 위한 MIS는 품목별 보유 수량, 주문된 품목, 그리고 이월된 주문 품목 등의 정보를 제공한다. 또 다른 MIS는 다음 회계 기간의 판매량을 예측할 수 있는데, 최신의 과거 데이터와 수학적 또는 통계 모델을 이용하여 가장 정확한 예측치를 제공하여, 판매 관리자로 하여금 이 정보를 계획 목적으로 사용할 수 있도록 한다. 공공 부문을 예로 들면, 경찰서에서 사용되는 MIS는 범죄 통계, 범죄 예측, 경찰 인력 할당과 같은 정보를 제공한다. 관리자는 이러한 통계치를 기반으로 범죄율이나 범죄 유형의 증감을 파악하고, 해당 데이터를 심층 분석하여 향후 법 집행 인력의 배치를 결정한다.

A management information system (MIS) is an organized integration of hardware and software technologies, data, processes, and human elements designed to produce timely, integrated, relevant, accurate, and useful information for decision-making purposes.

1-5 정보시스템의 주요 구성요소

하드웨어, 소프트웨어, 인적 요소 외에도 정보시스템에는 데이터, 데이터베이스, 프로세스, 그리고 정보의 네 가지 주요 구성요소가 포함되어 있다(그림 1.3 참조).

그림 1.3 정보시스템의 주요 구성요소

데이터	데이터베이스	프로세스	정보

1-5a 데이터

데이터(data)는 정보시스템에 대한 입력으로 간주된다. 사용자가 필요로 하는 정보에 따라 수집하고 사용해야 할 데이터 유형이 달라진다. 일반적으로 외부와 내부의 두 가지 데이터 원천이 있다. 조직의 목표와 애플리케이션 유형도 사용할 원천을 결정하지만, 정보시스템은 두 가지 원천 모두에서 데이터를 수집해야 한다. 내부 데이터에는 영업 기록, 인사 기록 등이 포함된다. 다음 목록은 외부 데이터 원천의 몇 가지 예이다.

Data consists of raw facts and is a component of an information system.

- 고객, 경쟁업체 및 공급업체
- 정부 기관 및 금융 기관
- 노동 및 인구 통계
- 경제상황

일반적으로 데이터에는 시간적인 측면도 있다. 예를 들어, 성과 보고서를 작성하기 위해서는 과거 데이터를 수집해야하고, 운영 보고서를 작성하기 위해서는 현재 데이터를 수집해야 한다. 또한 예산이나 현금 흐름 보고서에는 예측된 미래 데이터를 사용해야 한다. 데이터는 집계(예: 범주별 소계) 또는 세분화(예: 항목별 목록)와 같이 다양한 형태로 수집되기도 한다. 제품, 지역 또는 영업 사원별로 매출을 분석하기 위해서는 세분화된 데이터가 필요하며, 특정 영업 분기 동안 전체 실적을 보고하는 경우에는 집계된 데이터가 유용하다.

조직의 장·단기 목표와 주요 성공요인이 정의되어 있다면, 데이터 구성요소를 구조화하여 수집되는 데이터의 유형

Tetiana Yurchenko/Shutterstock.co

> If an organization has defined its strategic goals, objectives, and critical success factors, then structuring the data component to define what type of data is collected and in what form is usually easy.

과 형식을 정의하는 것은 쉽다. 반면에 장·단기 목표가 상충되거나 주요 성공요인을 기업에서 인지하지 못하고 있다면 데이터 수집에 많은 문제가 발생하여 정보시스템의 신뢰성과 효과성에 나쁜 영향을 미치게 된다.

1-5b 데이터베이스

정보시스템의 핵심인 **데이터베이스(database)**는 일련의 통합 파일로 구성된 모든 관련 데이터의 집합이다(데이터베이스에 대해 자세한 내용은 3장에서 배우게 된다). 종합 데이터베이스는 정보시스템의 성공적인 운용에 필수적이다. 데이터베이스를 생성하고 관리하기 위해서 가정이나 소규모 사무실에서는 Microsoft Access나 FileMaker Pro와 같은 데이터베이스 관리시스템(database management system; DBMS)이 사용되며, 대규모 조직에서는 Oracle이나 IBM DB2와 같은 DBMS를 사용한다.

데이터베이스는 수동으로 데이터를 수집, 처리 및 해석하는데 필요한 시간을 줄이는 데에도 중요하다. 전산화된 데이터베이스와 DBMS를 이용하면 데이터는 접근과 사용이 쉬운 공통 자원으로 취급될 수 있다.

1-5c 프로세스

정보시스템의 **프로세스(process)** 구성요소의 목적은 의사결정에 가장 유용한 형태의 정보를 생성하는 것이다. 프로세스는 일반적으로 시스템에 내장되거나 외부에서 접근할 수 있는 의사결정 분석을 위한 거래처리 보고서 및 모델을 포함한다.

정보시스템은 모든 수준의 의사결정을 지원하기 위해 광범위한 모델을 가지고 있어, 사용자는 정보시스템을 검색하여 다양한 보고서를 작성할 수 있어야 한다. 또한 정보시스템은 사용자가 모델을 재정립하고 재구성하여 새로운 정보를 분석에 통합할 수 있도록 조직의 성장에 따라 고도화되어야 한다.

1-5d 정보

데이터와 정보는 같은 것 같지만 다르다. 데이터는 원시 사실로 구성되며 그 자체로 의사결정에 사용되기는 어렵다. 정보시스템의 산출물인 **정보(information)**는 프로세스 구성요소에 의해 분석된 사실로 구성되기 때문에 MIS 사용자에게 더 유용하다. 예를 들어 XYZ사의 지난달 총매출액이 500만 달러라면, 이 숫자는 회사가 어떻게 운영되었는지 알려주지 않기 때문에 데이터일 뿐이다. 판매 목표를 달성했는가? 전월 대비 판매량이 증가하거나 감소했는가? 회사는 상위 경쟁사들과 비교하여 어떤 성과를 냈는가? 이러한 질문들은 정보시스템이 제공하는 정보로 답할 수 있다.

정보 품질은 사용자에 대한 정보의 유용성에 의해 결정되며, 정보의 유용성은 정보시스템의 성공을 결정한다. 정보는 의사결정자가 적시에 올바른 결정을 내릴 수 있게 해주는 경우에 유용하다. 정보가 유용하려면 다음과 같은 특성이 있어야 한다.

- 적시성(Timeliness)
- 다른 데이터와 정보와의 통합(integration)
- 일관성 및 정확성(Consistency and accuracy)
- 관련성(Relevance)

정보에 이러한 특성이 결여되어 있는 경우, 잘못된 결정을 내리거나, 잘못된 자원 할당을 하거나, 또는 기회를 잃을 수도 있다. 시스템의 신뢰성에 문제가 있는 경우, 시스템을 사용해서는 안 되고 그 시스템에서 생성된 보고서는 면밀히 검토되어야 한다. 정보는 사용자가 다른 옵션을 검색할 수 있는 기반이나 작업에 대한 통찰력을 제공해야 한다.

정보의 유용성에 영향을 미치는 또 다른 요인은 정보시스템의 사용자 인터페이스이다. 사용

> **A database** is a collection of all relevant data organized in a series of integrated files.
>
> **The process** component of an information system generates the most useful type of information for decision making, including transaction-processing reports and models for decision analysis.
>
> **Information** consists of facts that have been analyzed by the process component and is an output of an information system.

Information technologies support information systems and use the Internet, computer networks, database systems, POS systems, and RFID tags.

자 인터페이스는 유연하고 사용하기 쉬워야 하기 때문에 대부분의 정보시스템은 메뉴나 버튼과 같은 기능을 갖춘 그래픽 사용자 인터페이스(GUI)를 사용한다. 또한 정보시스템은 그래픽(예: 파이 차트나 막대 그래프), 표 그리고, 특정 범위를 벗어난 정보를 강조 표시하는 예외 보고서를 포함하여 다양한 형식의 정보를 생성해야 한다. 다양한 형식으로 정보를 제공하면 사용자가 정보를 이해하고 사용할 수 있는 가능성이 커진다. 정보시스템이 생성하는 공식적인 정보 외에도 사용자는 문제를 해결할 때 소문, 확인되지 않은 보고서나 이야기와 같은 비공식 정보를 사용할 수 있어야 한다.

정보시스템의 궁극적인 목표는 앞부분에서 설명한 비즈니스 인텔리전스를 생성하는 것이다. 비즈니스 인텔리전스를 생성하기 위해서 정보시스템 기술을 활용한 다양한 도구와 기법이 사용된다.

1-5e 정보시스템의 예

정보시스템의 네 가지 주요 구성요소를 더 잘 이해하기 위해 다음 두 가지 예를 살펴보자.

예 1: 주립 대학교는 모든 학생 데이터를 데이터베이스에 저장하고 있으며, 수집된 데이터에는 학생의 이름, 성, 나이, 성별, 전공, 국적 등이 포함되어 있다. 정보시스템의 프로세스 구성요소는 데이터에 대한 모든 종류의 분석이 가능하다. 예를 들어, 대학교의 DBMS에는 다음과 같은 정보를 생성할 수 있는 검색 기능이 내장되어 있다.

- 각 전공에는 몇 명의 학생이 있는가?
- 어떤 전공이 가장 빠르게 성장하고 있는가?
- 학생의 평균 연령이 어떻게 되는가?
- 유학생 중에서 학생 수가 가장 많은 나라는 어디인가?
- 각 전공의 남학생과 여학생 비율은 어떻게 되는가?

다른 많은 유형의 분석이 수행될 수 있다. 예를 들어, 예측 모델(프로세스 구성요소의 일부)을 사용하여 2025년의 학생 수를 예상할 수 있다. 또한 시스템에서 제공하는 정보를 기반으로 상황을 예측하거나 개선할 수도 있다. 예를 들면, 가장 빠르게 성장하는 전공을 알게 되면 해당 전공의 교수 채용 결정에 도움을 줄 수 있으며, 2025년 예상 학생 수를 알게 되면 시설 계획에도 도움이 된다.

예 2: 국제 섬유 회사인 Teletech는 제품, 공급업체, 판매 인력, 비용 등에 대한 데이터를 데이터베이스에 저장하고 있다. 정보시스템의 프로세스 구성요소는 데이터에 대한 분석을 통해 전월에 대한 다음의 정보를 제공한다.

- 가장 높은 매출을 달성한 영업 사원은 누구인가?
- 가장 높은 매출을 보인 제품은 무엇인가? 최저 판매량?
- 가장 높은 매출을 올린 지역은 어디인가?

다시 말해서 예측 모델을 사용하면 다음 판매 기간에 대한 예측을 생성할 수 있으며, 이러한 예측은 제품, 지역 및 영업 사원별로 세분화할 수 있다. 이러한 정보를 바탕으로 광고 예산을 각기 다른 상품과 지역에 배분하는 등 많은 의사결정을 내릴 수 있게 된다.

1-6 정보시스템과 정보기술 활용

정보시스템은 데이터를 수집하고, 수집된 데이터를 처리하고, 의사결정에 사용될 수 있는 적절하고 유용한 정보를 제공한다. 이를 위해 정보시스템은 다양한 **정보기술(information technologies)**을 사용한다. 예를 들어, 기업은 인터넷을 전세계적인 네트워크로 사용하여 서로 통신한다. 컴퓨터 네트워크(유선과 무선), 데이터베이스 시스템, POS 시스템, 그리고 무선주파수 식별(radio-frequency identification; RFID) 태그는 정보시스템을 지원하는데 사용되는 정보기술의 일부이다. 'Information Technologies at Home Depot' 사례는 기업이 경쟁력을 유지하기 위해 정보기술을 활용하는 방법에 대한 아이디어를 제공한다.

1-6a 정보시스템의 중요성

모든 조직에서 정보는 인적 요소 다음으로 중요한 자원이다. 시기적절하고 관련성이 있으며 정확한 정보는 시장에서 기업의 경쟁력을 강화하고 인력(manpower), 기계

(machinery), 자재(materials) 그리고 자금(money)의 4M 자원을 관리하는 매우 중요한 도구이다.

이러한 자원을 관리하기 위해 다양한 정보시스템이 개발되었다. 각각의 정보시스템은 그림 1.3에 표시된 주요 구성요소를 모두 가지고 있지만, 수집하는 데이터 종류와 수행하는 분석 방식은 모두 다르다. 이 섹션에서는 사용되는 데이터와 분석 유형에 초점을 맞추어 주요 정보시스템 유형을 설명한다.

인사 정보시스템(personal information system; PIS) 또는 인적자원 정보시스템(human resource information system; HRIS)은 인사 결정권자가 업무를 보다 효과적으로 수행하는데 도움이 되는 정보를 제공하도록 설계되었다. 웹 기술은 인사 부서의 효율성과 효과성을 향상시키는데 큰 역할을 했다. 예를 들어 인트라넷은 직원들이 남아 있는 휴가일수를 확인하거나 퇴직연금에 얼마나 적립되어 있는지 조회하는 등 기본적인 인사 기능을 제공하는데 자주 사용된다. 인트라넷은 인건비를 줄이고 일반적인 직원 요청에 대한 응답 속도를 향상시킨다. 7장에서 설명하겠지만, 인트라넷은 인터넷 프로토콜과 기술을 사용하여 영업, 고객 서비스, 인사 및 마케팅과 같은 비즈니스 활동을 지원하는 유용한 정보를 수집, 저장, 배포하는 조직 내의 네트워크이다. 인트라넷과 인터넷의 주요 차이점은 인트라넷은 비공개 네트워크이고 인터넷은 공개 네트워크라는 것이다. PIS/HRIS는 다음과 같은 결정을 지원한다.

- 가장 적합한 직무 지원자 선택
- 직원 별 작업 일정 수립 및 배치
- 조직의 향후 필요 인력 예측
- 직원 통계에 대한 보고서 및 통계 제공
- 인적 및 재무 자원 할당

물류 정보시스템(logistics information system; LIS)은 안전하고 신뢰할 수 있는 배송을 유지하면서 자재 운송 비용을 줄이도록 설계되었다. 다음은 LIS가 지원하는 결정의 몇 가지 예이다.

- 라우팅 및 배송 일정 개선
- 최적의 운송수단 선택
- 운송 예산 개선
- 선적 계획 개선

Information Technologies at Home Depot

FINANCE | TECHNOLOGY IN SOCIET Y | APPLICATION | REFLECTIVE THINKING

Home Depot는 미국의 DIY 주택-개선 산업에 혁명을 일으켰다. 매장은 빠른 고객 서비스와 향상된 재고 관리를 위해 POS 시스템을 사용하고 효율적인 매장 내 통신을 위한 무선 네트워크를 사용한다. Home Depot는 고객과 소통하고 온라인 주문으로 매출을 높일 수 있는 웹 사이트를 운영하고 있다. 또한 재고를 더 잘 관리하고 공급망 네트워크의 효율성을 향상시키기 위해 RFID 태그를 사용한다.

Home Depot는 북미 전역의 매장을 초고속 네트워크로 연결하고, 데이터웨어하우스 애플리케이션을 사용하여 고객, 경쟁업체, 제품 등 자사의 성공에 영향을 미치는 변수를 분석하고 있다. 정보시스템은 고객에게 더 나은 서비스를 제공하기 위해 정보를 수집, 분석, 활용함으로써 Home Depot에 경쟁우위를 제공한다.

2010년, Home Depot는 미국과 캐나다 매장에서 Fujitsu사의 U-Scan 셀프계산 소프트웨어를 사용했다. 이 소프트웨어는 POS 시스템을 신속하게 변경할 수 있는 유연성을 제공하고 인건비를 절감해 주었다.

일부 Home Depot 매장에서 사용되는 다른 정보기술로는 가상 및 증강현실(14장에서 설명), 모바일 체크아웃, 매장 내 혼잡을 줄이기 위한 히트 매핑 등이 있다. 이 기술은 매장 관리자가 매장 내 혼잡한 지역에 더 많은 직원을 배치하는데 도움이 된다.

Sergey Yechikov/Shutterstock.com

질문 및 토론

1. 정보기술이 Home Depot의 DIY 주택-개선을 어떻게 향상시켰는가?
2. Home Depot에서 사용되는 정보기술 네 가지는 무엇인가? 정보기술 도구는 Home Depot를 경쟁업체와 어떻게 차별화시켰는가?

"Information Technologies at UPS" 사례에는 정보시스템과 정보기술, 특히 물류 정보시스템의 사용을 보여준다.

제조 정보시스템(manufacturing information system; MFIS)은 제조 자원을 관리하는데 사용되어 기업이 생산 비용을 절감하고, 제품 품질을 높이고, 더 나은 재고 결정을 내릴 수 있도록 한다. MFIS는 높은 수준의 적시성과 정확성으로 다양한 유형의 분석을 수행할 수 있다. 예를 들어, 관리자들은 MFIS를 사용하여 원자재 원가의 7% 상승이 최종 제품 생산 비용에 미치는 영향을 평가하거나 향후 3주 동안 자동차 200대를 생산하기 위해 필요한 조립 라인 노동자의 수를 결정할 수 있다. 제조 및 운영 관리는 크라우드소싱을 위해 소셜 미디어 정보시스템(social media information system; SMIS)을 사용할 수도 있다(8장에서 설명). 이 플랫폼은 저렴한 비용으로 특정 제조 작업을 수행하기 위해 전 세계의 인재들과 연결할 수 있다. 다음은 MFIS가 지원하는 결정 사항들이다.

- 주문 결정
- 제품원가 계산
- 공간 활용률
- 구매자와 판매업자가 사용하는 입찰 평가 프로세스
- 가격 변동 및 할인 분석

금융 정보시스템(financial information system; FIS)의 목표는 재정을 담당하는 임원들에게 정보를 적시에 제공하는 것이다. 다음은 FIS가 지원하는 몇 가지 결정 사항들이다.

- 예산 배정 개선
- 자본 투자 위험 최소화
- 비용 추세 모니터링
- 현금 흐름 관리
- 포트폴리오 결정

Information Technologies at UPS

FINANCE | TECHNOLOGY IN SOCIET Y | APPLICATION | REFLECTIVE THINKING | GLOBAL

lightpoet/Shutterstock.com

1907년 설립된 United Parcel Service(UPS)는 2019년 3월 현재 917억 6천만 달러 규모의 글로벌 기업이다. 정교한 정보시스템을 활용해 하루 1,400만개 이상의 택배를 관리한다. UPS는 여러 종류의 네트워크, 특히 GPS와 무선 네트워크를 사용하고 있다. GPS 네트워크는 운전자가 좌회전하는 횟수, 특히 상가 도로에서 줄일 수 있는 알고리즘을 포함하고 있어서 차량 원격 측정 시스템과 함께 사고 횟수와 배송 시간을 줄여주었고, 따라서 회사는 연간 2,000만 마일 이상을 절약했다.

고객에게 더 나은 서비스를 제공하기 위해 UPS는 택배물품이 목적지에 도착하기 전에 고객이 경로를 변경할 수 있는 웹 기반 서비스인 UPS Delivery Intercept를 개발하여 잠재적으로 비용이 발생되는 실수나 시간과 비용 낭비를 방지했다. UPS는 이런 서비스를 가능하게 한 기술을 Package Flow Technology라고 부르는데, 이 기술은 운전자를 위한 효율적인 경로 설정을 제공하고 택배물품을 특별 취급하도록 표시하는데 사용된다. 영업 및 마케팅 수석 부사장인 Kurt Kuehn은 "Package Flow Technology와 같은 혁신 기술과 UPS Delivery Intercept와 같은 서비스는 수백만 명의 고객을 유일한 고객인 것처럼 대하려는 UPS 이념의 핵심 요소입니다. 우리는 고객의 고유한 요구를 충족시킬 수 있도록 기술을 활용할 수 있는 새롭고 혁신적인 방법을 지속적으로 모색하고 있습니다."라고 하였다.

질문 및 토론

1. UPS Delivery Intercept에 대해 설명하시오. UPS에서 이 기술을 전략적인 도구로 어떻게 활용하고 있는가?
2. UPS에서 사용되는 정보기술 도구 세 가지는 무엇인가? 그것들은 무엇에 쓰이는가?

또한 마케팅 정보시스템(marketing information system; MKIS)은 마케팅 의사결정을 개선하기 위해 사용된다. 효과적인 MKIS는 마케팅 믹스 또는 4P(가격, 촉진, 유통, 제품)에 대한 정확하고 통합된 정보를 적시에 제공해야 한다. 모든 유형의 조직에서 효과적인 마케팅 업무를 수행하는데 큰 역할을 할 수 있는 정보기술 도구가 점점 더 많이 사용되고 있다. 이러한 기술 도구 중 하나는 3장에서 논의할 데이터베이스 마케팅이다. 기타 정보기술 도구는 아래에서 설명한다. 이러한 정보기술 도구는 기업으로 하여금 직접 마케팅을 통해 경쟁우위를 점하고, 기회를 선점하여 수익을 늘릴 수 있도록 지원한다.

- 비즈니스, 웹, 모바일 분석(3장에서 설명)을 통해 기업은 채널, 사용 기술, 광고 캠페인 및 제안, 그리고 추적 가능한 기타 모든 사항의 성과를 정확하게 파악할 수 있다. 널리 사용되는 도구로는 Twitter Analytics Tools, Google Analytics 및 Adobe Analytics가 있다.
- 이메일 마케팅(7장에서 설명)을 통해 기업은 효과적이고 효율적인 방식으로 고객과 지속적으로 접촉할 수 있다. 널리 사용되는 도구로는 MailChimp와 Constant Contact가 있다.
- 유료 검색 광고와 검색 엔진 최적화(search engine optimization; SEO)를 모두 포함하는 검색 엔진 마케팅(7장에서 설명)은 기업의 웹 사이트를 최상위 목록에 표시될 수 있도록 도와준다. 인기 있는 도구로는 Google AdWords, Bing, Yahoo!가 있다.
- 모바일 기술(6장에서 설명)을 통해 기업은 사용자 수가 매일 증가하고 있는 모바일 사용자에게 제품과 서비스를 판매할 수 있다.
- 마케팅 자동화를 통해 기업은 분석, 온라인 양식, 고객 추적, 개인화 기술(11장에서 설명), 고객관계관리(customer relationship management; CRM)(11장에서 설명) 및 영업 사원에 대한 자동 알림 등 다른 모든 IT 도구를 통합할 수 있다. 인기 있는 도구로는 HubSpot과 Act-On이 있다.

MKIS가 지원하는 몇 가지 의사결정은 다음과 같다.

- 시장 점유율, 매출 및 영업 사원 분석
- 매출 예측
- 판매 품목의 가격 및 비용 분석

1-6b 경쟁 우위를 위한 정보기술 활용

하버드 경영대학원 교수인 Michael Porter는 시장에서 성공적으로 경쟁하기 위한 세 가지 전략을 제시했다.

- 비용 우위
- 차별화
- 집중화

정보시스템은 기업이 제품과 서비스 비용을 절감하는데 도움이 될 수 있으며 올바르게 구축된 경우 차별화와 집중화 전략을 지원할 수 있다.

교재에는 기업이 정보시스템과 기술을 사용하여 비용을 절감한 사례가 많이 있다. 예를 들어, Walmart는 비용우위 전략을 성공적으로 사용하고 있다(다음 페이지 사례 참조).

정보기술은 바텀-라인(bottom line)과 탑-라인(top line) 전략을 도울 수 있다. 전체 비용을 줄여 효율성을 높이는 것이 바텀-라인 전략의 핵심인 반면에, 톱-라인 전략은 고객에게 새로운 제품과 서비스를 제공함으로써 새로운 수익을 창출하거나 새로운 고객에게 기존 제품과 서비스를 판매하여 수익을 증대시키는데 초점을 맞춘다. 예를 들어, 전자상거래 사업자들은 유통 비용을 획기적으로 줄이는 비즈니스 모델을 채택하고 있는데, 바이러스 백신 공급업체가 소프트웨어를 배포하기 위해 인터넷을 사용하는 것을 예로 들 수 있다. 30달러 정도의 가입비를 지불하면 백신 소프트웨어를 다운받아 1년 동안 업데이트를 받을 수 있다. 쉽고 저렴하게 배포할 수 있는 인터넷이 없었다면, 판매자들은 소프트웨어를 그렇게 낮은 가격에 제공할 수 없었을 것이다.

> **Information technologies can help bottom-line and top-line strategies.**

11장에서 설명하겠지만, 많은 조직은 비용을 절감하고 고객 서비스를 개선하기 위해 공급망관리(supply chain management; SCM), 고객관계관리(customer relationship management; CRM), 전사적자원관리(enterprise resource planning; ERP), 지식 경영(knowledge management; KM), 협업 소프트웨어와 같은 대기업용 시스템을 사용한다. 이러한 시스템의 목표는 정보기술을 사용하여 공급자와 소비자 사이에 가장 효율적이고 효과적인 연결을 만드는 것이다. 예를 들어, 성공적인 CRM 프로그램은 고객 서비스를 개선하고 기업과 고객 간 장기적인 관계를 형성하는데 도움이 된다.

차별화 전략으로 기업은 자사의 제품과 서비스를 경쟁업체와 차이 나게 하려고 노력한다. Apple은 자사의 컴퓨터들을 경쟁업체의 PC와 매우 다르게 보이도록 설계하고, 컴퓨터의 사용 편의성에 초점을 맞추면서 차별화 전략을 성공시켰다. Amazon은 개인화 기술(11장에서 더 자세히 설명할 예정)과 같은 정보기술을 활용해 고객이 이전에 구매한 이력을 바탕으로 제품을 추천하는 기능을 가진 웹사이트로 차별화했다. 또한 빠른 체크아웃을 위해 원클릭 시스템을 사용하는데, 고객이 신용카드 번호와 주소를 한 번만 입력하면, 이후 방문 시 정보를 재입력할 필요 없이 구매할 수 있는 시스템이다.

Information Technologies at Walmart

FINANCE | TECHNOLOGY IN SOCIET Y | APPLICATION | REFLECTIVE THINKING

세계 최대 유통업체인 Walmart(http://walmartstores.com)는 미국에서 가장 큰 민간 위성 통신 시스템인 Walmart Satellite Network를 구축했다. 이 네트워크는 양방향 음성 및 데이터 통신과 단방향 화상 통신을 사용하여 Arkansas Bentonville에 있는 본점과 지점을 연결한다. Walmart는 수년간 사용된 POS 시스템 외에도 다음과 같은 정보기술을 사용하여 경쟁 우위를 확보하고 있다.

Vdovichenko Denis/Shutterstock.com

- 원거리 통신망은 지점과 중앙 컴퓨터 시스템을 연결한 다음, 공급업체의 컴퓨터를 연결하는데 사용되어, 관련된 모든 업체들간의 원활한 연결을 가능하게 한다.
- 네트워크 기술은 재고를 관리하고 적시 재고 시스템을 구현하는 데 사용된다. 결과적으로, 제품과 서비스는 가능한 가장 낮은 가격으로 제공될 수 있다.
- Walmart는 공급업체와 소통하기 위해 RetailLink라고 불리는 엑스트라넷을 사용한다. 공급업체는 모든 매장에서 제품 판매 기록을 검토하고 현재 판매 수치와 재고 수준을 추적할 수 있다(추가 사항은 7장에서 설명).
- 11장에서 설명할 전자문서교환(Electronic Data Interchange)은 주문-송장-결제 주기를 능률화하고 서류 작업을 줄이며 정확도를 향상시키기 위해 사용된다.
- Walmart는 공급망과 재고 관리 시스템을 개선한 RFID 기술의 주요 사용자이다.
- 2017년부터, Walmart는 경영과 고객 서비스와 같은 주제에 대한 직원들의 교육에 가상현실을 사용해왔다. 매년 15만명 이상의 직원들이 교육 프로그램을 수료할 것으로 추정된다.
- 2017년, Walmart는 50개 이상의 지점에 로봇을 도입했다. 2피트 높이의 로봇은 재고 확인, 잘못되거나 라벨이 부착되지 않은 제품 찾기, 직원들이 온라인 고객의 주문 처리 지원 등의 업무를 수행한다.
- 2018년, Walmart는 "Me"라는 프로그램을 사용하여 일부 매장에서 현장에서 바로 결제할 수 있는 모바일 체크아웃을 실시했다. 또한, Jetblack이라고 불리는 플랫폼을 사용하여 일부 매장에서 문자 메시지로 쇼핑을 할 수 있게 하였다. 이 플랫폼은 월 50달러의 비용으로 고객이 문자 메시지를 보내면 상품 추천을 받을 수 있으며, 무료 선물포장과 간편한 반품을 포함하여 Saks, Bluemercury, Pottery Barn 등과 같은 다른 업체에서 구매한 물품도 당일 또는 익일 배송으로 보낼 수 있다.

질문 및 토론

1. Walmart에서 가상현실을 교육훈련 도구로 사용하는 두 가지 이점은 무엇인가?
2. 모바일 체크아웃은 Walmart와 같은 회사들이 점점 더 많이 사용하고 있는데, 이 기술의 장점은 무엇인가?

Peshkova/Shutterstock.com

1-6c Porter의 5요인 모델: 비즈니스 환경 이해

하버드 경영대학원의 Michael Porter는 조직, 시장에서의 위상, 그리고 기업의 경쟁력을 높이기 위해 정보시스템을 활용하는 방법을 분석하기 위해 **5요인 모델(five forces model)**이라고 하는 포괄적인 프레임워크를 만들었다. 그림 1.4에 표시된 5요인은 다음과 같다.

- 구매자 협상력
- 공급자 협상력
- 대체 제품이나 서비스로 부터의 위협
- 신규 진입자로 부터의 위협
- 기존 경쟁자 간의 경쟁

구매자 협상력은 고객이 선택의 여지가 많을 때 높고, 선택의 폭이 적을 때 낮다. 일반적으로 기업은 고객에게 매력적인 서비스를 제공함으로써 고객의 선택을 제한하려 하는데, 이는 본질적으로 차별화 전략을 사용하는 것이다. 예를 들어, Dell Computer는 고객에게 컴퓨터 사용자 지정 옵션을 최초로 제공했으며 다른 컴퓨터 제조업체들도 이를 따랐다. Sam's Club과 같은 식료품점들은 비용우위 전략의 한 예로, 고객들에게 큰 폭의 할인이 가능한 회원 카드를 제공하여 쇼핑을 장려하고 있다. 마찬가지로 항공사와 호텔도 고객이 서비스를 이용할 때마다 무료 마일리지와 포인트를 제공한다. 정보시스템을 통해 이러한 전략을 보다 쉽고, 비용 측면에서 효율적으로 관리할 수 있다.

Michael Porter's **Five Forces Model** analyzes an organization, its position in the marketplace, and how information systems could be used to make it more competitive. The five forces include buyer power, supplier power, threat of substitute products or services, threat of new entrants, and rivalry among existing competitors.

그림 1.4 5 요인 모델

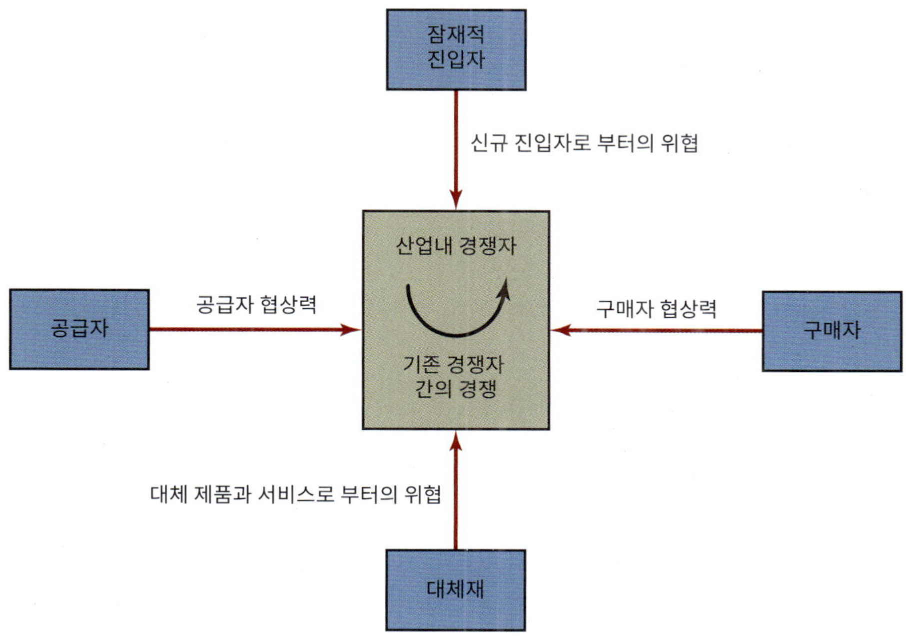

기업은 이러한 전략을 사용하여 고객 충성도를 높임으로써 신규 진입자나 대체재로 부터의 위협에 대처한다. 그러나 인터넷과 같은 정보기술 도구들은 고객들이 제품과 서비스의 다양한 가격과 같은 모든 종류의 데이터에 접근할 수 있게 함으로써 경쟁의 장을 균일하게 만들었다. 이는 구매자의 협상력을 높이고 공급자의 협상력을 떨어뜨리는 것으로 다음에 논의할 것이다.

공급자 협상력은 고객이 선택할 수 있는 옵션이 적을 때 높고, 고객이 선택할 수 있는 옵션이 많을 때 낮다. 기업은 제품과 서비스를 더 저렴하게 만들거나 경쟁업체와의 차별화 목적으로 더 많은 서비스를 제공하기 위해 정보시스템을 사용할 수 있다(차별화 전략의 또 다른 사용). 예를 들어, Netflix는 정보기술을 사용하여 제품과 서비스를 제공하고, 이는 시장에서의 영향력을 증가시켰다(집중화 전략이 어떻게 사용되는지 살펴보려면 아래 Netflix의 사례를 참조할 것). 기업은 정보시스템이나 기술 이외의 도구를 사용하여 영향력을 높일 수 있는데, 예를 들면, 제약 회사들은 경쟁을 줄이기 위해 제품에 대한 특허를 취득한다.

기업의 제품과 서비스에 대한 대안이 많을 경우 고객이 대체 제품이나 서비스를 선택하려는 위협은 높게 된다. 일부 기업들은 시장에서 그들의 위치를 더욱 뚜렷하게 만들기 위해 Amazon의 개인화된 추천과 같은 서비스를 추가하기도 하고, 다른 기업들은 고객이 계약 만료 전에 다른 업체로 변경하면 추가 요금을 부과하는 통신업체처럼 고객이 경쟁사로 전환하는 것을 단념시키기 위해 수수료를 사용한다. 기업의 제품이나 서비스를 복제하기 어려울

Information Technologies at Netflix

FINANCE | TECHNOLOGY IN SOCIET Y | APPLICATION | REFLECTIVE THINKING | GLOBAL

Maxxa Satori/Shutterstock.com

미국과 전 세계에서 1억 5천만 명 이상의 Netflix 가입자들이 다양한 기기를 사용하여 웹사이트에 접속하여 무제한의 영화와 TV 프로그램을 시청한다. 사용자들은 우편으로도 DVD를 받을 수 있다. 인터넷, 개인화 기술, 그리고 효과적인 재고 관리 기술은 Netflix의 엔터테인먼트 렌탈에 혁명을 가져왔다. 인터넷에 연결된 모든 사용자는 웹 사이트에 연결하여 영화와 TV 프로그램을 스트리밍하거나 사용자의 장치로 즉시 다운로드할 수 있다. Netflix는 현재 아마존 웹 서비스(AWS)를 사용하고 있는데, 이는 이 회사에 높은 수준의 가용성과 속도를 제공해왔다.

데이터 마이닝과 협업 필터링 기술을 활용하는 Netflix의 개인화 시스템은 정보를 적극적으로 검색하여 관계와 패턴을 발견하고 사용자의 과거 영화 시청 내역과 웹 사이트에서 답변된 질문을 기반으로 추천한다. Netflix는 이러한 기법을 바탕으로 고객이 즐길 수 있는 영화를 추천하는 알고리즘인 CineMatch를 개발했다.

Netflix가 사용하는 재고 시스템은 완전 자동화되어 있으며, 컴퓨터와 로봇은 CD와 DVD가 도착하자마자 스캔하여 고객에게 반납이 완료되었음을 알리고, CD와 DVD를 신속하게 다른 고객이 사용할 수 있도록 하는 등 CD와 DVD를 관리하는 데 큰 역할을 한다(Netflix는 8,900만 장 이상의 디스크를 보유하고 있다). "stuffer"라고 불리는 기계가 DVD를 처리하는데, 디스크를 봉투에 넣고 봉투를 접고 닫은 다음 스티커를 봉투 중앙에 붙인다.

질문 및 토론

1. Netflix에서 CineMatch의 기능은 무엇인가?
2. Netflix에서 사용되고 있는 정보기술 도구의 세 가지는 무엇인가? 그것들은 무엇을 위해 사용되고 있는가?

때 신규 진입자의 위협은 낮게 된다. 기업은 이러한 위협을 낮게 유지하기 위해 종종 집중화 전략을 사용한다. 예를 들어, Google과 성공적으로 경쟁할 수 있는 검색 엔진을 개발하는 것은 어려울 것이다. 또한, 기업은 앞서 언급한 바와 같이 정보기술을 사용하여 고객 충성도를 높임으로써 신규 진입자의 위협을 줄인다. 예를 들어, 은행들은 고객들을 유치하기 위해 무료 고지서 서비스를 제공하여 다른 은행으로 전환하지 못하게 하고, 만약 다른 은행에서 고지서 지불 서비스를 설치하려고 하면 많은 시간이 소요되게 한다. 마찬가지로, Yahoo!와 Google과 같은 사이트에서 제공하는 옵션으로 홈페이지를 맞춤 설정한 다음에는, 많은 사용자들이 새로운 사이트에서 이 과정을 반복하기를 원하지 않는 것과 비슷하다.

많은 경쟁자들이 동일한 시장 지위를 차지하려 할 때 기존 경쟁자간의 경쟁은 심해지고, 경쟁자가 적으면 경쟁은 약해진다. 예를 들어, 온라인 중개 회사들은 경쟁이 치열한 환경에서 운영되므로, 그들의 서비스를 독특하게 만들기 위해 정보기술을 사용한다.

'Digital Innovation in Retail Industry Using Information Technologies' 사례는 소매업체의 경쟁력을 높이는데 있어 정보기술의 역할을 강조하고 있다. Porter의 5요인 모델을 이용하는 소매업체들이 점점 더 늘어나고 있다. 기업은 Porter의 세 가지 전략과 5요인 모델을 어떻게 사용해야 할까? 기업은 Porter의 세 가지 전략을 두 가지 방법으로 사용할 수 있다.

Digital Innovation in Retail Industry Using Information Technologies

FINANCE | TECHNOLOGY IN SOCIET Y | APPLICATION | REFLECTIVE THINKING

UfaBizPhoto /Shutterstock.com

전통적인 소매업체들은 비용을 절감하고 전자상거래와의 격차를 최소화하기 위해 점점 더 많은 정보기술을 사용하고 있다. 이는 고객 서비스를 향상시킬 뿐만 아니라 소매업체를 경쟁업체와 차별화할 수도 있다. 다음은 소매업체에서 사용하고 있는 정보기술의 몇 가지 예이다.

디지털 사이니지(Digital signage) 또는 다이나믹 사이니지(dynamic signage) - 쇼핑객에게 판매 제품과 판촉 캠페인에 대한 최신 정보를 제공하는 동적 콘텐츠 업데이트 기능을 갖추고 매장 곳곳에 설치된 키오스크로 고객이 쿠폰을 인쇄할 수도 있다.
비콘 마케팅(Beacon marketing) - Apple의 iBeacon이나 유사한 기술을 사용하여 고객의 스마트폰이나 기타 휴대용 장치로 매장 내 표적 마케팅을 실행한다.
대화형 터치 디스플레이(Interactive touch display) - 쇼핑객들이 온라인에서 보는 것과 유사한 고화질 그래픽을 통해 쇼핑객들이 상점에서 제품을 찾을 수 있도록 도와주는 가상 판매 도우미이다.
이미지 검색(Image search) - Google, TinEye 또는 기타 검색 엔진을 사용하는 소매업체는 쇼핑객이 사진을 찍거나 사진을 제출하여 소매업체의 웹 사이트를 검색한 다음 매장이나 온라인에서 제품을 구입할 수 있도록 한다.
디지털 지갑(Digital wallet) - 고객은 쿠폰뿐만 아니라 신용 카드, 직불 카드 또는 고객우대 카드를 저장하여 매장에서 전자적으로 사용할 수 있다. 또한 티켓을 확인하고, 바우처를 교환하고, 거래를 하고, 여러 고객우대 서비스를 이용할 수 있다. 또한 고객들은 현금 계산대나 휴대용 장치를 갖춘 매장 판매원을 통해 모바일 체크아웃을 할 수도 있다.
스마트 탈의실(Smart fitting rooms) - 탈의실 내부의 벽에 부착된 태블릿은 고객이 다양한 옷을 입은 모습을 비디오로 보여준다. 고객들은 실제로 옷을 입어보거나 옷을 갈아입지 않고 자신의 이미지에 덧씌울 수 있다.

질문 및 토론

1. 비콘 마케팅이란 무엇인가 기업은 고객에게 더 나은 서비스를 제공하기 위해 이 기술을 어떻게 사용하고 있는가?
2. 소매업체에서 사용되는 정보기술 도구의 네 가지 예는 무엇인가? 그것들은 무엇에 사용되는가?

1. **신규 기업의 경우 사업을 시작하기 전에 계획 단계에 있으므로 해당 사업과 관련된 세 가지 전략을 세심하게 분석해야 한다.** 이 시점에서 사업주는 특정 사업에서 어떤 전략을 따를 지를 결정하고 실행해야 한다. 비용우위가 목표라면, 사업주는 경쟁사가 제공하는 것보다 저렴하게 유사한 제품이나 서비스를 제공해야 한다. 차별화 전략이 선택되면 사업주는 시장의 기존 제품과는 다른 제품이나 서비스를 경쟁력 있는 가격으로 제공해야 한다. 집중화 전략이 선택되면, 사업주는 특정 사업을 실행할 목표시장을 명확히 정의해야 한다. 교재 전반에 걸쳐 제시된 40여 개의 사례는 다양한 정보기술 도구와 정보시스템이 기업의 운영비 절감에 얼마나 도움이 되었는지를 명확하게 보여준다. 이러한 기술들을 사용하여 기업들은 더 우수하고 더 빠른 고객 서비스를 제공함으로써 다른 기업과 차별화하였다. 또한 정보기술과 정보시스템은 기업이 미충족된 고객의 요구를 파악하여 서비스함으로써 집중화를 향상시키는데 도움을 주기도 하였다.
2. **기존 기업은 세 가지 전략을 분석하고, 서비스 중인 시장 내에서의 위상을 평가하고, 시장 지위를 개선할 수 있는 정보기술 도구와 정보시스템을 선별하여 사용할 수 있다.** 예를 들어, Walmart는 전자상거래 분야에서 입지를 개선하고 Amazon과 경쟁하기 위해 Jet.com을 인수했다. 중소기업은 모바일 앱과 정보기술 도구를 활용해 저렴한 비용으로 많은 비즈니스 기능을 수행하고 있다. "Smartphones Everywhere and for Everything" 사례에 이러한 활용의 예가 나와 있다.

5요인 모델은 신규 기업과 기존 기업 모두 사용할 수 있다. 구매자 협상력이 높을 경우 기업은 정보기술을 활용해 고객이 다른 기업으로 전환하기 어렵도록 해야 한다. 공급자 협상력이 높을 경우 기업은 현재의 협상력을 유지하기 위해 정보기술을 계속 사용해야 한다. 이는 Apple과 같은 회사들이 시장 점유율을 유지하거나 증가시키기 위해 끊임없이 iPhone의 기능을 개선하는 것을 보면 쉽게 이해할 수 있다. 대체 제품이나 서비스의 위협은 항상 존재하며, 정보기술은 Apple이 성공적으로 달성할 수 있었던 것처럼 지속적인 R&D, 고객서비스 개선, 충성도 높은 생태계 조성을 통해 기업이 시장 지위를 유지할 수 있도록 지원해 준다. 마찬가지로 신규 진입자 위협도 항상 존재하며 기업은 경쟁력을 유지하기 위해 끊임없이 자사의 시장 위상을 분석하고 정보기술을 활용해야 한다. 기존에 강력한 시장 지위를 갖고 있었던 기업을 신규 진입자가 대체한 많은 예가 있다. Blockbust를 대체한 Netflix, Circuit City를 대체한 Best Buy를 예로 들 수 있다. 또한, 시장의 모든 부문에서 기존 경쟁자들 간의 경쟁은 항상 존재한다. 경쟁력을 유지하는 기업은 바로 경쟁력을 유지하기 위해 모든 종류의 정책, 전략 및 최신 정보기술 도구를 사용하는 기업이다.

1-7 IT 취업 시장

지난 10여년 동안 IT 취업 시장은 가장 빠르게 성장하고 있는 분야 중 하나였으며, 앞으로도 계속 성장할 것이다. 경기 침체기에도 웹디자인, 인프라, 컴퓨터와 네트워크 보안 분야는 다른 분야보다 성장세를 보였다. 현재 클라우드 컴퓨팅 관련 직무(14장에서 논의)는 수요가 많다. 일반적으로 IT 직무는 다음과 같은 범주로 분류된다.

- 운영과 지원
- 프로그래밍
- 시스템 설계
- 웹디자인과 웹호스팅
- 네트워크 설계와 유지보수
- 데이터베이스 설계와 유지보수
- 로봇공학과 인공지능

IT 직무에 대한 교육 배경에는 정보시스템 및 관련 분야의 전문학사, 학사, 석사 또는 경영석사가 포함될 수 있다. 연봉은 학력, 경력, 직장의 위치에 따라 다르며, 52,000달러 프로그래머부터 240,000달러 최고 정보보안 책임자까지 다양하다. 정보시스템 분야에서 인기 있는 직무는 다음과 같다.

1-7a CTO/CIO

정보시스템 직무의 최상위는 최고기술책임자(chief technology officer; CTO) 또는 최고정보책임자(chief information officer; CIO)이다. 그들은 장기적인 계획을 수립하고 기업의 성공에 영향을 미칠 수 있는 신규 기술의 움직임을 예의 주시한다. 일부 조직에는 최고개인정보보호책임자(chief privacy officer; CPO)가 있는데, 개인정보보호법과 정책이 기업에 미치는 영향과 위험을 총괄한다.

1-7b 정보시스템 관리자

정보시스템 부서 내의 모든 하드웨어, 소프트웨어 및 인력을 관리한다.

1-7c 시스템 분석가

시스템 분석가는 정보시스템의 설계와 구현을 담당한다. 컴퓨터 지식과 정보시스템 경력 외에도, 기업의 업무와 기능 분야에 대한 전반적인 이해가 필요하다.

1-7d 네트워크 관리자

기업 내부와 외부 네트워크 시스템을 감독하여 올바른 정보를 적절한 의사결정자에게 적시에 전달하는 네트워크 시스템을 설계하고 구현한다. 데이터 침해와 보안 위협의 증가로 인해 대규모 조직에서는 최고정보보안책임자(chief information security officer; CISO)라는 비교적 새로운 직무를 만들어, 내·외부 위협으로부터 정보 자산과 기술을 보호할 수 있도록 정책을 수립하고 시행하도록 하고 있다.

1-7e 데이터베이스 관리자

데이터베이스 관리자(database administrator; DBA)는 데이터베이스 설계와 구현을 담당하며, 데이터웨어하우스와 데이터마이닝 도구에 대한 지식과 이해를 가지고 있어야 한다.

1-7f 컴퓨터 프로그래머

컴퓨터 프로그래머는 정보시스템이 특정 업무를 수행하도록 하는 컴퓨터 프로그램이나 소프트웨어를 개발한다. 사용할 수 있는 컴퓨터 언어는 많으며, 각 언어는 특정 애플리케이션에 적합한 특정 지식을 필요로 한다. 스마트폰과 모바일 기기의 인기 때문에, 많은 프로그래머들이 현재 iOS와 Android 기기를 위한 앱을 개발하고 있다. 이러한 애플리케이션과 이를 개발하는 프로그래머에 대한 수요는 매우 높다.

1-7g 웹마스터

웹마스터는 조직의 웹 사이트를 설계하고 관리한다. 전자상거래 애플리케이션의 인기 때문에 웹마스터는 높은 수요가 있어 왔다. 최근 몇 년 동안, 다음과 같은 신규 IT 관련 일자리가 생겨났다.

- 데이터 과학자(Data Scientist; DS)
- 소셜 미디어/온라인 커뮤니티 관리자
- 소셜 미디어 설계자
- 텔레워크 관리자 또는 코디네이터
- 검색 엔진 최적화 전문가
- 비즈니스 설계자
- 모바일 기술 전문가
- 엔터프라이즈 모바일 개발자
- 클라우드 설계자

최근 스포츠, 정치, 농업, 기술, 소매 등 경제 각 분야에서 데이터 과학자를 고용하는 기업이 늘고 있다. Microsoft, Google, Facebook, Bank of America, JPMorgan Chase, Target과 같은 회사들이다. DS는 무엇을 할까? DS는 다양한 분야에서 다양한 작업을 수행할 수 있다. DS는 데이터 수집, 집계 및 시각화를 자동화하기 위해 서로 다른 사용자와 상호 작용하며 통계적이고 수학적인 모델과 인공지능 기술들을 이용한다. 궁극적인 목표는 의사결정을 위한 비즈니스 인텔리전스와 실행 가능한 정보를 생성하는 것이다. 다음은 DS가 수행하는 몇 가지 특정 업무이다.

- 조직이 직면한 문제 파악
- 데이터 세트와 변수의 식별 및 수집
- 데이터 세트의 정확성과 완전성 보장
- 데이터 세트에 모델과 알고리즘 적용
- 의사결정자를 위한 결과 분석 및 해석

효과적인 데이터 과학자의 상위 5가지 자질은 다음과 같다.

- 분석 기술과 계량적 추론
- 스토리텔링 능력 - 비기술적인 팀원에게 데이터 설명
- 팀 플레이어 되기 - 팀 구성원과 효과적으로 상호 작용
- 문제 해결사 되기
- 호기심 - 조직에서 수집된 데이터에 대한 새로운 용도를 찾을 수 있도록 지원

1-8 미래 전망

정보시스템의 설계, 구현 및 사용과 관련된 다양한 요소들을 종합하면 다음과 같이 예측된다.

- 하드웨어와 소프트웨어 비용이 지속적으로 감소하므로 정보처리 비용은 하락할 것이다. 이러한 비용 절감을 통해 규모와 재무 상태에 관계없이 모든 조직에서 정보시스템을 저렴하게 사용할 수 있게 된다.
- 인공지능과 관련된 기술이 지속적으로 개선·확장되어 정보시스템에 영향을 미칠 것이다. 예를 들어, 자연어 처리의 추가 개발은 정보시스템을 사용하기 쉽게 만들고, 로봇은 미래의 노동력에서 중요한 역할을 할 것이다. Gartner에 따르면 2025년까지 3개의 직업 중 1개가 소프트웨어나 로봇이 차지할 것이라고 한다.
- 초등학교에서 컴퓨터 기초를 더 많이 가르치기 때문에 일반적인 정보시스템 사용자의 컴퓨터 활용 능력이 향상될 것이다.
- 네트워킹 기술이 향상되어 컴퓨터를 연결하는 것이 더 쉬워지고 정보를 전송하는 속도도 더 빨라질 것이다. 네트워크 간 호환성 문제는 보다 쉽게 관리될 수 있고, 음성·데이터·이미지 등을 동일한 전송 매체에 통합하면 통신 품질과 정보 전달이 향상될 것이다.
- 개인용 컴퓨터와 태블릿은 성능과 품질이 계속 향상될 것이기 때문에 대부분의 정보시스템 소프트웨어는 문제없이 실행될 수 있을 것이다. 이러한 추세는 정보시스템을 더 저렴하고 유지 보수하기 쉽고 더 매력적으로 만들 것이다.
- 인터넷 성장은 계속될 것이고, 재정 상태와 상관없이 중소·대기업들을 동일한 기반에 놓이게 할 것이다. 인터넷 성장은 지리적 거리에도 불구하고 전자 협업(e-collaboration)을 더 쉽게 만들 것이다.
- 컴퓨터 범죄는 더욱 교묘해지고 개인정보 보호는 더욱 어려워질 것이다.

이미 진행 중이며 앞으로도 계속될 주요 컴퓨팅 동향은 다음과 같다.

- 유비쿼터스 컴퓨팅: 음성, 터치 및 제스처와 같은 다양한 방식으로 접근할 수 있는 상이한 크기와 성능의 컴퓨팅 장치(2장에서 설명)
- 사물인터넷(Internet of Things; IoT), 만물인터넷(Internet of Everything; IoE) 및 맞춤인터넷(Internet of Me; IoM): 생산성 향상과 비용 절감을 위해 기업과 개인이 사용할 웹에 연결된 기기(7장에서 설명)
- 3D 및 4D 프린팅: 개인과 기업용 3D 및 4D 디지털 모델에서 물리적 객체를 생산하며, 이를 통해 제조 비용 절감(11장에서 논의)
- 퍼베이시브 분석: 일상적인 모든 비즈니스 활동에 분석 기능을 구축하고 통합(3장에서 설명)
- 콘텍스트 컴퓨팅: 사용자, 장치 및 사용자 위치를 알고 기업과 개인에게 지능형 보조 역할을 하는 광범위한 장비들과 애플리케이션(13장에서 설명)
- 스마트 기계와 장치: 자율주행차와 같은 자동차·트럭·드론·로봇의 지속적인 개선(13장에서 설명)
- 클라우드 컴퓨팅: 다중 애플리케이션 및 다중 사용자를 위한 클라우드 컴퓨팅의 성장(14장에서 설명)
- 소프트웨어-정의 애플리케이션과 인프라: 사전에 정의된 인프라와 달리 사용자 요구에 보다 빠르게 대응하고 결과를 신속하게 제공할 수 있는 동적으로 조합된 인프라
- 보안: 컴퓨터와 네트워크 보안의 중요성이 증가하고 애플리케이션 자체 보호에 더 많은 주의 요망(5장에서 설명)

요약

1-1 컴퓨터와 정보시스템의 일반적인 응용에 대해 논의한다. 컴퓨터와 소프트웨어를 이용해 숙제를 하거나 컴퓨터를 이용해 시험 답안을 채점하고 학급 학생 개개인의 수행능력을 비교하는 상세 보고서를 생성하는 작업 등이다.

1-2 컴퓨터 활용 능력과 정보 활용 능력의 차이를 설명한다. 컴퓨터 활용 능력은 워드프로세서나 스프레드시트와 같은 생산성 소프트웨어를 사용하는 기술이다. 정보 활용 능력은 비즈니스 인텔리전스를 생성하고 사용하는 데 있어 정보의 역할을 이해하는 것이다.

1-3 거래처리시스템을 정의한다. 거래처리시스템은 데이터 수집과 처리에 중점을 두고 있으며, 사용하는 주요 이유는 비용 절감 때문이다. 급여 처리나 은행의 ATM을 예로 들 수 있다.

1-4 경영정보시스템을 정의한다. MIS는 의사결정 목적에 적합하고, 정확하고, 유용한 정보를 적시에 생성하도록 설계된 하드웨어, 소프트웨어, 데이터, 프로세스, 그리고 인적 요소가 조직적으로 통합된 것이다.

1-5 정보시스템의 네 가지 주요 구성요소인 데이터, 데이터베이스, 프로세스 및 정보를 설명한다.

1-6 데이터와 정보의 차이점에 대해 논의한다. 데이터는 원시 사실로 구성되며 정보는 프로세스 구성요소에 의해 분석되어 효과적인 의사결정에 사용되는 사실로 구성된다.

1-7 기업의 기능적 영역에서 정보시스템의 중요성과 적용에 대해 설명한다. 정보는 모든 조직에서 인적 요소 다음으로 중요한 자원이다. 시기적절하고 관련성이 있으며 정확한 정보는 시장에서 기업의 경쟁력을 강화하고 인력, 기계, 자재 그리고 자금의 4M 자원을 관리하는 매우 중요한 도구이다.

1-8 정보기술을 사용하여 경쟁우위를 확보하는 방법을 분석한다. 시장에서 성공적으로 경쟁하기 위해 Porter의 세 가지 전략과 5요인 모델을 분석하고 적용한다.

1-9 경쟁우위를 확보하기 위해 5요인 모델과 전략을 적용한다. 5요인 모델과 전략은 기존 기업뿐만 아니라 신규 기업도 사용할 수 있다. 구매자 협상력이 높으면 고객이 다른 기업으로 전환하기 어렵도록 정보기술을 사용해야 한다. 공급자 협상력이 높다면 기업은 현재의 협상력을 유지하기 위해 정보기술을 계속 사용해야 한다. 동일한 접근법이 모델의 다른 요인에도 적용될 수 있다.

1-10 IT 채용 시장을 검토한다. 일반적으로 IT 직무는 운영과 지원, 프로그래밍, 시스템 설계, 웹디자인과 웹호스팅, 네트워크 설계와 유지보수, 데이터베이스 설계와 유지보수, 로봇공학과 인공지능 등으로 분류된다.

1-11 정보시스템의 미래 전망을 요약한다. 미래 전망은 하드웨어와 소프트웨어의 비용, 인공지능, 컴퓨터 활용 능력, 개인정보 보호와 보안과 같은 정보시스템의 설계와 활용에 영향을 미치는 여러 가지 다른 요소들을 검토한다.

1부

정보 시스템 기초

2장

컴퓨터와 비즈니스 응용

학습목표

2-1 컴퓨터 시스템을 정의하고 구성요소를 설명한다.

2-2 컴퓨터 하드웨어와 소프트웨어의 역사를 설명한다.

2-3 컴퓨터의 컴퓨팅 성능을 구분하는 세 가지 요소의 영향을 분석한다.

2-4 세 가지 기본적인 컴퓨터 작업을 요약한다.

2-5 입력, 출력, 메모리 장치의 종류에 대해 설명한다.

2-6 컴퓨터와 비즈니스 애플리케이션이 어떻게 분류되는 지 설명한다.

2-7 비즈니스 환경에서 소프트웨어의 두 가지 주요 유형 및 사용에 대해 설명한다.

2-8 5세대 컴퓨터 언어를 설명한다.

2-9 객체지향 프로그래밍을 정의한다.

Archy13/Shutterstock.com

이 장에서는 컴퓨터의 주요 구성요소와 컴퓨팅 성능을 결정하는 요소에 대해 설명한다. 컴퓨터 하드웨어와 소프트웨어의 간단한 역사를 살펴보고 컴퓨터 작동에 대해 학습한다. 또한 입력, 출력, 메모리 장치와 같은 컴퓨터 구성요소에 대해서도 자세히 설명한다. 컴퓨터를 크기, 속도, 정교함에 따라 분류하는 방법과 두 가지 유형의 소프트웨어(시스템 소프트웨어와 응용 소프트웨어), 5세대 컴퓨터 언어, 그리고 객체지향 프로그래밍에 대해 학습한다.

> If airplanes had developed as computers have developed, today you would be able to go around the globe in less than 20 minutes for just 50 cents.

2-1 컴퓨터의 정의

만약 비행기가 컴퓨터가 발달한 것처럼 발전했다면, 오늘날에는 단 50센트로 20분 이내에 세계를 일주할 수 있었을 것이다. 컴퓨터는 짧은 기간에 급격한 변화를 겪었다. 예를 들어, 60년 전에 18톤 이상이었던 컴퓨터가 지금은 1Kg 미만이고, 100배 이상 강력해졌으며 가격은 1% 미만이다.

1장에서 학습한 바와 같이 컴퓨터를 사용하는 목적은 다양하다. TV나 전자레인지와 같은 컴퓨터가 내장된 가전 기기처럼 간접적으로도 사용되고 있다. 실제로 컴퓨터가 너무 흔해져서 현금과 수표가 없는 사회가 곧 다가온다. 또한 컴퓨터를 사용하면 출장이 필요하지 않을 수도 있다. 지금도 경영진들은 컴퓨터 회의나 원격화상 시스템과 같은 기술을 사용하여 다른 장소에서 진행되는 회의에 참가하기 위해 사무실을 떠날 필요가 없다.

컴퓨터는 기업에서의 보고서 배포, NASA 우주 프로그램의 로켓 유도 제어, 의학 연구의 DNA 분석 등 다양한 작업에 사용된다. 이 교재 역시 컴퓨터를 사용하지 않고서는 이렇게 적시에 출판될 수 없었을 것이다. 본문 내용은 워드프로세서 소프트웨어를 이용하여 작성하고 수정했으며, 페이지 조판은 출판용 소프트웨어가 사용되었다. 인쇄, 창고, 재고 관리 및 배송은 컴퓨터의 도움으로 이루어졌다.

그렇다면 컴퓨터는 무엇일까? 많은 정의가 가능하지만 이 교재에서 **컴퓨터(computer)**는 데이터를 입력으로 받아들이고 저장된 명령을 사용하여 사람의 개입 없이 데이터를 처리하고 정보를 출력하는 기계로 정의된다. 프로그램(program)이라고도 하는 명령(instructions)은 특정 작업을 수행하기 위한 단계별 지시로, 컴퓨터가 인식할 수 있는 언어로 작성된다. 컴퓨터는 데이터(원시 사실)만 처리하며 입력된 데이터를 변경하거나 수정할 수 없다. 데이터가 잘못된 경우 컴퓨터가 제공하는 정보도 잘못된 것이다. 이 규칙은 GIGO(Garbage in, garbage out)라고 불리기도 한다.

> A **computer** is a machine that accepts data as input, processes data without human intervention by using stored instructions, and outputs information.

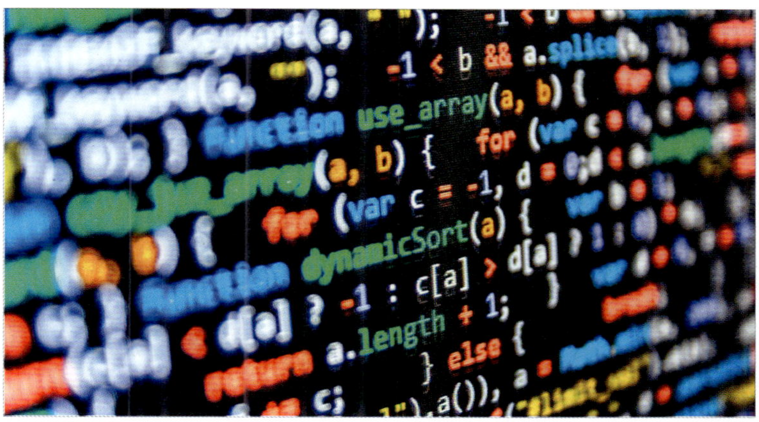

Mclek/Shutterstock.com

The **central processing unit (CPU)** is the heart of a computer. It is divided into two components: the arithmetic logic unit (ALU) and the control unit.

The **arithmetic logic unit (ALU)** performs arithmetic operations (+, −, *, /) as well as comparison or relational operations (<, >, =); the latter are used to compare numbers.

The **control unit** tells the computer what to do, such as instructing the computer which device to read or send output to.

컴퓨터 프로그램을 작성하려면 먼저 무엇을 해야 하는지 알아야 하고, 작업에 적합한 프로그램 언어를 선택하는 것을 포함하여 해당 목표를 달성하기 위한 방법을 계획해야 한다. 많은 컴퓨터 언어 중에서 해결하려는 문제와 사용 중인 컴퓨터 유형에 따라 선택해야 한다. 사용하는 컴퓨터 언어에 관계없이 작성된 프로그램을 소스 코드(source code)라고 한다. 소스 코드는 이진수 0과 1로 구성된 오브젝트 코드(object code)로 변환해야 한다. 컴퓨터를 제어하기 위해 사용되는 일련의 명령 집합인 이진수 코드(binary code)는 0과 1을 사용하며, 컴퓨터는 이를 온-오프 신호로 인식한다. 이 장의 뒷부분에서 이진수 시스템과 컴퓨터 언어에 대해 자세히 설명한다.

2-1a 컴퓨터 시스템의 구성요소

컴퓨터 시스템은 하드웨어와 소프트웨어로 구성된다. 하드웨어는 키보드, 모니터, 처리 장치와 같은 물리적인 장치이다. 소프트웨어는 컴퓨터 언어로 작성된 프로그램이다.

그림 2.1은 컴퓨터의 구성요소를 보여준다. 키보드와 같은 입력 장치는 데이터와 정보를 컴퓨터에 보내는데 사용되며, 모니터나 프린터 등의 출력 장치는 컴퓨터가 생성하는 결과물을 표시한다.

메인(기본) 메모리는 인간의 뇌와 유사하게 컴퓨터가 데이터와 명령을 저장하는 곳이다. **중앙 처리 장치(central processing unit; CPU)**는 컴퓨터의 심장으로, **연산 로직 장치(arithmetic logic unit; ALU)**와 **제어 장치(control unit)**의 2개 요소로 나뉜다. ALU는 산술 연산(+, -, *, /)과 비교 또는 관계 연산(<, >, =)을 수행한다. 후자는 숫자를 비교하는 데 사용된다. 제어 장치는 컴퓨터에 어떤 장치의 입력을 읽을지 어떤 장치로 결과를 보낼지 등을 지시하는 것과 같이 무엇을 해야 할지를 지시한다.

일부 컴퓨터에는 하나의 프로세서가 있는 반면에, 다른 컴퓨터에는 멀티프로세서라고 하는 여러 개의 프로세서가 있다. 멀티프로세싱은 하나의 컴퓨터 시스템에 두 개 이상의 CPU를 사용하는 것이다. 일반적으로 멀티프로세서 컴퓨터는 시간이 많이 걸리는 대규모 프로젝트에서 단일 프로세서 컴퓨터보다 성능이 우수하다. 일부 컴퓨터에서는 처리 능력을 향상시키기 위해 듀얼 코어 프로세서를 사용한다. 이것은 기본적으로 1개의 CPU에 2개의 프로세서를 내장시킨 것으로 신규 PC나 Apple 컴퓨터에 사용된

그림 2.1 컴퓨터 구성요소

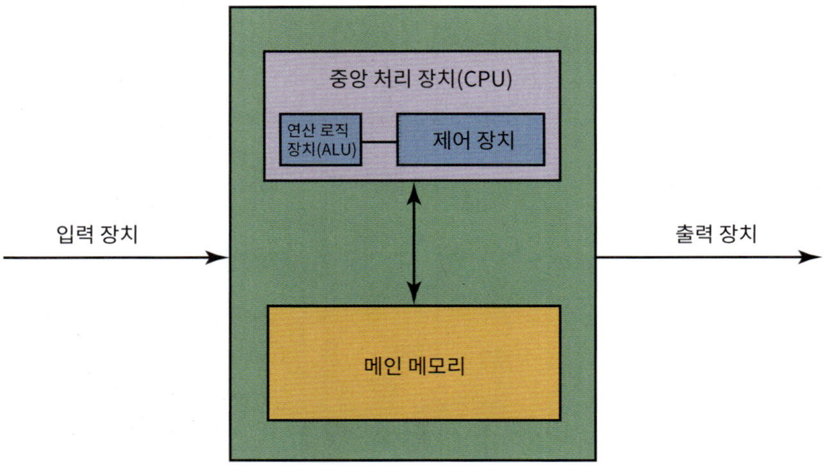

다. 최근에는 멀티코어 프로세서가 도입되고 있다. 쿼드 코어 프로세서에는 4개의 코어가 있고, 헥사 코어 프로세서에는 6개의 코어가 있으며, 옥타 코어 프로세서에는 8개의 코어가 있다. 간단히 말해서, 새로운 칩들은 컴퓨터를 이전 제품보다 더 빠르게 만들고 있다.

컴퓨터 성능에 영향을 주는 또 다른 요소는 컴퓨터에 연결된 장치들 간의 링크인 **버스(bus)**이다. 버스는 병렬 또는 직렬, 내부(로컬) 또는 외부일 수 있다. 내부 버스는 비디오 카드와 메모리 등의 내부 장치들 간의 통신을 가능하게 하며, 외부 버스는 USB 장치 등과 같은 외부 장치들과 통신할 수 있다.

컴퓨터 성능에 영향을 주는 다른 요인으로는 프로세서의 크기와 운영체제(OS)가 있다. 최근 32비트와 64비트 프로세서, 그리고 OS가 큰 관심을 끌고 있다. 32비트 프로세서는 2^{32}바이트(4GB)의 RAM을 사용할 수 있으며, 이론상 64비트 프로세서는 2^{64}바이트(16EB)의 RAM을 사용할 수 있다. 따라서 64비트 프로세서를 탑재한 컴퓨터는 더 큰 수로 계산을 수행하고 더 작은 수로 보다 효율적으로 계산할 수 있다. 전체적으로 32비트 시스템보다 성능이 우수하며, 높은 성능을 활용하기 위해서는 64비트 OS도 필요하다.

그림 2.2는 컴퓨터 시스템의 추가 구성요소를 보여준다. **디스크 드라이브(disk drive)**는 정보를 기록, 저장 및 검색하기 위한 주변 장치이다. 컴퓨터 섀시 또는 타워라고도 하는 **CPU 케이스(CPU case)**는 컴퓨터의 주요 부품을 설치할 수 있다. **머더보드(mother board)**는 추가 보드를 설치할 수 있는 커넥터가 포함된 메인 회로 기판으로 보통 CPU, 기본 입출력 시스템(Basic Input/Output System), 메모리, 저장 장치, 인터페이스, 직렬 포트, 병렬 포트, 확장 슬롯 및 모니터, 디스크 드라이브, 키보드 등의 표준 주변기기 컨트롤러를 포함하고 있다. 직렬 포트는 정보를 한 번에 1비트씩 전송하는 통신 인터페이스이고, 병렬 포트는 컴퓨터와 프린터 사이의 인터페이스로 여러 비트의 정보를 동시에 전송할 수 있다.

2-2 컴퓨터 하드웨어와 소프트웨어의 역사

하드웨어는 지난 60년간 눈부시게 발전해 왔다. 이러한 발전을 명확하게 구분하기 위해 컴퓨터는 비약적인 기술적 발전을 나타내는 "세대(generations)"로 분류된다. 1940

그림 2.2 컴퓨터 시스템 구성요소들

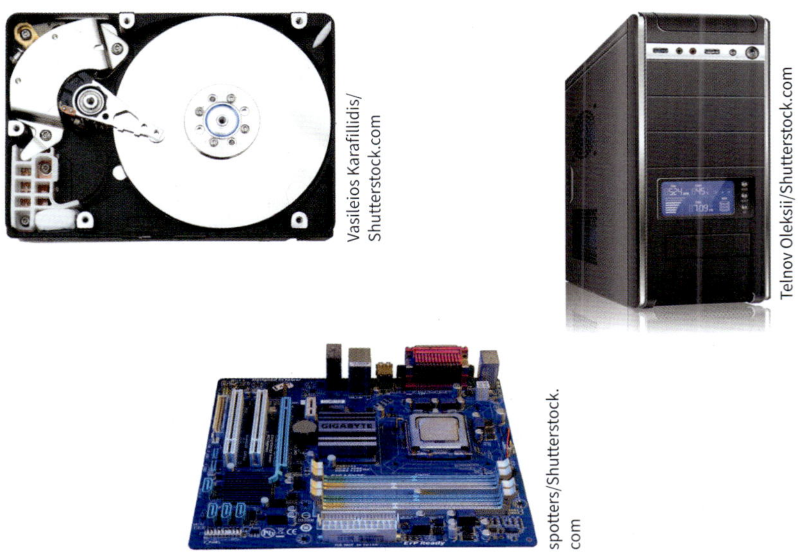

A **bus** is a link between devices connected to the computer. It can be parallel or serial, internal (local) or external.

A **disk drive** is a peripheral device for recording, storing, and retrieving information.

A **CPU case** is also known as a computer chassis or tower. It is the enclosure containing the computer's main components.

A **motherboard** is the main circuit board containing connectors for attaching additional boards. It usually contains the CPU, basic input/output system (BIOS), memory, storage, interfaces, serial and parallel ports, expansion slots, and all the controllers for standard peripheral devices, such as the display monitor, disk drive, and keyboard.

년대를 시작으로 1세대 컴퓨터는 진공관 기술을 사용했다. 부피가 크고 과도한 열을 발생시켜 신뢰성이 낮았고 프로그래밍이 어려웠다. 2세대 컴퓨터는 트랜지스터를 사용하여 더 빠르고, 신뢰성이 높았으며 프로그래밍과 유지보수가 쉬웠다. 3세대 컴퓨터는 집적회로를 이용하여 컴퓨터를 더 작고, 더 빠르고, 더 신뢰할 수 있고, 더 정교하게 만들 수 있었다. 원격 데이터 입력과 전기 통신은 3세대에 도입되었다. 4세대 컴퓨터는 속도와 사용 편의성을 향상시키기 위해 소형화, 초대형 집적회로(very large scale integration circuit; VLSI), 개인용 컴퓨터의 광범위한 사용, 그리고 광디스크(optical discs)(레이저 광학장치를 사용하여 쓰거나 인코딩하고 읽음)의 추세를 이어갔다. 현재의 5세대 컴퓨터는 병렬 처리(빠른 데이터 처리를 위해 수백, 수천 개의 CPU를 탑재), 실리콘 칩보다 더 빠른 속도로 작동하고 더 적은 전력을 소비하는 갈륨비소 칩, 광학 기술이 포함된다. 표 2.1은 하드웨어 세대를 정리한 것이다.

실리콘은 빛을 낼 수 없고 속도 제한이 있기 때문에 컴퓨터 설계자들은 전자의 이동 속도가 실리콘보다 5배 정도 빠른 갈륨비소를 사용하는 기술에 집중해왔다. 이런 합성 화합물로 만들어진 장치는 빛을 방출할 수 있고, 더 높은 온도에도 견딜 수 있으며, 실리콘 장치보다 훨씬 더 많은 양의 방사선을 견딜 수 있다. 갈륨비소의 주요 문제는 대량 생산이 어렵다는 것이다. 소재 특성상 실리콘보다 부드럽고 깨지기 쉬워 자르거나 연마할 때 부서지기 쉽다. 높은 비용과 생산의 어려움 때문에, 현재 국방부에서 주로 사용하고 있다. 하지만, 지속적인 연구를 통해서 일부 결점을 보완하고 있는 중이다.

IBM은 이미 컴퓨터 칩에 실리콘 대신 탄소나노튜브(CNT)를 사용하고 있다. CNT는 14장에서 설명하는 나노기술을 사용하여 개발되는데, 기존 실리콘 기반 기술이 한계에 도달한 후에도 칩 크기를 줄일 수 있는 방법 중 하나다. IBM은 사람 머리카락의 1만분의 1에 해당하는 7나노미터 폭의 트랜지스터로 시제품 칩을 제작했다. 현재 사용되고 있는 것의 절반 정도 크기이다.

광학 기술 분야는 레이저, 광섬유, 망원경 등을 포함한 빛의 응용 및 특성과 관련된 것이다. 이러한 기술은 빠른 처리 속도, 병렬 처리(수천 개의 광빔이 일반 장치를 통과할 수 있음) 및 상호연결을 제공하며, 광선은 서로 영향을 미치지 않기 때문에 훨씬 더 높은 밀도로 상호연결이 가능하다. 광학 컴퓨팅은 아직 걸음마 단계에 있으며, 완전한 기능을 갖춘 광학 컴퓨터를 만들기 위해서는 더 많은 연구가 필요하다. 그럼에도 불구하고 이 기술을 사용하는 저장 장치는 매우 작은 공간에 대량의 데이터를 저장할 수 있도록 함으로써 컴퓨터 분야에 혁명을 일으키고 있다.

컴퓨터 언어와 소프트웨어도 5세대에 걸쳐 발전해왔다. 이러한 내용은 "컴퓨터 언어"절에서 자세히 설명되겠지만 표 2.2와 같이 요약할 수 있다.

"IBM Watson: A Supercomputer with Artificial Intelligence Capabilities" 사례는 인공지능 기능뿐만 아니라 5세대 컴퓨터의 여러 기능을 가진 슈퍼컴퓨터에 대해 설명한다.

표 2.1 하드웨어 세대

세대	기간	주요 기술	예
1세대	1946–1956	진공관	ENIAC
2세대	1957–1963	트랜지스터	IBM 7094, 1401
3세대	1964–1970	집적회로, 원격 데이터 입력, 전기 통신	IBM 360, 370
4세대	1971–1992	소형화, VLSI, 퍼스널 컴퓨터, 광 디스크	Cray XMP, Cray II
5세대	1993-현재	병렬 처리, 갈륨비소 칩, 광학 기술	IBM System zEnterprise EC12

표 2.2 Computer Language Trends

세대	주요 속성
1세대	기계어
2세대	어셈블리어
3세대	고급 언어
4세대	4세대 언어
5세대	자연어 처리

IBM Watson: A Supercomputer with Artificial Intelligence Capabilities

FINANCE | TECHNOLOGY IN SOCIETY | ANALYTICAL THINKING | APPLICATION

2011년 2월 16일, Watson이라는 이름의 IBM 슈퍼컴퓨터가 텔레비전 게임 쇼인 Jeopardy의 두 명의 이전 우승자를 물리치고 100만 달러의 상금을 가져갔다. Watson은 처음에는 정치에서부터 2008년 USA 투데이의 가격 인상에 이르기까지 다양한 분야에서 좋지 못한 성적을 보였다. 또한 Slovenia가 현재 유럽연합에 속해있는 구 유고슬라비아 공화국이라는 것도 알지 못했다. 하지만, 결국 Ken Jennings의 7개, Brad Rutter의 4개와 비교하여 18개의 정답으로 승리하였다.

이번 게임에 Watson은 각각 10대의 IBM Power 750 서버를 갖춘 10개의 서버 랙을 포함하여 방대한 컴퓨팅 성능과 저장 공간이 필요했다. 4TB의 디스크 공간에 저장된 콘텐츠는 2억 페이지에 달했다. 수천 개의 알고리즘과 컴퓨터 프로그램을 통해 인간의 언어를 여러 조각으로 분해하여 방대한 데이터베이스에서 정답을 찾을 수 있었다. 정확히 이해하지 못한 채 질문에 대답했지만, 높은 자신감으로 대답했다. 전반적으로, 인간 언어의 맥락을 이해하는 컴퓨터의 능력이 상당히 개선되었다. IBM은 Watson의 이면에 있는 기술이 의학을 포함하여 다양한 분야에 적용될 수 있다고 믿고 있다. Watson 관련 애플리케이션 개발의 다음 단계는 음성 통합 분야이다.

Watson 기반 앱은 개인 쇼핑 보조 역할을 할 수 있고 기존 기업들이 교차 판매와 상향 판매의 기회를 늘리는 데 도움을 줄 수도 있다.

IBM과 Pathway Genomics는 개인 기록과 유전학을 사용하여 위험을 평가하고 운동을 권장하는 앱을 개발하고 있다. 이 앱은 개인이 어떤 운동을 해야 하는지, 어떤 음식을 먹어야 하는지, 그리고 의사에게 어떤 건강검진을 받아야 하는지 알 수 있게 해준다. Watson은 또한 여행자들에게 그들의 여행을 더 잘 계획하기 위해 관련 정보를 제공하는 여행 계획 서비스로도 활용되고 있다.

미국의 세무 법인인 H&R Block은 Watson을 사용하여 고객 경험을 개선하고 신용 및 공제를 식별하는데 도움을 주고 있다. Watson은 고객의 세금 상황을 고려하여 최상의 결과를 찾아 세금 환급을 극대화할 수 있도록 도와준다. 동시에, 다양한 신고 옵션이 세금 환급에 어떤 영향을 미칠 수 있는지(증가 혹은 감소) 고객이 더 잘 이해할 수 있도록 도와준다.

Watson의 새로운 기능으로는 시각-인식 이미지와 환자 기록, 첨단 유전체학으로 암 퇴치, 콜센터 관리 등이 있다.

질문 및 토론

1. H&R Block은 어떤 목적으로 Watson을 사용하고 있는가?
2. 의료 분야에서 Watson 애플리케이션 두 가지는 무엇인가?

2-3 컴퓨터 성능

컴퓨터는 속도, 정확도, 저장 및 검색 능력 등 인간의 능력을 훨씬 능가하는 세 가지 요소로 성능이 좌우된다.

2-3a 속도

컴퓨터는 놀라운 속도로 데이터를 처리하여 인간보다 더 빨리 요청에 응답할 수 있다. 이것은 효율성을 향상시킨다. 오늘날의 고속 컴퓨터는 지식 근로자들이 과거의 느린 컴퓨터보다 훨씬 더 빨리 작업을 수행하는 것을 가능하게 한다. 일반적으로 컴퓨터 속도는 아래의 시간 동안 수행되는 명령의 수로 측정된다.

- 밀리초: 1/1000초
- 마이크로초: 1/1,000,000초
- 나노초: 1/1,000,000,000초
- 피코초: 1/1,000,000,000,000초

2-3b 정확도

인간과 달리 컴퓨터는 실수를 하지 않는다. 컴퓨터 정확도를 더 명확하게 이해하려면 다음 두 숫자를 살펴보시오.

- 4.0000000000000000000000001
- 4.0000000000000000000000002

인간에게 위의 두 숫자는 너무 근사해서 일반적으로

같은 수로 여긴다. 그러나 컴퓨터에서 위의 두 숫자는 완전히 다르다. 이 정도의 정확도는 많은 컴퓨터 애플리케이션에서 매우 중요하다. 예를 들어, 우주 관련 업무에서 컴퓨터는 우주 왕복선의 재진입 시간과 위치를 계산하는데 필수적이다. 약간의 정확도 차이로 인해 우주 왕복선이 미국 대신 캐나다에 착륙할 수 있다.

2-3c 저장 및 검색

저장은 컴퓨터 메모리에 데이터를 저장하는 것을 의미하며, 검색은 메모리에 저장된 데이터에 접근하는 것을 의미한다. 컴퓨터는 방대한 양의 데이터를 저장하고 특정 항목을 빠르게 찾을 수 있으므로 지식 근로자는 업무를 보다 효율적으로 수행할 수 있다.

컴퓨터에서 데이터는 비트 단위로 저장된다. 비트는 0 또는 1의 단일 값이며, 8비트는 1바이트와 같다. 바이트는 문자의 크기이다. 예를 들어 computer라는 단어는 8자 또는 8바이트(64비트)로 구성된다. 표 2.3은 저장 단위를 보여준다.

키보드의 모든 문자, 숫자나 기호는 컴퓨터 메모리에 이진수로 표시된다. 이진수 시스템은 전기 스위치와 유사하게 0과 1로 구성되며, 1은 켜짐을 나타내고 0은 꺼짐을 나타낸다.

컴퓨터 통신 시스템은 컴퓨터와 네트워크 시스템 간에 데이터를 표현하고 전송하기 위해 데이터 코드를 사용한다. 텍스트 파일, PC 애플리케이션, 그리고 인터넷을 위한 가장 일반적인 데이터 코드는 미국 국립 표준 연구소(American National Standards Institute)에서 개발한 ASCII(American Standard Code for Information Interchange)이다. ASCII 파일에서 알파벳, 숫자나 특수문자는 7비트 이진수(0 또는 1의 문자열)로 표시된다. 최대 128(2^7)개의 문자를 표현할 수 있다. 많은 운영 체제에서 사용되는 두 가지 데이터 코드가 있는데, 유니코드와 확장 ASCII로 256(2^8) 개의 문자를 나타낼 수 있다.

ASCII 형식 이전에는 IBM의 EBCDIC(Extended Binary Coded Decimal Interchange Code)가 널리 사용되었으며, 알파벳, 숫자나 특수 문자를 8비트 이진수로 표시하였다.

표 2.3 저장 단위(근사값)

1 비트	0 혹은 1
8 비트	1바이트 혹은 문자
2^{10} 바이트	1,000바이트 혹은 1킬로바이트(KB)
2^{20} 바이트	1,000,000바이트 혹은 1메가바이트(MB)
2^{30} 바이트	1,000,000,000바이트 혹은 1기가바이트(GB)
2^{40} 바이트	1,000,000,000,000바이트 혹은 1테라바이트(TB)
2^{50} 바이트	1,000,000,000,000,000바이트 혹은 1페타바이트(PT)
2^{60} 바이트	1,000,000,000,000,000바이트 혹은 1엑사바이트(EB)

2-4 컴퓨터 작업

컴퓨터는 산술 연산, 논리 연산, 저장과 검색 연산의 세 가지 기본 작업을 수행할 수 있다. 모든 작업은 이러한 작업 중 하나 또는 조합을 사용하여 수행된다. 예를 들어, 컴퓨터 게임을 하려면 세 가지 연산의 조합이 필요하다. 게임 중에 컴퓨터는 결정을 내리기 위해 계산하고(예: A 지점에서 B 지점으로 이동할 지의 여부), 두 숫자를 비교하고, 프로세스를 진행하기 위해 저장 및 검색 기능을 수행한다.

컴퓨터는 다음 예와 같이 숫자를 더하고, 빼고, 곱하고, 나누고, 거듭제곱(지수)할 수 있다.

A + B(더하기)	5+7 = 12
A – B(빼기)	5-2 = 3
A * B(곱하기)	5*3 = 15
A / B(나누기)	5/2 = 2.5
A ^ B(거듭제곱)	5^2 = 25

컴퓨터는 두 숫자를 비교하여 비교 연산을 할 수 있다. 예를 들어, 컴퓨터는 x와 y를 비교하여 어떤 숫자가 더 큰지 결정할 수 있다.

> You can store the text of more than 1 million books in a memory device about the size of your fist.

컴퓨터는 매우 작은 공간에 엄청난 양의 데이터를 저장하고 특정 항목을 빠르게 찾을 수 있다. 예를 들어, 백만 권이 넘는 책을 주먹만한 크기의 저장 장치에 저장할 수 있다. 이 장의 후반부에 자기 디스크와 테이프 같은 다양한 저장 매체에 대해 설명한다.

2-5 입력, 출력 및 메모리 장치

컴퓨터를 사용하고 데이터를 처리하기 위해서는 입력, 출력, 메모리 장치의 세 가지 주요 구성요소가 필요하다.

2-5a 입력 장치

입력 장치(Input device)는 데이터와 정보를 컴퓨터로 보내는 것으로 데이터 입력을 보다 쉽게 할 수 있도록 지속적으로 개선되고 있다. 입력 장치의 예는 다음과 같다.

- ***키보드*** 가장 널리 사용되는 입력 장치이다. 원래 키보드는 타자기와 비슷하게 설계되었지만, 사용 편의성을 향상시키기 위해 몇 가지 수정이 이루어졌다. 예를 들어 대부분의 키보드에는 제어 키, 화살표 키, 기능 키와 기타 특수 키가 있다. 또한 분할 키보드와 같은 일부 키보드는 인체공학적으로 개발되었다. 키보드로 대부분의 컴퓨터 입력 작업을 수행할 수 있지만 일부 작업의 경우 스캐너나 마우스가 더 빠르고 정확하다.

Input devices send data and information to the computer. Examples include a keyboard and mouse.

- ***마우스*** 포인팅 장치로 화면에서 커서를 이동하여 빠르고 정확하게 커서 위치를 지정할 수 있다. Microsoft Windows나 Mac OS와 같은 그래픽 인터페이스를 사용하는 프로그램에서 마우스는 최선의 입력 장치이다.
- ***터치 스크린*** 일반적으로 메뉴로 작동되는 입력 장치의 조합으로, 일부는 빛으로 메뉴 항목을 결정하고, 나머지 대부분은 압력을 이용한다. 터치 스크린은 키보드보다 사용하기 쉬운 경우가 많지만 선택 항목을 잘못 읽거나 터치할 수 있기 때문에 정확하지 않을 수 있다. "Touchless Computing: The New

Touchless Computing: The New Paradigm in User System Interface

FINANCE | TECHNOLOGY IN SOCIETY | APPLICATION

마우스, 키보드, 터치 패드 없이 태블릿, PC나 Macintosh를 사용하는 경우를 상상해 봅시다. 장치를 만지지 않고 제스처만 사용하여 장치와 상호 작용할 수 있게 된다. 사실, 터치리스 컴퓨팅을 사용하면 손가락의 움직임으로 화면에 있는 것을 제어할 수 있다. 터치리스 컴퓨팅의 목표는 손가락만 사용하여 물체를 조작할 수 있는 실제 세계와 유사한 환경을 제공하는 것이다.

이 기술은 사용자가 다양한 환경에서 다른 유형의 데이터를 탐색하고자 하는 상황에서 Facebook과 같은 소셜 네트워킹 사이트에 특히 유용할 것이다. San Francisco에 본사를 둔 Leap Motion이라는 이름의 한 스타트업 회사는 엄지손가락 크기의 Leap이라그 불리는 장치를 개발했다. Leap을 사용하면 손을 흔들어서 컴퓨터를 높은 정확도로 제어할 수 있다. 이 기술을 이용하면 TV와의 상호작용을 근본적으로 변화시킬 수 있다. 리모컨이나 TV를 만지지 않고도 채널과 프로그램을 탐색할 수 있다.

이 기술을 사용하는 엔지니어들은 단지 몸짓만으로 화면의 3D 모델을 조작할 수 있다. New York Times는 이 기술을 바탕으로 3D 뉴스 리더와 비디오 리더를 개발했다.

Bosca78/iStock Unreleased/Getty Images

질문 및 토론

1. 터치리스 컴퓨팅으로 가장 큰 혜택을 볼 수 있는 기업이나 애플리케이션은 무엇인가?
2. 터치리스 컴퓨팅의 두 가지 장점은 무엇인가?

An **output device** is capable of representing information from a computer. The form of this output might be visual, audio, or digital; examples include printers, display monitors, and plotters.

Paradigm in User System Interface" 사례는 가까운 미래에 대중화될 수 있는 터치리스 컴퓨팅에 대해 설명한다.

- ***스타일러스*** 작은 잉크 펜처럼 보이지만 잉크 대신 압력을 사용하는 작은 금속이나 플라스틱 장치로 컴퓨터 화면, 모바일 장치 또는 태블릿에 명령을 입력하는데 사용된다.
- ***트랙볼*** 고정된 위치에 있는 볼을 굴려 화면 커서를 제어한다. 트랙볼은 마우스보다 공간을 적게 차지하므로 노트북 컴퓨터에 이상적이다. 그러나 트랙볼로 위치를 지정하는 것이 마우스보다 정확하지 않을 수 있다.
- ***데이터 태블릿*** 작은 패드와 펜으로 구성되는데, 태블릿에 메뉴가 표시되고 펜을 사용하여 선택할 수 있다. 데이터 태블릿은 CAD/CAM에 가장 널리 사용된다.
- ***바코드 판독기*** 레이저를 사용하여 막대 형태의 코드를 읽는 광학 스캐너로 빠르고 정확하며 재고, 데이터 입력, 추적 시스템에 많이 이용된다. 주로 소매점에서 많이 사용된다.
- ***광학 문자 판독기(optical character reader; OCR)*** 바코드 판독기와 동일한 원리로 작동하지만 바코드 대신 문자를 읽는다. OCR은 많은 특수 문자를 인식하고 대소문자를 구별할 수 있어야 하므로 바코드 판독기를 사용하는 것보다 더 어렵다. 그럼에도 불구하고, OCR은 많은 응용 분야에서 성공적으로 사용되었고 꾸준히 개선되고 있다. 미국 우정국은 우편물을 분류하기 위해 OCR을 사용한다.
- ***마그네틱 잉크 문자 인식(magnetic ink character recognition; MICR) 시스템*** 마그네틱 잉크로 인쇄된 문자를 읽으며 주로 은행에서 수표 하단의 정보를 읽는데 사용된다.
- ***광학 마크 인식(optical mark recognition; OMR) 시스템*** 종이에 있는 표시를 읽기 때문에 "마크 감지" 시스템이라고 불리며 종종 객관식 시험과 O/X 시험을 채점하는데 사용된다.
- ***카메라와 마이크*** 화상 회의와 멀티미디어 애플리케이션의 보급으로 인해 최근 몇 년 동안 카메라와 마이크 두 가지 장치가 인기를 얻고 있다. 디지털 카메라는 사용자가 사진을 찍은 다음 컴퓨터나 다른 장치로 전송할 수 있기 때문에 입출력 장치 역할을 할 수 있다. 마이크는 디지털 형식으로 저장될 컴퓨터에 사운드를 입력하기 위한 입력 장치로 사용된다. 사운드는 멀티미디어 프레젠테이션에 추가되거나 음악이나 광고 작품을 재생하는데 사용될 수 있다.

2-5b 출력 장치

메인프레임과 개인용 컴퓨터 모두에 많은 **출력 장치(output device)**를 사용할 수 있다. 화면에 표시되는 출력을 "소프트 카피(soft copy)"라고 한다. 소프트 카피를 위한 가장 일반적인 출력 장치는 음극선관(CRT), 플라즈마 디스플레이, 액정 디스플레이(LCD)이다. 곧 유기발광다이오드(OLED) 디스플레이가 LCD를 대체할 것이다. OLED 화면은 LCD 기술보다 밝고 얇으며 전력 소모도 적지만, LCD보다 비싸다.

태블릿, 웨어러블 기기, 스마트폰용으로 접거나 말수 있는 새로운 형태의 화면이 출시되고 있다. 이러한 디스플레이는 OLED 기술을 기반으로 한다. OLED는 광원을 사용하는 백패널이 없어 얇고 전력 효율이 높다. 또한 기기 이동성(사용자가 기기의 모양을 변경할 수 있음), 슬림성, 경량성, 내구성이 향상된다는 장점이 있다.

2019년 2월, 삼성은 Galaxy Fold라는 1,980 달러의 첫 폴더블 스마트폰을 선보였다. 태블릿으로 사용할 수 있고, 더 작은 형태로 전화기로도 사용할 수 있다. 폴더블 스마트폰의 장점 중 일부는 더 큰 화면, 멀티태스킹 능력, 그리고 향상된 생산성을 들 수 있다. 단점으로는 높은 비용, 제한된 배터리 수명, 앱 부족, 신뢰성, 하드웨어 복잡성, 깨지기 쉬움, 무거운 무게가 있다. 새로운 디자인은 현재 포화 상태인 스마트폰 시장에 대한 관심을 다시 불러일으킬 수 있다.

다른 유형의 출력은 "하드 카피(hard copy)"로, 가장 일반적인 출력 장치는 프린터이다. 잉크젯 프린터와 레이저 프린터는 오늘날 사용되는 표준 프린터이다. 잉크젯 프린터는 이미지를 만드는 전하를 띤 잉크 방울을 종이에 투사하여 문자를 생성한다. 고품질 잉크젯 프린터는 사진 화질에 가까운 출력을 위해 컬러 잉크 카트리지를 사용하며 디지털 사진을 인쇄하는데 사용된다. 잉크젯 프린터는 문

Etka/Shutterstock.com

접이식 또는 롤러블 스크린은 OLED 기술의 최신 사용이다.

서와 사진 인쇄가 소규모로 필요한 가정 사용자에게 적합하다. 프린터를 선택할 때는 비용(초기 및 유지 관리), 품질, 속도, 점유 공간, 네트워킹 시설 등을 고려해야 한다.

레이저 프린터는 회전 드럼에 전하를 발생시켜 토너를 끌어당기는 레이저 기반 기술을 사용한다. 토너를 용지에 녹여 고화질의 출력을 내는 열 공정을 사용한다. 레이저 프린터는 대용량 및 고품질 인쇄가 필요한 대규모 사무실 환경에 더 적합하다. 최근 인쇄 기술의 발전은 클라우드 프린팅이다. 네트워크상의 어떤 기기에서든 인쇄할 수 있고 주문형 인쇄 전략을 구현할 수 있는 서비스이다. 간단히 말해서, 스마트폰, 태블릿, 노트북, 그리고 워크스테이션과 같은 장비들을 프린터와 함께 네트워크로 연결하는 것이다. 사용자는 개인 기기에서 원격으로 인쇄할 수 있다. 클라우드 프린팅의 장점은 비용 절감과 편의성이다. 호환성 문제가 없기 때문에 사용자는 더 이상 소프트웨어, 드라이버, 케이블에 대해 걱정할 필요가 없다. 클라우드 프린팅은 운송으로 발생하는 탄소 배출량을 줄이고 폐기물 발생량을 줄임으로써 조직의 친환경 목표를 달성하는데 도움이 된다.

다른 출력 장치로는 컴퓨터 출력을 그래픽으로 변환하기 위한 플로터(plotters)와 컴퓨터 출력을 음성으로 변환하기 위한 음성 합성기가 있다. 음성 합성은 보편화되었는데 식료품점의 계산대에서 상품 가격을 재생하기 위해 사용된다. 음성 출력은 마케팅에도 활용되고 있다. 컴퓨터는 전화번호 목록에 따라 전화를 걸고 메시지를 전달할 수 있다. 번호가 통화 중이면 컴퓨터는 메모를 하고 나중에 다시 전화를 건다. 이러한 방식의 가치에 의문이 제기되었지만, 투표에 대한 메시지를 전달하기 위해 일부 정치 캠페인에 자주 사용되었다.

컴퓨터 출력을 음성으로 변환하는 최신 애플리케이션 중 하나는 Amazon의 Alexa와 Google의 Home과 같은 디지털 비서이다. 예를 들어, Google의 가상 비서는 전화로 약속을 예약하기 위해 사람의 목소리를 흉내 낸다. 이러한 종류의 애플리케이션은 비서가 수행하는 많은 작업을 수행하므로 비즈니스 잠재력이 매우 크다.

2-5c 메모리 장치

모든 컴퓨터에는 공통적으로 두 가지 유형의 메모리, 즉 메인 메모리와 보조 메모리가 사용된다. **메인 메모리(main memory)**는 데이터와 정보를 저장하며 일반적으로 휘발성이다. 즉 전원을 끄면 메모리의 내용이 삭제된다. 비휘발성 메모리인 **보조 메모리(secondary memory)**는 컴퓨터가 꺼져 있을 때나 프로그램이 작동하는 동안에도 계속 데이터를 보관하고 있다. 또한 기록보관용 저장장치로도 사용된다. 메인 메모리는 컴퓨터의 성능에 중요한 역할을 하는데, 어느 정도까지는 컴퓨터에 메모리가 많을수록 입출력(I/O) 작업이 더 빠르고 효율적이다. 비디오 어댑터라고도 불리는 그래픽 카드도 컴퓨터 성능을 향상시킨다. 고급 그래픽 카드는 3D 이미지를 빠르게 렌더링해야 하는 그래픽 디자이너에게 중요하다. 또한 비디오 게임에도 최상의 디스플레이를 위해 고사양 그래픽 카드가 필요하다.

메인 메모리 장치

메인 메모리의 가장 일반적인 종류는 실리콘으로 만들어진 반도체 메모리 칩이다. 반도체 메모리 장치는 휘발성이거나 비휘발성이다. 휘발성 메모리는 **RAM(random access memory)**으로 불리며, "읽거나 쓸 수 있는 메모리"라고 생각할 수 있다. 즉, 데이터를 RAM에서 읽거나 RAM에 쓸 수 있다. RAM에 저장된 정보의 유형으로는 파일, 클

Main memory stores data and information and is usually volatile; its contents are lost when electrical power is turned off. It plays a major role in a computer's performance.

Secondary memory, which is nonvolatile, holds data when the computer is off or during the course of a program's operation. It also serves as archival storage.

Random access memory (RAM) is volatile memory, in which data can be read from and written to; it is also called read-write memory.

Cache RAM resides on the processor. Because memory access from main RAM storage takes several clock cycles (a few nanoseconds), cache RAM stores recently accessed memory so the processor is not waiting for the memory transfer.

Read-only memory (ROM) is nonvolatile; data cannot be written to ROM.

A **magnetic disk**, made of Mylar or metal, is used for random-access processing. In other words, data can be accessed in any order, regardless of its order on the surface.

Magnetic tape is made of a plastic material and stores data sequentially.

A **redundant array of independent disks (RAID)** system is a collection of disk drives used for fault tolerance and improved performance and is typically found in large network systems.

립보드의 내용, 실행 중인 프로그램 등을 예로 들 수 있다.

캐시(cache) RAM이라고 하는 특별한 유형의 RAM은 프로세서에 위치해 있다. 메인 메모리에 저장된 데이터에 접근하기 위해서는 일반적으로 어느 정도의 클럭 주기(몇 나노초)가 소요되는데, 캐시 RAM은 최근에 접근한 메모리 내용을 저장하고 있어 프로세서가 메모리로부터의 데이터 전송을 기다릴 필요가 없게 된다.

비휘발성 메모리는 **ROM(read only memory)**이라고 하며, 데이터를 ROM에 쓸 수 없다. 일반적으로 ROM에 저장된 데이터는 BIOS 정보와 컴퓨터 시스템의 시계를 예로 들 수 있다. 두 가지 다른 종류의 ROM이 있는데, PROM(programmable ROM)은 프로그래밍할 수 있는 ROM 칩으로 프로그래밍된 후에는 내용을 지울 수 없으며, EPROM(erasable programmable ROM)은 PROM과 유사하지만 내용을 지우고 다시 프로그래밍할 수 있다.

보조 메모리 장치

보조 메모리 장치는 비휘발성이며 장기간 대용량 데이터를 저장할 수 있다. 앞에서 언급한 바와 같이 컴퓨터가 꺼져 있을 때나 프로그램 작동 중에도 데이터는 계속 보관된다. 자기 디스크, 자기 테이프, 광디스크의 세 가지 유형이 있다. 대기업은 네트워크로 대량의 데이터를 저장하기 위해 SAN(storage area network)이나 NAS(network attached storage)(다음 항목에서 설명)를 사용한다.

자기 디스크(magnetic disk)는 랜덤 액세스 처리에 사용된다. 즉, 데이터는 표면상의 순서와 상관없이 어떤 순서로든 액세스할 수 있다. 자기 디스크는 테이프 장치보다 훨씬 빠르지만 더 비싸다.

자기 테이프(magnetic tape)는 데이터를 순차적으로 저장한다. 레코드는 블록으로 저장되거나, IRG(interrecord gap)라고 하는 레코드나 블록 사이에 간격을 두고 독립적으로 저장될 수 있다. 자기 테이프는 주로 백업용으로 데이터를 저장했지만, 지금은 다른 매체를 이용한다.

다른 보조 메모리 장치로는 하드 디스크, USB 플래시 드라이브, 메모리 카드가 있다. 하드 디스크는 다양한 크기로 내장형 또는 외장형으로 출시되며 가격은 꾸준히 하락하고 있다. 메모리 스틱은 작은 크기, 높은 저장 용량, 그리고 저렴한 비용으로 많이 사용되고 있다. 플래시 메모리는 전자적으로 지우고 다시 프로그래밍할 수 있는 비휘발성 메모리로, 주로 메모리 카드와 USB 플래시 드라이브에서 컴퓨터와 다른 장치 간에 데이터를 저장하고 전송하는 데 사용된다. 표 2.4는 일반적인 저장 장치의 용량을 비교한 것이다.

인기를 얻고 있는 또 다른 종류의 메모리 장치는 SSD(solid-state drive)이다. 메모리 스틱과 유사한 SSD에는 물리적으로 움직이는 부품이 없기 때문에 SSD가 장착된 PC가 하드 디스크가 장착된 PC보다 훨씬 빠르게, 몇 초만에 부팅된다. 2015년 7월 6일, 삼성은 노트북과 데스크톱용 2.5인치 크기의 2TB 용량을 제공하는 SSD를 발표했다.

RAID(redundant array of independent disks) 시스템은 장애 허용과 성능 향상을 위해 사용되는 디스크 드라이브의 모음이며 일반적으로 대규모 네트워크 시스템에서 사용된다. 데이터를 여러 곳에 저장하여 시스템의 신뢰성을 향상시킬 수 있다. 즉, 배열로 구성된 디스크 중 하나에 장애가 발생하더라도 데이터가 손실되지 않는다. 일부 RAID 구성에서는 여러 디스크에서 동시에 데이터를 읽을 수 있어 성능이 향상된다.

표 2.4 보조 메모리 장치의 용량

장치	저장 용량
메모리 스틱	1TB
하드 디스크	16TB
SD 카드	1TB
SSD	60TB

14장에서 설명할 **클라우드 스토리지(cloud storage)**는 최근 몇 년 동안 많은 기업과 개인에게 인기 있는 옵션이 되었다. 온라인 저장 및 백업에 사용되며 일반적으로 제3자에 의해 호스팅되는 다수의 가상 서버가 포함된다. 예를 들면 Box, Dropbox, OneDrive 및 Google Drive 등이다. 클라우드 스토리지는 기존의 저장 장치 중 일부에 대한 수요를 줄이거나 일부 장치를 대체할 수 있다. 기존 저장 장치와 비교하여 클라우드 스토리지를 사용할 경우 다음과 같은 이점이 있다.

- **언제 어디서나 파일에 접근 가능** 잠시 동안이라도 원격 작업을 해야 하는 이동 중인 작업자와 원격 작업자에게 특히 중요하다.
- **데이터 손실 방지** 클라우드에서 원격 백업 기능을 사용하여 파일을 저장할 수 있다.
- **비용 절감** 클라우드는 기존 저장 장치에 비해 기업에게 더 저렴한 대안을 제공하여 저장 장치 구입 및 서버 유지 관리 비용을 절감할 수 있다. 클라우드 스토리지는 이 모든 것을 더 적은 비용으로 제공한다.
- **협업 개선** 클라우드 스토리지의 파일 동기화를 통해 조직 내부나 외부에서 사용하는 장치에 관계없이 항상 최신 버전의 파일로 작업할 수 있다. 또한 대부분의 클라우드 스토리지에서 사용할 수 있는 실시간 협업 기능을 통해 여러 사용자가 동시에 동일한 파일에 접근할 수 있다.
- **향상된 보안** 일부 사람들은 클라우드 스토리지가 기존 저장 장치보다 덜 안전하다고 생각하지만, 대부분의 클라우드 스토리지 제공업체는 서로 다른 지역에 여러 개의 데이터 복사본을 보유하고 있기 때문에 데이터가 손실될 가능성은 거의 없다.
- **유지 보수 불필요** 서버를 지속적으로 유지 보수하는 것은 기업이 서버를 관리하기 위해 대규모 IT 직원을 고용해야 한다는 것을 의미하며, 이는 비용이 많이 든다.

SAN과 NAS

SAN(storage area network)은 디스크 어레이, 테이프 라이브러리, 광 저장 장치와 같은 공유 저장 장치를 연결하고 관리하는데 사용되는 하드웨어와 소프트웨어로 구성된 전용 고속 네트워크이다. SAN 네트워크는 LAN(local area network)이나 WAN(wide area network)의 모든 서버에서 저장 장치를 사용할 수 있도록 한다(LAN과 WAN은 6장에서 설명). SAN은 전용 네트워크이기 때문에 서버는 저장 장치에 연결하기 위해 처리 능력을 사용할 필요가 없으며, 더 빠르게 액세스할 수 있다. 일반적으로 SAN은 비용과 설치 복잡성 때문에 대기업에서만 사용된다.

SAN은 데이터 액세스 성능을 향상시키고 비용이 고가이지만, 각 서버에 저장 장치를 개별적으로 연결하는 것보다는 경제적이다. SAN의 용량은 수백 테라바이트까지 쉽게 확장할 수 있다.

NAS(Network Att-ached Storage)는 네트워크에 연결된 파일 수준의 데이터 저장 서버로 네트워크 상의 다른 기기들에게 파일 기반 저장 서비스를 제공한다. NAS의 소프트웨어는 데이터 저장, 파일 접근, 파일 및 저장 관리와 같은 기능을 처리한다.

SAN과 NAS 시스템 중 하나를 선택할 때는 다음 요소를 고려해야 한다.

- 하이브리드 솔루션(SAN과 NAS의 결합)을 사용할 수 있다.
- SAN은 스토리지만 제공하고 NAS 시스템은 스토리지와 파일 서비스를 모두 제공한다.
- NAS는 관리 비용을 절감하고 서버의 장애 허용 기능을 높이는 데 도움이 되기 때문에 웹서버와 전자메일 서버에 주로 사용된다. 또한 사용자 애플리케이션에 대량의 이기종 데이터(텍스트, 문서, 음성, 이미지, 영화 등)를 제공하는데 유용한 솔루션이 되고 있다.
- NAS의 가장 큰 문제점은 사용자 수가 증

Used for online storage and backup, **cloud storage** involves multiple virtual servers that are usually hosted by third parties. Customers buy or lease storage space from third parties based on their current or future needs.

A **storage area network (SAN)** is a dedicated high-speed network consisting of both hardware and software used to connect and manage shared storage devices, such as disk arrays, tape libraries, and optical storage devices.

Network-attached storage (NAS) is essentially a network-connected computer dedicated to providing file-based data storage services to other network devices.

가함에 따라 성능이 저하된다는 것이다. 그러나 서버를 추가하거나 CPU를 업그레이드하면 쉽게 확장할 수 있다.

2-6 컴퓨터 분류

일반적으로 컴퓨터는 비용, 메모리 크기, 속도 및 정교함에 따라 분류된다. 이러한 기준을 사용하여 컴퓨터는 서브노트북, 노트북, 개인용 컴퓨터, 미니컴퓨터, 메인프레임 또는 슈퍼컴퓨터로 분류된다. 슈퍼컴퓨터는 가장 성능이 우수하며, 최고의 저장 용량을 가지고 있으며, 가격도 제일 비싸다.

메인프레임 컴퓨터는 일반적으로 1965년에 소개된 IBM System/360 계열과 호환된다. System/360을 기반으로 하지 않는 시스템을 "서버"(다음 절에서 설명) 또는 슈퍼컴퓨터라고 한다. 슈퍼컴퓨터는 개인용 컴퓨터, 미니컴퓨터, 메인프레임보다 더 비싸고, 훨씬 크고, 더 빠르고, 더 많은 메모리를 가지고 있다.

2018년 11월에 발표된 상위 500대 슈퍼컴퓨터 보고서에 따르면, 중국은 세계에서 가장 빠른 500대 슈퍼컴퓨터 중 227대를 보유하고 있다. 미국은 1위와 2위를 포함해 상위 10위 안에 5개가 있다. 다음 목록은 상위 10개의 슈퍼컴퓨터를 소유 국가와 함께 보여준다.

1. Summit (미국; 아래 Summit 사례 참조)
2. Sierra (미국)
3. Sunway TaihuLight (중국)
4. Tianhe-2A (중국)
5. Piz Daint (스위스)
6. Trinity (미국)
7. AI Bridging Cloud Infrastructure(ABCI) (일본)
8. SuperMUC-NG (독일)
9. Titan (미국)
10. Sequoia (미국)

컴퓨터를 활용할 수 있는 분야는 숙제(서브노트북, 노트북, 개인용 컴퓨터)부터 우주 왕복선 발사(슈퍼컴퓨터)까지 모든 것이 포함된다. 모든 컴퓨터가 속도와 정교함에 있어 꾸준히 향상되고 있기 때문에, 컴퓨터의 등급을 묘사하는 것은 어려운 일이다. 예를 들어, 오늘날 노트북 컴퓨터는 1970년대의 메인프레임보다 더 강력한 성능을 가지고 있으며, 이러한 추세는 앞으로도 계속될 것이다. "Popular iPad Business Applications" 사례는 iPad에서 사용할 수 있는 기업용 애플리케이션 중 일부를 소개한다. 의료 분야에서의 응용 외에도 웨어러블 기기는 생산성 향상을 위해 다른 분야에서도 사용될 수 있다. 예를 들어, 제조 분야에서 다음과 같은 작업을 수행할 수 있다.

- 핸즈프리 환경을 제공하여 직원 안전을 개선한다.

Summit: The Fastest Supercomputer in the World

FINANCE | TECHNOLOGY IN SOCIETY | APPLICATION | REFLECTI VE THINKING

IBM과 Nvidia가 제휴하여 Oak Ridge 국립 연구소를 위해 제작한 Summit이라는 2억 달러 규모의 정부 지원 슈퍼컴퓨터가 성능 측면에서 1위를 차지했다(지난 5년간 중국이 선두를 지켰다). 2018년 6월 기준으로 가장 빠른 슈퍼컴퓨터인 Summit은 IBM과 Nvidia가 설계한 36,000개 이상의 프로세서로 구성되어 있다. 그것은 초당 200조 개의 계산을 수행한다. 이는 일반적인 컴퓨터가 30년 동안 수행하는 연산을 단 1시간 만에 수행한다는 것을 의미한다. Summit은 5,600 평방 피트의 공간을 차지하며 거의 200마일에 달하는 케이블이 필요하다. 또한 냉각을 위해 분당 4,000 갤런의 물을 사용하며, 전력 소비량은 8,000가구가 사용하는 것과 비슷하다. Summit과 같은 슈퍼컴퓨터는 날씨 예측, 기후 연구, 석유와 가스 탐사, 분자 모델링과 제약 연구와 같은 작업을 하는데 사용된다.

질문 및 토론

1. Summit의 세 가지 애플리케이션은 무엇인가?
2. Summit의 처리 능력은 어느 정도인가?

- 작업 진행 상황을 추적하여 직원 모니터링을 개선한다.
- 직원들이 온라인 툴에 액세스하여 문제를 더 빨리 해결할 수 있도록 지원함으로써 서비스 지원을 제공한다.
- 구성요소 고장 시 경고를 제공하여 공장 모니터링을 지원한다.
- 저장 및 추후 분석 가능한 핸즈프리 실시간 비디오를 제공하여 비디오 애플리케이션을 지원한다.

입출력 장치의 현재 추세는 다음과 같다.

- 더 얇고 가벼운 노트북 및 태블릿
- 더 빠르고 용량이 큰 메모리
- 무선 장치의 광범위한 활용
- 자세, 접촉 및 음성을 사용하는 대화형 컴퓨팅의 애플리케이션 증가

2-6a 서버 플랫폼: 개요

서버(server)는 네트워크 자원을 관리하고 서비스를 제공하는 컴퓨터와 소프트웨어이다. 다음과 같은 다양한 서버 플랫폼을 사용하여 특정 작업을 수행할 수 있다.

- 애플리케이션 서버는 사용자가 사용하는 컴퓨터 소프트웨어를 저장한다.
- 데이터베이스 서버는 방대한 양의 데이터를 저장하고 관리한다.
- 디스크 서버는 대용량 하드 드라이브를 갖추고 있어 파일과 애플리케이션을 저장할 수 있다.

A **server** is a computer and a l the software for managing network resources and offering services to a network.

Popular iPad Business Applications

FINANCE | TECHNOLOGY IN SOCIETY | APPLICATION

iPad는 Apple이 설계하고 개발한 태블릿 컴퓨터이다. iPad 사용자들은 멀티터치 사용자 인터페이스를 사용하여 웹을 탐색하고, 전자 메일을 읽고 보내고, 사진을 공유하고, HD 비디오를 보고, 음악을 듣고, 게임을 하고, 전자책을 읽을 수 있다. 현재 iPad는 다음을 포함한 많은 비즈니스 전문가들이 사용하고 있다.

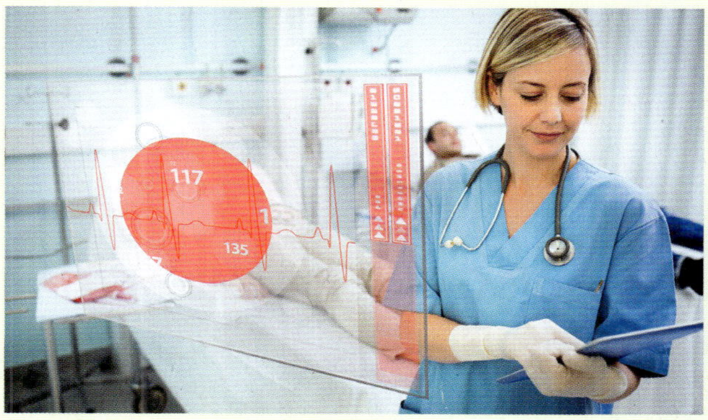
wavebreak media/Shutterstock.com

의료 종사자 - 의료 애플리케이션에 액세스하고 병상 치료를 위해 사용

판매 담당자와 서비스 직원 - 이동 중 판매 프레젠테이션 수행 및 제품 정보 표시

보험 대리점 - 보험료 견적 내기

부동산업자 - 관심 있는 주택 구매자를 위한 원격, 대화식, 시각적 홈 투어 제공

법조인 - 법률 문서를 사용하고 자동차, 사무실 또는 법정에서 NexisLexis 검색

교사 및 학생 - Windows 애플리케이션 사용

금융 전문가 - Windows 거래 프로그램, 대시보드, 문서, 실시간 견적, Bloomberg Anywhere 및 포트폴리오 분석 도구 등을 사용

기업 캠퍼스 직원 - 직원들이 사무실 간 이동 도중에 동료들과 협업할 수 있도록 기업 데이터에 접속

원격 및 모바일 작업자 - 집에서나 이동 중에 Windows 비즈니스 애플리케이션, 데스크톱 및 데이터에 접속

질문 및 토론

1. iPad의 세 가지 기업용 애플리케이션은 무엇인가?
2. 산업 노동자는 iPad를 어떻게 사용할까?

- 팩스 서버는 사용자가 팩스를 주고받을 수 있는 소프트웨어와 하드웨어로 구성된다.
- 파일 서버는 데이터 파일을 저장하고 검색하기 위한 대용량 하드 드라이브가 포함되어 있다.
- 메일 서버는 전자우편을 발송, 수신 및 저장한다.
- 프린터 서버를 사용하면 네트워크 프린터로 인쇄할 수 있다.
- RAS(remote access server)를 사용하면 원격지 사용자가 네트워크 파일 저장소, 프린터, 데이터베이스와 같은 네트워크 자원을 이용할 수 있다.
- 웹서버는 인터넷을 통해 접속할 수 있도록 웹 페이지를 저장한다.

2-7 소프트웨어

소프트웨어는 컴퓨터 시스템을 실행하는 프로그램으로 크게 시스템 소프트웨어와 응용 소프트웨어로 분류할 수 있다. 예를 들어 Microsoft Windows와 같은 시스템 소프트웨어는 PC용 운영 체제이다. 이러한 유형의 소프트웨어는 백그라운드에서 작동하며 더 이상 필요하지 않은 파일 삭제와 같은 작업을 처리한다. 응용 소프트웨어는 특수 작업을 수행하는데 사용된다. 예를 들어, Microsoft Excel은 스프레드시트 분석과 숫자 계산 작업에 사용된다. "Microsoft Office 365: Making Data and Applications Portable" 사례는 웹 기반 소프트웨어 애플리케이션인 Office 365를 소개한다.

2-7a 운영 체제 소프트웨어

운영 체제(operating system; OS)는 컴퓨터 하드웨어와 소프트웨어를 제어하고 관리하기 위한 프로그램 집합이다. 컴퓨터와 사용자간에 인터페이스를 제공하며 사용자가 컴퓨터 자원을 공유할 수 있도록 돕고 사용자를 위한 반복적인 작업을 수행함으로써 컴퓨터 효율성을 높인다. 일반적인 운영 체제는 제어 프로그램(control programs)과 감독 프로그램(supervisor programs)으로 구성된다. 제어 프로그램은 다음 기능을 수행하여 컴퓨터 하드웨어와 자원을 관리한다.

- **작업 관리** CPU에서 수행하는 작업을 제어하고 우선순위를 지정한다.
- **자원 할당** 저장 장치나 메모리와 같은 컴퓨터 자원을 관리한다. 네트워크에서 제어 프로그램은 특정 프린터

Microsoft Office 365: Making Data and Applications Portable

FINANCE | TECHNOLOGY IN SOCIETY | APPLICATION

Office 365는 2011년 6월 28일 처음 출시되었다. 사용자는 Office 365 구독료를 월별이나 연간 단위로 선택할 수 있으며, 기업용이나 가정용으로 다양한 구독 프로그램이 제공된다. Office 365에는 Word, Excel, PowerPoint, OneNote를 포함한 기존 Office 도구가 포함되어 있어 정보 수집과 다중 사용자 협업에 사용할 수 있다. OneNote는 인터넷을 통해 다른 사용자와 노트(수기 또는 타이핑), 도면, 스크린샷과 오디오 통신 등을 공유할 수 있는 프로그램이다. Office 365에는 1TB의 OneDrive 클라우드 스토리지와 월 60분 사용 가능한 Skype도 포함되어 있다. OneDrive를 통해 사용자는 기기에 상관없이 어디서나 자신의 데이터에 접속할 수 있다.

Office 365의 고유한 기능은 (1) 패키지를 구입하는 대신에 월별 고정 요금, (2) 언제 어디서나 Office 프로그램과 데이터에 접속, (3) 언제든지 최신 버전의 Office 사용, (4) 신뢰할 수 있는 비즈니스 파트너와 조직 내외부의 커뮤니케이션과 협업 등이 있다. 네트워크와 인터넷 접속의 가용성, 신뢰성, 대역폭, 보안 그리고 클라우드 기반 애플리케이션과 관련된 개인 정보 보호 문제(14장에서 설명)가 이 플랫폼의 우려 사항들이다.

질문 및 토론

1. Office 365는 직장에서 어떻게 사용되는가?
2. Office 365의 세 가지 우려 사항 또는 단점은 무엇인가?

에 인쇄 작업을 할당하는 것과 같은 작업에도 사용된다.

- **데이터 관리** 데이터가 손상되거나 변경되지 않았는지 확인하기 위해 체크섬(checksum)을 생성하여 데이터 무결성을 제어한다. OS가 저장 장치에 데이터를 쓸 때 데이터와 함께 값(체크섬)을 생성하고, 다음에 이 데이터를 검색할 때 체크섬이 다시 계산되어 원래 체크섬과 비교된다. 두 값이 일치하면 무결성은 보장되지만, 그렇지 않은 경우 데이터가 손상되었다는 것을 의미한다.
- **통신** CPU와 I/O 장치 간의 통신처럼 컴퓨터 시스템 부품 간의 데이터 전송을 제어한다.

커널(kernel)이라고 하는 감독 프로그램은 컴파일러, 인터프리터, 어셈블러, 특정 작업 수행을 위한 유틸리티와 같은 OS의 다른 모든 프로그램을 제어하는 역할을 한다.

싱글태스킹과 멀티태스킹 OS 외에도, 시분할 OS는 여러 사용자가 동시에 컴퓨터 자원을 사용할 수 있게 한다. OS는 메인프레임과 개인용 컴퓨터를 위한 다양한 플랫폼에서도 사용할 수 있다. Microsoft Windows, Mac OS, Linux는 개인용 컴퓨터 OS의 예이며 메인프레임 OS에는 Unix, OpenVMS, 일부 Linux 버전이 있다.

최근 몇 년 동안 스마트폰과 다른 휴대용 장치를 위한 두 개의 새로운 운영 체제인 iOS와 Android가 많은 관심을 받았다. iOS는 iPad, iPhone, iPod Touch에서 실행된다. Google의 Android 운영 체제는 HTC InsPire, Samsung Galaxy, LG Thrill과 같은 비-Apple 스마트폰과 휴대용 기기에서 작동된다.

2-7b 응용 소프트웨어

개인용 컴퓨터는 상용 또는 자체 개발된 소프트웨어인 **응용 소프트웨어(application software)**를 사용하여 다양한 작업을 수행할 수 있다. 자체 개발된 소프트웨어는 일반적으로 상용 소프트웨어보다 비싸지만 맞춤화가 되어 있어 사용자의 요구에 더 잘 맞는 경우가 많다. 상상할 수 있는 거의 모든 작업에 대해 소프트웨어 패키지를 사용할 수 있다. 다음 절에서 개인용 컴퓨터에서 사용할 수 있는 상용 응용 소프트웨어에 대해 설명한다. 이 외에도 정보 관리 소프트웨어, 웹 저작 소프트웨어, 사진이나 그래픽 소프트웨어와 같은 것도 있다.

워드 프로세싱 소프트웨어

여러분은 문서를 작성할 때 사용하는 워드 프로세싱 소프트웨어에 가장 익숙할 것이다. 일반적으로 여기에는 글자 삭제, 삽입, 복사 등의 편집 기능이 포함된다. 고급 워드 프로세싱 소프트웨어는 종종 정교한 그래픽과 데이터 관리 기능을 포함하고 있다. 특히 워드 프로세싱 소프트웨어는 수백 명의 고객에게 동일한 내용의 편지를 보내는 것과 같이 반복적인 작업의 경우 시간을 절약할 수 있다. 대부분의 워드 프로세싱 소프트웨어는 철자 검사와 문법 검사 기능을 제공한다. 인기 있는 프로그램으로 Microsoft Word, Corel WordPerfect, OpenOffice 등을 들 수 있다.

스프레드시트 소프트웨어

스프레드시트는 행과 열로 구성된 표를 의미하며, 스프레드시트 소프트웨어는 스프레드시트의 정보로 다양한 작업을 수행할 수 있다. 예산을 작성하고 데이터에 대해 "What-if" 분석을 수행할 수도 있다. 예를 들어, 소득 10% 감소가 다른 예산 항목에 미치는 영향을 계산하거나 주택 담보대출 금리 2% 인하 효과를 계산해 볼 수 있다. 일반적인 스프레드시트 소프트웨어로는 Microsoft Excel, IBM Lotus 1-2-3, Corel Quattro Pro 등이 있다.

데이터베이스 소프트웨어

데이터베이스 소프트웨어는 데이터 생성, 삭제, 수정, 검색, 정렬, 결합과 같은 작업을 수행하도록 설계되었다. 데이터베이스는 기본적으로 행과 열로 구성된 표의 모음이다. 데이터베이스 소프트웨어를 사용하면 더 빠르고 효율적으로 데이터에 접근하여 작업할 수 있다. 예를 들어, 수천 개의 레코드를 포함하는 데이터베이스를 수동으로 검색하는 것은 거의 불가능하다. 데이터베이스 소프트웨어를 이용하여 사용자들은 정보를 빠르게 검

An **operating system (OS)** is a set of programs for controlling and managing computer hardware and software. It provides an interface between a computer and the user and increases computer efficiency by helping users share computer resources and by performing repetitive tasks for users.

Application software can be commercial software or software developed in-house and is used to perform a variety of tasks on a personal computer.

색할 수 있고, 심지어 학점 3.6점 이상의 20세 미만인 모든 회계학 전공 학생을 찾는 것과 같이 특정 기준에 맞는 검색을 할 수도 있다. 데이터베이스에 대해서는 3장에서 자세히 설명한다. 개인용 컴퓨터를 위한 데이터베이스 소프트웨어로는 Microsoft Access, FileMaker Pro, Alpha Software Alpha Five가 있다. 대기업에서 사용되는 고급 데이터베이스 소프트웨어는 Oracle, IBM DB2, 그리고 Microsoft SQL Server 등이다.

프레젠테이션 소프트웨어

프레젠테이션 소프트웨어는 슬라이드 쇼를 만들고 전달하는데 사용된다. Microsoft PowerPoint가 가장 많이 사용되며, 다른 예로는 Google Slide와 Canva를 들 수 있다. 글머리 기호나 번호 목록, 차트, 그래프와 같은 다양한 유형의 콘텐츠를 슬라이드 쇼에 포함할 수 있다. 사운드와 동영상 클립뿐만 아니라 그래픽도 가능하다. 프레젠테이션 소프트웨어는 슬라이드 간의 시간 간격 변경과 같은 슬라이드 쇼를 실행할 수 있는 몇 가지 옵션을 제공한다. 또한 프레젠테이션을 음악과 내레이션이 포함된 웹 페이지나 사진 앨범과 같은 형식으로도 변환할 수 있다. 일부 프레젠테이션 소프트웨어의 또 다른 기능은 컴퓨터 화면을 캡처한 다음 캡처한 것들을 비디오로 결합하여 시연하는 것인데, 교육용이나 직원 교육 세미나에 유용하다.

그림 2.3 Microsoft Excel의 그래프 유형

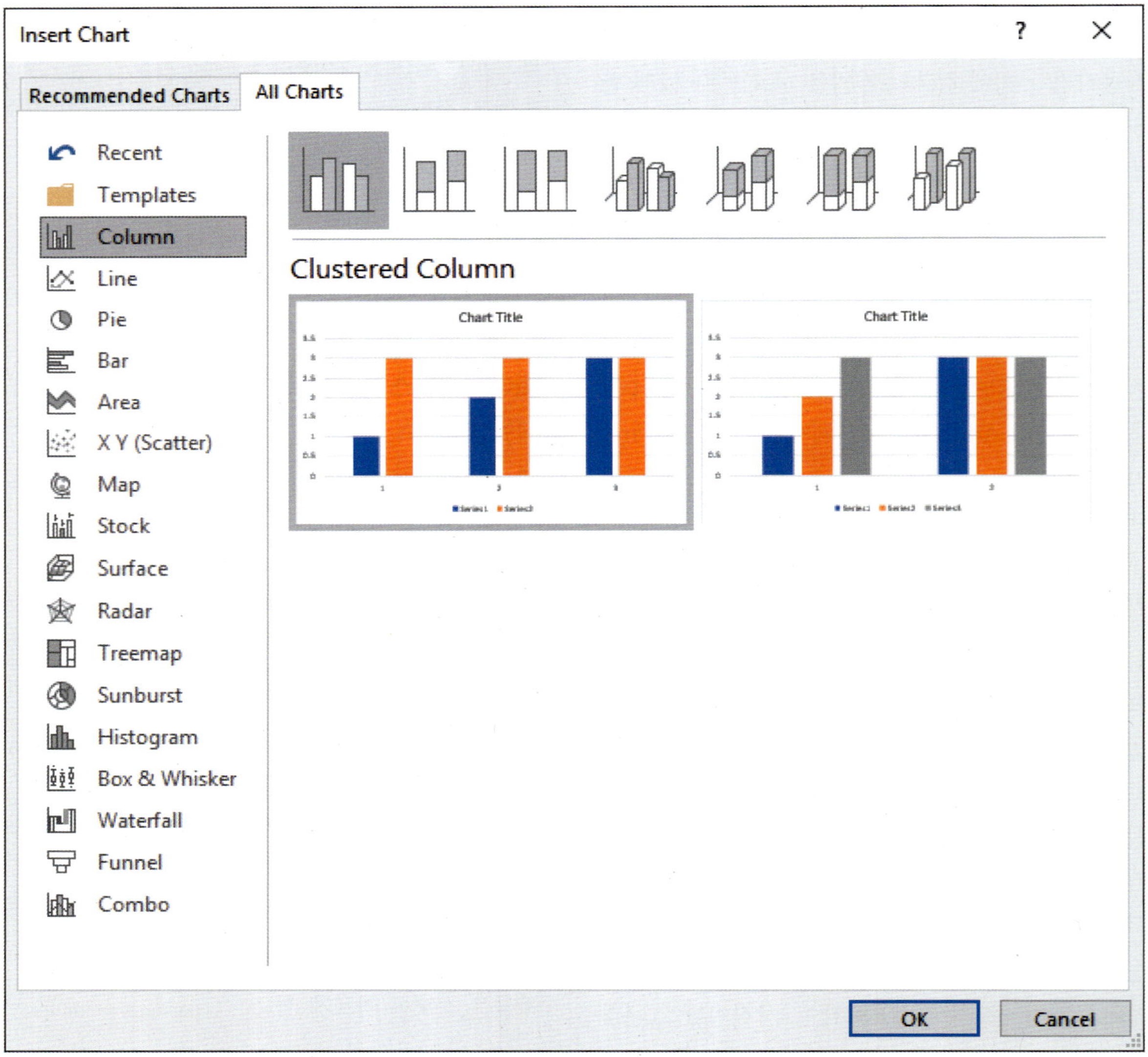

그래픽 소프트웨어

그래픽 소프트웨어는 데이터를 선 그래프와 파이 차트와 같은 그래픽 형식으로 표시하도록 설계되었다. 이러한 형식은 데이터의 추세와 패턴을 설명하고 상관 관계를 표시하는데 유용하다. 그래픽은 Excel, Lotus 1-2-3, Quattro Pro와 같은 통합 패키지나 Adobe Photoshop, Adobe Illustrator와 같은 전용 그래픽 패키지를 사용하여 만든다. 그림 2.3은 Microsoft Excel에서 만들 수 있는 그래프 유형을 보여준다.

문서 출판 소프트웨어

문서 출판 소프트웨어는 값비싼 하드웨어와 소프트웨어 없이 전문적인 품질의 문서를 만드는데 사용된다. 이 소프트웨어는 What-you-see-is-what-you-get(WYSIWYG, "위지윅"으로 발음) 개념으로 작동하므로 고품질 화면 디스플레이를 통해 출력물의 내용을 그대로 확인할 수 있다. 문서 출판 소프트웨어는 소식지, 안내 책자, 교육 매뉴얼, 슬라이드, 포스터뿐만 아니라 책을 만드는데 사용된다. 널리 사용되는 세 가지 패키지는 Xara Page & Layout Design, Adobe InDesign, Microsoft Office Publisher이다.

재무 계획과 회계 소프트웨어

스프레드시트 소프트웨어보다 강력한 재무 계획 소프트웨어는 대량의 데이터에 대해 다양한 유형의 분석을 수행할 수 있다. 이러한 분석에는 현재 가치, 미래 가치, 수익률, 현금 흐름, 감가상각, 퇴직 계획, 예산 책정 등이 포함된다. 널리 사용되는 재무 계획 패키지는 Intuit Quicken이다. 이 패키지를 사용하면 모든 종류의 금융 시나리오를 계획하고 분석할 수 있다. 예를 들어 월 200달러 개인연금을 납부하면 5%의 이자율로 30년 후에는 어느 정도가 될지 계산하거나 고정금리를 이용해 자녀의 대학 교육을 위해 18년 동안 150,000달러를 저축하는 방법을 결정할 수도 있다.

스프레드시트 소프트웨어 외에도 총계정원장, 재무상태표, 손익계산서와 같은 정교한 회계 작업을 수행하기 위해 전문 회계 소프트웨어를 사용할 수 있다. 많이 사용하는 회계 소프트웨어 패키지는 Quickbooks, Xero, Zoho Books 등이다.

FERNANDO BLANCO CALZADA/Shutterstock.com

프로젝트 관리 소프트웨어

웹 사이트 설계나 주문 입력 시스템 구축과 같은 프로젝트는 관련 작업들의 집합으로 구성된다. 프로젝트 관리 소프트웨어의 목표는 프로젝트 관리자가 일정 문제를 해결하고, 목표를 계획하고 설정하며, 잠재적인 병목 현상을 감안하여 시간과 예산을 통제할 수 있도록 도와주는 것이다. 이러한 소프트웨어를 사용하여 일정 변경에 따른 비용, 시간, 자원의 영향을 검토할 수 있다. Wrike, Smartsheet, Clarizen을 포함한 다수의 프로젝트 관리 소프트웨어 패키지가 시장에 나와 있다.

컴퓨터 지원 설계 소프트웨어

컴퓨터 지원 설계(Computer-Aided Design) 소프트웨어는 제도와 설계에 사용되며 T형 자, 삼각자, 종이, 연필과 같은 전통적인 도구를 대체하였다. 건축 및 엔지니어링 회사에서 광범위하게 사용되었지만, PC 성능의 향상과 더 폭적인 가격 하락으로 인해 소규모 회사와 가정용 사용자도 구입하여 사용할 수 있게 되었다. 널리 사용되는 CAD 소프트웨어에는 AutoCAD, Rhino3D, DesignSpar 등이 있다.

2-8 컴퓨터 언어

앞서 언급했듯이, 컴퓨터 언어는 4세대를 거쳐 발전했으며, 현재 5세대가 개발되고 있다. 1세대 컴퓨터 언어인 기계어는 데이터나 명령을 나타내는 일련의 0과 1로 구성

Machine language, the first generation of computer languages, consists of a series of 0s and 1s representing data or instructions. It is dependent on the machine, so code written for one type of computer does not work on another type of computer.

Assembly language, the second generation of computer languages, is a higher-level language than machine language but is also machine dependent. It uses a series of short codes, or mnemonics, to represent data or instructions.

High-level languages are machine independent and part of the third generation of computer languages. Many languages are available, and each is designed for a specific purpose.

Fourth-generation languages (4GLs) use macro codes that can take the place of several lines of programming. The commands are powerful and easy to learn, even for people with little computer training.

Fifth-generation languages (5GLs) use some of the artificial intelligence technologies, such as knowledge-based systems, natural language processing (NLP), visual programming, and a graphical approach to programming. These languages are designed to facilitate natural conversations between you and the computer.

An **object-oriented programming (OOP)** language is organized around a system of objects that represent the real world as opposed to a series of computational steps used in traditional languages.

된다. **기계어(machine language)**는 기계에 따라 달라지기 때문에, 한 종류의 컴퓨터를 위해 작성된 코드는 다른 종류의 컴퓨터에서는 작동되지 않는다. 기계어 프로그램을 작성하는 것은 시간이 많이 걸리고 힘든 일이다.

제2세대 컴퓨터 언어인 **어셈블리어(assembly language)**는 기계어보다 더 높은 수준의 언어이지만 기계에 종속적이다. 데이터나 명령을 나타내기 위해 일련의 단축 코드 또는 니모닉을 사용한다. 예를 들어, ADD와 SUBTRACT는 어셈블리어에서 사용되는 전형적인 명령어다. 어셈블리어로 프로그램을 작성하는 것은 기계어로 작성하는 것보다는 쉽다.

3세대 컴퓨터 언어는 기계 독립적이며 **고급 언어(high-level language)**라고 불린다. 가장 널리 사용되는 세 가지 언어는 C++, Java, VB.NET이고, 주로 웹 개발이나 인터넷 애플리케이션에 사용된다. 고급 언어는 영어에 가까워서 배우고 코딩하는 것이 쉽다. 또한 자체 문서화 기능이 있어 추가 문서화 작업 없이도 프로그램을 이해할 수 있다.

4세대 언어(fourth-generation language; 4GL)는 가장 사용하기 쉬운 컴퓨터 언어이다. 사용하는 명령어가 강력하고 전문적인 컴퓨터 교육을 받지 않은 사람들도 배우기 쉽다. 때로는 4GL을 비절차 언어라고 부르기도 하는데, 이는 4GL을 사용하기 위해 엄격한 명령 구문을 따를 필요가 없다는 것을 의미한다. 대신에, 4GL은 여러 줄의 프로그래밍을 대체할 수 있는 매크로 코드를 사용한다. 예를 들어, 4GL에서 100줄 이상의 고급 프로그래밍 코드를 대체하는 매크로 코드인 PLOT 명령을 실행할 수 있다. 간단한 명령 하나로 작업을 수행한다. 3장에서 설명하는 SQL(Structured Query Language)은 4GL의 예이다.

5세대 언어(fifth-generation language; 5GL)는 지식 기반 시스템, 자연어 처리(NLP), 비주얼 프로그래밍, 프로그래밍에 대한 그래픽 접근법 등 일부 인공지능 기술(13장에서 설명)을 사용한다. 코드는 자동으로 생성되며 프로그래머 없이 또는 최소한의 프로그래밍 노력으로 컴퓨터가 주어진 문제를 해결하도록 설계된다. 이러한 언어는 사용자와 컴퓨터 간의 자연스러운 대화를 용이하게 하도록 설계된다. 컴퓨터에 "지난해 가장 많은 매출을 올린 제품은 무엇인가?"라고 물어보면 음성 합성기가 장착된 컴퓨터는 "제품 X"라고 응답할 수 있다. 지금까지 가시적인 성과가 많이 나와 이 분야에서의 연구가 계속되고 있다. 인터넷 프로그래밍과 웹 개발에 사용되는 프로그래밍 언어로는 액티브X, C++, Java, JavaScript, Perl, Python, PHP, Visual Basic, Extensible Stylesheet Language(XSL)가 있다. 가장 중요한 웹 개발 언어는 HTML(Hypertext Markup Language)와 XML(eXtensible Markup Language)이다. 두 언어 모두 완전한 기능을 갖춘 프로그래밍 언어가 아니라 마크업 언어이다.

2-9 객체지향 프로그래밍

Java, Ruby, Swift, C# 및 Visual Basic과 같이 오늘날 사용되는 대부분의 인기 있는 프로그래밍 언어들은 **객체지향 프로그래밍(object-oriented programming; OOP)**이라고 불리는 방법론에 기반을 두고 있다. 이 방법론은 3장의 "객체지향 데이터베이스"에서 자세히 설명할 것이다. OOP 언어는 전통적인 언어에서 사용되는 일련의 계산 단계와 반대로 실제 세계를 나타내는 객체 시

그림 2.4 객체-지향 프로그래밍의 핵심 원칙

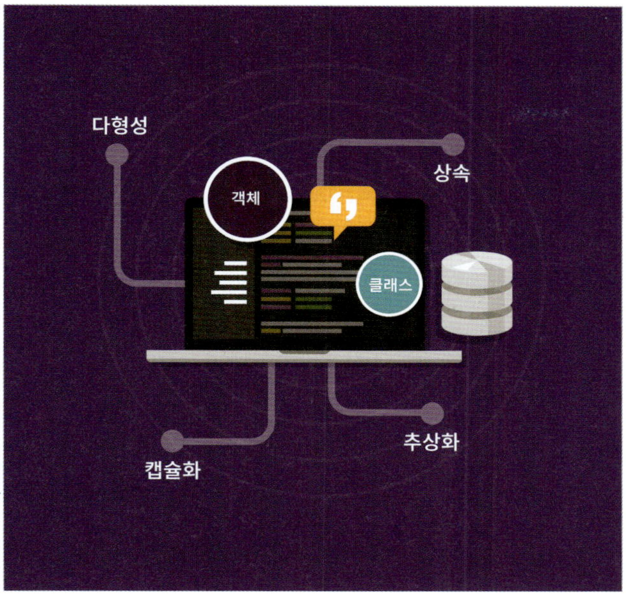

Bakhtiar Zein/Shutterstock.com

스템을 중심으로 구성된다. 단순성(Simplicity)과 적응성(adaptability)은 OOP의 주요 특징 중 하나이다. OOP의 두 가지 주요 부분은 객체(object)와 클래스(class)이다. **객체(object)**는 데이터와 데이터를 읽고 조작하는 절차를 모두 포함하고 있는 항목으로 사람, 사건이나 거래 등을 예로 들 수 있다. **클래스(calss)**는 객체의 형식과 객체가 수행하는 작업을 정의한다. 예를 들어, 자동차는 제조사와 다양한 모델을 포함할 수 있는 클래스의 한 예이다. BMW를 제조사로, 3, 4, 5, 6, 7 시리즈를 모델로 생각하면 된다.

추상화(Abstraction), 상속(inheritance), 다형성(polymorphism), 캡슐화(encapsulation)는 OOP의 네 가지 핵심 원칙이다. 추상화는 사용자에게 불필요한 세부 정보를 숨김으로써 복잡성을 처리하는데 사용된다. 이 원칙은 문제를 더 높은 수준에서 살펴본 다음 세부 내용은 코드 개발 이후 단계에서 처리한다. 상속을 통해 새로운 객체는 기존 객체의 속성을 가질 수 있다. 이 기능은 기존 코드를 사용하여 프로그램 개발 시간을 단축한다. 다형성은 데이터 유형이나 클래스에 따라 객체를 다르게 처리할 수 있는 기능이다. 예를 들어, 이 기술을 사용하면 프로그래머가 기본 클래스 모양을 원, 직사각형, 삼각형과 같이 다른 모양으로 정의할 수 있다. 캡슐화는 관련 항목을 단일 단위로 그룹화하는 것을 의미한다. 이렇게 하면 이미지나 그래프와 같은 더 복잡한 유형의 데이터를 처리하는데 도움이 된다. 각각의 OOP는 특정 OS와 프로그래밍 환경에 맞게 조정된다. 예를 들어 Swift는 Mac OS와 iOS의 프로그래밍 환경과 앱 개발에 주로 사용되고, Microsoft가 개발한 C#은 Windows 앱과 Windows 프로그래밍 환경에 주로 사용되며, Java는 플랫폼에 상관없이 사용된다. 그림 2.4는 OOP의 핵심 원칙을 나타낸다. OOP의 주요 장점은 다음과 같다.

> An **object** is an item that contains both data and the procedures that read and manipulate it.
>
> A **class** defines the format of the object and the action that it performs.

- **모듈성** 특정 모듈 및 자체 모듈용 코드가 작성된다. 따라서 코드를 작성하고 수정하고 결함을 해결하는 것이 기존 코드보다 더 쉽게 된다. 기존 모듈에 미치는 영향 없이 새로운 기능을 쉽게 새 모듈에 추가할 수 있다.
- **다른 목적으로 코드 재사용** 한 객체에 대해 작성된 코드는 주요 부분을 유지하고 다른 객체에 적용함으로써 간단히 수정할 수 있다.
- **효과적인 문제 해결** OOP 언어는 프로그래머가 프로그램을 작은 크기의 문제로 분해하여 한 번에 한 모듈 또는 한 객체를 해결할 수 있게 한다.

요약

2-1 컴퓨터 시스템을 정의하고 컴퓨터 시스템의 구성요소를 설명한다. 컴퓨터는 데이터를 입력으로 받아들이고 저장된 명령을 사용하여 사람의 개입 없이 데이터를 처리하고 정보를 출력하는 기계이다. 컴퓨터 시스템은 하드웨어와 소프트웨어로 구성된다.

2-2 컴퓨터 하드웨어와 소프트웨어의 역사에 대해 설명한다. 컴퓨터 하드웨어는 진공관, 트랜지스터, 집적회로, 소형화, 병렬처리 등 5세대를 거쳤다. 컴퓨터 소프트웨어 역시 기계어, 어셈블리어, 고급 언어, 4세대 언어, 자연어 처리의 5세대를 거쳤다.

2-3 컴퓨터의 컴퓨팅 성능을 결정짓는 세 가지 요소의 영향을 분석한다. 컴퓨터는 인간의 능력을 훨씬 능가하는 세 가지 요소, 즉 속도, 정확성, 저장 및 검색 능력으로 성능이 결정된다.

2-4 세 가지 기본적인 컴퓨터 작업을 설명한다. 컴퓨터는 산술 연산, 논리 연산, 저장과 검색 연산의 세 가지 기본 작업을 수행할 수 있다. 모든 작업을 세 가지 작업 중에서 하나 또는 조합을 사용하여 처리한다.

2-5 입력, 출력, 메모리 장치의 유형에 대해 논의한다. 컴퓨터를 사용하고 데이터를 처리하려면 입력(키보드), 출력(프린터), 메모리 장치(메인 메모리와 보조 메모리)의 세 가지 주요 구성요소가 필요하다.

2-6 컴퓨터가 어떻게 분류되는지, 그리고 컴퓨터 비즈니스 애플리케이션에 대해 설명한다. 일반적으로 컴퓨터는 비용, 메모리 크기, 속도, 정교함에 따라 분류된다. 이러한 기준을 이용하여 컴퓨터는 서브노트북, 노트북, 개인 컴퓨터, 미니컴퓨터, 메인프레임 또는 슈퍼컴퓨터로 분류된다.

2-7 두 가지 유형의 소프트웨어와 비즈니스 환경에서 사용되는 소프트웨어에 대해 설명한다. 소프트웨어는 크게 시스템 소프트웨어와 응용 소프트웨어로 분류된다. 예를 들어 Microsoft Windows는 PC용 OS이며 시스템 소프트웨어이다. 응용 소프트웨어는 특정 작업을 수행하는 데 사용된다. 예를 들어 Microsoft Excel은 스프레드시트 분석과 숫자 계산 작업에 사용되며 응용 소프트웨어의 예이다.

2-8 컴퓨터 언어의 5세대를 나열하면 기계어, 어셈블리어, 고급 언어, 4세대 언어, 자연어 처리이다.

2-9 객체지향 프로그래밍을 정의하면 객체지향 프로그래밍(OOP) 언어는 전통적인 언어에서 사용되는 일련의 계산 단계와 반대로 실제 세계를 나타내는 객체 시스템을 중심으로 구성된다. 단순성과 적응성은 OOP의 주요 특징 중 하나이다. OOP의 두 가지 주요 부분은 객체와 클래스이다.

1부

정보 시스템 기초

3장

데이터와 비즈니스 인텔리전스

학습목표

3-1 데이터베이스와 데이터베이스 관리시스템을 정의한다.

3-2 논리적 데이터베이스 설계와 관계형 데이터베이스 모델을 설명한다.

3-3 데이터베이스 관리시스템의 5가지 구성요소를 정의한다.

3-4 데이터베이스 설계와 활용에 대한 최근 동향 3가지를 요약한다.

3-5 데이터웨어하우스의 4가지 구성요소와 기능 및 기업에서의 활용에 대해 분석한다.

3-6 데이터마트의 기능을 설명한다.

3-7 비즈니스 분석을 정의하고 의사결정 단계에 있어서 비즈니스 분석의 역할에 대해 설명한다.

3-8 기업에서 사용되는 빅데이터와 예측 분석의 장단점에 대해 설명한다.

3-9 데이터베이스 마케팅과 기업에서의 활용에 대해 설명한다.

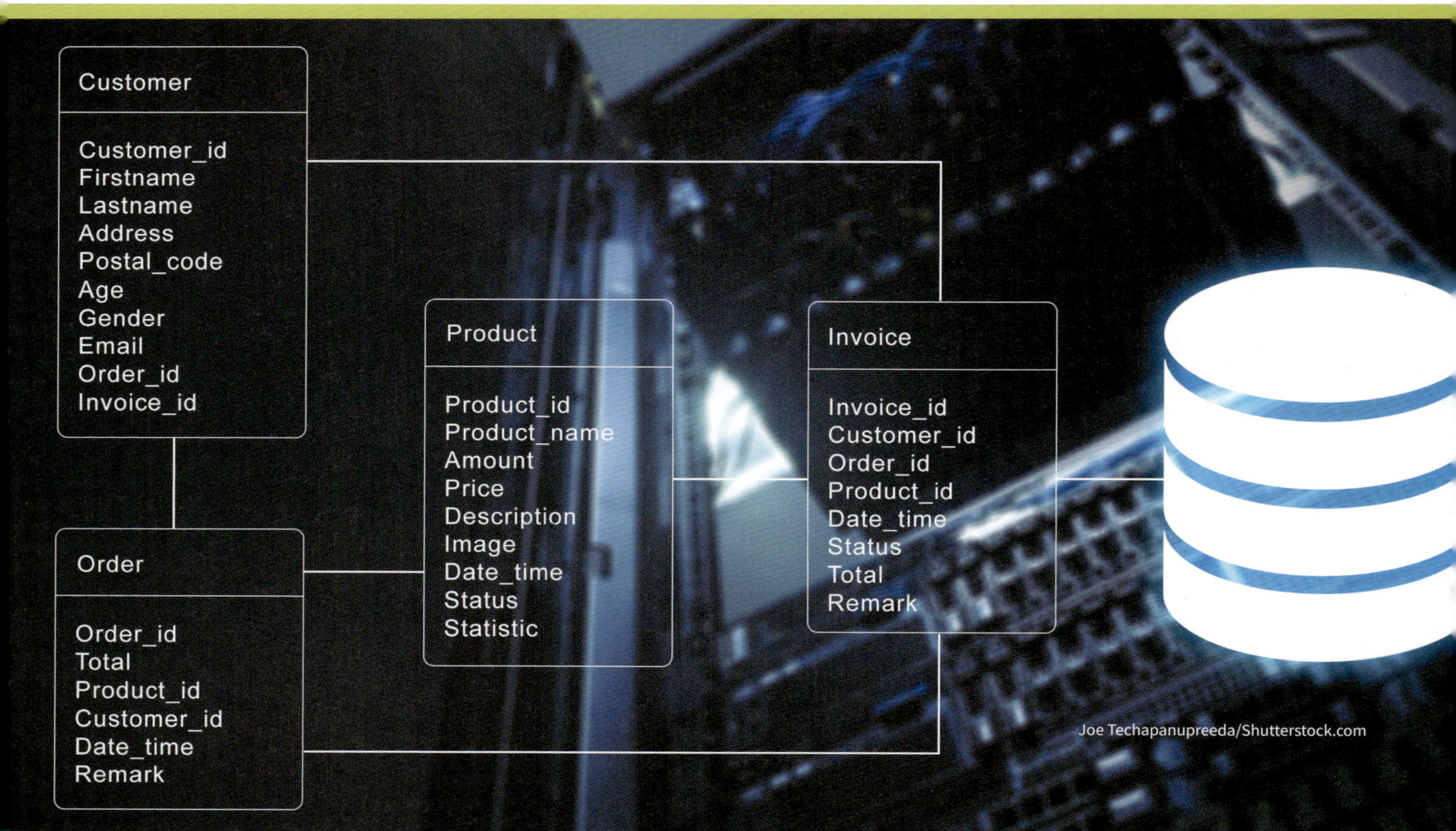

Joe Techapanupreeda/Shutterstock.com

이 장에서는 데이터베이스와 데이터베이스 관리시스템을 설명하고, 정보시스템에 있어서 이들의 중요성에 대해 살펴본다. 데이터베이스에 저장되는 데이터 유형, 파일에 접근하는 방법, 정보의 물리적 및 논리적 보기에 대해 설명한다. 또한 가장 일반적인 데이터 모델인 관계형 모델과 데이터베이스 관리시스템의 주요 구성요소를 살펴본다. 또한 데이터 기반 웹사이트, 분산 데이터베이스, 객체지향 데이터베이스를 중심으로 데이터베이스 활용의 최근 동향에 대해서도 설명한다. 또한, 데이터웨어하우스와 데이터마트를 설명하고 비즈니스 인텔리전스 생성에 대한 이들의 역할에 대해 간략히 살펴본 다음, 비즈니스 분석과 경쟁 우위를 확보하는 방안을 검토한다. 마지막으로, 빅데이터를 소개하고 데이터베이스 마케팅과 기업에서의 활용에 대해 설명한다.

In a database system, all files are integrated, meaning information can be linked.

3-1 데이터베이스

데이터베이스(database)는 중앙 집중 또는 여러 위치에 분산 저장된 관련 데이터의 모음이다. 서랍과 파일 폴더에 자료를 정리하고 저장하는 파일 캐비닛과 데이터베이스를 유사하다고 생각할 수 있지만, 데이터베이스에서 데이터를 검색하는 것이 훨씬 빠르다.

데이터베이스는 하나의 파일로만 구성될 수도 있지만 일반적으로 여러 개의 파일로 구성된다. 예를 들어, 대학교 데이터베이스에는 학생, 직원, 교수진, 교과목에 대한 파일들이 존재한다. 데이터베이스에서 파일은 관련 레코드의 집합이고 레코드는 관련 필드의 집합이다. 이 구조를 그림 3.1과 같이 **데이터 계층(data hierarchy)**이라고 한다. 대학교 데이터베이스 예제에서 필드는 사회보장번호, 학생 이름, 주소로 구성된다. 예를 들어, Mary Smith에 대한 정보를 저장하고 있는 모든 필드는 레코드를 구성하며, 그림 3.1의 세 개 레코드는 학생 파일을 구성한다.

데이터베이스 시스템에서는 모든 파일이 통합되므로 정보가 연결된다. 예를 들어, 교과목 파일에서 Thomas 교수의 MIS 480 교과목을 수강한 모든 학생들의 이름을 검색하거나 Thomas 교수의 레코드를 이용하여 그가 특정 학기에 가르치고 있는 다른 교과목을 찾을 수도 있다.

데이터베이스에서 사용 가능한 데이터를 기반으로 모든 유형의 분석이 이루어지기 때문에 데이터베이스는 정보시스템의 중요한 구성요소이다. 데이터베이스를 보다 효율적으로 사용하기 위해 **데이터베이스 관리시스템(database management system; DBMS)**이 사용된다. DBMS는 데이터베이스 파일을 만들고, 저장하고, 유지하고, 접근하기 위한 소프트웨어이다. 주요 구성요소는 이 장의 후반부에 있는 "DBMS 구성요소" 절에서 설명한다. Microsoft Office 소프트웨어에 익숙한 경우 Word를 사용하여 문서를 만들고 Excel

A **database** is a collection of related data that is stored in a central location or in multiple locations.

A **data hierarchy** is the structure and organization of data, which involves fields, records, and files.

A **database management system (DBMS)** is software for creating, storing, maintaining, and accessing database files. A DBMS makes using databases more efficient.

그림 3.1 데이터 계층

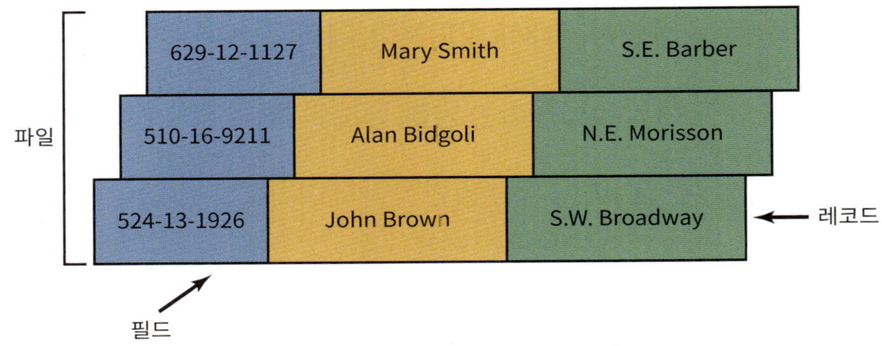

을 사용하여 스프레드시트를 만든다. 다른 DBMS만큼 많은 기능을 가지고 있지는 않지만 Access를 사용하여 데이터베이스를 만들고 수정할 수도 있다. 우선 사용자, DBMS, 그리고 데이터베이스가 상호 작용하는 방식을 보여주는 그림 3.2를 참고하시오. 사용자가 요청하면 DBMS는 데이터베이스를 검색하여 사용자에게 정보를 제공한다.

과거에는 데이터를 계층 구조가 아닌 '플랫 파일(flat file)'이라고 불리는 일련의 파일에 저장했고, 이들 파일 사이에는 아무런 관계가 없었다. 플랫 파일로 저장할 때의 문제는 동일한 데이터를 둘 이상의 파일에 저장하여 데이터 중복이 발생된다는 것이다. 예를 들어, 고객 데이터베이스에서 고객 이름을 둘 이상의 테이블에 저장하면, 중복으로 인해 저장 공간이 낭비되며 비효율적으로 데이터를 검색하게 된다. 플랫 파일 시스템을 수정하는 것은 시간이 많이 걸리고 비효율적일 수 있다. 모든 파일에서 데이터가 일관되게 수정되지 않을 경우, 이러한 파일에서 생성된 보고서는 내용이 맞지 않을 수 있다.

요약하면 데이터베이스는 플랫 파일 시스템에 비해 다음과 같은 이점이 있다.

- 동일한 데이터에서 더 많은 정보를 생성할 수 있다.
- 복잡한 요청을 더 쉽게 처리할 수 있다.
- 데이터 중복이 제거되거나 최소화된다.
- 프로그램과 데이터는 독립적이므로 둘 이상의 프로그램이 동일한 데이터를 사용할 수 있다.
- 데이터 관리가 개선된다.
- 데이터 간의 다양한 관계를 쉽게 유지할 수 있다.
- 보다 정교한 보안 수단을 사용할 수 있다.
- 저장 공간이 줄어든다.

그림 3.2 사용자, DBMS, 그리고 데이터베이스간의 상호 작용

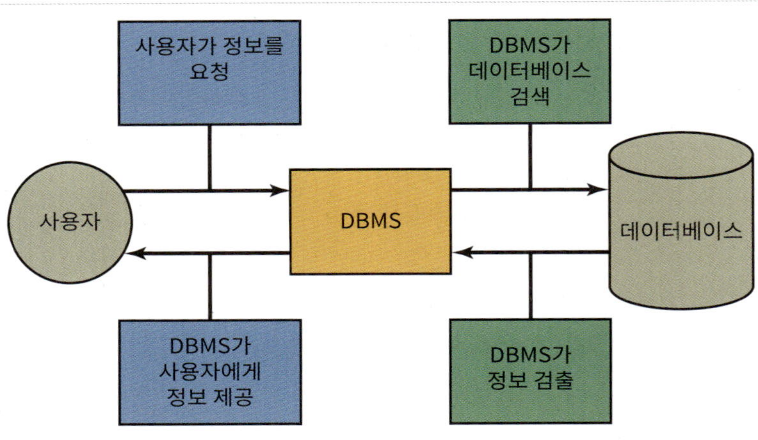

3-1a 데이터베이스의 데이터 유형

1장에서 설명했듯이 비즈니스 인텔리전스(BI)를 생성하려면 정보시스템의 데이터베이스 구성요소는 내부와 외부 두 가지 유형의 데이터에 접근해야 한다. 내부 데이터는 기업 내에서 수집되며 거래 기록, 판매 기록, 인사 기록 등이 포함된다. 예를 들어, 고객의 과거 구매에 대한 내부 데이터를 사용하여 미래의 구매 패턴에 대한 BI를 생성할 수 있다. 내부 데이터는 일반적으로 기업 내부 데이터베이스에 저장되며 기능별 정보시스템에서 사용된다.

외부 데이터를 수집하고 사용하는 것은 더 어렵다. 외부 데이터는 다양한 원천에서 제공되며 종종 데이터웨어하우스(후반부에서 설명)에 저장된다.

다음은 외부 데이터의 예이다.

- 경쟁업체, 고객, 그리고 공급업체
- 유통망
- 경제지표(예: 소비자 물가지수)
- 정부 규제
- 노동 및 인구통계
- 세금 기록

후반부에 나오는 "데이터웨어하우스" 절에서 외부 데이터 원천의 정보를 사용하여 BI 분석을 수행하고 보고서를 생성하는 방법에 대해 설명한다.

3-1b 파일 접근 방법

데이터베이스에서 파일은 순차, 임의 또는 색인 순차 방법으로 접근된다. **순차 접근 파일 구조(sequential access file structure)**에서 파일의 레코드는 숫자나 일련의 순서로 구성되고 처리된다. 레코드는 사회보장 번호나 계정 번호와 같이 3장의 후반부에서 설명하는 "주키(primary key)"를 기준으로 구성된다. 예를 들어, 레코드 번호 10에 접근하려면 레코드 1부터 9까지 먼저 읽어야 한다. 이러한 유형의 접근 방법은 레코드가 분기별이나 연간 단위로 자주 처리되지 않을 때 효과적이며, 접근 속도가 중요하지 않기 때문에 일반적으로 자기 테이프에 저장된다. 백업과 아카이브 파일은 업데이트가 거의 필요 없기 때문에 순차 파일 구조가 사용된다.

임의 접근 파일 구조(random access file structure)에서 레코드는 저장 매체의 실제 위치에 관계없이 무작위로 접근할 수 있다. 이 방법은 매일 또는 매주 소수의 레코드를 처리해야 할 때 매우 빠르고 효과적이며, 레코드들은 종종 자기 디스크에 저장된다. 디스크는 임의 접근 장치이고 테이프는 순차 접근 장치이다.

색인 순차 접근 방법(indexed sequential access method; ISAM)을 사용하면 접근되는 수에 따라 순차 또는 임의로 레코드에 접근할 수 있다. 적은 수의 경우 임의 접근 방법이 사용되며, 많은 수의 경우 순차 접근이 사용된다. 이러한 파일 구조는 특정 단어를 찾을 수 있도록 페이지 번호를 표시하고 있는 책 색인과 유사하다. 이 방법의 장점은 상황과 사용자의 필요에 따라 두 가지 접근 방식을 모두 사용할 수 있다는 것이다.

ISAM은 이름에서 알 수 있듯이 색인 구조를 사용하며 색인 값(indexed value)과 색인 값과 일치하는 레코드의 디스크 위치를 나타내는 포인터(pointer)라는 두 부분으로 구성된다. 레코드를 검색하려면 색인 구조에 대해 한 번, 실제 레코드에 대해 한 번, 최소한 두 번 이상의 디스크 접근이 필요하다. 모든 레코드를 색인해야 하기 때문에 엄청난 수의 레코드가 파일에 포함되어 있으면 색인도 상당히 크게 된다. 따라서 레코드의 수가 적을수록 색인이 더 유용하다. 이 방법은 접근 속도가 빠르기 때문에 레코드에 자주 접근해야 할 때 권장되었지만, 오늘날의 컴퓨터 속도와 낮은 저장 비용을 고려하면, 레코드 수는 그다지 중요하지 않다.

In a **sequential access file structure**, records in files are organized and processed in numerical or sequential order, typically the order in which they were entered.

In a **random access file structure**, records can be accessed in any order, regardless of their physical locations in storage media. This method of access is fast and very effective when a small number of records need to be processed daily or weekly.

With the **indexed sequential access method (ISAM)**, records can be accessed sequentially or randomly, depending on the number being accessed. For a small number, random access is used, and for a large number, sequential access is used.

The **physical view** involves how data is stored on and retrieved from storage media, such as hard disks or magnetic tapes.

The **logical view** involves how information appears to users and how it can be organized and retrieved.

3-2 논리적 데이터베이스 설계

데이터베이스를 설계하기 전에 데이터베이스에서 정보를 보는 두 가지 방법을 알아야 한다. **물리적 보기(physical view)**는 하드 디스크나 자기 테이프와 같은 저장 장치에 데이터가 저장되고 검색되는 방식과 관련된 것으로, 하나의 데이터베이스에는 하나의 물리적 보기만 있다. **논리적 보기(logical view)**는 사용자에게 정보가 어떻게 표시되

A **data model** determines how data is created, represented, organized, and maintained. It usually contains data structure, operations, and integrity rules.

In a **hierarchical model**, the relationships between records form a treelike structure (hierarchy). Records are called nodes, and relationships between records are called branches. The node at the top is called the root, and every other node (called a child) has a parent. Nodes with the same parents are called twins or siblings.

The **network model** is similar to the hierarchical model, but records are organized differently. Unlike the hierarchical model, each record in the network model can have multiple parent and child records.

는지, 정보가 어떻게 구성되고 검색될 수 있는 지에 대한 것이다. 사용자에 따라 두 개 이상의 논리적 보기가 있을 수 있다. 예를 들어, 마케팅 임원은 특정 지역에서 가장 많이 팔린 제품별로 구성된 데이터를 보고자 할 수 있으며, 재무 담당자는 각 제품의 원자재 비용별로 구성된 데이터를 확인할 수도 있다.

데이터베이스 설계의 첫 번째 단계는 데이터 생성, 표현, 구성, 유지 관리 방법을 결정하는 **데이터 모델(data model)**을 정의하는 것이다. 데이터 모델에는 일반적으로 다음 세 가지 구성요소가 포함된다.

- **데이터 구조(data structure)** 데이터 구성 방법과 레코드 간의 관계 설명
- **운영(operations)** 데이터 갱신과 검색 등 데이터에 대해 수행할 수 있는 방법, 계산 등의 설명
- **무결성 규칙(integrity rules)** 필드에 허용되는 최대값과 최소값, 제약 조건(필드에 저장할 수 있는 데이터 유형에 대한 제한), 그리고 접근 방법과 같은 데이터베이스에 대한 정의

많은 데이터 모델이 사용되고 있으며, 가장 일반적인 관계형 모델(relational model)은 다음 절에서 설명하며, 후반부의 "객체지향 데이터베이스" 절에서 객체지향 모델에 대해 학습한다. 다른 두 가지 데이터 모델은 **계층형 모델(hierarchical model)**과 **네트워크 모델(network model)**이지만, 현재는 많이 사용되지 않는다.

그림 3.3과 같이 계층형 모델에서, 레코드들 사이의 관계는 나무 구조(계층)를 형성한다. 레코드를 노드(node)라고 하며 레코드 간의 관계를 분기(branch)라고 한다. 최상위 노드를 루트(root)라고 하며, 다른 모든 노드(자식(child)이라고 함)는 부모(parent) 노드가 있다. 동일한 부모를 가진 노드를 쌍둥이(twins) 또는 형제(siblings)라고 한다. 그림 3.3에서 루트 노드는 세 개의 제품 라인을 제공하는 공급업체이며, 각 제품 라인은 다른 두 제품 라인의 형제로 간주된다. 각 제품 라인에는 제품 범주가 있으며 각 범주에는 특정 제품이 있다(제품 범주와 특정 제품도 서로 형제이다). 예를 들어, 공급업체 A는 세 가지 제

그림 3.3 계층형 모델

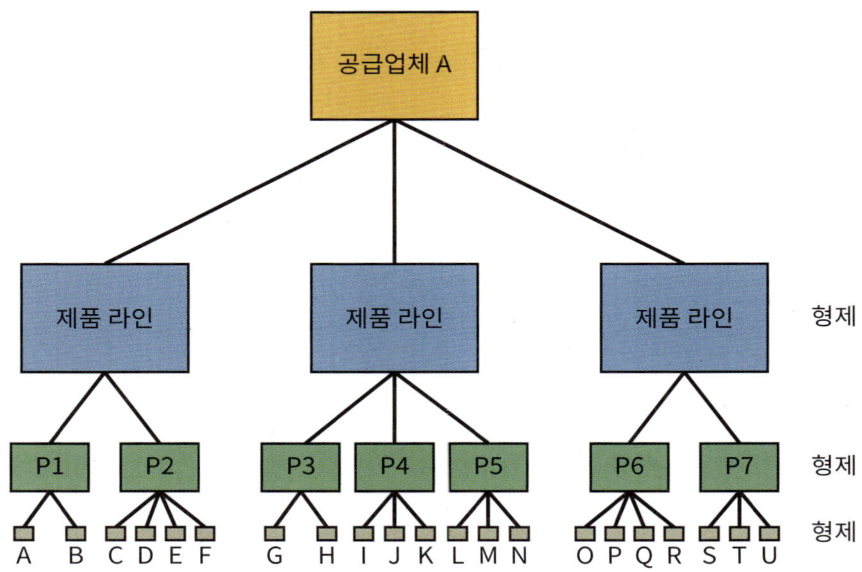

그림 3.4 네트워크 모델

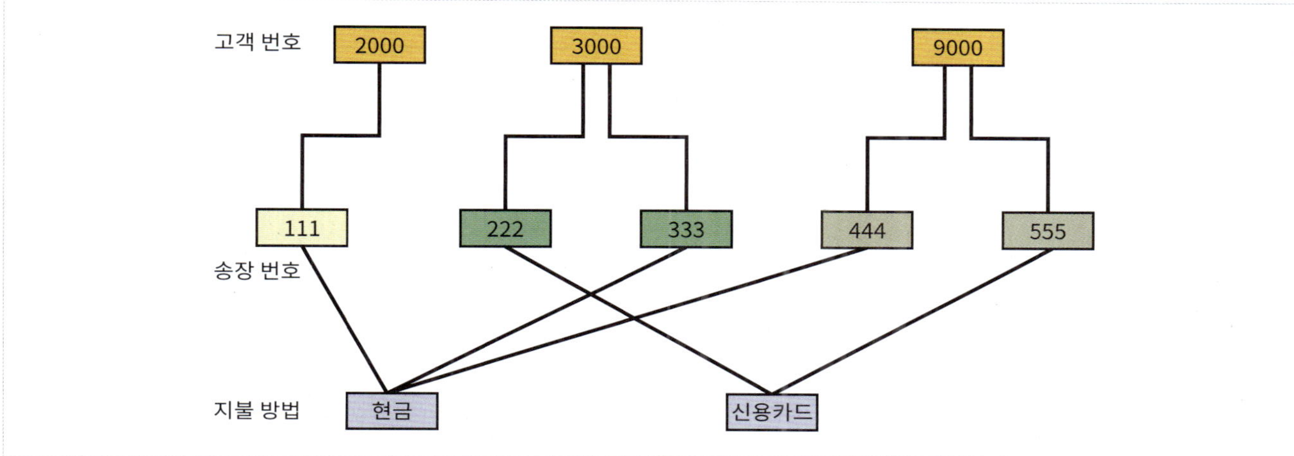

품 라인인 비누, 샴푸, 그리고 치약을 공급한다. 치약 제품 라인은 미백 치약(P6)과 충치 치약(P7)이라는 두 가지 제품 범주로 나뉘며, P7 제품 범주에는 세 가지 특정 충치 방지 제품인 S, T, U가 있다.

네트워크 모델은 계층형 모델과 유사하지만, 레코드들은 그림 3.4와 같이 다르게 구성된다. 송장 번호, 고객 번호, 지불 방법을 연결하는 모델이다. 예를 들어, 송장 111은 현금으로 결제한 고객 2000의 것이다. 계층형 모델과 달리 네트워크 모델의 각 레코드는 여러 개의 부모와 자식 레코드를 가질 수 있다. 예를 들어, 그림 3.4에서 고객은 여러 개의 송장을 가질 수 있으며, 송장은 두 가지 이상의 방법으로 지불될 수 있다.

3-2a 관계형 모델

관계형 모델(relational model)은 데이터의 행과 열로 구성된 2차원 테이블을 사용한다. 행은 레코드(튜플(tuples)이라고도 함)이고 열은 필드(속성(attributes)이라고도 함)이다. 관계형 데이터베이스를 설계하려면 테이블과 해당 테이블의 필드를 정의하여 논리적 구조를 정의해야 한다. 예를 들어, 학생 테이블은 학생에 대한 필드, 예를 들면, 학번, 학생의 성, 학생 이름 등으로 구성된다. 데이터에 대한 정의는 **데이터 사전(data dictionary)**에 저장된다. 또한 데이터 사전은 필드의 데이터 유형, 필드의 기본 값, 각 필드의 데이터에 대한 유효성 검사 규칙과 같은 다른 정의도 저장할 수 있다.

- **필드 이름** 학생 이름, 입학 날짜, 나이, 전공
- **필드 데이터 유형** 문자(텍스트), 날짜, 숫자
- **기본 값** 사용 가능한 값이 없는 경우 입력되는 값으로 예를 들어, 전공이 없는 경우의 값은 "미정"이다.
- **유효성 검사 규칙** 값이 유효한지 여부를 결정하는 규칙으로 예를 들어, 학생의 나이는 음수일 수 없다.

관계형 데이터베이스에서 모든 레코드는 **주키(primary key)**로 고유하게 식별되어야 한다. 학번, 사회보장 번호, 계좌 번호, 송장 번호 등은 주키의 예이다. 데이터를 보다 효율적으로 연결하고 검색할 수 있도록 테이블 간의 관계를 설정하기 위해 한 테이블의 주키를 다른 테이블에 표시할 수 있다. 이런 경우 **외부키(foreign key)**라고 한다. 예를 들어, 학번은 학생 테이블의 주키이며, 학생의 전공 코드(예: MKT, MIS 또는 FIN)는 전공 테이블의 주키이다. 각 학생은 하나의 전공을 가질 수 있고, 각 전공에 다수의 학생이 등록할 수 있다. 전공 테이블의 주키는 학생 테이블의 외부키이다.

A **relational model** uses a two-dimensional table of rows and columns of data. Rows are records (also called tuples), and columns are fields (also referred to as attributes).

The **data dictionary** stores definitions, such as data types for fields, default values, and validation rules for data in each field.

A **primary key** uniquely identifies every record in a relational database. Examples include student ID numbers, account numbers, Social Security numbers, and invoice numbers.

A **foreign key** is a field in a relational table that matches the primary key column of another table. It can be used to cross-reference tables.

Normalization improves database efficiency by eliminating redundant data and ensuring that only related data is stored in a table.

데이터베이스 효율성을 개선하기 위해 **정규화(normalization)**라고 하는 프로세스가 사용되는데, 이는 중복된 데이터(예: 고객 이름이 한 테이블에만 저장되도록 함)를 제거하고 관련 데이터만 테이블에 저장하도록 한다. 정규화는 첫 번째 정규 형태(1NF)부터 다섯 번째 정규 형태(5NF)까지 여러 단계를 거친다. 그러나 일반적으로 1NF ~ 3NF 단계만 사용된다. 예를 들어, 다음 작업은 1NF 단계에서 수행된다.

- 동일한 테이블에서 중복된 필드를 제거한다.
- 관련 데이터의 각 그룹에 대해 별도의 테이블을 만든다.
- 각 레코드를 고유한 필드(주키)로 식별한다.

관계형 모델로 저장된 데이터는 하나 이상의 테이블에서 데이터를 선택하고 결합하는 연산을 사용하여 검색된다. SELECT, PROJECT, JOIN, INTERSECT, UNION, DIFFERENCE와 같은 여러 연산이 있다. 처음 세 가지가 일반적으로 가장 많이 사용된다.

SELECT 연산은 테이블의 데이터를 검색하고 특정 기준(조건이라고도 함)에 따라 레코드를 검색한다. 표 3.1은 학생 테이블에 저장된 데이터를 보여준다. SELECT 연산 "전공= MIS"를 이용하면 표 3.2와 같이 MIS를 전공하는 학생들의 목록을 생성할 수 있다.

PROJECT 연산은 특정 기준에 따라 열(필드)을 제거하여 테이블을 축소한다. 예를 들어, 나이를 제외한 학생 목록이 필요하면 PROJECT 연산을 이용하여 "PROJECT 학번, 이름, 전공, 학점(테이블 3.1)" 하면 표 3.3과 같은 결과가 나타난다. 마지막의 "(테이블 3.1)"은 표 3.1의 데이터를 사용하라는 의미이다.

표 3.1 학생 테이블 데이터

학번	이름	전공	나이	학점
111	Mary	MIS	18	4.00
222	Sue	CS	21	3.60
333	Debra	MGT	20	3.50
444	Bob	MKT	22	3.40
555	George	MIS	21	3.70

표 3.2 SELECT 연산의 결과

학번	이름	전공	나이	학점
111	Mary	MIS	18	4.00
555	George	MIS	21	3.70

표 3.3 PROJECT 연산의 결과

학번	이름	전공	학점
111	Mary	MIS	4.00
222	Sue	CS	3.60
333	Debra	MGT	3.50
444	Bob	MKT	3.40
555	George	MIS	3.70

JOIN 연산은 공통 필드를 기반으로 두 테이블을 결합한다(예: 첫 번째 테이블의 주키와 두 번째 테이블의 외부키). 표 3.4는 고객 데이터를 나타내고, 표 3.5는 송장 데이터를 나타내는 테이블이다. 고객 번호는 고객 테이블의 주키이며 송장 테이블의 외부키이고, 송장 번호는 송장 테이블의 주키이다. 표 3.6은 두 개의 테이블을 JOIN한 결과를 보여준다.

표 3.4 고객 테이블

고객번호	이름	주소
2000	ABC	Broadway
3000	XYZ	Jefferson
9000	TRY	Madison

표 3.5 송장 테이블

송장번호	고객번호	금액	지불 방법
1110	2000	$2000.00	Cash
2220	3000	$4000.00	Credit
3330	3000	$1500.00	Cash
4440	9000	$6400.00	Cash
5550	9000	$7000.00	Credit

표 3.6 송장과 고객 테이블을 JOIN한 결과

송장번호	고객번호	금액	지불 방법	이름	주소
1110	2000	$2000.00	Cash	ABC	Broadway
2220	3000	$4000.00	Credit	XYZ	Jefferson
3330	3000	$1500.00	Cash	XYZ	Jefferson
4440	9000	$6400.00	Cash	TRY	Madison
5550	9000	$7000.00	Credit	TRY	Madison

3-3 DBMS 구성요소

DBMS 소프트웨어에는 다음 섹션에서 설명된 구성요소가 포함되어 있다.

- 데이터베이스 엔진
- 데이터 정의
- 데이터 조작
- 애플리케이션 생성
- 데이터 관리

3-3a 데이터베이스 엔진

DBMS 소프트웨어의 핵심인 데이터베이스 엔진은 데이터 저장, 조작, 검색을 담당한다. DBMS의 다른 구성요소(일반적으로 데이터 조작)와 상호 작용하여 사용자의 논리적 요청을 물리적 등가물(예: 보고서)로 변환한다. 예를 들어, 마케팅 관리자가 남동부 지역의 상위 3명의 영업 사원 목록을 보고 싶다고 가정하면(논리적인 요청), 데이터베이스 엔진은 데이터 조작 구성요소와 상호 작용하여 3명의 이름이 저장된 위치를 찾아 화면이나 인쇄물(물리적 등가물)에 표시한다. 두 개 이상의 논리적 데이터 보기가 가능하기 때문에 데이터베이스 엔진은 다양한 방법으로 데이터를 검색하여 사용자에게 제공한다.

3-3b 데이터 정의

데이터 정의는 데이터 사전을 만들고 유지하며 데이터베이스의 파일 구조를 정의하는데 사용된다. 필드 추가, 필드 삭제, 필드 크기 변경 또는 필드에 저장된 데이터 유형 변경과 같은 데이터베이스 구조에 대한 모든 변경사항이 데이터 정의로 수행된다.

Structured Query Language (SQL) is a standard fourth-generation query language used by many DBMS packages, such as Oracle 12c and Microsoft SQL Server. SQL consists of several keywords specifying actions to take.

3-3c 데이터 조작

데이터 조작은 데이터베이스에서 레코드를 추가, 삭제, 수정, 검색하는 것으로 질의 언어를 사용한다. 많은 질의 언어가 있지만 **SQL(Structured Query Language)**과 QBE(Query by example)를 가장 많이 사용한다. SQL은 Oracle Database 12c와 Microsoft SQL Server와 같은 DBMS 패키지에서 사용되는 4세대 표준 질의 언어이다. SQL은 수행할 작업을 지정하는 여러 키워드로 구성되는데, 기본 형식은 다음과 같다.

```
SELECT 필드 FROM 테이블 혹은 파일 WHERE 조건
```

SELECT 키워드 다음에 검색할 필드를 나열한다. FROM 뒤에는 데이터가 검색되는 테이블이나 파일을 나열하고, WHERE 다음에는 데이터를 검색하기 위한 조건(기준)을 작성한다. 다음은 직원과 급여 테이블을 이용하여 엔지니어 직위를 가진 모든 직원의 이름, 사회보장 번호, 직위, 성별, 급여를 검색하는 예이다.

```
SELECT 이름, 사회보장번호, 직위, 성별, 급여
FROM 직원, 급여
WHERE 직원.사회보장번호 = 급여.사회보장번호 AND
    직위 = "엔지니어"
```

With **query by example (QBE)**, you request data from a database by constructing a statement made up of query forms. With current graphical databases, you simply click to select query forms instead of having to remember keywords, as you do with SQL. You can add AND, OR, and NOT operators to the QBE form to fine-tune the query.

Create, read, update, and delete (CRUD) refers to the range of functions that data administrators determine who has permission to perform certain functions.

Database administrators (DBA) found in large organizations, design and set up databases, establish security measures, develop recovery procedures, evaluate database performance, and add and fine-tune database functions.

이 질의는 직원과 급여 테이블의 이름, 사회보장번호, 직위, 성별, 급여 필드의 데이터를 검색해야 함을 의미한다. 세 번째 행은 직원과 급여 테이블이 사회보장번호 필드로 연결되었다는 것을 나타내며 데이터 표시 조건(엔지니어 직원만)을 지정한다. AND, OR 및 NOT 연산자를 사용하여 SQL 문에 다른 많은 조건을 추가할 수 있다.

QBE(Query by example)를 사용하면 질의 양식으로 데이터베이스의 데이터를 요청한다. 현재 많이 사용되는 그래픽 데이터베이스를 사용하면 SQL에서와 같이 키워드를 기억할 필요 없이 단순히 질의 양식을 클릭하여 선택할 수 있다. QBE 양식에 AND, OR 및 NOT 연산자를 추가하여 질의를 미세 조정할 수 있다.

- **AND** 모든 조건이 충족되어야 함을 의미한다. 예를 들어 '전공 = MIS AND 학점 > 3.8'은 MIS를 전공하고 있고 학점이 3.8 초과인 학생을 조회할 수 있다.
- **OR** 조건 중에서 하나는 충족되어야 함을 의미한다. 예를 들어, "전공 = MIS OR 학점 > 3.8"은 학점이 3.8보다 높거나 MIS를 전공하고 있는 학생을 조회할 수 있다.
- **NOT** 조건을 충족하지 않는 레코드를 검색한다. 예를 들어, "전공 NOT ACC"는 ACC 전공을 제외한 모든 학생을 검색한다.

3-3d 애플리케이션 생성

애플리케이션 생성은 데이터베이스를 사용하여 데이터 입력 화면, 대화형 메뉴, 다른 프로그래밍 언어와의 인터페이스와 같은 애플리케이션의 요소를 설계하는데 사용된다. 사용자용 주문 입력 프로그램을 설계하는 경우 애플리케이션 생성 구성요소를 사용하여 보다 쉽게 사용할 수 있는 메뉴 시스템으로 만들 수 있다. IT 전문가와 데이터베이스 관리자가 주로 사용한다.

3-3e 데이터 관리

IT 전문가와 데이터베이스 관리자가 사용하는 데이터 관리는 백업 및 복구, 보안, 변경 관리와 같은 작업에 사용된다. 또한 **CRUD(create, read, update, delete)**로 요약되는 특정 기능을 수행할 수 있는 권한을 가진 사용자를 결정하는 데 사용된다.

대기업의 경우 데이터베이스 설계와 관리를 **데이터베이스 관리자(database administrator; DBA)**가 처리하지만, 복잡한 데이터베이스의 경우 부서 전체가 처리하는 경우도 있다. DBA의 책임은 다음과 같다.

- 데이터베이스 설계와 설정
- 사용자의 접근 권한을 결정하기 위한 보안 대책 수립
- 데이터 손실이나 손상 시 복구 절차 개발
- 데이터베이스 성능 평가
- 데이터베이스 기능 추가와 미세 조정

"Graph Databases Move Relational Databases One Step Forward" 사례는 특정 분야에서 관계형 모델보다 더 적합한 그래프 데이터베이스에 대해 설명한다.

3-4 데이터베이스 설계 및 사용의 최신 동향

데이터베이스 설계 및 사용의 최신 동향으로 데이터 기반 웹사이트, 자연어 처리, 분산 데이터베이스, 그리고 객체지향 데이터베이스를 들 수 있다. 이러한 추세와 더불어 인공지능과 자연어 처리의 발전은 사용자 인터페이스 개선 등 데이터베이스 설계와 사용에 영향을 미칠 것이다. 자연어 처리는 13장에서 설명할 것이며, 다른 동향은 다음과 같다.

3-4a 데이터 기반 웹사이트

전자상거래가 활성화되면서 데이터 기반 웹사이트가 동

적 콘텐츠를 제공하는데 더 널리 사용되었다. **데이터 기반 웹사이트(data-driven Web site)**는 데이터베이스에 대한 인터페이스 역할을 하며, 사용자를 위한 데이터를 검색하고 사용자가 데이터베이스에 데이터를 입력할 수 있도록 한다. 이러한 기능이 없으면 웹사이트 설계자는 웹사이트의 데이터 내용이 변경될 때마다 HTML 코드를 편집해야 한다. 이런 유형의 사이트를 "정적인(static)" 웹사이트라고 한다. 반면에 데이터 기반 웹사이트는 MySQL, Microsoft SQL Server, Microsoft Access, Oracle, IBM DB2 등과

A **data-driven Web site** acts as an interface to a database, retrieving data for users and allowing users to enter data in the database.

Graph Databases Move Relational Databases One Step Forward

FINANCE | TECHNOLOGY IN SOCIETY | APPLICATION

그래프 데이터베이스는 노드(node), 에지(edge), 속성(property)을 사용하여 데이터를 표현하고 저장하는 질의 작업에 그래프 구조를 사용하는 데이터베이스이다. 일반적인 관계형 데이터베이스는 엔티티(entity)와 속성을 테이블에 저장하는 반면에 그래프 데이터베이스는 엔티티 간의 관계를 추가로 저장한다. 엔티티 간의 연결에 초점을 맞추고 연결된 데이터를 탐색하고 관리한다. 이렇게 하면 서로 다르지만 관련된 엔티티 간에 데이터베이스 작업을 수행할 수 있다. 특히 의료 산업에서 의사가 여러 의료 제공업체에 속할 수 있고, 질병은 여러 증상을 가질 수 있으며, 보험 회사, 병원과 같은 조직 간에 여러 관계가 있을 수 있기 때문에 매우 유용한 것으로 입증되었다. Curaspan Health Group, GoodStart Genetics, SharePractice, Jansen Pharmaceuticals와 같은 의료 제공업체는 환자 관리, 약물 연구, 유전체학, 임상 시험, 마케팅에 그래프 데이터베이스를 사용한다.

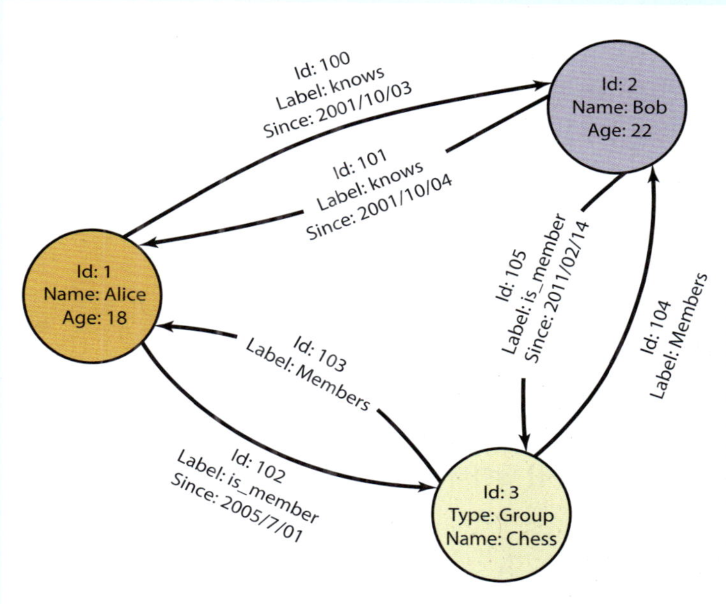

Source: Ahzf.

온라인 데이트 웹사이트도 그래프 데이터베이스를 사용하고 있으며, 그들은 이 기술이 데이트 상대방을 추천하는 정확성을 증가시켰다고 믿는다. 그래프를 사용하여 확장된 소셜 네트워크(친구의 친구, 친구의 친구의 친구; 통계적으로 말하면 완전히 낯선 사람보다 데이트할 가능성이 훨씬 높음)에서 상대방을 추천하기 때문에 가능하다.

LinkedIn, Facebook, Twitter와 같은 소셜 미디어 회사들도 그래프 데이터베이스의 주요 사용자들 중 하나이다. 게다가, Walmart, eBay, Lufthansa, Deutsche Telekom과 같은 회사들도 이 기술을 사용한다. 부정 행위 탐지와 자산 관리와 같은 분야도 그래프 데이터베이스를 활용할 수 있는 적합한 후보지이다. 그래프 데이터베이스가 데이터 간의 연결을 더 잘 이해하고 데이터 항목 간의 연결에서 의미를 도출할 수 있는 기회를 제공하기 때문에 가능하다. 문제를 재구성하고 새로운 방식인 그래프 형식으로 보는 것만으로도 기존 데이터에서 중요한 통찰력을 얻을 수 있다.

그래프 데이터베이스의 주요 공급자는 Neo Technology, GraphBase, HyperGraphDB, Oracle Spatial and Graph 등이다.

질문 및 토론

1. 관계형 데이터베이스와 그래프 데이터베이스의 차이점은 무엇인가?
2. 어떤 기업이 그래프 데이터베이스의 이점을 가장 많이 누리는가?

같은 동적인 외부 데이터 원천에서 콘텐츠를 검색하므로 자동으로 변경된다.

데이터 기반 웹사이트는 정보에 대한 접근을 향상시켜 사용자의 경험을 보다 상호작용적으로 개선하고 정적인 웹사이트를 유지하는 데 필요한 지원과 오버헤드를 줄여준다. 잘 설계된 데이터 기반 웹사이트는 대부분의 콘텐츠 변경이 HTML 코드 변경없이 이루어지기 때문에 유지관리가 더 쉽다. 대신 데이터 원본이 변경되면 웹사이트가 이러한 변경 사항을 반영하도록 자동적으로 조정된다. 데이터 기반 웹사이트를 통해 사용자는 다양한 데이터 원천에서 더 많은 최신 정보를 얻을 수 있다. 데이터 기반 웹사이트는 다음과 같은 분야에 유용하다.

- 빈번한 갱신이 필요한 전자상거래 사이트
- 콘텐츠를 정기적으로 갱신해야 하는 뉴스 사이트
- 포럼과 토론 그룹
- 소식지와 같은 구독 서비스

3-4b 분산 데이터베이스

지금까지 논의된 데이터베이스 유형은 정보시스템의 모든 사용자를 위해 중앙 집중형 데이터베이스를 사용한다. 그러나, 경우에 따라서는 기업 전체에 설치된 여러 서버에 데이터를 저장하는 **분산 데이터베이스(distributed database)**가 선호되기도 한다. 분산 데이터베이스를 선택하는 이유는 다음과 같다.

A **distributed database** management system(DDBMS) stores data on multiple servers throughout an organization.

The **fragmentation** approach to a distributed DBMS addresses how tables are divided among multiple locations. There are three variations: horizontal, vertical, and mixed.

The **replication** approach to a distributed DBMS has each site store a copy of the data in the organization's database.

The **allocation** approach to a distributed DBMS combines fragmentation and replication, with each site storing the data it uses most often.

- 분산 설계가 조직의 구조를 더 잘 반영한다. 예를 들어, 여러 지점이 있는 조직은 로컬 질의를 보다 빠르게 할 수 있고 네트워크 트래픽을 줄일 수 있는 분산 데이터베이스가 더 적합하다.
- 데이터를 로컬로 저장하면 응답 시간은 단축되지만 통신 비용은 증가한다.
- 여러 사이트에 데이터를 분산 저장하면 컴퓨터 장애로 인한 영향을 최소화할 수 있다. 하나의 데이터베이스 서버가 다운되어도 전체 조직에 영향을 미치지 않는다.
- 정보시스템의 사용자 수는 한 대의 컴퓨터 성능이나 처리 능력에 의해 제한되지 않는다.
- 다수의 소형 통합 시스템은 하나의 대형 서버보다 비용이 적게 들 수 있다.
- 중앙의 데이터베이스 서버 하나에 접속하면 원격 사용자의 통신 비용이 증가할 수 있다. 원격 사이트에 일부 데이터를 저장하면 이러한 비용을 절감할 수 있다.
- 데이터베이스 설계를 포함하여 분산 처리는 현재 더 널리 사용되고 있으며 중앙 집중식 처리보다 사용자의 요구에 더 잘 대응한다.
- 가장 중요한 것은 분산 데이터베이스가 데이터의 물리적 위치에 의해 제한되지 않는다는 것이다.

분산 데이터베이스 설정에는 세 가지 접근 방식이 있으며, 이러한 접근 방식을 조합할 수도 있다.

- **단편화(fragmentation)** 단편화 접근법은 테이블을 여러 위치에 어떻게 분할할 것인지를 다룬다. 수평 단편화는 테이블을 행으로 분할하여 모든 필드를 서로 다른 위치에 저장하며, 수직 단편화는 열의 하위 집합을 서로 다른 위치에 저장한다. 수직과 수평 단편화를 결합한 혼합 단편화는 각 위치에 사이트별 데이터만 저장하며, 다른 사이트의 데이터가 필요한 경우 분산 데이터베이스가 데이터를 검색한다.
- **복제(replication)** 복제 방식을 사용하면 각 사이트는 기업의 데이터베이스에 데이터 복사본을 저장한다. 이 방법을 사용하면 비용은 증가하지만 데이터 가용성이 높아지고 각 사이트의 복사본을 다른 사이트의 백업으로 사용할 수 있다.
- **할당(allocation)** 할당 방식은 단편화와 복제를 결합한 것이다. 개별 사이트는 일반적으로 가장 자주 사용하는 데이터를 저장한다. 이 방법은 로컬 사용자(데이터베이스 저장 시설과 같은 위치에 있는 사용자)의 응답 시간을 향상시킨다.

분산 데이터베이스는 기업 내부와 외부의 여러 접근

지점이 있어 보안 문제가 위협적으로 된다. 보안 정책, 사용자 접근 범위, 사용자 권한을 명확하게 정의해야 하며 인증된 사용자를 식별해야 한다. 분산 데이터베이스 설계자는 분산 처리가 모든 상황에, 즉 부서가 한 장소에 있는 회사처럼, 적합한 것은 아니라는 점도 명심해야 한다.

3-4c 객체지향 데이터베이스

앞서 논의된 관계형 모델은 필드와 레코드 형식으로 구성된 동종의 데이터를 처리하도록 설계되었다. 그러나 멀티미디어 파일과 같은 다양한 유형의 데이터를 포함하는 것은 어렵다. 또한 관계형 데이터베이스는 테이블 간의 관계가 키라고 하는 공통 값을 기반으로 하는 간단한 구조이다. 관계형 데이터베이스에서는 더 복잡한 데이터 관계를 표현할 수 없는 경우가 있다.

이러한 문제를 해결하기 위해 **객체지향 데이터베이스(object-oriented databases)**가 개발되었다. 객체지향 프로그래밍과 마찬가지로, 이 데이터 모델은 데이터베이스 객체로 현실 세계의 엔티티를 나타낸다. 객체는 객체의 데이터에 대해 수행할 수 있는 속성(엔티티를 설명하는 특성)과 메서드(연산 또는 계산)로 구성된다. 예를 들어, 그림 3.5와 같이 실제 자동차는 차량이라는 클래스의 객체로 표현될 수 있다. 차량 클래스의 객체에는 연도, 제조사, 모델 및 등록 번호 속성이 있다. 그런 다음 데이터베이스에 자동차를 추가하기 위해 AddVehicle과 같은 메서드를 사용하여 차량 클래스의 객체 데이터를 작업할 수 있다. 클래스를 객체의 범주나 유형으로 생각하는 것이 도움이 될 수 있다.

그림 3.5 객체, 클래스, 속성 그리고 메서드

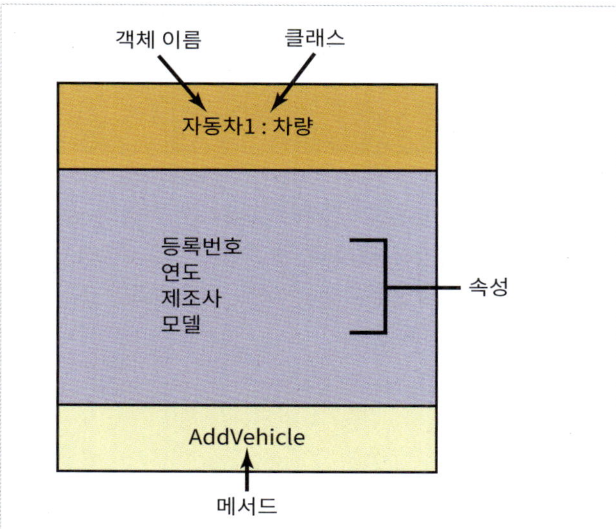

객체를 해당 속성과 메서드와 함께 클래스로 그룹화하는 것을 **캡슐화(encapsulation)**라고 하며, 이는 기본적으로 관련 항목을 단일 단위로 그룹화하는 것을 의미한다. 캡슐화는 이미지와 그래프 같은 복잡한 유형의 데이터를 처리하는데 도움이 된다. 객체지향 데이터베이스도 **상속(inheritance)**을 사용할 수 있으며, 이는 새로운 데이터에 기존의 속성을 갖게 하여 새로운 객체를 더 빠르고 쉽게 만들 수 있다. 예를 들어, 차량 클래스의 속성과 메서드를 상속받도록 하여 BMW를 차량 객체로 추가할 수 있다. 객체를 새로 추가할 때마다 객체의 모든 속성과 메서드를 지정할 필요가 없다.

이 데이터 모델은 보다 복잡한 데이터 관리를 지원하여 관계형 모델을 확장하므로 현실 세계의 문제를 더 쉽게 모델링할 수 있다. 또한 객체지향 데이터베이스는 숫자와 문자뿐만 아니라 모든 유형의 멀티미디어를 저장하고 조작할 수 있다. 다양한 파일 형식을 처리할 수 있다는 것은 많은 분야에서 유용하다. 예를 들어, 의료 분야에서 의사는 텍스트와 숫자로 구성된 환자 이력 외에 X선 영상과 생명 징후(vital signs) 그래프를 사용해야 한다.

관계형 데이터베이스와 상호작용하는데 사용되는 질의 언어와는 달리 객체지향 데이터베이스와의 상호 작용은 객체에 메시지를 보내 호출되는 메서드를 통해 수행된다. 메시지는 일반적으로 Enter 키를 누르거나 마우스 단추를 클릭하는 등의 이벤트에 의해 생성된다. 일반적으로 C++과 같은 고급 언어를 사용하여 메서드를 만든다. 객체지향 DBMS의 예로는 Progress ObjectStore와 Objectivity/DB가 있다.

In **object-oriented databases** both data and their relationships are contained in a single object. An object consists of attributes and methods that can be performed on the object's data.

Encapsulation refers to the grouping into a class of various objects along with their attributes and methods—meaning, grouping related items into a single unit. This helps handle more complex types of data, such as images and graphs.

Inheritance refers to new objects being created faster and more easily by entering new data in attributes.

3-5 데이터웨어하우스

A **data warehouse** is a collection of data from a variety of sources used to support decision-making applications and generate business intelligence.

데이터웨어하우스(data warehouse)는 의사결정 프로그램을 지원하고 비즈니스 인텔리전스를 생성하는데 사용되는 다양한 원천의 데이터 모음이다. 데이터웨어하우스는 다차원 데이터를 저장하므로 하이퍼큐브(hypercubes)라고도 한다. 일반적으로 데이터웨어하우스의 데이터는 데이터베이스의 데이터와 달리 다음과 같은 특성을 갖는다.

- *주제 지향성(subject oriented)* 주택 개선 사업이나 대학교와 같은 특정 영역에 집중하는 반면에, 데이터베이스의 데이터는 거래/기능 중심적이다.
- *통합성(integrated)* 데이터를 다양한 원천에서 가져오지만, 데이터베이스의 경우는 제한적이다.
- *시계열성(time variant)* 역사적인 정보처럼 시간에 따라 데이터를 분류하는 반면에, 데이터베이스의 데이터는 최근 활동만 메모리에 보관된다.
- *데이터 유형(type of data)* 집계된 데이터를 포착하는 반면에, 데이터베이스의 데이터는 원시 거래 데이터이다.
- *용도(purpose)* 분석 목적으로 사용되는 반면에, 데이터베이스의 데이터는 거래를 포착하고 관리하는데 사용된다.

데이터웨어하우스를 설계하고 구현하는 것은 복잡한 작업이지만 특정 소프트웨어를 사용할 수 있다. Oracle,

Data Warehouse Applications at Marriott International

FINANCE | TECHNOLOGY IN SOCIETY | APPLICATION

Gorodenkoff/Shutterstock.com

세계에서 가장 큰 호텔 기업 중 하나인 Marriott International은 130여 국가와 지역에 7,000개 이상의 부동산을 보유하고 있다. 30개의 서로 다른 브랜드를 보유하고 있는 이 회사는 고객들과 효과적으로 소통하고 참여하기 위해 다양한 지역, 브랜드, 프랜차이즈로부터 정보를 수집하는데 도움이 되는 캠페인 관리 도구가 필요했다.

130개국 30개 호텔 브랜드 아래 7,000개의 부동산.

위의 목표를 달성하기 위해 Marriott는 영업 및 마케팅 관리자에게 고객에 대한 중요한 정보를 적시에 제공하는 데이터웨어하우스를 구축했다. 시스템은 고객에 대한 모든 종류의 데이터를 수집하여 통계 모델과 다양한 알고리즘을 사용하여 고객의 선호도와 거래 이력을 바탕으로 개별 고객에게 제안을 제공할 수 있다. 이제 Marriott는 고객이 어떤 서비스를 이용했는지 정확히 알게 되었으며, 시스템은 개별 고객에 대한 제안을 맞춤화할 수 있는 기회를 제공한다. 새로운 시스템은 지역 마케팅 관리자를 위한 웹 기반 도구를 포함하고 있으며, 관리자들은 캠페인 개발기간을 6주에서 2일로 줄일 수 있었다. 새로운 시스템을 사용함으로써, Marriott는 매출 목표를 초과 달성했고, 보다 표적화된 커뮤니케이션을 수행함으로써 고객들과 더 효과적으로 소통할 수 있었다.

질문 및 토론

1. Marriott International에서 데이터웨어하우스를 사용한 두 가지 분야는 어디인가?
2. 데이터가 어떻게 Marriott International에 경쟁우위를 제공할 수 있는가?

IBM, Microsoft, Teradata, SAS, 그리고 Hewlett-Packard는 데이터웨어하우징 플랫폼 시장을 선도하고 있다. "Data Warehouse Applications at Marriott International" 사례에서는 데이터웨어하우스가 Marriott International에서 어떻게 사용되었는지를 설명하고 있다.

그림 3.6은 입력; 추출, 변환 및 로딩(extraction, transformation, loading; ETL); 저장; 그리고 출력의 네 가지 주요 구성요소로 구성된 데이터웨어하우스를 보여준다. 구성요소에 대해서는 다음 항에서 설명한다.

3-5a 입력

데이터는 외부 데이터 원천, 데이터베이스, 거래 파일, ERP 시스템, CRM 시스템 등 다양한 곳에서 얻을 수 있다. ERP 시스템은 조직의 모든 기능 영역에서 사용할 수 있는 데이터를 수집, 통합, 처리한다. CRM 시스템은 고객 서비스 개선을 위한 정보를 제공하기 위해 고객 데이터를 수집하고 처리한다(ERP와 CRM 시스템은 11장에서 설명). 이러한 데이터 원천은 데이터웨어하우스가 분석을 수행하고 보고서를 생성하는데 필요한 입력을 제공한다.

3-5b ETL

Extraction, transformation, and loading (ETL) refers to the processes used in a data warehouse. It includes extracting data from outside sources, transforming it to fit operational needs, and loading it into the end target (database or data warehouse).

추출, 변환 및 로딩(ETL)은 데이터웨어하우스에서 사용되는 프로세스를 나타낸다. 추출이란 다양한 원천에서 데이터를 수집하여 변환 처리에 사용할 수 있는 형식으로 바꾸는 것을 의미한다. 또한 추출 프로세스는 데이터를 구문 분석(분할)하여 데이터웨어하우스의 구조적 요구를 충족할 수도 있다. 예를 들어, 한 도시의 특정 지역에 거주하는 고객 수를 알아보려는 경우 주소에서 거리 번호, 거리 이름, 도시, 주를 구분하는데 구문 분석을 사용할 수 있다. 변환 처리는 데이터가 데이터웨어하우스의 요구를 충족하는지 확인하기 위해 수행되며, 다음과 같은 작업이 포함된다.

- 로드할 특정 열이나 행만 선택
- 예(Yes)를 1로 바꾸고 아니요(No)를 2로 바꾸는 것과 같은 코딩 값 변환
- 데이터에 대한 SELECT, PROJECT, JOIN 작업 수형
- 데이터 정렬과 필터링

그림 3.6 데이터웨어하우스 구성요소

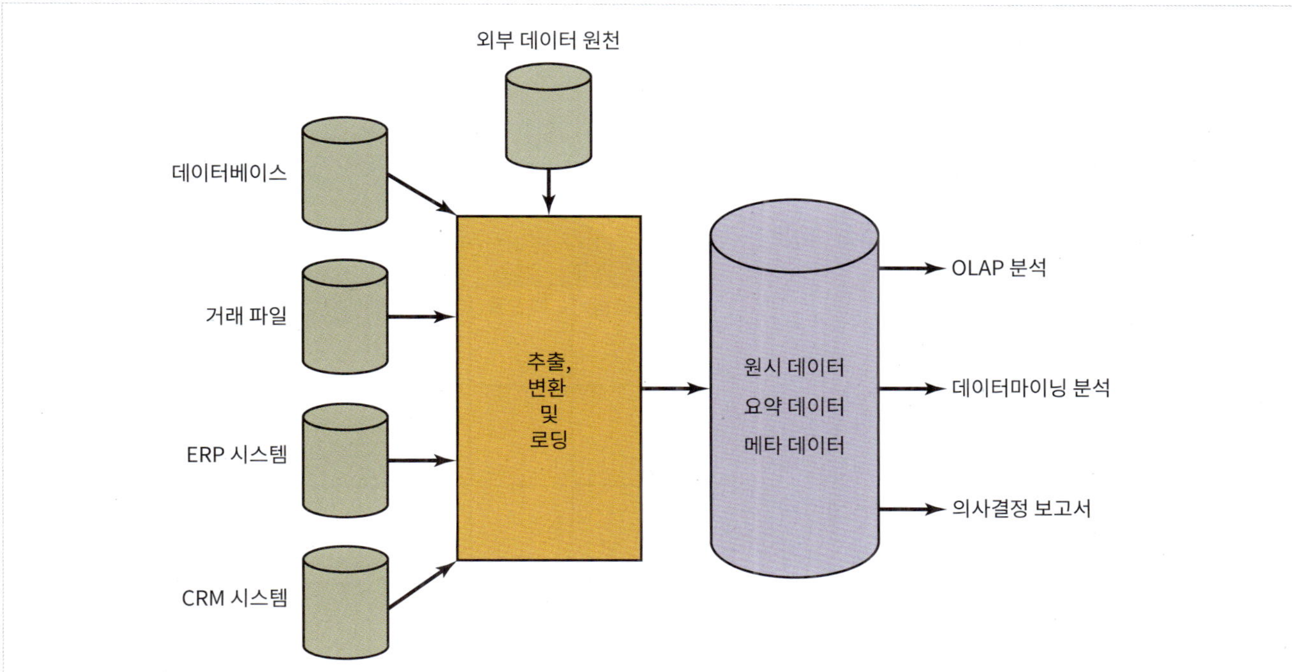

Online transaction processing (OLTP) is used to facilitate and manage transaction-oriented applications, such as point-of-sale, data entry, and retrieval transaction processing. It generally uses internal data and responds in real time.

Online analytical processing (OLAP) generates business intelligence. It uses multiple sources of information and provides multidimensional analysis, such as viewing data based on time, product, and location.

- 데이터웨어하우스에 데이터를 로드하기 전에 데이터 집계 및 요약

로딩은 데이터를 데이터웨어하우스로 전송하는 프로세스이다. 조직의 요구 사항 및 데이터웨어하우스의 저장 용량에 따라 로딩은 기존 데이터를 덮어쓰거나 기존 데이터에 추가할 수 있다.

3-5c 저장

수집된 정보는 원시 데이터, 요약 데이터 또는 메타 데이터로 데이터웨어하우스에 정리된다. 원시 데이터는 원래 형태의 정보이며, 요약 데이터는 사용자에게 다양한 범주의 소계를 제공하므로 유용하다. 예를 들어, 회사의 남부 지역에 대한 판매 데이터를 추가하고 하나의 요약 번호로 나타낼 수 있다. 1장에서 배웠듯이 의사결정 목적으로 원시 데이터와 요약 데이터(집계된 데이터)를 모두 유지하는 것이 좋다. 메타 데이터는 데이터에 대한 정보(데이터의 내용, 품질, 조건, 출처, 그리고 기타 특성)이다. 메타 데이터는 사용자에게 데이터가 어떻게, 언제, 누가 수집했는지, 그리고 데이터가 어떤 형식으로 저장되었고, 현재는 어떤 형식으로 변환되었는지 알려준다. 예를 들어, 재무 데이터베이스의 메타 데이터를 사용하여 판매 거래의 매출, 비용, 그리고 이익을 계산하고, 데이터웨어하우스에 저장하는 방법을 설명하는 주주용 보고서를 생성할 수 있다.

3-5d 출력

그림 3.6에서 알 수 있듯이 데이터웨어하우스는 다양한 유형의 분석을 지원하고 의사결정을 위한 보고서를 생성한다. 지금까지 설명한 데이터베이스는 다음과 같은 보고서를 생성하는 **온라인 거래처리(online transaction processing; OLTP)**를 지원한다.

- 지난달에 가장 높은 매출을 기록한 제품은 무엇인가?
- 지난달 매출이 가장 낮은 지역은 어디인가?
- 지난 분기에 매출을 30% 이상 늘린 영업 사원은 누구인가?

그러나 데이터웨어하우스는 온라인 분석처리와 데이터마이닝 분석을 사용하여 보고서를 생성한다. 이러한 내용은 다음 절에서 설명한다.

온라인 분석 처리

OLAP(Online analytical processing; OLAP) OLTP와 달리 다차원 분석 질의에 빠르게 응답하여 비즈니스 인텔리전스를 생성하는데 사용된다. 여러 원천의 정보를 사용하여 시간, 제품, 지역에 따라 데이터를 보는 것과 같은 다차원 분석을 제공한다. 예를 들어, 지난 분기 동안 북서부 지역에서 제품X의 판매 현황을 알아보려면 OLAP를 사용할 수 있다. 때때로 이러한 분석을 "데이터 슬라이싱(slicing)과 다이싱(dicing)"이라고 한다. 그림 3.7의 하이퍼큐브를 다른 방향으로 자를 수 있다. 하이퍼큐브는 각 면이 지역과 같은 차원을 나타내는 다차원 스프레드시트로 생각할 수 있다(그림 3.7의 "지역"). 하이퍼큐브의 장점은 빠른 조작과 계산이 가능하다는 것이다. 그림 3.7의 하이퍼큐브에서, 차원에 있는 각각의 작은 큐브는 데이터의 하위 부분을 나타낸다. 따라서, 이러한 작은 입방체들 중 하나의

그림 3.7 데이터 슬라이싱과 다이싱

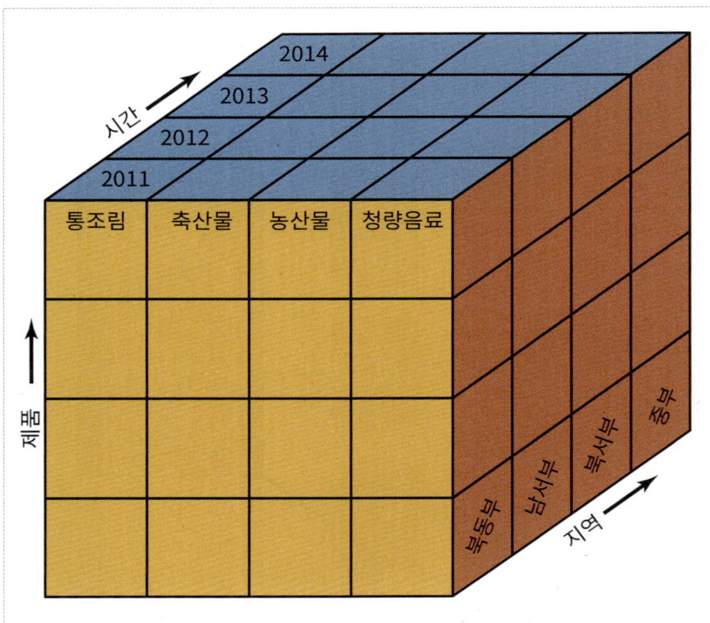

데이터는 2011년 북동부 지역의 통조림 판매와 관련이 있을 수 있다. 각각의 작은 큐브는 더 세분화될 수 있다. 예를 들어, 2011년은 분기(Q1, Q2, Q3, Q4)로 나눌 수 있다. 정육면체의 수는 각 차원의 "세분성"(특이성)에 의해 결정된다.

OLAP를 사용하면 다차원 보기로 요약된 정보를 분석할 수 있다. OLAP 도구는 추세 분석을 수행하고 방대한 양의 통계를 선별하여 특정 정보를 찾는데 사용된다. 이러한 도구에는 일반적으로 다층 정보에 접근하기 위한 "드릴-다운(drill-down)" 기능이 있다. 예를 들어, OLAP 도구는 첫 번째 정보 계층에 접근하여 회사의 8개 지역에서의 판매 실적 보고서를 생성할 수 있다. 마케팅 임원이 북서부 지역에 대한 보다 자세한 정보에 관심이 있는 경우 OLAP 도구는 다음 단계의 정보에 접근하여 보다 자세한 분석을 수행할 수 있다. OLAP 도구는 또한 가장 작은 데이터 단위에서 더 높은 수준으로 "드릴-업(drill-up)"할 수도 있다. 예를 들어 OLAP 도구는 각 지역의 판매 데이터를 검토한 다음 회사 전체의 판매 실적 보고서를 생성하도록 드릴-업할 수 있다.

데이터마이닝 분석

데이터마이닝 분석(data-mining analysis)은 패턴과 관계를 발견하는데 사용된다. 예를 들어, 데이터마이닝 도구를 사용하여 POS(Point-of-Sale) 데이터를 검토하여 고객의 구매 이력에 대한 보고서를 생성할 수 있다. 이 정보를 바탕으로 기업은 특정 고객에 대한 마케팅 프로모션을 더 잘 공략할 수 있다. 이와 유사하게, 기업은 댓글이나 신용카드로부터 인구 통계 데이터를 추출하여 10대 또는 30세 이상의 여성과 같은 특정 고객 집단에 어필할 수 있는 제품을 개발하는데 사용할 수 있다. Netflix가 사용자의 시청 기록을 기준으로 영화를 추천할 때 데이터마이닝 도구에서 생성된 정보를 사용하고 있다. Netflix는 2009년 9월 영화 추천 정확도를 크게 향상시킬 수 있는 최고의 알고리즘을 개발한 팀에게 100만 달러의 상금을 수여했다(www.netflixprize.com). American Express는 데이터마이닝 도구를 사용하여 발견된 패턴인 월간 지출에 기초하여 카드 소유자에게 제품과 서비스를 제안하기 위해 동일한 유형의 분석을 수행한다. 다음은 데이터마이닝 도구를 사용하여 대답할 수 있는 전형적인 질문들이다.

- 어떤 고객이 신제품에 반응할 것 같은가?
- 어떤 고객이 새로운 광고 캠페인에 응할 것 같은가?
- 고객의 과거 구매 패턴을 기반으로 해당 고객에게는 어떤 제품을 추천해야 하는가?

> **Data-mining analysis** is used to discover patterns and relationships.
>
> A **data mart** is usually a smaller version of a data warehouse, used by a single department or function.

데이터마이닝 소프트웨어 공급업체로는 SAP Business Objects(www.sap.com), SAS (www.sas.com), IBM Cognos Analytics(http://cognos.com), 그리고 Informatica (www.informatica.com)가 있다. "Data Mining and the Airline Industry" 사례는 항공 산업에서 데이터마이닝의 응용 분야를 소개한다.

의사결정 보고서

데이터웨어하우스는 의사결정에 사용되는 보고서뿐만 아니라 모든 유형의 정보를 생성할 수 있다. 다음은 데이터웨어하우스를 통해 수행할 수 있는 작업들이다.

- 비교 목적으로 조직 운영과 관련된 부문들을 교차 참조한다. 예를 들어, 다른 데이터베이스에 다른 형식으로 저장되었더라도 인사 데이터를 재무 부서의 데이터와 비교한다.
- 데이터베이스를 사용할 때보다 더 빠르고 쉽게 복잡한 질의와 보고서를 생성한다.
- 조직 내 상이한 장소에 다양한 형식으로 저장된 다양한 원천의 데이터를 사용하여 효율적으로 보고서를 생성할 수 있다.
- 데이터베이스로 찾을 수 없는 패턴과 추세를 찾는다.
- 대량의 과거 데이터를 신속하게 분석한다.
- 경영진이 정보에 입각한 비즈니스 의사결정을 내릴 수 있도록 지원한다.

3-6 데이터마트

데이터마트(data mart)는 일반적으로 단일 부서나 기능에 의해 사용되는 데이터웨어하우스의 작은 버전이다. 데

Business analytics (BA) uses data and statistical methods to gain insight into the data and provide decision makers with information they can act on.

이터마트는 마케팅 부서의 데이터마트와 같이 기업의 특정 사용자 집단에 대한 비즈니스 기능에 중점을 둔다. 데이터마트는 일반적으로 데이터웨어하우스보다 작지만 동일한 유형의 분석을 수행할 수 있다. 데이터마트는 데이터웨어하우스에 비해 다음과 같은 이점이 있다.

- 크기가 작기 때문에 데이터에 대한 접근이 더 빠른 경우가 많다.
- 사용자에 대한 응답 시간이 개선된다.
- 데이터마트는 더 작고 덜 복잡하기 때문에 만들기가 더 쉽다.
- 비용이 저렴하다.
- 데이터마트는 특정 부서나 부문에 맞게 설계되었기 때문에 사용자의 요구사항과 필요한 기능을 쉽게 파악할 수 있다.

데이터웨어하우스는 전체 조직이 사용할 수 있도록 설계되지만, 데이터마트는 일반적으로 데이터웨어하우스보다 범위가 제한적이며, 서로 다른 부서나 기능 영역(예를 들면, 판매와 생산)의 정보를 통합하는 것이 더 어렵다.

3-7 비즈니스 분석

비즈니스 분석(business analytics; BA)은 데이터와 통계적 방법을 사용하여 데이터에 대한 통찰력을 얻고 의사결정자에게 조치를 취할 수 있는 정보를 제공한다. BA는 데이터베이스, 데이터웨어하우스나 데이터마트 시스템의 데이터를 활용하고 탐색하는 데이터 중심 의사결정에 점점 더 많이 사용되고 있다. 이 장의 앞부분에서 설명한 비즈니스 인텔리전스에 비해 BA는 과거에 일어났던 일이 아니라 미래에 일어날 일을 사용자에게 알려준다. BI는 무엇이 일어났는지, 무엇이 문제인지, 그리고 사용 가능한 데이터를 기반으로 어떤 결정을 내려야 하는지를 결정하는 데 도움을 줄 수 있다. BA는 이러한 현상이 발생하는 이유, 판매 추세가 지속되는 것이 어떤 의미인지, 그리고 어떤 조치를 취해야 하는지 등을 파악하는데 도움이 된다. BI는 의사결정 활동을 지원하기 위해 대시보드, 스코어카드, OLAP과 질의 보고서를 사용하는 반면, BA는 통계 분

Data Mining and the Airline Industry

FINANCE | TECHNOLOGY IN SOCIETY | APPLICATION | SOCIAL AND ETHICAL ISSUES

항공 산업에서 데이터마이닝으로 고객 서비스를 개선하고 동시에 수익을 증가시킬 수 있다. 조만간, 항공사 승무원은 19A 좌석의 고객이 채식주의자이거나 특정 음식에 알레르기가 있는지 알 수 있게 된다. 또한 이전 비행에서 가방을 분실했던 경험이 있는 승객도 알 수 있게 된다. 항공 마케팅은 승객의 온라인 검색 이력과 소셜 미디어를 통해 얻을 수 있는 풍부한 정보를 바탕으로 더욱 정교해지고 있다. 승객들에게 상품과 서비스를 판매하기 위해, 일부 항공사들은 승객의 비행 정보(예: 이름, 고객 번호, 나이, 수입, 주소)를 소셜 미디어 정보(예: 승객의 Facebook 페이지에 있는 "좋아요" 갯수)와 결합하고 있다. 기내에서 태블릿과 스마트폰으로 승무원들이 모든 정보에 접근할 수 있다. 데이터마이닝은 승객의 목적지, 수입, 그리고 소셜 미디어 관심사를 파악하여 목표한 기내 판매를 달성할 수 있도록 도와준다. 예를 들어, 쇼 관람권, 헬리콥터 투어, 복싱 경기 관람권 등을 Las Vegas로 가는 승객들에게 파는 것이다. 하지만, 항공사들은 승객들의 사생활을 보호하기 위해 모든 노력을 기울여야 한다. 훌륭한 고객 서비스를 제공하는 것과 승객의 개인정보를 보호하는 것 사이에는 균형이 있어야 한다.

질문 및 토론

1. 데이터마이닝은 어떻게 고객 서비스를 개선하여 항공 산업의 수익을 증가시킬 수 있는가?
2. 특정 분야에 데이터마이닝을 사용할 때 어떤 문제가 발생할 수 있는가?

석, 데이터마이닝 도구와 예측 모델링을 사용한다.

BA 방법에는 몇 가지 분석이 있는데, 인기 있는 세 가지는 기술(descriptive) 분석, 예측(predictive) 분석, 처방(prescriptive) 분석이다. 기술 분석은 과거의 사건을 검토하고, 데이터를 분석하며, 주어진 기간에 무슨 일이 일어났으며, 미래에 대비하는 방법을 보여주는 보고서를 제공한다. 따라서, 이는 반응형 전략이다. 예측 분석은 이름에서 알 수 있듯이 사전 예방형 전략이며, 향후의 사건에 대비하여 의사결정자를 준비시킨다. 예를 들어, 현재의 판매 추세가 계속될 경우 향후 몇 년동안 필요한 영업 사원의 수를 회사는 알 수 있게 된다. 처방 분석은 의사결정자가 따라야 할 행동 방침을 권장하고 의사결정의 가능한 결과를 보여줌으로써 기술적이고 예측적인 분석을 넘어선다. 즉, 처방 분석은 정확한 행동 방침을 추천함으로써 예측 분석보다 더 구체적이다.

Amazon Analytics, Google Analytics와 Twitter Analytics가 인기 있는 분석 플랫폼 중 하나이다. 일반적인 분석 영역에서는 웹 분석과 모바일 분석의 두 가지 다른 용어가 일반적으로 사용된다. 웹 분석은 웹사이트의 효율성과 효과를 알아보기 위해 웹 데이터를 수집하고 분석한다. 이것은 시장 조사나 웹사이트의 효과를 평가하고 개선하기 위해 수행될 수 있다. 반면에 모바일 분석은 모바일 웹, 그리고 모바일 앱과 관련이 있다. 모바일 기기와 모바일 기기에서 사용되는 모든 앱 사이의 트래픽을 평가하고 측정한다. 모바일 분석에는 세 가지 인기 있는 유형이 있다.

- **광고 및 마케팅 분석** 사용자가 자신의 기기에 앱을 설치하도록 유도한 광고를 사용자가 클릭했는지 확인
- **인앱 분석** 사용자가 누구인지, 앱과 상호 작용하는 방식 결정
- **성능 분석** 앱 가동 시간과 앱 응답성을 측정하여 앱의 기능과 운영 성공을 보장

모바일 사용자의 수가 매일 증가함에 따라 모바일 분석이 인기를 얻고 있다. 태블릿 전용 웹사이트를 만드는 회사도 있고, 화면 크기, 모바일 브라우저, 연결 속도 및 모바일 장치의 기타 기능에 더 잘 맞도록 일반 웹사이트를 설계하고 최적화하는 회사도 있다.

BA가 조직에 제공하는 가치는 매우 크다. 그러나 이를 최대한 활용하려면 최고 분석 책임자(chief analytics officer; CAO)가 필요하다. 최고 분석 책임자는 BI를 생성하기 위해 필요한 전사적 데이터를 선별해야 한다. 예측 분석 소프트웨어의 주요 공급자는 SAS, IBM, SAP, Microsoft 및 Oracle 등이다. "Predictive Analytics in Action" 사례에는 실제로 사용되는 두 가지 예가 나와 있다.

3-8 빅데이터

MasterCard와 Visa 같은 회사들은 주중과 주말에 수십억 건의 거래를 처리하면서 수 년간 빅데이터에 관여해 왔다. 그러나 최근 몇 년 동안 비즈니스 세계 전반에 걸쳐 데이터가 폭발적으로 증가하였다. 실제로 전 세계 비즈니스 데이터의 양은 1.2년마다 두 배로 증가하는 것으로 추정된다.

그렇다면 빅데이터란 무엇일까? 공공과 민간 조직 모두에서 데이터가 기하급수적으로 증가한 결과, **빅데이터(big data)**는 기존의 컴퓨팅 방법으로는 데이터를 효율적으로 처리하고 관리할 수 없을 정도로 방대한 규모의 데이터이다.

빅데이터는 5V라고 알려진 규모(volume), 다양성(variety), 속도(velocity), 진실성(veracity), 가치(value)의 5가지 특성이 있다.

규모 - 페타바이트(1,024 테라바이트) 또는 엑사바이트(1,024 페타바이트) 단위로 측정한 순수한 거래 양이다. 다음은 빅데이터 규모에 대한 네 가지 예이다.

- 크리스마스 전 주에 미국 우편 서비스를 통해 발송된 모든 소포
- 블랙 프라이데이에 판매된 Walmart 전 점포의 매출액
- Cyber Monday에 Amazon에서 구입한 모든 물품
- 하루 동안 전 세계에서 송수신되는 트윗 수

다양성 - 정형 데이터(예: 1~5점으로 평가된 고객의 제품 평점)와 비정형 데이터(예: 제품이나 서비스에 대한 콜센터 대화 또는 고객 불만)의 조합이다. 소셜 네트워크에서 사용할 수 있는 대부분의 데이터는 구조화되지 않은 것이

Big data is data so voluminous that conventional computing methods are not able to efficiently process and manage it.

다. 기업은 인터넷과 다양한 휴대기기와 모바일 장치로부터 수집된 데이터를 위치 관련 데이터 및 멀티미디어 데이터와 결합한다. 자동으로 수집되고 전송되는 기기 간(machine-to-machine) 통신 데이터도 빅데이터 운영에 중요한 역할을 한다.

속도 - 데이터를 수집하고 처리해야 하는 속도이다. 예를 들어, 특정 고객이 운전하며 지나갈 때 특정 광고를 표시할 수 있는 광고판을 상상해 보자. 광고판은 거대한 데이터베이스와 비교하여 운전자의 얼굴을 인식하고, 해당 데이터를 운전자의 소셜 미디어 데이터와 통합하고, 또한 운전자의 Facebook 페이지에 있는 좋아요와 싫어요의 개수를 바탕으로 운전자가 가장 좋아하는 것을 알아낸 다음, 해당 광고를 표시한다. 이 모든 것이 순식간에 일어나야 한다. 그렇지 않으면 기회는 사라질 것이다.

진실성 - 데이터의 신뢰성과 정확성이다. 예를 들어, 소셜 미디어 게시물, 약어, 오타, 구어체는 진실성 특성을 중요하게 만든다. 그러나 대부분의 경우 데이터의 규모가 품질이나 정확성의 부족을 보완한다.

가치 - 수집된 데이터가 의사결정 과정에 미치는 가치이다. 가치가 없다면 데이터 수집과 분석의 전체 과정은 자원 낭비가 되고 기회를 놓치게 된다. 그래서 빅데이터의 가장 중요한 "V"는 “가치”이다.

3-8a 빅데이터 혜택의 수혜자

많은 기업들이 빅데이터 분석의 혜택을 받고 다음과 같은 분야에서 경쟁 우위를 확보할 수 있다.

- **소매** 고객 관계 관리, 고객 요구에 맞는 소매 제품 맞춤화, 개인화된 서비스 제공, 최적의 매장 위치와 물품 배치 찾기

Predictive Analytics in Action

FINANCE | TECHNOLOGY IN SOCIETY | APPLICATION | SOCIAL AND ETHICAL ISSUES | REFLECTIVE THINKING

Syda Productions/Shutterstock.com

미국인의 33%에게 의료 보험을 제공하는 BCBS(Blue Cross and Blue Shield System)는 예측 분석의 성공적인 사용자로 1억 건 이상의 의료 청구 데이터베이스를 구축했다. 증가하는 의료 비용을 통제하기 위해 BCBS는 예측 분석을 사용하여 몇 가지 만성 질환을 유발하는 위험 요인과 이러한 질병에 걸릴 위험이 높은 개인을 파악했다. 목표는 데이터를 사용하여 의사들이 고위험 환자에게 더 나은 표적 치료를 제공하고 값비싼 장기 치료의 필요성을 줄이는 것이다.

온라인 만남 서비스를 제공하는 Match.com 또한 예측 분석의 성공적인 사용자이다. 이 회사는 가입자의 등록 과정과 웹사이트에서의 활동을 모니터링하여 데이터를 수집한다. 목표는 가입자의 선호도에 따라 가장 적합한 상대를 찾는 것이다. 예측 분석을 사용하여 Match.com은 회원들이 서술한 선호도뿐만 아니라 그들의 행동과 웹사이트에서의 상호작용에 기반하여 만남을 주선한다.

질문 및 토론

1. Blue Cross and Blue Shield와 Match.com은 예측 분석을 통해 사용자 결과를 어떻게 개선하는가?
2. 예측 분석을 사용할 경우의 이점과 문제점은 무엇인가?

- **금융 서비스** 위험 분석, 부정 행위 탐지, 신규 고객 유치
- **광고 및 홍보** 타켓 광고, 광고 캠페인의 효과를 높일 수 있는 효과적인 메시지, 데이터 기반 홍보
- **정부** 국가 안보, 공항 보안, 무기 시스템, 테러 대책
- **제조** 제품 연구, 공정 및 품질 분석, 경로 및 유통 최적화
- **에너지** 스마트 그리드, 고객 세분화, 에너지 절약
- **의료** 제약 연구, 효과적인 치료법 개발, 게놈 연구

3-8b 빅데이터 도구와 기술

많은 기술과 애플리케이션이 빅데이터의 성장과 인기에 기여했다. 모바일과 무선 기술, 소셜 네트워크의 인기, 스마트폰과 휴대용 장치의 향상된 성능과 정교함이 주요 요인들이다. 저장 기술의 대폭적인 향상과 상당한 가격 인하, 분석 도구의 향상된 기능과 경제성으로 인해 거의 모든 유형의 조직에서 빅데이터 분석을 할 수 있게 되었다.

일반적으로 가장 많이 사용되는 빅데이터 분석 플랫폼은 오픈 소스 Apache Hadoop으로, HDFS(Hadoop Distributed File System)를 사용하여 저장 장치를 관리한다. NoSQL과 Cassandra를 포함한 분산 데이터베이스도 빅데이터 프로젝트에 많이 사용된다. 상용 빅데이터 플랫폼으로는 SAP Big Data Analytics(www.sap.com/BigData), Tableau (www.tableausoftware.com), SAS Big Data Analytics(www.sas.com/big-data), QlikView(www.qlikview.com) 등이 있다.

3-8c 빅데이터와 개인 정보 보호 위험

빅데이터 분석은 주요 의사결정자에게 전례 없는 의사결정 지원과 경쟁 우위를 확보할 수 있는 잠재력을 제공할 수 있다. 그러나, 이렇게 강력한 도구는 일부 사람들의 사생활을 위험에 빠뜨리는 특정 정보를 드러내고 노출시킬 수 있다. 또한 법적 및 윤리적인 문제가 발생할 수도 있다. 다음 목록은 빅데이터와 관련된 위험에 대한 것이다. 주요 경영진은 이러한 위험을 방지하고 이러한 위험이 미치는 영향을 제거하거나 최소화하기 위한 모든 노력을 기울여야 한다.

- **차별** 빅데이터 분석은 은행가와 같은 의사결정자에게 개인의 대출 신청을 승인하거나 거절할 수 있는 이유를 제공하는 정보를 드러낼 수 있다.
- **사생활 침해와 당혹감** 빅데이터 분석을 통해 예를 들어, 임신 홍보 물품을 발송하여 소매업체의 고객이 임신 중이라는 것이 드러날 수 있다. 고객이 아직 자신의 임신을 공개하지 않아 해당 고객에게 당혹감과 사생활 문제를 야기시킬 수 있다.
- **해석에 기반한 비윤리적인 행동** 빅데이터 분석은 잘못 해석될 수 있으며, 합법적이기는 하지만 윤리적이지 않은 결정을 뒷받침할 수 있다.
- **익명성 상실** 빅데이터 분석은 여러 데이터 세트를 결합하고 다양한 데이터를 상호 참조함으로써 분석에 사용된 데이터의 신원을 쉽게 드러낼 수 있다.
- **관련된 개인에 대한 법적 보호 미비** 오늘날까지 빅데이터 분석을 사용하는 동안 개인 정보를 보호하기 위한 법적 요구 사항은 거의 없는 실정이다.

3-8d IoT와 빅데이터 분석의 통합

사물인터넷(Internet of Things; IoT)은 7장에서 자세히 설명할 것이다. 사물인터넷은 전 세계 다양한 분야에 사용되고 있는 센서 기반 장치이다. 공장 현장에서 스마트 홈에 이르기까지 1년 내내 정형 및 비정형 데이터를 수집한다. IDC에 따르면 2025년까지 IoT 장치에서 90ZB의 데이터가 생성될 예정이라고 한다. IoT 빅데이터 분석은 다양한 애플리케이션에서 활용할 수 있는 강력한 도구이며, 다음과 같은 작업을 수행할 수 있다.

- 산업현장에서 의료현장에 이르기까지 다양한 상황 검토
- 예측과 계획에 사용할 수 있는 동향 파악
- 마케팅 기회에 사용할 수 있는 보이지 않는 패턴 찾기
- 마케팅 기회와 기타 관리적 의사결정에 사용할 수 있는 숨겨진 상관 관계 찾기
- 경쟁 우위를 위해 사용할 수 있는 새로운 정보 파악

IoT와 빅데이터의 통합으로 산업별로 다양한 형태의 이익을 얻을 수 있으며, 다음과 같은 것을 예로 들 수 있다.

1. 주요 변수에 대한 실시간 분석을 제공하고 의사결정자가 합리적인 비용으로 실시간 의사 결정을 구현할 수 있도록 지원함으로써 모든 산업의 ROI를 높이는 데 도움이 된다.
2. 질병에 대한 이해를 높여 새로운 방식의 원격 진단 도입으로 헬스케어 산업을 개선시켜 새로운 치료제 개발이 적시에 이루어진다.
3. 고장 전에 어떤 장비를 수리해야 하는지 알 수 있게 함으로써 제조업에 도움이 된다. 이렇게 함으로써 가동 중지 시간과 장비 교체를 줄여 더 큰 비용이 지출되는 것을 방지할 수 있다.
4. 운송 산업에서 차량, 연료 효율, 운전 시간과 배송 경로를 모니터링하여 차량을 최적화하고 기업의 생산성을 향상시킨다.
5. IIoT(Industrial Internet of Things) 빅데이터 분석은 실시간 데이터 모니터링, 수집, 교환, 분석과 실시간 의사 결정의 구현을 통해 거의 모든 산업용 기기의 운영이 개선된다.
6. IoT 빅데이터 분석은 대부분의 IT 기능을 자동화할 수 있는 셀프 서비스 분석을 가능하게 하며, 그 결과 서비스로서의 분석이 보편화될 것이다.

3-9 데이터베이스 마케팅

데이터베이스 시스템의 주요 애플리케이션 중 하나는 데이터베이스 마케팅이다. 이 교재에서 **데이터베이스 마케팅(database marketing)**을 기업이 제공하는 제품이나 서비스를 홍보하기 위해 기업의 고객과 잠재 고객 데이터베이스를 사용하는 것으로 정의한다.

성공적인 데이터베이스 마케팅 캠페인의 주요 목표는 데이터베이스 내의 정보를 활용하여 시장에서 기업의 경쟁력을 향상시키고 궁극적으로 이익을 증가시키는 마케팅 전략을 구현하는 것이다. 데이터베이스 마케팅의 핵심 동기는 고객과의 장기적인 관계를 수립, 구축 및 유지하는 것이다.

Database marketing uses an organization's database of customers and potential customers to promote products or services.

고객과 관련된 정보는 판매 정보, 이메일 서신, 보증 카드, 클럽 카드, 홍보 캠페인, 그리고 최근의 소셜 미디어 등 다양한 내부와 외부 원천으로부터 나온다. 소셜 미디어의 인기 상승은 데이터베이스 마케팅 구현을 어렵게 함과 동시에 시장에서 기업의 경쟁력을 높이기 위한 매우 강력한 전략적 도구가 되었다.

데이터베이스 마케팅은 다변량 분석, 데이터 세분화, 자동화된 도구를 사용하여 마케팅을 사후 대응적 프로세스에서 사전 예방적 프로세스로 전환시켰다. 이를 통해 기업은 고객의 요구와 욕구에 보다 신속하게 대응할 수 있으며, 시장의 변화에 보다 효과적으로 대응할 수 있다.

자동화된 마케팅 도구를 가장 먼저 사용한 곳은 Reader's Digest, American Express, 통신 판매 카탈로그 회사, 그리고 신용 조사기관이다. 데이터베이스 마케팅은 콜센터와 텔레마케팅을 대중화하였다. 또한 식료품 체인 클럽 카드, 항공사 마일리지 프로그램, 그리고 최근에는 My Starbucks Rewards와 같은 로열티 프로그램으로 인기를 얻었다.

모든 기업에서 성공적인 마케팅 캠페인의 목표는 최고의 수익을 창출하는 것이다. 데이터베이스 마케팅은 이러한 프로세스의 핵심이며 수익성 분석, 고객 세분화, 그리고 고객 충성도 구축과 매출 증대를 위한 마케팅 전술의 통합 접근 방식의 일부이다. 고객 세분화는 중요한 작업이다. 기업이 제공하는 모든 제품이나 서비스가 모든 고객에게 적합한 것은 아니다. 고객은 인구 통계, 지역, 추구하는 혜택, 사이코그래픽스(psychographics), 가격 민감도, 사회경제적 특성 등 다양한 변수에 의해 세분화될 수 있다.

인구 통계 데이터는 구매자가 "누구"인지 설명하는 반면에, 사이코그래픽스는 제품이나 서비스를 "왜" 구매하는지를 설명한다. 인구 통계 정보에는 성별, 나이, 소득, 결혼 여부 등이 포함되며, 사이코그래픽스는 습관, 취미, 소비 패턴, 그리고 가치를 포함한다. 성공적인 데이터베이스 마케팅 캠페인에 의해 일반적으로 수행되는 작업은 다음과 같다.

- **고객 생애 가치(customer lifetime value; CLTV) 계산** 고객과의 평생 관계가 기업에 얼마만큼의 가치가 있을지에 대한 추정치를 예측하고 생성하는 모

델이다. 고객 생애 가치를 바탕으로 기업은 이러한 관계를 유지하기 위해 얼마나 많은 비용을 지출해야 하는지 알 수 있다.

- **RFM 분석** 구매 시점(recency), 구매 빈도(frequency), 그리고 고객이 지출한 금액(monetary)을 기준으로 고객의 가치가 얼마나 되는지 추정치를 예측하고 생성하는 모델이다. 이 모델의 이면에 있는 이론은 사업 수익의 80%가 20%의 고객으로부터 나온다는 것이다.
- **고객 커뮤니케이션** 고객과 효과적으로 커뮤니케이션하기 위해 다양한 기술을 사용하면 충성도, 고객 유지율, 그리고 매출이 증가한다. 인터넷 시대에 기업은 이메일, 웹사이트, 포털과 인트라넷을 포함하여 고객과 통신하기 위해 여러 가지 도구를 사용한다.
- **분석 소프트웨어** 웹사이트, 모바일 앱, 소셜 미디어를 포함한 여러 소매 채널에서 고객의 행동을 모니터링하기 위해 다양한 기술을 사용한다.

데이터베이스 마케팅은 수익성 개선, 매출 증대, 마케팅 커뮤니케이션 개선, 제품 개발 개선 등 여러 가지 이점을 제공한다. 하드웨어와 소프트웨어 같은 높은 초기 비용과 지속적인 운영 비용은 데이터베이스 마케팅의 단점 중 하나이다. 그리고 성공적인 데이터베이스 마케팅 프로그램의 효과적인 활용과 운영을 위해서는 기술적 지식을 갖춘 직원이 필요하다. 이로 인해 예산이 제한된 소규모 기업에서는 이 기술을 사용하기가 어렵다. 데이터베이스 마케팅은 많은 기업들이 수익을 올리는데 도움을 주었다. 21개의 미국판과 300개에 가까운 국제판을 보유한 세계에서 가장 큰 월간지 출판사 중 하나인 Hearst Magazine (http://www.hearst.com/magazines)은 데이터베이스 마케팅을 통해 200%의 ROI, 25%의 다이렉트 메일 응답 증가, 8%의 데이터베이스 레코드 감소를 달성했다.

"Database Marketing in Action: Caterpillar Corporation" 사례는 Caterpillar 회사가 데이터베이스 마케팅을 어떻게 활용했는지 보여준다.

Database Marketing in Action: Caterpillar Corporation

FINANCE | APPLICATION | SOCIAL AND ETHICAL ISSUES | REFLECTIVE THINKING

Caterpillar Corporation은 굴착 장비 외에도 대형 18륜차에 사용되는 대형 트럭 엔진을 생산하여 연간 약 20억 달러의 매출을 올리고 있다. Catterpillar의 Alan Weber와 Frank Weyforth는 최초의 성공적인 데이터베이스 마케팅 캠페인 중 하나를 구축했다.

데이터베이스 마케팅 캠페인 이전에는 Caterpillar는 누가 엔진을 사용했는지에 대한 정보가 없었다. 데이터베이스도 제대로 갖추어져 있지 않았고, 경영진은 다음과 같은 중요한 질문에 대한 답도 얻을 수 없었다. 우리가 엔진을 팔려고 노력하지 않는 트럭은 무엇인가? 어떤 트럭에서 우리의 새 엔진을 시험해야 하는가? 측정 가능한 마케팅 전략을 어떻게 구현할까?

Weber와 Weyforth는 4개의 내부 데이터베이스를 구축하고 260명의 영업 직원에게 노트북을 제공하였다. 회사는 고객의 이름, 주소, 판매 정보를 데이터베이스에 입력해야만 영업 직원에게 급여를 지급하는 정책을 시행했다.

2년 후, 이 회사는 110,000개의 고객 파일과 42,000개의 차량 파일을 보유하게 되었고, 이는 당시 모든 중형 트럭의 규모와 비슷하였다. 초기에는 4개의 데이터베이스가 호환되지 않아 하나로 결합하여 데이터 분석과 모델링을 시작했다. 고객을 선택하고 특정 변수에 대한 고객의 반응을 예측하기 위해 모델링 기법을 사용했다. Catterpillar는 변수에 점수를 할당하고 변수간의 의존도를 지정하여 어떤 고객과 잠재 고객이 구매할 것인지, 고객의 거래 주기(엔진이 거래되기까지 얼마나 걸리는지), 유지 보수 필요성 등을 예측하였다. 이를 통해 고객의 욕구를 기반으로 잠재 고객과 고객을 위한 메시지를 개발할 수 있게 되었다. Catterpillar는 비즈니스 인텔리전스를 기반으로 직원을 위한 판매 인센티브를 개발했으며, 첫 해에만 매출이 5억 달러 증가했다. 그 해에 500대의 차량을 판매 계약하였고 회사의 시장 점유율은 5% 증가했다.

질문 및 토론

1. Catterpillar Corporation은 데이터베이스 마케팅을 통해 어떤 혜택을 얻었는가?
2. 데이터베이스 마케팅의 추가적인 응용 분야는 어디인가?

요약

3-1 데이터베이스와 데이터베이스 관리시스템을 정의한다. 데이터베이스는 중앙 집중 또는 여러 위치에 분산 저장된 관련 데이터의 모음이다. 데이터베이스 관리시스템(DBMS)은 데이터베이스 파일을 만들고, 저장하고, 유지 관리하는 소프트웨어이다.

3-2 논리적 데이터베이스 설계와 관계형 데이터베이스 모델을 설명한다. 논리적 보기는 사용자에게 정보가 어떻게 표시되는지, 정보가 어떻게 구성되고 검색될 수 있는 지에 대한 것이다. 관계형 모델은 데이터 행과 열의 2차원 표를 사용하며, 행은 레코드(튜플이라고도 함)이고 열은 필드(속성이라고도 함)이다.

3-3 데이터베이스 관리시스템의 5가지 구성요소인 데이터베이스 엔진, 데이터 정의, 데이터 조작, 애플리케이션 생성, 그리고 데이터 관리를 정의한다.

3-4 데이터베이스 설계와 사용의 최근 동향 3가지를 요약한다. 여기에는 데이터 기반 웹사이트, 분산 데이터베이스, 객체지향 데이터베이스가 포함된다.

3-5 데이터웨어하우스의 4가지 주요 구성요소와 기능을 분석한다. 여기에는 입력, ETL(추출, 변환 및 로딩), 저장, 출력이 포함된다.

3-6 데이터마트의 기능을 설명한다. 데이터마트는 일반적으로 단일 부서나 기능을 위해 사용되는 데이터웨어하우스의 작은 버전이다.

3-7 비즈니스 분석을 설명하고 의사결정 프로세스에서 비즈니스 분석의 역할을 설명한다. 비즈니스 분석은 데이터와 통계적 방법을 사용하여 데이터에 대한 통찰력을 얻고 의사결정자에게 조치를 취할 수 있는 정보를 제공한다.

3-8 비즈니스를 위한 빅데이터와 예측 분석의 장점과 해결 과제를 검토한다. 빅데이터는 워낙 방대한 데이터이기 때문에 기존 컴퓨팅 방식으로는 효율적으로 처리하고 관리할 수 없다. 빅데이터는 규모, 다양성, 속도, 진실성, 그리고 가치의 5가지 특성이 있다.

3-9 데이터베이스 마케팅과 기업에서의 활용 분야에 대해 설명한다. 데이터베이스 마케팅은 기업의 고객과 잠재 고객 데이터베이스를 사용하여 제품이나 서비스를 홍보한다.

1부

정보 시스템 기초

4장

개인적, 법적, 윤리적, 그리고 조직적 이슈

학습목표

4-1 정보 프라이버시와 정보 프라이버시를 향상시킬 수 있는 방법에 대해 토론한다.

4-2 일반적인 데이터 보호 규정을 설명한다.

4-3 비즈니스 환경에서 이메일과 데이터 수집의 개인정보 보호 문제를 설명한다.

4-4 정보기술의 윤리적 이슈와 검열에 대해 이해한다.

4-5 지적재산의 원칙과 지적재산의 침해와 관련된 문제를 논의한다.

4-6 정보 기술이 사회에 미치는 영향, 즉 정보격차, 재택근무, 건강 문제에 대해 설명한다.

4-7 그린 컴퓨팅과 그린 컴퓨팅이 환경의 질을 개선할 수 있는 방법을 설명한다.

Stanislauv/Shutterstock.com

이 장은 개인정보 보호 문제(이메일의 개인정보 보호 포함), 일반 데이터 보호 규정, 검열과 웹상의 데이터 수집에 대해 알아본다. 그리고, 지식재산권과 저작권법뿐만 아니라 정보 기술의 윤리적 문제를 논의한다. 마지막으로, 정보 격차, 전자 출판, 직장에 미치는 영향, 건강 문제, 그리고 그린 컴퓨팅을 포함한 정보 기술의 몇 가지 이슈에 대해 살펴본다.

4-1 프라이버시 문제

정보 기술은 많은 이점을 가져왔지만, 직장에서 프라이버시에 대한 우려도 낳았다. 예를 들어, 인사 담당자들은 취업 지원자들에 대한 배경 정보를 찾기 위해 Facebook과 같은 소셜 네트워킹 사이트를 검색하는데, 검색된 정보는 고용 결정에 영향을 줄 수 있다. 실제로 일부 채용 담당자와 고용 관리자는 추출된 정보를 사용하여 잠재 직원에게 0에서 100 사이의 순위를 매긴다.

소셜 네트워킹 사이트의 사용이 합법적인가 혹은 윤리적인가? 사용자들의 프라이버시는 어떤가? 이러한 사이트에 게시된 정보는 종종 공공 영역으로 간주되기 때문에, 해당 정보로 인해 괴롭힘을 당할 경우에 대비하여 게시물을 올릴 때 주의해야 한다.

소셜 미디어와 관련된 최근의 두 가지 윤리적 문제는 심각한 정치적 또는 재정적 결과를 초래하는 **가짜뉴스(fake news)**와 **딥페이크(deepfakes)**이다. 가짜뉴스는 의도적으로 독자들에게 잘못된 정보를 제공하거나 속이기 위해 만들어진 뉴스, 이야기 또는 거짓말이다. 가짜뉴스의 생성과 유포는 심각한 경제적, 사회적 결과를 초래할 수 있다. 딥페이크는 진짜와 똑같이 보이고 들리는 가짜 비디오나 오디오 녹음이다. 불행하게도, 이런 종류의 비디오 제작은 비교적 쉽고 누구나 딥페이크 소프트웨어를 웹에서 다운로드 받아 짧은 시간 안에 설득력 있는 가짜 비디오를 만들 수 있다. 이것은 합법적인가 혹은 윤리적인가?

IDC가 실시한 최근 조사에 따르면 미국 소비자의 84%가 개인정보 침해에 대해 우려하고 있으며, 70%는 몇 년 전보다 우려가 더 크다고 응답했다. 최근 Yahoo!, Equifax, Uber에서 발생한 주요 보안 침해는 이러한 우려를 더욱 증가시킨다. 또한 직원 모니터링 시스템을 통해 관리자는 직원의 성과, 즉 실수 횟수, 작업 속도, 자리를 비운 시간 등을 감독할 수 있다. 당연히 이러한 모니터링으로 인해 일부 근로자들은 프라이버시에 대해 걱정하게 되었다. "Employee Monitoring: Improving Productivity or Invasion of Privacy?" 사례를 참조하시오.

의료 기관, 금융 기관, 법률 회사, 그리고 온라인 판매 회사는 많은 개인 데이터를 수집하여 데이터베이스에 입력한다. 이러한 정보를 오용하거나 남용하는 것은 심각한 결과를 초래할 수 있다. 따라서, 기업은 직원이나 고객의 개인정보를 보호하기 위해 종합보안시스템(5장에서 설명)을 구축해야 한다. 사람들의 삶에 대한 거의 모든 정보가 현재 다양한 데이터베이스에 저장되고, 극도로 민감한 정보(예: 의료 기록)의 오용은 고용, 건강보험이나 주택 구매에 문제를 발생시킬 수 있기 때문에 어느 정도의 "정보 편집증(information paranoia)"은 필요하다. 이러한 문제를 방지하기 위한 법률이 마련되어 있지만, 법적 조치를 취하는데 비용이 많이 들고, 이미 손실이 발생된 경우도 많다.

사람들은 자신의 개인 메일, 은행 계좌 잔액, 그리고 전화 통화 내용과 같이 사적인 정보일 것으로 생각되는 항목들의 일부를 무심코 제공하는 경우가 많다. 프라이버시를 정의하는 것은 어렵지만 전자 정보 측면에서, 대부분의 사람들은 자신들의 개인적인 일을 비밀로 할 수 있어야 하고, 자신에 대한 정보가

Deepfakes are fake videos or audio recordings that look and sound just like the real thing.

Fake news is news, stories, or hoaxes created to intentionally misinform or deceive readers.

어떻게 사용되는지 알려주어야 한다고 믿는다. 이러한 정의에 따르면, 데이터베이스를 사용하는 정부 기관, 신용 기관, 그리고 마케팅 회사의 많은 관행이 개인정보 침해에 해당된다. 불행히도, 정보 기술은 합법적인 조직뿐만 아니라 해커들의 정보에 대한 접근 용이성을 증가시켰다.

Rena Schild/Shutterstock.com

컴퓨터 기술의 발전으로 한때 어렵거나 불가능했던 일을 쉽게 할 수 있게 되었다. 데이터베이스의 정보를 이용하여 교육, 금융 및 정부 기관과의 거래에 기반하여 사람들의 프로필을 만들고 그들의 행동을 예측할 수 있다. 이러한 정보는 다이렉트 마케팅과 잠재적 대출자나 임대인의 신용 확인을 위해 종종 사용된다.

데이터베이스를 색인화하고 연결하는 가장 일반적인 방법은 사회보장 번호(일반적으로 신용 조사 기관에서 얻을 수 있음)를 사용하는 것이지만, 신용 카드 구매, 자선 기부, 영화 대여와 같이 사회보장 번호가 필요하지 않은 거래를 추적하는 데에는 이름이 사용되기도 한다. 다이렉트 마케팅 회사가 이러한 정보의 주요 사용자이다. 정보 공유로 인한 최악의 결과는 정크 메일(우편 메일 또는 이메일)의 증가라고 생각할 수 있지만, 더 심각한 것은 프라이버시 문제이다.

웹과 네트워크 프라이버시와 관련하여 **허용 가능한 사**

Employee Monitoring: Improving Productivity or Invasion of Privacy?

FINANCE | SOCIAL AND ETHICAL ISSUES

물류 배송 트럭 근로자는 GPS(Global Positioning System) 유형의 장치를 통해 오랫동안 감독자에 의해 모니터링되어 왔다. 오늘날 GPS의 진보된 버전인 텔레매틱스는 모니터링 작업을 수행할 수 있고, 트럭이 선행 차량과 너무 가까워지면 트럭 속도를 줄일 수도 있다. 일반적으로, 고용주들은 직원을 모니터링할 수 있는 수많은 소프트웨어 도구를 가지고 있다. 예를 들어, 직원이 컴퓨터나 휴대용 장치에 입력하는 모든 키 입력을 모니터링할 수 있다. 또한 관리자는 직원의 사진, 문자 메시지, 송수신된 이메일, 통화 기록, 그리고 웹사이트 방문 기록을 볼 수 있다. 이러한 모니터링 도구를 사용하여, 기업은 직원들의 위치를 추적하고, 그들의 전화를 확인하고, 특정 운전자가 안전벨트를 착용하고 있는지 확인하거나, 심지어 운전자가 다른 차를 미행하고 있는지 알아낼 수 있다. 직원 모니터링 소프트웨어는 웨어러블 기술에 카메라와 마이크를 접목시켜 통합·확장되고 있으며, 이는 직원 모니터링을 보편적인 프로세스로 만든다.

Virginia주 남부의 Accurid Pest Solutions의 한 감독자는 운전자들에게 알리지 않고 전체 18명중에서 5명의 회사 소유 스마트폰에 GPS 추적 소프트웨어를 설치했다. 소프트웨어를 통해 감독자는 자신의 컴퓨터로 해당 운전자의 이동 경로, 정차 횟수, 정차 시간을 알 수 있었다. 한 운전자가 동일한 주소를 자주 방문하는 것으로 나타나 나중에 확인 결과 해당 운전자가 근무 시간에 여자를 만난 것으로 밝혀져 운전자는 해고되었다.

직원들은 이러한 모니터링을 프라이버시 침해로 보고 있지만, 고용주들은 모니터링을 통해서 생산성, 고객 서비스와 안전을 향상시킬 뿐만 아니라 도난과 기업 비밀의 손실을 줄일 수 있다고 믿는다. 일부 고용주들은 직원들에게 그들을 감시하고 있다고 말하고, 다른 고용주들은 아무런 얘기도 하지 않는다. 하지만 직원들은 항상 자신이 감시당하고 있으며 이러한 행위는 합법적인 것으로 생각하고 있어야 한다.

질문 및 토론

1. 직원 모니터링은 윤리적인가?
2. 직원 모니터링에 사용할 수 있는 정보 기술 도구의 세 가지 예는 무엇인가?

용정책(acceptable use policies), **책임(accountability)** 및 **부인방지(nenrepudiation)**의 세 가지 중요한 개념이 있다. 웹과 네트워크를 사용함으로써 발생 가능한 법적 영향과 결과로부터 보호하기 위해 조직은 일반적으로 허용 가능한 사용정책을 수립하는데, 이 정책은 시스템의 법적, 윤리적 사용과 비준수의 결과를 명시하는 규칙들의 집합이다. 명확하고 구체적인 정책을 수립하면 사용자가 조직을 상대로 법적 조치를 취하는 것을 방지할 수 있다. 대부분의 조직은 신입 사원이 네트워크에 액세스하기 전에 허용 가능한 사용 정책에 서명하도록 한다. 두 번째 개념인 책임은 사용자와 조직의 책임과 의무를 모두 포함하는 문제를 의미한다. 마지막으로, 부인방지는 기본적으로 계약 당사자 모두를 속박하는 방법으로 5장에서 더 자세히 설명할 것이다.

프라이버시에 대한 우려 때문에, 웹에서 제공되어야 할 개인정보를 결정하는데 필요한 하드웨어나 소프트웨어 제어 장치를 사용해야 한다. 제어 장치에 대해서는 5장에서 자세히 설명하겠지만, 프라이버시 침해를 최소화하기 위해 사용자와 조직은 다음 지침을 준수해야 한다.

- 찾기 쉽고 읽기 쉬우며 이해하기 쉬운 프라이버시 정책이 있는 웹 사이트에서만 비즈니스를 수행한다.
- 개인정보에 대한 접근 권한을 권한이 있는 사용자로 제한한다.
- 개인적인 데이터의 기록을 작성, 유지, 사용 또는 배포하는 모든 조직은 데이터의 신뢰성을 보장하고 데이터의 오용을 방지하기 위한 예방 조치를 취해야 한다.
- 모든 데이터 수집에는 명시된 목적이 있어야 한다. 조직은 명시된 목적을 위해 필요한 기간 동안만 수집된 정보를 보관해야 한다.
- 한 가지 목적으로 수집된 개인정보가 다른 목적으로 이용되거나 본인의 동의 없이 타인에게 공개되는 것을 방지할 수 있는 방법이 있어야 한다.
- 조직은 데이터 수집과 입력을 모니터링하고 데이터 정확성을 보장하기 위해 검증 절차를 사용해야 한다. 또한 필요한 데이터만 수집해야 한다.
- 개인에 대한 기록은 정확하고 최신의 것이어야 한다. 조직은 부정확한 데이터를 수정하거나 삭제해야 하며, 명시된 목적에 더 이상 필요하지 않은 데이터 또한 삭제해야 한다.
- 사용자는 자신의 기록을 검토하고 부정확한 부분을 수정할 수 있어야 한다.
- 개인적인 데이터를 저장하는 기록 보관 시스템의 존재를 비밀로 해서는 안 된다. 또한, 사람들이 자신에 대한 어떤 정보가 저장되었고 그것이 어떻게 사용되는지 알 수 있는 방법이 있어야 한다.
- 조직은 데이터에 대한 무단 접근과 데이터 오용을 방지하기 위해 필요한 모든 조치를 취해야 한다.

4-1a 일반 데이터 보호 규정(GDPR)

일반 데이터 보호 규정(General Data Protection Regulation)은 데이터 보호 지침 95/46/ec을 대체하고 2018년 5월 25일에 발효되었다. 일반 데이터 보호 규정은 유전자 데이터, 건강, 인종 또는 민족 기원, 종교적 신념을 포함한 유럽 연합(EU) 시민의 개인정보를 보호하기 위한 일련의 법령이다. 목표는 EU 국가 전체에 걸쳐 소비자와 개인정보를 보다 일관되게 보호하는 것이며, 이는 유럽 연합의 모든 회원국에 적용된다. EU 거주자에게 제품이나 서비스를 판매하는 회사는 지역에 관계없이 이 법과 그 결과를 알고 있어야 한다. 그런 점에서 EU 기업과 국제 기업 간에는 차이가 없다. 기업 웹 사이트에서 EU 사용자로부터 규제된 데이터를 수집하려면 GDPR을 준수해야 한다. 위반자는 위반의 성격에 따라 회사의 연간 매출의 최대 4%까지 벌금을 부과받을 수 있다. GDPR에 따르면 개인은 "개인정보 이동권(right to portability)"이라고 불리는 권리로 인하여 개인정보를 서비스 제공업체 간에 쉽게 전송할 수 있다. GDPR은 11개의 장과 91개의 조항으로 구성되어 있으며, 주요 내용은 다음과 같다.

An **acceptable use policy** is a set of rules specifying the legal and ethical use of a system and the consequences of noncompliance.

Accountability refers to issues involving both the user's and the organization's responsibilities and liabilities.

Nonrepudiation is a method for binding all the parties to a contract.

The **General Data Protection Regulation** (GDPR) covers a series of laws in order to protect European Union (EU) citizens' personal data including genetic data, health, racial or ethnic origin, and religious beliefs.

Spam is an unsolicited e-mail sent for advertising purposes.

- 모든 유형의 개인정보 처리에 대해 사용자 동의가 있어야 한다.
- 수집된 데이터는 개인정보를 보호하기 위해 익명화되어야 한다.
- 위반 사실을 알게 된 후 72시간 이내에 모든 유형의 데이터 침해에 대해 사용자에게 통지해야 한다. 기업은 위반의 성격과 범위 같은 구체적인 세부 사항을 제공해야 한다.
- 국경을 넘는 데이터 전송은 안전하게 수행되어야 한다.
- 기업은 GDPR 준수를 감독할 데이터 보호 책임자를 임명해야 한다.

EU 시민을 상대하는 기업은 GDPR 요건을 충족하는 데이터 보호 프로그램을 구축할 데이터 보호 책임자를 지정해야 한다. 법이 발전함에 따라 법의 변경 내용과 새로운 집행 방법에 대한 정보를 지속적으로 얻는 것도 중요하다. 다음은 GDPR 준수에 따른 주요 비즈니스 이점이다.

- 소비자 신뢰도 향상
- 데이터 보안 향상
- 더 이상 GDPR을 준수하지 않는 모든 소프트웨어와 애플리케이션을 폐기함으로써 유지보수 비용 절감
- 진화하는 기술과의 연계성 강화
- 고객 정보를 효과적으로 사용하여 의사결정 향상

Whether an e-mail is distributed through the Web or through a company network, people should assume that others have access to their messages.

SB_photos/Shutterstock.com

4-1b 이메일

이메일은 널리 사용되고 있지만 몇 가지 심각한 프라이버시 문제가 있다. 먼저, 광고 목적으로 발송되는 메일인 **스팸(spam)**으로 알려진 정크 메일이다. 정크 메일을 보내는 비용이 매우 저렴하기 때문에, 0점대의 아주 적은 응답률이라도 투자 수익을 올릴 수 있다. 일반적으로 스팸은 자동 메일링 소프트웨어를 사용하여 대량으로 전송되며, 많은 스패머가 자신이 보유하고 있는 주소 목록을 판매하기도 한다. 이러한 이유로 스팸의 양이 관리 불가능한 수준으로 빠르게 증가하여 사용자의 받은 편지함 용량이 초과되고, 합법적인 이메일이 차단될 수 있다. 또 다른 문제는 접근의 용이성이다. 웹이나 회사 네트워크로 이메일을 보내게 되면, 다른 사람들이 자신의 메시지에 접근할 수 있다고 생각해야 한다. 또한 대다수 조직은 회사 소유 컴퓨터로 전송되는 모든 이메일은 조직의 자산이며 이메일에 접근할 수 있는 권한이 조직에 있다고 명시한 정책을 가지고 있다. 이 점에 대해서는 논란이 많고 여러 소송이 벌어졌지만, 결론적으로 프라이버시에 대한 권리가 직원에게는 없다는 것을 나타낸다.

"E-Mail and Corporate Data Leakage" 사례는 이메일과 관련된 기타 프라이버시 문제에 대한 것이다.

4-1c 웹에서 데이터 수집

편리함, 선택의 다양성, 그리고 낮은 가격 때문에 온라인에서 쇼핑하는 사람들의 수는 빠르게 증가하고 있다. 그러나 많은 고객들은 해커들이 그들의 신용카드 번호에 접근하여 그들의 계좌로 상품을 구매할 수 있다는 우려 때문에 아직도 온라인 구매를 꺼리고 있다. 소비자들의 걱정을 덜기 위해, 많은 카드 회사들은 사기 요금을 변상해 준다. 또한, 소비자 정보가 웹에 노출될 위험을 줄이는 전자 지갑과 스마트 카드 같은 전자 결제 시스템이 개발되고 있다(8장에서 설명).

일부 웹 사이트에서는 사이트 사용을 허용하기 전에 이름, 주소, 고용 정보를 입력하도록 한다. 프라이버시 문제는 이러한 개인정보가 텔레마케팅 업체에 판매될 것이라는 우려를 포함하고 있으며, 소비자들은 스팸 메일로 인한 짜증을 원하지 않는다. 또한, 일부 소비자들은 그들이 웹에 연결되어 있는 동안 자신의 컴퓨터 내용이 검색되고, 개인정보가 동의 없이 다른 목적으로 사용될 수 있다는 점을 우려하고 있다.

사용자가 웹에서 제공하는 정보는 다른 정보와 기술과 결합하여 새로운 정보를 생성할 수 있다. 예를 들어, 개인의 고용 정보를 수집하여 재무 프로파일을 작성할 수 있다. 데이터 수집에 사용되는 일반적인 두 가지 기술은 쿠키와 로그 파일이다.

쿠키(cookies)는 웹 브라우저에 내장되어 있고, 사용자의 하드 드라이브에 저장되는 고유한 ID 태그가 있는 작은 텍스트 파일이다. 사용자가 동일한 도메인에 접근할 때마다 브라우저는 저장된 정보를 웹 서버로 보낸다. 때때로, 쿠키는 유용하며 해롭지 않은 경우도 있다. 예를 들면, 사용자를 환영하는 웹 페이지에서 사용되거나 온라인 주문을 위해 개인정보를 기억하고 있는 웹 사이트에서 사용되는 경우이다. 일반적으로 사용자는 이러한 정보가 손상되지 않도록 웹 사이트에 의존한다. 또한 쿠키를 사용하면 Amazon에서 사용자의 과거 구매를 기반으로 책을 추천하는 것과 같이 웹 사이트에서 사용자를 위해 페이지를 맞춤화할 수 있다.

> **Cookies** are small text files with unique ID tags that are embedded in a Web browser and saved on the user's hard drive.

다른 경우에, 쿠키는 프라이버시 침해로 여겨질 수 있으며, 일부 사람들은 자신이 동의한 후, 자신의 정보를 수집

E-Mail and Corporate Data Leakage

FINANCE | SOCIAL AND ETHICAL ISSUES

직원들이 이메일에 대한 지식이 부족하거나 회사의 정책을 준수하기를 꺼리는 것은 조직에 중대한 결과를 초래할 수 있다. 예를 들어, "회신" 대신 "전체 회신"을 누르면 해당 정보에 대한 접근 권한이 없는 수신인에게 개인정보가 발송될 수 있다. 또한, 휴지통, 호텔 객실 또는 공항 터미널에 버려진 기밀 이메일의 인쇄본은 위험을 초래할 수 있다. 스마트폰, 태블릿 및 기타 휴대용 장치를 통해 이메일을 주고받는 것은 기업의 개인정보 보호 취약성을 더욱 가중시킨다. 이메일 통신의 보안을 강화하고 관련 위험을 줄이려면 다음 권고사항을 지켜야 한다.

- 민감한 이메일은 암호화한다.
- 개인(보안되지 않은) 이메일 계정에서 회사 정보를 보내지 않는다.
- 중요한 이메일은 백업, 저장 또는 보관한다.
- "전체 회신"을 주의한다.
- 모든 이메일을 잠재적인 공개 메일로 간주하도록 직원을 교육한다.
- 공유 또는 공용 컴퓨터에서 이메일을 보내지 않는다.
- 피싱 이메일을 조심한다.
- 스팸 이메일에 응답하지 않는다.
- 90~120일 후 중요하지 않은 이메일은 모두 삭제하는 것이 좋다.
- BCC와 CC의 차이점을 이해한다. BCC(Blind Carbon Copy) 기능을 사용하면 모든 이메일 주소가 보이지 않게 숨겨지며, CC(Carbon Copy)를 사용하면 다른 모든 사용자가 이메일 주소를 볼 수 있다.

질문 및 토론

1. 기업 데이터가 어떻게 의도하지 않게 유출될 수 있는가?
2. BCC와 CC의 차이점은 무엇인가?

Log files, which are generated by Web server software, record a user's actions on a Web site.

해야 한다고 생각한다. 쿠키는 사용자의 위치와 컴퓨터 장비에 대한 정보를 제공하며, 이러한 정보는 기업 스파이 같이 승인되지 않은 목적으로 사용될 수 있다.

이러한 이유로 많은 사용자는 기존 쿠키를 제거하고 추가 쿠키가 사용자의 하드 드라이브에 저장되는 것을 방지할 수 있는 쿠키 관리기를 설치하여 쿠키를 비활성화한다. Internet Explorer, Chrome과 Firefox 같은 웹 브라우저는 쿠키를 허용하고 제한하는 다양한 옵션을 제공한다. 하지만, 슈퍼쿠키(supercookies)라고 불리는 다루기 훨씬 어려운 쿠키도 있다. 슈퍼쿠키는 사용자의 장치에 영구적으로 저장되도록 설계된 것으로 제거하기가 훨씬 더 어렵다. 기능은 사용자의 브라우징 활동을 추적하는 일반 쿠키와 동일하며 프라이버시 모드에서도 작동된다. 하지만, 이런 유형의 쿠키로부터 보호되고 쉽게 제거할 수 있는 유틸리티 프로그램이 시중에 나와 있다.

로그 파일(log files)은 웹 서버 소프트웨어가 생성하며, 웹 사이트에서 사용자의 작업을 기록한다. 때때로, 사용자들은 채팅이나 만남 사이트에서, 또는 이메일 계정을 개설할 때, 일부러 잘못된 정보를 제공한다. 수집된 정보가 정확하지 않으면 신원이 허위로 표시될 수 있다. 예를 들어, 만약 누군가가 온라인 만남 사이트에서 실제보다 더 어리게 기입하면, 수집된 모든 인구 통계 데이터는 결함이 있을 수 있다. 마찬가지로, 스트리밍 서비스 기업에서 온라인 설문조사를 통해 시청 동향에 대한 데이터를 수집할 때, 응답자들이 진실하지 않은 답변을 제공하면, 네트워크에서 수행하려는 분석은 정확하지 않을 것이다. 따라서 웹에서 수집된 데이터는 주의해서 사용하고 해석해야 한다.

4-2 정보기술의 윤리적 문제

Enron, Arthur Andersen, WorldCom, Tyco와 같은 회사들은 예전부터 21세기 기업이 직면하는 윤리 문제를 강조해왔다. 본질적으로, 윤리는 옳은 일을 하는 것을 의미하지만, "옳은" 것은 문화마다 다르고, 심지어 사람마다 다를 수 있다.

그림 4.1은 행동이 합법적이고 윤리적인지 평가하는 데 사용될 수 있는 표이다.

다음 상황을 검토하고 각 상황이 그림 4.1의 어떤 그리드에 해당될 수 있는지 결정해 보기 바란다.

1. 방금 구입한 소프트웨어 패키지의 복사본을 두 개 만들어 친구에게 판매한다.
2. 소프트웨어에 장애가 발생하여 백업이 필요한 경우를 대비하여 개인 용도로 방금 구입한 소프트웨어 패키지의 복사본을 두 개 만든다.
3. 고객이 대출 신청서에 입력한 정보를 이용하여 은행원이 해당 고객에게 다른 금융상품을 판매한다.
4. 신용카드 회사가 고객들의 우편 주소를 경쟁사들에게 판매한다.
5. 책임자가 기업 네트워크에 의도적으로 바이러스를 퍼뜨린 프로그래머를 해고한다.

상황 1은 명백히 불법이고 비윤리적이다. 상황 2는 사용자가 직접 사용하기 위해 복사본을 만들었기 때문에 윤리적이지만, 복사본 만들기를 금지하는 일부 소프트웨어 공급업체는 복사본을 불법으로 간주할 수 있다(사분위수 II). 상황 3과 4는 합법적이지만 윤리적이지 않다(사분위수 III). 상황 5에서, 책임자의 행동은 합법적이고 윤리적이다. 책임자는 프로그래머를 해고할 명확한 법적 이유가 있으며 프로그래머가 그곳에서 계속 일하도록 허용하는 것은 윤리적이지 않을 것이다. 미래의 지식 노동자로서, 여러분은 자신의 행동을 지켜보고, 합법적으로 그리고 윤리적으로 행동해야 하며, 동료들에게 영향을 미칠 수 있는 결정에 주의하여 윤리적인 작업 환경을 유지해야 한다.

일부 정보시스템 전문가들은 정보기술이 특히, 정보

그림 4.1 윤리와 합법에 관한 그리드

	합법	불법
윤리적	I	II
비윤리적	III	IV

수집과 배포의 용이성 때문에 비윤리적인 행동에 많은 기회를 제공한다고 믿는다. 사이버 범죄, 사이버 사기, 신원 도용(identity theft) 및 지식재산권 도용(intellectual property theft)이 증가하고 있다. 거의 1,500만 명의 미국 거주자들이 매년 그들의 신분을 도용당하고 있으며, 총 손실은 500억 달러가 넘는다. 이것은 평균 3,500달러의 손실과 함께 2초마다 하나의 신원이 도난당한다는 것을 의미한다.

도난당한 데이터가 전 세계로 얼마나 빨리 퍼지는지 알아보기 위해 데이터 보호 회사가 실험을 했다. 그들은 훔친 데이터를 사고 파는 사이트에 가공의 1,568명의 신용 카드와 사회보장 번호 등 민감한 정보를 올렸다. 2주 만에 러시아와 나이지리아 범죄조직 등 5개 대륙 22개국에서 훔친 데이터를 1,000회 이상 조회하였고 47회 다운로드한 사실을 알게 됐다.

비즈니스 신원 도용(business identity theft)이라고 불리는 또 다른 유형의 신원 도용이 증가하고 있다. 비즈니스 신원 도용은 2017년에 전년 대비 46% 증가했다. 비즈니스 신원 도용은 크게 금융사기, 세금사기, 웹사이트 훼손, 상표권 랜섬(trademark ransom) 등 4가지 유형으로 나뉜다. 이들 각각은 상당한 재정적 문제를 초래할 수 있으며, 기업의 평판과 고객 관계를 손상시키거나 회사를 파산시킬 수 있다. 절도범들은 온라인으로 사업 정보를 바꾸고 그 정보를 이용하여 신용 카드를 신청하거나 다른 범죄자들에게 지불하기 위해 사용할 수 있다. 기업들은 브랜드, 평판, 그리고 영업 비밀과 관련하여 위험에 처해 있다. FBI에 따르면, 비즈니스 신원 도용으로 인한 하나의 사례로 인하여 시장 점유율에서 10억 달러의 피해와 수백 명이 일자리를 잃게 되었다. 내부자는 비즈니스 신원 도용에 중요한 역할을 할 수 있으며 이를 통제하기가 매우 어렵다. 기업은 데이터 액세스를 업무 수행에 필요한 작업자에게만 제한해야 한다. 5장에 제시된 보안 조치는 이러한 새로운 유형의 신원 도용을 방지하는 데 도움이 될 것이다.

많은 전문가들은 경영진이 윤리 규정을 제정하고 시행함으로써 직원들의 비윤리적인 행동을 줄일 수 있다고 믿는다. 많은 협회들이 윤리적으로 책임있는 정보시스템과 기술의 사용을 장려하고 회원들을 위한 윤리 강령을 제정했다. 예를 들어, ACM(Association for Computing Machine)은 다음과 같은 일반적인 도덕적 의무를 포함하는 윤리 및 직업 행동 강령이 있다.

1. 모든 사람이 컴퓨팅의 이해 관계자임을 인정하고 사회와 인간의 복지에 기여한다.
2. 해로운 것을 피한다.
3. 정직하고 신뢰할 수 있어야 한다.
4. 공정하고 차별하지 않는다.
5. 새로운 아이디어, 발명품, 창의적인 작품, 그리고 컴퓨팅 아티팩트를 만드는 데 필요한 작업을 존중한다.
6. 프라이버시를 존중한다.
7. 비밀을 지킨다.

지식 근로자는 작업 관련 결정을 내리기 전에 다음 질문과 진술을 고려해야 한다.

1. 이 결정이 조직의 가치에 부합한가?
2. 이 결정을 내린 후 자신에 대해 어떻게 느낄까?
3. 이 결정이 잘못되었다는 것을 안다면, 해서는 안 된다.
4. 이 결정에 대해 확신이 없으면, 결정을 내리기 전에 상사에게 물어봐야 한다.
5. 이 결정이 옳은가?
6. 이 결정은 공정한가? 다른 사람이 나를 대신해서 이런 결정을 내리면 어떤 기분이 들까?
7. 이 결정이 합법적인가?
8. 내가 내린 결정에 대해 모든 사람이 알기를 원하는가?

4-2a 컴퓨터 네트워크 윤리

컴퓨터 네트워크 윤리에는 소셜 미디어 네트워킹 윤리와 비즈니스 네트워킹 윤리라는 두 가지 유형의 윤리가 포함된다. **소셜 미디어 네트워킹 윤리(social media networking ethics)**는 소셜 미디어가 개방되어야 하며 모든 사용자에게 공정한 접근을 제공해야 한다고 주장한다. 하지만, 모든 사용자들은 소셜 미디어는 하나의 공동체이고 사용자들은 공동체의 다른 사람들을 존중하고 친절하게 대해야 한다는 것을 이해해야 한다. 예를 들어, 공격적인 타겟 마

Social media networking ethics advocates that social media should be open and provide fair access to all of its users.

Business networking ethics advocates that in order to maintain a business network, not only should the organization provide open and fair access to all authorized users, it should also consider three types of networking, including utilitarian, emotional, and virtuous.

케팅은 소셜 미디어에서 설 자리가 없다. 소셜 미디어 윤리의 세 가지 주요 원칙은 다음과 같다.

- ***진정성(authenticity)*** 구성원은 신뢰할 수 있고 성실해야 한다.
- ***투명성(transparency)*** 구성원은 숨김없이 솔직하고 개방적이어야 한다.
- ***소통(communication)*** 구성원은 다른 구성원을 알고 공개적으로 소통할 수 있어야 한다.

네티켓(netiquette)은 소셜 미디어 윤리의 일부로 간주되어야 하며 신중하게 실행되어야 한다. 네티켓은 "인터넷 에티켓"의 줄임말로, 인터넷에서 올바른 행동을 하기 위한 코드이다. 이메일, 인터넷, 블로그, 소셜 미디어 등을 사용하는 것과 같이 온라인에서 활동할 때 좋은 매너를 말한다. 다음은 온라인 상태일 때 따라야 하는 중요한 네티켓이다.

- 타이핑을 할 때, 모두 대문자로 쓰지 마시오.
- 표절하지 마시오. 항상 지적재산권을 존중하시오.
- 적절한 인용문을 사용하고 항상 문맥에서 전체 인용문을 사용하시오.
- 험담을 하지 말고 개인정보를 비밀로 하시오.
- 만약 당신이 웹상의 예술작품을 사용한다면, 원작자에게 정확한 대가를 주거나 저작권자의 허락을 얻으시오.
- 욕하지 말고 적절한 언어를 사용하시오.
- 인터넷 초보자들에게 인내심을 가지시오.
- 스팸을 보내지 마시오.
- 이메일을 보낼 때는 항상 이메일의 내용과 관련된 제목을 사용하시오.
- 이모티콘을 너무 많이 사용하지 마시오.

비즈니스 네트워킹 윤리(business networking ethics)는 조직이 비즈니스 네트워크를 유지하기 위해 모든 인증된 사용자에게 개방적이고 공정한 액세스를 제공해야 할 뿐만 아니라, 실용성, 감성, 선의의 세 가지 유형의 네트워킹도 고려해야 한다는 것이다. 이를 간단히 설명하면 다음과 같다.

- ***실용성(utilitarian networking)*** 네트워킹이 도움이 되고 진실하며 사용자의 시간을 낭비하지 않도록 보장한다.
- ***감성(emotional networking)*** 사용자가 모든 상황에서 윤리적임을 공감하고 감정이 역할을 하지 않도록 보장한다.
- ***선의(virtuous networking)*** 모든 당사자가 정직한 목표를 공유하고 합법적인 활동에 참여함으로써 성실히 행동할 수 있도록 보장한다.

성공적인 비즈니스 네트워킹 윤리 구현을 위한 6가지 원칙은 다음과 같다.

1. 첫 페이지 규칙을 고려하시오. 자신이 결정을 내린 후에 모든 사람들이 그 결정에 대해 알기를 원하는가? 해당 내용이 지방지나 전국지 첫 페이지에 나오면 어떨까?
2. 윤리적이면서도 실용적인 정책을 수립하시오. 달성 가능한 윤리적 목표를 설정한다.
3. 사용자를 교육시키시오. 모든 사용자에게 비윤리적인 의사결정의 결과를 설명한다.
4. 윤리를 채용 과정에 포함시키시오. 신입사원들에게서 기술적인 능력만 보지 마시오. 신입사원들에게 기술적인 테스트뿐만 아니라 윤리적인 테스트도 해보시오.
5. 직원들이 윤리적 딜레마에 직면했을 때 무엇을 해야 하는지 알 수 있도록 하시오. 만약 그들이 결정에 대해 확신하지 못한다면, 그들은 결정을 내리기 전에 상사에게 반드시 물어봐야 한다.
6. 윤리적 기준을 엄격하고 균등하게 시행하시오. 위반자는 당연히 처벌받아야 한다.

4-2b 검열

어떤 조직도 전체 웹을 통제하지 못하는데, 어떤 콘텐츠가 웹에 있어야 하는지 누가 결정할까? 웹에서는 공개(public)와 개인(private)이라는 두 가지 유형의 정보를 사용할 수 있다. 조직이나 공공 기관이 게시하는 공개 정보는 정보가 적의 손에 들어가지 않도록 군사 기밀의 공개를 허용하지 않는 것과 같은 공공 정책상의 이유로 검열될 수 있다. 또한 내용이 정치, 종교 또는 문화 그룹에 불쾌하다고 판단될 경우 공개 정보도 검열될 수 있다. 그러나 개인이 게시한 개인정보는 헌법상 표현의 자유 때문에 검열 대상이 아니다. 물론, 검열 여부는 부분적으로 누가 검열하는가에 달려 있다. 예를 들어, 조직(예: 회사 또는 인터넷 서비스 공급자의)의 서비스 약관이나 정책을 준수하는 데 동의하고 이를 위반하는 내용을 게시하는 경우, 검열되거나 접근이 거부될 수 있다.

검열의 또 다른 유형은 웹에 대한 접근을 제한하는 것이다. 중국, 미얀마(버마), 싱가포르와 같은 일부 국가들은 자국민의 웹 접근을 제한하거나 금지하고, 웹에 게시된 정보를 검열하려고 한다. 이들 국가의 정부는 일부 웹사이트의 인종차별적 또는 정치적으로 극단적인 내용이 국가 안보에 영향을 미칠 수 있다고 믿는다. 다른 나라에서는 다국적 기업의 직원들만 웹에 직접 접속할 수 있으며, 일부 국가는 정치적 또는 사회적 이유로 인터넷의 일부 또는 전체를 검열한다. 2018년 기준으로 인터넷 검열 상위 10개국은 중국, 시리아, 에티오피아, 이란, 쿠바, 우즈베키스탄, 베트남, 사우디아라비아, 파키스탄, 바레인이다.

Public information, posted by an organization or public agency, can be censored for public policy reasons.

대부분의 전문가들은 인터넷 중립성("망 중립성"이라고도 함)이 모든 경우에 시행되어야 한다고 믿는다. 이 원칙에 따르면, 인터넷 서비스 제공자(ISP)와 정부 기관은 인터넷 상의 모든 데이터를 동등하게 취급해야 한다. 즉, 트래픽을 차단하거나, 다른 요금을 부과하거나, 사용자, 콘텐츠, 웹 사이트, 사용 중인 장비 유형, 통신 제공자, 플랫폼 또는 애플리케이션 등 어떤 기준으로든 차별해서는 안 된다.

비중립 네트워크는 그들이 종사하는 사업의 유형에 관계없이 거의 모든 개인과 기업에 영향을 미친다. 비중립 네트워크는 거의 모든 사람들에게 인터넷 연결 비용을 증가시킨다. 비중립 네트워크에서 더 빠른 접속을 원하는 기업과 개인은 "빠른 차선"에 도달하기 위해 훨씬 더 비싼 요금을 지불해야 한다.

비록 미국 시민들은 정부가 웹 접속을 통제하는 것을 원하지 않지만, 많은 부모들은 그들의 아이들이 웹을 사용하면서 포르노, 폭력, 그리고 성인용 언어에 노출되는 것에 대해 걱정한다.

Intellectual property is a legal umbrella covering protections that involve copyrights, trademarks, trade secrets, and patents for "creations of the mind" developed by people or businesses.

또 다른 걱정거리는 아이들이 웹에서 정보를 검색하는 것이다. 예를 들어 장난감, 애완동물, 소년 또는 소녀와 같은 키워드가 검색에 포함된 경우 검색 결과에 포르노 사이트가 나열될 수 있다. 웹 사용에 대한 지침은 부모들에게 웹의 이점과 위험을 알리기 위해 발행되었으며, 부모들은 이를 사용하여 웹에서 올바른 판단을 하도록 자녀를 가르칠 수 있다. 게다가, 많은 부모들은 자녀들이 특정 웹사이트에 접속하는 것을 막기 위해 CyberPatrol, CYBERSitter, Net Nanny 및 SafeSurf와 같은 프로그램을 사용한다. 웹 브라우저 소프트웨어 또한 아이들의 보안을 향상시키기 위해 개선되었다. 예를 들어, 웹 브라우저에서 동일한 웹 브라우저 소프트웨어를 사용하는 주소의 이메일만 허용하는 경우이다. 이렇게 하면 아이들이 다른 아이들로부터만 이메일을 받을 수 있게 된다. 한 예로, 최근 Facebook은 6세에서 12세 사이의 어린이들을 위해 고안된 Messenger Kids라는 새로운 버전의 메신저 채팅 앱을 출시했다. 13세 미만의 아이들은 w 계정에 가입할 수 없기 때문에, 부모들은 아이가 어떤 친구와 가족에게 연락할 수 있는지를 통제하면서, 그들의 Facebook 계정에서 아이의 Messenger Kids 앱을 관리할 수 있다. 또 다른 가능성은 영화 등급과 유사한 다양한 수준의 사용자 접근을 만들어 아이들이 논쟁거리나 포르노 정보에 접근하는 것을 막는 것이다. 이 시스템은 암호를 요구하거나 지문 또는 망막 스캔을 포함한 생체인식 기술(5장에서 설명)을 사용할 수 있다.

4-2c 지식재산권

지식재산권(intellectual property)은 저작권, 상표, 영업비밀, 그리고 사람이나 기업이 개발한 "마음의 창조물"에 대한 특허와 관련된 것을 보호하는 법적 보호막이다.

지식재산권은 산업 재산권(발명, 상표, 로고, 산업디자인 등)과 문학 및 예술 작품을 다루는 저작권의 두 가지 범주로 나눌 수 있다.

일반적으로 저작권법은 책, 그림 등과 같은 유형의 자료를 보호한다. 그러나 콘텐츠를 인쇄하거나 저장 장치에 저장할 수 있다면 웹 페이지, HTML 코드 및 컴퓨터 그래픽을 포함한 온라인 자료도 포함된다. 저작권은 창작자에게만 독점권을 부여하는데, 이는 다른 누구도 허락 없이 저작물을 복제, 배포 또는 실행할 수 없다는 것을 의미한다.

그러나 저작권은 보통 공정 이용 원칙(Fair Use Doctrine)에 따라 몇 가지 예외를 두고 있다. 이 예외는 문학 비평에서 책의 구절을 인용하는 것과 같이 특정 목적을 위해 저작권이 있는 자료를 사용할 수 있음을 의미한다. 또한, 일부 저작권이 있는 자료는 교육적인 목적으로 새로운 작품을 만드는 데 사용될 수도 있다. 자료를 사용하기 전에 저작권을 주의 깊게 확인하는 것이 좋다. 미국 저작권국(www.copyright.gov)은 저작권 문제에 대한 자세한 정보를 제공한다(그림 4.2).

다른 지식재산권으로 상표와 특허가 있다. 상표는 제품 이름과 식별 표시(예: 로고)를 보호하며, 특허는 새로운 프로세스를 보호한다(미국의 상표, 특허 및 저작권에 관한 법률은 다른 국가에서는 적용되지 않을 수 있다). 저작권의 기간은 저작물의 종류에 따라 다르다. 일반적으로 저작권은 저자의 사후 70년까지 보장되며 갱신할 필요가 없으며, 특허는 20년(디자인 특허의 경우 14년) 동안 보장된다.

조직은 최소 세 가지 방법으로 특허의 혜택을 누릴 수 있다.

1. 다른 사람들에게 특허를 허가함으로써 수익을 창출할 수 있다.
2. 특허를 사용하여 추가 연구 개발을 위한 자금을 유치할 수 있다.
3. 경쟁자들이 특정 시장 영역에 진입하는 것을 막기 위해 특허를 사용할 수 있다.

또 다른 저작권 문제는 소프트웨어 불법 복제이지만 이를 다루는 법률은 매우 간단하다. 1976년 저작권법의 1980년 개정안은 컴퓨터 프로그램을 포함하므로, 개인과 단체 모두 저작권이 있는 프로그램의 무단 복제와 사용에 대해 책임을 질 수 있다. 때때로 저작권을 보완하고 소프트웨어 개발자에게 추가적인 보호를 제공하기 위해 계약을 사용하기도 한다. 예를 들어, 소프트웨어 업체가 대학에서 소프트웨어를 사용할 수 있는 사람의 수를 명시하는 계약을 체결하도록 할 수 있다. 또한 기업은 아이디어, 정보 및 혁신을 포함하는 영업 비밀에 관한 법률을 추가적인

그림 4.2 미국 저작권국 홈 페이지

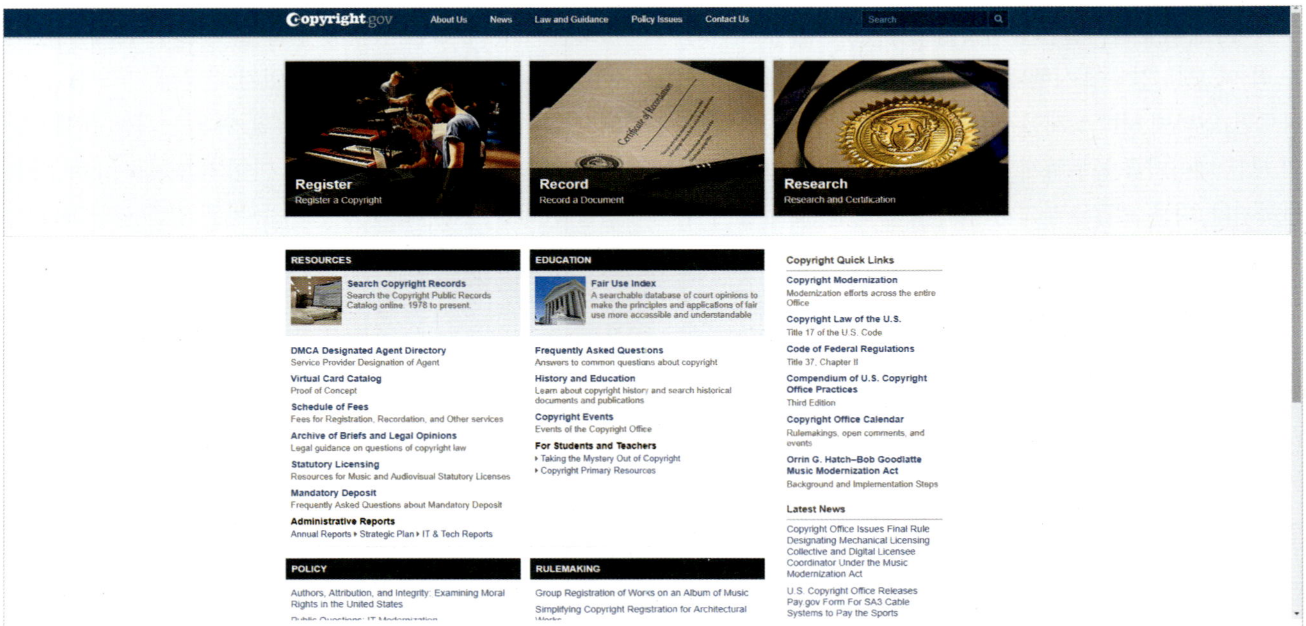

Courtesy of the U.S. Copyright Office

보호 조치로 사용한다.

최근 관심을 끌고 있는 지식재산권의 한 측면은 도메인 스쿼팅이라고도 알려진 **사이버스쿼팅(cybersquatting)**인데, 이것은 다른 사람의 상표로부터 이익을 얻기 위해 도메인 이름을 등록, 판매 또는 사용하는 것이다. 이것은 때때로 기존 기업의 이름이 포함된 도메인을 구입한 다음 이익을 위해 그 이름을 파는 것을 포함한다. 사이버스쿼팅의 변형은 URL 하이재킹이라고도 불리는 타이포스쿼팅(typosuqatting)이다. 이 기술은 웹 사용자가 웹 브라우저에 웹 사이트 주소를 입력할 때 발생하는 타이핑 오류에 착안한 것이다. 사용자가 실수로 잘못된 웹 사이트 주소를 입력할 경우, 해당 사용자는 오타가 있는 다른 웹 사이트로 이동되며, 합법적인 사이트는 의도된 트래픽을 얻지 못한다. 예를 들어, whitehouse.org 대신 whitehouse.gov을, google.com 대신 goggle.com을 들 수 있다. 이를 방지하기 위해 주요 웹 사이트는 다양한 이름을 등록하여 타이핑 오류가 발생되더라도 트래픽이 원래 사이트로 들어갈 수 있게 한다.

지식노동자로서 여러분은 지식재산권과 관련된 두 가지 추가 개념, 즉 오픈 소스(open source)와 크리에이티브 커먼즈(creative commons; CC)에 익숙해야 한다. 오픈 소스는 프로그램이나 소프트웨어 애플리케이션을 개발하는 디자이너와 프로그래머가 원본 소스 코드를 자유롭게 사용할 수 있게 하는 것이다. 이러한 코드는 자유롭게 사용되거나 재배포 및 수정될 수 있다. 일부 전문가들은 오픈소스 플랫폼과 관련된 윤리적 문제가 있다고 주장한다. 예를 들어, 소프트웨어의 개발자는 누구인가? 설계 과정에 참여하는 소수자 집단이 있는가? 오픈 소스 소프트웨어를 나중에 수정해서 판매한다면 어떻게 되는가? 실제로 오픈 소스로부터 가장 많은 이익을 얻는 사람은 누구인가? 이러한 문제는 해당 코드를 광범위하게 채택하고 구현하기 전에 검토되어야 한다. 크리에이티브 커먼즈(CC) 라이선스는 저작권이 있는 저작물을 자유롭게 배포할 수 있는 여러 공공 저작권 라이선스 중 하나이다. CC 라이선스는 창작자가 일정한 조건하에 다른 사람들에게 자신의 저작물을 자유롭게 이용할 수 있도록 허가할 때 사용된다. CC 하에서 창작자는 수혜자를 선택할 수 있는 자유와 유연성을 가지고 있다. 예를 들어, 창작자는 교육 기관만이 저작물을 자유롭게 사용할 수 있도록 선택할 수 있다. 창작자가 지정한 그룹은 저작권 계약을 위반하지 않고 저작물을 사용할 수 있다.

Cybersquatting is registering, selling, or using a domain name to profit from someone else's trademark.

Information technology and the Internet have created a **digital divide**. Computers are still not affordable for many people. The digital divide has implications for education.

4-2d 디지털 격차

어떤 사람들은 정보 기술과 인터넷이 정보 부자와 빈자 사이의 **디지털 격차(digital divide)**를 만들었다고 믿는다. 비록 가격이 꾸준히 하락하고 있지만, 컴퓨터는 여전히 많은 사람들이 살 수 있는 가격이 아니다. 또한 인터넷 연결을 위해 동축 케이블과 광섬유 케이블을 설치하는 기업들이 더 많은 주민이 인터넷을 사용할 것으로 예상되는 고소득 지역사회에 초점을 맞출 때 일종의 경제적 "레드라이닝(red-lining)"이 발생할 수 있다.

특히 어린이들은 디지털 격차의 희생자가 되는 경우가 많다. 컴퓨터 장비를 살 여유가 없는 학생들뿐만 아니라 집에서 컴퓨터나 웹 접속을 할 수 없는 어린이들은 불리한 입장에 있으며 종종 교육에서 뒤쳐질 수 있다. 웹에 있는 다양한 자료에 접근할 수 없는 학생들은 보고서를 작성하고 그들이 관심을 가지고 있는 주제에 대해 배우는데 더 많은 어려움을 겪는다. 웹에서 사용할 수 있는 대화형 가상현실 교육 게임은 격차를 더 벌릴 수 있다. 인터넷 연결 속도도 디지털 격차 논의에서 빠질 수 없는 주제이다. 웹에서 멀티미디어 정보를 이용할 수 있기 때문에, 접속 속도가 빠른 사람들은 접속 속도가 느린 사람들보다 더 많은 이익을 얻을 수 있다. 학교에서 컴퓨터 장비에 대한 자금을 늘리고 도서관과 같은 공공 장소에 더 많은 컴퓨터를 추가하는 것은 이러한 격차를 상쇄하는 데 도움이 될 수 있다. 일부 학교들은 학생들이 방과 후에 사용할 휴대용 컴퓨터를 가질 수 있도록 대출 프로그램도 시작했다.

"The Digital Divide in Action" 사례는 미국과 다른 나라들의 디지털 격차와 관련된 몇 가지 흥미로운 사실들을 보여준다.

4-3 직장에서 정보기술이 미치는 영향

정보기술은 일부 사무직 일자리를 없앴지만, 프로그래머, 시스템 분석가, 데이터베이스 및 네트워크 관리자, 네트워크 엔지니어, 웹 마스터, 웹 페이지 개발자, 전자상거래 전문가, 최고 정보 책임자 및 기술자와 같은 새로운 일자리(1장에서 설명)를 많이 창출했다. 전자상거래에서도 웹 디자이너, Java 프로그래머, 웹 문제 해결사를 위한 직업이 생겨났다. 일부 사람들은 없어진 직업이 사무직이고 새로 생겨난 직업들이 대부분 기술직이어서 광범위한 훈련이 필요하다고 주장한다. 나머지 사람들은 정보기술이 생산 비용을 줄였고, 따라서 소비자의 구매력을 향상시키고 증가시켜 결과적으로 더 강한 경제를 만들어냈다고 믿는다.

정보기술은 직업의 본질에 직접적인 영향을 미친다. 가상 업무로도 알려진 재택근무는 일부 사람들이 집에서 그들의 일을 수행할 수 있게 해주었다. 통신 기술을 통해 직원은 본사와 데이터를 주고받을 수 있으며, 조직은 넓은 지리적 영역에서 가장 우수하고 비용 효율적인 인력을 활용할 수 있다. 표 4.1은 재택근무의 몇 가지 잠재적인 장점과 단점을 정리한 것이다.

반복적이고 지루한 작업을 처리함으로써, 정보기술은 많은 직무들을 더 흥미롭게 만들어 작업자 만족도를 높였다. 정보기술은 또한 "직무 탈숙련화(job deskilling)"로 이어졌다. 이는 첨단기술로 인해 숙련된 노동력이 없어지거나 직무가 숙련에서 반숙련 또는 비숙련 단계로 하향 조정될 때 발생한다. 일반적으로 직무가 자동화되거나 복잡한 직무가 쉽게 수행되는 일련의 작업으로 분할될 때 발생한다. 컴퓨터 지원 설계(CAD) 프로그램이 설계자가 했던 기술적인 작업을 수행하는 경우를 예로 들 수 있다. 정보기술은 또한 사무직 근로자들이 워드 프로세싱 작업을 위해 컴퓨터를 사용할 때처럼 "직무 업그레이드(job upgrading)"를 만들어냈다. 이러한 업그레이드는 직원의 책임에 새로운 업무를 추가하는 것을 가능하게 한다. 예를 들어 사무직 근로자는 회사의 웹 사이트를 업데이트하는 것을 책임질 수 있다. 그러나 직무 업그레이드에는 몇 가

The Digital Divide in Action

SOCIAL AND ETHICAL ISSUES | FINANCE

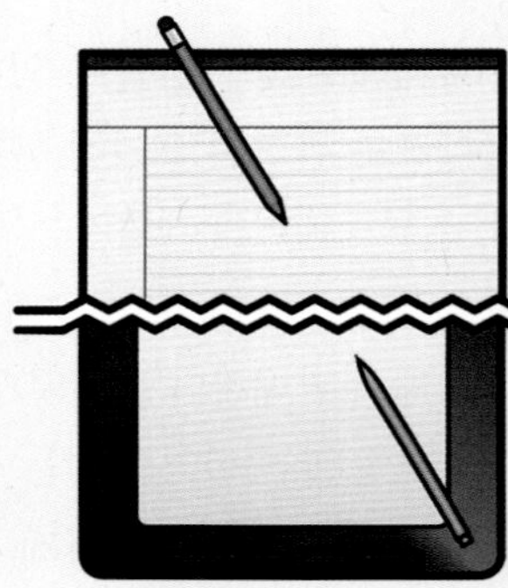

Zern Liew/Shutterstock.com

2018년 현재, 미국 성인의 11%(약 3,600만 명)가 인터넷을 사용하지 않고 있다. 그러나 이는 48%였던 2000년에 비해 크게 개선된 것이다. 인터넷 채택과 사용은 연령, 가구 소득, 학력, 인종 및 민족, 지역사회를 포함한 여러 요소와 높은 상관관계가 있다. 2019년 현재, 세계 인구의 거의 44%가 인터넷에 접속하지 못하고 있다.

- 교육 - 전국의 모든 학생들은 지역에 상관없이 동일한 교육 자원을 이용할 수 있게 된다.
- 경제 발전 - 광대역 인터넷은 기업들이 지역 전역에 상점을 열고 제품과 서비스를 생산할 근로자를 고용하도록 장려한다. Brookings Institution에서 실시한 흥미로운 연구에 따르면 고속 인터넷 보급률이 1% 증가할 때마다 고용이 거의 30만 개씩 증가한 것으로 나타났다.
- 공중 보건 - 고속 통신은 원격 의료와 같은 건강 관련 서비스를 제공하고 국가 전체에 비용 측면에서 효율적인 서비스를 제공한다.

인터넷에 접속하기 위한 스마트폰과 모바일 장치는 특히 유선 네트워크가 구축되지 않은 개발도상국에서 디지털 격차를 해소하는데 도움이 되고 있다. 무선과 모바일 네트워크는 설치하기 더 쉽고 저렴하다.

질문 및 토론

1. 2018년 현재, 미국 성인의 몇 퍼센트가 인터넷을 사용하고 있지 않았는까?
2. 디지털 격차를 해소하고 고속 인터넷 접속을 확대하는 것은 사회 전체에 이익이 될 것인가?

표 4.1 재택근무의 잠재적 장점과 단점

잠재적 장점	잠재적 단점
• 어린 자녀나 노부모를 돌보고 가족과 더 많은 시간을 보낼 수 있음 • 작업복에 대한 제한이 적으므로 작업복 비용 절감 • 출퇴근이 없어 거리 및 시간적 요인뿐만 아니라 자동차 배기가스가 공기 질에 미치는 영향도 감소 • 보다 쾌적한 환경에서 작업 가능 • 생산성 향상 • 낮에 집에 있는 사람이 많아져서 범죄 감소 • 장애를 가진 직장인에게 좀 더 수월한 근무 환경 • 사무실 공간과 유틸리티 비용 절감 • 직원 이직과 결근 감소 • 위치에 상관없이 특별한 기술을 가진 인재 고용 가능 • 동료의 방해 감소	• 일 중독자가 될 수 있음('직장'과 '집' 사이의 엄격한 경계가 없음) • 규정된 작업 루틴 없음 • 동료와의 상호 작용 감소 • 일과 가정생활의 분리 없음 • 근로자 상해에 대한 잠재적인 법적 문제 • 업무 중 가족으로 인한 방해 발생 • 필요한 공급물품이나 장비 부족 • 승진과 임금 인상에 영향을 받는 2계층 인력 집단 - 재택 근무자와 현장 근로자 - 창출 가능

지 제한이 있다. 예를 들어, 정보기술이 있더라도 회사 웹사이트용 프로그램을 작성하도록 사무직 근로자를 교육하는 것은 어려운 일이다.

정보기술을 사용하면 숙련된 근로자 한 명이 여러 근로자의 작업을 수행할 수 있다. 예를 들어, 메일-병합 프로그램을 사용하면 사무직 근로자는 수천 통의 편지를 보낼 수 있으므로 추가 근로자가 필요 없다. 정보기술은 또한 직원들을 더 효율적으로 만들 수 있다. 예를 들어, 사무실 메모 대신 이메일을 사용하여 조직 전체에 메시지를 보낼 수도 있다. 마찬가지로, 신제품 발표를 위한 대중 마케팅 노력이 간소화되어 수백만 명의 고객에게 도달하는데 필요한 비용과 인력이 감소되었다.

정보기술의 또 다른 영향은 정보기술을 통해 연결된 기업, 공급업체, 고객, 제조업체 등의 네트워크인 **가상 조직(virtual organizations)**을 만들어 기술과 비용을 공유하고 서로의 시장에 접근할 수 있게 된 것이다. 가상 조직에는 중앙 사무소나 조직 계층이 필요 없어 참가자들이 전문 지식을 제공할 수 있다. 가상 조직의 이점은 다음과 같다.

- 참여하는 기업은 가장 잘 하는 일에 집중할 수 있으므로 고객의 요구를 충족할 수 있는 능력을 향상시킬 수 있다.
- 참여 기업 간에 기술이 공유되기 때문에 추가 직원 채용 비용이 절감된다.
- 기업은 고객에게 더 빠르고 효율적으로 대응할 수 있다.
- 신제품을 개발하는데 필요한 시간이 단축된다.
- 고객의 요구에 부응하기 위해 제품을 더 맞춤화할 수 있다.

2001년 Dell, Microsoft, 그리고 Unisys는 미국의 여러 주를 위한 투표 시스템을 설계하기 위한 파트너십을 체결했다. Microsoft는 소프트웨어를, Dell은 하드웨어를 제공했고, Unisys는 시스템 통합 작업을 했다. 이 예는 가상 조직의 원칙, 즉 여러 조직이 함께 협력하면 한 조직이 할 수 없는 일을 해낼 수 있다는 것을 보여 준다.

4-3a 정보기술과 건강 문제

비디오 디스플레이 터미널(VDT)로 인한 건강 문제에 대한 보고가 있었지만, 모든 불만 사항에도 불구하고 VDT가 원인이라는 결정적인 연구는 없다. 그러나 작업 습관은 몇 가지 신체적 문제를 일으킬 수 있으며, 정전기, 불충

Virtual organizations are networks of independent companies, suppliers, customers, and manufacturers connected via information technologies so they can share skills and costs and have access to each other's markets.

분한 환기, 열악한 조명, 건조한 공기, 부적합한 가구, 그리고 너무 적은 휴식 시간 등 컴퓨터를 사용하는 작업 환경 역시 신체적 문제를 일으킬 수 있다.

스마트폰, 태블릿, 그리고 일부 PC에서 사용되는 터치스크린의 인기가 높아짐에 따라 사용자의 손, 팔, 등, 눈에 스트레스 관련 부상이 증가할 수 있다. 이러한 기기들은 거의 어디에서나 접근할 수 있고 다양한 신체 자세(대부분의 경우 나쁜 자세)에서 사용되기 때문에, 사용자는 주의를 기울이고 자주 휴식을 취해야 한다. 텍스트넥(text neck)은 스마트폰, 태블릿 또는 기타 휴대용 기기를 자주 내려다봄으로써 야기되는 목의 통증과 손상을 설명하는 비교적 새로운 용어이다. 전 세계 수백만 명, 특히 10대와 젊은이들에게 영향을 미치고 있다.

엄지손가락으로 타이핑을 반복하거나 다양한 페이지와 앱을 검색함으로써, 많은 스마트폰 사용자에게 건염이라고도 불리는 "스마트폰 엄지(smartphone thumb)"라는 또 다른 건강 문제를 야기시키고 있다. 엄지손가락 주변에 통증을 유발하는데, 예전에는 공장 노동자들 사이에서 흔히 볼 수 있었다. 대부분의 스마트폰에서 이용 가능한 음성 기능을 사용하고, 주기적으로 휴식을 취하고, 매일 스트레칭을 하면 이 문제를 어느 정도 완화할 수 있다.

모바일 기기, 특히 스마트폰은 10대들에게 심각한 건강 및 기타 부정적인 영향을 미칠 수 있다. 10대들의 절반은 자신이 스마트폰에 중독되었다고 생각한다. 다음은 주요 부정적인 영향이다.

- 10대 건염: 과도한 문자 메시지와 잘못된 자세는 손, 등, 그리고 목에 통증을 유발한다.
- 스트레스: 휴대용 기기에 너무 많은 시간을 소비하면 스트레스와 피로가 생긴다.
- 수면 부족: 대부분의 10대들(그리고 많은 성인들)이 자는 동안 스마트폰을 근처에 두기 때문에, 수면 방해와 수면 부족이 발생할 수 있다.
- 사고: 일부 10대들은 운전 중에 전화나 문자를 받기 위해 스마트폰을 사용한다; 이것은 사고를 일으킬 수 있다.
- 불안감 증가: 응답이 늦거나 응답이 없으면 10대들은 불안을 느낀다.
- 사이버 왕따: 연구에 따르면 10대들의 거의 1/3이 가해자들의 신원을 알 수 없는 사이버 왕따의 피해자이다.
- 암 위험: 비록 결정적인 것은 아니지만, 10대들은 성인에 비해 과도한 스마트폰 사용으로 인해 뇌암에 걸릴 위험이 더 클 수 있다.

또한, 몇몇 보고에 따르면, "스냅챗 이형증(snap-chat dysmorphia)"이라고 불리는 젊은이들에게 발병하는 질환이 있다고 한다. Snapchat은 사람의 얼굴을 특수 효과로 다양하게 꾸밀 수 있는 기능을 제공한다. 일부 의사들은 사람들이 꾸며진 모습으로 자신을 바꾸기 위해 성형외과를 찾고 있다고 말하는데, 이것은 꽤 위험한 일이다.

컴퓨터 장비와 관련된 건강 문제로는 눈의 피로, 가려움, 흐릿함과 같은 시력 문제; 근골격계 문제(요통과 손목 통증); 발진과 같은 피부 문제; 유산과 같은 생식 문제; 스트레스 관련 문제(두통과 우울증) 등이다. 인체공학 전문가들은 인체공학 가구뿐만 아니라 무선 키보드, 올바른 조명, 시력 문제가 있는 작업자를 위한 특수 모니터 등을 사용하면 이러한 문제 중 많은 부분을 해결할 수 있다고 믿는다.

최근의 또 다른 건강 문제는 일부 사람들이 웹에서 게임을 하고, 채팅방에 참여하고, 그리고 기타 활동들을 하면서 보내는 시간의 양이다. 비록 인터넷이 귀중한 교육 자원을 제공할 수 있지만, 웹에서 너무 많은 시간을 보내는 것은 특히 젊은이들에게 심리적, 사회적, 그리고 건강 문제를 일으킬 수 있다. 또 다른 건강/정서적 문제는 어린이들의 행복과 관련이 있다. 최근 연구에 따르면 부모들이 스마트폰을 포함한 디지털 기기에 너무 많은 시간을 보내면 어린이들은 "숨겨진 슬픔(hidden sadness)"을 느낀다고 한다. 어린이들은 부모로부터 시간이나 관심을 얻는 데 어려움을 겪는다고 응답했다.

보안 회사 AVG가 실시한 연구에 따르면, 어린이들의 1/3은 부모들이 그들과 함께 있는 시간보다 기기들과 더 많은 시간을 보낸다고 했고, 1/3은 부모들이 전화기로 수다를 떨 때 자신들이 중요하지 않다고 느낀다고 말했다. 어린이들에게 세심한 주의를 기울이지 않는 것은 위험할 수 있다. 부모가 기기를 사용하면 예방할 수 있는 어린이

사고가 거의 22% 증가했다. 또 다른 건강 관련 문제는 인터넷 중독이며, 5가지 유형이 있다:

- 사이버 섹스: 사이버 섹스와 인터넷 포르노
- 웹 강박: 온라인 도박, 쇼핑 또는 주식 거래
- 사이버 관계: 소셜 미디어, 온라인 데이트 및 기타 가상 커뮤니케이션
- 게임: 온라인 게임
- 정보 검색: 웹 서핑이나 데이터베이스 검색

2016년에 발표된 한 연구에 따르면 미국에서 일주일에 20시간 이상 인터넷을 사용하는 사람들의 수가 2008년과 2015년 사이에 거의 두 배로 증가하여 4,300만 명이 넘었다. 이러한 현저한 증가는 사회에서 인터넷 중독 문제를 제기한다. 인터넷 중독은 사람의 정상적인 활동을 방해하고 스트레스와 기타 건강 문제를 일으키는 일종의 강박적인 행동이다. 인터넷 중독은 온라인 도박, 게임, 쇼핑, 주식 거래, 포르노와 같은 다양한 활동과 연관되어 있다. 연구자들은 세계 인구의 약 6%, 즉 4억 2천만 명 이상이 인터넷에 중독되어 있다고 추정한다. 전문가들은 많은 사람들, 특히 밀레니얼 세대가 스마트폰에 중독되어 있다고 믿고 있으며, 다음 통계는 이러한 것을 뒷받침하고 있다.

- 보통 사람은 하루에 100번 스마트폰을 확인한다.
- 40%의 사람들이 화장실을 사용하는 동안 스마트폰을 확인한다.
- 10명 중 한 명은 샤워할 때 스마트폰을 사용한다.

건강과 관련된 또 다른 문제는 부주의한 걷기인데, 이로 인해 미국에서만 매년 11,000명의 부상자가 발생한다. 이것은 문자 메시지, 동영상 감상 및 기타 활동을 위해 스마트폰을 사용하면서 걷는 것이다. 부주위한 걷기와 관련된 일반적인 위험에는 다른 사람의 부상, 염좌, 긴장, 골절, 자상, 타박상, 골절, 뇌진탕, 뇌손상, 척수손상, 사망 등이 포함된다.

또 다른 것은 전 세계적으로 셀카로 인한 사망자의 수가 급증하고 있다는 것이다. 최근 보고서에 따르면 2011년과 2017년 사이에 셀카를 찍기 위해 종종 위험한 장소에서 스마트폰으로 촬영하다 259명이 사망했다.

전문가들은 인터넷, 스마트폰 또는 기타 컴퓨팅 장치에 대한 중독을 극복하기 위해 다음과 같은 몇 가지 사항을 권고한다.

- 당신에게 문제가 있다는 것을 인정하시오.
- 인터넷과 스마트폰 사용을 제한하시오.
- 모바일 장치를 사용하지 않도록 통신 패턴을 변경하시오.
- 가족 및 친구들과 더 많이 어울리시오.
- 모바일 장치와 관련이 없는 취미를 찾아보시오.
- 모바일 기기 사용 일정을 수립하고 준수하시오.
- 모바일 장치에 접근하지 못하게 하시오.
- 모바일 장치를 끄는 시간을 정하시오.
- 모바일 장치를 침대로 가져오지 마시오.
- 전문가의 도움을 요청하시오!

4-4 그린 컴퓨팅

그린 컴퓨팅(Green Computing)은 지속 가능한 환경을 조성하고 최소한의 에너지를 소비하는 컴퓨팅이다. 정보통신기술(ICT)은 전 세계 이산화탄소 배출량의 약 2%를 발생시키며 이는 항공산업과 거의 같은 양이다. ICT가 문제의 일부이지만 해결책의 일부가 될 수도 있다. 많은 IT 애플리케이션과 도구가 이산화탄소 배출을 줄이는 데 도움이 될 수 있다. 그린 컴퓨팅은 조직이 에너지 비용을 절약하는 데 도움이 될 뿐만 아니라 사용자가 생활하고 일하는 환경의 품질을 향상시킨다.

그린 컴퓨팅은 환경에 미치는 영향을 최소화하도록 컴퓨터, 서버 및 컴퓨팅 장치(예: 모니터, 프린터, 스토리지 장치, 네트워킹 및 통신 장비)의 설계, 제조, 사용 및 폐기와 관련이 있다. 또한 지구 온난화에 대처하는 방법 중 하나이다. 일부 주에서는 특정 컴퓨터 제조업체가 수명이 다한 컴퓨터를 폐기하기 위해 사전 복구 수수료(advance recovery fee)라고 불리는 수수료를 고객으로부터 징수한

> **Green computing** involves the design, manufacture, use, and disposal of computers, servers, and computing devices (such as monitors, printers, storage devices, and networking and communications equipment) in such a way that there is minimal impact on the environment.

다. 성공적인 그린 컴퓨팅 전략은 민간과 공공 부문 모두의 협력 없이는 완전히 구현될 수 없다. 게다가, 직원과 최고 경영자 모두가 참여해야 한다.

성공적인 그린 컴퓨팅 프로그램을 구현하기 위해 일반적으로 다음과 같은 네 가지 접근 방식이 사용된다.

1. 그린 디자인: 에너지 효율적인 컴퓨터, 서버, 휴대용 장치, 프린터 및 기타 디지털 장치의 설계
2. 그린 제조: 컴퓨터 및 기타 디지털 장치의 생산이 환경에 미치는 영향을 줄이기 위해 제조과정에서 발생하는 폐기물의 최소화
3. 그린 사용: 컴퓨터 및 기타 디지털 기기의 전력 소비 최소화 및 친환경적 사용
4. 그린 폐기: 기존 디지털 장치를 개조하거나 불필요한 디지털 장치를 적절하게 폐기 또는 재활용

그린 컴퓨팅 전략을 추구할 수 있는 여러 가지 방법이 있는데, 일부는 조직에 비용을 들이지 않고 쉽게 수행할 수 있다. 다른 방법은 더 도전적이고 초기 투자가 필요하다. 다음은 그린 컴퓨팅을 달성할 수 있는 방법들이다.

1. 내구성이 우수하고, 전체 시스템을 교체하지 않고 특정 부품을 업그레이드할 수 있도록 모듈식으로 제품을 설계한다.
2. 더 빠르고 에너지를 덜 소모하는 검색 엔진 및 기타 컴퓨팅 루틴을 설계한다.
3. 가상화 기술을 사용하여 활용도가 낮은 여러 소형 서버를 하나의 대형 서버로 교체한다. 이 경우 여러 운영 체제가 단일 하드웨어 플랫폼에서 호스팅되고 이를 공유할 수 있다.
4. 에너지를 적게 소비하고 생분해되는 컴퓨팅 장치를 사용한다.
5. 특정 직원의 재택근무(본 장의 앞부분 참조)를 허용하여 도로 위의 차량 수를 줄인다.
6. 실제 대면 회의를 컴퓨터 네트워크를 통한 회의(6장 참조)로 대체한다.
7. 화상 회의, 전자 회의 시스템 및 그룹웨어(12장에서 설명)를 사용한다. 이 기술들은 출장을 줄일 수 있다.
8. 가상 세계를 사용한다(14장 참조). 이 기술은 대면 회의를 줄여 출장을 줄일 수 있다.
9. Amazon과 같은 회사가 추진하는 클라우드 컴퓨팅(14장 참조)을 사용한다. 이 플랫폼은 에너지 소비를 줄일 수 있다.
10. 유휴 PC를 끄고, 컴퓨터 관련 자료를 재활용하고, 직원들을 위해 카풀과 무동력 교통수단을 장려한다.

점점 더 많은 전자 장치와 컴퓨터가 컴퓨팅 작업을 위해 기업 또는 클라우드 데이터 센터를 사용한다. 이러한 데이터 센터의 효율적인 운영은 그린 컴퓨팅 프로그램의 구현에 중요한 역할을 한다. 현재 미국의 데이터 센터는 미국에서 생산되는 총 전력의 약 2%인 약 700억 kWh를 소비한다. 전 세계 데이터 트래픽이 4년마다 두 배 이상 증가하는 가운데 데이터 센터가 주요 역할을 하고 있다. 전문가들은 (1) 에너지 소비를 위해 재생 가능한 자원에 주목하고 (2) 서버, 저장 장치 및 기타 ICT 장비의 에너지 효율을 개선하는 두 가지 가능한 해결책을 제시한다.

데이터 센터의 효율성을 개선하는 것은 탄소 배출량을 줄이는 데 중요한 역할을 한다. Apple, eBay, Amazon, 그리고 Facebook을 포함한 몇몇 회사들은 서로 다른 기술을 사용하여 데이터 센터의 효율성을 향상시켰다. 데이터 센터의 효율성을 개선하기 위한 새롭고 혁신적인 기술이 있다. Google은 이를 위해 인공지능(AI; 13장에서 설명)을 사용한다. Google에 따르면, AI를 사용하면 전체 전력 소비가 약 40% 감소한다. Microsoft의 Natick 프로젝트는 차가운 바닷물을 사용하여 하드웨어 장비를 냉각하는 수중 데이터 센터를 운영한다.

요약

4-1 정보 프라이버시와 정보 프라이버시를 개선하기 위한 방법에 대해 논의한다. 프라이버시를 정의하는 것은 어렵지만, 대부분의 사람들은 자신들의 개인적인 일을 비밀로 할 수 있어야 하고, 자신에 대한 정보가 어떻게 사용되는지 알려주어야 한다고 믿는다. 정보 프라이버시를 향상시키는 한 가지 방법은 쉽게 찾고, 읽고, 이해할 수 있는 프라이버시 정책이 있는 웹사이트만 이용하는 것이다.

4-2 일반 데이터 보호 규정(GDPR)을 설명한다. 일반 데이터 보호 규정은 유전자, 건강, 인종 또는 민족 기원, 종교적 믿음을 포함한 EU 시민의 개인 데이터를 보호하기 위한 일련의 법률을 다룬다. GDPR에는 11개의 장과 91개의 조항이 있다.

4-3 비즈니스 환경에서 이메일과 데이터 수집의 프라이버시 문제를 설명한다. 사용자 교육과 조직의 이메일 정책을 시행하면 개인정보 침해 및 이메일의 기밀 유지 위험을 크게 줄일 수 있다.

4-4 정보기술의 윤리적 이슈와 검열을 검토한다. 본질적으로, 윤리는 올바른 일을 하는 것을 의미하지만, "올바른" 것은 문화마다, 심지어 사람마다 다를 수 있다. 미래의 지식노동자로서, 우리 모두는 행동을 조심하고, 합법적이고 윤리적으로 행동해야 한다. 동료들에게 영향을 미칠 수 있는 결정을 숙고하여 내리고 윤리적인 작업 환경을 유지하는데 노력해야 한다.

4-5 지식재산권의 원칙과 지식재산권의 침해와 관련된 문제를 논의한다. 지식재산권은 저작권, 상표, 영업비밀, 그리고 사람이나 기업이 개발한 "마음의 창조물"에 대한 특허를 보호하는 법적 보호막이다.

4-6 디지털 격차, 전자출판, 직장과 직원 건강의 연결 등 조직에 영향을 미치는 정보시스템 문제에 대해 논의한다. 정보기술과 인터넷은 정보 부자와 빈자 사이의 디지털 격차를 만들어냈다. 비록 가격이 꾸준히 하락하고 있지만, 컴퓨터는 여전히 많은 사람들이 살 수 있는 가격이 아니다. 일반적인 건강 문제 중 하나는 엄지손가락으로 반복적으로 타이핑하거나 다양한 페이지와 앱을 검색하는 것인데, 이것은 "스마트폰 엄지"라고 불리는 것으로 많은 스마트폰 사용자들에게 건강 문제를 야기시키고 있다.

4-7 그린 컴퓨팅과 환경 품질을 개선할 수 있는 방법을 설명한다. 그린 컴퓨팅은 환경에 미치는 영향을 최소화하도록 컴퓨터, 서버 및 컴퓨팅 장치(예: 모니터, 프린터, 저장 장치, 네트워킹 및 통신 장비)의 설계, 제조, 사용 및 폐기를 포함한다.

1부

정보 시스템 기초

5장 정보 자원 보호

학습목표

5-1 사이버 범죄와 그것이 세계 경제에 미치는 영향을 이해한다.

5-2 컴퓨터 범죄에 이용될 수 있는 정보기술을 설명한다.

5-3 컴퓨터 및 네트워크 보안에 대한 기본적인 안전장치를 설명한다.

5-4 가장 일반적인 10가지 보안 위협을 식별한다.

5-5 종합보안시스템에 포함되어야 할 9가지 보안대책을 기술한다.

5-6 업무 연속성 계획을 포함한 종합보안시스템의 지침을 요약한다.

Omelchenko/Shutterstock.com

이 장은 정보기술 도구가 개인 정보에 미치는 영향과 이러한 도구를 이용하여 컴퓨터 범죄를 저지르는 방법에 대해 설명한다. 또한, 컴퓨터 및 네트워크 환경과 관련된 보안 문제와 조치에 대해서도 설명한다. 종합보안시스템은 인적 자원 다음으로 중요한 자산인 조직의 정보 자원을 보호할 수 있다. 그리고, 보안 위협의 주요 유형과 보안 위협으로부터 보호하기 위해 설계된 다양한 조치에 대해 설명한다. 일부 기업에서는 컴퓨터 비상 대응팀(Computer Emergency Response Team; CERT)의 자원을 사용하여 위협과 그 영향을 처리하기도 한다. 제로 트러스트 보안(zero trust security)에 대해 설명하며, 마지막으로 종합보안시스템을 설계하고 기업을 재해로부터 복구하는데 도움이 되는 업무 연속성 계획(business continuity planning) 실행에 필요한 원칙을 다룬다.

Information technologies can be misused to invade users' privacy and to commit computer crimes.

5-1 정보기술 관련 위험

정보기술은 사용자들의 사생활을 침해하고 컴퓨터 범죄를 저지르기 위해 오용될 수 있다. 다음 절에서 이러한 오용에 대해 설명하고, 관련된 프라이버시 문제에 대해 살펴본다. 운영 체제를 정기적으로 업데이트하고, 바이러스 백신 및 스파이웨어 방지 소프트웨어를 사용하고, 이메일 보안 기능을 사용하면 이러한 위험을 최소화하거나 방지할 수 있다.

5-1a 사이버 범죄가 세계 경제에 미치는 비용

2019년에 출판된 Accenture의 연구에 따르면, 사이버 범죄는 향후 5년 동안 전 세계적으로 기업에 5조 2천억 달러의 비용이 발생할 수 있다고 한다.

이러한 비용에는 수익, 신원 도용, 지식재산권, 영업 비밀과 관련된 손실 뿐만 아니라 기업과 개인의 평판에 대한 피해도 포함된다. 최근 조사에 따르면 쇼핑객의 19%가 해킹당한 소매점에서 구매하지 않을 것이라고 하며, 해킹당한 대다수의 소매업체가 사이버 보안에 투자하지 않은 것으로 나타났다. 총 비용에는 공격 후 회사의 네트워크 보안을 강화하고 업그레이드하는 비용도 포함된다. CSIS(Center for Strategic and International Studies) 보고서는 더 나아가 다운타임과 신뢰 상실과 관련된 기회비용 뿐만 아니라 중요한 영업정보의 손실도 포함했다. 일자리 감소에는 제조업 일자리뿐만 아니라 도난당한 영업 비밀과 기타 지식재산권 때문에 해외로 이전된 일자리도 포함된다. 실제로 기업들이 특정 사이버 범죄를 공개 또는 인정하지 않거나 컴퓨터 범죄와 사이버 범죄에 의한 피해 규모를 인식조차 못하는 경우가 많다는 점을 감안하면 총 비용은 CSIS 보고서보다 더 높을 수 있다.

5-1b 스파이웨어 및 애드웨어

스파이웨어(spyware)는 사용자가 웹을 검색하는 동안 사용자에 대한 정보를 몰래 수집하는 소프트웨어이다. 이렇게 수집된 정보는 악의적인 목적으로

Spyware is software that secretly gathers information about users while they browse the Web.

Adware is a form of spyware that collects information about the user (without the user's consent) to determine which advertisements to display in the user's Web browser.

Phishing is sending fraudulent e-mails that seem to come from legitimate sources, such as a bank or university.

Similar to phishing, **pharming** is directing Internet users to fraudulent Web sites with the intention of stealing their personal information, such as Social Security numbers, passwords, bank account numbers, and credit card numbers. The difference is that pharmers usually hijack an official Web site address, then alter its IP address so that users who enter the correct Web address are directed to the pharmer's fraudulent Web site.

Baiting is in similar to phishing attacks. What distinguishes it from phishing is the promise that the baiter gives to the recipient.

Similar to baiting, **quid pro quo** involves a hacker requesting the exchange of critical data or login information in exchange for a service or prize.

Keystroke loggers monitor and record keystrokes and can be software or hardware devices.

Sniffing is capturing and recording network traffic.

사용될 수 있다. 스파이웨어는 추가 소프트웨어 설치와 웹 브라우저 리디렉션과 같은 방법을 통해 사용자의 컴퓨터 제어를 방해할 수도 있다. 일부 스파이웨어는 컴퓨터 설정을 변경하여 인터넷 연결 속도가 느려지고 사용자의 기본 홈 페이지가 변경되며 다른 프로그램의 기능이 손실된다. 스파이웨어로부터 보호하려면 스파이웨어도 검사하는 바이러스 백신 소프트웨어를 설치하거나 Spy Sweeper, CounterSpy, STOPzilla 및 Spyware Doctor와 같은 스파이웨어 방지 소프트웨어를 설치해야 한다.

애드웨어(Adware)는 사용자의 웹 브라우저에 표시할 광고를 결정하기 위해 사용자의 동의 없이 사용자에 대한 정보를 수집하는 스파이웨어의 한 유형이다. 바이러스 백신 소프트웨어 외에도 애드웨어로부터 보호하기 위해서는 웹 브라우저에 광고 차단 기능을 설치해야 한다.

5-1c 피싱, 파밍, 베이팅, 퀴드프로쿼, 스미싱, 비싱

피싱(phishing)은 은행이나 대학과 같은 합법적인 기관에서 온 것처럼 보이는 사기성 이메일을 보내는 것이다. 이메일은 일반적으로 사회보장번호, 비밀번호, 은행 계좌번호, 신용카드 번호와 같은 개인 정보를 수집하기 위한 목적으로 실제처럼 보이는 가짜 웹사이트로 수신자를 안내한다. 스피어 피싱(spear phishing)은 피싱과 동일하지만, 차이점은 공격이 특정 개인이나 집단을 대상으로 한다는 것이다.

파밍(pharming)은 사회보장번호, 비밀번호, 은행 계좌번호, 신용카드 번호 등 개인정보를 훔칠 목적으로 인터넷 사용자를 사기성 웹 사이트로 연결한다는 점에서 피싱과 유사하다. 차이점은 파머는 보통 DNS 서버(7장에서 설명)를 해킹하여 공식 웹 사이트 주소를 가로챈 다음, 올바른 웹 주소를 입력한 사용자가 파머의 사기성 웹 사이트로 연결되도록 합법적인 웹 사이트 IP 주소를 변경한다는 것이다.

베이팅(baiting)은 피싱 공격과 유사하다. 피싱과 구별되는 점은 베이팅 행위자가 수신자에게 주는 약속이다. 예를 들어, 양식을 작성한 후에 무료 소프트웨어나 기프트카드를 받게 되는 것이다. 베이팅과 유사하게, **퀴드프로쿼(quid pro quo)**는 해커가 서비스나 경품을 대가로 중요한 데이터나 로그인 정보의 교환을 요청하는 것을 포함한다.

스미싱(SMiShing) — 이 기술은 사용자가 자신의 스마트폰이나 다른 모바일 장치에 악성 프로그램을 설치하도록 속이는 것이다.

비싱(vishing) — 이 기술은 사용자가 중요한 금융 또는 개인 정보를 권한이 없는 기관이나 사람에게 공개하도록 속이는 것이다. 피싱과 유사하지만 음성 이메일, VoIP(Voice over IP), 유선 또는 휴대 전화와 같은 음성 기술을 사용한다.

5-1d 키스트로크 로거

키스트로크 로거(keystroke loggers)는 사용자의 입력 키를 모니터링하고 기록하는 소프트웨어나 하드웨어 장치이다. 때때로, 회사에서 직원들의 이메일과 인터넷 사용을 추적하기 위해 이러한 장치들을 사용하며, 이러한 사용은 합법적이다. 그러나 키스트로크 로거는 사용자가 온라인 쇼핑 중에 입력하는 신용카드 번호를 수집하는 것과 같이 악의적인 목적으로 사용될 수 있다.

5-1e 스니핑 및 스푸핑

스니핑(sniffing)은 네트워크 트래픽을 캡처해서 기록하는 것이다. 네트워크 성능 모니터링과 같은 정당한 이유로 수행할 수 있지만 해커들은 정보를 가로채기 위해 이를 사용한다. **스푸핑(spoofing)**은 암호나 신용카드 정보와 같은 중요한 정보를 찾기 위해 인증된 사용자로 가장하여 네트워크에 대한 접근 권한을 취득하는 것이다. 스푸핑은 또한 불법 프로그램이 합법적인 프로그램인 것처럼 가장할 때도 발생한다.

5-1f 컴퓨터 범죄 및 사기

컴퓨터 사기(computer fraud)는 다른 사람의 계좌에서 돈을 이체하거나 다른 사람의 계좌로 구매 금액을 청구하는 것과 같이 개인적인 이익을 위해 컴퓨터 데이터를 무단 사용하는 것이다. 이전에 논의된 많은 기술들은 컴퓨터 범죄를 저지르는 데 사용될 수 있다. 게다가, Facebook이나 Instagram과 같은 소셜 네트워킹 사이트들도 컴퓨터 범죄에 이용되고 있다.

피싱, 파밍, 스푸핑 외에 다음과 같은 컴퓨터 범죄도 있다.

- 서비스 거부(denial of service; Dos) 공격 : 웹 사이트 또는 네트워크에 이메일이나 기타 네트워크 트래픽으로 과부하 상태를 발생시켜 합법적인 트래픽을 처리할 수 없게 하는 것
- 신분 도용 : 무단 사용을 위해 사회 보장 번호를 훔치는 것
- 소프트웨어 불법 복제와 기타 지식 재산권 침해
- 아동 포르노 배포
- 이메일 스팸
- 바이러스, 웜, 트로이 목마 프로그램이나 기타 악성 프로그램 작성 또는 확산
- 산업스파이 활동을 위한 파일 도용
- 컴퓨터 기록 불법 변경

또 다른 컴퓨터 범죄는 컴퓨터 서비스를 파괴하거나 방해하는 사보타주(sabotage)이다. 컴퓨터 범죄자들은 개인적인 이익을 위해 컴퓨터 파일을 변경, 삭제, 숨기거나 사용한다. 보통 해커라고 불리는 많은 사람들이 개인적인 만족을 위해 컴퓨터 시스템에 침입하지만, 다른 사람들은 금전적인 이익을 추구한다. 놀랍게도, 대부분의 컴퓨터 범죄는 회사 내부자에 의해 발생되며("Challenges of Insiders' Threats" 사례 참조), 이로 인해 정보 자원을 보호하는 것이 훨씬 더 어려워진다.

컴퓨터 범죄자와 해커가 회사의 중요한 데이터를 손에 넣은 다음 몸값을 요구하는 경우도 있는데, PayPal이나 Coinbase를 통해 돈을 지불하지 않으면 데이터를 파기한다. 지정된 금액을 지불하지 않은 Code Spaces는 12시간 만에 폐업했다.

최근 일정 금액이 지불될 때까지 컴퓨터 시스템에 대한 접근을 차단하도록 설계된 악성 프로그램의 일종인 랜섬웨어(ransomware)가 만들어졌다. 해커와 컴퓨터 범죄자는 랜섬웨어를 이용하여 개인과 기업 모두로부터 돈을 받아 왔다. 2016년 3월, 서부 Kentucky에 있는 Methodist Hospital은 병원 컴퓨터 파일의 일부를 암호화하는 랜섬웨어에 의해 피해를 입었다. 해커들은 몸값을 지불할 때까지 문서 잠금을 해제할 수 있는 열쇠를 주는 것을 거부했다. 랜섬웨어는 파일이 첨부된 이메일을 통해 병원 네트워

Spoofing is an attempt to gain access to a network by posing as an authorized user in order to find sensitive information, such as passwords and credit card information.

Computer fraud is the unauthorized use of computer data for personal gain.

DD Images/Shutterstock.com

크에 침입했다. 직원이 이메일을 열었고, 랜섬웨어는 네트워크를 통해 퍼졌다. 공격자는 추적이 어려운 전자화폐인 비트코인으로 돈을 지불할 것을 요구했다. 공격자는 보통 300달러 정도의 낮은 몸값을 요구하여 사람들이 자신의 파일을 되찾기 위해 돈을 지불할 기회를 늘렸다.

Methodist Hospital은 지불을 거부하고 네트워크의 감염된 부분을 차단했고, 5일 만에 네트워크를 다시 가동시킬 수 있었다. 2017년 5월, 러시아와 중국 등 99개국의 컴퓨터가 랜섬웨어에 의해 침해된 사실이 밝혀졌다. 가장 큰 피해를 입은 것은 영국과 스코틀랜드의 국민건강서비스(National Health Service; NHS)였다. NotPetya, WannaCry, Locky, Jaff, 그리고 Spora는 전 세계적으로 감염을 일으킨 파괴적인 랜섬웨어의 몇 가지 예이다. 랜섬웨어의 공격 대상은 헬스케어 업계와 금융기관이었다. 2019년에 발표된 연구에 따르면 랜섬웨어 공격에 대한 몇 가지 흥미로운 통계는 다음과 같다.

- 신규 조직은 2021년까지 11초마다 랜섬웨어의 희생양이 될 것이다.
- 랜섬웨어 공격은 지난 2년 동안 97% 이상 증가했다.
- 악성 프로그램에 감염된 기업의 34%가 데이터에 다시 접근하는데 일주일 이상이 걸렸다.
- 랜섬웨어는 매년 해커들에게 2천 5백만 달러 이상의 수익을 창출하게 했다.
- 몸값의 절반 이상이 비트코인으로 결제됐다.
- 미국 기업의 97%가 몸값 지불을 거부했다.

이 장에서 논의된 많은 보안 지침은 병원이나 기타 조직을 랜섬웨어로부터 보호하는데 도움이 될 수 있다. 구체적으로 다음 작업을 수행해야 한다.

- 사용자 교육 제공
- 데이터를 자주 백업
- 의심하시오. 첨부 파일이 있는 의심스러운 이메일을 클릭하지 마시오.
- 연속성 계획 수립
- 모든 소프트웨어에 대한 최신 패치 설치
- 팝업 차단

Challenges of Insiders' Threats

FINANCE | TECHNOLOGY IN SOCIETY | SOCIAL AND ETHICAL ISSUES

직원, 계약업체 및 신뢰할 수 있는 비즈니스 파트너와 같은 내부자는 모든 조직에 심각한 보안 문제를 발생시킬 수 있다. 일부는 악의적인 행위이고, 다른 일부는 단순히 무능한 직원에 의해 발생된다. 많은 단체들이 법적 또는 홍보상의 이유로 내부자에 의한 피해를 신고하지 않는다. 연방 IT 관리자 150명을 대상으로 한 MeriTalk 설문조사에서 응답자의 45%가 내부자 공격을 받은 경험이 있었고, 20%는 데이터 손실, 40%는 의도하지 않은 사고였다고 응답했다.

의도하지 않은 행동으로는 파일을 잘못된 수신자에게 이메일 보내기, 데이터 유출, 노트북 또는 USB 드라이브 분실, 공개적으로 액세스할 수 있는 FTP 서버에 중요한 데이터 저장, 그리고 중요한 데이터를 개인 계정에 이메일로 보내는 것과 같이 조직에서 설정한 보안 표준이나 지침을 따르지 않는 것이 있다. 효과적인 보안 교육 및 인식 프로그램은 이러한 의도하지 않은 위협의 대부분을 해결해야 하며 또한 직원들에게 사회공학의 기초를 가르쳐야 한다.

직원의 악의적인 행위를 막는 것은 더 어렵고 효과적인 접근 제어가 필요하다. 멈추거나 잡기 어려운 행동 중 하나는 전직 직원이 고객 데이터, 신제품 디자인 또는 가격 목록과 같은 회사의 지식재산권을 가지고 경쟁업체로 출근하는 것이다. 2015년 전직 AT&T 직원 3명이 고객 기기 잠금 해제를 위해 AT&T 네트워크에 무단으로 소프트웨어를 설치한 혐의로 고소당했다. 전직 직원들은 소프트웨어 설치를 수행하는 대가로 $10,500에서 $20,000를 받은 것으로 조사되었다.

질문 및 토론

1. 내부자에 의해 발생할 수 있는 의도하지 않은 위협의 세 가지 예는 무엇인가?
2. 직원의 악의적인 행위를 중단하는 것이 어려운 이유는 무엇인가? 그러한 행위를 막기 위한 방법을 논의하시오.

5-2 컴퓨터와 네트워크 보안: 기본적인 보호 조치

최근 몇 년 동안 해커들이 점점 더 많아지고, 개인 정보를 훔치고 변경하는데 능숙해짐에 따라 컴퓨터와 네트워크 보안은 대부분의 조직에서 매우 중요해지고 있다. 컴퓨터와 네트워크에 침입하기 위해 해커들은 스니퍼(sniffers), 암호 해독기(password crackers), 루트킷(rootkit) 등 다양한 도구를 사용한다. 루트킷은 컴퓨터에서 자신의 존재를 숨기는 소프트웨어 애플리케이션으로, 일반적인 악성 프로그램 방지 소프트웨어에 의해 거의 탐지되지 않는다(다음 절 참고).

종합보안시스템(comprehensive security system)은 정보, 컴퓨터, 네트워크 장비를 포함한 조직의 자원을 보호한다. 조직에서 보호해야 하는 정보는 이메일, EDI로 전송된 송장, 신제품 설계, 마케팅 캠페인, 재무제표 등 다양한 형태를 취할 수 있다. 보안 위협에는 동료와 암호를 공유하거나 네트워크에 접속하고 있는 동안 컴퓨터를 방치하거나 키보드에 커피를 쏟는 등의 작업이 포함된다. 종합보안시스템은 정보 자원을 총체적으로 보호하고 침입자와 해커를 차단하는 하드웨어, 소프트웨어, 절차 및 인력을 포함한다. 컴퓨터와 네트워크 보안에는 세 가지 중요한 측면이 있는데, 기밀성(confidentiality), 무결성(integrity), 가용성(availability)으로 총칭하여 CIA 삼각형이라고 한다.

기밀성(confidentiality)은 시스템이 정보에 접근할 권한이 없는 사람에 의한 정보 공개를 허용해서는 안 된다는 것을 의미한다. 미국 국방부, 중앙정보국(CIA)과 같은 보안 수준이 높은 정부 기관에서 기밀성은 일반인들이 개인 정보에 접근할 수 없도록 보장한다. 기업에서는 기밀성을 통해 급여 및 인사 데이터와 같은 개인 정보가 경쟁업체나 다른 기업으로부터 보호된다. 전자상거래 환경에서, 기밀성은 고객의 데이터를 악의적이거나 불법적인 목적으로 사용할 수 없도록 보장한다.

무결성(integrity)은 조직 내 정보 자원의 정확성을 의미한다. 즉, 보안 시스템은 데이터가 손상되거나 회사 데이터베이스에 대한 무단 변경을 허용하지 않아야 한다. 부정확하거나 손상된 데이터가 미치는 영향이 크기 때문에 금융 거래에서는 무결성이 보안 시스템의 가장 중요한 측면이다. 예를 들어, 해커가 금융 네트워크에 침입하여 고객의 잔액을 10,000달러에서 1,000달러로 변경한다고 가정해 보면, 잔액은 작지만 심각한 결과를 초래한다. 데이터베이스 관리자와 웹 마스터는 보안 측면에서 필수적이다. 또한 무결성을 보장하는 기본적인 방법은 인증된 사용자를 식별하고 접근 권한을 부여하는 것이다.

> **Confidentiality** means that a system must prevent disclosing information to anyone who is not authorized to access it.
>
> **Integrity** refers to the accuracy of information resources within an organization.
>
> **Availability** means that computers and networks are operating, and authorized users can access the information they need. It also means a quick recovery in the event of a system failure or disaster.

가용성(availability)은 컴퓨터와 네트워크가 잘 운영되고 있으며 인증된 사용자가 필요한 정보에 접근할 수 있음을 의미한다. 또한 시스템 장애나 재해 발생 시 신속한 복구를 의미한다. 대부분의 경우 가용성은 인증된 사용자에게 가장 중요한 측면이다. 사용자가 시스템에 접근할 수 없는 경우 기밀성과 무결성 측면을 평가할 수 없다.

국가보안시스템위원회(Committee on National Security Systems; CNSS)는 McCumber 큐브라고 불리는 또 다른 모델을 제안했다. John McCumber가 정보 보안을 평가하기 위해 만든 3차원 큐브(그림 5.1 참조)로 9가지 정보 보안 특성을 정의한다. McCumber 큐브

그림 5.1 McCumber 큐브

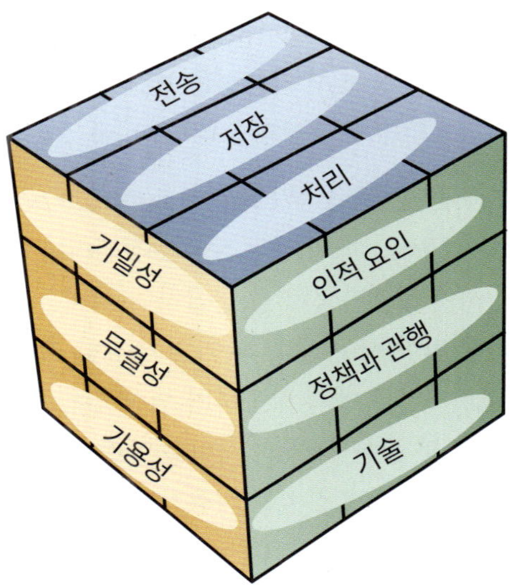

Fault-tolerant systems ensure availability in the event of a system failure by using a combination of hardware and software.

A **virus** consists of self-propagating program code that is triggered by a specified time or event. When the program or operating system containing the virus is used, the virus attaches itself to other files, and the cycle continues.

A **worm** travels from computer to computer in a network, but it does not usually erase data. Unlike viruses, worms are independent programs that can spread themselves without having to be attached to a host program.

는 CIA 삼각형보다 더 구체적이며, 보안 시스템의 설계자들이 보안 조치의 효율성을 향상시키기 위해 필요한 중요한 문제를 고려하는데 도움이 된다. 이 모델에는 시스템에 정보가 존재할 수 있는 다양한 상태인 전송, 저장, 처리가 포함된다.

또한 종합보안시스템은 다음 세 가지 수준의 보안을 제공해야 한다.

- ***레벨 1*** 내부 및 외부 사용자가 모두 사용할 수 있는 프런트 엔드 서버는 무단 접근으로부터 보호되어야 한다. 일반적으로 이러한 시스템은 이메일과 웹 서버이다.
- ***레벨 2*** 데이터의 기밀성, 정확성, 무결성을 보장하기 위해 백엔드 시스템(예: 사용자의 워크스테이션 및 내부 데이터베이스 서버)을 보호해야 한다.
- ***레벨 3*** 침입, Dos 및 무단 접근으로부터 기업 네트워크를 보호해야 한다.

종합보안시스템을 계획할 때 첫 번째 단계는 신뢰도를 높이기 위해 하드웨어와 소프트웨어를 함께 사용하는 **내결함성 시스템(fault-tolerant system)**을 설계하는 것이다. 즉, 시스템 장애 시 가용성을 보장하는 방법으로 일반적으로 사용되는 장비는 다음과 같다.

- ***무정전 전원공급장치(Uninterruptible power supply; UPS)*** 백업 전원 장치는 정전이나 기타 전력 중단 시에도 계속 전력을 공급하며 서버를 보호하는 데 가장 많이 사용된다. 두 가지 중요한 작업을 수행하는데, 서버를 계속 작동하기 위한 전원 공급 역할(일반적으로 짧은 시간)과 서버를 안전하게 종료한다. 보다 정교한 UPS 장치는 사용자가 서버에 접근하는 것을 방지하고 네트워크 관리자에게 경고를 보낸다.
- ***RAID(Redundant Array of Independent Disks)*** 2장에서 학습한 바와 같이 RAID 시스템은 데이터를 여러 위치에 저장할 때 사용되는 디스크 드라이브 모음이다. RAID 시스템은 또한 체크섬이라는 값을 저장하여 데이터가 오류 없이 저장 또는 전송되었는지 확인하는 데 사용된다. RAID 시스템의 드라이브에 장애가 발생하면 해당 드라이브에 저장된 데이터를 다른 드라이브에 저장된 데이터로 복구할 수 있다. RAID 시스템은 비용, 성능 및 안정성에 따라 다양하다.
- ***미러 디스크(mirror disks)*** 동일한 데이터가 저장된 두 개의 디스크를 사용하는 것이다. 한 디스크에 오류가 발생하면 다른 디스크를 사용할 수 있으므로 작업을 계속할 수 있다. 미러 디스크는 일반적으로 저렴한 레벨 1 RAID 시스템이며 소규모 조직에 적합한 솔루션이다.

5-3 보안 위협: 개요

컴퓨터와 네트워크 보안은 중요한 정보 자원의 손실이나 무단 접근을 방지하는 데 중요하다. 일부 위협은 완전히 또는 부분적으로 제어할 수 있지만 일부는 제어할 수 없다. 예를 들어, 서지 억제기와 UPS를 사용하여 전력 변동과 정전을 어느 정도 제어할 수 있지만 자연 재해가 발생하는 것을 제어할 수는 없다. 하지만 화재진압 시스템이 규범에 부합하는지 확인하거나 지진 방재를 위해 시설물을 구조적으로 변경(예: 기초 고정)하여 자연 재해로부터의 영향을 최소화할 수 있다. 위협은 의도하지 않은(자연 재해, 사용자의 실수로 인한 데이터 삭제, 구조적 오류 등) 것인지 아니면 의도적인지에 따라 분류할 수도 있다. 의도적인 위협에는 해커 공격과 회사 네트워크에 바이러스를 퍼뜨리는 등 불만을 품은 직원의 공격이 포함된다. 다음 절에서는 가장 일반적인 의도적 위협에 대해 설명한다.

5-3a 의도적인 위협

의도적인 컴퓨터와 네트워크 위협은 다음과 같다.

- 바이러스(viruses)
- 웜(worms)

- 트로이 목마 프로그램(trojan programs)
- 논리 폭탄(logic bombs)
- 백도어(backdoors)
- 혼합 위협(예: 트로이 목마에 의해 실행되는 웜)
- 루트킷(rootkits)
- 서비스 거부 공격(Denial-of-service attacks)
- 사회 공학(social engineering)
- 크립토재킹(cryptojacking)

바이러스

바이러스는 가장 잘 알려진 컴퓨터와 네트워크 위협(I Love You와 Michelangelo 바이러스에 대해 들어본 적이 있을 것이다)으로 컴퓨터나 네트워크에 유해한 프로그램이나 파일인 멀웨어(malware; malicious software의 준말) 유형이다.

최근 연구에 따르면 2021년까지 세계 경제에 미치는 사이버 범죄의 연간 비용은 6조 달러에 달할 것으로 예상되지만 바이러스로 인한 비용을 추정하는 것은 어려울 수 있다. 많은 조직들은 그들이 얼마나 취약한지를 알리고 싶지 않기 때문에 그들의 손실에 대해 보고하기를 꺼린다.

바이러스(Viruses)는 지정된 시간이나 이벤트에 의해 실행되는 자체 전파 프로그램 코드로 구성된다. 바이러스가 포함된 프로그램이나 운영체제가 사용되면 바이러스는 다른 파일에 스스로 전파되고 이러한 주기는 계속된다. 바이러스의 심각성은 사용자의 화면에 우스꽝스러운(그러나 보통 짜증나는) 이미지를 표시하는 것과 같은 장난을 치는 것에서부터 프로그램과 데이터를 파괴하는 것까지 다양하다.

바이러스는 네트워크 또는 이메일 첨부 파일을 통해 전송될 수도 있다. 가장 위험한 것은 게시판을 통해 발생되는 경우이다. 왜냐하면 게시판을 사용하는 모든 시스템을 감염시킬 수 있기 때문이다. 전문가들은 항공교통관제 시스템에서 사용되는 것과 같은 대형 서버를 감염시키는 바이러스가 국가 안보에 가장 큰 위험을 초래한다고 생각한다.

> A recent study estimates that the cost of cybercrime to the global economy is expected to reach $6 trillion by 2021.

바이러스 속이기(virus hoax)도 퍼질 때가 있다. 존재하지 않는 것으로 판명된 바이러스에 대한 보고서는 공황 상태를 일으킬 수 있으며 심지어 조직이 네트워크를 종료하도록 유도할 수도 있다. 어떤 면에서, 바이러스 속이기는 실제 바이러스만큼 많은 피해를 일으킬 수 있다.

다음 목록은 컴퓨터가 바이러스에 감염되었을 수 있는 몇 가지 징후이다.

- 일부 프로그램의 크기가 갑자기 커졌다.
- 파일이 손상되었거나 사용자가 일부 파일을 열 수 없다.
- 하드 디스크 여유 공간이 대폭 줄어들었다.
- 키보드가 먹통이거나 화면이 멈춘다.
- 사용 가능한 메모리가 평소보다 많이 감소되었다.
- 디스크 접근 속도가 느리다.
- 컴퓨터를 시작하는 데 보통 때보다 시간이 오래 걸린다.
- 사용자가 파일을 저장하거나 열지 않더라도 디스크 드라이브 표시등이 깜박이는 등 예기치 않은 디스크 작업이 있다.
- 화면에 낯선 메시지가 표시된다.

바이러스 백신 프로그램을 설치하고 업데이트하는 것이 바이러스에 대한 최선의 조치이다. 널리 사용되는 바이러스 백신 프로그램으로는 McAfee Virus Scan (www.mcafee.com/us), Norton Antivirus(www.norton.com) 및 Intrusta(https://intrusta.com)가 있다. 인터넷에서 무료 혹은 저렴한 프로그램을 다운로드할 수도 있다. 무료 바이러스 백신 프로그램 상위 두 개는 TotalAV(https://www.totalav.com)와 PCPROTECT (https://www.pcprotect.com)이다. 현재 대부분의 컴퓨터에는 바이러스 백신 소프트웨어가 이미 설치되어 있지만 최신 버전을 확인해야 한다. 새로운 바이러스는 지속적으로 발생되므로 자동 업데이트를 사용하여 컴퓨터 보호가 최신 상태인지 확인해야 한다.

웜

웜(worm)은 네트워크를 통해서 컴퓨터에서 컴퓨터로 이

A **Trojan program** contains code intended to disrupt a computer, network, or Web site, and it is usually hidden inside a popular program. Users run the program, unaware that the malicious program is also running in the background.

A **logic bomb** is a type of Trojan program used to release a virus, worm, or other destructive code. Logic bombs are triggered at a certain time (sometimes the birthday of a famous person) or by a specific event, such as a user pressing the Enter key or running a certain program.

A **backdoor** (also called a trapdoor) is a programming routine built into a system by its designer or programmer. It enables the designer or programmer to bypass system security and sneak back into the system later to access programs or files.

A **blended threat** is a security threat that combines the characteristics of computer viruses, worms, and other malicious codes with vulnerabilities found on public and private networks.

A **denial-of-service (DoS) attack** floods a network or server with service requests to prevent legitimate users' access to the system.

동하며, 일반적으로 데이터를 지우지는 않는다. 바이러스와 달리 호스트 프로그램에 연결하지 않고도 스스로 증식되는 독립적인 프로그램이다. 데이터를 손상시킬 수 있지만, 일반적으로 컴퓨팅 자원을 소모하는 완전한 버전으로 복제되어 결국 컴퓨터나 네트워크가 중단된다. 잘 알려진 웜으로는 Code Red, Melissa 및 Sasser 등이 있다.

트로이 목마 프로그램

트로이 목마 프로그램(Trojan program)(그리스인들이 트로이 전쟁 중 트로이에 진입하기 위해 사용했던 트로이 목마의 이름을 따서 명명됨)은 컴퓨터, 네트워크 또는 웹 사이트를 방해하기 위한 코드를 포함하고 있으며, 일반적으로 인기 있는 프로그램 안에 숨겨져 있다. 사용자는 악성 프로그램이 백그라운드에서 실행 중이라는 사실을 모른 채 프로그램을 실행하게 된다. 조직에 대한 복수를 원하는 불만을 품은 프로그래머가 트로이 목마 프로그램을 많이 만들었다. 이러한 프로그램은 데이터를 지우고 컴퓨터와 네트워크에 혼란을 줄 수 있지만 바이러스나 웜처럼 스스로 복제하지는 않는다.

논리 폭탄

논리 폭탄(logic bomb)은 바이러스, 웜 또는 기타 파괴적인 코드를 배포하는데 사용되는 트로이 목마 프로그램의 한 종류이다. 논리 폭탄은 특정 시간(때로는 유명한 사람의 생일)이나 사용자가 엔터 키를 누르거나 특정 프로그램을 실행하는 것과 같은 특정 이벤트에 의해 작동된다.

백도어

백도어(backdoor)(트랩도어라고도 함)는 설계자나 프로그래머가 시스템에 설치한 프로그래밍 루틴이다. 이 루틴을 사용하면 설계자나 프로그래머가 시스템 보안을 무시하고 나중에 다시 시스템으로 몰래 들어가 프로그램이나 파일에 접근할 수 있다. 일반적으로 시스템 사용자는 백도어가 활성화되었는지 잘 모르며, 사용자 로그인이나 키 입력 조합을 사용하여 백도어를 활성화할 수 있다.

혼합 위협

혼합 위협(blended threat)은 컴퓨터 바이러스, 웜, 기타 악성 코드의 특성과 공용 및 사설 네트워크에서 발견되는 취약점을 결합한 보안 위협이다. 혼합 위협은 컴퓨터 네트워크의 취약점을 찾은 다음 서버의 HTML 파일에 악성 코드를 삽입하거나 감염된 서버에서 웜이 첨부된 승인되지 않은 이메일을 전송하여 이러한 취약점을 이용한다. 트로이 목마를 통해 웜을 시작하거나 대상 IP 주소에 대해 서비스 거부(DoS) 공격을 시작할 수도 있다. 혼합 위협의 목표는 단순히 공격을 시작하고 전달하는 것이 아니라 확산시키는 것이다.

루트킷은 승인되지 않은 사용자가 감지되지 않고 컴퓨터나 네트워크 시스템에 접속할 수 있도록 하는 일련의 소프트웨어 도구이다. 일반적으로 루트킷은 트로이 목마 프로그램, 웜, 바이러스와 유사한 악성 프로그램의 일종으로 사용자와 기타 시스템 프로세스로부터 자신의 존재와 동작을 숨긴다. 루트킷이 사용자의 컴퓨터에 설치되면 루트킷 프로그램의 제어 부분은 원격으로 파일을 실행하고 사용자 컴퓨터의 시스템 구성을 변경할 수 있다. 루트킷을 보호하는 가장 좋은 방법은 OS, 응용 소프트웨어 및 바이러스 백신 프로그램을 포함한 모든 소프트웨어에 대한 최신 패치를 설치하는 것이다.

서비스 거부 공격

서비스 거부(denial-of-service; DoS) 공격은 네트워크나 서버에 서비스 요청을 범람시켜 합법적인 사용자의 시스템 접근을 방지한다. 5,000명이 매장을 둘러싸고 들어가려는 고객을 가로막는다고 생각하면, 매장은 열려 있지만 합법적인 고객에게 서비스를 제공할 수 없게 된다. 일반적으로 DoS 공격자는 인터넷 서버(일반적으로 웹, FTP

또는 메일 서버)를 대상으로 하지만, 인터넷에 연결된 모든 시스템이 공격을 받을 수 있다.

또 다른 유형의 DoS 공격은 분산 서비스 거부(Distributed DoS; DDoS) 공격인데, 이는 수백 또는 수천 대의 컴퓨터가 함께 협력하여 웹 사이트에 수천 개의 정보 요청을 짧은 시간 내에 폭주시켜 웹 사이트가 중단되도록 하는 것이다. DDoS 공격은 여러 컴퓨터에서 발생하므로 추적하기가 어렵다.

2016년 10월 21일 Twitter, Netflix, Spotify, Airbnb, Reddit, Etsy, SoundCloud 및 New York Times와 같은 웹사이트들에 영향을 미친 DDoS 공격은 게임 콘솔, 베이비 모니터, 웹캠, DVR 및 라우터와 같은 사물인터넷(IoT) 장치(7장에서 설명)를 악성코드에 감염시켰다. 일단 감염되면, 인터넷에 연결된 장치들은 봇넷 군대의 일부가 되어 악의적인 트래픽을 해당 목표대상에게 폭주시킨다. 이번 사례의 경우 목표대상은 DNS 업체인 Dyn으로, 여러 주요 웹사이트의 인터넷 트래픽을 모니터링하고 다시 라우팅하는 기업이다. 봇넷은 악성 소프트웨어에 감염되어 소유자 모르게 집단으로 통제되는 컴퓨터와 IoT 기기의 네트워크다. DDoS 공격은 증가하고 있으며 그 어느 때보다도 더 크고 파괴적으로 변하고 있다. 소규모 기업부터 다국적 은행 및 금융 기관에 이르기까지 거의 모든 기업이 대상이다.

최근, 긴급 서비스 제공업체와 다른 많은 기업이 전화 서비스 거부(Telephony Dos; TDos) 공격이라는 새로운 유형의 DoS 공격의 표적이 되고 있다. 이러한 공격은 대량의 자동 통화를 사용하여 대상 전화 시스템을 묶어 수신과 발신 통화를 차단한다. 공격자가 몸값을 요구하는 경우도 있는데, 몸값이 지불되지 않으면 TDoS가 시작되고, 몇 시간 동안 지속된다.

사회 공학

보안학적 측면에서, **사회공학(social engineering)**은 경청하는 사람이 되고 친근하고 위협적이지 않은 태도를 취하는 것과 같은 "인간 기술"을 사용하여 다른 사람을 속여 개인 정보를 유출하는 것을 의미한다. 이것은 보안 시스템의 인적 요소를 이용하는 공격이다. 사회 공학자는 수집한 개인 정보를 이용하여 서버와 네트워크에 침입하고 데이터를 훔쳐 정보 자원의 무결성을 손상시킨다. 사회 공학자는 Google Maps, 회사 웹 사이트, 뉴스 그룹 및 블로그와 같은 공개적으로 이용 가능한 정보 자원을 포함하여 다양한 도구와 기술을 사용한다. 일반적으로 사용되는 5가지 사회 공학 기술은 휴지통 뒤지기(dumpster diving), 어깨너머 훔쳐보기(shoulder surfing), 테일게이팅(tailgating), 스케어웨어(scareware), 프리텍스팅(pretexting)이다. 사회 공학자는 종종 쓰레기통에서 네트워크 침입에 사용될 수 있는 버려진 자료(전화 목록이나 은행 명세서 등)를 찾는다. 어깨너머 훔쳐보기는, 즉 누군가의 어깨 너머로 보는 가장 쉬운 정보 수집 형태이다. 예를 들어, 사회 공학자는 사람들이 비밀번호를 입력하거나 ATM에서 비밀번호를 입력하는 것을 보기 위해 이 기술을 사용한다. 이를 방지하기 위해서 비밀번호나 신용카드 번호를 입력하는 것과 같은 민감한 거래를 공공장소에서 하지 않으면 된다. 또 다른 해결책은 스마트폰용 강화 유리 필름인 프라이버시 스크린(privacy screen)을 사용하는 것이다. 이 필름을 사용하면 사용자는 화면을 볼 수 있지만 다른 사람은 볼 수 없게 된다.

Social engineering takes advantage of the human element of a security system to trick others into revealing private information.

Cryptojacking is where hackers secretly use the computing power of a user in order to mine cryptocurrency.

테일게이팅 또는 "피기백(piggybacking)"은 권한이 없는 사람이 직원을 따라 제한 구역(예: 개인이 헬프 데스크 직원으로 가장하는 경우)으로 들어갈 때 발생한다. 스케어웨어는 사회 공학자가 공포, 위협 또는 불안감을 유발하고 수신자가 감염된 소프트웨어를 구매하도록 조장하기 위해 사용하는 악성 소프트웨어의 한 형태이다. 프리텍스팅은 해커가 로그인 정보에 접근하기 위해 회사 동료나 고위 관리를 사칭하여 해커와 피해자 사이에 잘못된 신뢰감을 조성하는 것이다.

크립토재킹

암호화폐(14장에서 논의)의 인기에 힘입어 해커들이 암호화폐를 채굴하기 위해 사용자의 컴퓨터를 몰래 사용하는 새로운 형태의 위협이 생겨났다. **크립토재킹(Cryptojacking)**은 공격 대상자의 컴퓨터 성능을 저하시킨다. 웹 브라우저에 광고 차단 소프트웨어나 안티암호화 확장 프로그램을 설치하면 이러한 위협을 방지할 수 있다. 사용자는 바이러스 공격과 유사하게 암호화폐 채굴 코드를 로드하는 이메일의 악성 링크를 클릭하거나 사용자의 브라우저에 로드되면 자동으로 실행되는 JavaScript 코드에 감염된 웹 사이트나 온라인 광고에 접속하면 감염된다.

5-4 보안 대책과 시행: 개요

데이터를 백업하고 안전하게 저장하는 것 외에도 조직은 위협으로부터 보호하기 위한 다양한 조치를 취할 수 있다. 종합보안시스템에 포함될 내용은 다음과 같다.

- 생체인식 보안 대책
- 비생물학적 보안 대책
- 물리적 보안 대책
- 접근 제어
- 가상 사설망
- 데이터 암호화
- 전자상거래 보안 대책
- 컴퓨터 비상 대응팀
- 제로 트러스트 보안(zero trust security)

5-4a 생체인식 보안 대책

생체인식 보안 대책(Biometric security measures)은 개인에게 고유한 생리학적 요소를 사용하여 도난, 분실, 복사 또는 다른 사람에게 전달될 수 없게 하는 것이다. 아래 목록은 생체인식 장치와 대책에 대해 설명하며, 그 중 일부는 그림 5.2에 나와 있다.

그림 5.2 생체인식 장치의 예

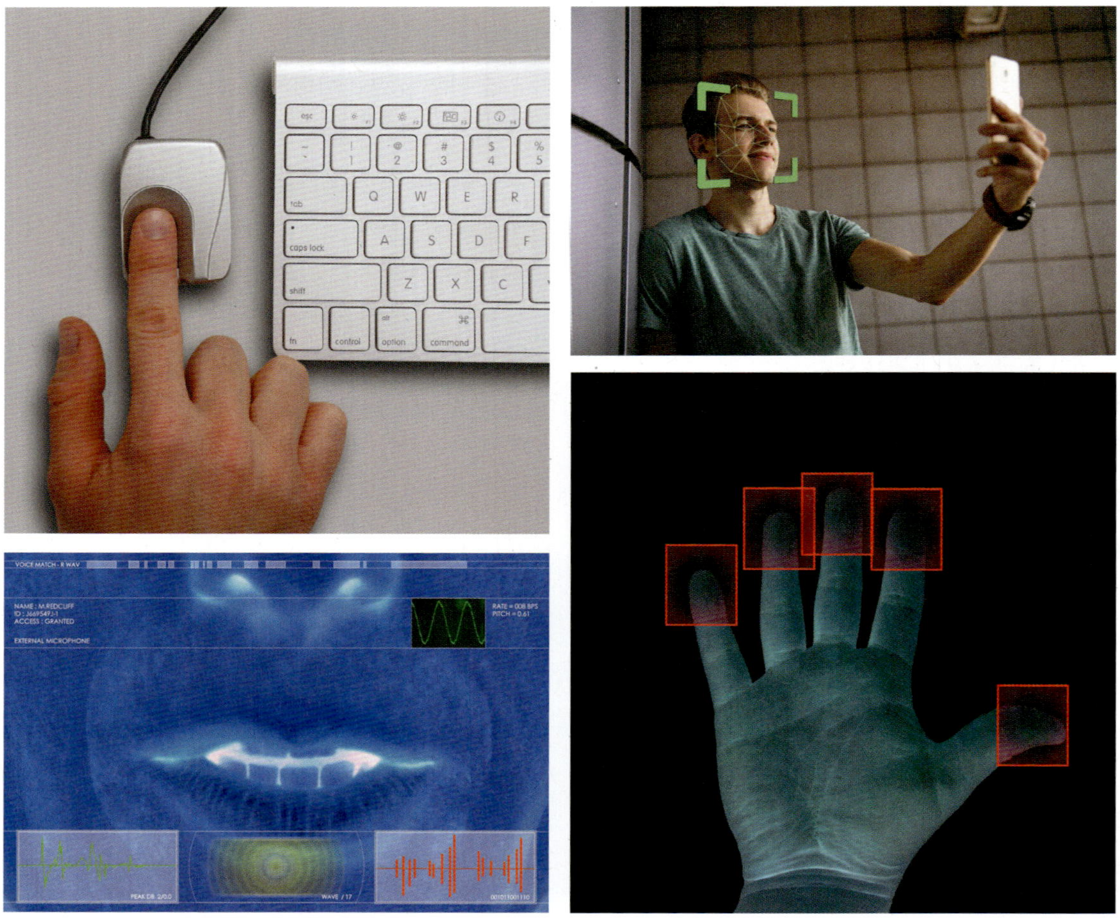

Dmitry Zimin/Shutterstock.com
Vlasov Yevhenii/Shutterstock.com
Image Source/Getty Images
Timo Kohlbacher/Shutterstock.com

- ***얼굴 인식*** 얼굴 특징의 고유한 모양, 패턴 및 위치를 분석하여 사용자를 식별한다.
- ***지문*** 사용자의 지문을 스캔하여 데이터베이스에 저장된 지문과 대조한다.
- ***손 모양*** 각 손가락의 길이, 손가락 끝의 투명도 및 손가락 사이의 피막을 저장된 데이터와 비교하여 사용자의 신원을 확인한다.
- ***홍채 분석*** 비디오 카메라를 사용하여 사용자의 홍채 이미지를 캡처한 다음 소프트웨어를 사용하여 저장된 데이터와 비교한다. 스마트폰, ATM, 그리고 자동차는 신원 인증을 위한 홍채 스캔 기술의 주요 사용자가 될 것이다.
- ***장문 인식*** 손바닥의 고유한 특성을 사용하여 사용자를 식별한다. 손바닥 판독기는 근적외선을 이용해 개인에게 고유한 사용자의 정맥 패턴을 캡처한다. 기존 패턴이 저장된 데이터베이스와 비교하는데 보통 법 집행 기관에서 많이 사용된다.
- ***망막 스캔*** 쌍안경 카메라를 사용하여 망막을 스캔한 다음 데이터베이스에 저장된 데이터와 비교한다.
- ***서명 분석*** 사용자의 서명은 물론 사인할 때 사용된 펜 압력, 속도 및 시간의 편차를 확인한다.
- ***정맥 분석*** 손목과 손등의 정맥 패턴을 분석한다.
- ***음성 인식*** 단어를 디지털 패턴으로 변환하여 음조와 음높이를 기록하고 검사한다. 사용자의 신원을 확인하기 위해 음성을 사용하는 것은 대부분의 다른 생체 인식 방법에 비해 한 가지 이점이 있다. 그것은 일반 전화를 통해 장거리에서도 가능하다는 것이다. 잘 설계된 음성 인식 보안 시스템은 전화를 통한 금융 거래의 보안을 향상시킬 수 있다.

생체인식 기술이 효과적인 보안 수단이지만 모든 조직에 적합한 것은 아닐 수 있다. 생체인식의 몇 가지 단점은 높은 비용, 사용자의 거부감, 복잡한 설치 등이다. 그러나 이러한 단점을 해결하기 위해 개선이 이루어짐에 따라 생체인식은 전통적인 보안 대책에 대한 실행 가능한 대안이 될 수 있다.

생체인식의 다른 응용

2001년 9월 11일 이후, 생체인식은 범죄 식별, 교도소 보안, 공항 보안과 같은 법의학 및 관련 법 집행 분야에 더 널리 보급되었다. 생체인식은 다른 보안 조치로는 불가능한 높은 수준의 정확도를 제공하기 때문에 많은 민간 분야에서도 사용될 수 있는 잠재력을 가지고 있다. 이미 전자상거래와 폰뱅킹에서 사용되고 있는데, 예를 들어 음성 합성기와 고객의 목소리를 사용자의 신원을 원격으로 식별할 수 있는 생체인식 요소로 사용하고 있다. 다음은 생체인식의 현재와 미래 적용 사례이다.

- ***ATM, 신용 카드 및 직불 카드*** 사용자가 비밀번호를 잊어버린 경우에도 생체인식 속성이 저장되어 있으면 카드를 사용할 수 있다. 생체인식은 신용/직불 카드를 분실하거나 도난당하더라도 다른 사람이 사용할 수 없기 때문에 더욱 안전하다. 로그인 과정의 일부로 스마트폰에서 "얼굴 ID" 또는 "손가락 ID"를 사용하는 사례가 점점 늘어나고 있다.
- ***네트워크와 컴퓨터 로그인 보안*** ID 카드와 비밀번호 같은 보안 수단은 복사하거나 도난당할 수 있지만, 생체인식 보안 방법으로 그럴 가능성이 없다. 현재 지문 판독기는 적당한 가격에 구입가능하다.
- ***웹 페이지 보안*** 생체인식 대책은 웹 페이지에 또 다른 보안 계층을 추가하여 공격으로부터 보호하고 훼손(일종의 전자 낙서)을 제거하거나 줄일 수 있다. 예를 들어 주식 거래 웹 사이트에서 고객이 지문 판독기로 로그인하도록 요구할 수 있다.
- ***투표*** 생체인식은 사람들이 한 번만 투표할 수 있도록 사용될 수 있으며, 인터넷을 통해 투표할 경우 인증 목적으로 사용될 수 있다.
- ***직원 시간 체크*** 생체인식은 각 직원을 고유하게 식별하고 출퇴근 시간을 확인할 수 있다. 이 기술은 또한 한 동료가 다른 동료를 대리로 체크인하는 것을 방지할 수 있다.
- ***스포츠 클럽의 회원 식별*** 일부 스포츠 클럽에서는 지문 스캐너를 사용하여 회원을 입장시키고 있다. 이 기술은 편의성과 보안을 향상시킨다.
- ***공항 보안과 빠른 체크인*** 이스라엘 공항은 수년 동안 이러한 목적으로 생체인식 시스템을 사용해왔다. Tel Aviv에 있는 Ben Gurion 국제공항은 사용자의

손 모양 정보가 저장된 스마트 카드를 기반으로 상용 고객을 빠르게 체크인할 수 있는 시스템을 갖추고 있다. 이 시스템을 통해 여행자는 20초 이내에 체크인을 할 수 있다.

- ***여권과 보안 수준이 높은 정부 ID 카드*** 생체인증 여권이나 ID 카드는 권한이 없는 사람이 복사하거나 사용할 수 없다. 독일, 캐나다, 미국과 같은 국가의 시민들은 디지털 사진과 지문을 저장하는 칩이 들어 있는 여권인 ePass를 신청할 수 있다. 홍채 스캔과 같은 다른 생체인식 식별자를 추가할 수도 있다.
- ***스포츠 경기*** 독일은 그리스 아테네에서 열린 2004년 하계 올림픽에서 생체인식 기술을 사용하여 선수들을 보호하였다. NEC에서 개발한 선수의 지문이 포함된 ID 카드를 사용하였다.
- ***휴대폰과 스마트 카드*** 생체인식을 사용하여 휴대폰과 스마트 카드에 대한 무단 접속을 방지하고 분실 또는 도난 시 다른 사람이 사용하지 못하도록 할 수 있다. 지문 센서와 얼굴 ID 스캔을 사용하는 Apple의 iPhone이 그 예이다.

"Face Recognition Technology in Action" 사례는 얼굴 인식 기술의 몇 가지 잠재적인 실제 응용에 대해 소개하고 있다.

Face Recognition Technology in Action

FINANCE | TECHNOLOGY IN SOCIETY | SOCIAL AND ETHICAL ISSUES

karelnoppe /shutterstock.com

Apple, Google, Facebook, Tesco와 같은 회사들은 보안이나 기타 목적으로 얼굴 인식 기술을 점점 더 많이 사용하고 있다. Google은 온라인에 존재하는 수십억 장의 사진을 이미지 검색에 사용하여 사용자를 인식한다. Google Glass에서도 사용된다. Facebook은 사용자 식별과 잠재적인 타겟 마케팅을 위해 사용하고, Apple은 자사 기기의 사용자를 식별하기 위해 사용한다. Facebook의 얼굴 인식 기술인 DeepFace는 97.25%의 정확도를 보여 사람이 얼굴을 인식하는 97.53%와 거의 동일한 결과를 보였다. 이 기술의 잠재적 상업 시장은 거대하다. 디지털 광고 디스플레이 옆에 서 있는 여성은 갑자기 화면에 화장품 목록이 표시되는 것을 볼 수 있으며, 해당 화장품을 파는 가장 가까운 가게나 URL 주소도 표시된다. 이 시스템은 잠재 고객을 20대 여성으로 인식하고 그에 따라 잠재 판매 품목을 표시한 것이다. 이러한 기술을 이용하여 시스템이 특정 개인에게 메시지를 맞춤화할 수 있게 된다.

Kraft Foods와 Adidas는 얼굴 인식 기술을 사용하여 제품을 홍보할 계획이다. Chicago의 한 술집 주인들은 얼굴 인식 기술을 사용하여 손님들의 남녀 비율과 연령대를 파악하고 있다.

생체인식 수단으로서의 얼굴 인식 기술은 개인들의 사전 동의가 필요 없기 때문에 지문이나 망막 식별과 같은 다른 생체인식 수단과는 근본적으로 다르다. 공공장소에 있는 모든 카메라는 사람의 사진을 찍을 수 있고 높은 정확도로 그 사람을 알아볼 수 있다. 이러한 이유로, 보안과 프라이버시 문제는 더 어렵고, 이러한 기술의 잠재적인 사용에 대해 신중히 고려해야 한다.

질문 및 토론

1. 보안이나 기타 목적으로 얼굴 인식 기술을 사용하는 3개 회사는 어디인가?
2. Chicago의 술집 주인들은 어떤 목적으로 얼굴 인식을 사용하고 있는가? 이러한 유형의 사용과 관련된 윤리적 문제가 있는지 토의해 보시오.

5-4b 비생물학적 보안 대책

세 가지 주요 비생물학적 보안 조치는 콜백 모뎀, 방화벽, 그리고 침입 탐지 시스템이다.

콜백 모뎀

콜백(callback) 모뎀은 사용자를 로그오프(네트워크에 연결을 시도한 후)한 다음 미리 정해진 번호로 다시 사용자에게 전화를 걸어 사용자의 접근이 유효한지 확인한다. 이 방법은 외부에서 작업하고 원격으로 네트워크에 연결해야 하는 직원이 많은 조직에 유용하다.

방화벽

방화벽(firewall)은 사설망과 인터넷을 포함한 외부 컴퓨터나 네트워크 사이에서 필터 또는 장벽 역할을 하는 하드웨어와 소프트웨어의 조합이다. 네트워크 관리자는 접근 규칙을 정의하고 그 외의 모든 데이터 전송은 차단된다. 효과적인 방화벽은 네트워크에서 전송되는 데이터뿐만 아니라 네트워크로 들어오는 데이터도 보호해야 한다. 그림 5.3은 방화벽의 기본 구성을 보여준다. 방화벽은 사설망에 들어오거나 나가는 데이터를 검사하고 사용자의 ID, 전송의 발신지와 목적지, 전송의 내용에 따라 전송 허용 여부를 결정할 수 있다. 전송되는 정보는 패킷이라는 것에 저장되며, 패킷을 검사한 후 방화벽은 다음 작업 중 하나를 수행한다.

- 수신 패킷 거부
- 네트워크 관리자에게 경고 보내기
- 패킷의 발신자에게 시도가 실패했음을 알리는 메시지 보내기
- 패킷이 사설망에 들어오거나 나가는 것을 허용

방화벽의 주요 유형은 패킷 필터링 방화벽, 애플리케이션 필터링 방화벽, 그리고 프록시 서버이다. 패킷 필터링 방화벽은 네트워크로 들어오고 나가는 패킷을 검사하도록 라우터를 구성하여 데이터 트래픽을 제어한다. 라우터는 패킷에서 소스 IP 주소와 포트, 대상 IP 주소와 포트, 사용된 프로토콜 등의 정보를 검사한다. 이 정보를 기반으로 패킷 필터라고 하는 규칙에 따라 패킷의 수락, 거부 또는 삭제 여부를 결정한다. 예를 들어 특정 IP 주소에서 오는 패킷을 거부하도록 패킷 필터를 설정할 수 있다. 패킷 필터링 방화벽은 패킷이 거부되는지 여부를 송신자에게 알려주지만 패킷이 삭제된 경우 아무 작업도 수행하지 않아 송신자는 보낸 패킷이 수신되지 않았다는 것을 알기 위해서는 요청 시간이 초과될 때까지 기다려야 한다.

패킷 필터링 방화벽은 패킷을 하나씩 검사해야 하고 설치가 어려울 수 있기 때문에 다소 비효율적이다. 또한 방화벽에서 발생되는 모든 작업을 기록할 수 없으므로 네트워크 관리자는 침입자가 네트워크에 침입하려고 하는지 여부와 침입 방법을 파악하는데 어려움을 겪을 수 있다.

애플리케이션 필터링 방화벽은 일반적으로 이메일, Telnet, FTP와 같은 네트워크 애플리케이션의 사용을 제어하기 위해 호스트 컴퓨터(전용 워크스테이션 또는 서버)에 설치된 소프트웨어로 패킷 필터링 방화벽보다 더 안전하고 유연하지만 더 비싸다. 이 유형의 방화벽은 요청되는 애플리케이션이 어떤 것인지 확인하는 것 외에도 애플리케이션 요청이 발생한 시간도 모니터링한다. 이러한 정보는 승인되지 않은 시도가 정상 근무 시간 이후에 많이

> A **callback** modem verifies whether a user's access is valid by logging the user off (after he or she attempts to connect to the network) and then calling the user back at a predetermined number.
>
> A **firewall** is a combination of hardware and software that acts as a filter or barrier between a private network and external computers or networks, including the Internet. A network administrator defines rules for access, and all other data transmissions are blocked.

그림 5.3 방화벽의 기본 구성

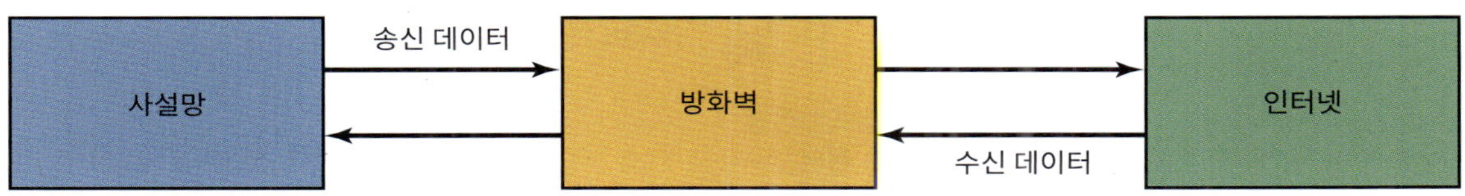

An **intrusion detection system (IDS)** can protect against both external and internal access. It is usually placed in front of a firewall and can identify attack signatures, trace patterns, generate alarms for the network administrator, and cause routers to terminate connections with suspicious sources.

발생하므로 유용하다. 또한 애플리케이션 필터링 방화벽은 패킷 필터링 방화벽보다 바이러스와 로그 작업을 더 효과적으로 필터링하므로 네트워크 관리자가 잠재적인 보안 위반을 보다 쉽게 탐지할 수 있다. 그러나 방화벽이 수행하는 모든 애플리케이션 필터링 때문에 다른 유형의 방화벽보다 느린 경우가 많으며, 네트워크 성능에 영향을 미칠 수 있다.

그림 5.4에 표시된 프록시 서버는 두 시스템(예를 들어 네트워크 사용자와 인터넷) 사이에서 중개 역할을 하는 소프트웨어이다. 내부 시스템의 네트워크 주소를 숨김으로써 네트워크 외부의 무단 접근으로부터 네트워크를 보호하는데 종종 사용된다. 프록시 서버는 악성 프로그램과 바이러스를 검사하고 네트워크 트래픽 속도를 높이거나 내부 서버에서 일부 부하를 제거하는 방화벽으로 사용할 수 있다. 또한 특정 서버의 요청을 차단할 수도 있다.

방화벽은 네트워크와 컴퓨터를 보호하는데 많은 역할을 할 수 있지만 완벽한 보안을 제공하지는 않는다. 정교한 해커와 컴퓨터 범죄자들은 거의 모든 보안 조치를 피할 수 있다. 예를 들어, 일부 해커는 IP 스푸핑이라는 기술을 사용하여 방화벽을 속여 패킷을 합법적인 IP 주소에서 온 것처럼 처리하도록 한다. 이 기술은 위조와 동일하다. 데이터 자원에 대한 종합적인 보안을 제공하려면 방화벽을 다른 보안 대책과 함께 사용해야 한다. 방화벽 성능을 개선하기 위한 지침은 다음과 같다.

- 어떤 데이터를 보호해야 하는지 파악하고, 방화벽의 비용과 손익을 평가하기 위한 위험 분석을 실시한다.
- 조직의 보안 필요성과 방화벽의 기능을 비교한다. 만약 조직에서 이메일과 FTP를 자주 사용한다면 고려하고 있는 애플리케이션 필터링 방화벽이 이러한 네트워크 애플리케이션을 잘 처리할 수 있는지 확인해야 한다.
- 패킷 필터링 방화벽, 애플리케이션 필터링 방화벽, 그리고 프록시 서버의 기능을 비교하여 조직의 네트워크 보안 요구 사항을 가장 잘 충족시키는 유형을 확인한다.
- 방화벽의 비용을 조사하고 가장 비싼 방화벽이 반드시 최선은 아니라는 점을 명심해야 한다. 일부 저렴한 방화벽도 조직에서 필요로 하는 모든 것을 처리할 수 있다.
- 방화벽의 보안과 사용 편의성을 비교한다. 일부 방화벽은 사용 편의성과 기능보다는 정확성과 보안을 강조한다. 이러한 상충 관계를 고려하여 조직에서 가장 중요한 것이 무엇인지 결정한다.
- 최종 결정을 내리기 전에 공급업체의 평판, 기술 지원 및 업데이트 정책을 확인해야 한다. 방화벽에 대한 수요가 증가함에 따라 공급업체의 수도 증가했으며 모든 공급업체가 동일한 것은 아니다. 포괄적인 기술 지원을 제공하는 평판이 좋은 공급업체의 제품을 구입하려면 더 많은 비용을 지불해야 할 수도 있다.

그림 5.4 프록시 서버

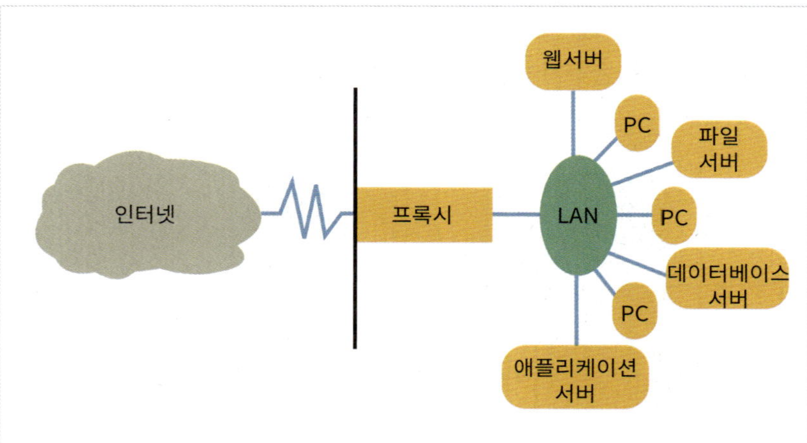

또 다른 대안은 방화벽을 구입하는 대신에 자체적으로 구축하는 것이다. 이 방법은 비용이 더 소요될 수 있지만(필요한 기술을 갖춘 직원도 필요함), 자체 개발한 방화벽이 제공하는 맞춤형 기능과 유연성이 비용을 능가할 수도 있다.

침입 탐지 시스템

방화벽은 외부로부터의 접근을 방지하지만, 내부 침입으로부터는 보호되지 않는다. **침입 탐지 시스템(Intrusion Detection Systems; IDS)**은 외부와

표 5.1 IDS 업체

업체	URL
Enterasys Networks	www.enterasys.com
Cisco Systems	www.cisco.com
Juniper Networks	www.juniper.net/us/en
Check Point Software Technologies	www.checkpoint.com

내부 접근으로부터 모두 보호할 수 있다. 일반적으로 방화벽 앞에 배치되며 공격 시도를 식별하고, 패턴을 추적하며, 네트워크 관리자에게 경보를 보내고, 라우터가 의심스러운 소스와의 연결을 종료하도록 할 수 있다. 또한 DoS 공격도 방지할 수 있다. IDS는 네트워크 트래픽을 모니터링하고 "예방, 탐지, 대응" 보안 접근 방식을 사용하여 보안성은 향상되지만, 상당한 처리 능력이 필요하고 네트워크 성능에 영향을 미칠 수 있다. 또한 거짓 경보를 생성하지 않도록 하기 위해서는 추가적인 구성이 필요하다. 침입 탐지를 위해 여러 회사의 도구를 사용할 수 있다. 표 5.1에 나열된 공급업체는 포괄적인 IDS 제품과 서비스를 제공한다.

5-4c 물리적 보안 대책

물리적 보안 대책(physical security measures)은 주로 컴퓨터와 네트워크에 대한 접근을 제어하며, 도난으로부터 컴퓨터와 주변 장치를 보호하기 위한 장비를 포함한다. 그림 5.5와 같이 일반적인 물리적 보안 대책에는 다음과 같은 것들이 있다.

- **케이블 차폐** 도체 케이블을 감싸고 있는 층은 데이터나 데이터 전송을 손상시킬 수 있는 전자파 간섭(EMI)으로부터 도체를 보호한다.
- **코너 볼트(corner bolts)** 컴퓨터를 책상이나 계산대에 고정하는 저렴한 방법으로, 도난에 대한 추가적인 보호책으로 잠금장치가 있는 경우가 많다.
- **전자 추적기** 이 장치는 전원 콘센트에 연결된 컴퓨터를 안전하게 하는 것으로, 컴퓨터 전원 코드가 연결이 해제되면 송신기가 경보를 울리거나 발생한 사건을 기록하는 카메라로 메시지를보낸다.

그림 5.5 일반적인 물리적 보안 대책

Alfred Bondarenko/Shutterstock.com

케이블 차폐

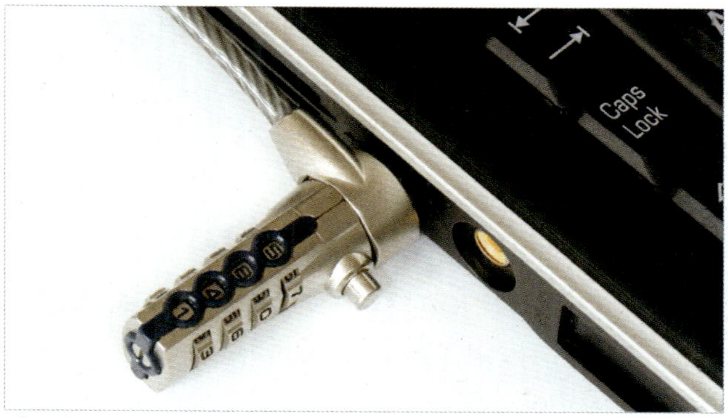

igor kisselev/Shutterstock.com

컴퓨터 보안 잠금장치

- **식별(ID) 배지** 승인된 직원을 대상으로 발급되며, 직원 변경 사항을 반영하기 위해 정기적으로 업데이트해야 한다.
- **근접 해제 도어 열림(Proximity-release door openers)** 컴퓨터실에 대한 접근을 제어하는 효과적인 방법이다. 승인된 직원의 ID 배지에 소형 무선 송신기가 설치되어 있어, 컴퓨터실 문에서 일정 거리 이내로 들어오면 무선으로 키 번호를 전송해 문을 연다.
- **실내 차폐** 컴퓨터실에 비전도성 물질이 분사되어 전송되는 신호의 수를 줄이거나 신호를 컴퓨터실로 제한한다.
- **철제 케이스** 컴퓨터를 넣고 잠글 수 있다.

노트북의 인기가 높아짐에 따라 도난은 보

Physical security measures primarily control access to computers and networks, and they include devices for securing computers and peripherals from theft.

Access controls are designed to protect systems from unauthorized access in order to preserve data integrity.

안상의 주요 위험이 되었다. 노트북은 기밀 데이터를 저장할 수 있으므로 다양한 보안 수단을 사용해야 한다. 예를 들어, 노트북의 케이블 잠금 장치를 지문 스캔과 결합하여 노트북 소유자만 파일에 액세스할 수 있도록 할 수 있다. "Lost and Stolen Laptops" 사례는 이러한 보안 위협에 대한 것이다.

5-4d 접근 제어

접근 제어(access controls)는 데이터 무결성을 유지하기 위해 무단 접근으로부터 시스템을 보호하도록 설계된 것이다. 아래에서 널리 사용되는 두 가지 접근 제어인 터미널 자원 보안과 암호에 대해 설명한다.

터미널 자원 보호

터미널 자원 보호(terminal resource security)는 지정된 시간 동안 사용하지 않으면 화면을 지우고 사용자를 자동적으로 로그오프시키는 소프트웨어 기능이다. 이 방법은 권한이 없는 사용자가 사용하지 않는 컴퓨터를 이용하여 네트워크와 데이터에 접근하는 것을 방지한다. 일부 프로그램은 사용자가 특정 시간에만 데이터에 접근

Lost and Stolen Laptops

FINANCE | TECHNOLOGY IN SOCIETY | SOCIAL AND ETHICAL ISSUES

현재 많은 공공 장소에서 무선 연결이 가능해 짐에 따라 노트북은 그 어느 때보다 인기를 얻고 있다. 하지만, 노트북은 쉽게 분실되거나 도난당할 수 있다. 단순히 노트북을 교체하는 문제가 아니라 노트북에 저장된 데이터도 복구해야 한다. 이것은 상당히 심각한 손실일 수 있다. 최근 조사에 따르면 노트북에 대한 몇 가지 놀라운 통계가 있는데,

- 노트북은 53초마다 1대씩 도난당한다.
- IT 실무자의 86%는 회사에서 노트북을 분실하거나 도난당한 경험이 있다고 답했으며, 56%는 이로 인해 데이터 유출이 발생했다고 응답했다.
- 비즈니스 관리자의 52%는 여행 중에 낯선 사람에게 가끔 또는 종종 노트북을 맡긴다.
- 의료 정보 침해의 45%는 도난당한 노트북에서 발생한다.
- 노트북 손실로 인한 기업의 평균 총 비용은 47,000달러이다.

2006년, 미국 보훈국의 한 직원은 2천 6백만 명의 보훈에 관한 개인정보가 담긴 노트북을 분실했다. 같은 해, 미국 공인회계사 협회(AICPA)의 직원이 AICPA 회원들의 사회보장 번호가 저장된 노트북을 분실했다. 허가받지 않은 사용자가 이러한 종류의 기밀 정보를 습득하게 될 경우, 신원 도용이나 기타 범죄가 발생할 수 있다. 2014년 California 법무부가 작성한 보고서에 따르면 의료 산업에서 데이터 침해의 70%가 "암호화되지 않은 데이터가 저장된 하드웨어와 휴대용 미디어의 분실이나 도난"과 관련이 있다. 이 보고서는 해킹이 아닌 기기 분실이 의료 데이터에 가장 큰 위험을 초래한다고 결론지었다. 노트북의 보안을 강화하려면 다음 권장 사항을 고려해야 한다.

- 노트북에 케이블 잠금장치를 설치하고 생체인식 보안 수단을 사용한다.
- 절대적으로 필요한 경우에만 기밀 데이터를 노트북에 저장한다.
- 로그인 암호, 화면 보호기 암호 및 기밀 파일용 암호를 사용한다.
- 노트북에 저장된 데이터를 암호화한다.
- 권한이 없는 사용자가 노트북에 접근하려고 할 경우 노트북을 비활성화시킬 수 있는 보안 칩을 설치한다. 일부 칩은 오디오 도난 신호와 노트북의 위치를 보여주는 GPS 경보를 보낸다.

질문 및 토론

1. 노트북을 분실하거나 도난당하는 빈도는 얼마나 되는가?
2. 노트북의 보안을 강화하기 위한 3가지 권장 사항은 무엇인가?

할 수 있도록 허용함으로써 근무시간 외의 침입 시도를 줄일 수 있다.

암호

암호(password)는 시스템에 접근할 수 있도록 입력하는 숫자, 문자 및 기호의 조합이다. 암호의 길이와 복잡성에 따라 권한이 없는 사용자가 발견할 수 있는 취약성이 결정된다. 예를 들어, p@s$w0rD는 password보다 추측하기가 훨씬 어렵다. 인적 요소는 사용자가 암호를 잊어버리거나 다른 사람에게 의도적이든 아니든 알려줄 수 있기 때문에 암호 보안의 가장 눈에 띄는 약점 중 하나이다. 암호의 효율성을 높이려면 다음 지침을 따라야 한다.

- 암호를 자주 변경한다.
- 암호는 12자 이상으로 한다.
- 암호는 대소문자, 숫자 및 특수 기호의 조합으로 한다.
- 암호는 적어두면 안된다.
- 암호는 사용자의 이름이나 성, 특정 날짜(예: 생일 또는 기념일) 또는 사전에서 찾을 수 있는 단어로 하지 않는다.
- 암호는 순차적으로 증감하거나 패턴(예: 222ABC, 224ABC, 226ABC)을 따르지 않는다.
- 직원이 퇴사하기 전에 해당 직원의 암호가 삭제되었는지 확인해야 한다.
- 이전에 사용한 암호를 사용하지 않는다.

암호의 명백한 한계와 단점 때문에 연구자들은 암호를 덜 취약한 다른 인증 방법으로 대체하기 위해 열심히 노력하고 있다. 2016년 Wakefield Research가 실시한 조사에 따르면 2021년까지 약 70%의 회사가 암호 사용을 단계적으로 폐지하고 다른 인증 기술로 대체할 것이라고 한다. 지문, 홍채, 목소리, 얼굴 등 다양한 형태의 생체인식이 선두주자에 속한다. 암호의 고유한 약점 외에도 이를 관리하기 위해서는 시간도 많이 걸리고 때로는 위험한 작업이다. 우리들 대부분은 다른 작업이나 웹사이트들을 이용하기 위해 12개 정도의 암호를 가지고 있다. 조직이 해킹을 당할 때마다 직원들은 암호를 바꿔야 하며, 다양한 모든 암호를 기억하는 것도 어려운 일이기 때문에 암호 관리기가 좋은 해결책이 된다.

암호 관리기는 사용자를 위해 안전한 무작위 암호를 생성하고 사용자가 암호를 기억할 필요가 없도록 한다. 암호 관리기를 사용하여 컴퓨터, 태블릿 및 스마트폰을 포함한 여러 장치 간에 암호를 동기화할 수도 있다.

또한 마스터 암호로 암호 데이터베이스를 암호화하기 때문에 마스터 암호만 기억하면 된다. 암호 관리기를 사용하면 신용 카드와 직불 카드 번호를 포함한 다른 유형의 데이터를 저장할 수도 있다. 암호 관리기의 모든 데이터는 암호화되므로 사용자만 접근할 수 있다.

> A **password** is a combination of numbers, characters, and symbols that is entered to allow access to a system.
>
> A **virtual private network (VPN)** provides a secure "tunnel" through the Internet for transmitting messages and data via a private network.
>
> **Data encryption** transforms data, called plaintext or cleartext, into a scrambled form called ciphertext that cannot be read by others.

대부분의 암호 관리기는 도메인 이름이 은행이나 자주 사용하는 사이트처럼 보이더라도 피싱 사이트로 인식할 수 있으므로 피싱을 방지하는데 도움이 된다.

5-4e 가상 사설망

가상 사설망(virtual private network; VPN)은 사설망처럼 메시지와 데이터를 전송하기 위해 인터넷 상에 안전한 "터널(tunnel)"을 제공한다(그림 5.6 참조). 원격 사용자가 조직의 네트워크에 안전하게 연결할 수 있도록 자주 사용된다. 또한 VPN은 조직과 공급업체와 같은 외부 주체 사이에 설정된 네트워크인 엑스트라넷에 대한 보안을 제공하기 위해 사용될 수도 있다(7장에서 자세히 설명). 데이터는 터널을 통해 전송되기 전에 L2TP(Layer Two Tunneling Protocol)나 IPSec(Internet Protocol Security)와 같은 프로토콜을 사용하여 암호화된다. VPN 설정 비용은 일반적으로 낮지만 전송 속도가 느릴 수 있으며 표준 부족이 문제가 될 수 있다.

일반적으로 조직은 필요에 따라 VPN에 사용되는 미디어를 임대하고, 네트워크 트래픽은 공용 네트워크(일반적으로 인터넷)와 사설망의 조합을 통해 전송할 수 있다. VPN은 사설 임대 회선이나 전용 ISDN 회선의 대안으로 사용된다.

5-4f 데이터 암호화

데이터 암호화(data encryption)는 원문(plaintext)인 데이터를 다른 사람이 읽을 수 없는 암호문(ciphertext)

그림 5.6 VPN 구성

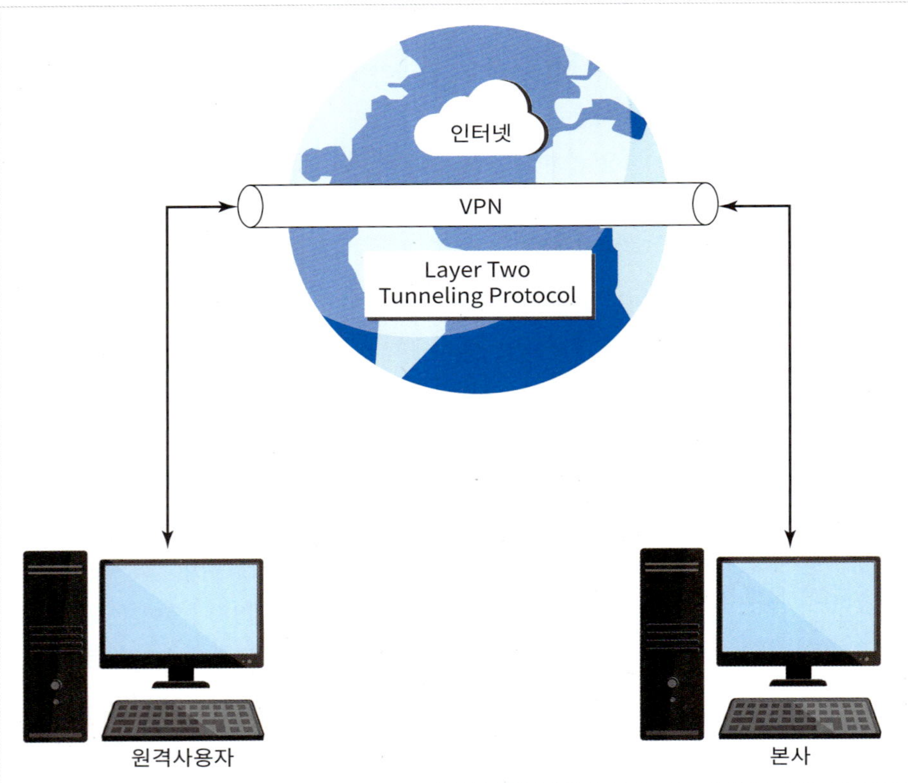

일반적으로 사용되는 암호화 프로토콜은 인터넷에서 전송 보안을 관리하는 **보안 소켓 계층(Secure Sockets Layer; SSL)**이다. 온라인으로 제품을 구입할 때 브라우저 주소 표시줄의 http가 https로 되어 있는 것을 확인할 수 있는데, https가 SSL을 통한 보안 HTTP 연결을 나타낸다. 또한 하단의 상태 표시줄에 자물쇠 아이콘이 표시된 것은 사용자의 정보가 암호화되어 해커가 이를 가로챌 수 없음을 나타낸다. 최근의 암호화 프로토콜은 인터넷과 같은 공용 네트워크를 통해 데이터 보안과 무결성을 보장하는 **전송 계층 보안(Transport Layer Security; TLS)**이다. SSL과 마찬가지로 TLS는 트랜잭션을 수행하는 데 사용되는 네트워크 세그먼트를 암호화한다. SSL과 TLS는 암호화 프로토콜일 뿐만 아니라 인증 기능도 있다.

암호화 알고리즘은 데이터를 암호화하고 복호화하기 위해 키를 사용한다. 키의 크기는 32비트부터 168비트까지 다양한데, 키가 길수록 암호화는 깨지기 어렵다. 암호화에는 비대칭(공개키 암호화라고도 함)과 대칭의 두 가지 유형이 있는데, 이것에 대해서는 다음에 설명하겠지만, 먼저 **공개키 기반구조(Public Key Infrastructure; PKI)**를 이해해야 한다. PKI는 인터넷과 같은 공용 네트

Secure Sockets Layer (SSL) is a commonly used encryption protocol that manages transmission security on the Internet.

Transport Layer Security (TLS) is a cryptographic protocol that ensures data security and integrity over public networks, such as the Internet.

A PKI (public key infrastructure) enables users of a public network such as the Internet to securely and privately exchange data through the use of a pair of keys—a public one and a private one—that is obtained from a trusted authority and shared through that authority.

으로 변환시키는 것이다. 암호화 알고리즘으로 알려진 암호화 규칙에 따라 변환 프로세스가 얼마나 단순할지 혹은 복잡할지 결정된다. 그런 다음 수신자는 복호화 키를 사용하여 데이터를 해독한다.

사용되는 암호화 알고리즘은 다양하다. Julius Caesar에 의해 사용된 가장 오래된 암호화 알고리즘 중 하나는 간단한 치환 알고리즘으로 원래 메시지의 각 문자가 세 자리 떨어진 알파벳 문자로 대체되는 것이다. 예를 들어, top이라는 단어는 wrs로 전송된다. 그림 5.7은 치환 알고리즘을 사용한 간단한 암호화 예이다.

One of the oldest encryption algorithms, used by Julius Caesar, is a simple substitution algorithm in which each letter in the original message is replaced by the letter three positions farther in the alphabet.

그림 5.7 암호화 예

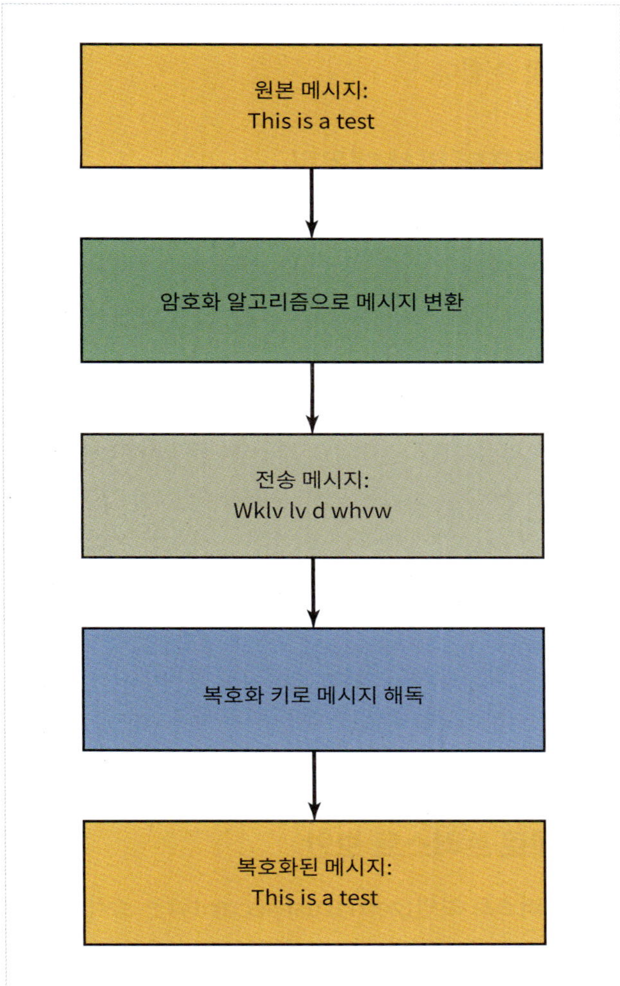

워크의 사용자가 신뢰할 수 있는 기관으로부터 발급받고 해당 기관을 통해 공유되는 공개키와 개인키로 구성된 한 쌍의 키를 사용하여 데이터를 안전하게 교환할 수 있도록 한다.

비대칭 암호화(asymmetric encryption)는 모든 사용자에게 알려진 공개키와 수신인에게만 알려진 개인키 또는 비밀키의 두 가지 키를 사용한다. 공개키로 암호화된 메시지는 공개키를 사용하는 동일한 알고리즘으로만 복호화할 수 있으며, 수신자의 개인키가 필요하다. 메시지를 가로챈 사람이 수신인의 개인키가 없다면 메시지를 복호화할 수 없다.

이 암호화는 일반적으로 인터넷과 같은 공용 네트워크에서 더 잘 작동한다. 거래를 수행하거나 메시지를 보내는 기업은 개인키와 공개키를 발급받고, 자신의 개인키는 안전하게 보관하고 공개키는 다른 사람들이 사용할 수 있도록 게시하면 된다. 최초의 공개키 알고리즘 중 하나인 RSA(Rivest, Shamir, Adleman)는 오늘날에도 널리 사용되고 있다. 비대칭 암호화의 주요 단점은 느리고 많은 처리 능력이 필요하다는 것이다.

대칭 암호화(symmetric encryption)(비밀키 암호화라고도 함)는 동일한 키를 사용하여 메시지를 암호화하고 복호화한다. 송신자와 수신자는 키에 동의하고 비밀로 유지해야 한다. 대칭 암호화의 문제는 인터넷을 통한 키 공유가 어렵다는 것이다.

암호화는 송신자의 신원을 인증하고 메시지나 데이터가 변경되지 않았다는 것을 확인하는 디지털 서명을 만드는데 사용될 수도 있다. 디지털 서명은 온라인 금융 거래에서 특히 중요하며, 다음 절에서 설명할 부인방지 기능도 제공한다. 작동 방식은 다음과 같다. 개인키로 메시지를 암호화하고 메시지를 해시하고 메시지 다이제스트를 생성하는 알고리즘을 사용한다. 메시지 다이제스트는 원래 메시지로 다시 변환될 수 없으므로 메시지를 도청한 사람은 메시지를 읽을 수 없다. 그런 다음 개인키를 사용하여 메시지 다이제스트를 암호화한다. 이렇게 암호화된 부분을 디지털 서명이라고 한다.

그런 다음 암호화된 메시지와 디지털 서명을 보낸다. 수신인은 송신자의 공개키를 사용하여 메시지를 복호화하고, 원래 메시지를 해시한 것과 동일한 알고리즘을 이용하여 다른 버전의 메시지 다이제스트를 생성한다. 그런 다음 수신인은 송신자의 공개키를 사용하여 디지털 서명을 복호화하여 사용자가 보낸 메시지 다이제스트를 획득한다. 마지막으로, 수신인은 두 개의 메시지 다이제스트를 비교한다. 두 개가 일치하면 메시지가 변조되지 않았으며 보낸 메시지와 동일하다는 것을 의미한다.

Asymmetric encryption uses two keys: a public key known to everyone and a private or secret key known only to the recipient. A message encrypted with a public key can be decrypted only with the same algorithm used by the public key and requires the recipient's private key, too. Anyone intercepting the message cannot decrypt it because he or she does not have the private key.

In **symmetric encryption** (also called secret key encryption), the same key is used to encrypt and decrypt the message. The sender and receiver must agree on the key and keep it secret.

Zero trust security requires every person and every device that accesses a network must be secured regardless if it is within the organization or outside of it.

5-4g 전자상거래 보안 대책

전자상거래에서 보안은 인증(authentication), 확증(confirmation), 부인방지(nonrepudiation)라는 세 가지 요소가 중요하다. 예를 들어, 온라인 거래에서 신용카드 번호를 사용하는 사람이 반드시 카드의 합법적인 소유자가 아닐 수 있기 때문에 인증은 중요하다. 두 가지 요소가 중요한데, 즉 수신자가 정확하게 알고 있는 것과 송신자가 제공하는 것이다. 어머니의 결혼 전 성, 자신의 사회 보장 번호나 생년월일과 같은 개인 정보와 암호를 인증에 사용할 수 있다. 지문이나 망막 스캔과 같은 물리적 증거는 훨씬 더 효과적이다.

확증은 주문과 배송 수령을 확인할 수 있도록 전자상거래에도 통합되어야 한다. 결제와 같은 전자 문서가 고객으로부터 판매업체로 전송되면 거래가 완결되었음을 확인하기 위해 판매업체의 개인키로 전자적으로 서명한 확인서를 고객에게 보내주어야 한다.

부인방지는 거래에 대한 분쟁이 발생한 경우에 필요하다. 디지털 서명은 이를 위해 사용되며 거래에서 거래 당사자를 하나로 묶는 역할을 한다. 이 과정을 통해, 송신자는 배달 증명을 받고 수신자는 송신자의 신원을 보장받는다. 거래 당사자 어느 쪽도 정보의 송수신을 거부할 수 없다. 전자상거래 보안은 다음과 같은 문제와 관련이 있다.

- **기밀성** 송신자와 의도한 수신자만 메시지를 읽을 수 있도록 하려면 어떻게 해야 할까?
- **인증** 수신자는 데이터가 실제 송신자로부터 온 것임을 어떻게 알 수 있을까?
- **무결성** 수신자가 전송 중에 데이터 내용이 변경되지 않았음을 어떻게 알 수 있을까?
- **발신 부인방지** 송신자는 데이터를 보냈다는 것을 부인할 수 없다.
- **수신 부인방지** 수신자는 데이터를 수신한 것을 부인할 수 없다.

In e-commerce transactions, three factors are critical for security: authentication, confirmation, and nonrepudiation.

5-4h 컴퓨터 비상 대응팀

컴퓨터 비상 대응팀(Computer Emergency Response Team; CERT)은 1988년 인터넷에 연결된 컴퓨터의 10%를 무력화시킨 Morris 웜 공격에 대응하기 위해 미국 국방부의 국방고등연구계획국(Defense Advanced Research Projects Agency)이 개발한 것이다. 현재 많은 조직에서 CERT 모델을 따라 네트워크 침입과 공격을 신속하고 효과적으로 처리할 수 있는 팀을 운영하고 있다. CERT는 보안 위반과 DoS 공격에 초점을 맞추고 있으며 이러한 사고를 처리하고 예방하는 지침을 제공한다. 또한, CERT는 대중 인식 캠페인을 실시하고 인터넷 보안 취약점과 보안 시스템 개선 방안을 연구한다. 네트워크 관리자와 전자상거래 사이트 관리자는 CERT 조정 센터에서 네트워크와 정보 자원 보호에 대한 업데이트를 확인해야 한다.

5-4i 제로 트러스트 보안

제로 트러스트 보안(zero trust security)은 조직 내외부 네트워크에 접근하는 모든 장치와 모든 사람이 보안을 유지해야 하는 비교적 새로운 보안 모델이다. 이를 달성하기 위해 다수의 다양한 원칙을 통합하였다. 전통적인 보안 모델은 외부의 위협으로부터 네트워크를 보호하는 것을 강조하는 성과 해자(castle-and-moat) 개념을 기반으로 한다. 침입자가 네트워크에 접속하면 대부분 전체 네트워크에 접근할 수 있다. 앞서 논의한 바와 같이 외부 위협 외에도 내부자들은 컴퓨터와 네트워크 인프라에 심각한 위협이 된다. 클라우드 컴퓨팅이 지배하는 오늘날의 컴퓨팅 세계에서 정보는 종종 클라우드 업체에 따라 여러 지역으로 분산되어 저장되므로, 전체 네트워크에 대한 단일의 보안 통제를 하는 것이 더 어렵게 되었다. "제로 트러스트"라는 용어는 2010년 Forrester Research의 분석가인 John Kindervag에 의해 만들어졌다. 제로 트러스트 모델의 주요 원칙은 다음과 같다.

- 네트워크에 접근하려는 모든 장치와 모든 사용자는

접근 권한이 부여되기 전에 확인받아야 한다. 이것은 잘 알려진 "신뢰하지만 확인" 원칙에 기반한다.

- 최소한의 접근 권한으로 설정되어야 하며, 이는 사용자가 작업을 수행하는데 필요한 정보에 대한 접근 권한만 부여되어야 함을 의미한다.
- 마이크로 세분화는 보안 경계를 작은 영역으로 분할하여 네트워크의 개별 부분에 대해 별도의 접근을 유지해야 한다. 예를 들어, 네트워크를 마케팅, 인적자원, 생산, 금융과 같은 4개의 부문으로 나누고, 이 원칙에 따라 마케팅 부문은 인적자원 컴퓨팅 자원에 접근할 수 없으며 그 반대의 경우도 마찬가지이다.
- 다요인 인증(Multifactor Authentication; MFA)으로 설정해야 한다. 이는 암호와 같은 단일 접근 방식이 적절하지 않다는 것을 의미하며, 다른 요인을 추가해야 한다. 이 기술은 자격 증명 기반 공격에 대처하는데 매우 유용하다. 많은 소셜 미디어 사용자들이 암호를 입력한 다음 사용자의 모바일 장치로 전송된 코드를 사용하여 Facebook이나 Google에 로그인하도록 하는 2단계 인증(2FA) 유형이 인기가 많다.

5-5 종합보안시스템 가이드라인

조직의 직원은 모든 보안 시스템의 성공에 필수적인 부분이기 때문에 보안 의식과 보안 대책에 대해 직원을 교육하는 것이 중요하다. 일부 조직은 교육을 위해 강의실을 사용하고 다른 조직은 인트라넷을 이용한다. 시험과 인증서는 교육이 끝날 때 참가자들에게 제공되어야 한다. 또한 경영진이 보안 교육을 지원하도록 하는 것은 조직 전체에 보안 인식을 제고하는데 중요하다.

보안 프로그램을 수립하기 전에 조직은 기본적인 위험 분석을 수행해야 한다. 투자 수익률(ROI)과 같은 재무 기법을 사용하여 어떤 자원이 가장 중요하고 가장 강력한 보호를 받아야 하는지를 결정하는 경우가 많다. 이러한 정보는 조직이 보안 시스템의 비용을 측정하는데 도움이 될 수도 있다. 종합적인 보안 계획을 개발할 때는 다음 단계를 고려해야 한다.

> **An organization's employees are an essential part of the success of any security system, so training on security awareness and security measures is important.**

1. 모든 부서 대표들과 고위 경영진으로 보안 위원회를 구성한다. 위원회의 책임은 다음과 같다.
   - 명확하고 상세한 보안 정책 및 절차 개발
   - 주요 의사 결정자와 컴퓨터 사용자를 위한 보안 교육 및 보안 인식 제공
   - 사회 공학의 기초를 포함한 보안 정책의 효과성을 주기적으로 평가
   - 시스템 접근 및 사용을 위한 감사 절차 개발
   - 보안 정책 시행 감독
   - 수신 및 송신 데이터에 대한 감사 추적 절차 설계
2. 보안 정책을 잘 보이는 곳에 게시하거나 모든 워크스테이션 옆에 사본을 게시한다.
3. 보안 문제에 대한 직원의 인식을 높인다.
4. 강력한 암호를 사용하고 시스템이나 웹 사이트에서 동일한 암호를 사용하지 않는다.
5. 정기적으로 운영 체제에 소프트웨어 패치와 업데이트를 설치한다.
6. 해고된 직원의 비밀번호와 ID 배지를 즉시 해지하여 보복 시도를 방지한다.
7. 중요한 데이터, 소프트웨어, 그리고 인쇄물을 안전한 장소에 보관한다.
8. 프로그램과 시스템을 즉시 종료하고 로그인된 워크스테이션을 그대로 두지 않는다.
9. 권한이 있는 사람만 컴퓨터에 접근할 수 있도록 제한한다.
10. 통신 로그와 통신 청구서를 정기적으로 비교한다. 로그에는 사용자 이름, 통화 대상 및 통화 시간과 함께 모든 발신 통화가 기록되어야 한다. 청구서의 불일치를 모두 조사한다.

Business continuity planning outlines procedures for keeping an organization operational in the event of a natural disaster or network attack.

11. 바이러스 백신 프로그램을 설치하고 자동으로 업데이트되는지 확인한다.
12. 평판이 좋은 공급업체에서 구입한 라이선스 소프트웨어만 설치한다.
13. 화재 예방 시스템과 경보가 최신인지 확인하고 정기적으로 테스트한다.
14. 온도, 습도 등 환경적 요인을 확인한다.
15. 워크스테이션의 코너 볼트, ID 배지, 잠금 장치 등과 같은 물리적 보안 장치를 사용한다.
16. 방화벽과 침입 탐지 시스템을 설치한다. 필요한 경우 생체인식 보안 대책을 고려한다.
17. 컴퓨터 기기를 재활용하거나 기증하기 전에, 제대로 청소(초기화)되었는지 확인해야 한다. 연구에 따르면 겨우 3%만이 완전하고 적절하게 청소(초기화)되었다고 한다.
18. 앞에서 논의한 제로 트러스트 보안 구현을 고려해야 한다.

이러한 단계를 가이드라인으로 사용해야 한다. 모든 조직이 모든 단계를 따를 필요는 없지만 일부 조직은 필요에 따라 훨씬 더 많은 단계를 포함해야 할 수도 있다.

5-5a 비즈니스 연속성 계획

자연 재해, 네트워크 공격이나 침입의 영향을 줄이려면 복구 계획을 세우는 것이 중요하다. 여기에는 조직의 운영을 유지하기 위한 절차를 개략적으로 설명하는 **비즈니스 연속성 계획(business continuity planning)**도 포함되어야 한다. 재해 복구 계획에는 손상된 데이터와 장비를 복원하기 위해 수행해야 하는 작업과 다음과 같은 재해 대비 단계가 나열되어야 한다.

- 모든 파일을 백업한다.
- 컴퓨터 설비에 대한 보안과 화재 표준을 정기적으로 검토한다.
- CERT 및 기타 보안 기관의 정보를 정기적으로 검토한다.

A disaster recovery plan lists the tasks that must be performed to restore damaged data and equipment as well as steps to prepare for a disaster.

- 직원들이 교육을 받았는지 그리고 가능한 재해의 결과와 재해의 영향을 줄이기 위한 조치를 인지하고 있는지 확인한다.
- 시험 데이터로 재해 복구 계획을 테스트한다.
- 조직에서 사용하고 있는 모든 소프트웨어와 하드웨어의 공급업체를 파악하고, 공급업체의 메일 주소, 전화 번호 및 웹 사이트 주소가 최신인지 확인한다.
- 하드웨어와 소프트웨어의 모든 변경 사항을 문서화한다.
- 컴퓨터와 네트워크 시설에 대한 종합 보험에 가입한다. 정기적으로 정책을 검토하여 보장 범위가 적절하고 최신인지 확인한다.
- 재해 발생 시 사용할 대체 사이트를 설정한다. 콜드 사이트(cold site)에는 컴퓨터 장비에 적합한 환경(에어컨 및 습도 제어 등)만 갖추고 있고 장비는 구축되어 있지 않아도 된다. 반면에 핫 사이트(hot site)는 필요한 모든 장비를 갖추고 있으며 사용할 준비가 되어 있어야 한다.
- 제3자로부터 임대하고 일반적으로 통신 장비를 포함하는 코로케이션(colocation) 시설을 이용하여 조사한다.
- 스프링클러 시스템, 소화기, 할로겐 가스 시스템을 점검한다.
- 백업본은 오프사이트 저장장치에 보관하고, 정기적으로 데이터 복구 절차를 테스트하며, 모델과 일련 번호와 같은 시스템별 정보에 대한 자세한 기록을 유지한다. 백업 장비는 비용을 절감하기 위해 공유 가능하다.
- 재해 복구 계획의 사본은 오프사이트에 보관한다.
- 모의 재난을 통해 응답 시간과 복구 절차를 평가한다.

재해가 발생한 경우 조직은 다음 단계에 따라 최대한 빨리 정상 운영을 재개해야 한다.

1. 복구 계획을 감독할 위기 관리팀을 구성한다.
2. 보험사에 문의한다.
3. 전화선과 기타 통신 시스템을 복구한다.
4. 고객, 공급업체, 직원 등 영향을 받은 모든 피해자에게 통보한다.
5. 피해를 입은 사람들을 지원하기 위해 안내 데스크를 설정한다.
6. 피해를 입은 사람들에게 복구가 진행되고 있음을 알린다.
7. 정상화를 위해 취한 모든 조치를 문서화하여 무엇이 효과가 있었는지, 무엇이 효과가 없었는지 파악하고, 필요한 경우 재해 복구 계획을 수정한다.

요약

5-1 사이버 범죄와 그것이 세계 경제에 미치는 영향을 이해한다. 2019년에 발표된 Accenture의 연구에 따르면, 사이버 범죄는 향후 5년 동안 전 세계적으로 5조 2천억 달러의 손실을 입힐 수 있다. 이러한 비용에는 수익, 신원 도용, 지식재산권 및 영업 비밀과 관련된 손실 뿐만 아니라 기업과 개인의 평판에 대한 피해도 포함된다. 최근 조사에 따르면 쇼핑객의 19%가 해킹당한 소매점에서 구매하지 않을 것이라고 한다.

5-2 컴퓨터 범죄에 이용될 수 있는 정보기술을 설명한다. 정보기술은 사용자들의 사생활을 침해하고 컴퓨터 범죄를 저지르기 위해 오용될 수 있다. 스파이웨어, 애드웨어, 피싱, 파밍, 키스트로크 로거 및 베이팅은 이러한 목적에 사용될 수 있는 정보 기술의 몇 가지 예이다.

5-3 컴퓨터와 네트워크 보안의 기본적인 보호 조치에 대해 설명한다. 컴퓨터와 네트워크 보안에는 세 가지 중요한 측면이 있는데, 기밀성, 무결성, 가용성으로 총칭하여 CIA 삼각형이라고 한다. 또한 종합보안시스템은 다음 세 가지 수준의 보안을 제공해야 한다. 레벨 1—프런트 엔드 서버, 레벨 2—백엔드 시스템, 레벨 3—기업 네트워크.

5-4 가장 일반적인 10가지 의도적인 보안 위협을 살펴본다. 의도적인 컴퓨터와 네트워크 위협에는 바이러스, 웜, 트로이 목마 프로그램, 논리 폭탄, 백도어, 혼합 위협(예: 트로이 목마에 의해 실행되는 웜), 루트킷, 서비스 거부 공격, 사회 공학, 그리고 크립토재킹이 포함된다.

5-5 종합보안시스템이 포함해야 할 9가지 보안 대책과 시행에 대해 설명한다. 여기에는 생체인식 보안 대책, 비생물학적 보안 대책, 물리적 보안 대책, 접근 제어, 가상 사설망, 데이터 암호화, 전자상거래 보안 대책, 컴퓨터 비상 대응팀(CERT), 제로 트러스트 보안이 포함된다.

5-6 비즈니스 연속성 계획을 포함한 종합보안시스템 가이드라인을 요약한다. 조직의 직원은 모든 보안 시스템의 성공에 필수적인 부분이기 때문에 보안 의식과 보안 대책에 대해 직원을 교육하는 것이 중요하다. 또한 자연 재해나 네트워크 공격이 발생된 경우 조직의 운영을 유지하기 위한 절차를 개략적으로 설명하는 비즈니스 연속성 계획도 포함되어야 한다.

2부

데이터 통신,
인터넷,
전자상거래 및
글로벌 정보시스템

6장

데이터 통신

학습목표

6-1 데이터 통신 시스템 관련 주요 응용 프로그램을 설명한다.

6-2 데이터 통신 시스템의 세 가지 주요 구성 요소를 설명한다.

6-3 네트워크 구성에 대한 세 가지 유형을 설명한다.

6-4 네트워크 종류 세 가지를 설명한다.

6-5 다섯 가지 주요 네트워크 토폴로지(통신망 구조)를 설명한다.

6-6 프로토콜, TCP/IP, 라우팅, 라우터, 클라이언트/서버 모델 등 주요 네트워킹 개념을 설명한다.

6-7 비즈니스 환경에서 무선 및 모바일 기술과 네트워크를 살펴본다.

6-8 Wi-Fi, WiMAX, 블루투스 등과 같은 네트워킹 동향을 설명한다.

6-9 무선 보안의 중요성과 다섯 가지 주요 기술에 대해 논의한다.

6-10 비즈니스 및 개인용 애플리케이션을 통신의 융합 현상과 맞물려 설명한다.

Sahacha Nikumhang/Shutterstock.com

오늘날 집안에서 다국적 기업에 이르기까지 거의 모든 곳에서 데이터 통신 관련 애플리케이션을 활용하고 있다. 이 장에서는 의사결정을 위한 정보를 전달하는 데 있어 데이터 통신 시스템의 역할을 설명한다. 우선 정보통신의 구성 요소, 네트워크 구성, 토폴로지 유형과 같은 데이터 통신 시스템의 기본을 설명하는 것으로부터 출발한다. 이어서 대역폭, 라우팅, 라우터 및 클라이언트/서버 모델과 같은 데이터 통신의 중요한 개념을 다룬 후, 무선 및 모바일 네트워크와 관련 기술들을 살펴본다. 마지막으로 급변하는 비즈니스 환경에서 음성, 비디오, 데이터의 융합이라는 관점에서 데이터 통신의 중요성을 살펴본다.

6-1 데이터 통신의 정의

데이터 통신(Data communication)은 쉽게 말해 한 위치에서 다른 위치로 데이터를 보내는 것이다. 정보시스템의 효과성은 부분적이기는 하지만 정보를 얼마나 효율적으로 전달하는가를 통해 측정될 수 있는데, 데이터 통신 시스템이 이를 가능하도록 만들어 준다. 특히, 오늘날 대부분의 기업은 지리적으로 멀리 떨어져 있는 데이터를 수집하고 전송하기 때문에 효율적인 데이터 통신 시스템은 중요할 수밖에 없다. 또한 데이터 통신 시스템은 데이터 수집 및 전송의 유연성을 높일 수 있다. 실제로 직원들이 업무를 수행할 때, 노트북이나 스마트폰과 같은 휴대용 장치를 이용해서 시공간의 제약 없이 사무실과 통신을 하고 있다. 이러한 데이터 통신은 4장에서 논의되었던 가상 조직의 기초가 되기도 하는데, 다양한 기능을 통해 조직은 물리적 경계의 제한을 받지 않는다. 즉, 다른 조직과 협력하고 특정 기능은 아웃소싱해서 비용을 절감하고 다양한 고객 서비스를 제공할 수 있다. 전자 협업(e-Collaboration)은 데이터 통신의 또 다른 형태의 주요 애플리케이션 영역이다. 해당 애플리케이션을 통해 의사결정권자는 전 세계 어디에 있던지 동료와 지속적으로 협업을 할 수 있다.

> **Data communication systems make virtual organizations possible, and these can cross geographic boundaries to develop products more quickly and effectively.**

6-1a 경영자들이 데이터 통신을 알아야만 하는 이유

오늘날 데이터 통신은 기업 활동의 세부적인 기능 영역과 밀접하게 연관되어 있기에 조직의 해당 기능과 데이터 통신 시스템을 분리하는 것이 용이하지 않다. 예를 들어, 다국적 기업에서 의사결정을 담당하는 경영진은 전세계에 흩어져 있다. 이러한 경우 신제품을 적시에 출시하고, 상호간 협력하고, 조정하기 위해서는 데이터 통신 시스템을 활용하지 않으면 안된다.

데이터 통신 애플리케이션을 통해 다양한 방식으로 의사결정의 효율성과 효과성을 제고할 수 있다. 예를 들어, 앞 장에서 배웠던 Walmart, Home Depot, UPS 등과 같은 기업에서는 경쟁업체 대비 경쟁우위를 선점하기 위해 데이터 통신 애플리케이션을 활용해서 적시 배송 지원, 재고 비용 감소를 달성하였다. 또한 데이터 통신 시스템을 활용한 가상 조직을 통해 지리적 경계를 극복하고 신제품을 보다 빠르고 효과적으로 개발할 수도 있다.

기업에서는 기업용 이메일이나 파일 전송과 같은 데이터 통신 시스템을 활용해서 업무의 효율

> **Data communication** is the electronic transfer of data from one location to another.

성과 생산성을 높일 수 있다. 아울러 조직 정보시스템의 중요한 부분인 통신 네트워크를 통해 제품 및 서비스 개발 수명 주기를 단축하고 정보가 필요한 사람들에게 더 빠르고 효율적으로 이를 제공한다. 데이터 통신 기술이 실제 업무 영역에 다음과 같이 활용될 수 있다.

- 가상 교실에서 온라인 교육을 통해 해당 직원들은 최신의 기술이나 제품 정보를 즉시에 습득할 수 있다.
- 해당 직원들이 인터넷을 통해 제품, 서비스 및 혁신에 대한 최신 정보를 습득할 수 있다.
- 인터넷과 데이터 통신 시스템은 평생 학습을 촉진하며, 이는 미래 지식 근로자의 자산이 될 수 있다.
- 가정과 기업 모두에서 데이터 통신이 가능해짐에 따라 직장과 개인 생활 간의 경계가 허물어지고 있다. 한 예로서 재택근무자가 늘어나고 있다.
- 보다 용이해진 인터넷 화상 회의를 통해 기업에서 출장 비용을 줄일 수 있다.

따라서 경영자들도 다음과 같은 데이터 통신 영역에 대해서 잘 알고 있어야 한다.

- 데이터 통신 및 네트워크에 대한 기본적인 지식
- 인터넷, 인트라넷, 엑스트라넷
- 유·무선 네트워크
- 네트워크 보안관련 제반 이슈
- 데이터 통신이 미치게 될 조직 및 사회 전반적인 영향력
- 글로벌화와 관련된 이슈

이외에도 전자 협업 및 가상 회의는 관리자를 위한 데이터 통신 시스템의 또 다른 주요 애플리케이션으로 비용 효율적이며, 고객 서비스 개선에 도움을 줄 수 있다. 보다 자세한 내용은 "GoToMeeting: Example of an E-Collaboration Tool" 사례에 설명되어 있다.

6-2 데이터 통신 시스템의 기본 구성 요소

일반적인 데이터 통신 시스템의 구성 요소는 다음과 같다.

- 송·수신 장치
- 모뎀 혹은 라우터
- 통신 매체(채널)

해당 구성 요소를 살펴보기에 앞서 몇 가지 데이터 통신 관련 기본 개념을 살펴보기로 한다. 우선 **대역폭**

GoToMeeting: Example of an E-Collaboration Tool

FINANCE | TECHNOLOGY IN SOCIETY | APPLICATION

GoToMeeting은 Citrix Systems의 사업부인 Citrix Online에서 호스팅하는 화상 회의 서비스이다. PC와 Mac 모두에서 실행할 수 있으며, 회의 참석자들의 면면을 확인할 수 있는 고화질 화상회의 서비스를 제공하고 있다. 또한 현재 데스크탑에서 실행 중인 애플리케이션과 파일을 표시할 수도 있으며, 다른 참석자도 데스크탑을 공유할 수 있다. 사용자는 모든 참석자와 채팅하거나 개별 참가자와 개인적으로 이야기할 수도 있다. 또한, 무료 VoIP, 전화 회의, 혹은 둘 다 가능하다. GoToMeeting을 사용하면 주요 대화 내용이나 프리젠테이션을 오디오와 함께 저장하고 재생하며 이메일로 보낼 수도 있다. 또한 종합적인 보안 및 개인정보 보호 기능을 제공하고 있기에 회의 참석자를 제외한 누구도 회의를 엿볼 수 없다.

이외에도 Zoom(Zoom Video Communication, Inc.), WebEx(Cisco), MyWebConferences(MyTrueCloud), Chime(Amazon) 및 Skype(Microsoft) 등도 GoToMeeting의 또 다른 대안으로 많이 활용되고 있다.

질문 및 토론

1. 웹 회의 서비스인 GoToMeeting의 두 가지 기능은 무엇인가?
2. 웹 회의 도구를 사용하면 어떤 이점이 있는가? 이러한 도구 중 하나를 사용해 보았는가?

(bandwidth)은 특정 시간(보통 1초) 동안 한 지점에서 다른 지점으로 전송할 수 있는 데이터의 양이다. 통상적으로 bps(초당 비트 수, bit per second)로 표시되며, Kbps(킬로 bps), Mbps(메가 bps), Gbps(기가 bps)로 나아간다. **신호 감쇠(attenuation)**는 송신기로부터 수신기로 신호가 이동될 때 발생되는 신호의 전력 손실이다.

일반적으로 데이터 전송 채널은 광대역(broadband)과 협대역(narrowband)으로 나뉜다. **광대역(broadband)** 데이터 전송에서는 전송 속도를 높이기 위해 여러 데이터를 동시에 전송한다.

협대역(narrowband)은 최대 56,000bps까지 전송할 수 있는 음성(voice-grade) 전송 채널로서 특정 시간 동안 제한된 양의 정보만을 전송할 수 있다.

두 장치 간에 통신 링크를 설정하기 위해서는 우선 동기화가 필요하다. 즉, 두 장치가 같은 순간에 통신을 시작하고 멈추어야 한다. 이 때, 동기화는 오류 감지, 메시지 길이 및 전송 속도를 포함해서 각종 데이터 통신을 제어하는 규칙인 **프로토콜(protocols)**로 처리된다. 또한 프로토콜은 다른 제조사의 통신 장치 간의 호환성을 제공해 준다.

6-2a 송·수신 장치

다음과 같은 다양한 송·수신 장치가 있다:

- ***입/출력 장치 또는 "씬(thin) 클라이언트"*** 처리 능력은 없으며, 단순히 정보를 보내거나 받는 데만 사용된다.
- ***스마트 단말기*** 완전한 기능을 갖춘 컴퓨터는 아니지만 특정 처리 업무를 수행할 수 있는 입/출력 장치이다. 일반적으로 제조업 조립라인에서 특정 데이터를 수집하고 이를 메인 시스템으로 전송할 필요가 있을 때 활용된다.
- ***지능형 터미널, 워크스테이션 또는 PC*** 독립적인 입/출력 장치로 활용되기에 원격 컴퓨터는 메인 컴퓨터의 지원 없이도 특정 처리 작업을 수행할 수 있다. 일반적으로 지능형 터미널은 스마트 단말기에서 한 단계 업그레이드된 것이다.
- ***넷북 컴퓨터*** 인터넷이나 LAN에 연결할 목적으로 디스크 없는 저가형 컴퓨터이며, 서버에서 소프트웨어를 실행하고 데이터를 서버에 저장한다. iPad 및 기타 태블릿 장치는 넷북에 대한 수요를 감소시킬 것이다.
- ***미니컴퓨터, 메인프레임 및 슈퍼컴퓨터*** 데이터를 처리해서 다른 장치로 보내거나 다른 곳에서 처리된 데이터를 수신해서 처리한 이후 또 다른 장치로 전송한다.
- ***스마트폰*** 이메일 및 웹 검색과 같은 고급 기능을 갖춘 휴대폰으로 내장 키보드 및 외부 연결을 위한 장치가 마련되어 있다.

Bandwidth is the amount of data that can be transferred from one point to another in a certain time period, usually one second.

Attenuation is the loss of power in a signal as it travels from the sending device to the receiving device.

In **broadband** data transmission, multiple pieces of data are sent simultaneously to increase the transmission rate.

Narrowband is a voice-grade transmission channel capable of transmitting a maximum of 56,000 bps, so only a limited amount of information can be transferred in a specific period of time.

Protocols are rules that govern data communication, including error detection, message length, and transmission speed.

A **modem** (short for "modulator-demodulator") is a device that connects a user to the Internet.

Digital subscriber line (DSL), a common carrier service, is a high-speed service that uses ordinary phone lines.

6-2b 모뎀

모뎀("modulator-demodulator"의 줄임말)은 사용자가 인터넷에 접속할 수 있도록 만들어 주는 장치이다. 물론 모든 인터넷 연결에 모뎀이 필요한 것은 아니다. 예를 들어 무선통신 사용자는 액세스 포인트(access point)를 통해 연결하고, 위성통신 사용자는 위성 안테나를 통해 연결한다. 하지만, 전화 접속, 디지털 가입자 회선(DSL), 케이블 접속 등에는 모뎀을 연결해야 한다.

전화선을 이용해서 인터넷을 연결할 때, 컴퓨터의 디지털 신호를 아날로그 전화선을 통해 전송할 수 있도록 신호를 변환해 주는 모뎀이 필요하다. 하지만, 광대역 환경에서는 아날로그 모뎀 대신 DSL 혹은 케이블 모뎀이 사용된다. **디지털 가입자 회선(Digital subscriber line; DSL)**은 이동통신사에서 제공하는 서비스로서 일반 전화선을 통한 고속 네트워크 서비스를 제공한다. 실제 속도는 서비스 위치와 접근성에 따라 달라지지만, 사용자는 최대 7.1Mbps의 데이터 수신 속도와 약 1Mbps의 송신 속도를 낼 수 있다. 반면에 케이블 모뎀은 인터넷 연결을 위해 TV

그림 6.1 전송 매체의 종류

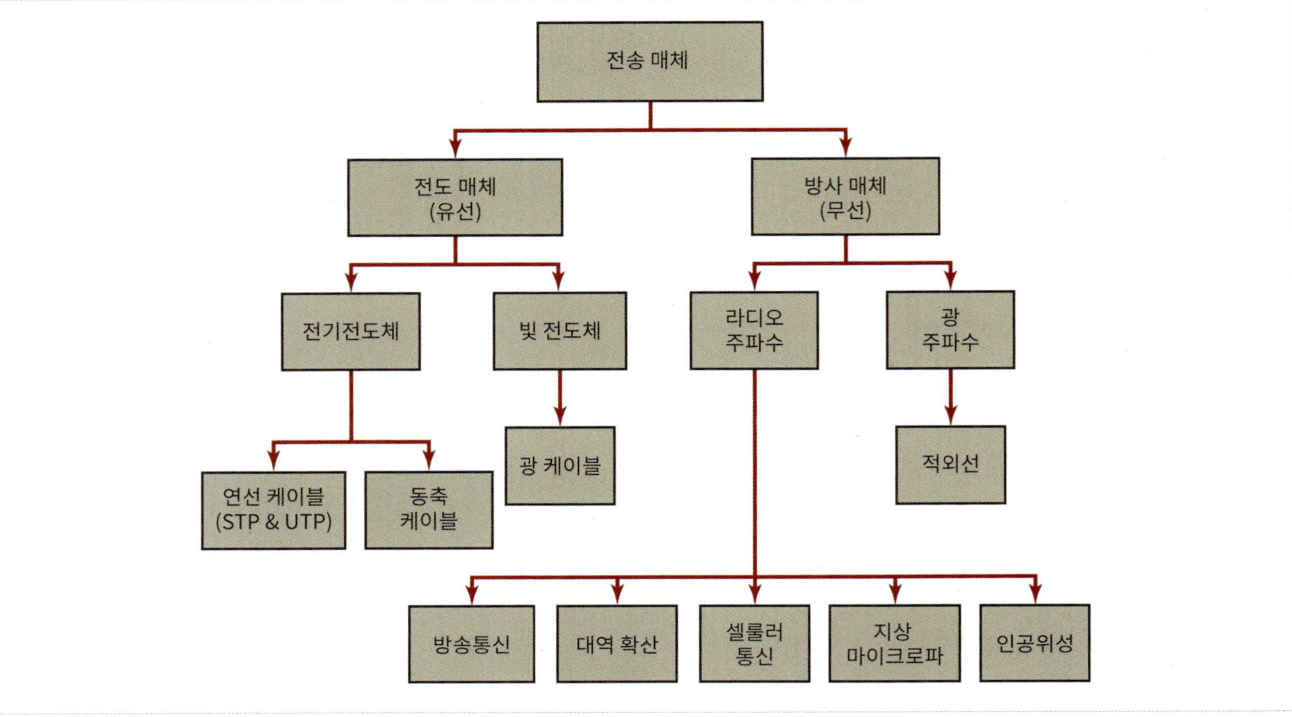

에 연결하는 것과 같은 케이블을 사용하며, 일반적으로 약 16Mbps의 전송 속도를 낼 수 있다.

6-2c 통신 매체

통신 매체(Communication media) 또는 채널은 송신자와 수신자를 연결해 주며, 그림 6.1과 같이 전도 매체와 방사 매체로 나뉜다.

전도 매체(Conducted media)는 연선 케이블(전화선), 동축 케이블, 광섬유 등과 같이 물리적 경로를 통해 신호를 전송한다. 연선 케이블은 두 개의 구리선이 서로 꼬여 있으며, UTP(Unshielded Twisted Pair)와 STP(Shielded Twisted Pair Cable)로 나뉜다. 이러한 연선 케이블은 일반적으로 전화 통신이나 건물 내 통신에 사용된다. 동축 케이블은 데이터 및 음성 전송에 모두 사용될 수 있으며, 주로 장거리 전화 전송 및 근거리 통신망에 사용된다. 광섬유 케이블은 "클래딩(cladding)"이라고 하는 광섬유에서 코어를 둘러싸고 있는 굴절률이 낮은 영역의 유리 층으로 둘러싸인 유리 튜브(사람 머리카락 직경의 절반)를 통해 빛의 경로를 만들어 낸다. 빛을 전달하는 중앙의 유리인 코어가 존재하며, 코어를 둘러싸고 있는 두 번째 유리 층이 코어에서 빛이 빠져나가게 하는 것을 방지하고 있다. 그리고 이를 둘러싼 외부 플라스틱 층인 완충제가 광섬유 케이블을 보호하고 있다. 광섬유 케이블은 다른 케이블 보다 속도, 크기, 무게, 감쇠율, 보안성 측면에서 월등하며, 여타 모든 통신 매체 중에서 가장 큰 대역폭을 가지고 있다.

Communication media, or channels, connect sender and receiver devices. They can be conducted or radiated.

Conducted media provide a physical path along which signals are transmitted, including twisted-pair copper cable, coaxial cable, and fiber optics.

Radiated media use an antenna for transmitting data through air or water.

방사 매체(Radiated media)는 공기나 물을 통해 데이터를 전송하기 위해 안테나를 사용한다. 이러한 방사 매체는 "가시경로(line of sight : 송수신 장치나 안테나 사이의 오픈된 경로)"를 기반으로 라디오 방송, 지상 마이크로파(terrestrial microwave), 위성 마이크로파(satellite) 등이 포함된다. 위성은 지구국(Earth station)이라고 하는 지상 기반의 마이크로파 송/수신기를 연결해서 장거리 전화나 TV 신호에 사용된다. 지상 마이크로파 시스템은 지구 기반 송신기와 수신기를 사용해서 건물 간 점대점(point-to-point) 연결에 사용된다.

통신 매체는 점대점(point-to-point) 혹은 다중점(multipoint) 시스템을 지원할 수 있다. 점대점 시스템에서는 한 번에 한 개의 장치만 해당 매체를 사용하는 반면, 다중점 시스템 환경에서는 여러 개의 장치가 동일한 매체를 공유해서 한 장치의 전송이 해당 링크를 공유하는 다른 모든 장치로 신호를 전송할 수 있다. "Google Invests in Communication Media" 사례에서 Google이 특히 위성 통신 분야에 투자를 강조하는 이유를 엿볼 수 있다.

6-3 네트워크 처리 구성

데이터 통신 시스템은 사용자의 요구 사항, 애플리케이션 유형 및 시스템의 응답성에 따라 서로 다른 형태의 처리 구성을 가지고 있다. 지난 60년 동안 집중형(centralized), 탈중앙형(decentralized), 분산형(distributed)의 세 가지 유형이 등장했다.

6-3a 집중형 처리 방식

집중형 처리(centralized processing) 시스템에서는 모든 처리가 하나의 중앙 컴퓨터에서 수행된다. 과거 데이터 처리 인력의 부족과 고가의 하드웨어 및 소프트웨어 환경에서 대규모 조직에서만 컴퓨터를 구입할 수 있었기에 집중형 처리 방식이 일반적인 수단이었다. 집중형 네트워크의 장점은 시스템 운영 및 애플리케이션을 엄격하게 제어할 수 있다는 점이다. 반면, 시스템과 사용자가 물리적으로 떨어져 있기에 사용자의 요구사항에 대한 낮은 응답성이 가장 큰 단점이다. 그렇기 때문에 오늘날 일반적으로 활용되고 있지 않다.

In a **centralized processing** system, all processing is done at one central computer.

Google Invests in Communication Media

FINANCE | TECHNOLOGY IN SOCIETY | APPLICATION | SOCIAL AND ETHICAL ISSUES | REFLECTIVE THINKING

2019년 기준 세계 인구의 46% 정도는 인터넷에 접속할 수 없다. 이 때, 인공위성이나 드론은 전세계 외딴 지역에도 접근할 수 있는 대력적인 대안이 될 수 있다. 이에 Google의 Loon이라는 프로젝트는 고고도 풍선을 사용하여 원격 지역에 무선 광대역 서비스를 제공한다. Google도 같은 목적으로 태양광 드론을 배치하고 있다. 이러한 프로젝트를 통해 수억 명의 사람들을 추가적으로 인터넷에 연결될 수 있도록 만들어 준다.

드론과 인공위성은 두 가지 보완 기술인데, 드론은 보다 더 좁은 지역에서 고품질의 고용량 서비스를 제공한다. 반면, 위성은 훨씬 더 넓은 범위의 통신 서비스를 제공함으로써 보다 높은 유연성과 더 큰 용량을 제공할 수 있다. 위성 비용도 최근 몇 년 동안 크게 감소하는 추세이다.

Google은 5개의 동아시아 회사와 협력하여 6,000마일 길이의 수중 광섬유 케이블도 구축하고 있다. 이 케이블은 태평양을 가로질러 미국 동부 해안과 일본의 두 도시를 연결한다. 초당 60테라바이트의 속도를 제공할 것으로 예상되며, 이는 일반적인 케이블 모뎀보다 약 1천만 배 빠른 속도이다.

2019년 Google은 클라우드 비즈니스를 새로운 지역으로 확장하는 데 도움이 될 수 있도록 3개의 수중 케이블을 추가적으로 구축했다. 첫 번째 케이블은 칠레에서 Los Angeles까지, 두 번째 케이블은 미국과 덴마크, 아일랜드를 연결하고, 세 번째 케이블은 홍콩과 Guam을 연결하고 있다.

질문 및 토론

1. Google의 Loon 프로젝트의 목적은 무엇인가?
2. Google이 수중 케이블에 투자한 이유는 무엇인가? 투자할 가치가 있는지 논의해 보시오.

In **decentralized processing**, each user, department, or division has its own computer (sometimes called an "organizational unit") for performing processing tasks.

Distributed processing maintains centralized control and decentralized operations. Processing power is distributed among several locations.

The **Open Systems Interconnection (OSI)** model is a seven-layer architecture for defining how data is transmitted from computer to computer in a network, from the physical connection to the network to the applications that users run. It also standardizes interactions between network computers exchanging information.

A **network interface card (NIC)** is a hardware component that enables computers to communicate over a network.

6-3b 탈중앙형 처리 방식

탈중앙형 처리 방식(decentralized processing)에서는 개별 사용자나 부서에서 과업을 처리할 수 있는 자체 컴퓨터("조직 단위(organizational unit)"라고도 함)가 존재한다. 해당 시스템은 집중형 처리 방식보다 사용자 응답성은 더 높다. 그럼에도 불구하고 조직 단위간 조정 부족, 높은 시스템 보유 비용, 시스템 구축을 위한 중복되는 노력 등과 같은 단점들이 존재한다.

6-3c 분산형 처리 방식

분산형 처리 방식(Distributed processing)은 집중화된 통제와 분산된 운영을 통해 집중형 처리 방식의 낮은 응답성과 탈중앙형 처리 방식의 조정 부족이라는 두 가지 문제를 해결해준다. 이 때, 처리 능력은 여러 장소에 분산되어 있으며, 데이터베이스와 입출력 장치도 분산될 수 있다. 예를 들어, 일반적인 유통업에서 매장 본사의 집중화된 통제 하에서 각 매장의 네트워크는 자체적으로 처리를 수행한다.

분산형 처리 방식은 아래와 같은 장점을 가지고 있다.

- 사용하지 않는 컴퓨터 자원에 대한 접근이 가능
- 모듈식 설계를 통해 필요에 따라 컴퓨터 자원을 추가하거나 제거할 수 있음
- 거리와 위치에 대한 제한이 없음
- 조직의 성장에 맞춘 워크스테이션 추가의 용이성 보장
- 중복 리소스의 가용성으로 인한 내결함성 향상
- 고품질의 레이저 프린터와 같은 리소스도 공유할 수 있음으로 비용 절감 가능
- 시스템 오류가 제한적으로 발생됨으로 인해 안정성이 향상됨
- 사용자 요구에 대한 반응성이 올라감

하지만, 아래와 같은 단점도 보유하고 있다.

- 보안 및 개인정보 보호 문제의 증대 가능성
- 다양한 장비들 간 호환성 결여 가능성
- 네트워크 관리의 어려움 존재

6-3d OSI 참조 모델

OSI(Open Systems Interconnection) 참조 모델은 네트워크상에서 컴퓨터 간 데이터가 전송되는 방식을 정의하기 위한 7계층 아키텍처로서 정보를 교환하는 컴퓨터 네트워크 간의 상호 작용을 표준화한다. 아키텍처 내 각각의 계층은 다음과 같은 작업을 수행한다(그림 6.2 참조)

- ***애플리케이션 계층(계층 7)*** 애플리케이션 프로그램이 네트워크 서비스에 접근하는 창(window)의 역할을 수행한다. 이 때, 애플리케이션에 따라 다양한 작업이 수행되며, 파일 전송, 데이터베이스 접근, 이메일 전송 등과 같은 사용자의 작업을 지원하는 서비스를 제공한다.
- ***표현 계층(계층 6)*** 메시지 패킷의 형식을 지정하며, 데이터의 압축이나 인코딩 등이 여기서 수행된다.
- ***세션 계층(계층 5)*** 컴퓨터 간의 통신 세션을 설정하며, 사용자들을 동기화하고 오류복구 명령들이 수행된다.
- ***전송 계층(계층 4)*** 수신자의 주소를 생성하고 패킷이 오류 없이 순서대로 손실이나 중복 없이 전달되도록 하여 메시지 무결성을 보장한다. 해당 계층에서는 데이터 흐름을 제어하고, 수신된 데이터를 정렬하고, 승인하는 방식을 제공한다.
- ***네트워크 계층(계층 3)*** 라우팅한다.
- ***데이터 링크 계층(계층 2)*** 통신 링크의 설정 및 제어를 감독한다.
- ***물리 계층(계층 1)*** 컴퓨터와 전송 매체 간의 전기적 연결을 지정하며, 통신에 사용되는 물리적 매체를 정의한다. 해당 계층은 주로 통신 네트워크를 통해 이진 데이터 또는 비트를 전송하는 것과 관련되어 있다.

그림 6.2 OSI 7 계층 모델

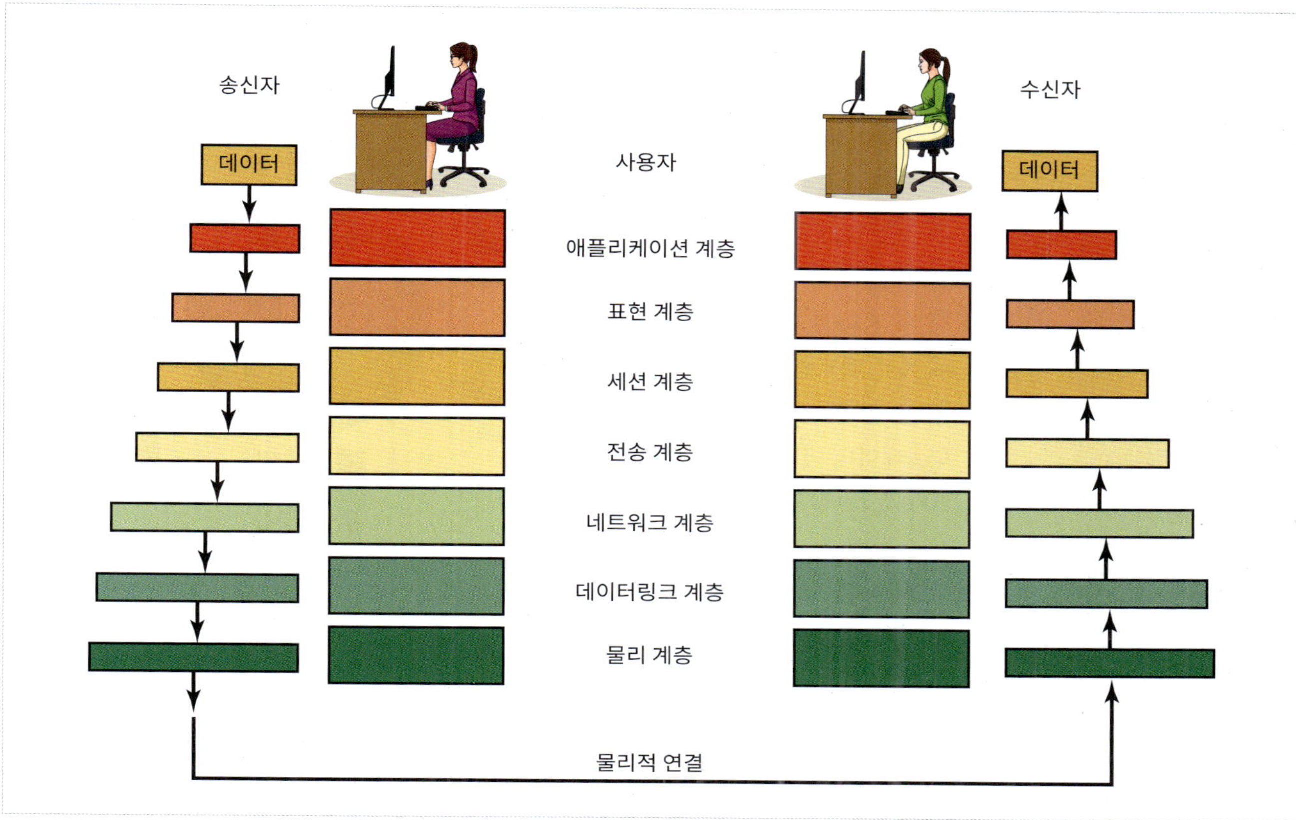

6-4 네트워크의 종류

세 가지 대표적인 네트워크 유형이 있다: 근거리 통신망, 광역 통신망, 대도시 영역 통신망. 일반적으로 모든 네트워크는 컴퓨터가 통신을 할 수 있도록 만들어 주는 하드웨어 구성 요소인 **네트워크 인터페이스 카드(network interface card; NIC)**를 통해 연결된다. "어댑터 카드(adapter card)"로 불리는 NIC는 네트워크와 컴퓨터 간의 물리적 연결이기에 OSI 참조 모델의 물리 계층과 데이터 링크 계층에서 작동된다. NIC는 다양한 제조 회사로부터 생산되고 있으며, 이더넷이나 토큰 링과 같은 일반적인 LAN 환경에서는 어떤 제조사를 사용하든지 크게 구애받지 않는다. 다만, 네트워크 상에서 서버를 운용하기 위해서는 Windows Server 2019나 Linux와 같은 네트워크 운영 체제(network operating system; NOS)가 설치되어 있어야 한다.

그림 6.3 LAN

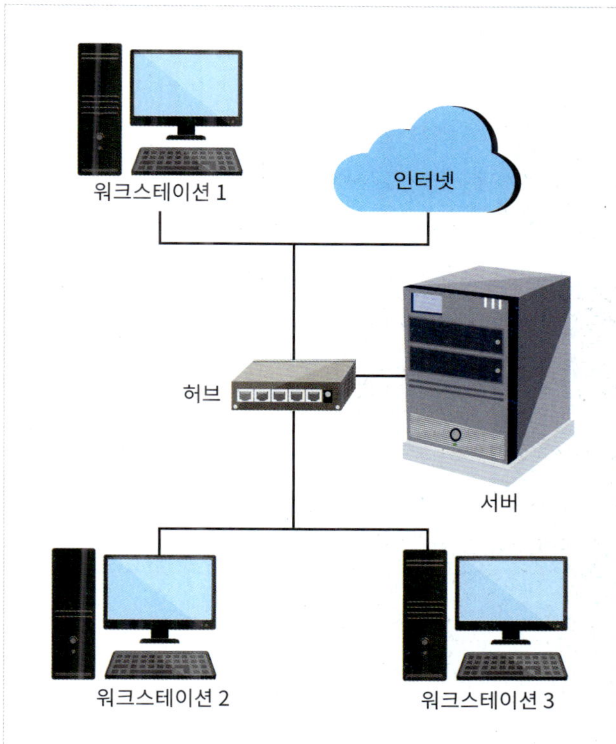

A **local area network (LAN)** connects workstations and peripheral devices that are in close proximity.

A **wide area network (WAN)** can span several cities, states, or even countries, and it is usually owned by several different parties.

A **metropolitan area network (MAN)** is designed to handle data communication for multiple organizations in a city and sometimes nearby cities as well.

A **network topology** represents a network's physical layout, including the arrangement of computers and cables.

The **star topology** usually consists of a central computer (host computer, often a server) and a series of nodes (typically, workstations or peripheral devices).

6-4a LAN

LAN(Local area network)은 가까이에 있는 컴퓨터나 주변 장치를 연결한다(그림 6.3 참조). 일반적으로 LAN은 건물이나 대학 캠퍼스와 같이 제한된 지리적 영역 범위 내에서 네트워크를 소유하는 형태를 가지고 있다. 데이터 전송 속도는 100Mbps에서 10Gbps까지 낼 수 있다.

LAN은 주변 장치나 파일 및 소프트웨어와 같은 리소스를 공유하는데 유용하며, 이메일 및 파일 공유와 같은 서비스를 통합적으로 활용할 수 있다. LAN 환경에서는 이더넷과 이더넷 케이블이라는 두 가지 기본 용어를 알고 있어야 한다. 이더넷(Ethernet)은 LAN 구축에 사용되는 소프트웨어 및 하드웨어 장치에 내장된 표준 통신 프로토콜이다. 이더넷 케이블은 컴퓨터, 허브, 스위치 및 라우터를 네트워크에 연결하는 데 사용된다. LAN 환경을 구축할 때, 정보 요구 사항을 평가하고 네트워크를 계획하는 것이 매우 중요하다.

6-4b WAN

WAN(Wide area network)은 여러 도시, 주, 또는 국가에 걸쳐 있을 수 있으며 일반적으로 여러 당사자가 소유하는 형태를 가진다(그림 6.4 참조). 데이터 전송 속도는 "상호연결("링크(links)"라고 불림)" 속도에 따라 28.8Kbps에서 155Mbps까지 다양하다. 예를 들어, 어떤 기업이 Washington, D.C.에 본사가 있고 주마다 지점이 있는 기업의 경우 WAN이 대안이 될 수 있다. 즉, WAN을 통해 모든 지사는 본사와 통신하고 정보를 주고받을 수 있다.

그림 6.4 WAN

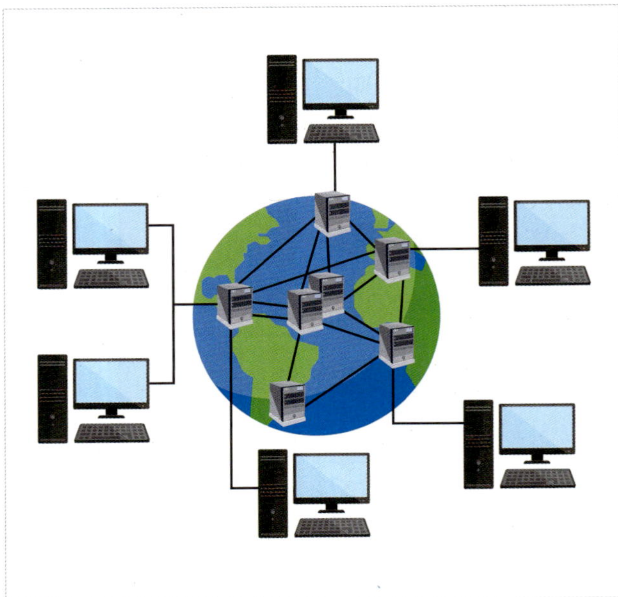

WAN은 다양한 통신 매체(동축 케이블, 위성, 광섬유)와 다양한 컴퓨터 사양(PC, 워크스테이션, 메인프레임 등)들과 연결되어 사용할 수 있다.

6-4c MAN

IEEE(Institute of Electrical and Electronics Engineers)에서 대도시 지역 내 LAN 및 WAN을 포함한 다양한 데이터 통신 시스템을 공용 목적으로 독립적이며 고속으로 연결할 수 있는 네트워크 스펙을 개발했다.

MAN(Metropolitan area network) 환경에서는 특정 도시 내 다수의 조직을 위한 통신을 처리하고 인근 도시

표 6.1 LAN, WAN, MAN 네트워크의 비교

네트워크 종류	소유	데이터 전송 속도	전송 범위
LAN	제한된 한 지역 범위	100 Mbps ~ 10 Gbps	단일 건물 혹은 캠퍼스
WAN	한 개 이상의 범위	28.8 Kbps ~ 155 Mbps	도시 내부에서 도시 외부 연결까지
MAN	여러 개 범위	34 Mbps ~ 155 Mbps	한 개 도시에서 여러 인접 도시까지

로도 연결될 수 있도록 설계되었다(그림 6.5 참조). 데이터 전송 속도는 34Mbps에서 155Mbps까지 낼 수 있다. <표 6.1>에서 상기 세 가지 종류의 네트워크를 비교하고 있다.

6-5 네트워크 토폴로지

네트워크 토폴로지(network topology)는 컴퓨터나 케이블의 배열을 포함해서 네트워크의 물리적 레이아웃을 나타낸다. 대표적으로 스타(star), 링(ring), 버스(bus), 계층형(hierrachical), 메쉬(mesh) 등과 같은 5가지 형태가 있다.

6-5a 스타 토폴로지

스타 토폴로지(star topology)는 메인 프로세싱을 담당하는 중앙 컴퓨터(서버와 같은 호스트 컴퓨터)와 그와 연결된 노드(일반적인 컴퓨터 혹은 주변 장치)로 구성된다. 이 때, 노드에 장애가 발생하면 네트워크 운영에 영향을 미치지 않지만, 호스트 컴퓨터에 장애가 발생하면 전체 네트워크가 다운된다.

스타(Star)

Martina Vaculikova/Shutterstock.com

스타 토폴로지의 장점은 다음과 같다.

- 케이블 레이아웃을 쉽게 수정할 수 있다.
- 중앙 집중식 제어를 통해 문제를 더 쉽게 감지할 수 있다.

그림 6.5 MAN

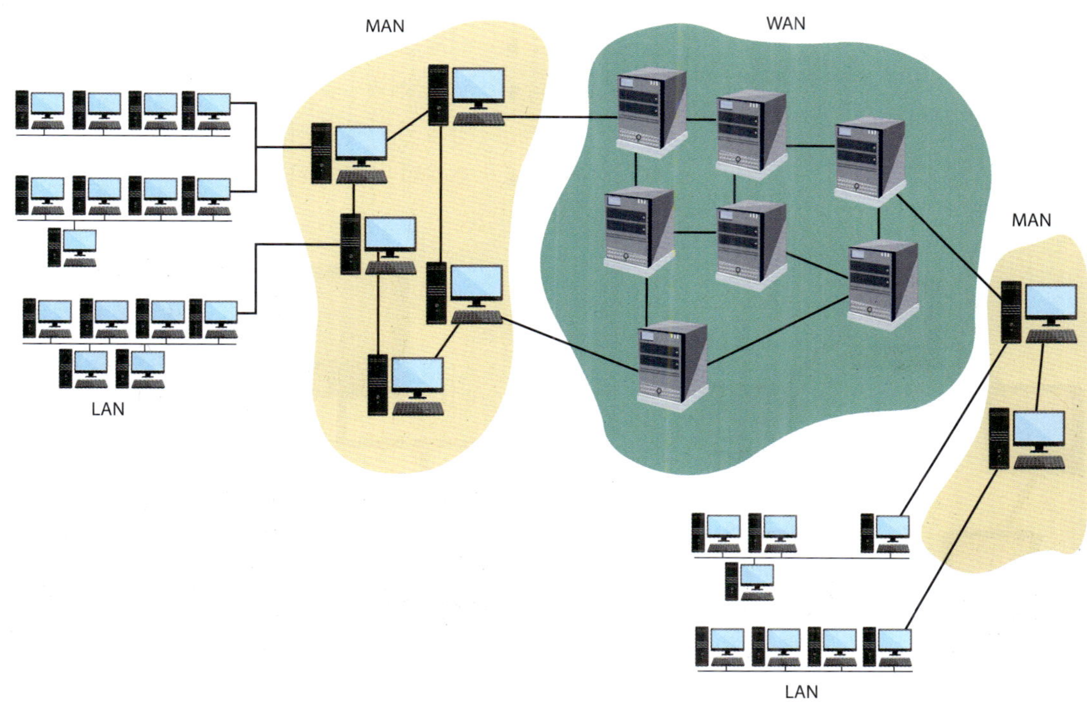

In a **ring topology**, no host computer is required because each computer manages its own connectivity.

The **bus topology** (also called "linear bus") connects nodes along a network segment, but the ends of the cable are not connected, as they are in a ring topology.

- 노드를 네트워크에 추가하기 용이하다.
- 트래픽이 많지만 간헐적으로 특정량의 데이터를 신속하게 처리하는데 효과적이다.

스타 토폴로지의 단점은 다음과 같다.

- 중앙 호스트에 장애가 발생하면 전체 네트워크가 먹통이 된다.
- 많은 케이블이 필요하므로 비용 증가를 야기한다.

6-5b 링 토폴로지

링 토폴로지(ring topology)에서는 각 컴퓨터가 자체 연결을 관리하기 때문에 호스트 컴퓨터가 필요 없다. 각 컴퓨터와 장치들은 원으로 배열되어 각 노드가 두 개의 이웃하는 다른 노드(즉, 업 스트림과 다운 스트림)에 연결된다. 이 때, 전송은 한 방향으로 이루어지며 노드는 신호를 다운 스트림으로 전달하기 전에 신호를 반복한다. 노드 간의 연결이 끊어지면 전체 네트워크가 영향을 받으며 한 노드에 장애가 발생하면 전체 네트워크가 중단된다. 링 토폴로지의 일반적인 형태인 토큰 링(token ring)은 IEEE 802.5에 명시된 LAN 프로토콜로서 모든 컴퓨터(스테이션)가 링으로 연결되어 있으며 각 스테이션은 바로 옆에 있는 스테이션에서만 신호를 직접 수신할 수 있다. 전송 권한은 링 주위를 순환하는 메시지(토큰)에 의해 부여된다. FDDI(Fiber Distributed Data Interface)와 같은 최신 링 토폴로지는 양방향 전송(시계 방향 및 반시계 방향)이 가능하여 하나의 노드 오류로 인한 문제를 방지할 수 있다.

링 토폴로지는 스타 토폴로지처럼 트래픽이 많이 발생하지만 짧은 버스트를 처리하는 데 더 좋다는 점에서 유사하다. 하지만, 스타 토폴로지 보다 케이블이 덜 소요되는 장점이 있는 반면, 문제를 진단하고 네트워크를 수정하는 것이 스타 토폴로지보다 어렵다.

6-5c 버스 토폴로지

버스 토폴로지(bus topology)("선형(linear) 버스"라고도 함)는 네트워크 세그먼트를 따라 노드가 연결되어 있기는 하지만 케이블의 끝은 연결되어 있지 않다. 그렇기 때문에 버스 토폴로지에서 노드 오류는 다른 노드에 영향을 주지 않는다. 신호를 흡수하기 위해 케이블의 양쪽 끝에 터미네이터(terminator)라는 하드웨어 장치가 달려있다. 만약, 터미네이터가 없으면 신호가 케이블 선을 따라 바운스되기에 네트워크 통신을 방해한다.

버스 토폴로지의 장점은 다음과 같다.

- 네트워크의 확장이 쉽다.
- 신뢰할 수 있는 네트워크 구성이 가능하다.
- 배선 레이아웃이 간단하고 어떤 토폴로지보다 적은 양의 케이블이 사용되기에 비용 절감 효과가 있다.
- 트래픽 처리가 안정적이다.

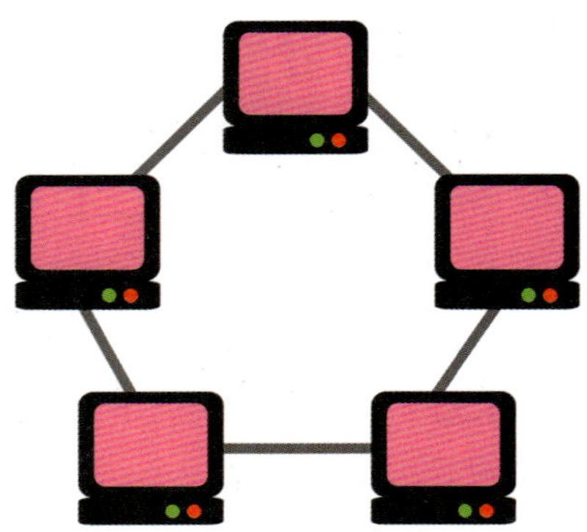

링(Ring)

Martina Vaculikova/Shutterstock.com

버스(Bus)

Martina Vaculikova/Shutterstock.com

버스 토폴로지의 단점은 다음과 같습니다.

- 네트워크에 장애가 발생되었을 때, 고장 진단이 어렵다.
- 네트워크 트래픽이 많을 때, 버스 케이블에 병목 현상이 발생할 수 있다.

6-5d 계층형 토폴로지

계층형 토폴로지(hierarchical topology)(“트리(tree)” 라고도 함)는 서로 다른 조직에서 서로 상이한 프로세스 능력을 가진 컴퓨터들 간의 결합을 가능하게 만들어 준다. 예를 들어, 맨 끝단에 미니 컴퓨터를 배치하고, 중간에 워크스테이션을 놓으며, 최상위에 서버를 구성할 수도 있다. 지리적으로 떨어져 있고, 계층적 조직구조를 가지고 있는 기업의 경우 계층형 토폴로지가 유용하다. 이 때, 하위 노드의 장애는 네트워크 전체 성능에 큰 영향을 미치지 않지만, 중간 노드나 전체 네트워크를 제어하는 상위 노드는 원활한 네트워크 운영에 있어 매우 중요하다.

과거 메인프레임 네트워크가 바로 계층적 토폴로지 형태를 가지고 있었다. 메인프레임 컴퓨터가 맨 위에 있고, 프론트 엔드 프로세서(front-end-processors; FEP)가 다음 레벨에, 컨트롤러와 멀티플렉서가 다음 레벨에, 터미널과 워크스테이션이 맨 아래 레벨에 있다. 이 때, **컨트롤러(controller)**는 한 컴퓨터에서 또 다른 주변 장치(예를 들어, 모니터, 프린터, 키보드 등)로 데이터 전송을 통제하는 일련의 하드웨어 및 소프트웨어 장치이다. **멀티플렉서(multiplexer)**는 여러 노드가 하나의 통신 채널을 공유할 수 있도록 만들어 주는 하드웨어 장치이다. 중간 수준 장치(FEP 및 컨트롤러)는 터미널 및 워크스테이션에서 데이터를 수집하여 호스트의 처리 부하를 덜어준다.

계층적 토폴로지는 스타 토폴로지에 비해 네트워크 통제성은 높여주며, 비용은 낮춰준다. 하지만, 네트워크 확장이 문제를 일으킬 수도 있고, 루트 및 상위 수준 노드에서 트래픽 정체가 발생할 수 있다.

A **hierarchical topology** (also called a “tree”) combines computers with different processing strengths in different organizational levels.

A **controller** is a hardware and software device that controls data transfer from a computer to a peripheral device (examples are a monitor, a printer, or a keyboard) and vice versa.

A **multiplexer** is a hardware device that allows several nodes to share one communication channel.

In a **mesh topology** (also called “plex” or “interconnected”), every node (which can differ in size and configuration from the others) is connected to every other node.

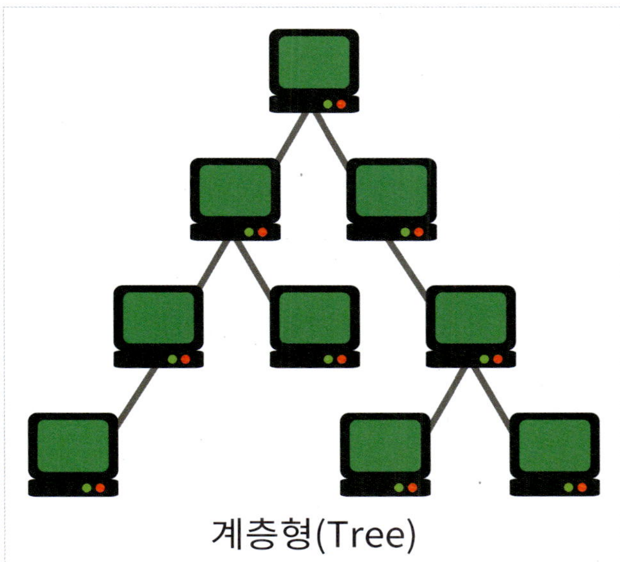

Martina Vaculikova/Shutterstock.com

6-5e 메쉬 토폴로지

메쉬 토폴로지(mesh topology)(“플렉스(plex)” 혹은 “상호 연결”이라고도 함)에서 모든 노드(다른 노드와 크기 및 구성이 다를 수 있음)는 다른 모든 노드에 연결되어 있기에 상대적으로 매우 안정적이다. 즉, 한 개 혹은 여러 개의 노드가 고장나더라도 여분의 다른 많은 노드들을 사용할 수 있기에 전체적인 네트워크 운영에 문제를 일으키지 않는다. 하지만, 해당 토폴로지는 유지 비용이 많이 들며, 확장이 어렵다.

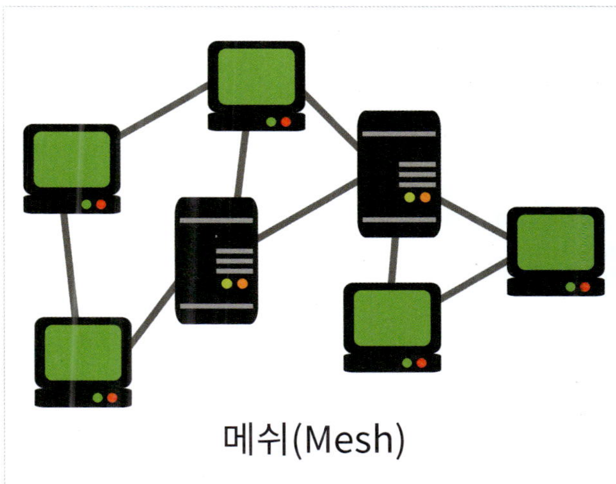

Martina Vaculikova/Shutterstock.com

6-6 네트워크 관련 주요 개념

다음 섹션에서 프로토콜, TCP/IP, 라우팅, 라우터, 클라이언트/서버 모델 등과 같이 네트워크 관련 주요 개념을 설한다.

6-6a 프로토콜

전술한 바와 같이 프로토콜은 어떤 전자적 장치가 정보를 교환하는 데 사용하는 약속 혹은 통신 규칙이다. 사람들이 서로 의사소통하기 위해서는 공통의 언어가 필요하듯 컴퓨터나 기타 전자 장치도 마찬가지이다. 프로토콜 중에는 하드웨어 연결을 처리하는 프로토콜이 있고, 데이터나 파일 전송을 제어하기 위한 프로토콜이 있다. 또한, 프로토콜을 통해 컴퓨터 간에 전송되는 메시지 패킷의 형식을 지정하기도 한다. 특히, 오늘날의 통신 환경에서는 네트워크가 Mac OS, Linux/UNIX, Windows 등과 같은 다양한 운영 체제를 가지고 있는 컴퓨터의 프로토콜까지 지원해야 하기에 다중 프로토콜의 지원은 더욱 중요해지고 있다. 지금부터는 가장 대표적인 네트워크 프로토콜인 TCP/IP를 설명한다.

6-6b TCP/IP

전송 제어 프로토콜/인터넷 프로토콜(Transmission Control Protocol/Internet Protocol; TCP/IP)는 업계 표준의 통신 프로토콜로서 가장 큰 장점은 서로 상이한 플랫폼에서 운영되는 장치들 간의 연결인 상호 운용성(interoprability)을 보장한다는 것이다. TCP/IP는 원래 인터넷 통신을 위해 개발되었지만, 이식성(portability)이 좋기 때문에 UNIX 네트워크망에서도 표준이 되었다.

Transmission Control Protocol/Internet Protocol (TCP/IP) is an industry-standard suite of communication protocols that enables interoperability.

A **packet** is a collection of binary digits—including message data and control characters for formatting and transmitting—sent from computer to computer over a network.

Routing is the process of deciding which path to take on a network. This is determined by the type of network and the software used to transmit data.

TCP/IP를 구성하는 두 가지 주요 프로토콜은 OSI 모델의 전송 계층에서 작동하는 TCP와 OSI 모델의 네트워크 계층에서 작동하는 IP로 구성되어 있다. TCP의 주요 기능은 호스트 간 링크 설정, 메시지의 무결성 보장, 패킷 전달 순서 지정, 패킷 전송 확인, 송수신 노드 간의 데이터 흐름 제어 등이다.

반면, IP는 패킷 전달을 담당한다. 이를 위해서는 현재 이용 가능한 데이터 링크 프로토콜과 각 패킷의 최적 크기를 알고 있어야 한다. 즉, 각 패킷의 크기를 인식한 후에 전송될 데이터를 올바른 크기의 패킷으로 나눌 수 있어야 한다. IP 주소는 IPv4에서 4바이트, IPv6에서 16바이트(32비트 또는 128비트)로 구성되며, 네트워크 주소와 노드 주소의 두 부분으로 나뉜다. 동일한 네트워크에 있는 컴퓨터는 동일한 네트워크 주소를 사용해야 하지만, 각 컴퓨터마다 고유한 노드 주소가 있어야 한다. 즉, IP 네트워크는 네트워크 주소와 노드 주소를 하나의 IP 주소로 결합한다. 예를 들어 131.255.0.0은 유효한 IP 주소이다.

6-6c 라우팅

라우팅을 이해하기 위해서는 먼저 패킷 스위칭을 알아야 한다. 패킷 스위칭(packet switching)은 데이터를 작은 패킷으로 나누어서 특정 주소로 전송한 뒤에 다시 조립하는 일련의 네트워크 전송 방법이다. **패킷(packet)**은 전송될 메시지 데이터와 제어 문자를 담고 있는 이진(binary) 숫자로서 네트워크를 통해 컴퓨터에서 컴퓨터로 전송된다. 이 때, 패킷은 발신자와 수신자 간에 사용 가능한 최상의 경로를 따라 전송된다(그림 6.6 참조). 패킷 스위칭 네트워크를 통해 텍스트, 그래픽, 오디오, 비디오를 포함한 각종 멀티미디어 데이터가 처리될 수 있다.

네트워크 상에서 데이터가 전달되는 경로(path)나 루트(route)는 네트워크의 종류와 데이터 전송을 위해 사용되는 소프트웨어 따라 달라진다. 이 때, 우리가 집에서 회사까지 이동하는 경로와 유사하게 데이터가 이동하는 경로를 결정하는 프로세스를 **라우팅(routing)**이라고 한다. 집에서 회사를 갈 때, 대부분의 경우 같은 경로를 선택하지만, 도로 상태나 기상 조건, 교통 및 남은 시간 등에 따라 경로를 변경해야 하는 경우가 발생한다. 이와 마찬가지로 패킷의 경로 또한 트래픽의 양과 회선의 가용성에 따라 달라질 수 있다. 이때, 어떤 경로를 따를지는 중앙 집중식 라우팅과 분산 라우팅 방식에 따라 다르다. 대부분의 경우 소프트웨어에 의해 자동으로 생성된 **라우팅 테이블(routing table)**을 사용하여 패킷에 대한 최상의 경로가 결정된다. 이러한 라우팅 테이블에는 네트워크의 노드와 각 노드의 경로, 기존 경로 및 대체 경로의 속도 등과 같은 정보가 담겨있다.

중앙 집중식 라우팅(Centralized routing)에서는 중앙의 한 노드(컴퓨터)에서 모든 패킷의 경로를 결정한다. 네트워크 라우팅 관리자로서 해당 노드는 라우팅 테이블을 저장하고 있으며, 이 노드에서 경로를 변경해야 한다. 모든 네트워크 노드는 인바운드, 아웃바운드, 처리된 메시지 수와 같은 모든 상태 정보를 네트워크 라우팅 관리자에게 주기적으로 전달한다. 따라서 네트워크 라우팅 관리자는 네트워크 전반에 대해 알고 있으며, 네트워크의 일부가 과소 혹은 과대 사용되는지 여부를 판단할 수 있다. 물론모든 중앙 집중식 네트워크 구성과 마찬가지로 한 개의 노드에서 모든 것을 제어한다는 단점이 존재한다. 예를 들어, 네트워크 라우팅 관리자가 네트워크의 중심에서 멀리 떨어져 있는 경우 네트워크를 구성하는 많은 링크와 경로도 중심 노드에서 멀리 떨어져 있다. 따라서 라우팅 테이블에 대한 변경을 위해 다른 노드에서 보낸 상태 정보는 중앙 노드까지 먼 거리를 이동해야 하기에 일부 데이터 라우팅이 지연되고 이는 네트워크 성능 저하를 야기시킨다. 또한 중앙의 제어 노드가 고장 나는 경우 라우팅 정보를 전혀 사용할 수 없게 된다.

분산 라우팅(Distributed routing)은 각각의 노드에 의지해서 최적의 경로를 계산하는 방식을 따른다. 각 노드는 패킷이 최적의 경로를 따를 수 있도록 인접 노드의 상태 정보를 담고 있는 고유의 라우팅 테이블을 가지고 있다. 또한 개별 노드는 인접 노드가 라우팅 테이블을 업데이트 할 수 있도록 주기적으로 상태 메시지를 주고 받는다. 따라서 분산 라우팅은 라우팅 테이블을 중앙에 있는 컴퓨터에서 관리함으로 인해 야기되는 문제를 미연에 방지할 수 있다. 즉, 한 노드가 고장날 경우 다른 노드에 있는 라우팅 테이블이 업데이트되고 이에 따라 패킷은 다른 경로를 따라 전송된다.

A **routing table**, generated automatically by software, is used to determine the best possible route for a packet.

In **centralized routing**, one node is in charge of selecting the path for all packets. This node, considered the network routing manager, stores the routing table, and any changes to a route must be made at this node.

Distributed routing relies on each node to calculate its own best possible route. Each node contains its own routing table with current information on the status of adjacent nodes so packets can follow the best possible route.

A **router** is a network connection device containing software that connects network systems and controls traffic flow between them.

그림 6.6 패킷 스위칭

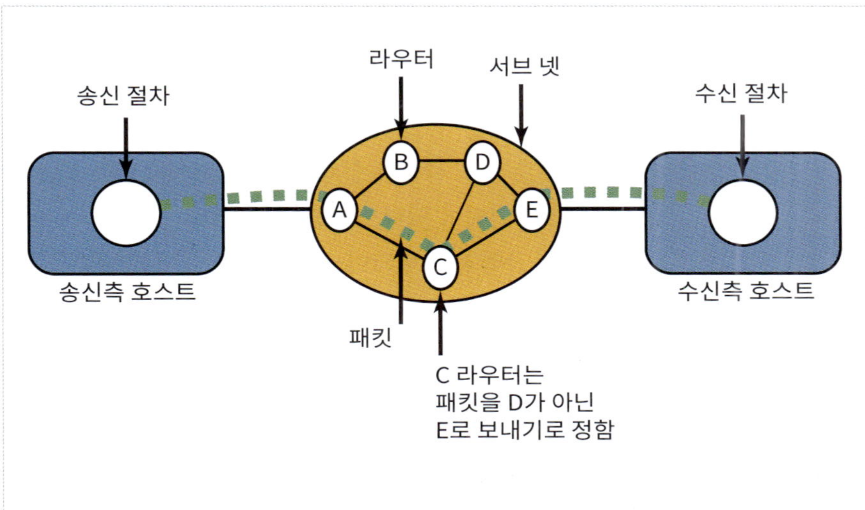

6-6d 라우터

라우터(router)는 네트워크 시스템을 연결하고 이들 간의 트래픽 흐름을 제어하는 소프트웨어가 설치된 네트워크 연결 장치이다. 연결 중인 네트워크는 서로 다른 프로토콜에서 작동할 수 있지만, 반드시 공통의 라우팅 프로토콜을 사용해야 한다. 라우터는 OSI 모델의 네트워크 계층에서 작동되고 라우팅 패킷을 처리한다. 대표적인 라우터 공급업체로서는 Cisco Systems와 Juniper Networks 등이 있다.

라우터는 브리지와 동일한 기능을 수행하지만 보다 복잡한 메커니즘을 가지고 있다. 브리지는 동일한 프로토콜을 사용하여 두 개의

A **static router** requires the network routing manager to give it information about which addresses are on which network.

A **dynamic router** can build tables that identify addresses on each network.

In the **client/server model**, software runs on the local computer (the client) and communicates with the remote server to request information or services. A server is a remote computer on the network that provides information or services in response to client requests.

In the **two-tier architecture** (the most common type), a client (tier one) communicates directly with the server (tier two).

LAN을 연결한다(이 때, 연결 매체는 두 LAN에서 서로 다를 수도 있음). 반면, 라우터는 거리와 비용을 고려해서 전송될 패킷에 대해 최적의 경로를 선택할 수 있다. 패킷 전달을 지연시키는 네트워크 잼을 방지하고 다양한 크기의 패킷을 처리할 수도 있다. 또한, 라우터를 사용하여 LAN의 일부를 네트워크에서 분리할 수도 있는데, 이를 "분할(segmenting)"이라고 한다. 예를 들어, 기업에서 기밀 유지를 위해 신제품 개발에 대한 정보나 급여 정보를 네트워크의 다른 부분과 분리해서 저장할 수 있다.

라우터는 정적 라우터(static router)와 동적 라우터(dynamic router)로 나뉜다. **정적 라우터(Static router)**는 네트워크 라우팅 관리자에게 어떤 주소가 어떤 네트워크에 올라와 있는지에 대한 정보를 지속적으로 제공할 수 있어야 한다. **동적 라우터(dynamic router)**는 각 네트워크 상에서 주소를 식별하는 테이블을 작성할 수 있어야 하며, 특히 인터넷 환경에서 자주 사용되는 방식이다.

6-6e 클라이언트/서버 모델

클라이언트/서버 모델(client/server model) 환경에서는 로컬 컴퓨터(클라이언트) 측에서 소프트웨어가 실행되고 원격 서버와의 통신을 통해 정보나 서비스를 요청한다. 서버는 클라이언트 요청에 대한 응답으로 해당 정보나 서비스를 제공하는 네트워크상의 원격 컴퓨터이다. 예를 들어, 클라이언트 컴퓨터에서 "마케팅 전공 학생들 중에서 학점 평균이 3.8 이상인 학생들의 이름을 보여주시오."라고 요청하면, 데이터 서버는 해당 요청을 수신해서 처리한 후, Alan, Moury, Jasmine이라는 이름을 클라이언트로 반환한다.

기본적인 클라이언트/서버 환경에서 일반적으로 발생되는 이벤트들은 다음과 같다.

1. 사용자가 클라이언트 소프트웨어를 실행하여 질의를 생성.
2. 클라이언트는 사용자 요청을 수락하고, 서버가 이해할 수 있도록 형식을 지정.
3. 클라이언트는 네트워크를 통해 서버에 해당 요청을 전송.
4. 서버는 수신된 질의를 처리.
5. 처리 결과가 클라이언트로 전송.
6. 해당 결과는 사용자가 이해할 수 있는 지정된 형식으로 표시.

클라이언트/서버 아키텍처의 가장 큰 장점은 확장성(scalability)으로서 수평적 확장과 수직적 확장 모두가 가능하다. 수평적 확장은 더 많은 워크스테이션(클라이언트)을 추가하는 것을 의미하고, 수직적 확장은 네트워크를 더 크고 빠른 서버로 업그레이드하는 마이그레이션(migration)을 의미한다.

클라이언트/서버 아키텍처를 이해하기 위해서는 다음과 같은 세 가지 로직 단계(levels of logic)를 알아야 한다.

- 프리젠테이션 로직 (presentation logic)
- 애플리케이션 로직 (application logic)
- 데이터 관리 로직 (data management logic)

최상위 단계인 프리젠테이션 로직은 데이터가 클라이언트에 반환되는 방식과 관련되어 있다. 대표적으로 윈도우 환경에서 그래픽 사용자 인터페이스(GUI) 소프트웨어다. 인터페이스의 주요 기능은 전송받은 과업을 사용자가 이해할 수 있는 형태로 변환하는 것이다. 애플리케이션 로직은 사용자에 대한 요청을 처리하는 소프트웨어와 관련되어 있다. 데이터 관리 로직은 데이터 관리 및 저장 작업과 관련되어 있다. 클라이언트/서버 아키텍처를 설계한다는 것은 클라이언트와 서버 간 이들 세 가지 로직 단계를 나누는 방법을 정하는 것이다. 다음 섹션에서 일반적으로 활용되고 있는 클라이언트/서버 아키텍처를 설명한다.

그림 6.7　2계층 클라이언트/서버 아키텍처

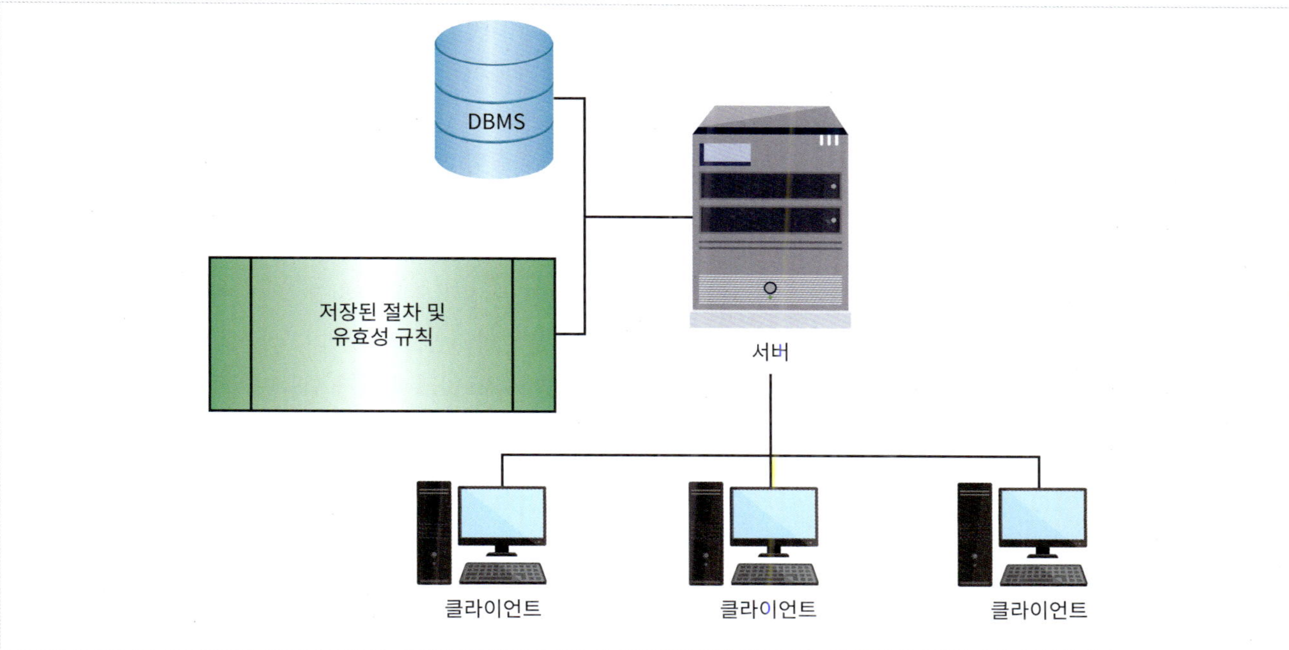

그림 6.8　다계층 클라이언트/서버 아키텍처

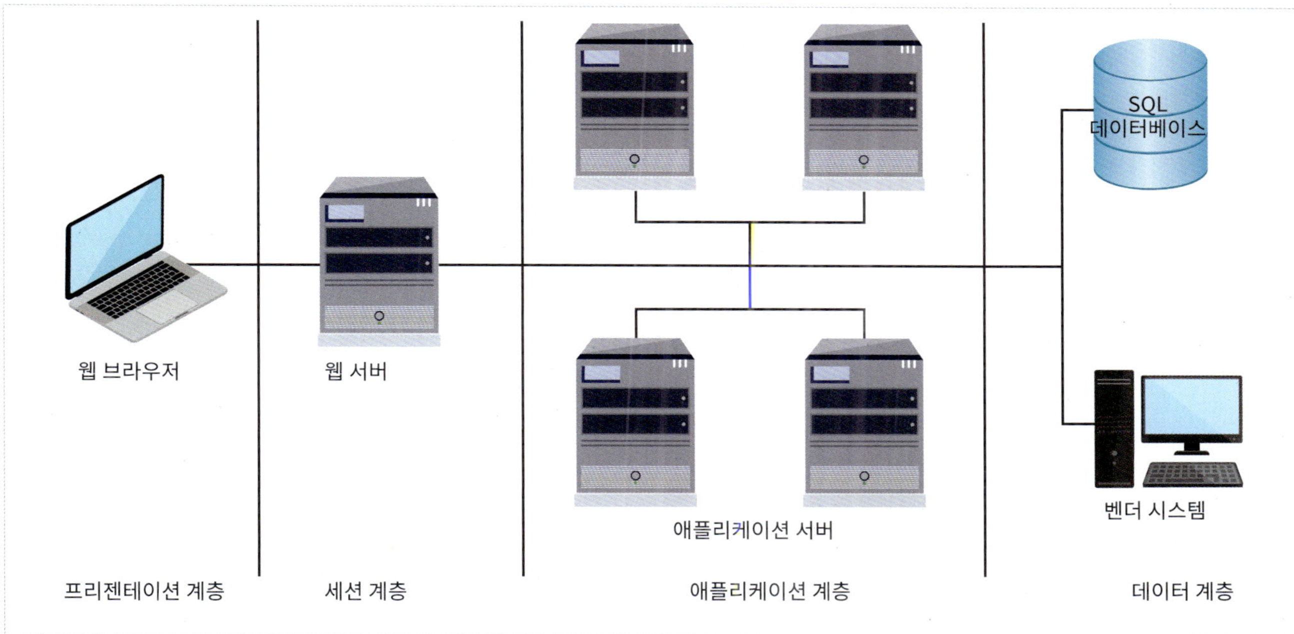

2계층 아키텍처

2계층 아키텍처(two-tier architecture)에서는 그림 6.7과 같이 클라이언트(계층 1)는 서버(계층 2)와 직접 통신한다. 프리젠테이션 로직은 클라이언트에 있으며, 데이터 관리 로직은 서버에 있다. 애플리케이션 로직은 일반적으로 클라이언트 측에 있지만 클라이언트와 서버 또는 둘 사이에 분할될 수도 있다.

2계층 아키텍처에서는 소규모 작업 그룹(즉, 50명 이하의 클라이언트 그룹)에서 효과적이다. 일반적으로 클라이언트 측에 애플리케이션 로직이 있기 때문에 애플리케

An **n-tier architecture** attempts to balance the workload between client and server by removing application processing from both the client and server and placing it on a middle-tier server.

A **wireless network** is a network that uses wireless instead of wired technology.

A **mobile network** (also called a cellular network) is a network operating on a radio frequency (RF), consisting of radio cells, each served by a fixed transmitter, known as a cell site or base station.

이션의 개발 속도, 단순성, 성능 측면에서 이점이 존재한다. 단점은 애플리케이션마다 다르기는 하지만, 데이터베이스에 대한 저장 방식이나 유효성 검사 규칙과 같이 애플리케이션 로직이 변경되어야 할 때, 클라이언트의 수정 범위가 커지기에 업그레이드 비용이나 변경 비용이 많이 발생될 수 있다는 것이다.

다계층 아키텍처

2계층 아키텍처에서 애플리케이션 로직이 변경되는 경우 전체 업무 로드에 영향을 미치게 된다. 예를 들어 응용 소프트웨어가 클라이언트에 있는 경우 데이터 관리 소프트웨어를 변경하려면 모든 클라이언트에서 해당 소프트웨어를 수정해야 한다. 그런데, **다계층 아키텍처(n-tier architecture)**는 그림 6.8과 같이 클라이언트와 서버 모두에서 애플리케이션 처리를 없애고, 중간 계층에 별도의 서버를 배치해서 클라이언트와 서버 간의 로드 밸런싱을 가능하게 한다. 일반적으로 활용되는 다계층 아키텍처는 3계층 아키텍처로서 클라이언트에 프리젠테이션 로직을, 서버에 데이터 관리 로직을 배치한다(그림 6.9 참조).

그림 6.9 3계층 구조 클라이언트/서버 아키텍처

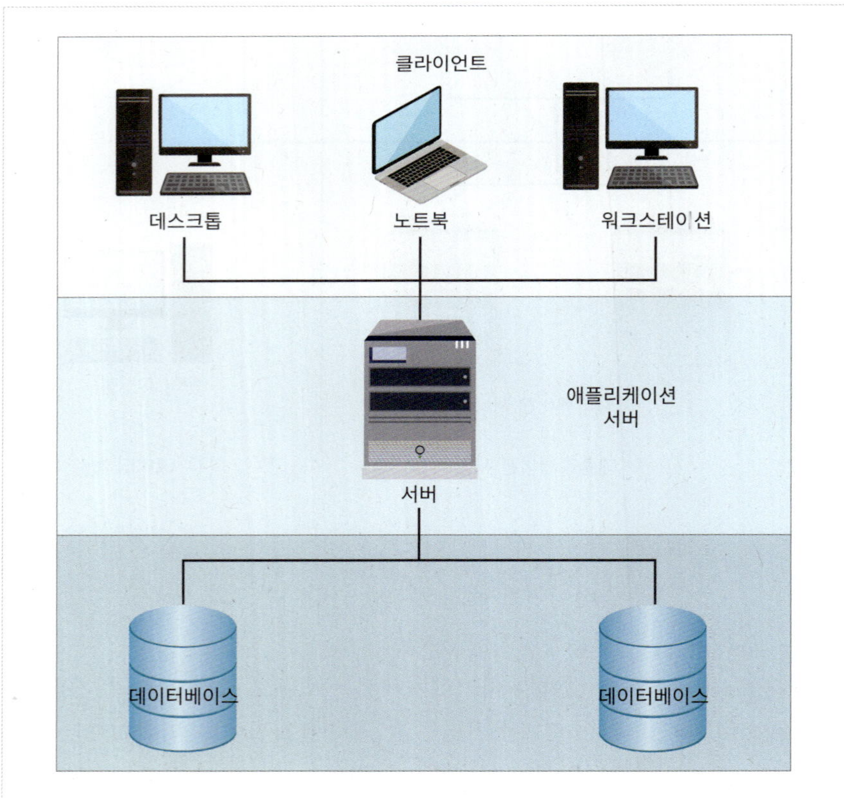

가장 큰 장점은 네트워크 성능 향상을 기대할 수 있다는 점이다. 하지만, 그만큼 더 많은 네트워크 트래픽이 야기되기에 네트워크 관리가 힘들다. 또한 소프트웨어 테스트와 같은 업무를 수행할 때 그만큼 더 많은 장치들이 사용자 요청에 응답해야 하기에 테스팅이 보다 힘들어진다.

6-7 무선 네트워크

무선 네트워크(wireless network)는 유선 대신 무선 기술을 사용하는 모바일 네트워크이다. 이러한 **모바일 네트워크(mobile network)**("셀룰러 네트워크"라고도 함)는 라디오 주파수(radio frequency; RF)로 작동하며, 고정형 송신기인 "셀 사이트(cell site)" 혹은 "기지국(base station)"에 의해 제공되는 무선 셀로 이루어져 있다. 이러한 셀들이 모여서 광범위한 지역에 걸쳐 무선 서비스를 제공한다. 2025년까지 전 세계 인구의 약 72%가 스마트폰으로 인터넷에 접속할 것으로 예상된다. 즉, 스마트폰을 통한 비즈니스 영역의 확대는 8장에서 설명하게 될 "전자상거래"에 중요한 부분을 차지한다.

무선 혹은 모바일 네트워크는 이동성, 유연성, 설치 용이성, 유지보수 비용 측면에서 많은 장점을 가지고 있다. 특히, 통신 회선에 대한 기반 시설이 부족한 개발도상국이나 기존 유선 네트워크 설치가 되어 있지 않은 오래된 건물에서 네트워크 활용시 매우 적합하다. 하지만, 다음과 같은 단점도 가지고 있다.

- *제한된 처리량* **처리량(throughput)**이라는 것은 지정된 시간(보통 1초) 동안 전송되거나 처리된 데이터의 양으로서 대역폭(bandwidth)과 유사한 개념이다. 무선 통신의 다른 단점과 달리 처리량은 앞으로도 더욱 큰 문젯거리가 될 것이다.
- *제한된 범위* 신호가 강도를 잃지 않고 이동할 수 있는 거리는 유선보다 모바일 네트워크에서 더욱 제한적일 수밖에 없다. 예를 들어, Wi-Fi 네트워크의 범위는 실내에서 120피트, 실외에서 300피트 거리로 제한된다.
- *건물 내 침투 문제* 무선 신호는 특정 건축 자재를 통과하지 못하거나 벽을 통과하는 데 어려움이 존재한다.
- *주파수 노이즈에 대한 취약성* 일반적으로 "노이즈(noise)"라고 하는 다른 신호의 간섭으로 인해 전송 문제가 발생된다. 노이즈의 일반적인 원인에는 천둥과 번개가 있는데, 무선 네트워크에서 사용되는 동일한 무선 파동을 만들어내고, 변압기, 고전압 케이블, 형광등에서 노이즈를 생성한다.
- *보안* 무선 네트워크로 전송되는 트래픽을 스니퍼(sniffer)로 가로챌 수 있다. (보안 관련 이슈는 뒷 부분에서 보다 자세히 다룰 예정임)

모바일 및 무선 컴퓨팅에 대해 다양한 정의를 내릴 수 있다. 모바일 컴퓨팅은 단순히 사무실 밖에서 노트북을 사용하거나 고객의 사무실에서 모뎀을 사용해서 회사 네트워크에 접근하는 것을 의미한다. 일반적으로 무선 LAN은 전용 LAN(proprietary LAN)을 의미한다. 즉, Macintosh 장치들을 연결하기 위해서는 Apple 컴퓨터의 LAN 프로토콜과 같은 특정 업체의 사양이 사용된다. 무선 LAN이라는 용어는 모든 무선 네트워크를 설명하는 데도 사용될 수 있다. 따라서 무선 LAN은 적외선이나 RF와 같이 무선 매체를 사용한다는 점만 제외하면 유선 LAN과 동일한 특성을 가지고 있다.

유선 LAN에 연결된 무선 노트북이 그림 6.10에 제시되어 있다. 노트북에 달린 트랜시버(transeiver)가 유선 LAN과의 무선 연결을 담당한다(그림에는 전체 유선 네트워크망이 표시되지 않음). 이러한 트랜시버/리시버는 노트북에 내장형, 혹은 부착형, 벽에 장착하거나 테이블 위에 둘 수도 있는 등 다양한 형태가 있다.

그림 6.10 유선 LAN에 연결된 무선 노트북

Throughput is similar to bandwidth. It is the amount of data transferred or processed in a specified time, usually one second.

무선 네트워크만의 장점도 많다. 예를 들어, 의료 관련 업무에서 무선 기능이 있는 노트북 컴퓨터나 태블릿을 활용해서 환자 정보를 신속하게 얻을 수 있다. 환자 상태를 종이에 적어 디지털 형태로 변환하는 대신 모바일 장치에 직접 정보를 입력할 수 있다. 입력된 정보는 중앙 데이터베이스에서 처리되고 저장되기에 다른 작업자가 실시

iQoncept/Shutterstock.com

Mobile Computing and Mobile Apps

FINANCE | TECHNOLOGY IN SOCIETY | APPLICATION | REFLECTIVE THINKING

오늘날 모바일 컴퓨팅은 모바일 앱의 인기로 인해 이미 친숙한 용어가 되었다. 이러한 앱은 특정 작업을 수행하도록 설계되었으며 스마트폰, 태블릿 및 기타 휴대용 장치와 같은 모바일 장치에서 실행된다. 게임, 소셜 미디어, 쇼핑, 은행, 금융, 의료 등 일반 사용자를 대상으로 하는 거의 모든 작업이나 애플리케이션을 사용할 수 있는 앱이 출시되어 있다. 대부분 많은 앱은 무료이지만, 당연히 구매해야 할 유료 앱도 있다.

BigTunaOnline/Shutterstock.com

Apple은 2008년 App Store를 소개했고, Google Play는 2012년에 출시되었다. 2018년 3분기 기준 Google Play에는 210만 개 이상의 Android용 앱이 등록되어 있다. 2019년 2월 기준으로 App Store에는 220만 개 이상의 iOS용 앱이 등록되어 있다. 여기서 Apple Watch와 Apple TV 앱은 별도의 App Store가 있기에 전체 앱에는 포함되지 않았다.

2018년 11월 기준으로 미국에서 가장 인기 있는 모바일 앱 상위 10개는 Uber, Instagram, Airbnb, Netflix, Amazon, YouTube, Dropbox, Spotify, Seamless, Pocket 등이다.

다음은 현재 인기 있는 몇 가지 앱을 나열한 것이다.

- EPOCRATES(Epocrates Inc.) - 의사에게 약물에 대한 기본 정보, 성인과 어린이의 올바른 복용량, 유해한 부작용 등에 대한 경고를 제공
- ALIVECOR(AliveCor Inc.) - 환자가 모니터의 센서 위에 손가락을 대면 심전도를 보여줌
- Google Shopper - 수백만 가지의 제품에 대한 가격, 리뷰 및 동영상과 같은 정보를 제공
- RBS(Citizens Bank) - 다양한 온라인 뱅킹 작업을 수행
- Spotify - 인터넷에서 수백만 곡의 노래를 스트리밍 가능

질문 및 토론

1. 현재 iOS 및 Android 기기에서 사용할 수 있는 앱은 몇 가지나 되는가?
2. 인기 있는 앱의 세 가지 예를 들어 보시오. 이들의 기능을 설명하고, 해당 앱들 간에 어떤 패턴이 있는지 파악해 보시오.

간으로 이용할 수 있다. 또한 메모를 전자적 형태로 변환하는 과정에서 발생될 수 있는 오류를 미연에 방지함으로써 정보의 질을 높일 수 있다. "Mobile Computing and Mobile Apps" 사례에서 모바일 컴퓨팅의 높은 인기에 대해 보다 자세히 설명되어 있다.

오늘날 많은 회사에서 BYOD(bring your own Device) 지침으로 인해 모바일 및 무선 네트워크의 인기는 점점 높아지고 있다. 조직 구성원은 업무를 위해 본인의 컴퓨터, 태블릿, 스마트폰, 혹은 기타 장치들을 사용할 수 있다. 이를 통해 비용 절감, 유연성 향상, 생산성 향상 등을 기대할 수 있다. 물론 조직 내 정보 자원과 관련된 개인정보 및 보안 등과 같은 문제는 여전히 존재한다.

6-7a 무선 기술

2011년 10월, 국제 무선 통신 산업 협회인 CTIA(Cellular Telecommunications Industry Association)에서 미국의 무선 기기 수가 처음으로 인구 수를 추월했다고 보고했을 만큼, 오늘날 무선 및 모바일 장치의 사용은 끊임없이 증가하고 있다.

무선 환경에서 휴대용 장치는 작은 안테나를 사용하여 주변 지역의 라디오 타워와 통신한다. 지구 궤도를 맴도는 위성은 모바일 및 휴대용 네트워크 장치로부터 저전력 신호를 수신하고 있다. 이렇듯 많은 공급업체들이 무선 통신 산업에서 빠르게 변화하고 있지만, 일반적으로 무선 기술은 크게 두 가지로 나뉜다.

- *무선 LAN(WLAN)* 많은 기업에서 유선 LAN의 대안으로 활용되고 있다. 즉, 유선 LAN과 마찬가지로 WLAN은 한 명(곳)의 소유자가 제한된 영역을 커버하는 것이 특징이다.
- *무선 WAN(WWAN)* WLAN보다 보다 넓은 영역을 포괄하고 있으며, 셀룰러 네트워크(cellular net-work), 셀룰러 디지털 패킷 데이터(cellular digital packet data; CDPD), 페이징(paging) 네트워크, 개인 통신 시스템(personal communication systems; PCS), 패킷 무선 네트워크, 광대역 개인 통신 시스템(broadband personal communications systems; BPCS), 마이크로웨이브 네트워크, 나아가 위성 네트워크 장치 등을 모두 포함하고 있다.

WLAN 및 WWAN은 통신 매체로 RF 스펙트럼내에 존재하지만, 표 6.2에 나와 있듯이 서로 다른 방식을 가지고 있다. 802.11a 및 802.11b는 현재 무선 표준인 802.11g 및 802.11n으로 대부분 대체되었다. 802.11g 표준은 2.4GHz 주파수를 사용하며, 54Mbps의 데이터 전송 속도를 지원한다. 802.11n은 주파수는 동일하지만, 데이터 전송 속도는 100Mbps까지 지원된다.

6-7b Wi-Fi

와이파이(Wireless Fidelity; Wi-Fi)는 컴퓨터와 같은 장치가 무선 신호를 통해 통신할 수 있도록 지원하는 광대역(broadband) 무선 기술로서 일반적으로 실내 120피트, 실외 300피트 정도의 단거리 전송을 지원한다. Wi-Fi를 사용해서 컴퓨터, 모바일 장치, 스마트폰, 게임 콘솔 등을 인터넷에 연결할 수 있다. 식당, 커피숍, 대학교 캠퍼스 내의 "핫스팟(hotspot)"에 Wi-Fi를 연결할 수 있다. 장점은 연결을 위한 설정이 쉽고, 데이터 전송 속도가 빠르며 이동성과 유연성을 제공한다. 하지만, 다른 장치의 간섭과 데이터를 가로채기가 쉽기에 보안 문제가 발생되며, 고품질의 미디어 스트리밍에 대한 지원이 부족하다.

6-7c WiMAX

와이맥스(WiMAX : Global Interoperability for Microwave Access)는 IEEE 802.16 표준 기반의 광대역 무선 기술이다. 대도시 지역 무선 네트워크망 구축을 위해 설계되었으며, 일반적으로 고정국(fixed station)의 경우 약 30마일, 이동국(mobile station)의 경우 3~10마일의 범위를 지원할 수 있다. 이론적으로 WiMAX는 Wi-Fi 보다 더 빠른 데이터 전송 속도와 더 긴 전송 범위를 제공한다. 또한 설치가 빠르고 간편하며, 동일한 주파수를 사용하는 기기 간의 통신을 지원한다. 또한, 단일 국(station)만이라도 수백 명의 사용자에게 서비스를 제공할 수 있다.

와이맥스의 단점은 다른 무선 장치와의 간섭, 높은 유지보수 비용, 그리고 우천 시와 같은 기상 조건에 따라 통신 품질의 문제가 발생된다. 아울러 통신망 가동에 있어 많은 전력이 필요하며, 사용자들 간에 대역폭 공유가 발생될 때 전송 속도는 대폭 감소된다.

Wireless Fidelity (Wi-Fi) is a broadband wireless technology. Information can be transmitted over short distances—typically 120 feet indoors and 300 feet outdoors—in the form of radio waves.

Worldwide Interoperability for Microwave Access (WiMAX) is a broadband wireless technology based on the IEEE 802.16 standards. It is designed for wireless metropolitan area networks and usually has a range of about 30 miles for fixed stations and 3–10 miles for mobile stations.

표 6.2 무선 LAN과 무선 WAN 비교

	무선 LAN	무선 WAN
커버리지	약 100 미터	무선 LAN보다 더 넓은 범위 포괄 가능; 지역, 국가, 국가 간 네트워크 가능
속도	802.11b 무선 표준, 최대 11Mbps; 802.11a 무선 표준, 최대 54Mbps; 802.11n 무선 표준, 최대 100Mbps	적용 기술에 따라 차이가 있지만 115Kbps에서 14Mbps 지원
데이터보안	일반적으로 무선 WAN 보다는 취약	일반적으로 무선 LAN 보다는 강함

Bluetooth, which can be used to create a personal area network (PAN), is a wireless technology for transferring data over short distances (usually within 30 feet) for fixed and mobile devices.

6-7d 블루투스

블루투스(Bluetooth)는 단거리(보통 30피트 이내)에서 고정 장치와 모바일 장치 간 데이터 전송을 가능하게 해주는 무선 기술이다. 블루투스 5는 블루투스 4.2의 4배인 최대 120미터까지 지원되며, 데이터 전송 속도는 2Mbps로 2배 더 빠르다. 또한 블루투스를 사용해서 스마트폰 및 게임 콘솔 연결(기기 간의 통신이나 인터넷 연결 포함)을 통한 PAN(personal area network) 환경을 만들 수도 있다. 초기 블루투스는 모바일 헤드셋을 통해 운전 중 휴대폰 통화를 위한 방법으로 대중화되었다. 블루투스는 FHSS(frequency hoppingspread spectrum)라는 무선 기술을 사용하여 데이터를 청크(chunk)로 분리한 후, 필요시 각 청크를 다른 주파수로 전송한다. 또한 일반적인 컴퓨터, GPS(Global Positioning System), 스마트폰, 노트북, 프린터, 혹은 디지털 카메라 등과 같은 다양한 장치와도 연결할 수 있다. 적외선을 이용한 통신 장치와 달리 블루투스는 시선(LoS : Line-of-Sight) 제한이 없다. 물론, 다른 무선 장치와 마찬가지로 도청에 대한 취약성과 같은 보안 문제는 여전히 남아있다.

블루투스는 기타 다음과 같은 방법으로도 사용할 수 있다.

- Nintendo나 Sony PlayStation과 같은 비디어 게임 콘솔을 무선으로 할 수 있다.
- 기업에서는 블루투스 지원 장치로 짧은 메시지 등을 보낼 수도 있다. 예를 들어 식당에서 저녁 식사 할인 메뉴와 같은 공지를 고객에게 보낼 수 있다.
- 마우스, 키보드, 프린터, 스캐너 등과 같은 장치도 블루투스를 사용해서 무선으로 연결할 수 있다.
- 블루투스를 통해 인접 컴퓨터끼리 네트워크로 연결할 수 있다.
- OBject EXchange(OBEX)는 바이너리 데이터 객체(data object)를 전송하는 통신 프로토콜로서 블루투스 장치와 OBEX 간 무선으로 연락처, 할 일 목록, 약속, 알림 등과 같은 정보를 전송할 수 있다.

그림 6.11 모바일 네트워크 아키텍쳐

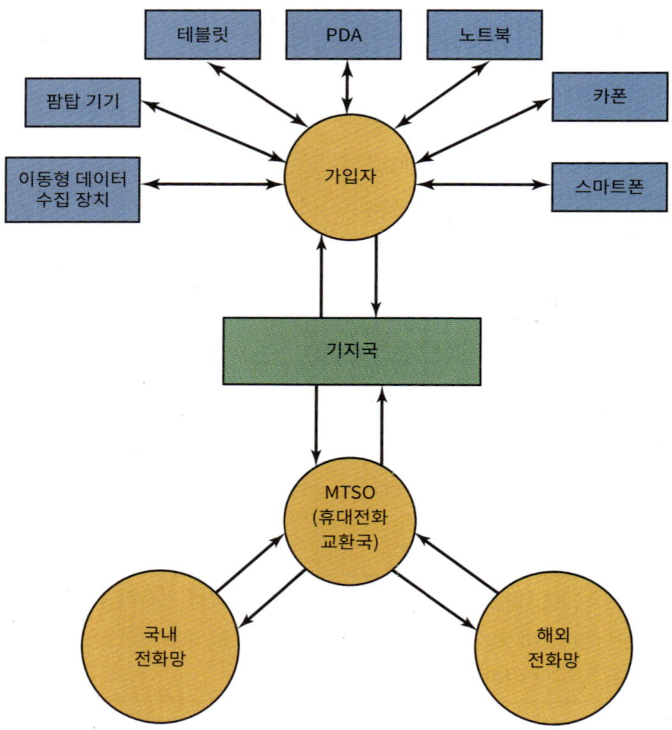

6-7e 모바일 네트워크

모바일 네트워크는 그림 6.11과 같이 세 부분으로 구성된 아키텍처를 가지고 있다.

- 기지국은 가입자들 간 데이터를 주고받을 수 있도록 한다.
- 휴대전화 교환국(Mobile telephone switching offices; MTSO)는 국내 또는 해외 전화망과 기지국 간에 콜을 전송한다.
- 가입자(사용자)는 이동 통신 장치를 사용하여 기지국과 연결된다.

모바일 장치는 특정 지역에 라이센스가 부여된 이동통신사 서비스(제공업체)에 가입되고 등록되어야 한다. 이 때, 모바일 장치가 공급자의 서비스 범위를 벗어나면 로밍이 발생한다. 로밍(Roaming)은 이동통신사가 제공하는 서비스 지역 밖에서 휴대폰을 사용하는 것이다. 로밍을 통해 사용자는 서비스가 처음 등록된 위치를 벗어나서 다른 위치에서도 끊이지 않고 서비스 연결을 통해 통신 범위를 확장할 수 있다.

디지털 통신의 효율성과 품질 개선을 위해 시분할 다중접속과 코드분할 다중접속의 두 가지 대표적인 기술이 개발되었다. **시분할 다중접속(Time Division Multiple Access; TDMA)**은 각 채널을 6개의 시간 슬롯으로 나누어서 각 사용자에게 두 개의 슬롯을 할당한다. 이 때, 하나는 전송용이고 나머지 하나는 수신용인데, 이 방법을 사용하면 하나의 채널에서 3개의 통화를 전달할 수 있으므로 효율성이 300% 증가하게 된다. **코드분할 다중접속(Code Division Multiple Access; CDMA)**은 여러 개의 인코딩 되어 있는 메시지를 넓은 주파수로 빨리 전송한 다음 수신 측에서 디코딩한다.

> To improve the efficiency and quality of digital communications, **Time Division Multiple Access (TDMA)** divides each channel into six time slots. Each user is allocated two slots: one for transmission and one for reception. This method increases efficiency by 300 percent, as it allows carrying three calls on one channel.
>
> To improve the efficiency and quality of digital communications, **Code Division Multiple Access (CDMA)** transmits multiple encoded messages over a wide frequency and then decodes them at the receiving end.

표 6.3에서 다양한 세대 별로 셀룰러 네트워크가 요약되어 있다.

5세대 무선 데이터 전송 기술인 5G는 지금까지 개발된 것 중 가장 빠른 속도를 제공하며 다음과 같은 다양한 산업에 영향력을 미칠 수 있다.

- *의료 분야* IoMT(의료 사물 인터넷) 및 의료 AR/VR 애플리케이션을 비롯한 웨어러블 의료 기기의 광범위한 활용
- *교통 분야* 자율 및 반자율 자동차, 지능형 교통 시스템, 스마트 주차 관리, 스마트 도로 인프라 등
- *에너지 분야* 스마트 전기 계량기, 스마트 그리드 시스템, 전기 자동차, 전기 충전소 등
- *제조 분야* 실시간으로 운영되는 스마트 공장 및 제

표 6.3 셀룰러 네트워크 세대별 발전

세대	설명
1G	제한된 대역폭으로 아날로그 전송
2G	음성, 데이터, 호출, 팩스 서비스 지원 추가
2.5G	무선 신호를 통해 데이터 패킷을 전송하는 패킷 교환 기술 추가. 이는 전화 시스템의 회선 교환과 다름. 즉, 데이터를 비트의 연속적인 스트림으로 전송하는 기술
3G	데이터, 음성 및 비디오를 포함한 고품질 멀티미디어 데이터 전송 지원
4G	광대역, 대용량, 고속 데이터 전송 및 고품질 양방향 멀티미디어를 제공하는 3G 고급 버전 서비스 제공
5G	4G보다 50배 높은 처리량과 보다 더 많은 장치를 처리할 수 있는 기능 보유, 매우 짧은 대기 시간(어떤 디바이스가 데이터 패킷을 다른 디바이스로 보내는데 걸리는 시간)과 IoT(사물 인터넷, 이후 7장에서 설명 예정) 지원

표 6.4 4G와 5G의 비교

주요 특징	4G	5G
속도 (다운로드)	1 Gbps	20 Gbps
실제 체감 속도	10 Mbps	100 Mbps
전송지연 (대기시간)	10 ms	1 ms
연결기기 밀도	100,000 devices/sq km	1,000,000 devices/sq km
에너지 효율성	1x	100x
트래픽 용량	0.1Mbps/sq m	10 Mbps/sq m
주파수 효율성	1x	3x

조 협업 시스템

- *미디어 및 엔터테인먼트 분야* 신속한 멀티미디어 전송, AR/VR 관련 애플리케이션 증가, 게임 플랫폼 및 게임 배포 등 개선 가능

표 6.4에서 4G와 5G 통신을 비교하고 있다.

많은 기업에서 무선 및 모바일 네트워크를 사용하여 고객 서비스를 개선하고 운영 비용을 절감하고 있다. "Mobile Computing in Action: The Apple iPhone" 사례에서 iPhone이 비즈니스 영역에서 어떻게 활용되고 있는지를 보여주고 있다.

6-8 무선 보안

보안은 모든 종류의 네트워크에서 중요한 문제이지만, 정해진 액세스 포인트(AP) 범위 내에서 걷거나 운전하는 사람이 집이나 사무실 밖에서도 무선으로 네트워크를 사용할 수 있기에 무선 네트워크에서 보안은 특히 중요하다. AP는 다른 네트워크에 연결하는 WLAN의 한 영역이며, WLAN을 찾는 것은 용이하다. 그저 사용자는 WLAN이 장착된 컴퓨터(스마트폰)로 사무실 건물이나 집 주변에서 신호를 수신하려고 시도할 수 있다. 이 때, 무선 신호도 가

Mobile Computing in Action: The Apple iPhone

FINANCE | TECHNOLOGY IN SOCIET Y | APPLICATION

Apple은 2007년 첫 모델 이후 18개 이상의 iPhone 모델을 출시했으며, 다양한 개인 및 비즈니스 애플리케이션에 사용되고 있다. 다음은 iPhone을 비즈니스 업무에 사용할 때 기대할 수 있는 장점들이다.

- Microsoft Exchange와 통합되어 이메일, 연락처 및 일정을 확인하고 어디에 있든 최신 상태를 유지할 수 있다.
- Safari 브라우저를 사용하면 언제 어디서나 기업 내 자원(리소스)에 접근할 수 있다.
- 지도, 음성 메모 및 음성 제어와 같은 혁신적인 앱이 포함되어 있다.
- 여러 수신자에게 SMS 메시지를 보낼 수 있다.
- 다음 출장을 떠나기 전에 어디서나 주식을 확인하거나 날씨 정보 등을 얻을 수 있다.

질문 및 토론

1. 스마트폰의 세 가지 기능은?
2. iPhone의 세 가지 비즈니스 애플리케이션은 무엇인가?

로챌 수 있으며 유선 네트워크에서도 취약한 DoS 공격(5장에서 설명)에 쉽게 노출될 수 있다.

무선 네트워크의 보안을 향상시키는 몇 가지 기술들을 나열하면 다음과 같다.

- *SSID(Service Set Identifier)* AP에 접근하고자 하는 모든 클라이언트 컴퓨터(스마트폰)는 전송되는 모든 패킷에 SSID를 포함해야 한다. 즉, SSID가 없는 패킷은 AP에서 처리하지 않는다. 물론, SSID를 사용할 때의 주요 약점은 무선 데이터 분석 도구 등을 사용해서 동일한 범위 내에 있는 다른 장치에서 손쉽게 SSID를 알아낼 수 있다는 점이다.
- *WEP(Wired Equivalent Privacy)* AP와 클라이언트 컴퓨터에 키(key)를 수동으로 입력하는 방식이다. 이 때, 키는 전송 전에 메시지가 암호화된다. 이러한 수동 프로세스는 복잡하고 시간이 많이 걸리기 때문에 WEP 기술은 대규모 네트워크에 적합하지는 않다.
- *EAP(Extensible Authentication Protocol)* EAP 키는 사용자의 ID와 비밀번호를 기반으로 동적으로 생성된다. 이 때, 사용자가 시스템에서 로그아웃하면 키가 삭제되며, 사용자가 다시 네트워크에 로그인하면 새 키가 생성된다.
- *WPA(Wi-Fi Protected Access)* WPA는 WEP와 EAP의 강력한 기능을 결합한 것이다. 키는 WEP에서와 같이 고정되어 있지만, EAP처럼 동적으로 변경된다. 이 때, WPA 키는 WEP 키보다 길기 때문에 깨기가 상대적으로 더 어렵다. 또한 전송 전에 각 프레임(식별 가능한 고유의 데이터 세트)별로 키가 바뀐다.
- *WPA2 또는 802.11i* 해당 기술은 EAP를 사용하여 마스터 키를 얻는다. 이 마스터 키로 사용자의 컴퓨터와 정해진 AP는 세션에 사용할 키를 협상하고, 해당 세션이 종료되면 키는 폐기된다. 이 기술은 WPA보다 복잡하고 보안성이 높은 고급 암호화 표준을 사용하고 있다.

특히 홈 네트워크에서 Wi-Fi 네트워크는 반드시 보호되어야 한다. 만약 보안이 걸려 있지 않은 Wi-Fi 네트워크는 개인정보 보호 및 법적 문제를 일으킬 수 있다. 해커가 본인 집의 네트워크에 침입해서 개인 자료를 다운로드하거나 다른 사람에게 피싱이나 사기 이메일을 보낸다고 상상해 보자. 이 모두가 본인의 계정 관리에 달려 있다. Wi-Fi 네트워크 보안을 위한 몇 가지 지침을 요약하면 다음과 같다.

In data communication, **convergence** refers to integrating voice, video, and data so that multimedia information can be used for decision making.

1. 라우터 설정 페이지에 들어가서 비밀번호를 5장에서 설명한 것과 같은 강력한 비밀번호로 변경한다.
2. 네트워크의 SSID 기본 이름을 반드시 다른 이름으로 변경한다.
3. WPA2 네트워크 암호화를 활성화한다.
4. 라우터에서 MAC(미디어 액세스 제어) 주소를 필터링하도록 체크한다.
5. 무선 장치가 아파트와 같이 작은 커버리지에 있을 경우 무선 신호의 범위를 줄인다.
6. 바이러스 백신 소프트웨어와 마찬가지로 라우터의 펌웨어를 항상 최신 버전으로 업그레이드 한다.

사례 "Privacy and Ethical Issues of Mobile Devices"에서 관련 내용을 강조하고 있다.

6-9 음성, 영상, 데이터의 융합

데이터 통신에서 **융합(convergence)**은 음성, 영상, 데이터를 통합하여 멀티미디어 정보를 의사결정에 활용할 수 있도록 하는 것을 의미한다. 과거에는 음성, 영상, 데이터를 전송하기 위해 별도의 네트워크를 사용했지만, 통합 서비스에 대한 수요가 증가하면서 이를 가능하게 해주는 기술들이 발전해 왔다.

영상 데이터 전송을 위해서는 훨씬 더 큰 대역폭이 필요하기에 대규모의 네트워크 업그레이드가 필요하다. 하지만, ATM(Asynchronous Transfer Mode), 기가비트 이더넷, 3G, 4G, 5G 네트워크와 같은 고속 통신 기술이 끊임없이 발전해 왔고, 그에 걸맞는 애플리케이션에 대한 수요도 증대되어 왔다. 참고로, ATM은 25Mbps 및

Privacy and Ethical Issues of Mobile Devices

FINANCE | TECHNOLOGY IN SOCIETY | SOCIAL AND ETHICAL ISSUES

Rawpixel.com/Shutterstock.com

iPhone, iPad 및 Android 기기 등과 같은 모바일 장치는 사용자의 위치를 추적할 수 있다. 이러한 위치 추적 정보는 장치 내부에 저장되기도 하고, 다른 컴퓨터나 네트워크로 보내지기도 한다. 물론 이러한 장치에는 GPS를 끄는 기능이 포함되어 있지만, 많은 사람들이 그렇게 하지 않고 있다. 사실, GPS 기능이 있다는 것이 아마도 많은 사람들이 스마트 기기를 구매하는 이유 중의 하나이기 때문이다. 하지만, 실제로 이러한 위치 추적은 해당 사용자에 대한 개인정보 보호 문제와 윤리적 문제가 포함되어 있다. 오늘날 많은 기업에서 직원의 효율적 업무 수행을 위해 이러한 스마트 장치를 직원에게 제공하고 있다. 물론 고용주는 직원이 해당 장치를 어떻게 사용하고 있는지 모니터링 할 수 있는 법적 권리는 존재한다. 여기에는 해당 직원이 접속하는 웹사이트, 주고 받는 이메일, 전화 대화 내용 등이 포함될 수 있다. 또한 많은 기업에서 회사에서 지급한 스마트 장치를 항상 휴대하도록 요구하기도 한다. 이는 직원의 근무 시간 이외의 움직임까지도 추적한다는 것을 의미한다. 그렇다면 고용주가 이러한 방식으로 직원의 동선을 모니터링하는 것은 과연 윤리적인 행동인가?

질문 및 토론

1. 모바일 기기의 개인정보 보호 및 윤리적 문제 3가지는 무엇인가?
2. 고용주는 직원이 사용하고 있는 회사에서 지급된 스마트 기기를 모니터링할 법적 권리가 있다고 생각하는가? 이에 대해서 논의해 보시오.

622Mbps로 작동하는 패킷 교환 서비스로 최대 속도는 10Gbps까지 낼 수 있다. 기가비트 이더넷은 1Gbps 및 10Gbps 데이터 전송 속도를 지원하는 LAN 전송 표준이다. 앞서 언급했듯이 3G 네트워크는 3세대 모바일 네트워킹 통신 기술이다.

bloomua/Shutterstock.com

3G 네트워크는 2G 네트워크보다 더 넓은 범위의 서비스와 용량을 제공한다. 3G 네트워크를 통해 데이터 전송 속도 및 품질이 높아졌으며, 비디오 및 광대역 무선 데이터 전송, 인터넷 전화 또는 VoIP(Voice over Internet Protocol) 품질이 향상되었다. 또한 스트리밍 비디오에 대해 훨씬 더 빠른 업로드 및 다운로드를 지원한다. 당연히, 4G, 5G 네트워크는 이러한 모든 기능들을 더욱 강력하게 지원한다.

오늘날 콘텐츠 제공자(Netflix), 네트워크 사업자, 통신 회사 및 방송 네트워크가 융합을 향해 나아가고 있다. 이제 소규모 회사

Telepresence: A New Use of Data Communication and Convergence

FINANCE | TECHNOLOGY IN SOCIETY | APPLICATION

텔레프레즌스(Telepresence)는 최근 특히 경기 침체로 인해 많은 관심을 받아오고 있다. 이를 통해 기업에서는 출장이나 비즈니스 회의 비용을 절감할 수 있음을 알게 되었다. 해당 기술은 발전을 거듭해서 오디오 및 비디오 회의를 단일 플랫폼으로 통합함으로써 최근 품질, 사용 편의성, 그리고 안정성까지 향상되었다.

텔레프레즌스 시스템은 이후 사용을 위해 회의를 녹화하거나 프레젠테이션에 멀티미디어 기술을 포함시키는 데에도 활용될 수 있다. 또한 플러그 앤 플레이 협업 애플리케이션을 제공할 수도 있다. 출시된 제품 중에는 맞춤형 조명 및 음향뿐만 아니라 최대 20명의 사용자를 위해 구성할 수 있는 대형 HD 화면을 갖춘 텔레프레즌스 룸까지 제공하고 있다. 텔레프레즌스 제품의 주요 공급업체로는 Cisco, Poly, Tandberg, Teliris 및 HP 등이 있다.

질문 및 토론

1. 텔레프레즌스 시스템의 세 가지 비즈니스 애플리케이션은 무엇인가?
2. 해당 기술을 활용한 추가적인 비즈니스 애플리케이션으로 어떤 것을 예상할 수 있는가?

에서도 멀티미디어 제품 시연을 제공하고 멀티미디어 프레젠테이션 및 협업을 위해 인터넷을 사용함으로써 빠르게 성장하는 이 기술을 활용하고 있다. 결국 융합은 기술혁신, 시장구조의 변화, 규제개혁의 결합으로 말미암아 가능해졌다. 이러한 융합은 다음과 같은 응용 영역을 창출했다.

- 전자상거래
- TV 채널 수가 늘어나고 VOD 이용이 늘어남에 따른 관련 엔터테인먼트
- 온라인 회의의 가용성 및 경제성 증대
- 가상 교실, 재택 근무, 가상 현실 등과 같은 소비재 및 관련 서비스

인터넷은 이러한 관련 서비스를 제공하는 도구로서 융합에 정말 큰 기여를 했다. 특히, 디지털 기술의 발전이 관련 융합 기술을 발전시키도록 만들었으며, 이 때, 데이터 수집, 처리, 전송과 관련된 표준의 유용성과 수용성의 증대 또한 요구된다. 이에 대한 내용은 "Telepresence: A New Use of Data Communication and Convergence" 사례를 참고하면 된다.

요약

6-1. 데이터 통신 시스템 관련 주요 애플리케이션을 설명할 수 있다. 데이터 통신은 한 위치에서 다른 위치로 전자적으로 데이터를 보내는 것이다. 정보시스템의 효과성은 정보를 얼마나 효율적으로 전달하는가를 통해 측정될 수 있는데, 데이터 통신 시스템이 이를 가능하도록 만들어 준다. 특히, 오늘날 대부분의 기업은 지리적으로 멀리 떨어져 있는 데이터를 수집하고 전송하기 때문에 효율적인 데이터 통신 시스템은 중요할 수밖에 없다.

6-2. 데이터 통신 시스템의 세 가지 주요 구성 요소를 설명할 수 있다. 일반적인 데이터 통신 시스템은 송·수신 장치, 모뎀 혹은 라우터, 통신 매체(채널) 등으로 구성되어 있다.

6-3. 네트워크 구성에 대한 세 가지 유형을 기술할 수 있다. 지난 60년 동안 집중형(centralized), 탈중앙형(decentralized), 분산형(distributed)의 세 가지 유형이 등장했다.

6-4. 네트워크 종류 세 가지를 설명할 수 있다. LAN(근거리 통신망), WAN(광역 통신망), MAN(대도시 영역 통신망) 등과 같은 세 가지 주요 유형이 존재한다. 일반적으로 이러한 모든 네트워크는 컴퓨터가 통신을 할 수 있도록 만들어 주는 하드웨어 구성 요소인 네트워크 인터페이스 카드(NIC)를 통해 연결된다.

6-5. 다섯 가지 주요 네트워크 토폴로지(통신망 구조)를 설명할 수 있다. 네트워크 토폴로지는 컴퓨터나 케이블의 배열을 포함해서 네트워크의 물리적 레이아웃을 나타낸다. 대표적으로 스타(star), 링(ring), 버스(bus), 계층형(hierarchical), 메쉬(mesh) 등과 같은 5가지 형태가 있다.

6-6. 프로토콜, TCP/IP, 라우팅, 라우터, 클라이언트/서버 모델 등 주요 네트워킹 개념을 설명할 수 있다. TCP/IP(전송 제어 프로토콜/인터넷 프로토콜)는 업계 표준의 통신 프로토콜로서 가장 큰 장점은 서로 상이한 플랫폼에서 운영되는 장치들 간의 연결인 상호운용성을 보장한다. 클라이언트/서버 모델 환경에서는 로컬 컴퓨터(클라이언트) 측에서 소프트웨어가 실행되고 원격 서버와의 통신을 통해 정보나 서비스를 요청한다.

6-7. 비즈니스 환경에서 무선 및 모바일 기술과 네트워크를 살펴볼 수 있다. 무선 네트워크는 유선 대신 무선 기술을 사용하는 모바일 네트워크이다. 모바일 네트워크("셀룰러 네트워크"라고도 함)는 라디오 주파수(RF)로 작동하며, 고정형 송신기인 "셀 사이트(cell site)" 혹은 "기지국(base station)"에 의해 제공되는 무선 셀로 구성되어 있다.

6-8. Wi-Fi, WiMAX, 블루투스 등과 같은 네트워킹 동향을 설명할 수 있다. Wi-Fi는 일반적으로 실내 120피트, 실외 300피트 정도의 단거리 전송을 지원하는 광대역 무선 기술이다. WiMAX IEEE 802.16 표준 기반의 광대역 무선 기술로서 대도시 지역 무선 네트워크망 구축을 위해 설계되었으며, 일반적으로 고정국의 경우 약 30마일, 이동국의 경우 3~10마일의 범위를 지원할 수 있다. PAN(Personal Area Network)을 구성하는데 사용되는 블루투스는 단거리(보통 30피트 이내)에서 고정 장치와 모바일 장치 간 데이터 전송을 가능하게 해주는 무선 기술이다.

6-9. 무선 보안의 중요성과 다섯 가지 주요 기술에 대해 논의할 수 있다. SSID(Service Set Identifier), WEP(Wired Equivalent Privacy), EAP(Extensible Authentication Protocol), WPA(Wi-Fi Protected Access), WPA2 또는 802.11i 등을 포함해서 무선 네트워크의 보안을 개선하기 위한 다양한 기술들이 존재한다.

6-10. 비즈니스 및 개인용 애플리케이션을 통신의 융합 현상과 맞물려 설명할 수 있다. 데이터 통신에서 융합(convergence)은 음성, 영상, 데이터를 통합하여 멀티미디어 정보를 의사결정에 활용할 수 있도록 하는 것을 의미한다. 과거에는 음성, 영상, 데이터를 전송하기 위해 별도의 네트워크를 사용했지만, 통합 서비스에 대한 수요가 증가하면서 이를 가능하게 해주는 기술들이 발전해 왔다. 융합을 통한 대표적인 응용 영역으로서 전자상거래, 엔터테인먼트, 온라인 회의 등이 존재한다.

2부

데이터 통신,
인터넷,
전자상거래 및
글로벌 정보시스템

7장

연결된 세상

학습목표

7-1 인터넷과 웹의 구조를 설명한다.

7-2 브라우저, 검색 엔진, 디렉토리에 대해 논의한다.

7-3 대표적인 인터넷 서비스 4 가지가 무엇인지 설명하고, 비즈니스 환경에서 어떻게 활용되는지 설명한다.

7-4 인터넷 공간에서의 비즈니스 관련 애플리케이션에 대해 설명한다.

7-5 다양한 비즈니스 기능 영역에서 인트라넷의 역할을 설명한다.

7-6 다양한 비즈니스 기능 영역에서 엑스트라넷의 역할을 설명한다.

7-7 다가올 웹의 트렌드와 비즈니스에 미치는 영향을 분석한다.

7-8 만물인터넷(IoT : Internet of Everything)과 그에 따른 비즈니스 애플리케이션을 분석한다.

Toria/Shutterstock.com

이 장은 인터넷과 웹 관련 기술을 소개하고자 한다. 보다 세부적으로 DNS를 비롯해서 다양한 형태의 인터넷 연결 방식을 살펴본다. 브라우저와 같은 탐색 도구(navigational tools), 검색 엔진 및 디렉토리가 인터넷에서 어떻게 사용되는지를 학습하고, 대표적인 인터넷 서비스 및 웹 응용 프로그램에 대해 소개한다. 또한 인트라넷과 엑스트라넷이 어떻게 활용되고 있는지, 마지막으로 웹의 트렌드인, IoE(Internet of Everything), IoT(Internet of Things), IoM(Internet of Me) 등에 대해서 배우게 된다.

7-1 인터넷

인터넷(Internet)은 전 세계적으로 수백만 대의 컴퓨터가 연결된 네트워크로 이루어진 집합체이다. 인터넷이라는 용어는 네트워크 간의 연결을 의미하는 인터네트워킹(internetworking)에서 파생되었다. 즉, 인터넷은 네트워크들의 네트워크(network of networks)이다. 실제로 전체 인터넷을 소유하거나 운영하는 주체는 없으며, 각 네트워크는 로컬에서 관리되고 자금이 지원되어 운영되고 있다.

Cisco Systems에서 20대를 대상으로 실시한 설문조사에 따르면, 응답자의 3분의 1이 인터넷 접속을 생필품 중의 하나로 생각하는 것으로 나타났다. 또한 대학생 중 55%, 취업한 졸업생들 중 62% 정도는 인터넷 없이는 제대로 살 수도 없으며, 두 연령대 모두에서 30% 이상이 인터넷 없이 생존은 할 수 있지만, 매우 힘든 삶을 살 것이라고 응답했다.

인터넷은 1969년 미 국방부(DoD)의 **ARPANET(Advanced Research Projects Agency Network)** 프로젝트로 시작되어 4개의 노드(California주의 UCLA, UC Santa Barbara, Stanford 대학교의 스탠포드 연구소, 그리고, Salt Lake에 있는 Utah 대학교)를 연결한 것이 그 시초이다. 이후 다양한 대학 및 정부 기관 연구소 컴퓨터 네트워크로 구성된 여러 노드가 지속적으로 추가되었다. 이러한 연결은 백본망(backbones), 지역망(regional neteworks), 그리고 LAN(local area network)과 같은 3단계 계층 구조로 이루어져 있다.

The Internet started in 1969 as a U.S. Department of Defense project.

1987년 ARPANET은 최초의 인터넷 백본(기간망)으로 인정되고 있는 NSFNET(National Science Foundation Network)으로 진화했다. 초기 NSF는 인터넷 사용에 대해 상업적 사용을 허용하지 않고 연구 및 교육 목적으로만 제한했다가, 결국 수요 증가로 인해 다른 백본도 NSFNET에 연결될 수 있도록 허용되었다.

The **Internet** is a worldwide collection of millions of computers and networks of all sizes. It is a network of networks.

The **Advanced Research Projects Agency Network (ARPANET)**, a project started in 1969 by the U.S. Department of Defense, was the beginning of the Internet.

The **Internet backbone** is a foundation network linked with fiber-optic cables that can support very high bandwidth. It is made up of many interconnected government, academic, commercial, and other high-capacity data routers.

인터넷 백본(Internet backbone)은 넓은 대역폭을 지원할 수 있는 광섬유 케이블로 연결된 기간망(foundation network)이다. 인간의 백본(척추)이 신경계의 기초인 것처럼 인터넷을 구성하는 다른 모든 네트워크를 지원하기 때문에 백본이라고 부른다. 이러한 인터넷 백본은 정부 기관용, 연구용, 상업용 등 서로 연결된 대용량 라우터들로 구성되어 있다.

어떤 기업에서는 NAP(network access points)에 연결된 자체 인터넷 백본망을 운영하기도 한다. 그림 7.1에서 IBM의 백본망이 제시되어 있다. NAP의 역할은 트래픽이 인터넷 공간에서 어떻게 라우팅 될 것인지를 결정하

그림 7.1 - IBM의 백본망

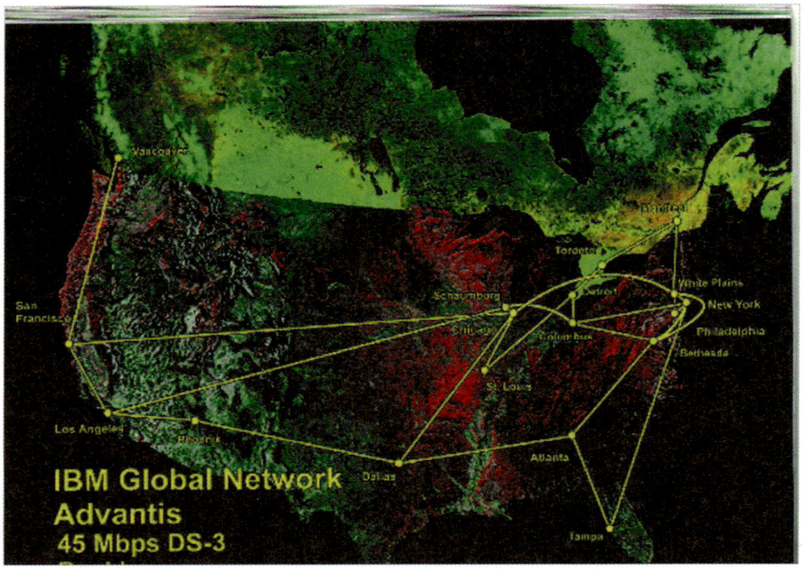

Courtesy of International Business Machines Corporation, © International Business Machines Corporation

> With **hypermedia**, documents include embedded references to audio, text, images, video, and other documents.
>
> The embedded references in hypermedia documents are called **hypertext**; they consist of links users can click to follow a particular thread (topic).
>
> When information is transferred from one network to another, domain names are converted to IP addresses by the **Domain Name System (DNS)** protocol. Servers using this protocol (called DNS servers) maintain lists of computers' and Web sites' addresses and their associated IP addresses.

는 것이다. 이미 6장에서 배웠듯이 LAN은 근거리 인터넷 연결을 의미하며, 인터넷 백본망 연결을 위해 NAP을 사용한다.

기존 텍스트 기반의 인터넷은 1989년 그래픽 기반의 인터페이스가 적용된 웹이 등장하면서 인터넷 사용 환경은 완전히 바뀌었다. 웹의 개념은 세계 최대 입자물리학 센터인 유럽핵연구기구(Conseil Europeen pour la Recherche Nucleaire; CERN)의 팀 버너스 리가 제안했다.

웹은 오디오, 텍스트, 이미지, 비디오 등 각종 문서에 대해 참조(references)가 내장된 문서를 의미하는 **하이퍼미디어(hypermedia)** 정보를 담고 있다. 이렇듯 수십억 개의 하이퍼미디어 문서로 이루워진 웹은 인터넷의 많은 공간을 차지하고 있다. 이 때, 하이퍼미디어 문서에 포함된 참조를 **하이퍼텍스트(hypertext)**라고 하며, 이러한 하이퍼텍스트 안에는 사용자가 특정 스레드(주제)를 팔로우하기 위해 클릭할 수 있는 링크가 담겨 있다. 따라서, 사용자는 하이퍼텍스트 링크를 사용해서 원하는 순서대로 파일, 응용 프로그램 및 다른 컴퓨터에 접속할 수 있고, 한 번의 클릭으로 원하는 정보를 검색할 수 있다. 본질적으로 하이퍼텍스트는 데이터가 링크로 연결된 노드 네트워크에 저장되는 일종의 데이터 관리 접근 방식이다. 이러한 노드에 포함되어 있는 데이터는 대화형 브라우징 시스템으로 액세스되며, 이는 사용자가 어떤 정보에 접근할 것인지에 대해 순서만 정하기만 하면 되는 것을 의미한다.

이렇듯 하이퍼미디어 문서를 담고 있으면서 인터넷 공간에 있는 다른 컴퓨터를 사용할 수 있도록 만들어 주는 컴퓨터를 서버 혹은 웹서버라고 부른다. 또한 이러한 문서를 요청하는 컴퓨터를 클라이언트라고 부른다. 이 때, 클라이언트는 집에 있는 컴퓨터나 회사의 LAN에 물려 있는 특정 노드가 될 수 있다. 웹의 가장 흥미로운 기능은 하이퍼미디어 문서를 세계 어느 곳에서나 저장할 수 있기 때문에 사용자는 순식간에 미국에서 대서양을 건너 프랑스에 있는 특정 사이트로 이동할 수 있다. "Major Events in the Development of the Internet" 사례에서 인터넷 발전과 관련된 몇 가지 주요 이벤트들이 제시되어 있다.

7-1a DNS(Domain Name System)

'IBM.com' 또는 'whitehouse.gov'와 같은 도메인 이름은 인터넷 공간에서 컴퓨터 혹은 네트워크 주소에 대한 고유 식별자이다. 해당 컴퓨터 또는 네트워크에는 ICANN(Internet Corporation for Assigned Names and Numbers)에서 할당한 '208.77.188.166'과 같은 IP 주소(Internet Protocol address)도 포함되어 있다. 하지만, 이러한 숫자는 기억하기 어렵기 때문에 언어 기반 도메인 이름이 해당 웹 사이트에 접속하는데 더 자주 사용된

Major Events in the Development of the Internet

FINANCE | TECHNOLOGY IN SOCIETY | GLOBAL

lolloi/Shutterstock.com

1969년 9월: ARPANET의 탄생

1971년: BBN의 Ray Tomlinson, 네트워크를 통해 메시지를 보내는 이메일 프로그램 발명

1983년 1월: NCP(Network Control Protocol)에서 패킷 송수신을 위한 프로토콜인 TCP/IP로 전환

1987년: NSF(National Science Foundation)에서 NSFNET 백본 개발. 이는 인터넷의 탄생을 의미

1988년 11월: 웜(worm)이 국방부 컴퓨터를 포함하여 6,000대 이상의 컴퓨터를 공격

1989년: 웹이 CERN에서 개발

1991년 2월: Bush 행정부, 초고속 국가 네트워크를 개발하려는 Al Gore 상원의원의 아이디어 승인하고 "초고속 정보통신망(information superhighway)" 용어 탄생시킴

1993년 11월: Pacific Bell은 초고속 정보통신망 구축에 160억 달러 지출 계획 발표

1994년 1월: MCI는 국제 통신 네트워크에 200억 달러를 지출할 6개년 계획 발표

1995년 4월: Netscape, 웹 서핑을 위한 가장 인기 있는 그래픽 내비게이터출시

1995년 8월: Microsoft, Internet Explorer 최초 버전 출시

2000년 2월: 서비스 거부(denial of service; DoS) 공격으로 여러 웹 사이트(Yahoo!, Ameritrade, Amazon 등)가 몇 시간 동안 중단

2004년: MyDoom 혹은 Novarg라고 하는 다양한 웜이 웹서버를 통해 확산. 대략 12개의 이메일 중에서 1개가 감염됨

2005년: YouTube 출시

2009년: 전 세계 인터넷 사용자 수가 월간 10억 명 초과

2019년: 인터넷 사용자 43억 9000만 명 돌파

질문 및 토론

1. 초고속 정보통신망이 미국 정부의 전략적 목표가 된 이유는 무엇인가?
2. 오늘날 인터넷 사용자에게 직면한 문제는 어떤 것들이 있는가?

다. 이 때, 주소 정보가 한 네트워크에서 다른 네트워크로 전송될 때 도메인 이름은 **DNS(Domain Name System)** 프로토콜에 의해 IP 주소로 변환된다. 이 프로토콜을 사용하는 서버(DNS 서버라고 함)는 컴퓨터 및 웹 사이트의 주소 목록과 연결된 IP 주소를 유지 관리하면서, 모든 도메인 이름을 IP 주소로 변환한다.

도메인 이름 안에는 특정 웹 페이지를 식별하기 위해 **URL(Uniform Resource Locator)**이라는 식별자가 사용된다. 즉, URL은 인터넷에 있는 문서나 웹사이트의 위치를 나타내는 주소다. 예를 들어, URL 'http://www.csub.edu'에서 도메인 이름은 'csub.edu'가 된다. 이 때, 모든 도메인 이름에는 자신이 속한 최상위 도메인(top-level domain; TLD)을 나타내는 접미사가 붙는다. 여기서는 교육 기관을 나타내는 '.edu'가 해당될 수 있다. 이러한 도메인 이름은 공백은 허용되지 않으며, 문자, 0~9까지의 숫자, 하이픈의 조합으로 이루어져 있다.

TLD는 특정 주소가 지정하는 조직이나 국가 유형까지 나타낸다. 이

Uniform resource locators (URLs), also called universal resource locators, identify a Web page. A URL is the address of a document or site on the Internet.

러한 TLD는 조직을 구별하는 도메인(generic top-level domains; gTLDs)과 지리적 경계를 구분하는 도메인(country code top-level domains; ccTLDs)으로 나뉘어진다. 표 7.1에 대표적인 gTLD가 나열되어 있다.

지금까지 '.aero'(항공 산업), '.museum'(박물관), '.law'(법률기관), '.store'(상점) 등과 같은 다양한 새로운 gTLD가 제안되어 왔다. 이 중에서 정보 서비스를 제공하는 조직을 뜻하는 '.info', 비즈니스 영역을 지칭하는 '.biz', 뉴스 관련 사이트를 위한 '.news'와 같은 도메인은 이미 사용되고 있다.

또한, 대부분의 국가에는 지리적 도메인인 ccTLD를 가지고 있다. 예를 들어, 호주는 '.au', 캐나다는 '.ca', 프랑스는 '.fr', 일본은 '.jp', 영국은 '.uk', 그리고 대한민국은 '.kr' 등으로 표기된다. 'www.thrall.org/domains.htm'에 접속을 하면 ccTLD의 전체 목록을 찾을 수 있다.

표 7.1 많이 사용되는 최상위 도메인

gTLD	목적
.com	기업과 같은 비즈니스 조직(예. Microsoft)
.edu	대학과 같은 교육기관 (예. 캘리포니아 주립대학)
.int	국제 기관 혹은 단체 (예. UN)
.mil	미군과 같은 군대 조직(예. U.S.Army)
.gov	미국 정부기관 (예. 국세청)
.net	백본망, 지역망, 상업망과 같은 네트워크 관련 조직 (예. NSF의 INIC(인터넷 네트워크 정보 센터))
.org	기타 연구 기관 혹은 비영리 단체 (예. 인터넷 타운 홀)

또한 예전에는 '.com', '.edu' 등과 같은 22개의 일반 TLD만 있었는데, 지금은 기업이나 개인은 ICANN에서 승인된 '확장된 TLD' 목록에서 선택할 수 있다. 오늘날 인터넷 주소 이름은 모든 언어로, 또 거의 모든 단어로 끝날 수 있기에 전세계에서 본인들의 조직에 맞추어 새롭고 창의적인 방식으로 인터넷 주소를 설정해서 브랜드나 제품을 마케팅 할 수 있다.

TLD는 어떤 언어나 문자들로 구성될 수 있으며, 기업 명이나 브랜드 명과 같이 모든 구문을 포함할 수도 있다. 신규 gTLD는 아래와 같은 4가지 범주를 가지고 있다.

- 범용 단어 TLD(예: .company 또는 .TV)
- 기업용 TLD(예: .Microsoft 또는 .Intel) : 해당 브랜드에 대한 기업의 책임하에 사용
- 커뮤니티용 TLD(예: .Spanish 또는 .Persian) : 정의된 커뮤니티의 구성원으로 제한
- 지리적 구분용 TLD(예: .London 또는 .Madrid) : 도시나 지리적 경계가 있어야 하며, 비즈니스 및 관광 홍보에 사용

지금부터는 *http://www.csub.edu/~hbidgoli/books.html*을 예를 들어 URL의 각 부분에 대해 간략하게 설명하고자 한다.

Iamnao/Shutterstock.com

- ***http*** - 일반적인 웹 사이트에 접속하는데 사용되는 프로토콜인 Hypertext Transfer Protocol을 나타냄
- ***www.csub.edu*** - www는 WWW, World Wide Web 또는 Web을 나타냄. csub는 Bakersfield에 있는 California State University의 약자이며, .edu는 교육 기관의 접미사. 따라서 csub.edu는 해당 웹 사이트를 고유하게 식별하게 만듦
- ***/~hbidgoli*** - 이 부분은 이 교재의 저자가 쓴 책과 관련된 파일이 저장된 디렉토리의 이름. 서버는 더 나은 구성을 위해 디렉토리로 나눌 수 있음

What Is HTML?

TECHNOLOGY IN SOCIETY | APPLICATION

HTML(Hypertext Markup Language)은 웹 페이지를 만드는 데 사용되는 언어로서 태그와 속성을 사용하여 페이지의 레이아웃과 모양을 정의한다. 이 때, '태그'는 머리글이나 본문과 같은 페이지의 섹션을 나타낸다. '속성'은 페이지 구성 요소에 대한 글꼴 색상과 같은 값을 지정한다. (HTML 코드는 대소문자를 구분하지 않는다.) HTML의 최신 버전은 Adobe Flash와 경쟁하는 HTML7이다. 플래시(Flash)는 웹 페이지에 애니메이션, 비디오 및 상호 작용 기능을 추가하는 데 사용되는 멀티미디어 플랫폼이다. HTML 문서의 일반적인 구조는 다음과 같다.

<HTML>
<HEAD>
(페이지 제목을 입력함)
</HEAD>
<BODY>
(페이지 내용을 입력함)
</BODY>
</HTML>

Mclek/Shutterstock.com

질문 및 토론

1. HTML은 무엇인가?
2. HTML에서 태그란 무엇인가?

- ***books.html*** - 이 부분은 문서 자체를 의미함. '.html' 확장자는 HTML(Hypertext Markup Language) 문서임을 나타냄 (HTML에 대한 자세한 내용은 "What is HTML?" 사례를 참조 할 것). 긴 확장자를 지원하지 않는 서버는 .htm만 표시하며, 여타 다른 서버는 .html까지 표시함

7-1b 인터넷 접속 방식

6장에서 이미 배웠듯이 인터넷을 포함하여 네트워크에 연결하는 몇 가지 방법이 있는데, 전화 접속이나 케이블 모뎀 연결, 혹은 디지털 가입자 회선(Digital Subscriber Line; DSL) 등이 해당될 수 있다. 이 때, 다음과 같은 다양한 유형의 DSL 서비스가 이용된다.

- ***SDSL(Symmetric DSL)*** - SDSL은 전화 망(업스트림 및 다운스트림이라고 하는)과 동일한 데이터 전송 속도를 가지며 일반적으로 양방향 최대 1.5Mbps(초당 백만 비트)를 지원
- ***ADSL(Asymmetric DSL)*** - ADSL은 다운스트림(일반적으로 24Mbps)보다 업스트림(3.5Mbps) 전송 속도가 낮음 (예: ITU G.992.5 Annex M 표준).
- ***VDSL(Very High-Speed DSL)*** - VDSL은 단거리에서 최대 100Mbps의 다운스트림/업스트림 전송 속도를 제공 (예: ITU G.993.2 표준)

"www.speedtest.net"에 접속하면, 바로 연결 속도를 측정할 수 있으니 한번 확인해 보길 바란다.

예전에는 보통 기업 내 사무실 전용선으로 T1 혹은 T3의 회선을 사용했다. T1은 2쌍의 구리선을 사용하여 최대 24개의 동시 채널을 전송하고, 1.544Mbps 전송 속도를

Hypertext Markup Language (HTML) is the language used to create Web pages. It defines a page's layout and appearance by using tags and attributes. A tag delineates a section of the page, such as the header or body; an attribute specifies a value, such as a font color, for a page component.

Navigational tools are used to travel from Web site to Web site—as in "surf" the Internet.

A **search engine**, such as Google or Bing, is an information system that enables users to retrieve data from the Web by using search terms.

Directories are indexes of information based on keywords embedded in documents, which make it possible for search engines to find what you are looking for.

가지고 있었다. 이러한 T1은 T3보다 널리 사용되었으며, 어떤 국가에서는 T1을 E1이라고 하며 2.048Mbps의 전송속도를 지원한다. T3 회선은 43~45Mbps의 전송 속도를 지원하는 디지털 통신 링크로서 실제로 672개의 채널로 구성되며 각 채널은 64Kbps의 속도를 지원한다. 2018년 7월 기준으로 인터넷 연결이 가장 빠른 상위 10개 국가로 싱가포르, 스웨덴, 덴마크, 노르웨이, 루마니아, 벨기에, 네덜란드, 룩셈부르크, 헝가리, 그리고 저지(Jersey)로 등록되어 있다.

7-2 항해 도구(브라우저), 검색 엔진, 디렉토리

이제 인터넷이 무엇이고, 인터넷에 연결하는 방법도 알았기에 이러한 인터넷 공간을 둘러보고 원하는 것을 찾을 수 있는 도구가 필요하다. 이러한 도구는 다음과 같은 세 가지 범주로 구성된다.

- **항해 도구(Navigational tools)** - 웹 사이트에서 웹 사이트로 이동하는 데 사용(예: 인터넷 서핑)
- **검색 엔진(Search engines)** - 관심 주제와 관련된 키워드를 입력하여 인터넷에서 정보를 검색
- **디렉토리(Directories)** - 문서에 포함된 키워드를 기반으로 하는 정보 색인으로, 검색 엔진이 사용자가 찾기를 원하는 정보를 찾도록 지원 (예: Yahoo!에서도 디렉토리를 사용해서 콘텐츠를 범주로 구성)

과거 인터넷을 이용했던 사용자는 파일 다운로드나 이메일 보내기와 같은 간단한 작업에서는 텍스트 기반 명령어를 사용했다. 하지만, 명령어를 입력하는 것은 사용하기 불편하였으며, 해당 시스템을 사용하기 위한 프로그래밍 기술도 요구되었다. 하지만 이후 그래픽 기반의 브라우저가 나오면서 단순히 메뉴를 클릭만 함으로써 이 모든 것이 변화되었다. 이러한 시스템은 더욱 사용자 친화적인 인터페이스를 가속화시켰고, 이미지 및 사운드와 같은 멀티미디어 정보도 지원하고 있다.

인터넷을 탐색하고 정보를 찾는 세 가지 도구들에 대해 보다 자세히 설명한다.

7-2a 항해 도구 (브라우저)

오늘날 대표적인 그래픽 기반의 웹 브라우저로서 Microsoft Internet Explorer(IE)(Windows 10부터는 IE가 Microsoft Edge로 대체되었으며, 크로미엄(chromium) 기반의 Microsoft Edge로 다시 대체), Mozilla Firefox, Google Chrome, Apple Safari, 그리고 Opera 등이 있다. 일반적으로 이러한 브라우저에는 파일, 편집, 도움말과 같이 일반적인 워드 프로세서에서 보는 메뉴가 동일하게 적용되어 있다. 또한 검색 기록 보기, 즐겨찾기, 북마크 지정, 보기 설정을 위한 옵션, 방문한 웹 페이지를 이동할 수 있는 탐색 버튼 등도 포함되어 있다. 또한, 일부 브라우저에서는 자주 방문하는 사이트에 액세스하거나 검색을 수행하기 위해 맞춤형 툴바를 설정할 수도 있다.

7-2b 검색 엔진과 디렉토리

Google, Bing, DuckDuckGo, Ask와 같은 검색 엔진은 사용자가 검색어를 사용하여 웹에서 데이터를 검색할 수 있도록 지원하는 정보시스템이다. 이러한 모든 검색 엔진은 다음 3단계의 절차를 따른다.

1. ***웹 크롤링*** - 검색 엔진은 크롤러(crawlers), 스파이더(spiders), 봇(bots) 혹은 여타 유사한 이름을 가진 소프트웨어를 사용한다. 이렇듯 자동화된 모듈은 웹에서 지속적으로 새로운 데이터를 검색한다. 그렇기 때문에 우리가 새로운 웹 페이지를 만들면, 크롤러가 해당 페이지를 찾고(물론, 공개된 경우), 또 내용을 업데이트 하면, 크롤러가 새로운 데이터를 탐색한다. 또한, 크롤러는 페이지에 어떤 링크가 있는지 확인하고 제대로 작동하는지도 확인한다. 링크가 끊어지면 크롤러가 링크를 식별하고 이 정보를 해당 페이지에 대

한 데이터의 일부로 포함시킨다. 또한 크롤러는 해당 페이지에 대한 링크가 걸려있는 한 웹 사이트의 일부인 다른 페이지를 탐색할 수 있다. 수집된 모든 데이터는 검색 엔진의 데이터 센터로 다시 보내지고, 해당 검색 엔진이 웹에서 항상 최신 정보를 가질 수 있도록 한다.

2. ***인덱싱*** - 서버 팜에 있는 검색 엔진은 키워드를 사용해서 크롤러로부터 들어오는 모든 데이터를 인덱싱한다. 각각의 키워드는 색인 항목을 가지고 있음으로써 해당 키워드를 포함해서 모든 웹 페이지와 연결될 수 있도록 한다. 예를 들어, 액자를 판매하는 회사는 웹 사이트에 액자라는 용어가 여러 번 포함되어 있다. 인덱싱 프로세스를 통해 사용 빈도를 인식하고 액자라는 용어에 대한 인덱스 항목을 생성한다. 해당 색인 항목은 액자라는 용어가 포함된 다른 모든 사이트들과 연동되어 회사 웹 사이트에 연결되어 있다. 따라서 검색어를 입력할 때 검색 엔진이 모든 관련 웹 페이지를 검색할 수 있도록 만들기 위해 인덱싱은 반드시 필요하다.
3. ***검색*** - 검색어를 입력하면 검색 엔진은 두 번째 단계에서 생성된 색인을 사용해서 해당 용어를 탐색한다. 해당 용어가 색인에 있는 경우 검색 엔진은 해당 용어에 연결된 모든 웹 페이지를 식별하게 된다. 이 때, 식별된 웹 페이지들이 검색어와 얼마나 가까운지에 따라 웹 페이지의 우선 순위를 정하는 방법이 달라진다. 예를 들어 내 이모가 액자 모양의 쿠키를 만들어서 판매하는 웹사이트를 가지고 있다고 가정해보자. 그러면, 액자라는 용어를 검색하는 사람은 우리 이모의 사이트도 당연히 볼 수 있다. 검색 엔진은 다양한 상이한 검색 요구사항을 구분해서 검색할 수 있도록 프로그래밍되어 있다. 그렇기 때문에 포스터, 사진, 이미지 같은 액자와 관련된 추가 용어가 포함된 웹 페이지에 보다 더 높은 우선 순위가 부여될 수 있다. 반면, 액자와 함께 쿠키라든지 구운 식품 등과 같은 용어가 포함된 웹 페이지는 우선 순위가 낮게 부여된다. 또한 검색 엔진마다 검색 지능이 상이하기에 동일한 검색어를 사용하더라도 서로 다른 결과를 얻을 수 있다.

최근 몇 년 동안 Facebook의 그래프 검색(Graph Search)과 Google의 지식 그래프(Knowledge Graph)와 같은 새로운 형태의 검색 엔진이 인기를 얻고 있다. 그래프 검색의 경우 Facebook 이용자는 본인과 관련된 사람, 사진, 장소, 관심사 등을 검색할 수 있다. 이러한 방식을 사용하는 검색의 예를 살펴보면,

- 내가 살고 있는 도시의 남서쪽 동네에 사는 사람들 중에서 소시지를 좋아하는 사람들
- 2019년 이후에 찍은 특정 친구의 사진
- Los Angeles에 살고 있는 내 모든 친구들의 사진
- 내 친구들이 좋아했던 Boston의 중국집
- 내 친구들이 방문했던 프랑스 남부의 유명한 관광명소

물론 이러한 그래프 검색 기능은 자동으로 실행되지 않으며, 검색 창에서 먼저 활성화해야 한다. Facebook에서 그래프 검색 기능이 켜져 있으면 해당 사용자는 특정 사람, 장소 및 사물을 검색할 수 있다.

기존의 Google 검색에서는 단순히 키워드를 입력하고 나면, Google은 해당 웹 페이지가 링크된 횟수를 기반으로 가장 관련성이 높은 웹 페이지를 표시한다. 그런데, Facebook의 그래프 검색을 사용하면 사용자가 검색하는 개체는 단순한 웹 페이지가 아니라 사람, 장소, 사진 등과 같이 실제 사물에 대한 가상으로 표현된 형태를 찾고 있는 것이다. 이 때, 검색 결과를 결정하는 것은 Facebook의 '좋아요'가 될 수 있다.

Google에 따르면 지식 그래프는 링크가 아닌 답변을 제공한다. 따라서 일반적인 결과와 함께 어떤 사람, 장소, 혹은 사물과 관련된 주요 사실을 포함하는 지식 패널이 존재한다. 검색의 목표는 키워드가 불러오는 특정 개체나 개념을 일치시키는 페이지를 반환하는 것이다.

또 다른 형태의 검색인 Google의 음성 검색(Voice Search)은 이미 스마트폰 등에서 널리 보급되어 있다. "Okay, Google"이라고 말하기만 하면 바로 활성화되며, 안드로이드 혹은 iOS 기기에서 음성으로 검색 기능을 제공하고 있다. 이러한 방식의 검색은 빠르기도 하지만, 사람들이 스마트폰에서 타이핑할 때 겪는 어려움을 해결해 준다. 이렇듯 음성 검색을 사용하여 질의를 생성하고, 도움을 요청하고, 길찾기 등의 작업을 수행할 수 있다. 또한

panuwat phimpha/Shutterstock.com

음성을 사용하여 Google 킵(Google Keep)이나 에버노트(Evernote)와 같은 메모장에 미리 알림을 생성할 수도 있다. 몇 가지 사용 예를 들면 다음과 같다.

- 1피트는 몇 인치인지 알려주세요
- 차고 문을 여닫는 장치를 수리하는 방법을 알려주는 동영상을 검색해 주세요
- 신규로 출시될 iPhone의 사진을 보여주세요
- 재향 군인의 날은 언제인가요
- 우리 대학 근처에 맛있는 중식당이 어디 있나요
- 에콰도르의 수도는 어디인가요
- 내일 우유를 사야된다고 알려주세요
- 1월 15일까지 등록금을 납부해야 된다는 것을 상기시켜주세요

디렉토리는 정보를 범주화하는데, 웹 상에는 두 가지 종류의 디렉토리가 있다. 첫째, 검색 엔진이 사용하는 자동화된 크롤러 기반의 디렉토리다. 검색어에 대한 색인을 만들고 크롤러를 사용해서 이러한 용어들을 자동으로 수집한다. 일반적으로 Google, Yahoo, Ask 등이 여기에 속한다. 예를 들어, 어떤 웹 페이지가 변경될 경우 이러한 디렉토리들이 변경 사항을 반영해서 인덱스와 데이터베이스를 자동으로 업데이트한다. 두 번째 유형의 디렉토리는 사람 기반(human powered) 디렉토리이다. 만약 본인의 웹 페이지가 검색 엔진 결과로 나타날 수 있도록 만들기 위해서는 직접 수동으로 해당 키워드를 해당 디렉토리에 제출해야 한다. 따라서 데이터를 수집하기 위해 크롤러를 사용하는 대신 사용자가 데이터를 제공해야 한다. 일단 키워드가 제출되고 나면, 검색 엔진에서 색인이 생성되고 검색 결과에 등록될 수 있다. 주요 차이점은 웹 페이지가 변경되고 나서 디렉토리에 변경 사항을 제출할 때까지 해당 디렉토리에는 업데이트된 콘텐츠가 없다는 점이다. 예를 들면, 오픈 디렉토리(Open Directory)가 두 번째 유형의 디렉토리가 될 수 있다.

크롤러 기반 디렉토리는 색인 용어(index terms)를 기반으로 한다. 마치 우리가 전화번호부에서 사람들의 성이나 이름을 가지고 검색을 하는 것과 같다. 어떤 검색 엔진은 색인 용어 기반 디렉토리 이외에도 비즈니스, 스포츠, 엔터테인먼트, 여행 및 식사와 같은 인기 카테고리를 기반으로 하는 디렉토리를 제공하기도 한다. 여기서 각각의 범주에는 하위 범주가 있을 수 있다. 예를 들어 엔터테인먼트 범주에는 영화, 음악 및 극장과 같은 하위 범주가 포함될 수 있다. 또한 Yahoo! Travel, Yahoo! Finance, 그리고 Yahoo! News 등도 'Yahoo!'의 일반 사용자와 전문가 모두에게 최고로 손꼽히는 하위 디렉토리에 속한다.

7-3 인터넷 서비스

6장에서 배웠다시피 많은 서비스들을 인터넷을 활용해서 제공받을 수 있으며, 이러한 서비스들은 TCP 프로토콜의 애플리케이션 계층에서 작동된다. 예를 들어, TCP/IP에서는 이메일 발송을 위한 SMTP(Simple Message Transfer Protocol)와 메시지를 받는 POP(Post Office Protocol) 등과 같은 이메일 프로토콜이 제공되고 있다. 이외에도 뉴스 그룹이나 토론 그룹, 인스턴트 메시지 서비스, 인터넷 전화 등과 같은 서비스도 있다. 보다 자세한 설명은 다음과 같다.

7-3a 이메일

이메일은 인터넷에서 가장 널리 사용되는 서비스 중 하나이다. 개인 용도 이외에도 기업에서 제품이나 서비스 공지, 결제 확인 및 뉴스 레터 등을 위해 이메일을 널리 활용하고 있다. 또한 고객이 구매한 제품에 대한 영수증이나

거래 계약서 등도 이메일로 보내고 있다. 이렇듯 이메일은 종이를 사용하는 것보다 환경 친화적이며 비용 절감 효과도 거둘 수 있다.

이메일은 크게 두 가지 유형이 있다. 우선 웹 기반 이메일은 어떤 컴퓨터에서든 이메일 계정에 액세스할 수 있으며, 경우에 따라 웹서버에 이메일을 저장할 수도 있다. Microsoft Outlook과 Google Gmail은 웹 기반 이메일 서비스의 대표적인 예가 된다. 또 다른 유형의 이메일은 클라이언트 기반의 이메일로서 컴퓨터에 설치된 이메일 프로그램으로 구성되며 수신된 이메일은 본인의 로컬 컴퓨터에 저장된다. 클라이언트 기반 이메일 프로그램의 예로는 Microsoft Outlook, Mozilla Thunderbird, Apple Mail 등이 해당 된다.

대부분의 이메일 프로그램에는 이메일 관리를 위한 폴더 시스템과 이메일 주소를 저장하는 주소록이 포함되어 있다. 대부분의 주소록에는 자동 완성 기능이 포함되어 있어 받는 사람의 이름을 입력하기만 하면 이메일 주소가 자동으로 채워진다. 또한 여러 사람에게 동시에 이메일을 보내기 위해 메일 그룹을 설정할 수도 있으며, 맞춤법 검사 기능이나 배달 알림 기능 등도 제공하고 있다. 당연히 일반적인 문서뿐만 아니라 멀티미디어 파일을 첨부해서 이메일을 주고받을 수 있다.

7-3b 뉴스 그룹, 토론 그룹

인터넷 공간에서는 다양한 배경과 관심을 가진 많은 사람들에게 엄청나게 다양한 서비스를 제공한다. 그 중에서도 토론 그룹이나 뉴스 그룹은 관심사가 비슷한 사람들이 서로를 찾을 수 있도록 만들어 준다. 이 둘은 서로 비슷하지만, 일반적으로 **토론 그룹(discussion groups)**은 주로 기술적 내용이나 학술적 성격의 특정 주제와 관련된 의견이나 아이디어를 교환하는 목적으로 사용된다. 이 때, 해당 그룹의 회원은 다른 회원들이 읽을 수 있도록 메시지나 기사를 올린다. 반면, **뉴스 그룹(Newsgroups)**은 토론 그룹 보다는 재미나 비즈니스 목적으로 일반적이며 일상적인 주제를 다루고 있다. 예를 들어, 고대 문명에 관심이 있는 사람들을 위한 뉴스 그룹이 있으며, 어떤 사람들은 컴퓨터 프로그래밍이나 디버그를 위한 뉴스 그룹에 가입하기도 한다. 이러한 뉴스 그룹은 전자상거래에서 효과적인 광고 매체 역할도 수행한다.

Discussion groups are usually for exchanging opinions and ideas on a specific topic, usually of a technical or scholarly nature. Group members post messages or articles that others in the group can read.

Newsgroups are typically more general in nature and can cover any topic; they allow people to get together for fun or for business purposes.

Instant messaging (IM) is a service for communicating with others via a private "chat room" on the Internet. It can be a private message between individuals, with a group, or with a broader audience.

또 다른 유형으로는 토론 스레드(discussion threads)가 있다. 즉, 온라인 토론에서 둘 혹은 그 이상의 참여자들 간에 서로 나누는 아이디어나 의견들의 연결 고리들이다. 이 때, 하이퍼텍스트를 사용하면 토론 스레드를 통해 신규 또는 기존 참가자가 언제든지 시작할 수 있으며, 처음부터 지금까지 쭉 연결된 아이디어나 의견을 전체적으로 팔로우할 수 있다. 대표적으로 Reddit, Voat, Quora 등이 토론 스레드에 사용되는 대표적인 플랫폼이다.

Alexey Boldin/Shutterstock.com

7-3c 인스턴트 메시징

인스턴트 메시징(Instant messaging; IM)은 인터넷 공간에서 개인 '채팅룸'을 통해 다른 사람과 통신하기 위한 서비스로서 개인 간 혹은 그룹이나 더 넓은 범위에서 활용 가능한 개인 메신저이다. 대표적으로 Facebook Messenger, WhatsApp Messenger(Facebook 소유), Windows Messenger, Google Chat 등과 같은 다양한 IM이 있으며, 기능들은 서로 조금씩 상이하다. 예를 들어, 어떤 IM은 채팅 목록에 있는 누군가가 온라인

Internet telephony is using the Internet rather than the telephone network to exchange spoken conversations.

Voice over Internet Protocol (VoIP) is the protocol used for Internet telephony.

상태가 되면 바로 알려주며, 또다른 IM은 오디오나 비디오 대화를 위한 기능을 가지고 있다.

대표적으로 Facebook Messenger에는 150,000개가 넘는 챗봇이 있다. 이러한 챗봇은 작업을 자동화하고 데이터 검색을 지원하기 위해 고성능의 유연한 봇을 제공함으로써 사용자의 경험과 생산성을 향상시킨다. 예를 들어, 챗봇이 스스로 알아서 비디오, 오디오 클립, GIF 및 기타 파일 등을 알아서 자동으로 보내기도 한다.

또다른 형태로서 모바일 환경에서 제공되는 Snapchat이라는 IM이 있다. 여기서 사용자는 사진, 비디오, 텍스트, 그림 등을 다른 Snapchat 사용자에게 보내면서 '스냅(Snaps)'으로 만들어 버린다. 현재, Facebook이나 Instagram에도 해당 기능을 제공하고 있다. 즉, 이러한 '스냅'은 흔적을 남기지 않는 것처럼 몇 초 안에 스스로 파괴되어 없어져 버림으로써 영상을 볼 수 있는 시간이 제한된다. 하지만, 화면에 있는 동안은 누군가가 캡처하거나 사진을 찍을 수 있다. 또한 최근에는 해당 스냅의 삭제를 취소하고 다시 사용할 수 있는 도구도 나와 있다. 어떤 경우에는 섹스팅(sexting, 성적으로 문란한 내용의 문자메시지나 사진을 휴대폰으로 전송하는 행위)이나 타인에게 성적 사진을 보내기 위해 snapchat을 사용해서 법적인 문제가 야기되기도 했다.

Snapchat, Instagram, Facebook에서 '스토리(stories)'라는 새로운 기능도 제공한다. Facebook Stories 기능은 문서 정보가 아닌 시각적 정보를 사용하는 일종의 뉴스 피드(news feed)이다. 사용자가 본인의 스마트폰 카메라에 새로운 필터와 효과를 추가하고 평소처럼 Facebook에 게시하는 대신 스토리 섹션을 선택하면 된다.

Many businesses use VoIP to offer hotlines, help desks, and other services at a far lower cost than with telephone networks.

이외에도 대표적인 메시지 시스템으로서 WeChat(중국 Tencent), Popcorn Buzz(일본 Line Corp.), Kik, Allo(Google), 그리고 iMessage(Apple) 등이 있다.

7-3d 인터넷 전화

인터넷 전화(Internet telephony)는 전화 네트워크가 아닌 인터넷을 사용해서 음성 데이터를 전송한다. 이 기능에 사용되는 프로토콜이 바로 **VoIP(Voice over Internet Protocol)**이다. VoIP를 사용하려면 고속 인터넷 연결이 필요하며 마이크나 헤드셋도 갖추어야 한다. 어떤 기업에서는 특수 어댑터를 사용해서 고속 모뎀에 연결해서 일반 전화를 사용할 수 있도록 만들어 준다. 그러면 시내 전화 요금으로 인터넷에 액세스할 수 있기 때문에 국제 전화나 기타 장거리 전화 요금이 훨씬 저렴해진다. 오늘날 많은 기업에서 VoIP를 사용하여 전화망 보다 훨씬 저렴한 비용으로 핫라인이나 헬프 데스크를 포함한 기타 서비스를 제공하고 있다.

VoIP는 기존 공중 전화 교환망(public switched telephone network; PSTN)에서 트래픽의 시작점과 끝점을 라우팅하는데도 사용된다. 유일한 단점은 일반 전화선 만큼 통화 품질이 좋지는 않지만, 지속적으로 품질 향상을 꾀하고 있다. 이렇듯 VoIP는 비용 절감 외에도 다음과 같은 이점을 제공한다.

- 통화 중 회선이 없기에 언제든 연결 가능
- 컴퓨터에서 음성 메일 수신 가능
- 발신자가 발신자 표시를 차단한 경우에도 사용자는 발신자 선별 가능
- 사용자는 전 세계 어디에 있던지 착신 전환 가능
- 사용자는 원하는 담당자(부서)로 바로 전화 연결 가능

7-4 웹 애플리케이션

오늘날 아주 많은 서비스 산업 영역에서 인터넷 관련 기술을 사용해서 보다 경쟁력 있는 가격과 향상된 편의성으로 고객에게 광범위한 서비스와 제품을 제공하고 있다. 인터

넷은 최소한의 비용으로 웹 애플리케이션을 적용할 수 있도록 만들어 줌으로써 기업 현장에서 비용 절감을 위한 중요한 역할을 담당하고 있다. 지금부터 웹 애플리케이션이 어떤 다양한 서비스 산업 영역에서 활용되고 있는지를 살펴보고자 한다.

7-4a 관광 및 여행 산업

관광 및 여행 산업은 전자상거래 웹 애플리케이션의 수혜를 받은 대표적 영역이다. 다수의 여행 관련 웹사이트에서 항공이나 크루즈 예약, 호텔이나 렌터카를 예약할 수 있다. Expedia.com, Travel.com, Travelocity.com, Priceline.com, Hotels.com, Google.com/flights/ 및 Yahoo! Travel 등에서 다양한 종류의 여행이나 관광 서비스를 제공하고 있다. 이외에도 Trip Advisor(www.tripadvisor.com)에서는 호텔, 리조트, 항공, 휴가 패키지, 여행 가이드 등에 대한 리뷰와 정보를 제공하고 있다.

7-4b 출판 산업

미국과 유럽 등지의 많은 주요 출판사는 앞으로 출간될 도서 정보, 샘플, 온라인 주문, 특정 주제나 저자 검색을 위한 기능을 제공하는 웹 사이트를 운영하고 있다. 어떤 출판사에서는 90일 동안 온라인에서 무료로 읽을 수 있는 책을 제공하거나 전자책 버전을 판매하고, 일부 모듈만을 선택해서 구입할 수 있도록 한다.

출판에서 웹의 혁신적인 응용은 본 교재의 발행처인 Cengage Unlimited의 Cengage Learning에서 바로 찾아볼 수 있다. 학생들에게 저렴한 비용으로 모든 디지털 학습 플랫폼, 전자책, 온라인 과제, 그리고 기타 학습 도구에 대한 주문형 액세스를 한 곳에서 제공하는 최초의 디지털 구독 서비스이다((https://www.cengage.com/unlimited/).

7-4c 고등 교육 산업

대부분의 대학에는 자체 웹사이트를 통해 학과 정보, 관련 교수 프로그램, 교수진 및 기타 학술 정보를 제공하고 있다. 또한 예비 학생들에게 캠퍼스 가상 투어를 제공하기도 하고, 많은 대학에서 인터넷을 통해 전체 학위 프로그램을 제공하는 온라인 부서가 따로 존재하기도 한다. 온라인 학위 프로그램은 개인의 사정에 의해 학교에 다닐 수 없는 학생들도 수업에 등록할 수 있도록 하기에 등록 감소에 직면한 대학에 유용한 수단이 되기도 한다. 해당 대학은 온라인 수업을 통해 출장비와 관련되어 상대적으로 저렴한 비용으로 유명 강사를 초빙하고 전문 세미나를 제공하기도 한다. 또한 인터넷을 통해 다양한 전문 자격증 프로그램을 제공함으로써 먼거리에 거주하거나 정규 수업을 듣기 힘든 학생들에게는 좋은 선택이 될 수 있다.

오늘날 대학의 숫자는 점점 늘어나고, 관련 온라인 교육 프로그램도 기하급수적으로 늘어나는 마당에 다음과 같은 흥미로운 문젯거리도 제기될 수 있다. 즉, MOOC(massive open online courses)이 과연 기존 대학 시스템을 대체할 수 있을 것인가에 대한 의문이다. 이에 대한 대답은 물론 '아니오'다. MOOC는 교육에 있어 비용을 낮추고 유연성을 제공하지만, 기존 캠퍼스 기반 교육이 보유한 개인적인 접촉과 물리적 상호작용을 제공하기 힘들다. 그렇기 때문에 MOOC는 재교육이나 직업 관련 전문 자격증 과정이나 기술 향상을 위한 교육에 보다 더 적합하다. 앞으로는 교육과 학습의 혼합 모델 혹은 하이브리드 모델이 나타날 가능성이 높다. 따라서 해당 모델을 활용해서 일부는 온라인 과정으로 일부는 캠퍼스에서 진행되며 이들 간의 경계는 앞으로 몇 년 후에는 모호해 질 것이다. 'Coursera' 혹은 '2U'와 같은 기업에서 온라인 학위 비즈니스를 통해 꾸준한 성장을 달성했으며, Coursera의 시장 가치는 2019년 4월 기준으로 10억 달러를 넘어섰다.

7-4d 부동산

현재 부동산 웹사이트로부터 수백만 개의 최신 부동산 매물 정보를 실시간으로 제공받을 수 있다. 지금 바로 원하는 지역이나 대학가 부동산 시세를 확인할 수 있으며, 해당 사이트를 통해 중개업자와 연결되고 제공된 정보를 토대로 부동산 매매가 성사된다. 또한 매물로 나온 부동산에 대해 가상 투어(virtual tour)를 통해 직접 가지 않고서도 매물을 확인할 수 있다(14장에서 가상 현실 기술을 다룰 예정임). 이외에도 부동산 감정, 학군 분석, 대출, 인테리어 관련 정보 등도 제공하고 있다. 주요 부동산 웹사이

Gil C/Shutterstock.com

트로는 Remax(www.remax.com), Century 21(www.Century21.com), Prudential(www.prudential.com), ERA(www.era.com), Zillow(www.zillow.com) 등이 있다. 대표적으로 Zillow는 주택 관련 다양한 의사결정을 내리는데 도움을 주는 주택 및 부동산 플랫폼이다. 부동산 관련 의사결정을 단순화 시켜주는 모바일 앱도 존재한다. 예를 들어, HomeSnap은 iPhone에서 작동되는 무료 앱으로서 부동산 유통 시스템인 MLS(Multiple Listing Service) 및 공개 기록 데이터를 사용하여 시장 안팎의 주택 가격 및 기타 정보를 제공한다. Redfin은 전자상거래를 통해 매입자가 웹 사이트를 통해 직접 부동산에 입찰할 수 있도록 함으로써 주택 구매를 할 수 있도록 지원한다.

7-4e 고용 서비스

인터넷에서 널리 이용 가능한 서비스 중의 하나가 고용 관련 서비스이다. 예를 들어 LinkedIn이나 Monster에 대해 이미 들어봤을 것이며, 해당 사이트는 구직자들에게 다음과 같은 포괄적인 서비스를 제공하고 있다.

- 경력 관리를 위한 전문가 조언 및 진단
- 전문가 수준의 이력서 작성 지원
- 구직 튜토리얼
- 이력서 게시 및 배포
- 업종별, 지역별, 혹은 기타 카테고리별 검색
- 채용박람회 관련 정보
- 본인에게 어울리는 직업을 찾기 위한 직무 테스트
- 예상 급여 계산

7-4f 금융 관련 산업

미국 및 캐나다를 비롯한 전세계 많은 은행과 신용조합과 같은 여타 금융 관련 기관에서 온라인 뱅킹 서비스를 제공하고 있으며, 고객에게 고객 계좌 정보나 각종 재무 보고서 등도 온라인을 통해 제공하고 있다. 은행 입장에서 이메일은 전화 비용이나 우편 요금 등과 같은 통신 시간과 비용을 줄여준다. 고객 입장에서도 언제든 본인의 최신 계좌 정보를 확인하고 잔액을 조회할 수 있다. 하지만, 이러한 장점들이 많음에도 불구하고 실제 소비자 측면에서의 수용은 빠르지 못했다. 향후 안전한 전자금융 시스템이 지속적으로 광범위하게 구축된다면, 소비자들의 걱정을 덜어주는데 도움이 될 것으로 기대된다. 예를 들어, 5장에서 설명한 디지털 서명은 관련 당사자의 진위를 보장하고 암호화된 문서가 전송 중에 위변조 되지 않았음을 확인하는 전자 수단을 제공하는 핵심 기술이다.

인터넷을 통해 이용할 수 있는 대표적인 뱅킹 서비스는 다음과 같다.

- 24시간 이메일을 통한 고객 서비스 제공
- 현재 및 과거의 거래 내역 조회
- 온라인 모기지 신청
- 저축 계획 설계, 모기지 프로그램 선택, 온라인으로 보험 견적 받기 등 대화형 금융 서비스 제공
- 온라인 대출 상담 및 신용 카드 관련 업무 처리
- 신용카드 결제 계좌 및 청구서 발행
- 자금 이체
- 수표에 대한 디지털 사본 조회

7-4g 소프트웨어 출시 및 배포

오늘날 대부분의 소프트웨어 개발 업체에서는 인터넷을 통해 드라이버나 패치 업데이트는 물론 신규 소프트웨어에 대한 출시 및 배포까지도 진행된다. 예를 들어, 바이러스 백신 공급업체는 새로운 바이러스 및 웜에 대한 업데이트를 다운로드 할 수 있도록 지원하고 있다. 일반적으

로 패치, 업데이트 및 신규 브라우저와 같은 작은 프로그램은 빠르고 쉽게 다운로드할 수 있다. 반면, Microsoft Office Suite와 같은 대용량 프로그램 같은 경우는 일반적으로 다운로드 시간이 많이 소요되기에 인터넷을 통해 배포되지 않는다.

소프트웨어를 출시하거나 배포할 때, 온라인 저작권 보호 체계를 개발하는 것은 정말 중요하다. 사용자가 다운로드한 소프트웨어를 "잠금 해제(unlock)"하기 위해 암호화 코드가 필요할 때는 백업이 불가능한 경우도 있다. 이렇듯 해결해야 될 문제점이 있음에도 불구하고, 현실적으로 온라인 소프트웨어 배포는 저렴하고 편리하며 신속한 소프트웨어 판매 방식을 제공함은 사실이다.

7-4h 헬스케어

인터넷에 저장된 환자 기록을 통해 의료 기관 종사자는 검사내용을 조회하고, 처방전을 처리하며, 환자를 병원에 입원시키거나 다른 의사에게 의뢰할 수도 있다. 또한 테스트 및 상담 결과는 자동으로 환자 기록에 전송됨으로써 환자 정보는 하나의 중앙 처리 센터에서 액세스할 수 있다. 이를 통해 해당 환자가 어디에 있던지 주요 건강 정보를 탐색함에 있어 빠르고 효율적인 방식을 제공한다. 하지만, 이러한 시스템에는 개인정보에 대한 프라이버시, 정보의 정확성, 그리고 정보의 최신성 등과 같은 잠재적인 문제를 안고 있다. 현재 대표적인 헬스케어 관련 웹사이트는 다음과 같다.

- Yahoo! Lifestyle *(https://www.yahoo.com/lifestyle/)*
- National Institutes of Health (NIH) *(www.nih.gov)*
- WebMD *(www.webmd.com)*
- MedicineNet *(www.medicinenet.com/script/main/hp.asp)*

헬스케어 웹사이트가 가지고 있는 또다른 장점은 다음과 같다. 예를 들어 원격 의료를 통해 의료 전문가는 원격 상담, 진단 및 회의를 수행할 수 있기에 사무실 간접비나 출장 비용을 절약할 수 있다. 원격 의료 프로그램의 일환으로, 최근 상원 법안에서는 의사 및 기타 의료 제공자에게 Medicare 환자를 위한 온라인 상에서의 진료를 할 수 있도록 Facetime과 같은 화상 채팅을 사용할 수 있도록 허용하고 있다. 물론 앞으로 농촌 지역과 같은 곳에 거주하는 환자들도 용이하게 접근할 수 있도록 노력해야 한다. 이러한 개인 건강 정보시스템(personal health information systems; PHIS)은 대화형 의료 장치로서 일반인들도 사용할 수 있다. 인터넷에 연결된 컴퓨터가 쇼핑몰에 있는 키오스크를 활용하는 것처럼 환자에게 다양한 질문을 통해 진단을 수행할 수 있으며, 해당 시스템은 특정 질병에 대한 조기 발병을 감지하는데 유용하다.

또한 인터넷 공간에서 주요 병원의 전문의가 원격으로 환자를 진료할 수 있도록 만드는 가상 의학(virtual medicine) 분야도 주목받고 있다. 텔레프레즌스 수술(Telepresence Surgery)은 외과 전문의가 물리적으로 어디에 있던지 간에 수술을 집도할 수 있도록 도와준다. 로봇은 의사가 인터넷을 통해 전송한 디지털 정보를 기반으로 수술을 진행한다. 해당 로봇에는 외과 의사를 위해 3차원 이미지를 생성하는 입체 카메라가 장착된 가상 현실 고글과 해당 의사에게 위치 정보를 전송하는 센서가 있다. "Electronic Health Records Pay Off for Kaiser Permanente" 사례는 이러한 내용을 다루고 있다.

7-4i 정치

많은 정치 후보자들은 웹 공간에서 자신의 선거 공약과 같은 정치 캠페인을 벌인다. 해당 사이트에서 후보자의 플랫폼을 운영하고, 선거 기록을 공개하고, 예정된 출연이나 토론 등에 대한 공지를 게시하고, 후원 등 캠페인 기금

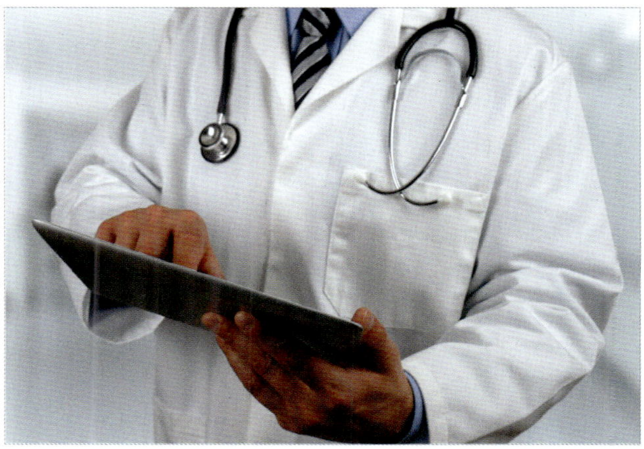
Brian A. Jackson/Shutterstock.com

Electronic Health Records Pay Off for Kaiser Permanente

FINANCE | TECHNOLOGY IN SOCIETY | APPLICATION | REFLECTIVE THINKING

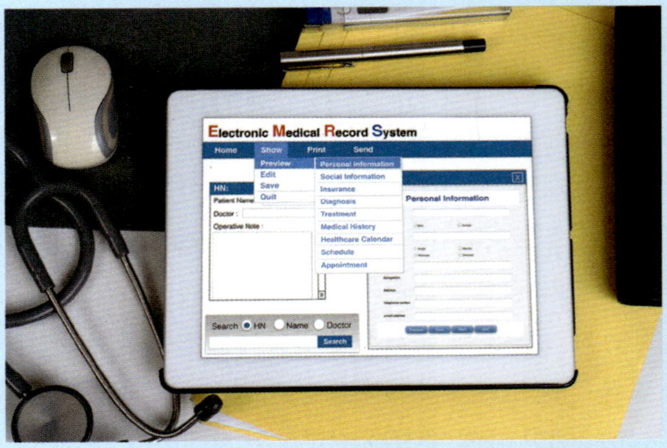

pandpstock001/Shutterstock.com

InfoWorld의 기사에 따르면, 2009년 미국 병원의 9%만이 기본적인 형태의 전자 건강 기록(EHR)을 사용했지만, 오늘날 그 상황은 변하고 있다. 예를 들어, 900만 명이 넘는 회원을 보유한 의료 관리 컨소시엄인 Kaiser Permanente에서 2010년에 온전하게 가동되는 EHR 시스템을 만들었다. 당시 Kaiser는 시스템을 구현하는 데 10년이 걸렸고 총 비용은 40억 달러(구성원당 444달러)였다.

모든 의료 담당 부서와 모든 환자를 포괄하는 Kaiser 시스템을 Health Connect라고 부른다. 해당 시스템은 데이터 마이닝 및 분석을 통해 환자 서비스를 개선하고 비용을 절감하고 있다. 예를 들어, 해당 시스템은 환자에게 특정 검사가 필요함을 권고하기도 하고, 처방을 다시 내릴 수 있도록 상기시켜 준다. Kaiser의 통계에 따르면, 일반적으로 환자에게 가해지는 중복 검사는 총 의료 비용의 약 15~17%에 달하는데, 이러한 Health Connect를 통해 엑스레이 및 응급실 방문을 포함한 모든 환자의 의료 기록을 통합함으로써 해당 비용을 절감시켜 준다. 또한 이 시스템을 통해 환자는 본인의 iOS 및 Android 모바일 장치에서 의료 기록(검사 결과 포함)을 확인할 수 있으며, 해당 시스템을 통해 담당 의사에게 직접 문의 메일을 보낼 수도 있다. Kaiser는 차세대 EHR 시스템으로서 최신 모바일 기술이 적용된 Health360을 이미 선보였다.

질문 및 토론

1. Kaiser Permanente에서 전자 건강 기록의 두 가지 애플리케이션은 무엇인가?
2. 전자 의료 기록 시스템이 병원 조직의 비용 우위를 달성하는 데 어떤 도움이 될 수 있는가?

을 모으고 있다. 과거 Barack Obama 전 미국 대통령의 1, 2차 대선 캠페인에서 웹 사이트를 통한 모금액을 보면 이러한 사이트가 얼마나 성공적인 도구가 될 수 있는지 여실히 드러났다.

또한 인터넷이 유권자에게 권한을 부여하고 민주적 절차를 활성화하는 데 도움을 준다고 보는 사람들도 많다. 예를 들어, 정치 관련 이슈에 대해 웹 사이트를 사용하면 특정 후보자의 입장을 훨씬 쉽게 알 수 있으며, 온라인 투표를 통해 과거에는 투표소에 갈 수 없었던 사람들까지 보다 쉽게 투표할 수 있도록 만들어 준다. 하지만, 정부관련 웹사이트에 대한 해킹, 투표 기계장치와 관련된 보안 문제, 가짜 뉴스, 그리고 최근 이슈가 되고 있는 딥 페이크(이미지 합성기술을 통해 진짜처럼 보이고 들리는 가짜 비디오 혹은 오디오) 등을 포함해서 극복해야 하는 문제들도 산재되어 있다.

또한 의원들이 자신들의 지역구에 머물면서 유권자들과 가깝게 지낼 수 있고 온라인 시스템을 통해 법안에 투표할 수도 있다. 이러한 경우 엄격한 ID 시스템이 마련되어야 하며, 생체인식 보안 수단이 사용될 가능성이 높다. 현재 미 하원은 계류 중인 모든 법안을 온라인에 올리려고 하고 있으며, 대통령 문서, 행정 명령 및 기타 자료는 백악관 웹사이트에서 볼 수 있다. 또한 연설문, 선언문, 언론 브리핑, 대통령 일정, 국가 예산, 의료 보험 개혁 문서, 대통령 경제 보고서(Economic Report of the President)의 전체 텍스트 버전도 탑재되어 있다.

7-5 인트라넷

인터넷으로 가능해진 많은 응용 프로그램과 다양한 서비스는 인트라넷 구축을 통해 기업 내 사용자들에게 그대로 제공될 수 있다. **인트라넷(intranet)**은 다양한 비즈니스 활동을 지원하기 위해 정보 수집, 저장, 배포 등을 수행할 수 있는 인터넷 프로토콜 및 관련 기술(예: FTP(File Transfer Protocol), SMTP 등을 포함하는 TCP/IP)을 사용하는 조직 내 네트워크다. 즉, 인트라넷은 기업 포털로서 영업, 고객 서비스, 인적 자원 관리, 마케팅 등과 같은 비즈니스 활동을 지원한다. 이 때, 기업의 웹 사이트와 인트라넷의 차이점을 알아야 하는데, 가장 큰 차이점은 기업의 웹 사이트는 일반적으로 외부에 공개되는 반면, 인트라넷은 직원 내부용으로 사용된다. 물론, 많은 기업에서 신뢰할 수 있는 비즈니스 파트너 간에는 기밀 정보를 보호할 수 있는 암호나 다른 인증 방법을 통해 상호 인트라넷에 접근할 수 있도록 허용하고 있다.

인트라넷은 과거 기업에서 자체 데이터베이스나 그룹웨어 혹은 개별 워크플로우 프로그램을 통해서 가능했던 업무 처리 문제를 인터넷 기술을 활용해서 해결해준다. 이러한 인트라넷은 동일한 물리적 연결을 사용하지만 LAN과는 다르다. 인트라넷은 조직 내 컴퓨터 네트워크를 사용하는 응용 프로그램 혹은 서비스 일체를 지칭한다. 즉, 인트라넷은 물리적으로는 기업 내부에 위치하고 있지만, 원격 사용자가 인터라넷의 정보에 접근할 수 있도록 전 세계로 확장가능하다. 하지만, 보안상의 이유로 이러한 접속을 신중하게 검토하고, 제한해야 하기 때문에 일반적으로 인터라넷은 방화벽 뒤에 설치되어 있다.

An **intranet** is a network within an organization that uses Internet protocols and technologies (e.g., TCP/IP, which includes File Transfer Protocol [FTP], SMTP, and others) for collecting, storing, and disseminating useful information that supports business activities, such as sales, customer service, human resources, and marketing.

그림 7.2에 나와 있듯이 전형적인 인트라넷 구성을 보면, 조직의 사용자는 모든 웹서버에 접근할 수 있지만, 시스템 관리자는 개별 사용자별로 접근 수준을 정의해야 한다. 조직 구성원들 간 서로 통신할 수 있으며, 해당 부서별 웹서버에 정보를 게시할 수 있다.

이 때, 부서별 웹서버를 사용해서 웹 사이트를 호스팅할 수도 있다. 예를 들어 인사부에는 자체 웹 사이트 구축을 통해 복리후생 혹은 퇴직금 정보와 같이 직원들이 자주 방문하는 정보를 담을 수 있다. 마찬가지로 마케팅 부서에서는 최신 제품 정보가 있는 웹 사이트가 있을

그림 7.2 - 인트라넷 아키텍쳐의 간단한 예시

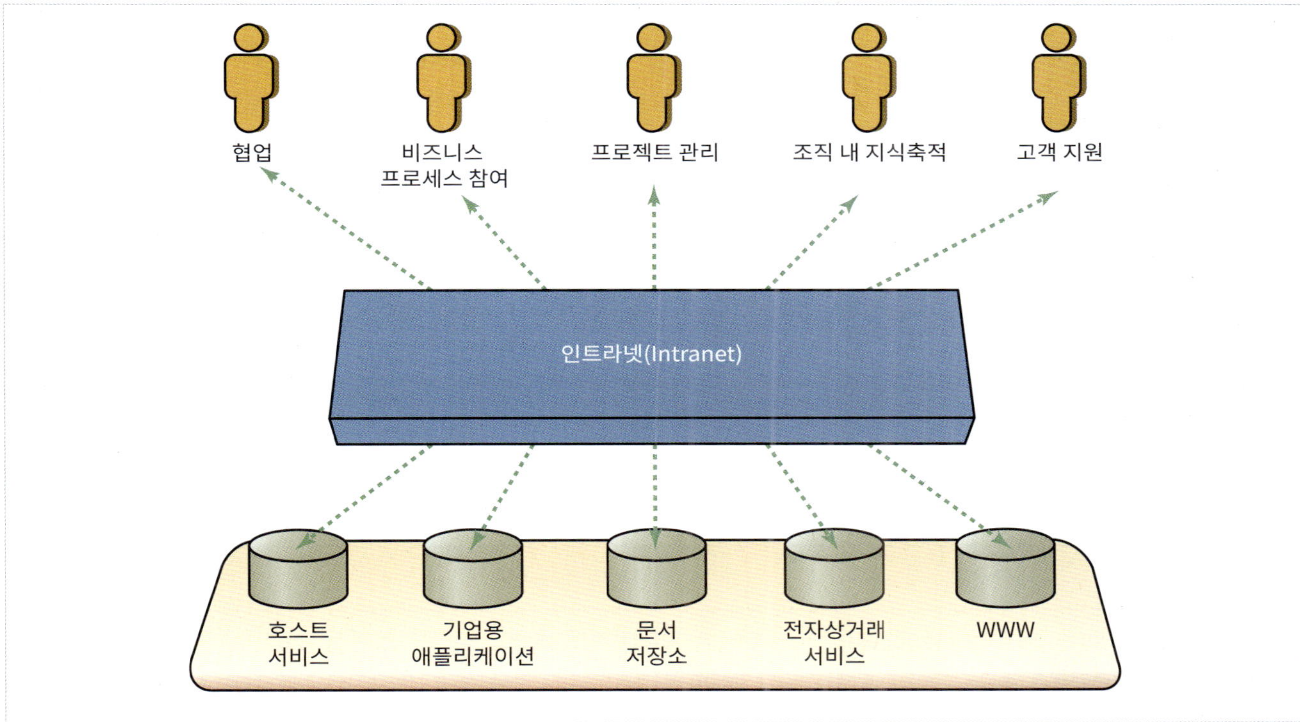

수 있으며, 해당 인트라넷에서 중요한 사이트를 북마크 할 수도 있다.

7-5a 인터넷과 인트라넷

인터넷과 인트라넷의 가장 큰 차이점은 인터넷은 공용 네트워크인 반면, 인트라넷은 사설 네트워크이다. 즉, 인터넷은 누구나 접근할 수 있지만, 인트라넷에는 허가된 특정 사용자만 접근할 수 있다. 표 7.2에 인터넷과 인트라넷의 주요 차이점을 요약하였다.

이러한 차이점에도 불구하고 둘 다 TCP/IP라는 동일한 프로토콜인 사용하고 있으며, 정보 접근을 위한 브라우저가 필요하다. 또한 Java 언어와 같이 애플리케이션 개발을 위해서 유사한 언어를 사용하고 있으며, 처리되는 파일 형식도 유사하다.

인트라넷의 장점은 기업 내에서 사용되는 브라우저를 통제할 수 있기에 인터넷 전화 또는 화상 회의와 같이 기업 목적용 기술을 지원하는 브라우저를 특정화 할 수 있다. 또한 문서 등을 처리함에 있어서도 인트라넷은 사용자의 브라우저에 동일한 형태로 제시되는 반면, 인터넷에서는 특정 웹 페이지가 모든 사용자에게 동일한 방식으로 표시된다고 보장할 수 없다. 또한 인트라넷을 통해 회사 내에서 MS Office나 DBMS 등과 같은 소프트웨어를 공유할 수도 있다.

7-5b 인트라넷의 애플리케이션 소프트웨어

인트라넷이 성공적으로 잘 구축되면 다음과 같은 유형의 정보를 조직 전체에 적시에 제공함으로써 조직의 효율성과 효과성을 높일 수 있다.

- ***인사 및 조직 관리*** - 퇴직 및 연금 계획, 경조사 관련 업무, 기업의 비전과 정책, 채용 공고, 의료 혜택, 각종 오리엔테이션 자료, 온라인 교육 자료, 회의록, 휴가 계획 등
- ***영업 및 마케팅*** - 마케팅 채널 관리, 경쟁사 관련 정보, 고객 정보, 주문 추적 및 할당, 제품 정보 등
- ***생산 및 운영*** - 각종 장비 및 재고 정보, 시설 관리, 최신 산업 동향, 제품 카탈로그, 프로젝트 정보 등
- ***회계 및 재무*** - 예산 계획, 각종 회계 관련 보고서 등

인트라넷은 기업에서 스케줄 기반 혹은 달력 기반의 문서 관련 업무처리 방식에서 이벤트 기반 혹은 요구 사항 기반으로 처리하는 방식으로 전략을 전환하는데 도움이 되기도 한다. 예를 들어 과거에는 기업에서 보통 1년에 한 번 정도 직원 핸드북을 발행하고 나면, 조직 개편과 같이 업데이트가 필요한 주요 변경 사항이 발생하더라도 이듬해까지는 이를 업데이트하지 않았다. 혹은 주요 업데이트 문서가 발생될 경우 해당 기업의 직원은 업데이트된 내용을 본인의 바인더에 끼워 넣어야 했다. 당연히 바인더 방식으로 처리하는 것은 불편하고 사용하기도 어려운 옛날 방식이다. 하지만, 인터라넷을 활용하면 정해진 일정이 아닌 해당 기업에서 발생되는 이벤트에 즉각적으로 대응해서 즉시 업데이트가 가능하다.

아울러 인트라넷은 문서 작성 비용과 시간도 줄여준다. 예전에는 문서 제작을 위해서는 콘텐츠를 만들고, 초안 제작 및 수정과정을 거치고, 전자 출판을 위해 해당 콘텐츠를 보내고, 복제와 배포 등과 같은 여러 단계를 거쳤다. 하지만, 인트라넷은 복제 및 배포 단계를 건너뛰고 바로 해당 애플리케이션으로 보냄으로써 출판 단계를 간소

표 7.2 인터넷과 인트라넷 비교

주요 특징	인터넷	인트라넷
사용자	누구나	인가 받은 사람만
지리적 범위	제한 없음	제한적일 수도 있음
속도	인트라넷 보다 느림	인터넷 보다 빠름
보안	인트라넷 보다 취약	인터넷 보다 강력하지만, 사용자 접속은 보다 제한적

10 Best Intranets of 2019

FINANCE | TECHNOLOGY IN SOCIETY | APPLICATION | GLOBAL

Nielsen Norman Group은 매년 세계 최고의 인트라넷 상위 10개를 발표한다. 순위를 매기기 위해 다음과 같은 몇 가지 기준이 있다. 예를 들어, 이동성, 소셜 기능, 개인화 및 맞춤화 정도, 고품질 이미지 및 그래픽 제공, 사용자 지원 등이 포함된다. 이러한 인트라넷은 직원이 업무를 수행하는 데 필요한 에플리케이션과 정보에 쉽게 접근할 수 있도록 함으로써 디지털 작업 공간의 허브 역할을 점점 더 많이 하고 있다. 무엇보다 콘텐츠의 최신성이 매우 중요하기에 수상 기업들은 설계 단계에서부터 이를 매우 중요시 여겨 구현하였다. 해당 기업들의 인트라넷 지원 범위는 직원 숫자로는 1,200~380,000명 정도이며, 평균 72,330명이다. 2019 수상자를 알파벳 순으로 나열하면 다음과 같다.

- 3M(미국), 기술 관련 복합 기업
- Anthem, Inc.(미국), 미국 최고의 건강 보험 제공 업체
- BHP Billiton Limited(호주), 세계 최대 광산 업체
- Duke Energy(미국), 미국 최대 전력 지주 회사 중 하나로서 약 740만 명의 미국 고객에게 전기 공급
- EBRD(European Bank for Reconstruction and Development)(영국), 유럽 부흥 개발 은행으로서 3개 대륙에 걸쳐 민간 경제 부분의 지원을 위해 금융 상품과 자문 서비스를 제공하는 국제적 다자간 개발 은행
- Flight Center Travel Group(호주), 휴가, 여행, 비즈니스 트립을 전문으로 하는 세계 최대의 독립 여행사
- IBM(International Business Machines Corporation)(미국), 미국의 다국적 기술 관련 기업
- Lamprell Energy Limited(아랍에미리트), 해양 및 육상 석유 및 가스 및 재생 에너지 산업 뿐만 아니라 제조, 엔지니어링 및 공급 계약 서비스를 제공하는 선두 업체
- Messer Construction Co.(미국), 직원 소유의 건설 기업이자 일반 계약업체
- Norwegian Government Security and Service Organization(Norway), 노르웨이 정부 내 공유 서비스 조직

질문 및 토론

1. 최고의 인트라넷은 어떻게 선발되는가?
2. 해당 수상 기업들이 다른 기업에 비해 대비 차별화된 요소와 특징은 무엇인가?

화할 수 있다. 다음의 사례에는 2019년 인트라넷이 성공적으로 구축된 세계 상위 10개 기업이 나열되어 있다.

7-6 엑스트라넷

엑스트라넷(extranet)은 인터넷과 웹 기술을 활용해서 비즈니스 파트너들의 인트라넷을 연결해서 조직 간 혹은 개인 간 통신을 가능하도록 만들어 주는 보안 네트워크이다. 그렇기 때문에 엑스트라넷은 일종의 조직 간 시스템(interorganizational system; IOS)으로 간주되며, 비즈니스 파트너 간의 정보 교환을 용이하게 만들어 준다. 전자 자금 이체(EFT)나 이메일과 같은 시스템의 일부 기능은 전자상거래에서 뿐만 아니라 전통적인 비즈니스에서도 이미 사용되어 왔다. 대표적으로 과거에 활용되었던 전자 문서교환(EDI)은 조직 간 시스템(IOS)의 대표적인 예가 될 수 있다.

앞서 언급했듯이 어떤 기업에서는 고객과 비즈니스 파트너가 특정 목적을 위해 인트라넷에 접근할 수 있도록 허용한다. 예를 들어, 공급자는 재고 상태를 확인하기를 원할 수 있고, 고객은 자신의 계정 잔액을 확인하고 싶어 한다. 또한 기업에서는 인트라넷의 일부를 엑스트라넷을 통해 외부 당사자가 접근할 수 있도록 한다. 당연히 종합적인 보안 조치는 인가된 사용자나 신뢰

An **extranet** is a secure network that uses the Internet and Web technologies to connect intranets of business partners so communication between organizations or between consumers is possible.

그림 7.3 - 엑스트라넷 아키텍쳐의 간단한 예시

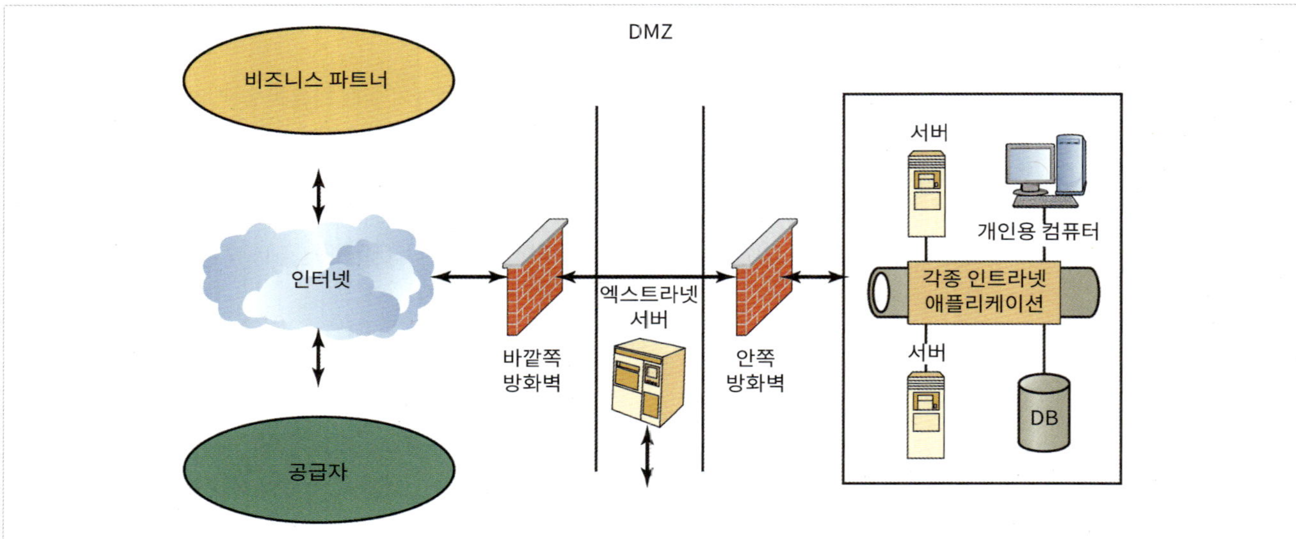

할 수 있는 비즈니스 파트너에게만 접근 권한이 부여될 수 있도록 해야 한다. 그림 7.3에서 엑스트라넷의 간단한 형태를 도식화하였다. 해당 그림에서 DMZ는 조직 내 LAN과 분리된 네트워크 영역의 비무장 지대를 나타내며 여기에 엑스트라넷 서버가 배치되어 있다. 또한, 표 7.3에서 인터넷, 인트라넷, 엑스트라넷을 비교한 것을 표로 요약하였다.

엑스트라넷과 관련된 수많은 활용 사례가 있다. 예를 들어, Toshiba America, Inc.는 적시에 주문 입력 처리를 위한 엑스트라넷을 구축했다. 해당 엑스트라넷을 통해 300명 이상의 딜러가 익일 배송을 위해 전날 오후 5시까지 부품을 주문할 수 있다. 또한 해당 딜러는 미수금 잔액 및 가격 정보, 언론사의 보도 자료도 실시간으로 확인할 수 있다. 이러한 보안 시스템을 통해 비용은 줄이고 고객 서비스는 개선될 수 있었다.

엑스트라넷의 또 다른 예는 Federal Express Tracking System(www.fedex.com)이다. FedEx는 엑스트라넷을 사용하여 정보를 수집하고 인터넷을 통해 해당 정보를 고객에게 제공한다. 즉, 고객은 화물의 추적 번호를 입력하기만 하면 시스템 상에 등록된 모든 화물을 찾을 수 있을 뿐만 아니라 시스템 상에서 배송 양식을 입력하고, 인쇄하고, 추적 번호를 받고, 픽업을 예약할 수도 있다.

엑스트라넷은 기업의 인터네트워킹 비용을 줄여줄 뿐만 아니라 기업에 경쟁 우위를 제공함으로써 이익 증대를 가져온다. 그러나 성공적인 엑스트라넷 구축을 위해서는 종합보안시스템과 관리 통제가 요구된다. 이러한 보안 시스템 내에는 접근 제어, 사용자 기반 인증, 암호화, 감사 및 보고 기능 등이 포함되어야 한다.

엑스트라넷은 인트라넷이 기업에 제공하는 이점과 동일한 이점을 제공하지만, 다음과 같이 엑스트라넷 만이 가지고 있는 이점도 있다.

- ***조정(Coordination)*** - 공급업체, 유통업체 및 고객과 같은 비즈니스 파트너 간의 조정 역할을 수행할 수 있다. 즉, 중요한 정보를 신속하게 제공함으로써 지체

표 7.3 인터넷, 인트라넷, 엑스트라넷의 비교

	인터넷	인트라넷	엑스트라넷
접근	공공	사설	사설
정보	일반적 정보	전형적인 기밀 정보	전형적인 기밀 정보
사용자	누구에게나	조직내 구성원에게만	해당 기업, 사용자, 혹은 조직과 관련된 그룹

없이 의사결정을 내릴 수 있도록 한다. 예를 들어, 제조업체는 현재의 재고 상태를 확인해서 제조 스케줄을 조정할 수 있다.

- ***피드백(Feedback)*** - 고객 및 다른 비즈니스 파트너들로부터 즉각적인 피드백을 기업에 제공하고, 소비자는 새로운 제품이나 서비스가 시장에 출시되기 이전에 의견을 제공할 수 있는 기회를 가질 수 있다.
- ***고객 만족도(Customer satisfaction)*** - 고객을 기업과 직접 연결시킴으로써 제품 및 서비스에 대한 추가 정보 획득 및 거래 성사가 이루어진다. 고객은 신속한 B2B(기업 간 거래) 거래를 통해 온라인으로 제품을 주문할 수 있다. 즉, 전자상거래는 엑스트라넷의 대표적인 수혜자로 볼 수 있다.
- ***비용 절감(Cost reduction)*** - 공급망 상에 존재하는 기업들에게 정보를 제공하고 재고 비용을 줄일 수 있다. 예를 들어, Mobil Corporation은 유통업체가 직접 구매 주문을 넣을 수 있는 엑스트라넷을 구축함으로써 거래의 효율성을 높이고 신속한 제품 및 서비스를 제공하였다.
- ***민첩한 커뮤니케이션(Expedited communication)*** - 주요 정보 접근을 위한 인터라넷 연결을 가능하도록 함으로써 커뮤니케이션을 향상할 수 있다. 예를 들어 여행 중인 영업 사원이 영업 회의에 참석하기 전에 원격으로 최신 제품 정보를 얻을 수 있다.

7-7 웹의 미래

지금까지 발전해온 웹 애플리케이션 세대는 다음과 같이 나눌 수 있다 : Web 1.0(정적 콘텐츠), Web 2.0(동적 콘텐츠), Web 3.0(시맨틱 웹). 표 7.4에서 Web 2.0과 Web 3.0이 가진 다양한 특징을 비교하고 있다.

Web 3.0의 주요 특징에는 시맨틱 웹, 인공 지능, 3D 그래픽, 웹 연결성 및 유비쿼터스가 포함된다. 시맨틱 웹은 사용자가 웹에 보다 지능적으로 접근할 수 있도록 개인화 서비스를 제공한다. 즉, 사용자 본인이 아니라 컴퓨터가 웹에서 정보를 찾고, 결합하고, 그에 따른 행동을 수행한다. Web 3.0은 다양한 인공 지능 기술을 사용하는 "지능형" 웹 애플리

Web 3.0 focuses on "intelligent" Web applications using various artificial intelligence technologies.

표 7.4 Web 2.0과 Web 3.0 비교

특징	Web 2.0	Web 3.0
사용자들 간의 상호작용	대부분 읽고-쓰기용	이동성 및 개인용 추구
초점	커뮤니티	개인
정보 공유 형태	블로그, 위키	라이브 스트리밍
콘텐츠	공유	통합
애플리케이션	웹 애플리케이션	스마트 애플리케이션
정보 전송	태깅(tagging)	사용자 행동
광고 기법	클릭당 비용	사용자 참여
광고 모드(방식)	상호작용 기반	행동 기반
콘텐츠 에디팅	위키피디아	시맨틱 웹
데이터 표현 및 프로그래밍 언어	XML/RSS	RDF*/OWL**

* RDF: Resource Description Framework, current W3C standard to represent data on the Web.
** OWL: Web Ontology Language, a Web language that is designed to process and integrate information over the Web.

케이션에 중점을 둔다(13장에서 설명 예정). 여기에는 자연어 처리, 인공 신경망 및 지능형 에이전트가 포함된다. Web 3.0에서의 목표는 온라인 검색과 처리에 대한 요청을 사용자의 검색 패턴, 선호도, 혹은 니즈에 맞춰서 진행하는 것이다. 이미 Microsoft의 Bing과 Google Search에서 Web 3.0 관련 기능을 제공하고 있다. 지금부터 웹 트렌드의 몇 가지 주요 기능과 애플리케이션에 대해서 살펴볼 것이다.

7-7a 블로그

블로그(blog : Weblog의 줄임말)는 타인들에게 자신의 견해나 주장을 일기처럼 업데이트하는 저널 혹은 뉴스레터의 일종이다. 블로그는 작성자의 성격을 반영하며 사회적 혹은 정치적 문제에 대한 철학적 반성과 의견까지 포함할 수 있다. 또한 단순히 가족이나 친구들 간에 서로 연락을 유지하기 위한 수단으로서도 사용되기도 한다.

블로그를 쉽게 만들고 유지 관리까지 할 수 있는 자동화 도구들이 있기에 기술적 배경이 없는 사람들도 얼마든지 블로그를 만들 수 있다. 또한 Blogger.com과 같은 웹 사이트에서는 블로거에게 여유 공간을 제공하고 사진을 게시할 수도 있다. 인기 있는 블로그 도구 중 하나로 Tumblr(www.tumblr.com)가 있는데, 사용자는 브라우저, 전화, 데스크톱, 이메일 프로그램 등을 통해 텍스트, 사진, 문서 인용, 링크, 음악, 동영상 등 무엇이든 게시할 수 있다. 이외에도 인기 있는 사이트로 Pinterest(http://pinterest.com)가 있다. 특정 주제나 특정 기업과 관련되어 웹사이트 내에 존재하는 블로그도 있는데, 최신 뉴스 보기와 같이 주기적인 업데이트가 이루어진다. 예를 들어, CNN 웹 사이트 안에서 Anderson Cooper와 Wolf Blitzer 등이 작성한 블로그를 찾을 수 있다. 이렇듯 블로그는 특히 정치, 여론, 혹은 대안 뉴스 등을 수행할 수 있는 온라인 간행물의 역할을 가지기도 한다. 이와 관련된 예시는 www.huffingtonpost.com 및 techcrunch.com에 접속해보면 알 수 있다. 또한 기존 블로그의 최신 버전인 Microblogs를 사용하면 짧은 문장이나 개별 이미지 또는 링크의 형태를 취하는 더 작은 규모의 블로그 게시물(마이크로포스트라고 부름)을 만들 수 있다.

A **blog** (short for Weblog) is a journal or newsletter that is updated frequently and intended for the general public. Blogs reflect their authors' personalities and often include philosophical reflections and opinions on social or political issues.

A **wiki** is a type of Web site that allows users to add, delete, and sometimes modify content.

Social networking refers to a broad class of Web sites and services that allows users to connect with friends, family, and colleagues online as well as meet people with similar interests or hobbies.

7-7b 위키

위키(wiki)는 불특정 다수가 협업을 통해 직접 콘텐츠를 추가, 삭제, 수정할 수 있는 웹 사이트를 의미한다. 온라인 백과사전 Wikipedia가 가장 대표적인 예가 될 수 있다. 위키의 가장 독특한 점은 정보 사용자가 정보 제공자가 될 수도 있다는 것이다. 하지만, 누구나 콘텐츠를 수정할 수 있게 됨으로써 콘텐츠의 정확성에 영향을 미치기 때문에, 위키의 가장 심각한 문제는 정보의 질이다. 그래서 현재 Wikipedia는 정보 기여자가 자신의 학력과 자격을 위조했던 문제가 있었기에 사이트에 기여한 사용자의 자격 증명을 확인하는 방법을 지속적으로 탐구하고 있다.

Wiki의 이러한 방식은 기업에서도 널리 적용되고 있다. 예를 들어, Intel은 전 세계에 흩어져 있는 직원들이 회사 연혁, 프로젝트 진행 상황 등에 대한 정보를 공유할 수 있는 방법으로 Intelpedia를 개발했다. 물론, 어떤 직원은 자신이 만든 콘텐츠가 다른 사람에 의해 편집되는 것을 좋아하지는 않았다. 이러한 이유로 "기업 위키(corporate wikis)"가 개발되었는데, 보다 더 엄격한 보안 및 접근 제어가 포함되어 있다. 기업 위키는 제품 개발 소식을 게시하는 등 다양한 용도로 활용되고 있다. MediaWiki 및 TWiki와 같은 Wiki 생성을 위한 많은 오픈 소스 소프트웨어 패키지도 이용할 수 있다. 또한 기업들은 고객에게 정보를 제공하기 위한 자체 위키를 개발하기도 한다. 예를 들어, Motorola와 T-Mobile은 자사 제품들에 대해 지속적으로 업데이트되는 기능 설명을 위한 사용자 가이드로 Wiki를 설정했으며, eBay는 구매자와 판매자 간에 광범위한 정보 공유 수단으로서 eBay Wiki를 구축하고 있다.

7-7c SNS

소셜 네트워킹(Social networking)은 온라인으로 친구나 가족, 동료들과 연결되고, 비슷한 관심사나 취미를 가진 사람들을 만날 수 있도록 하는 웹 사이트 혹은 서비스를 말한다. Experian Marketing Services에서 수행된 연구에 따르면, 미국인이 온라인에서 한 시간 기준 16분 정도를 소셜 네트워크상에서 보낸다고 밝혔다. 이러한 소셜 네트워크 중 100개 이상이 인터넷 공간에서 사용되고 있다. 가장 대표적인 두 가지가 바로 Facebook과 Twitter이다. 또한 LinkedIn은 광범위한 전문가 네트워크를 기반으로 전문 인맥을 연결하고 아이디어나 취업 기회를 포착할 수 있는 전문 네트워킹 사이트이다. 오늘날 많은 사람들이 LinkedIn이나 Facebook을 통해 자신들의 인맥을 직업 관련 프로페셔널 인맥과 사회적 관계인 소셜 인맥을 분리해서 관리하고 있다. "LinkedIn: A Professional Social Networking Site" 사례에서 LinkedIn에 대한 추가적인 기능들이 제시되어 있다.

소셜 네트워킹 사이트가 비즈니스 용도로도 활용되고 있다. 예를 들어, 많은 기업에서 Twitter를 통해 자사 제품에 대한 고객 의견을 청취하고 있다("Social Media Applications at Walmart." 사례 참고). Comcast, Dell, General Motors 및 H&R Block에서도 찾아볼 수 있다. 또한 기업에서는 광고를 위해 소셜 네트워킹 사이트를 활용한다. 자사 웹 사이트에 대한 링크를 포함하기도 하고, 클릭당 지불(pay-per-click; PPC) 기능을 사용하기도 한다. PPC는 웹 사이트에서 사용되는 인터넷 광고의 한 방법으로 광고주는 해당 광고가 클릭될 때만 호스트에게 비용을 지불하는 방식이다.

Twitter는 특히 정치인과 유명인들에게 인기 있는 도구이다. 이 때, 트윗이라는 용어는 Twitter 게시물에 허용되는 최대 길이인 280자 이하의 응답이나 댓글을 의미한다.

7-7d 소셜 네트워크의 비즈니스 애플리케이션

앞에서 소셜 네트워크가 가지고 있는 비즈니스 애플리케

LinkedIn: A Professional Social Networking Site

FINANCE | TECHNOLOGY IN SOCIETY | APPLICATION | GLOBAL

Twin Design/Shutterstock.com

LinkedIn(현재 Microsoft의 자회사)은 전 세계 5억 9천만 명 이상의 회원을 보유한 세계 최대의 소셜 네트워크 사이트이다. LinkedIn은 회원들이 전문 파트너와 연결하여 아이디어, 기회 및 지식을 교환할 수 있도록 만들어 준다. 미래의 지식 근로자로서 LinkedIn을 사용하여 업계 전문가와 네트워크를 형성하고, 현재 전문적인 관계를 유지하고, 새로운 관계를 만들고, 업계 전문가의 개인 네트워크를 구축하고, 기술 정보를 얻고, 채용 정보를 검색하고, 지원하고자 하는 채용 정보를 북마크에 추가할 수 있다. 이를 통해 여러분들의 경력 관리를 충실히 할 수 있다. LinkedIn의 검색 도구를 사용하여 직업과 전문 지식을 찾고 특정 관심 분야에 대해 LinkedIn 그룹에 가입하는 등의 작업을 할 수도 있다. 2백만 개 이상의 기업이 LinkedIn에 프로필을 보유하고 있다. 이러한 기업들은 LinkedIn을 사용하여 신규 고객을 확보하고, 기존 고객과 소통을 유지하고, 적절한 공급업체를 찾고, 업계 네트워크를 구축하고, 채용 정보를 나열하고, 잠재적인 파트너 후보를 검색하고, 기술 질문에 대한 답변을 얻고, 기금 모금 등을 수행할 수 있다. 본 교재에도 LinkedIn 페이지가 있다. 최근 LinkedIn은 Lynda.com을 인수하면서 사용자가 원하는 직업에 대비할 수 있는 과정을 제공할 수 있게 되었다.

질문 및 토론

1. LinkedIn의 두 가지 비즈니스 애플리케이션은 무엇인가?
2. LinkedIn은 다른 소셜 네트워킹 사이트와 어떻게 차별화하였는가?

이션들을 이미 살펴보았다. 하지만, 해당 이슈는 매우 중요하기에 특정 소셜 미디어가 비즈니스에 어떻게 적용되고 있는지를 다음과 같이 요약하였다.

우선 STATISTA(https://www.statista.com/statistics/278414/number-of-worldwide-socialnetwork-users/)에 따르면 2017년 기준 24억 6천만 명 이상의 사용자가 Facebook, Twitter, Pinterest, Tumblr 등과 같은 소셜 네트워크를 사용하고 있으며, 해당 수치는 날마다 늘어나고 있다. 2021년에는 30억2000만 명에 이를 것으로 예상된다.

인터넷과 마찬가지로 소셜 네트워크는 기업이 고객과 상호 작용할 수 있도록 하고 자사 제품 및 서비스를 판매할 수 있는 플랫폼을 저렴하게 제공함으로써 중소기업을 대기업과 같은 위치로 올려놓을 수 있다.

특정 기업이 자사의 제품과 서비스를 홍보하기 위해 소셜 네트워크를 어떻게 사용하고 있는지를 보여주는 구체적인 사례는 다음과 같다.

- **Facebook** - 기업에서 Facebook 비즈니스 팬 페이지 구축 가능
- **Twitter** - 기업은 고객과 실시간으로 소통 가능
- **Pinterest** - 기업이 제공하는 제품을 온라인으로 출시 가능
- **LinkedIn** - 기업이 보유한 유사한 업계의 사람들과 전문적인 대화를 나눌 수 있는 훌륭한 공간이자 비슷한 관심사를 가진 사람 및 기업과 콘텐츠를 공유할 수 있는 장소 제공 가능
- **YouTube** - 유튜브 플랫폼을 통해 기업에서 제품 설명이나 사용 방법과 같은 비디오 콘텐츠 제작 가능
- **Yelp, Foursquare 및 Level Up과 같은 소셜 미디어 플랫폼** - 오프라인 비즈니스에 적합한 소셜 미디어 플랫폼 제공. 즉, 사업장 위치를 등록하기 위해 해당 사이트 이용할 수 있으며, 해당 기업은 고객에게 체크인 보상이나 특별 할인과 같은 인센티브 제공 가능함. 특히 이러한 사이트의 고객 리뷰는 신규 고객 유치에 매우 유용함

Social Media Applications at Walmart

FINANCE | TECHNOLOGY IN SOCIETY | APPLICATION

세계 최대 소매업체인 Walmart는 소셜 미디어를 브랜드 마케팅 채널로 사용하고 고객과의 지속적인 커뮤니케이션을 수행하고 있다. Walmart는 1962년 창립 이후 브랜드가 어떻게 성장했는지 강조하는 타임라인을 Facebook에 게시하였다. 3,200만 명이 넘는 Facebook 팬(https://www.facebook.com/walmart)을 보유한 Walmart는 신규 매장 오픈과 지속 가능성을 강조하고 있다. 물론 대부분의 게시물은 제품 제안 및 고객과의 대화에 초점을 맞추고 있다.

Walmart는 Twitter를 사용하여 스포츠 대회, 건강식, 자선 및 커뮤니티 프로그램과 같은 주제와 함께 질문을 게시하고 고객이 특정 주제에 동의할 경우 리트윗을 요청하는데, 70만명이 넘는 팔로워를 보유하고 있다(https://twitter.com/hashtag/walmart?lang=en). Walmart는 7개의 서로 다른 Twitter 계정을 관리하며 각 계정에는 지속 가능성, 자선 활동 및 공공 정책과 같은 특정 문제와 관련되어 있다.

Walmart는 제품 아이디어와 친환경 생활 제품을 소비를 촉진하기 위해 Pinterest를 활용해서 53,000명 이상의 팔로워와 3,000명에 가까운 핀(Pin)을 보유하고 있다. 핀의 대부분은 Walmart 전자상거래 사이트로 다시 연결된다. 때때로 Walmart는 Pinterest에서 경쟁을 부추겨서 고객에게 보다 환경 친화적인 삶을 영위하는 데 도움이 되는 제품 이미지를 공유하도록 요청하기도 한다. 또한 Pinterest를 통해 어버이날, 부활절, 크리스마스와 같은 특별 행사에 자사 제품을 선보이기도 한다(https://www.pinterest.com/walmart/).

질문 및 토론

1. Walmart에서 소셜 미디어를 사용하는 두 가지 용도는 무엇인가?
2. Walmart에서 사용하는 세 가지 소셜 미디어 플랫폼은 무엇인가? 각각의 목적은 무엇인지 토론해 보시오.

7-7e RSS 피드

RSS(Really Simple Syndication) 피드는 웹 콘텐츠를 XML(eXtensible Markup Language) 형식으로 배포하기 위한 빠르고 쉬운 방법이다. RSS는 사용자가 원하는 웹 사이트의 콘텐츠 목록을 피드 리더를 통해 전달되는 구독 서비스 기능을 가지고 있다. 이 때, 모든 콘텐츠는 "헤드라인(headlines)"을 읽을 수 있는 편리한 한 부분으로 이동하기에 해당 서비스를 사용하면 업데이트를 위해 사이트를 계속 확인할 필요가 없다.

XML은 SGML(Standard Generalized Markup Language)의 하위 셋으로서 웹 문서에 대한 표준 형식을 만들기 위한 목적으로 만들어졌다. 웹 페이지의 레이아웃이나 모양을 지정하는 HTML 태그와 달리 XML 태그는 게시 및 전송되는 콘텐츠의 종류를 나타낼 수 있다. HTML에는 일부 레이아웃 및 모양 기능이 포함되어 있지만 이러한 "표시 속성(presentational attributes)"은 W3C에서 더 이상 제공되지 않는다. 이는 HTML이 마크업을 통해 구조화된 문서를 만드는 데만 사용된다는 것을 의미하며, 레이아웃 및 모양은 CSS(Cascading Style Sheets)에서 처리해야 한다.

데이터는 이를 이해할 수 있는 상황 즉, 콘텍스트(context)가 없으면 무의미하다. 예를 들어, "Information Systems, Smith, John, 357, 2019, Cengage"와 같은 데이터가 있다고 가정해보자. 해당 데이터 문자열을 살펴보면, 제목, 저자 이름, 페이지 수, 출판 연도, 출판사, 가격, 그리고 ISBN 등이 포함되어 있으며, 이는 어떤 책을 지칭한다고 미루어 짐작할 수 있다. 하지만, 컴퓨터는 이 동일한 데이터를 두고, Smith John이 2019년 Cengage가 주최한 회의에서 357분 동안 information systems에 대해 강연을 하고 강의료로 45유로를 받았으며, 해당 거래 ID는 02-139-4467-X라고 해석할 수도 있다.

따라서 XML은 '콘텍스트(context)'로 데이터를 정의해서 이러한 종류의 혼동을 미연에 방지한다. 그 결과 XML을 통해 앞의 데이터 문자열을 다음과 같이 형식화된다.

rvlsoft/Shutterstock.com

```
<book>
<title>Information Systems</title>
<authorlastname>Smith</authorlastname>
<authorfirstname>John</authorfirstname>
<pages>357</pages>
<yearofpub>2019</yearofpub>
<publisher>Cengage</publisher>
<pricein$>45.00</pricein$>
<isbn>02-139-4467-X</isbn>
</book>
```

상기에서 보다시피 각각의 데이터 조각은 태그를 사용해서 콘텍스트로 정의되기에 데이터를 훨씬 더 쉽게 해석할 수 있다. 즉, HTML과 XML은 모두 태그 기반 언어이지만 목적은 다르다. XML은 서로 다른 시스템 간의 상호 운용성과 데이터 공유를 향상시키도록 설계되었으며 이것이 RSS 피드가 XML로 된 이유가 될 수 있다. 형식과 레이아웃이 아니라 데이터의 의미를 기반으로 하기 때문에 모든 시스템은 RSS 피드의 데이터를 올바른 방식으로 해석할 수 있게 된다.

7-7f 팟캐스팅

팟캐스트(podcast)는 사용자가 모바일 장치나 컴퓨터에 다운로드해서 감상할 수 있도록 웹에 게시되는 음원 파일이다. 물론 사용자는 웹 상에서도 얼마든지 들을 수 있다. 팟캐스트에는 특정 URL이 있으며 XML 항목 태

RSS (Really Simple Syndication) feeds are a fast, easy way to distribute Web content in eXtensible Markup Language (XML) format. It is a subscription service, and new content from Web sites you have selected is delivered via a feed reader to one convenient spot.

A **podcast** is an electronic audio file that is posted on the Web for users to download to their mobile devices - iPhones, iPods, and iPads, for example - or even their computers.

그로 정의된다.

일반적으로 팟캐스트는 iTunes 또는 iPodder와 같은 "애그리게이터(aggregator)"에 의해 수집되며, 다양한 팟캐스트를 구독할 수도 있다. 대표적으로 NPR, The Economist 및 ESPN 모두 팟캐스트 구독 서비스를 제공하고 있다. 팟캐스트가 일반 오디오 파일과 다른 점은 사용자가 구독할 수 있다는 부분이다. 신규 팟캐스트가 올라올 때마다 애그리게이터는 URL을 사용하여 자동으로 수집하고 구독자가 사용할 수 있도록 도와준다. 그러면 가입자는 팟캐스트를 모바일 장치와 "동기화"해서 본인이 원할 때마다 음악을 감상할 수 있다.

이러한 구독 모델을 통해 팟캐스트는 유용성과 대중성을 가지고 접근성도 높여준다. 신디케이션 피드는 팟캐스트의 가용성을 돋보이게 만드는 방법 중의 한 가지이다. 기업은 팟캐스트를 사용하여 고객들에게 제품 및 서비스, 새로운 트렌드, 조직 구조의 변화, 인수/합병 소식 등을 업데이트 한다. 예를 들어 금융 기관은 투자 전략, 시장 성과 및 거래에 대해 고객에게 알리기 위해 팟캐스트를 제공하기도 한다. 이 때, 멀티미디어 정보가 포함되면, 비디오 팟캐스트, VOD 캐스트 혹은 비디오 캐스트라는 용어가 사용되기도 한다.

With more than 330 million monthly active users worldwide as of the first quarter of 2019, Twitter is one of the biggest social networks worldwide.

Financial institutions offer podcasts to inform customers about investment strategies, market performance, and trading.

Twitter: Real-time Networking with Your Followers

FINANCE | TECHNOLOGY IN SOCIETY | APPLICATI ON | GLOBAL

Twitter는 최신 소식과 함께 팔로우하고 싶은 사람들을 연결해 주는 대표적인 소셜 네트워크이다. 2019년 1분기 현재 전 세계 월별 실제 사용자(monthly active users; MAU)는 3억 3천만 명이 넘는다. 각 트윗의 길이는 280자를 넘지 않아야 하며, 해당 트윗에서 바로 사진, 영상, 대화 내용을 볼 수 있다. 2016년 9월부터 문자 수 제한을 완화했으며, 중국어, 일본어 및 한국어의 경우 140자의 길이 제한을 두고 있다. 이 때, 누군가를 태그해도(tagging) 문자 수 제한은 줄어들지 않으며, 해당 사용자는 본인을 리트윗하고 해당 트윗을 맨 상단으로 보낼 수 있다. 이렇게 하면 한 곳에서 완전한 그림을 그릴 수 있다. 개인은 Twitter를 사용하여 팔로워와 실시간으로 연결할 수 있다. 기업은 Twitter를 사용하여 고객과 연결하고, 실시간 시장 정보 및 피드백을 수집하고 고객과의 관계를 형성할 수 있다.

Twitter를 사용하여 고객과 소통하면서 제품 및 서비스를 홍보하는 대표적인 기업들은 다음과 같다.

또한, 미국 상공회의소는 영향력 있는 사람에게 다가가기 위해 Twitter를 사용하기도 한다.

- MTV는 Twitter를 Video Music Awards에 통합
- Fox TV 네트워크는 실시간 Twitter 피드를 TV 광고와 연계
- 프로 축구팀 LA Galaxy는 Twitter를 사용하여 대회 안내 및 인지도를 높이고 있음
- 적십자는 기부자 지원과 도움이 필요한 시기에 커뮤니티를 동원하기 위해 Twitter를 사용
- UN 재단은 Twitter를 통해 특정 행사 범위를 전 세계적으로 확대

질문 및 토론

1. Twitter의 두 가지 비즈니스 애플리케이션은 무엇인가?
2. 현재 Twitter가 당면한 과제는 무엇인가?

7-8 IoT와 그 다음 미래

IoE(Internet of Everything)는 사람, 프로세스, 데이터 및 각종 사물이 인터넷을 통해 RFID 장치, 바코드, 무선 연결(블루투스나 와이파이 등), QR 코드를 포함해서 수십억 가지의 연결을 통해 지금까지와 비교할 수 없는 기회와 도전을 창출하는 네트워크의 네트워크이다.

"IoE"는 모든 것들에 대한 연결을 의미하지만, IoT(Internet of Things : 사물 인터넷)는 인터넷에 맞물려 있는 모든 물리적 개체에 대한 연결을 의미한다. 예를 들어 우유의 유통기한이 지났음을 알려주는 스마트 냉장고를 떠올리면 쉽게 이해가 될 것이다. 예상컨대 2020년까지 500억 개 이상의 개체가 인터넷에 연결될 것이며, 이들은 IP 주소, RFID, QR 코드 또는 각종 센서를 통해 고유하게 식별될 수 있는 스마트 장치가 될 것이다.

McKinsey에 따르면, 2025년까지 IoT 애플리케이션은 전 세계 11조 달러의 경제 규모로 예상하고 있다. 이는 네트워크의 모든 것, 자동화된 체크아웃에 대한 애플리케이션, 기계 성능 모니터링, 무엇이 필요한지에 대한 유지관리 일정 등을 추적 및 모니터링함으로써 공급망 관련 많은 업무들이 IoT에 의해 수행됨을 의미한다.

예를 들어 덴마크 Copenhagen에서 파이프 누수로 인한 상수도 손실을 줄이는데 스마트 센서를 활용한 바 있다. 해당 시에서는 누출을 알려주는 누출 감지 센서를 설치했고, 그 결과 물 손실은 약 40%에서 7%로 줄어들어 33%의 개선 효과를 거둘 수 있었다.

향후 IoT 산업의 성장으로 인해 서로 연결된 제품 개발을 조정하는 "Chief IoT Officer"라는 새로운 IT 직업군이 나올 수도 있다. 즉, 해당 직종은 IoT 연구 및 개발과 서로 연결된 제품을 개발하고 관리하는 IT 부서 간의 조정 역할을 수행할 것이다.

IoT 접목을 통해 다양한 산업에 확장될 수 있다. 일반적인 소매 산업에서 자동화된 재고 시스템을 구축할 수도 있고, 가정 내에서도 자동화된 소프트웨어를 활용할 수도 있다. 아울러 공공 산업 측면에서도 교량이나 도로에 문제가 발생될 경우 즉각 해당 담당 부서에 통보할 수도 있다. 또한 기업에서도 스마트 기기를 통해 현장에서 직접 혹은 원격으로 실내 온도 등을 제어함으로써 에너지 비용을 절감할 수 있고 기업은 시간과 노동력을 줄일 수 있다.

또한, 기아, 수질 오염, 기후 변화 악화, 에너지 비용 증가 등 21세기에 직면한 다양한 사회 문제를 해결하는데 IoT가 충분히 활용될 수도 있다. 예를 들어, 생체 신호를 측정할 수 있는 센서가 내장된 의류를 착용함으로써 건강 관련 문제에 효과적으로 예방적 조치를 취하고, 해당 데이터는 의료기관에 안전하고 신속하게 전송될 수 있다.

드리블 속도, 공의 회전 수, 슛 각도 등을 감지할 수 있는 94 Fifty라는 스마트 농구공이 이미 출시되어 있어 게임을 하듯이 농구 연습을 할 수 있다. Nike Hyperdunk Plus 농구화는 얼마나 빨리 달리고 얼마나 높이 점프하는지도 알려준다. 또한 Under Armour의 Armour39 셔츠는 착용한 사람의 심박 수와 폐활량을 알려준다. 하지만, 이러한 스마트 용품의 경우 아직은 서로 간에 연결되고

The Internet of Everything (IoE) refers to a Web-based development in which people, processes, data, and things are interconnected via the Internet using various means, such as RFID devices, barcodes, wireless systems (using Bluetooth and Wi-Fi), and QR codes.

The Internet of Things (IoT) refers to the physical objects that are connected to the Internet and, therefore, to all the other physical objects.

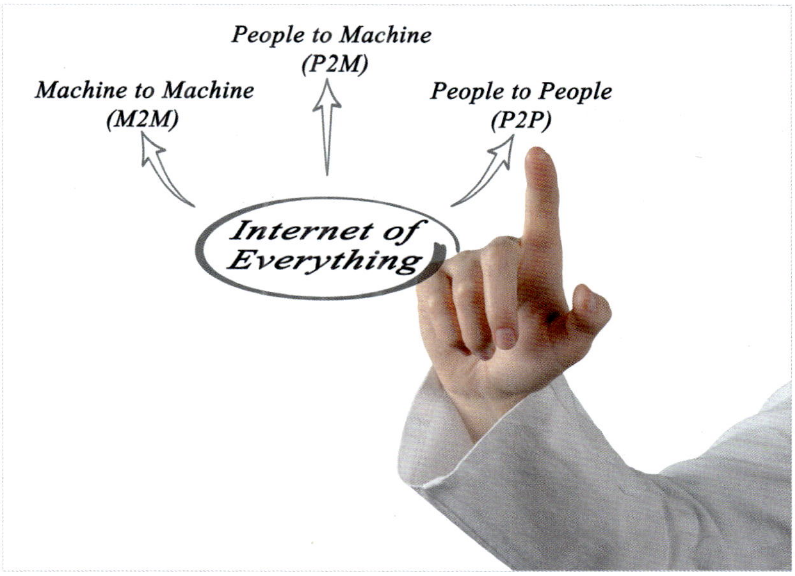

arka38/Shutterstock.com

The Internet of Things in Action

FINANCE | TECHNOLOGY IN SOCIETY | APPLICATION | REFLECTIVE THINKING

metamorworks/Shutterstock.com

아프리카의 일부 지역에서는 사람들이 식수를 얻기 위해 우물에서 우물로 이동해야 한다. 이들은 특정 우물에 도착하기 위해 몇 마일을 걸어가야 하고, 도착했을 때 우물이 말라버려 있는 경우도 있었다. 독일의 펌프 제조업체 Grundfos는 이 우물에 센서를 설치하고 앱을 개발하여 사람들이 수 마일을 걷기 전에 미리 스마트폰으로 우물의 상태를 확인할 수 있도록 만들었다.

전혀 다른 지역에서 시행된 또다른 예로서 City24/7 프로젝트는 여러 장치를 통해 어디서나 모든 사람이 접근할 수 있는 유용한 정보를 수집하고 공유하여 대도시를 활성화하도록 추진되었다. Cisco IBSG 및 뉴욕시와 협력하여 대화형 플랫폼을 출시했는데, 수집된 정보는 버스 정류장, 지하철, 공중전화 부스 등 공공장소에 설치된 대형 스크린에 표시되도록 하였다. 정보는 위치 기반이며 시민들이 손쉽게 접근할 있도록 제공되는 즉시 표시된다. 경찰과 소방서 등과 같은 응급 상황을 대처해야 하는 기관에서는 해당 정보를 사용하여 적절하게 대응할 수도 있다. 해당 프로젝트의 다음 단계는 또다른 대도시로 확장하는 것이다.

질문 및 토론

1. City24/7 프로젝트에서 IoT는 어떻게 활용되었는가?
2. 독일의 펌프 제조사 Grundfos는 IoT를 어떻게 활용했는가?
3. IoT의 추가 애플리케이션에는 어떤 것이 있는가?

The Internet of Me (IoM) is a subset Internet that gathers and processes information for a given user from the entire Internet and IoT devices to deliver a personalized experience.

있지 않다. 따라서 이러한 3가지 기기가 한 사람의 몸에 부착되어 있다고 하더라도 서로의 존재를 인식하지 못하기에 향후 IoT는 상호 간의 연결과 통신을 통해 이를 가능할 수 있도록 개선되어야 할 것이다.

향후 전 세계적으로 개인, 기업, 정부 차원에서 IoE 기술의 혜택을 누리게 될 것이다. 일반적인 통신 네트워크처럼 보안(security), 프라이버시(privacy), 신뢰성(reliability)이 IoE 기술의 성공에 매우 중요한 역할을 수행하게 될 것이다. 즉, 글로벌 네트워크 상에 공유되고 있는 정보의 무결성과 프라이버시를 보호하기 위해 세 가지 핵심 참여자 간의 긴밀한 조정과 의사소통이 요구된다. "The Internet of Things in Action" 사례에서 IoE 관련 두 가지 실제 사례를 조명하고 있다. 또한 IoT 관련 실제 활용 예는 http://postscapes.com/internet-of-things-examples/에 게시되어 있다.

IoT의 다음은 **IoM(Internet of Me)**이다. IoM은 IoT 장치를 포함해서 인터넷 공간 전체에서 특정 사용자에 대한 개인화된 정보를 수집하고 처리하는 개인화된 인터넷을 의미한다. IoM의 목표는 개인화된 맞춤형 웹 경험을 제공하는 것이다. 이 때, 경험은 검색 결과일 수도 있고, 본인이 관심 있어하는 뉴스를 받는 것일 수도 있고, 개인화된 의료 정보를 받을 수도 있다. 예를 들어, IoM 환경에서는 "grand theft auto"라는 키워드를 컴퓨터 게이머와 경찰관이 검색할 경우에 검색 엔진은 해당 두 명의 신상 정보를 기반으로 서로 상이한 검색 결과를 제공한다.

의료 및 개인 맞춤형 의료는 IoM의 주요 적용분야가 될 수 있다. 예를 들어, IoM 환경에서는 "나의 식단 관리", "나의 건강 관리", "나의 체력 관리", "나의 전자 의료 기록" 등이 모두 포함될 수 있다. 최근 의료 경영진을 대상으로 한 설문 조사에 따르면 73%가 개인화 기술 영역에 대한 투자에 긍정적으로 ROI가 달성될 것으로 보고 있다고 나타났다. 또한 건강 보험사는 IoM을 통해 웨어러블 장치 사용에 대한 비용 절감을 제공하는 일부 옵션을 포함해서 개인화된 보험 상품을 추천할 수도 있다. IoM은 고혈압과 같은 문제가 발생하면 신호를 보낼 수도 있으며 나아가 예방 의학을 대신할 수도 있다. 이러한 IoM은 개인화된 치료를 위해 요구되는 데이터를 수집함으로써 보다 효과적인 치료를 가능하도록 만들어 준다.

지난 수년 동안 우리들에게 개인화 서비스를 제공해 온 Google, Amazon, Netflix 뿐만 아니라 많은 기업들이 창의적인 방식으로 개인화 기술과 관련 디바이스를 제공하고 있다. IoM은 다양한 기업들이 고객들로부터 브랜드 충성도를 구축하고 고객 만족도를 높일 수 있는 다양한 기회를 제공하고 있다. 이 때, IoM을 최대한 활용하기 위해서는 다음 세 가지 사항을 고려해야 한다.

1. 기업은 고객에 대한 정확한 데이터를 지속적으로 수집하고 이를 활용하여 고객이 원하는 제품과 서비스를 제공해야 한다. 대표적인 예로서 TaskRabbit(https://www.taskrabbit.com)은 거의 모든 주문형 스케줄을 가능하게 만들어 준다. 데이터를 수집하지 않는 기업은 비즈니스 성장을 위한 기회를 잃어버리게 마련이다. 따라서 IoM 시대에서는 기업은 항상 고객이 원하는 것을 언제 어디서나 제공할 수 있어야 한다.
2. 기업은 유무선 기기가 원활하게 동기화 될 수 있는 플랫폼을 만들어서 특정 고객에게 맞춤화된 제품과 서비스를 제공해야 한다. 예를 들어, 어떤 고객의 스마트 폰에 쿠폰이 저장되어 있다면, 해당 고객이 계산대에 섰을 때 자동으로 계산될 수 있도록 해야 할 것이다.
3. IoM으로 연결된 세상에서 신뢰(trust)는 매우 중요한 이슈가 된다. 사람들은 모든 종류의 개인 정보를 비즈니스 파트너와 공유하기 때문에 개별 기업들은 이러한 데이터를 최고 수준의 정확성과 기밀로 유지해야 하며, 인가되지 않은 누군가에게 데이터가 흘러가지 않도록 해야 한다.

IoT 영역에서 각광을 받고 있는 애플리케이션은 산업용 IoT 혹은 **IIoT**이다. IIoT는 산업 현장에서 유지보수 예측 및 데이터 분석과 같이 제조 프로세스를 향상시키는 데 직접적으로 사용된다. IIoT의 대표적인 애플리케이션은 다음과 같다.

- **스마트 공장**: IoT가 적용된 기계 장치들은 원격 의사결정을 위해 조직내 모든 구성원들에게 운영 데이터를 실시간으로 전송함으로써 프로세스 자동화 및 최적화를 가능하게 한다.
- **시설 관리**: 제조 장비에 부착된 IoT센서는 해당 장비가 지정된 매개변수로부터 이탈할 때 상태 기반의 유지보수 경고를 보낸다.
- **생산 프로세스 모니터링**: 생산 지연이 발생되는 혹은 예상되는 경우에 IoT 지원 센서를 통해 제조 공정 상의 낭비와 불필요한 생산 재고를 없앨 수 있도록 도와준다.
- **재고 관리**: IoT 센서를 사용하면 공급망 전체에서 발생되는 각종 이벤트를 모니터링할 수 있으며 가치 사슬망에서 공급을 최적화하고 비용을 절감할 수 있다.
- **공장 안전 분야** : IoT와 빅데이터 분석이 결합되면, 부상자 수와 질병 발생률, 위기일발 사고, 그리고 차량 사고 등과 같은 관련 모든 데이터를 수집 및 분석하고 해당 의사결정자가 실시간으로 대응하여 공장의 안전 분야를 개선한다.
- **품질 관리**: IoT 센서를 통해 특정 제품 사용에 대한 고객 감정 영역까지 포함해서 전체 공급망에서 관련 데이터를 수집하고 분석함으로써 품질 향상에 도움을 준다.
- **포장 최적화**: 제품 포장에 IoT 센서를 사용함으로써 해당 제조업체는 고객들의 제품 사용에 대한 패턴이나 취급 등과 관련된 통찰력을 얻을 수 있다. 이를 통해 경영자는 보다 나은 성능 향상을 위해 제품과 포장을 재설계 하는데 이를 활용할 수 있다.
- **물류 및 공급망 최적화**: IoT 센서를 통해 제조업체는 문제를 예측하고, 재고를 줄이며, 잠재적으로 자본 요구 사항을 줄이는 데 도움이 되는 실시간 공급망 정보를 제공받을 수 있다.

특히 밀레니얼 세대에서 IoT의 또 다른 적용 분야로서 **스마트 홈(smart home)**을 구축하는데 활용 되기도 한다. 스마트 홈은 전통적으로 인간이 수동적으로 직접 처리했던 많은 일들을 자동화 한 것이다. 예를 들어, 에너지 절약, 보안, 안전 개선, 가사 작업 자동화, 집안 생활을 보다 더 즐겁게 만드는 것 등이 바로 스마트 홈의 주요 이점이 될 수 있다. 일반적인 스마트 홈은 다음과 같은 IoT 지원 장치가 사용되어 구축된다.

- Amazon에서 개발한 인공지능 플랫폼인 Alexa 디지털 비서가 지원하는 Amazon Echo, 혹은 Google Assistant가 지원하는 Google Home을 사용하면 음성 명령을 사용하여 집을 관리할 수 있다. 예를 들어 음성 명령을 통해 집 안에서 음악을 감상하거나 피자를 주문할 수도 있다.
- Alphabet의 Nest 온도 조절기 혹은 이와 유사한 제품을 사용하면 집의 온도를 원격으로 제어하고 에너지를 보다 효율적으로 관리할 수 있다.
- Phillips Hue는 집안의 조명 시스템을 관리할 수 있도록 한다. 스마트 폰으로 조명을 켜고 끌 수 있다.
- Ring 비디오 초인종 혹은 이와 유사한 제품을 통해 스마트폰을 사용해서 문 앞에 누가 와있는지를 확인할 수 있다.
- Nest 스마트 카메라 혹은 관련 제품을 통해 집 전체의 보안을 관리할 수 있다. 즉, 해당 카메라로 집안의 모든 활동을 보거나 기록할 수 있다.
- Wink Hub 2와 같은 허브를 사용하면 모든 스마트 장치를 중앙 허브에 연결할 수 있다. 즉, 이를 통해 모든 관련 장치를 중앙에서 관리함으로써 보다 향상된 보안을 달성할 수 있다.

오늘날 스마트 커피 메이커, 스마트 토스터기, 스마트 TV 등과 같이 스마트 홈에 연결할 수 있는 IoT 지원 장치가 많이 등장했다. 일반적인 스마트 홈의 예로서는 문을 열지 않고도 냉장고 안을 볼 수 있는 터치스크린 인터페이스를 가진 스마트 냉장고가 될 수 있다. 이러한 스마트 냉장고는 다음과 같은 다양한 작업을 처리할 수 있다.

- 스마트폰과 동기화되는 실시간 식료품 목록 생성
- 유통기한을 설정하고 음식이 신선할 때 사용될 수 있도록 알람
- 냉장고 구획(칸)별로 사용자 맞춤형 온도 설정
- 마트에서 장을 보면서 냉장고 내부 카메라를 사용해서 부족한 식료품 확인 가능
- 정수 필터 교체 시기 알림
- 스마트폰을 통한 제빙기 설정

Microsoft에서는 이미 식품을 모니터링해서 쇼핑 목록에 대한 업데이트를 자동으로 제안할 수 있는 IoT 지원 냉장고를 구축하는 팀을 꾸려서 진행 중이다. LG전자는 Amazon Alexa가 내장된 스마트 냉장고를 판매하고 있다. 해당 냉장고는 사용자가 음성으로 주문하면 Amazon Prime을 통해 부족한 식료품을 구매할 수 있도록 지원해 준다.

이러한 IoT 장치의 인기가 계속 증가함에 따라 사용자와 설계자는 이러한 장치가 보유하고 있는 잠재적 보안 위협이나 위험을 인지하고 해당 위협을 제거하거나 최소화할 수 있는 보안 조치를 마련해야 한다. IoT 장치와 관련된 일반적인 보안 위협 및 위험은 다음과 같다.

- IoT 장치가 하이재킹되어 스팸 이메일 발송 가능
- IoT 장치가 하이재킹된 다음 봇넷에 배포되어 DDoS 공격에 사용
- IoT 장치에 대한 Shodan 검색 엔진의 위협은 해커들에게 범죄 활동에 사용될 수 있는 보안되지 않은 IoT 장치가 무엇인지에 대한 실질적인 정보를 제공
- IoT 장치가 주거 위치와 같은 개인 정보 유출 가능성 존재
- 일반적으로 IoT 장치는 처음 구매했을 때 보안이 해제되어 있기에 사용자는 기본 네트워크 이름을 변경하고 강력한 암호로 보호해야 함
- 자동차 안에서 사용되는 IoT 기기가 안전하지 않을 경우 원격으로 차량 도난이 발생될 수도 있음

앞서 5장에서 논의된 일반적인 보안 정책들이 여기에서도 충분히 적용될 수 있다. 추가로, IoT 장치의 보안 및 개인 정보를 개선하기 위한 몇 가지 지침을 요약하면 다음과 같다.

1. IoT 장치에 대한 안전한 접근을 위해 로그 관리 및 중앙 집중화된 관리 : 네트워크 관리자는 네트워크에 연결된 장치와 사람을 알아야 한다.
2. 암호화된 프로토콜을 사용하여 네트워크 보호: 이러

한 경우 데이터가 해커에 의해 가로채기 당하더라도 실제적인 해킹 위험은 줄어든다.

3. 강력한 암호 정책 구축 : 5장에서 설명한 것처럼 사용자는 강력한 암호를 사용해야 하며 항상 제조업체에서 제공하는 기본 암호를 변경해서 사용해야 한다.
4. 엄격한 네트워크 통신 정책을 만들고 가상 LAN 설정 : 가상 LAN을 통해 서로 다른 물리적 LAN 장치의 모음을 그룹화한 논리적 하위 네트워크에서 IoT 장치를 격리한다. 이 경우 특정 IoT 장치가 해킹당하더라도 전체 네트워크에 접근할 수는 없다.
5. 보안 펌웨어(소프트웨어) 업데이트 정책이 있는 IoT 장치를 설치하고 최신 펌웨어가 있는지 확인해야 한다. 또한 네트워크 사용자에게 홈 라우터를 보호하는 방법을 교육해야 한다.
6. 네트워크 장치가 네트워크상에서 서로의 존재를 자동으로 탐색하고 데이터 공유를 위한 기능적 네트워크 서비스 설정 기능인 범용 플러그 앤 플레이(universal plug and play; UPnP)를 꺼놓아야 한다. 해커는 이러한 기능적 네트워크 서비스를 발견하고 네트워크를 해킹할 수 있다.
7. 사무실에 개인 기기를 두어서는 안된다. 만약, 어쩔 수없이 개인 기기를 연결하기 위해서는 기업에서 보유하고 있는 BYOD 정책을 따라야 한다.

요약

7-1. 인터넷과 웹의 구조를 설명할 수 있다. 인터넷은 전 세계적으로 수백만 대의 컴퓨터가 연결된 네트워크로 이루어진 집합체이다. 인터넷이라는 용어는 네트워크 간의 연결을 의미하는 인터네트워킹(internetworking)에서 파생되었다. 즉, 인터넷은 네트워크들의 네트워크(network of networks)이다.

7-2. 브라우저, 검색 엔진, 디렉토리에 대해 논의할 수 있다. 항해 도구는 웹 사이트에서 웹 사이트로 이동하는 데 사용된다(예: 인터넷 "서핑"). 검색 엔진을 사용하면 관심 주제와 관련된 키워드를 입력하여 인터넷에서 정보를 찾을 수 있다. 디렉토리는 문서에 포함된 키워드를 기반으로 하는 정보 색인으로, 검색 엔진이 사용자가 찾기를 원하는 정보를 찾도록 지원한다. 예를 들어, Yahoo!에서도 디렉토리를 사용해서 콘텐츠를 범주로 구성하고 있다.

7-3. 대표적인 인터넷 서비스 4 가지가 무엇인지 설명하고, 비즈니스 환경에서 어떻게 활용되는지 설명할 수 있다. 대표적인 서비스로는 이메일; 뉴스 그룹, 토론 그룹; 인스턴트 메시징; 인터넷 전화 등이 있다.

7-4. 인터넷 공간에서의 비즈니스 관련 애플리케이션에 대해 설명할 수 있다.대표적인 애플리케이션으로서는 관광 및 여행 산업, 출판 산업, 고등 교육 산업, 부동산, 고용 서비스, 금융관련 산업, 소프트웨어 출시 및 배포, 헬스케어 등과 같은 영역이 포함되어 있다.

7-5. 다양한 비즈니스 기능 영역에서 인트라넷의 역할을 설명할 수 있다. 인트라넷은 다양한 비즈니스 활동을 지원하기 위해 정보 수집, 저장, 배포 등을 수행할 수 있는 인터넷 프로토콜 및 관련 기술(예: FTP(File Transfer Protocol), SMTP 등을 포함하는 TCP/IP)을 사용하는 조직 내 네트워크다. 즉, 기업 포털로서 영업, 고객 서비스, 인적 자원 관리, 마케팅 등과 같은 비즈니스 활동을 지원한다.

7-6. 다양한 비즈니스 기능 영역에서 엑스트라넷의 역할을 설명할 수 있다. 엑스트라넷은 인터넷과 웹 기술을 활용해서 비즈니스 파트너들의 인트라넷을 연결해서 조직 간 혹은 개인 간 통신을 가능하도록 만들어 주는 보안 네트워크이다. 엑스트라넷은 조직 간 시스템(IOS)으로 간주되며, 비즈니스 파트너 간의 정보 교환을 용이하게 만들어 준다.

7-7. 다가올 웹의 트렌드와 비즈니스에 미치는 영향을 분석할 수 있다. Web 1.0(정적 콘텐츠), Web 2.0(동적 콘텐츠), Web 3.0(시맨틱 웹)의 순서로 3세대 웹 에플리케이션을 살펴보았다. Web 3.0의 주요 특징에는 시맨틱 웹, 인공 지능, 3D 그래픽, 웹 연결성 및 유비쿼터스가 포함된다. 시맨틱 웹은 사용자가 웹에 보다 지능적으로 접근할 수 있도록 개인화 서비스를 제공한다.

7-8. 만물인터넷(IoT : Internet of Everything)과 그에 따른 비즈니스 애플리케이션을 분석할 수 있다. IoE(Internet of Everything)는 사람, 프로세스, 데이터 및 각종 사물이 인터넷을 통해 RFID 장치, 바코드, 무선 연결(블루투스나 와이파이 등), QR 코드를 포함해서 수십억 가지의 연결을 통해 지금까지와 비교할 수 없는 기회와 도전을 창출하는 네트워크의 네트워크이다. IoT(Internet of Things)는 인터넷에 맞물려 있는 모든 물리적 개체에 대한 연결을 의미한다. IoM(Internet of Me)은 IoT 장치를 포함해서 인터넷 공간 전체에서 특정 사용자에 대한 개인화된 정보를 수집하고 처리하는 개인화된 인터넷을 의미한다.

2부

데이터 통신,
인터넷,
전자상거래 및
글로벌 정보시스템

8장

전자상거래

학습목표

8-1 전자상거래에 대해 정의를 내리고, 장점, 단점, 그리고 관련 비즈니스 모델을 설명한다.

8-2 전자상거래의 주요 범주를 나열한다.

8-3 B2C 전자상거래의 5가지 주요 활동을 기술한다.

8-4 B2B 전자상거래의 4가지 주요 모델을 요약한다.

8-5 모바일 기반 전자상거래와 음성 기반 전자상거래를 설명한다.

8-6 전자상거래를 지원하는 4가지 기술을 설명한다.

8-7 소셜 커머스를 정의하고 왜 이렇게 인기가 있는지 설명한다.

8-8 하이퍼 소셜 조직을 이해하고 인기 상승의 이유를 설명한다.

8-9 소셜 미디어 정보시스템을 설명한다.

Rawpixel.com/Shutterstock.com

이 장은 전자상거래 및 가치사슬 분석에 대해 개괄적으로 살펴보고, 전자상거래와 기존 상거래를 비교해 본다. 이어서 전자상거래 비즈니스 모델과 전자상거래의 주요 범주를 살펴본다. 그 과정에서 B2C 전자상거래에서 나타나는 주요 활동과 B2B 전자상거래, 모바일 기반 및 음성 기반 전자상거래의 주요 비즈니스 모델을 살펴보고자 한다. 또한 전자상거래 운영을 위한 4가지 지원 기술인 전자지불 시스템, 웹 마케팅, 모바일 마케팅, 검색 엔진 최적화 등을 살펴본다. 마지막으로 소셜 커머스, 하이퍼 소셜 조직, 소셜 미디어 정보시스템을 살펴보고 이들이 각광을 받고 있는 이유를 알아본다.

8-1 전자상거래의 정의

전자상거래와 e-비즈니스는 조금 다르다. **e-비즈니스(E-business)**는 기업에서 컴퓨터와 통신 기술을 사용하여 제품과 서비스를 사고 파는 데 수행되는 모든 활동을 포함하고 있다. 따라서 넓은 의미에서 e-비즈니스는 온라인 쇼핑, 영업(sales force) 자동화, 공급망 관리, 전자 조달(e-procurement), 전자 지불 시스템, 웹 광고 및 주문 관리 등과 같은 모든 관련 활동까지 포함된다. 반면, **전자상거래(E-commerce)**는 인터넷을 통해 제품과 서비스를 사고 파는 것에 초점을 맞추기에 전자상거래는 e-비즈니스의 일부가 될 수 있다. 하지만, 두 용어는 종종 같은 의미로 혼용되기도 한다.

e-비즈니스는 수익을 창출하기 위해 제품과 서비스를 사고 파는 본연의 거래뿐만 아니라 제품과 서비스에 대한 수요 창출, 판매 지원, 각종 고객 서비스의 제공, 비즈니스 파트너 간 커뮤니케이션의 원활한 조정 등 모든 거래를 포함한다.

전자상거래는 기존의 전통적인 상거래를 기반으로 네트워크가 가지고 있는 유연성(flexibility)과 인터넷이 보유한 가용성(availability)이 추가된 것이다. 인터넷을 통한 일상적인 비즈니스 응용 영역은 다음과 같다.

- 제품 및 서비스 구매 및 판매
- 다른 기업과의 협업
- 비즈니스 파트너와의 커뮤니케이션
- 고객 및 경쟁 업체에 대한 비즈니스 인텔리전스 수행
- 다양한 고객 서비스 제공
- 소프트웨어 업데이트 및 적절한 패치
- 공급업체 지원 제공
- 정보 게시 및 배포

8-1a 가치 사슬과 전자상거래

비즈니스 세계에서 전자상거래와 그 역할을 탐색하는 방법은 가치 사슬을 분석하는 것이다. **가치 사슬(value chain)**은 1985년 Michael Porter에 의해 개념이 도입되었다. 즉, 프로세스의 각 단계별로 가치(또는 비용)를 추가하여 비즈니스 요구를 충족하도록 설계된 일련의 활동으로 구성된다. 일반적으로 비즈니스를 수행하기 위해서는 제품 또는 서비스 설계, 생산, 마케팅, 판매, 그리고 지원 등과 같은 영역이 존재한다. 각각의 활동에는 고객에게 제공되는 제품이나 서비스에 비용과 가치가 추가된다(그림 8.1 참조).

그림 8.1에서 보듯이 상위 4가지의 구성 요소(기업의 인프라, 인적자원관리(HRM), 정보통신기술(ICT), 조달)는 지원 활동이다. 제일 오른쪽의 "마진(이윤)"은 주요 활동

> **E-business** encompasses all the activities a company performs in buying and selling products and services using computers and communication technologies.
>
> **E-commerce** is buying and selling goods and services over the Internet.
>
> A **value chain** is a series of activities designed to meet business needs by adding value (or cost) in each phase of the e-commerce process.

그림 8.1 - Michael Porter의 가치 사슬

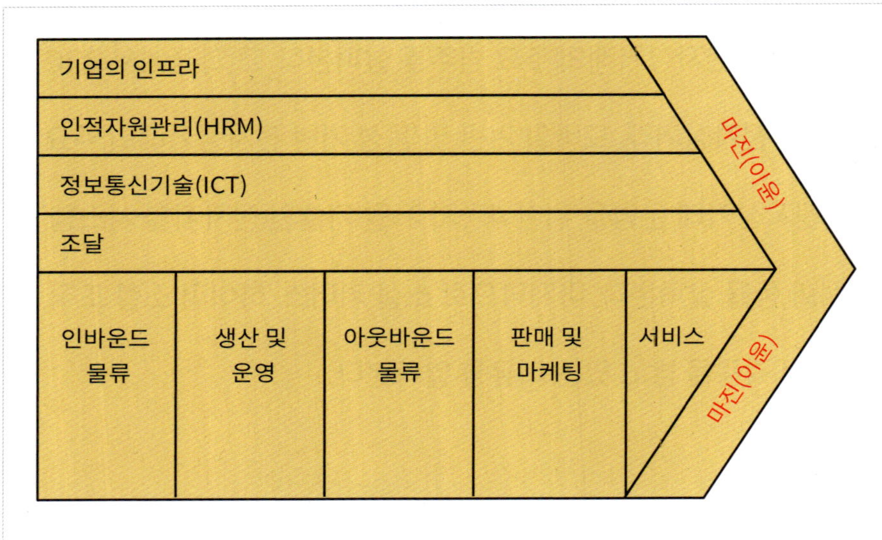

(하단의 구성 요소들)의 지원을 받아서 추가되는 가치를 나타낸다. 이 때, 가치사슬에서 주요 활동은 다음과 같다.

- ***인바운드 물류*** - 공급업체 및 공급업체의 자재 및 부품을 생산 혹은 보관 시설로 이동. 입고되는 제품이나 자재의 수령, 저장 및 보급과 관련된 작업들을 포함
- ***생산 및 운영*** - 원자재를 완제품 형태 및 서비스로 가공
- ***아웃바운드 물류*** - 생산 라인의 끝에서 최종 사용자 또는 유통 센터로 제품 이동 및 보관
- ***판매 및 마케팅*** - 고객의 요구 사항을 파악하고 판매를 창출하기 위한 제반 활동
- ***서비스*** - 제품 및 서비스 판매 후 고객을 지원하기 위한 활동

예를 들어, 공급자와 매우 좋은 관계(신속한 대금 결제, 전자 주문 시스템, 충성도 등을 통해 형성된)를 유지함으로써 해당 기업은 적시 납품과 고품질 원자재를 확보할 수 있다. 이는 좋은 품질의 제품을 보다 낮은 비용으로 고객에게 제공할 수 있도록 이어줌으로써 궁극적으로 고객에게 보다 높은 가치를 제공할 수 있도록 만들어 준다. 좋은 품질과 낮은 비용, 이를 고객을 위한 최우선 가치로 정할 때, 해당 기업은 가치 사슬의 어느 부분에 집중해야 하는지 잘 알고 있다 (예를 들면, 품질 보장과 비용 절감을 위한 보다 나은 공급업체, 품질을 보장하기 위한 우수한 운영, 비용 절감을 위한 우수한 물류 및 유통 관리, 품질 보증이 담보된 보다 나은 판매 서비스 및 사후 관리). 따라서 가치 사슬은 실제로 기업이 수행하는 비즈니스 상 어떤 측면에서 고객에게 보다 나은 가치를 제공하는지를 이해하고, 이를 극대화하는 것이다.

예를 들어, 가구 제조 회사는 벌목 회사로부터 원자재(목재)를 구매하고, 원자재를 완제품(의자)으로 만들어서 소매업체, 유통업체 또는 고객에게 판매하고 배송까지 담당한다. 이 때, 기업은 가구점에 의자를 납품한 이후에도 다른 형태의 제품과 서비스를 제공함으로써 가치 사슬을 계속 이어나갈 수 있다. 즉, 가구 회사는 가구 제작 기회를 탐색함에 있어 가치 사슬 분석을 활용할 수 있다. 예를 들어, 목재 회사를 소유하거나 파트너십을 맺게 되면 원자재 비용을 절감할 수 있다. 모든 산업 영역에서 기업은 공급자로부터 제품이나 서비스를 구매하고, 고객을 위해 가치를 높일 수 있도록 기능을 추가하고, 고객에게 제품이나 서비스를 판매하는 등 일련의 활동들이 모두 가치 사슬의 일부가 된다. 또 다른 예로서 컴퓨터 공급업체는 다른 공급업체로부터 컴퓨터 관련 부품이나 구성 요소를 구매한 다음 이를 완전한 형태의 PC로 조립해서 판매할 수 있다. 이 때, 판매업체는 구성 요소를 조립함으로써 부가가치를 얻었기 때문에 부품 등과 같은 구성 요소를 합친 가격 보다 더 높은 가격을 고객에게 청구(즉, 판매)할 수 있다.

이 장에서 설명되고 있는 전자상거래, 관련 애플리케이션, 그리고 이를 지원하는 각종 기술들 모두 Porter의 가치사슬 개념을 따르고 있다. 즉, 인터넷이라는 도구는 공급

> **The value chain is really about understanding what aspects of an organization's business add value for customers and then maximizing those aspects.**

Using Instagram to Promote Your Products and Services

FINANCE | TECHNOLOGY IN SOCIETY | APPLICATION

Instagram에서는 매일 수백만 개의 사진과 비디오가 만들어지고 시청되고, 10억명이 넘는 사용자가 참여를 하고 있으며, 거의 모든 종류의 비즈니스에서 제품과 서비스를 홍보할 수 있는 강력한 도구가 되고 있다. 전문가 분석에 따르면 Instagram은 수백만 가지의 분석 데이터를 제공함으로써 실제 Cosmopolitan이나 Time과 같은 유명한 잡지 광고 그 이상의 영향력을 가지고 있다고 주장한다. 또한 Shake Shack, Starbucks, Ben & Jerry's, Nike, MAC Cosmetics 등 다양한 업종의 비즈니스에서 Instagram 페이지를 현재 운영하고 있다. 2019년 기준으로 Instagram과 관련된 몇 가지 통계 결과는 아래와 같다.

- 10억명 이상의 Instagram 월간 실제 사용자 보유
- Instagram 사용자의 80%는 Instagram에서 사업 개시
- 2백만 명의 월간 광고주 보유
- 가장 많이 본 스토리 3개 중 1개는 결국 비즈니스 목적으로 탄생
- 기업의 50%가 매달 최소한 하나의 스토리 생성
- Instagram 사용자의 80%가 제품이나 서비스 구매 의사결정에 도움이 된다고 생각

Instagram에서 제품과 서비스를 효과적으로 마케팅하기 위한 9가지 권장 사항 :

1. Instagram 비즈니스 프로필 최적화하기. 일반적으로 Instagram 비즈니스 프로필은 고객이 해당 브랜드를 접하는 첫 번째 접점이 될 수 있기에 좋은 인상을 부여하고 잠재 고객이 해당 사업체를 팔로우 할 수 있도록 유도하는 것이 매우 중요함. 따라서 최소한 해당 비즈니스를 쉽게 식별할 수 있는 프로필 사진이나 특징적인 이력 내용, 그리고 해당 비즈니스 링크 정보가 포함되어야 함
2. Instagram 광고를 통해 목표 고객에게 도달하기
3. Instagram 운영을 위한 예산 결정하기
4. 제품 링크를 담고 있는 IInstagram 스토리 생성하기
5. 바로 쇼핑을 할 수 있는 IInstagram 피드(feed) 제작하기
6. Instagram 전용 프로모션 제공하기
7. IInstagram 인플루언서와 파트너십 구축하기
8. 영향력 있는 사람들이 사용하는 적절한 해시태그 사용하기
9. 이미지를 가장 잘 드러낼 수 있는 제대로된캡션 사용하기; 이것이 바로 성패를 가르는 갈림길이 될 수도 있음.

질문 및 토론

1. Instagram이 강력한 마케팅 도구가 될 수 있었던 방식과 이유는 무엇인가? 이에 대해 논의해 보시오.
2. 제품이나 서비스를 홍보하기 위해 Instagram을 효과적으로 사용하기 위한 3가지 권고 사항은 무엇인가?

업체, 유통업체 및 고객 간의 커뮤니케이션 속도와 정확성을 높여 준다. 또한 인터넷이 가지고 있는 저렴한 비용은 기업의 규모와 상관 없이 가치사슬 통합을 활용할 수 있도록 만들어 준다. 이것이야 말로 하나의 공유된 시장에서 여러 종류의 기업들이 협력해서 제조업체로부터 고객에 이르기까지 전 과정 상에 존재하는 제품, 서비스, 정보의 흐름을 계획하고 관리하는 일련의 프로세스를 만드는 것이다. 이 프로세스는 가치 사슬의 효율성을 최적화함으로써 관련된 모든 기업들에게 경쟁 우위를 제공한다.

전자상거래는 다음과 같이 비용을 절감하고, 운영을 개선하는 새로운 방법을 제공함으로써 가치 사슬을 향상시킬 수 있다.

- 일반 우편이 아닌 이메일을 사용함으로써 고객에게 미리 판매 공지를 하고, 비용을 절감할 수 있다.
- 회사 웹 사이트를 통해 제품을 판매할 경우 실제 매장에서 멀리 떨어진 고객으로부터 새로운 수익원을 창

Showrooming and Webrooming

FINANCE | TECHNOLOGY IN SOCIE

전형적인 오프라인 매장(brick-and-mortar)이나 온/오프라인 병행 채널을 운영하는 매장(click-and-brick) 매장 모두 판매 증대를 위해 쇼루밍(showrooming)과 웹루밍(webrooming)을 모두 관리할 수 있어야 한다. 쇼루밍은 소비자가 매장에서 제품을 물리적으로 직접 만져 보고 모양과 느낌을 확인한 다음 가격 면에서 보다 더 저렴한 온라인 매장에서 구매하는 것이다. 웹루밍은 쇼루밍의 반대이다. 즉, 소비자는 온라인에서 제품을 보고 모든 조사를 온라인으로 수행하지만 최종 확인 및 구매를 위해 실제 오프라인 매장을 방문한다. 이 때, 웹루밍과 쇼루밍 서로 간의 경쟁이나 충돌을 막기 위해서 소매업체는 온라인, 소셜 미디어, 모바일 기술 및 오프라인 매장을 통합하는 옴니채널을 만들 수 있다. 이렇게 함으로써 소매업체는 고객이 구매를 시작하려는 위치에 관계없이 판매를 달성할 수 있을 만큼 비즈니스 유연성을 확보할 수 있다. 예를 들어 Target의 웹 사이트에서 제품을 살펴보는 고객이 한 명있다고 가정해 보자. 해당 고객은 스마트폰으로 제품을 주문하고 몇 시간 안에 특정 위치로 이동해서 주문한 상품을 수령한다. 이에 대해서는 "B2C 전자상거래의 진화: 다중 채널, 교차 채널 및 옴니채널" 섹션에서 보다 자세히 다루어질 예정이다.

질문 및 토론

1. 소비자가 매장에서 제품을 직접 확인해서 모양과 느낌을 확인한 다음 온라인 매장에서 해당 제품을 구매할 경우 이것은 쇼루밍인가, 웹루밍인가? 이것이 해당 소매업체에 얼마나 해를 끼칠 수 있는가?
2. 옴니채널 접근 방식을 통해 웹루밍이나 쇼루밍에 어떻게 대처할 수 있는가? 옴니채널 접근 방식의 몇 가지 예를 들어보시오.

출할 수 있다.

- 온라인 고객 서비스를 통해 보다 매력적으로 제품이나 서비스를 제공할 수 있다.

본 교재로부터 배웠듯이 이미 많은 기업에서 웹과 전자상거래를 활용해서 비용을 절감하고 수익을 높이며 고객 서비스를 개선해 왔다. 예를 들어, Dell Computer는 웹을 통한 직접 거래를 통해 중간상의 수수료를 없앰으로써 수익의 상당 부분을 달성했다. 또한 Cisco Systems에서는 웹을 통해 각종 통신 장비나 소프트웨어를 판매하고, 고객은 웹 사이트 상에서 UPS나 FedEx의 배송 추적을 할 수 있다. "Using Instagram to Promote Your Products and Services" 사례를 보면 최근 인기 있는 소셜 네트워킹 사이트인 Instagram이 비즈니스에 어떻게 활용되고 있는지 설명되어 있다. 또한 "Showrooming and Webrooming" 사례에서는 쇼루밍과 웹루밍의 차이점이 무엇인지 잘 나타나 있다.

8-1b 전자상거래와 전통적 상거래

전자상거래와 전통적 상거래는 이윤 창출이라는 목표는 동일하지만, 이를 위한 제품과 서비스를 판매하는 방식은 완전

표 8.1 전통적 상거래와 전자상거래

주요 활동	전통적 상거래	전자상거래
생산 정보	잡지나 전단지	웹 사이트 혹은 온라인 카탈로그
비즈니스 소통 방식	일반 우편물, 전화	이메일
제품 재고 확인 방식	전화, 팩스, 우편을 통한 질의	이메일, 웹사이트, 엑스트라넷
주문 방식	인쇄물로 된 서류 양식	이메일, 웹사이트
제품 확인	전화, 팩스	이메일, 웹사이트, EDI(전자문서 교환)
송장 발행 방식	인쇄물로 된 서류 양식	웹사이트

히 다르다. 전자상거래에서는 웹이나 통신 기술이 중요한 역할을 하며, 물리적인 상점이 존재하지 않고, 구매자와 판매자가 서로 대면하지 않는다. 현재 많은 기업들이 전통적인 상거래와 전자상거래를 섞은 형태의 전자상거래를 운영하고 있다. 이런 형태를 **클릭 앤 브릭 전자상거래(Click-and-brick e-commerce)**라고 하는데 해당 기업은 실제 물리적 매장이 가진 이점을 유지하면서 고객과 온라인 상호 작용이라는 또 다른 이점을 발휘하고 있다. 예를 들어, 어떤 고객이 기업의 웹사이트에서 온라인으로 물건을 구매하고, 반품은 물리적 매장으로 가져갈 수 있다. 표 8.1에서 전자상거래와 전통 상거래를 비교하고 있다.

8-1c 전자상거래의 장점과 단점

비즈니스의 규모와 상관없이 기업들은 전자상거래나 인터넷 관련 애플리케이션을 통해 경쟁우위를 확보할 수 있다. 예를 들어, IBM은 웹을 통해 12,000개 이상의 공급업체와 비즈니스를 수행하고, 웹을 사용하여 구매 주문을 하고, 송장을 받고, 공급업체에 대금을 지불한다. 즉, IBM은 자사의 거래 처리를 위한 일련의 프로세스에 인터넷과 웹 기술을 활용하는 셈이다.

전통적인 비즈니스와 마찬가지로 전자상거래에도 많은 장점과 단점이 있다. 물론, 전자상거래가 건전한(sound) 비즈니스 모델(다음 섹션에서 설명)을 기반으로 하는 경우에는 단점 보다 장점이 더 클 수 있다. 일반적인 전자상거래의 장점을 나열하면 다음과 같다.

- 공급업체, 고객 및 비즈니스 파트너와 보다 나은 관계 구축
- 모든 시장 참여자가 동일한 가격으로 거래할 수 있는 '가격 투명성(price transparency)' 제공
- 전 세계 어디서나 24시간 운영 가능
- 잠재 고객에 대한 추가 정보 수집 가능
- 고객 참여 증가(예: 회사 웹 사이트에 피드백 섹션 제공 등)
- 고객 서비스 개선
- 유연성 및 쇼핑의 용이성 향상
- 고객 수 증가
- 비즈니스 파트너와 협업 기회 증가
- 재고 요구 사항 감소로 인한 투자 수익의 증대
- 개인화된 서비스 및 제품 맞춤화 제공 가능
- 관리 및 거래 비용 절감

The Internet has improved productivity in many organizations, but this improvement must be converted to profitability.

Click-and-brick e-commerce mixes traditional commerce and e-commerce. It capitalizes on the advantages of online interaction with customers yet retains the benefits of having a physical store location.

반면, 전자상거래에도 다음과 같은 단점이 있으며, 이러한 단점 중의 많은 부분이 가까운 시일 내에 해결되거나 축소되어야 할 것이다.

- 네트워크 대역폭 용량 문제(특정 지역 혹은 국가)
- 보안 및 개인정보 보호 문제
- 접근성(아직 모든 사람이 인터넷에 연결되어 있지는 않음)
- 기술수용(모든 사람이 인터넷 기술을 수용하는 것도 아님)

"The Home Depot Gets into E-Commerce" 사례에서 기존 전통적 기업이 기업 운영에 전자상거래를 어떻게 통합해서 운영하고 있는가를 보여주고 있다.

8-1d 전자상거래 비즈니스 모델

전자상거래 관련 기업에서는 수익 극대화를 위해 앞서 논의된 가치 사슬의 또다른 부분에 운영을 집중한다. 예를 들어, 전자상거래 기업은 수익을 창출하기 위해 제품이나 서비스만 판매하거나 혹은 공급자와 소비자 사이에 존재하는 중개자를 없앨 수도 있다. 많은 B2C(business-to-consumer) 비즈니스 모델은 웹을 통해 고객에게 제품과 서비스를 제공함으로써 가격을 낮추고 고객 서비스를 개선하는 방식을 제공하고 있다. 1장에서 Michael Porter의 차별화 전략을 배운 것처럼 이러한 방식으로 경쟁사와 차별화함으로써 시장 점유율과 고객 충성도를 높일 수 있다.

일반적으로 전자상거래 관련 기업에서 판매하는 제품은 책이나 의류와 같은 전통적인 제품일 수도 있고 음악, 소프트웨어, 전자책과 같은 디지털 제품일 수도 있다. 마찬가

The **merchant model** transfers the old retail model to the e-commerce world by using the medium of the Internet.

Using the **brokerage model** brings sellers and buyers together on the Web and collects commissions on transactions between these parties.

지로 전자상거래 모델 또한 전통적일수도 있고 "디지털"일 수도 있다. 전통적인 전자상거래 모델은 일반적으로 광고 또는 머천다이징과 같이 기존 비즈니스 모델의 확장 혹은 변형된 형태이거나 정보 중개(infomediary, 다음 목록에서 설명될 예정)와 같이 웹 상에서 구현되기 적합한 새로운 형태의 비즈니스 모델이다. 전자상거래에서 가장 널리 사용되는 대표적인 비즈니스 모델은 다음과 같다.

- *판매자(머천트) 모델(merchant model)* - 판매자 모델은 기존의 오프라인 소매점 판매 모델을 인터넷 매체를 활용해서 전자상거래 세계로 옮긴 것이다. 가장 일반적인 유형의 판매자 모델로 전자상거래 기업은 인터넷 기술과 웹 서비스를 사용하여 웹을 통해 제품과 서비스를 판매한다. 해당 모델을 따르는 기업은 웹 공간에서 입지를 구축하기 위해 우수한 고객 서비스와 저렴한 가격을 내세운다. Amazon과 같은 기업이 대표적인 모델이며, Dell, Cisco, Hewlett-Packard와 같은 기업들도 해당 비즈니스 모델을 통해 중개자 없이 신규 고객에게 직접 다가가고 있다.
- *중개 모델(brokerage model)* - 웹에서 판매자와 구매자를 한데 모으고 당사자 간의 거래에 대한 수수료를 매기는 중개 모델이 있다. 이 모델의 가장 대표

The Home Depot Gets into E-Commerce

FINANCE | TECHNOLOGY IN SOCIETY | APPLICATION | REFLECTIVE THINKING

Rob Wilson/Shutterstock.com

2014년에 Home Depot Inc.가 첫 물류 및 유통 센터를 오픈한 주요 이유 중의 하나는 고객들의 쇼핑 습관의 변화와 신규 매장 오픈으로 인한 수익 감소였다. 당시 이 기업은 2014년에 단 두 개의 유통 센터와 한 개의 물리적 상점만을 오픈했다. 이는 그동안 주택 개조 제품 및 서비스의 주요 공급업체로서의 해당 기업이 보유한 역사와 극명한 대조를 이룬다. 오늘날 Home Depot는 웹 사이트에서 600,000개 이상의 제품 품목을 제공함으로써 일반적인 상점이 35,000개 품목을 제공하는 것과 비교할 때, 온라인 고객에게 엄청나게 넓은 제품 범위를 제공하고 있다. 또한 이 기업은 고객이 온라인으로 제품을 주문하고, 가까운 매장에서 해당 물건을 픽업할 수 있도록 한다.

Home Depot 전체 매출의 35% 정도는 건축업자나 건축 관련 계약자들이기에 일반 고객뿐만 아니라 이들 고객까지 확보하기 위해 노력하고 있다. 특히, 크기나 무게 등 엄청나게 다양한 제품을 옮겨야만 하는 고객(시장) 특성상 물류는 판매에서 매우 중요한 역할을 하며, 적시에 고객에게 품목을 배송할 수 있어야 한다.

2014년 Home Depot는 15억 달러를 투자하여 물류를 개선하기 위해 공급망과 정보기술을 개선함으로써 매장과 인터넷 비즈니스가 더욱 원활하게 연결될 수 있도록 하였다. 여기에는 새로운 온라인 주문 처리 센터도 포함되었다. 2016년 인터넷 매출은 기업 전체 매출의 5.6%를 차지했다. 2018년 3분기 Home Depot의 온라인 매출은 전년 동기 대비 28% 급증해 기존 매출보다 온라인 매출이 빠르게 성장하고 있음을 알 수 있다.

질문 및 토론

1. Home Depot가 전자상거래에 뛰어든 두 가지 주요 이유는 무엇인가?
2. 온라인 비즈니스를 성장시키기 위해 필요했던 주요 투자는 무엇인가? 그럴만한 가치가 있었는지 토의해 보시오.

적인 예는 eBay(www.ebay.com), DealDash(www.dealdash.com) 또는 QuiBids(www.quibids.com)와 같은 온라인 경매 사이트이다. 이러한 경매 사이트는 배너 광고 등을 통해 추가 수익을 창출할 수 있다. 중개 모델의 다른 예로는 TDAmeritrade.com 및 Schwab.com과 같은 온라인 증권 중개인 모델도 있다.

- ***광고 모델(advertising model)*** - 광고 모델은 라디오나 TV와 같은 기존 광고 매체의 확장된 형태이다. Yahoo!와 같은 디렉토리 사용자에게 무료로 콘텐츠(라디오나 TV와 유사하게)를 제공한다. 이러한 무료 콘텐츠를 통해 더 많은 트래픽을 생성함으로써 기업으로부터 배너 광고를 유치하거나 웹사이트 특정 자리를 임대할 수도 있다. 예를 들어 Google은 AdWords를 통해 텍스트 및 배너 광고 모두에 대해 클릭당 지불(PPC) 광고와 사이트 Target 광고를 제공함으로써 수익을 창출하고 있다.
- ***혼합 모델(mixed model)*** - 혼합 모델은 두 가지 이상의 원천으로부터 수익을 창출하는 형태이다. 예를 들어, Amazon은 Amazon Prime 구독료를 통한 수익과 고객에게 제품 및 서

The **advertising model** is an extension of traditional advertising media, such as radio and television. Directories such as Yahoo! provide content (similar to radio and TV) to users for free. By creating more traffic with this free content, they can charge companies for placing banner ads or leasing spots on their sites.

The **mixed model** refers to generating revenue from more than one source.

E-Commerce in 2025

FINANCE | TECHNOLOGY IN SOCIETY | APPLICATION | REFLECTIVE THINKING | GLOBAL

Reservoir Dots/Shutterstock.com

Meticulous Research에 따르면 세계 전자상거래 시장은 2018년부터 약 11.1% 성장하여 2025년에는 24조 3천억 달러에 이를 것으로 예상하고 있다. 이러한 지속적인 성장의 원동력으로서 모바일 전자상거래, 전세계적으로 증가하고 있는 인터넷 사용자의 숫자, 최신 기술의 배송 및 물류 시스템, 그리고 국민 가처분 소득의 증대 등을 들 수 있다. 특히 접근성과 사용 편의성을 제공하는 온라인 결제 시스템은 글로벌 전자상거래 시장의 성장에 중요한 역할을 하고 있다. FTI 컨설팅에서 발간된 보고서에 따르면 미국 내 온라인 소매 거래가 2025년까지 1조 달러에 이를 것으로 예측하고 있다.

구매자가 남긴 리뷰나 소셜 미디어에 게시된 다른 사용자가 남긴 의견은 고객의 구매 의사결정에 점점 더 많은 영향력을 행사하게 될 것이다. 이에 따라 스마트폰도 이러한 추세에 맞추어 중요한 역할을 하게 될 것이다. Facebook, Instagram, Twitter, Foursquare, Groupon과 같은 소셜 네트워킹 사이트는 계속해서 쇼핑 결정에 영향을 미칠 것이다. 또한, 모바일 장치를 통한 Google 검색은 온라인 쇼핑을 하고자 하는 사람들에게 지속적으로 영향력을 미칠 것이다.

또한 "플래시 세일(flash sales)", "데일리 딜(daily deal)"서비스와 같은 새로운 온라인 쇼핑 모델이 대중화될 것으로 예상된다. 짧은 기간 동안만 진행되는 플래시 세일은 유명 브랜드 상품을 판매하는 초대 전용 이벤트(invite-only events)이다.

질문 및 토론

1. 글로벌 전자상거래의 지속적인 성장을 견인하는 3가지 힘은 무엇인가?
2. 플래시 세일은 어떻게 이루어지는가? 일부 전자상거래 비즈니스에서 이 전략을 사용하는 이유는 무엇이라 생각하는가?

Under the **infomediary model**, e-commerce sites collect information on consumers and businesses and then sell this information to other companies for marketing purposes.

Under the **subscription model**, e-commerce sites sell digital products or services to customers.

Business-to-consumer (B2C) companies sell directly to consumers.

Business-to-business (B2B) e-commerce involves electronic transactions between businesses.

비스 판매 수익 두 가지를 창출하고 있다. 또한 경매 사이트는 구매자와 판매자로부터 징수한 수수료와 광고로부터 수익을 창출할 수 있다.

- *정보중개 모델(infomediary model)* - 정보중개 모델을 사용하는 전자상거래 사이트는 소비자 및 기업에 대한 정보를 수집한 다음 마케팅 목적으로 해당 정보를 다른 기업에 판매한다. 예를 들어, Bizrate(bizrate.com)는 어떤 사이트의 성능에 대한 정보를 수집하고 이 정보를 광고주에게 판매한다.
- *구독 모델(subscription model)* - 전자상거래 사이트에서는 디지털 제품이나 서비스를 고객에게 판매하는 구독 모델이 가능하다. 예를 들어, 월스트리트 저널(Wall Street Journal)과 소비자 보고서(Consumer Reports)는 온라인 구독을 제공하고 있으며, 바이러스 검사나 소프트웨어 백신 공급 업체는 해당 모델을 사용하여 소프트웨어와 업데이트 정보를 제공한다. 7장에서 언급했듯이 Cengage Unlimited는 구독 모델의 좋은 예가 될 수 있다. "E-Commerce in 2025"사례에서는 2025년에 전자상거래가 어떻게 이루어질지를 예측하고 있다.

8-2 전자상거래의 주요 카테고리

전자상거래는 소비자, 기업, 정부 간에 발생되는 거래이며, 그 결과 표 8.2와 같이 크게 9가지 범주로 나눌 수 있다.

표 8.2 전자상거래의 주요 카테고리

	소비자	기업	정부
소비자	C2C	C2B	C2G
기업	B2C	B2B	B2G
정부	G2C	G2B	G2G

8-2a B2C 전자상거래

Amazon, Barnesandnoble.com, Overstock.com 등과 같은 **B2C(Business-to-consumer;기업 대 소비자)** 전자상거래 업체는 고객에게 직접 제품을 판매한다. Amazon과 관련 비즈니스 파트너들은 도서, DVD, 의약품, 의류, 가정용품 등 매우 다양한 제품과 서비스를 판매하고 있다. 특히, Amazon은 순수하게 웹에만 전적으로 의존하여 온라인 거래에 초점을 맞추어 제품을 판매하는 기업의 대표적인 사례이다. 물론, Walmart, The Gap, Staples처럼 오프라인 기업으로서 실제 매장을 운영했던 기업이 웹사이트와 가상 매장을 구축해서 전자상거래 시장에 진입한 경우도 있다. 이러한 기업들은 전자상거래를 통해 기존 상거래를 보완하고 있다. 일부 전문가들은 고객이 매장을 방문하여 제품을 보고 반품도 할 수 있는 물리적 공간을 제공할 수 있다는 장점 때문에 이러한 기업들이 순수하게 전자상거래 플랫폼만 가진 기업 보다 더 성공적일수도 있다고 주장하기도 한다.

8-2b B2B 전자상거래

B2B(Business-to-business; 기업 대 기업) 전자상거래에는 기업 간의 전자 거래로서 과거 전자문서교환(electronic data interchange; EDI)과 전자자금이체(electronic funds transfer; EFT) 등과 같은 형태로 이루어졌다. 최근 몇 년 동안 인터넷을 통한 B2B 거래량은 늘어났고, 전자상거래 영역에서 가장 빠르게 성장하는 부문이 되었다. 7장에서 논의한 바와 같이 이미 많은 기업들이 각종 공급, 유틸리티, 여타 서비스 등에 대해 다른 기업에 의존하고 있기에 이미 엑스트라넷이 B2B 운영에 있어 효과적으로 활용되어 왔다. 즉, 구매 발주, 송장 처리, 재고 상태 확인, 배송 물류, 비즈니스 계약, 그리고 기타 운영 등에 B2B 애플리케이션을 사용하는 기업은 자동화를 통한 거래 처리 속도 향상과 오류 절감 등을 통해 수백만 달러를 절약했다고 보고된바 있다. Walmart는 B2B 전자상거래의 주요 업체로서

Boumen Japet/Shutterstock.com

Procter&Gamble, Johnson&Johnson 등과 같은 공급업체는 Walmart를 대상으로 이미 온라인으로 수발주가 진행되고 있기에 각 매장의 재고 상태를 확인하고 적시에 제품을 보충할 수 있다.

8-2c C2C 전자상거래

C2C(Consumer-to-consumer; 소비자 대 소비자) 전자상거래에는 소비자가 인터넷을 통해 다른 소비자에게 직접 판매함으로써 사용자 간의 비즈니스 거래를 의미한다. 사람들이 Craigslist나 Letgo처럼 온라인 분류 광고를 수행하거나 eBay와 같은 온라인 경매 사이트를 사용하는 경우가 바로 C2C 전자상거래의 형태로 볼 수 있다. Facebook Marketplace 또한 C2C 전자상거래의 성장세를 이어가고 있다. 즉, 디지털 마켓플레이스라는 공간에서 누군가는 해당 지역의 다른 누군가와 특정 항목(제품)을 사고 팔 수 있다. 또한 기업 내 인트라넷(7장에서 설명)을 통해 제품과 서비스를 광고하고 다른 직원에게 판매할 수도 있다.

8-2d C2B 전자상거래

C2B(Consumer-to-business; 소비자 대 기업) 전자상거래는 소비자가 기업에서 사용하기 위한 온라인 설문지를 만드는 경우와 같이 개인이 기업에게 제품이나 서비스를 판매하는 형태이다. 또 다른 예로서 기업이 크라우드 소싱(crowd sourcing)을 하는 경우인데, 참여자는 돈을 받고 특정 웹사이트에 기여를 하는 서비스를 수행하기도 한다.

Consumer-to-consumer (C2C) e-commerce involves business transactions between users, such as consumers selling to other consumers via the Internet.

Consumer-to-business (C2B) e-commerce involves people selling products or services to businesses, such as when a consumer creates online surveys for a company to use.

E-government applications can include government-to-citizen, government-to-business, government-to-government, and government-to-employee transactions. Services include tax filing, online voter registration, disaster assistance, and e-training for government employees.

8-2e 정부와 비영리 단체의 전자상거래

국방부, 기획재정부, 국세청 등을 비롯한 많은 정부기관 및 여타 비영리 조직에서도 전자상거래를 수행하고 있다. 일반적으로 이러한 애플리케이션을 **전자 정부(혹은 "e-gov")**라고 지칭하며 다음과 같이 구분할 수 있다.

- ***G2C(Govern-to-citizen; 정부 대 국민)***
  세금 신고 및 납부; 관련 양식 다운로드, 작성 및 제출; 각종 기록물 요청; 온라인 유권자 등록 등
- ***G2B(Government-to-business; 정부 대 기업)***
  국가 자산의 판매, 각종 라이센스 신청 및 갱신
- ***G2G(Government-to-government; 정부 대 정부)***
  상호 재난 지원 및 위기 대응
- ***G2E(Government-to-employee; 정부 대 공무원)***
  전자 교육

지역 혹은 지자체, 그리고 국가에서는 전자 정부 관련 애플리케이션을 개발하거나 기존 전자 정부 웹사이트를 개선하고 있다. 사용자 위주의 정부 웹사이트가 되기 위해서는 다음과 같은 기능이 포함되어야 한다.

반응형 웹사이트 디자인. 정부 웹 사이트의 사용자는 스마트폰, 태블릿, 데스크탑을 사용하여 필요한 정보를 얻기 위해 웹 사이트에 접근하게 된다. 이 때, 웹 사이트는 사용자가 가지고 있는 장치에 관계없이 요청된 정

보에 대해 알맞은 방식으로 쉽게 접근할 수 있도록 지원해야 한다.

대화형 검색 가능 일정 관리. 방문자가 웹 사이트를 통해 지역 행사, 회의나 다양한 활동 등에 최신의 검색 가능한 일정을 알 수 있도록 지원해야 한다. 그리고, 지난 활동은 사이트에서 즉시 삭제되어야 한다.

편리한 검색 기능. 해당 웹 사이트에서는 방문자가 키워드로 검색하고 사이트 및 관련 문서에서 필요한 정보를 어디에서나 찾을 수 있도록 원활한 검색 도구를 제공해야 한다.

온라인 결제 기능. 사용자가 온라인으로 접속했을 때, 해당 사이트에서 온라인으로 결제할 수 있도록 해야 하며, 관련 양식을 다운로드 할 수 있도록 온라인 양식을 제공해야 한다. 이는 편의성을 높이고 불필요한 서류 작업을 줄여준다. 아울러 해당 기관이 저탄소 녹색 성장 목표를 달성할 수 있도록 만들어 준다.

일관성 있는 디자인. 웹 사이트는 해당 서비스를 제공하는 커뮤니티에 어울리는 디자인을 제공함으로써 사이트 전체적으로 일관된 모습과 느낌을 제공해야 한다. 특히, 이러한 사이트는 경제 개발 및 마케팅 측면뿐만 아니라 관광 산업 촉진을 위한 핵심 도구 역할을 수행 한다.

이메일 알림. 웹 사이트에서는 긴급 상황 및 속보와 관련된 이메일 알림 기능을 제공해야 한다. 이 때, 사용자가 특정 관심 영역에 가입하고 해당 설정을 온라인으로 수정할 수 있다면 더욱 좋다.

직관적인 탐색 기능. 웹 사이트는 사용자가 논리적 검색을 사용하여 필요한 정보를 빠르게 찾을 수 있는 방식으로 콘텐츠를 구성해야 한다. 왜냐하면, 사이트에 익숙하지 않은 사용자도 해당 사이트 내에서 필요한 정보를 검색하고 찾는 데 도움이 될 수 있기 때문이다.

ADA(웹 접근성)준수. 되도록 웹 사이트는 법에서 요구하는 대로 ADA(Web Content Accessibility Guidelines)를 준수해야 한다.

사용자 친화적인 접근성. 다른 시스템과 마찬가지로 정부 웹 사이트에서도 사용자 편의성은 중요하다. 각 페이지의 상단과 하단부에 자주 요청되는 정보에 쉽게 접근할 수 있도록 해야 하며, 자주 묻는 정보에 대한 링크를 제공해야 한다.

잘 만든 첫 페이지. 웹 사이트의 첫 페이지가 가능한 효율적이고 효과적으로 활용될 수 있도록 해야 한다. 첫 페이지는 웹 사이트의 가장 가치 있는 공간이며 웹 사이트의 성공에 중요한 역할을 수행한다. 첫 페이지는 시스템의 관문이기에 커뮤니티의 관심을 끌 수 있는 최신 뉴스, 이벤트 및 항목을 한눈에 볼 수 있어야 한다. 또한 예정된 일정 항목과 사이트의 주요 정보(핫스팟) 등에 대해서는 직접 링크를 제공해야 한다.

그림 8.2에서 정부 관련 정보를 사용자에게 제공하는 웹사이트의 예로서 USA.gov의 홈페이지를 제시하였다.

대학교는 전자상거래 애플리케이션을 사용하는 비영리 조직의 대표적인 예가 될 수 있다. 예를 들어, 대다수 대학교에서 온라인 수업, 수강 및 성적 처리 등을 위해 웹 기술을 사용하고 있다. 또한 비영리 단체, 정치 단체, 사회 단체 등에서는 기금 마련, 정치 포럼, 후원금 마련 등 전자상거래 애플리케이션을 사용하고 있다.

8-2f 조직 혹은 기업 내 전자상거래

조직(기업 내) 전자상거래(Organizational (intrabusiness) e-commerce)는 일반적으로 기업 내부의 인트라넷(7장에서 설명)을 통해 회사 내에서 발생되는 전자상거래 활동을 포함한다. 물론, 해당 전자상거래 형태는 앞에서 논의된 9가지 주요 범주의 일부는 아니지만, 전반적인 e-비즈니스 활동을 지원하고 있다. 여기에는 직원 간 제품 및 서비스 혹은 정보 교환까지 포함될 수 있다(예를 들면, 앞서 논의된 C2C 전자상거래). 또다른 예로서 교육 프로그램 수행이나 각종 인적자원 서비스 제공 등이 있을 수 있다. 특히 직접적인 구매 및 판매 활동은 아니지만, 이러한 활동 중 일부는 Porter의 가치 사슬에서 지원 활동으로 간주될 수 있다. 예를 들면, 인사 부서에서 기업 내 제품을 생산하고 유통하는 해당 직원을 지원할 수도 있다.

그림 8.2 - USA.gov 홈페이지

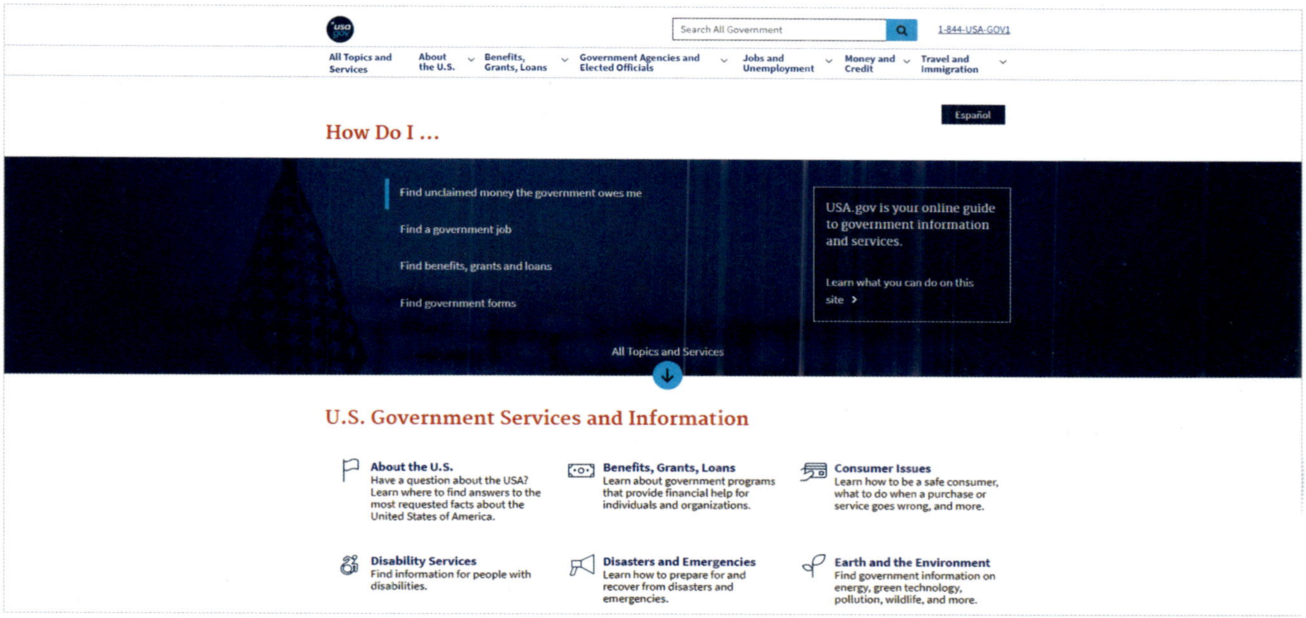

8-3 B2C 전자상거래 주기

그림 8.3에서 볼 수 있듯이 B2C 전자상거래가 수행되기 위한 5가지 주요 활동이 존재한다.

1. ***정보 공유*** - B2C 전자상거래 기업은 웹 사이트, 온라인 카탈로그, 이메일, 온라인 광고, 화상 회의, 게시판 및 뉴스 그룹 등과 같은 다양한 방법을 통해 고객과 정보를 공유할 수 있다.
2. ***주문*** - 고객은 전자적 주문 양식이나 이메일을 사용하여 B2C 사이트에서 제품을 주문할 수 있다.
3. ***지불*** - 고객은 신용 카드, 전자 수표(화폐), 디지털 지갑과 같은 다양한 지불 방법을 사용할 수 있다. 전자지불 시스템에 대한 내용은 "전자상거래 지원 기술들" 절에서 설명한다.
4. ***주문 처리*** - 주문된 제품이 실제 물리적 제품(책, 비디오, CD)인지 아니면 디지털 제품(소프트웨어, 음악, 전자 문서)인지에 따라 고객에게 제공하는 방식이 다르다. 예를 들어, 물리적 제품의 배송은 항공, 해상, 육로 등을 통해 다양한 비용과 다양한 옵션으로 이루어진다. 반면 디지털 제품의 배송은 일반적으로 디지털 서명으로 확인되고 다운로드만 포함되기에 보다 간단하다. 또한 주문 처리의 경우 기업 자체적으로 주문 처리작업을 수행하는지 아니면 아웃소싱하는지에 따라 달라진다. 물리적 제품의 처리를 위해 배송지 정보를 확인하거나 디지털 제품의 처리를 위해 제품이 전달될 때까지 저장 매체에 제품을 보관한 디지털 웨어하우징이 포함되기도 한다. 이렇듯 전자상거래 사이트에 대한 주문 처리 등을 위해 다른 제삼자 회사를 활용하기도 한다.
5. ***서비스 및 지원*** - 전자상거래 기업의 경우 고객을 유지하도록 만들어 주는 물리적 공간이 없기 때문에 서비스 및 지원은 기존 전통적 상거래보다 훨씬 더 중요하다. 기존 고객을 유지하는 것이 신규 고객을 유치하는 것보다 비용이 적게 들기 때문에 전자상거래 기업은 다음과 같은 방법들-이메일을 통한 만족도 확인 및 제품 업데이트, 온라인 설문 조사, 헬프 데스크, 안전한 거래 보증 등-을 활용해서 고객 서비스 혹은 고객 지원을 개선하기 위해 끊임없이 노력해야 한다.

Organizational (intrabusiness) e-commerce involves e-commerce activities that take place inside an organization, typically via the organization's intranet. These activities can include the exchange of goods, services, or information among employees.

그림 8.3 - B2C 전자상거래가 수행되기 위한 5가지 주요 활동

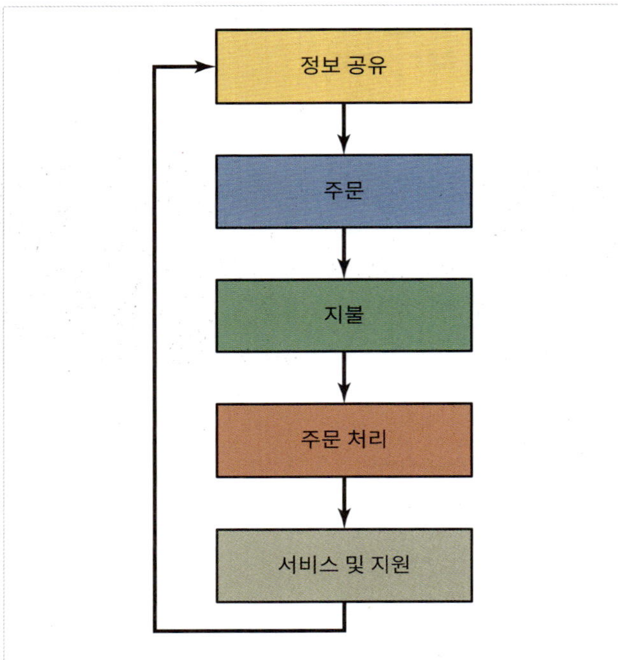

그림 8.3에 나열된 활동은 전통적 상거래와 동일한 순서로 발생되지만, 각각의 단계에서 처리되는 방법은 웹 기술과 인터넷으로 인해 변경되어 왔다.

8-3a B2C 전자상거래의 진화: 멀티 채널, 교차 채널,옴니 채널

전통적 상거래와 전자상거래 간의 경쟁이 치열해짐에 따라 두 영역 모두 더 많은 고객을 유치하고 추가적인 편의를 제공하기 위해 다양한 판매 채널 전략을 펼치고 있다. 이러한 채널 전략에 멀티 채널, 교차 채널, 그리고 옴니 채널 등이 포함될 수 있다. 지금부터 각 전략에 대해 보다 자세히 살펴보고자 한다.

멀티 채널(Multichannel). 일단 고객은 매장에서 구매하던지 아니면 휴대폰, 판매 웹 사이트, 소셜 미디어 채널, 비교 쇼핑 엔진, 타사 마켓플레이스, 혹은 다른 회사 웹 사이트 등을 포함해서 어떤 방식으로든 하나의 채널을 사용해서 원하는 품목을 구매한다. 이렇듯 다양한 채널들은 서로 연결되어 있지 않으며 다른 부서나 채널들 간에 데이터도 서로 공유하지 않는다. 어떤 고객이 온라인으로 주문하고 매장을 방문하더라도 판매 사원은 해당 고객의 구매 내역을 볼 수 없다. 이러한 상황에서 채널들은 서로 경쟁하기 때문에 다중 채널 브랜드의 경우 고객은 한 가지 채널을 선택하고 계속 이용해야 한다. 이렇듯 멀티 채널을 활용한 전략은 다음과 같은 뚜렷한 장점이 있다.

Multichannel A customer uses one channel of a given business to purchase an item, including in-store, on a cell phone, on the company's Web site, social media channels, comparison shopping engines, third-party marketplaces, other companies' Web sites, and so forth.

Cross-channel A customer uses several channels in order to buy an item.

1. 구매 활동 프로세스 상의 다양한 단계에 포함되어 있는 고객을 목표로 할 수 있다. 대부분의 고객들은 긴급하지 않다면 어떤 제품을 처음 봤을 때 바로 구매하려하지 않는다. 먼저 제품을 탐색하고 리뷰를 읽고, 가격을 비교한 다음에 구매 의사결정을 하는 편이다.
2. 시장이 보유한 파워와 검색 엔진 간의 레버리지 효과를 볼 수 있다. 다중 채널 판매자는 보다 자유롭게 유연성을 가지고 각 채널이 제공하는 다양한 기능을 활용할 수 있다.

멀티 채널 전략의 단점은 다음과 같다.

1. 잘못된 채널에서 판매가 이루어질 수도 있다. 채널의 다양화는 더 많은 잠재고객을 확보하는데 있어서는 중요하지만, 되려 전혀 상관없는 채널에서 제품을 출시할 경우 득보다 실이 더 많을 수 있다. 즉, 잘못된 커뮤니티, 고객 집단, 혹은 산업 영역에 제품을 출시하거나 홍보하게 되면 오히려 비즈니스의 역풍을 맞을 수도 있다.
2. 다채널 전략을 유지하기 위한 인프라 구축이 필요하다. 비즈니스를 위한 인프라가 없는 경우 다양한 채널에 등록하고, 재고를 유지하고, 주문을 처리하고, 고객 서비스를 제공하는 것이 매우 어려울 수 있다.

교차 채널(Cross-channel). 고객은 원하는 제품을 구매하기 위해 다양한 채널을 활용한다. 해당 전략은 고객에게 자유로움과 편리함을 제공해 준다. 예를 들어, 고객은 "클릭 앤 콜렉트(click & collect)"를 통해 온라인으로 주문하고 매장이나 다른 정해진 물리적 공간에서 해당 품목을 받을 수 있다. 이러한 전략은 많은 기업에서 이미 채택하고 있다.

요즈음 많은 고객들은 매장에서 의류와 같은 구매 예정 품목을 착용해보고, 나중에 집으로 돌아와서 고민하고, 결국 해당 의류를 온라인으로 주문한다. 또는 고객이 우편으로 쿠폰을 받고 온라인에 접속하여 쿠폰을 사용하여 물건을 사기도 한다. 또는 고객은 카탈로그에서 제품을 선택한 다음 전화로 구매하기도 한다. 이러한 전략을 사용하면 채널들이 서로 경쟁하는 관계가 아니라 서로 보완하는 관계가 될 수 있다. 교차 채널 전략에는 다음과 같은장점들이 있다.

- 구매자의 습관에 맞춘 보다 즐거운 구매 활동 지원 가능
- 보다 개인화된 고객 서비스 제공
- 신규 고객의 신속한 유치
- 기업의 브랜드 이미지 향상
- 고객의 독특한 부분에 대한 정보 획득
- 판매 기회의 증대
- 기업 입장에서 고객을 더 많이 알아갈 수 있음

해당 전략이 가지고 있는 대표적인 두 가지 단점은 제한된 자원 역량과 다양한 채널들의 통합에 따르는 문제로 요약된다.

옴니 채널(Omnichannel). 해당 채널 전략은 물리적 상점과 인터넷 및 모바일 기술을 통합하려는 전략이다. 즉, 옴니 채널 전략을 사용하면 자신이 속한 특정 매장에서 고객이 원하는 제품을 찾을 수 없는 영업 사원이 다른 지점이나 어딘가에서 재빨리 제품을 찾아서 고객에게 무료로 보낼 수 있다. 이러한 전략은 모든 판매 채널 간에 원활한 커뮤니케이션이 가능하도록 설계되어 있다. 이와 유사하게, 기업의 온라인 웹 사이트에서 해당 기업의 모든 물리적 매장에서 보유하고 있는 제품을 가져올 수 있다. 옴니 채널의 장점은 다음과 같다.

- 고객 만족도와 고객 유지율 향상
- 고객이 있는 곳이 바로 고객 접점
- 더 많은 고객 유지 가능
- 수익의 증가
- 브랜드 인지도 향상

옴니 채널 전략의 주요 단점은 복잡성이다. 다양한 장소에 있는 많은 사람들이 결국 모두 같은 페이지에 있어야 한다. 또한 성공적 운영을 위해서는 사람, 소프트웨어, 프로세스 간의 원활한 통합이 필요하다.

Omnichannel This strategy seeks to integrate the physical stores, the Internet, and mobile technologies.

교재에서 설명하고 있는 다양한 IT 관련 도구들은 앞서 설명한 세 가지 전략을 성공적으로 구현하는데 당연히 도움을 줄 수 있으며, 다양한 채널 간의 격차를 좁힐 수 있다. 이러한 IT 관련 도구들의 배포와 활용과 관련된 4가지 사례를 간략하게 소개한다.

1. eBay를 비롯한 많은 기업들에서 구매자가 앱과 사진을 공유해서 원하는 제품을 찾을 수 있도록 이미지 검색 기능을 제공하고 해당 앱은 기업이 보유한 디지털 카탈로그에서 유사한 제품을 찾아 준다. 물론 이후 고객이 제품을 어떻게 구매할지는 고객에게 달려 있다.
2. 14장에서 논의하겠지만, 많은 기업들은 고객 경험을 개선하고 보다 다양한 제품 구매 방식을 제공하기 위해 증강 현실(AR)이나 가상 현실(VR)을 사용하고 있다. 그러한 회사 중 하나가 바로 스웨덴에 본사를 둔 유명한 가구 판매 업체인 IKEA이다. IKEA는 고객의 14%가 잘못된 크기의 가구를 사서 집으로 가져간다는 사실을 파악했다. 이에 IKEA 카탈로그를 통해 방에 있는 가구를 가상으로 미리 볼 수 있도록 해주는 증강 현실을 도입했다. 고객은 AR 앱의 도움으로 모바일 기기를 활용해서 구매하기 전에 자신의 거실 공간에 가구를 놓아 볼 수 있다.
3. Ray-Ban은 AR을 통해 고객이 안경을 가상으로 착용해 보도록 함으로써 구매하기 전에 어떻게 보이는지 볼 수 있도록 한다. 이러한 특정 애플리케이션을 통해 온라인 비즈니스에서 고객이 원하는 정확한 제품을 올바른 크기, 색상, 모양으로 판매할 수 있도록 지원함으로써 성공적인 판매 기회를 획득한다.
4. Microsoft Dynamics 365 for Sales 및 Dynamics 365 AI for Sales는 원활한 구현을 위해 인공 지능(AI), 혼합 현실, 소셜 및 모바일 기능 등을 활용하는 멀티 채널 애플리케이션으로 배포되고 있다. 해당 플랫폼을 통해 고객은 원하는 방식으로 쇼핑할 수 있으며 실시간 분석을 통해 채널의 효과성을 측정 가능하게 만들어 준다.

8-4 B2B 전자상거래: 한 번 더 살펴보기

B2B 전자상거래에도 그림 8.3에서 나타난 단계들이 포함될 수 있다. 하지만, B2B 상거래에서는 인트라넷, 엑스트라넷, 가상 사설망, EDI, EFT 등과 같은 기술들이 보다 광범위하게 사용된다. 특히 B2B 전자상거래는 배달 시간, 재고 소요량, 가격 등을 줄이고, 비즈니스 파트너에게 관련성, 정확성, 시기적절성이 담보된 정보를 공유할 수 있도록 해야 한다. 이를 통한 최종 결과물은 결국 비즈니스 파트너들 간 공급망관리(SCM)의 향상으로 귀결된다.

B2B 전자상거래를 통해 과거 송장 작성이나 수작업으로 진행되었던 대금 지불 등과 같은 노동 집약적인 작업들이 일시에 제거됨으로써 생산 비용은 절감되고 정확성은 높아졌다. 또한 공급망 내에서 직접 온라인 연결을 통해 비즈니스 파트너 간의 정보 흐름을 개선하여 배송 시간은 단축되었다. 즉, 원자재가 더 빨리 입고되고 고객의 요구와 관련된 정보가 더 빨리 전달된다. 이렇듯 비즈니스 파트너 간의 향상된 전자적 의사소통은 전반적인 커뮤니케이션을 개선하여 더 나은 재고 관리 및 통제를 달성할 수 있다.

8-4a B2B 전자상거래의 주요 모델

B2B 전자상거래는 판매자, 구매자, 그리고 중개자(제3자) 중심으로 구성된 세 가지 주요 비즈니스 모델이 존재한다. 즉, 판매자 중심의 마켓플레이스, 구매자 중심의 마켓플레이스, 그리고 제3자 교환시장이다. 물론 거래 파트너 계약을 성사시키는 4번째 마켓플레이스 모델도 있는데 이는 비즈니스 파트너 간의 계약이나 협상을 용이하게 해줌으로써 인기를 얻고 있다. 다음 섹션에서는 이러한 모델에 대해 설명하고자 한다.

The **seller-side marketplace** model occurs most often. In this model, sellers who cater to specialized markets, such as chemicals, electronics, and auto components, come together to create a common marketplace for buyers—sort of a one-stop shopping model.

E-procurement enables employees in an organization to order and receive supplies and services directly from suppliers.

판매자 중심의 마켓플레이스

판매자 중심의 마켓플레이스(seller-side marketplace) 모델이 가장 빈번하게 발생되는 형태이다. 즉, 해당 모델에서는 화학, 전자기기, 혹은 자동차 부품 등과 같은 전문화된 시장에 특화되어 있는 판매자가 함께 모여서 구매자를 위한 공통의 시장(일종의 원스톱 쇼핑 모델)을 만들어 낸다. 판매자는 시장 지배력을 공동으로 사용할 수 있으며, 구매자의 대안 탐색을 간소하게 만들어 줄 수 있다.

해당 모델의 가장 대표적인 형태가 **전자 조달(e-procurement)**이다. 즉, 해당 전자상거래 애플리케이션을 통해 기업에서 직접 공급업체로부터 소모품이나 서비스 등을 주문하고 배송 받을 수 있다. 이 때, 일반적으로 기업에서는 사전에 공급업체와 가격 할인 등을 협상하기도 한다. 전자 조달은 비용과 시간을 절감하고, 공급자와 참여 조직 간의 관계를 개선하는 등 기존 조달 보다 훨씬 간소화된 방식으로 프로세스가 진행된다.

전자 조달 애플리케이션은 구매 담당자가 사전에 협상된 가격으로 구성된 전자 카탈로그에 연결될 수 있는 구매 승인 절차를 지원한다. 조달의 주요 목적은 승인된 판매자 목록에 없는 공급자로부터의 구매를 방지하고 구매 처리 비용을 제거하는 것이다. 해당 프로세스를 따르지 않으면 공급품에 대해 더 높은 가격을 지불할 수도 있기 때문에 이는 결국 거래 파트너에게 비용 부담을 발생시킨다. 또한, 전자 조달은 고객에게 대량 할인 혜택 또는 기업 맞춤형 요구사항도 처리할 수 있도록 해준다.

아울러, 전자 조달 애플리케이션은 구매 및 판매에 발생되는 일부 프로세스를 자동화하여 비용을 절감하고 처리 속도를 높일 수 있다. 이러한 애플리케이션을 사용하는 기업은 보다 효과적인 재고관리 및 구매 간접비 절약을 통해 제조 생산 주기를 개선할 수도 있다. 전자 조달은 자동화된 공급망관리(11장에서 논의됨) 추세에 따라 표준 비즈니스 시스템에 통합될 가능성 또한 높다.

주요 전자상거래 및 B2B 솔루션 공급업체로서 I2 Technologies, IBM, Oracle, SAP 등이 있다."E-Procurement at Schlumberger" 사례에서 Schlumberger의 전자 조달 애플리케이션이 자세히 나와 있다.

구매자 중심의 마켓플레이스

General Electric나 Boeing과 같은 대기업과 대기업 컨소시엄은 **구매자 중심의 마켓플레이스(buyer-side marketplace)** 모델 형태를 활용하며 다음과 같이 작동된다. 우선 구매자 혹은 구매자들끼리 모인 그룹에서 전자 마켓플레이스를 오픈하고 공시된 제품에 입찰하거나 견적 요청(request for quotation; RFQ)을 하도록 판매자를 초청한다. 해당 모델을 통해 구매자는 조달 프로세스를 보다 효율적으로 관리할 수 있으며, 낮은 관리 비용과 균일한 가격 구현을 달성할 수 있다. 또한 기업은 시장 입지를 높이고 개별 판매 비용을 낮추는 새로운 판매 채널 구축을 목표로 구매자 측 시장에 투자하게 된다. 즉, 구매자 중심의 마켓플레이스에 참여함으로써 판매자는 다음을 수행할 수 있다.

- 매매 거래 수행
- 주문 처리 프로세스의 자동화
- 판매 후 분석 수행
- 조달 기능 자동화
- 구매 행동에 대한 이해 향상
- 대체 판매 채널 제공
- 주문 및 배송 시간 단축

제3자 교환 시장

제3자 교환 시장(third-party exchange marketplace) 모델의 가장 큰 특징은 판매자나 구매자에 의해 통제되지 않는다는 점이다. 즉, 제3자에 의해 시장이 통제되며, 해당 마켓플레이스에서는 구매자와 판매자를 이어주는 데 부과되는 수수료를 통해 수익이 창출된다. 우선 **수직적 시장(vertical market)** 형태로서 전력이나 에너지와 같은 유틸리티 산업, 쇠고기 및 유제품 관련 산업, 의료용 제품 판매와 같은 특정 산업이나 시장에 초점을 맞추고 있다. 반면, **수평적 시장(horizontal market)**은 특정 기능 영역이나 비즈니스 프로세스에 집중해서 서로 상이한 다양한 산업영역을 자동화하는데 초점을 맞추고 있다. 직원 복리후생 관리나 미디어 구매 등이 대표적인 수평적 시장의 예가 될 수 있다.

이 모델은 공급자가 온라인 상점을 통해 구매자와 직

> In a **buyer-side marketplace** model, a buyer, or a group of buyers, opens an electronic marketplace and invites sellers to bid on announced products or make a request for quotation (RFQ). Using this model, buyers can manage the procurement process more efficiently, lower administrative costs, and implement uniform pricing.
>
> The **third-party exchange marketplace** model is not controlled by sellers or buyers. Instead, it is controlled by a third party, and the marketplace generates revenue from the fees charged for matching buyers and sellers.
>
> A **vertical market** concentrates on a specific industry or market. The utilities industry, the beef and dairy industries, and the sale of medical products are examples of vertical markets.
>
> A **horizontal market** concentrates on a specific function or business process and automates this function or process for different industries.

E-Procurement at Schlumberger

FINANCE | APPLICATION | REFLECTIVE THINKING

Schlumberger는 유전 서비스 제공업체인데, 해당 기업은 주문 당 비용을 줄여줄 수 있는 주문 처리를 위한 전자 조달 시스템을 개발했다. 신규 시스템은 주문 승인 및 기타 관리 작업을 위해 구매 주문을 라우팅(분배)하는 데 필요한 서류 작업을 간소화하여 비용을 절감했다. 기존의 중앙 집중식 EDI(전자문서교환) 조달 시스템은 직원이 워크스테이션에서 승인된 공급업체에 직접 연락할 수 있는 웹 기반 시스템으로 대체되었다. 해당 시스템이 보유한 사용하기 쉽고 유연한 인터페이스 덕분에 Schlumberger는 보다 다양한 공급업체 그룹과 거래를 할 수 있게 되었다. 또한, 인터넷을 통한 저렴하고 빠른 연결과 해당 시스템이 보유한 개방형 플랫폼의 장점도 존재한다.

질문 및 토론

1. Schlumberger의 새로운 전자 조달 시스템은 어떻게 비용을 절감할 수 있었는가?
2. 새로운 전자 조달 시스템의 두 가지 장점은 무엇인가?

Trading partner agreements automate negotiating processes and enforce contracts between participating businesses.

Mobile commerce (m-commerce) is using handheld devices, such as smartphones or wireless devices, to conduct business transactions.

접 소통할 수 있는 채널을 제공하기도 한다. 시장 내에서 이루어지는 또 다른 다양한 절차로서 제품 카탈로그, 정보 요청(RFI), 리베이트 및 판촉, 중개인 연락처, 제품 샘플 요청과 같은 기능이 포함될 수 있다.

거래 파트너 계약

거래 파트너 계약(trading partner agreements)의 주요 목표는 협상 프로세스를 자동화하고 참여 기업 간의 계약을 성사시키는 것이다. 해당 모델을 사용하여 비즈니스 파트너는 제품 및 서비스를 제안하고 구매할 때 필요한 입찰, 계약 및 기타 정보를 주고받을 수 있다. 이 모델은 전자 계약 및 거래 파트너 계약 등을 포함해서 비즈니스 데이터를 안전하게 주고받는데 XML을 사용하는 개방형 표준인 ebXML(electronic business eXtensible Markup Language)의 발전과 함께 더욱 일반화될 것이다.

해당 모델을 사용할 경우 예전에 서명이 포함된 하드카피를 요청했던 전자 문서까지도 고객이 인터넷을 통해 제출할 수도 있다. 1999년 제정된 디지털 서명법 이후 디지털 서명에도 수기 서명과 동일한 법적 유효성을 부여하고 있다. 즉, 전자적으로 거래 계약을 수락하면 당사자는 모든 계약 조건을 준수해야만 한다.

ebXML을 사용하면 계약 처리를 전자적으로 할 수 있는데, 재고 상태, 물류 배송, 구매 주문, 예약 시스템, 전자 지불 등 거래 파트너 간에 수행되어야 할 많은 프로세스를 전자적으로 수행할 수 있도록 만들어 준다. 또한 HTML에 비해 ebXML 혹은 XML이 가지고 있는 주요 장점인 웹 브

B2B E-Commerce Growth and Best Practices

FINANCE | TECHNOLOGY IN SOCIETY | APPLICATION | REFLECTIVE THINKING

Forrester에 따르면 B2B 전자상거래의 확장은 앞으로도 지속될 것으로 전망되는데, 2023년까지 미국에서만 1조 8천억 달러에 이를 것으로 예상된다. B2B 전자상거래는 B2C 온라인 소매보다 거의 2.5배 더 클 것으로 추정되며, 성장세 또한 가파를 것이기에 많은 기업들에게 호재로 작용될 것이다. 해당 보고서에 따르면 점점 더 많은 기업들이 기존 유선 전화 판매나 기타 오프라인 채널을 활용했던 것을 온라인 쇼핑으로 대체함에 따라 "채널 이동(channel-shifting)"이 일어나기 때문으로 해석한다. 매우 흥미롭게도 제조업체, 도매업체, 유통업체 등을 포함해서 전체 공급망 네트워크가 이러한 추세에 참여하고 있다. 결국, 이러한 성장의 주요 인센티브로 비용 절감 및 고객 서비스 개선이 뒤따라 온다.

B2B 전자상거래 기업이 성공하고 성장률을 유지하기 위해서는 다음과 같은 전략이 고려되어야 한다.

- 스마트한 제품을 제공할 것 : 즉, 다양한 고객을 위한 맞춤형 프로모션 및 가격 제공
- 온라인 쇼핑에 있어 사용자 경험이 녹아들고 사용하기 쉬워야 할 것
- 언제 어디서나 쇼핑할 수 있는 모바일 도구를 제공해야 할 것
- 대량, 반복 및 예약 주문을 포함한 특정 B2B 거래를 위한 도구를 제공할 것
- 고객 셀프 서비스 및 관리를 제공할 것
- 실시간 재고 및 가격 책정을 구현할 것
- 주요 고객의 경우 표준화된 조달 방식을 통해 공급업체로부터 직접 주문할 수 있도록 할 것
- 모든 주문 시스템을 백오피스 기술과 통합할 것

질문 및 토론

1. B2B 전자상거래에서 "채널 이동"이란 무엇인가?
2. 성공적인 B2B 전자상거래를 구현하기 위한 3가지 권장 사항은?

라우저가 검색을 수행함에 있어 요청된 데이터만 선택할 수 있도록 데이터 유형 정의를 페이지 정보에 할당할 수 있다. 즉, 해당 기능을 통해 모든 데이터가 전송되는 것이 아니라 특정 상황에 필요한 데이터만 전송되기 때문에 데이터를 보다 쉽게 보낼 수 있다. 또한 브라우저에 필요한 데이터만 로드하면 보다 효율적인 검색이 가능하기에 m-커머스(모바일 상거래)에 특히 유용하다. 이러한 방식은 인터넷 트래픽을 줄이고 사용량이 많은 시간대에 지연을 방지하는 데 도움이 되기도 한다.

"B2B E-Commerce Growth and Best Practices" 사례에서 B2B 성장과 전략의 성공적인 구현을 위한 몇 가지 권장 사항이 제시되어 있다.

8-5 모바일 및 음성 기반 전자상거래

유럽 국가에서 최근까지도 WAP(Wireless Application Protocol)를 기반으로 하는 **모바일 상거래(Mobile commerce, m-커머스)**가 이루어져 왔다. m-커머스는 스마트폰이나 무선 장치와 같은 휴대용 장치를 사용해서 온라인 중개 회사와 주식 거래를 하듯이 상거래를 수행하는 것이다. 모바일 전자상거래 애플리케이션을 지원하기 위한 기술로서 무선 광역 네트워크(wireless wide area networks; WWAN), 3G 혹은 4G망(6장에서 설명)뿐만 아

Mobile Commerce in Action: Fast-Food Restaurants

FINANCE | TECHNOLOGY IN SOCIETY | APPLICATION | REFLECTIVE THINKING

James R. Martin/Shutterstock.com

패스트푸드 산업에서도 모바일 커머스를 통해 주문, 결제, 픽업을 하나의 간단한 작업으로 결합해서 모든 과정을 더욱 신속하게 변화시키고 있다. Chipotle Mexican Grill은 앱을 통해 고객이 어디에 있던지 본인이 좋아하는 음식을 주문한 다음 레스토랑에서 픽업할 수 있으며 나중에 바로 재주문 할 수 있도록 선호하는 음식 메뉴를 저장할 수도 있다. Domino's, Papa John's, Pizza Hut, 스타벅스도 지난 몇 년 동안 모바일 앱의 사용이 증가해 왔다. 그 중에서도 스타벅스는 모바일 결제를 사용하는 리더 기업이다. 스타벅스에 따르면 2018년 모바일 주문과 모바일 결제는 미국 전체 거래의 12%를 차지했으며 애플이나 Google 보다 모바일 사용자가 더 많았다.

Taco Bell은 고객이 음식을 주문하고 결제한 다음 레스토랑이나 드라이브 스루 창구에서 픽업할 수 있는 모바일 주문 앱을 제공하고 있다. 해당 앱은 고객이 실제 식당에서 제공될 수 있는 모든 메뉴나 선택 항목을 보여주고 선택할 수 있도록 함으로써 고객 맞춤형 개별 주문을 가능하게 만들어 준다. 예를 들어 고객의 주문 선택에 따라 피클을 빼든지 토마토를 넣지 않을 수도 있다. 또한 스마트폰의 GPS 기능을 통해 해당 레스토랑에 고객의 위치를 전송해 줌으로써 고객을 위해 언제부터 음식을 준비해야 할지도 알 수 있도록 만들어 준다.

모바일 앱과 더불어 이러한 음식의 대부분을 준비하는 자동화된 기계를 통해 보다 적은 숫자의 직원을 가지고 패스트푸드 레스토랑을 운영할 수 있다. 결과적으로 전반적인 운영 비용을 줄여주는 효과를 거둘 수 있다. 현재 McDonald's, Chick-fil-A, KFC 등에서도 고도화된 모바일 주문 앱 출시를 앞두고 있다.

질문 및 토론

1. 기존 결제 시스템과 비교할 때, 모바일 결제 시스템의 장점 두 가지는 무엇인가? 모바일 결제 시스템이 회사에 경쟁 우위를 어떻게 제공하고 있는가?
2. Taco Bell 모바일 주문 앱의 가장 중요한 두 가지 기능은 무엇인가? 해당 기능에 대해 논의해 보시오.

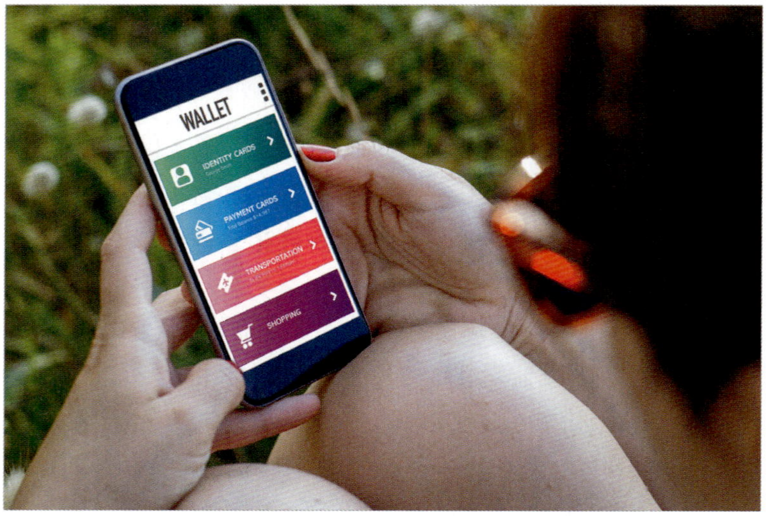

Georgejmclittle/Shutterstock.com

니라 Wi-Fi, WiMAX, Bluetooth(6장에서 설명), RFID(11장에서 설명) 등과 같은 단거리 무선 통신 기술 등이 모두 필요하다.

대부분의 통신 회사에서는 웹 사이트에 접속 가능한 휴대장치(스마트폰)를 제공하고 있다. 대표적으로 iPhone 앱에서 게임, 엔터테인먼트, 뉴스 및 여행 정보를 포함하는 다양한 m-커머스 애플리케이션을 사용할 수 있다. 대부분의 앱은 무료이지만, 유료일 경우 iTunes를 통해 구매도 가능하다. 오늘날 많은 e-커머스 기업은 기존 휴대폰에서 사용할 수 있는 텍스트 기반의 인터페이스도 제공하고 있다. 예를 들어, Google은 모바일 인터넷 사용자에게 검색, 뉴스, 지도 및 Gmail *(www.google.com/mobile)* 등과 같은 기능을 제공하고 있다.

모바일 사용자들끼리 게임 및 사진 공유를 할 수 있는 애플리케이션도 인기가 많다. "Mobile Commerce in Action: Fast-Food Restaurants" 사례에서 패스트푸드 식당에서 m-커머스가 어떻게 적용되고 있는지 설명되어 있다.

우리는 이미 스마트폰을 사용해서 웹 사이트에 접속하고 원하는 물건을 살 수 있다. 이제 다음 단계는 지난 10여년 동안 많은 발전을 해온 음성 인식 및 텍스트 음성 변환 기술에 기반한 **음성 기반의 전자상거래(voice-based e-commerce)**를 살펴볼 차례다. 예를 들어, 우리가 접속하고자 하는 웹사이트나 서비스의 이름을 말하고, 음성 명령으로 원하는 제품을 검색하고, 가장 적절한 판매자를 찾을 수있다. Amazon의 Alexa나 Google의 어시스턴트와 같은 음성 비서 플랫폼은 음성 기반의 전자상거래를 한 단계 더 발전시키고 있다. Alexa를 사용하면 고객은 음성으로 Amazon에서 판매되고 있는 모든 종류의 품목을 주문할 수 있다. 또한 Walmart나 Target은 Google과 협력해서 고객이 음성 기반 쇼핑을 도울 수 있도록 Google 어시스턴트를 지원하고 있다.

Voice-based e-commerce relies on voice recognition and text-to-speech technologies.

Siri를 통해 우리는 음성으로 메시지를 보내고, 전화를 걸고, 알림을 설정하는 등 여러 가지 일을 수행할 수 있다(Android에서는 Google Voice를 사용). 또한 Cortana(Microsoft)와 Alexa(Amazon) 역시 음성 기반의 인터페이스를 제공한다. 13장에서 이러한 두 가지 플렛폼에 대해 보다 자세히 다룰 예정이다. 음성 기반 전자상거래를 수행하는 또 다른 방법은 디지털 지갑(digital wallet)을 사용하는 것이다. 이에 대해서는 다음 절에서 보다 자세히 설명할 것이다. 디지털 지갑은 금융 정보를 저장할 수 있을 뿐만 아니라 고객 주소 및 운전 면허증 번호와 같은 개인 정보도 저장할 수 있다. 음성 기반 전자상거래에서 보안을 위해 다음과 같은 기능이 포함되어야 할 것이다.

- 통화 인식, 즉 특정 모바일 장치에서 전화를 걸어야 함
- 음성 인식, 즉 특정 음성 패턴과 일치 여부로 인증 가능
- 음성 명령으로는 변경할 수 없는 설정된 주소로 배송

Nuance(nuance.com), Internet Speech(internetspeech.com) 및 Google Voice(www.google.com/googlevoice/about.html)를 비롯한 여러 음성 포털이 이미 출시되어 있다. 여러분들도 해당 사이트를 방문해서 최신의 음성 기반 전자상거래를 활용해 보기 바란다.

8-6 전자상거래 지원 기술들

전자 결제 시스템, 웹 마케팅, 모바일 마케팅, 검색 엔진 최적화 등과 같이 전자상거래 활동을 지원하는 다양한 기술

과 애플리케이션이 존재하며, 지금부터 이에 대해 보다 자세히 살펴 본다.

8-6a 전자 결제 시스템

전자 결제(electronic payment)는 화폐나 영수증이 전자적으로 교환되는 거래를 의미한다. 일반적으로 컴퓨터 네트워크를 포함한 인터넷을 통해 디지털 방식으로 저장된 가치 시스템의 사용이 여기에 해당된다. 신용 카드, 직불 카드, 충전 카드, 그리고 스마트 카드 등과 같은 지불 카드가 이러한 전자 결제 시스템에 가장 널리 활용되는 수단이다.

스마트 카드(Smart cards)는 이미 유럽, 아시아, 호주 등지에서 사용되어 왔으며, 다양한 기능성으로 인해 미국에서도 점차 사용이 늘어나는 추세이다. 스마트 카드는 신용 카드 크기와 같으며 주요 금융 및 개인 정보를 저장하기 위한 마이크로프로세서 칩이 내장되어 정보를 로드하고 주기적으로 업데이트할 수 있다.

전자현금(E-cash)은 지폐와 동전 대비 안전성과 편의성을 제공한다. 즉, 신용카드, 직불카드, 충전카드를 보완하며 일상적인 현금 거래에 편의성과 통제성을 추가한다. 이러한 전자현금은 일반적으로 스마트 카드와 함께 연동되며, 칩에 저장된 현금의 양은 전자적으로 "충전"할 수 있다.

전자수표(e-check)는 종이 수표의 전자 버전으로서 온라인 거래에 보안성, 신속성, 편의성을 제공한다. 전기나 수도와 같은 유틸리티 기업에서는 고객에게 전자 수표를 사용하여 지불할 수 있도록 하며, 대다수 은행 또한 온라인 청구서 지불을 위해 전자 수표를 수령한다. 이러한 전자 수표는 여타 전자 결제 시스템이 너무 위험하거나 적절하지 않은 상황에서 진가를 발휘한다.

디지털 지갑(Digital wallet)은 모바일 장치에서 온라인 쇼핑을 할 때 안전성과 편리성, 그리고 이동성을 보장해 준다. 신용 카드 번호나 결제용 비밀번호, 혹은 PIN과 같은 개인 및 금융 정보를 저장하고 있다. 디지털 지갑은 소액 결제(이 절 뒷부분에서 설명 예정)에도 사용할 수 있다. 특히 온라인 쇼핑을 할 때 주문할 때마다 개인 정보나 금융 정보를 재입력할 필요가 없기 때문에 더욱 유용하다.

> Payment cards—credit cards, debit cards, charge cards, and smart cards—are the most popular instrument for electronic payment transactions.

여러분들은 경매 사이트에서 주로 사용되는 온라인 지불 시스템 중의 하나인 **페이팔(PayPal)**에 대해서 많이 들어봤을 것이다. 유효한 이메일 주소를 가진 사용자는 PayPal 계정을 설정하고 신용 카드나 은행 계좌를 통해 온라인 거래에 있어 안전한 결제를 할 수 있다. 또 다른 모바일 결제 서비스로서 **벤모(Venmo)**가 있다. Venmo 사용자는 모바일 앱을 통해 다른 사람에게 자금을 이체할 수 있다. 물론 송금인과 수령인 모두 미국에 거주해야 하는 한계점은 있다.

> **Electronic payment** refers to money or scrip that is exchanged electronically. It usually involves use of the Internet, other computer networks, and digitally stored value systems. It includes credit cards, debit cards, charge cards, and smart cards.
>
> A **smart card** is about the size of a credit card and contains an embedded microprocessor chip for storing important financial and personal information. The chip can be loaded with information and updated periodically.
>
> **E-cash** a secure and convenient alternative to bills and coins, complements credit, debit, and charge cards and adds convenience and control to everyday cash transactions.
>
> An **e-check**, the electronic version of a paper check, offers security, speed, and convenience for online transactions.
>
> **Digital wallet** which is available for most handheld devices, offers a secure, convenient, and portable tool for online shopping. They store personal and financial information, such as credit card numbers, passwords, and PINs.
>
> **PayPal** is a popular online payment system used for many online transactions. Users with valid e-mail addresses can set up accounts and make secure payments using their credit cards or bank accounts.
>
> **Venmo** users can transfer funds to others via a mobile app; both the sender and receiver have to live in the United States.

Apple Pay는 NFC(Near Field Communication) 기반 기술로 작동되는 모바일 결제 서비스이다. iPhone 6 이상, Apple Watch, 혹은 iPad를 사용해서 Apple Pay를 허용하는 온/오프라인 매장에서 제품이나 서비스에 대해 결제가 가능하다. Google에서 개발 중인 또 다른 새로운 결제 시스템으로서 핸즈프리가 있다. Android 기기 사용자가 "Google로 결제해줘"라고 음성 명령을 내리면 바로 매장에서 결제가 이루어진다. 물론 해당 사용자는 주머니나 가

방에서 전화기를 꺼낼 필요도 없으며, 계산원은 POS 기계의 버튼만 누르면 거래가 이루어진다. 즉, Android Pay나 Apple Pay와 달리 휴대폰 단말기를 조작할 필요도 없다.

소액결제(Micropayments)는 인터넷 상에서 매우 적은 금액이 거래되는 방식이다. 인터넷에서 일반적으로 10분의 1센트 정도로 조회당 지불 혹은 클릭당 지불 등과 같이 광고주가 소액을 지불하는 방식에서 출발했다. 이렇듯 작게 쪼개진 금액은 기존의 통화 방식으로도 처리하기 어려우며, 전자 소액 결제는 금융 기관에서의 처리 비용도 절감해 준다. 결제 금액은 추후 거래 수수료를 상쇄할 수 있을 만큼 커질 때까지 고객에게 누적된 다음 고객 계좌로부터 자동 공제되거나 은행으로부터 결제 대금 청구가 발생된다. 물론 소액결제 시스템에서 거래를 추적하고 처리하는데 대한 수수료는 부과된다. 하지만, 웹 관련 기술에 대한 표준을 정의하는 World Wide Web Consortium(W3C; www.w3c.org)에서 이미 소액 결제에 대한 지원을 중단했으며 더 이상 표준에 대한 작업을 수행하지 않고 있다.

Micropayments are transactions on the Web involving very small amounts of money. They began as a method for advertisers to pay for cost per view or cost per click.

Web marketing uses the Web and its supporting technologies to promote goods and services.

"Challenges in Using Mobile Payment Systems" 사례에서 모바일 결제 시스템 사용에 대한 몇 가지 문제점을 다루고 있다.

8-6b 웹 마케팅

웹 마케팅(marketing)은 상품과 서비스를 홍보하기 위해 웹 관련 지원 기술을 활용한다. 라디오나 TV와 같은 전통적인 미디어가 여전히 마케팅에 활용되고 있지만, 웹은 그 나름대로의 고유한 기능을 제공한다. 웹 마케팅을 이해하기 위해 다음의 관련 용어를 먼저 검토할 필요가 있다.

Challenges in Using Mobile Payment Systems

FINANCE | TECHNOLOGY IN SOCIETY | APPLICATION | REFLECTIVE THINKING

신용카드나 체크카드가 가지고 있는 몇 가지 심각한 단점이 존재한다. 즉, 분실, 해킹, 그리고 손쉽게 복제되며, 더구나 교체하기도 어렵다. 또한 은행 계좌별로 신용카드를 발급해야 하기 때문에 12개의 은행 계정이 있는 경우 12개의 신용 카드가 별도로 필요하다. 하지만, 이러한 단점에도 불구하고 신용 카드는 매우 대중적이며 전자상거래와 전통적인 상거래 모두에서 널리 사용되고 있다. 왜냐하면, 기존의 은행, 상점, 사용자 등 신용카드 업계의 모든 사람들이 표준과 인터페이스에 동의하기 때문이다.

모바일 결제 환경에는 많은 플레이어가 있으며 그 숫자 또한 증가하고 있다. 대표적인 업체로는 PayPal, Venmo, Google, Apple, Square, Facebook, Groupon, Dwolla, LevelUp 등이 있다. 아울러 이동통신 기업과 신용카드 회사도 모바일 결제에 참여하고 있다. 그러나 아직은 모바일 결제가 가능한 가맹점이 적고 인터페이스도 보편적이지 않기 때문에 대부분의 고객은 여전히 주요 결제 수단으로 신용 카드를 사용하고 있다.
모바일 결제를 주요 결제 시스템으로 정착하기 위해서는 다음과 같은 과제를 극복해야 한다.

- 보안 문제 극복
- 다른 신용카드 결제와 유사한 특별 인센티브 제공
- 국가 간 거래와 관련된 문제 해결
- 다중통화 및 결제수단 관련 문제 해결
- 모바일 결제 수단에 대한 사용자 채택 개선

질문 및 토론

1. 모바일 결제 시스템의 상위 4개 업체는 어디인가?
2. 모바일 결제가 결제 시스템의 주류가 되기 위해 극복해야 할 3대 과제는 무엇인지 논의해 보시오.

- ***광고 노출*** - 한 명의 사용자가 하나의 광고를 보는 것
- ***배너 광고*** - 일반적으로 자주 방문하는 웹 사이트에 게재되는 광고로서 작은 크기(약 468x360 픽셀 정도)의 간단한 애니메이션이 사용됨. 배너 광고를 클릭하면 짧은 마케팅 메시지가 표시되거나 사용자를 다른 웹 사이트로 이동시킴
- ***클릭*** - 사용자가 URL 또는 배너 광고를 클릭하면 다른 웹 사이트로 전송되거나 마케팅 메시지가 표시되며, 이는 웹 서버에 기록됨. 예를 들어, 검색에 사용된 특정 키워드가 사용자를 특정 웹 페이지로 안내할 때마다 해당 사이트를 소유한 광고주는 클릭당 비용을 검색 엔진에 지불(해당 목록의 뒷 부분에서 보다 자세히 설명됨). Yahoo!, Microsoft, Google 및 Interactive Advertising Bureau가 컨소시엄을 구성해서 "합법적이고 유효한(legal and valid)" 클릭을 정의하고 유효한 클릭을 측정하기 위한 워킹 그룹을 구성함
- ***1,000회당 비용(Cost per mille; CPM)*** - 대부분의 웹 사이트 및 이메일 광고는 1,000회 광고 노출당 비용을 기준으로 가격이 책정됨(M은 1,000을 의미하는 'mille'를 상징). 예를 들어 CPM이 125달러라고 한다면, 광고 노출 1,000회에 125달러가 소요된다는 의미
- ***클릭당 비용(Pay-per-click; CPC)*** - 광고를 클릭할 때마다 발생되는 비용. 예를 들어 CPC $1.25는 광고주가 클릭할 때마다 광고주가 스폰서 웹 사이트에 $1.25를 지불한다는 의미. 클릭당 비용(cost-per-click) 네트워크의 대표적인 예로서 MIVA(www.miva.com)가 있음
- ***클릭률(Click-through rate; CTR)*** - 광고가 클릭된 횟수를 광고가 게재된 횟수로 나눈 값. 예를 들어 광고주가 100,000번의 노출을 구매하고 실제로 20,000번의 클릭이 발생한 경우 CTR은 20%(20,000/100,000).
- ***쿠키*** - 웹 사이트가 사용자의 하드 드라이브에 저장하는 정보로서 방문자에게 인사하는 것과 같이 나중에 방문할 때 이를 사용할 수 있음. 또한 해당 정보는 사용자 기본 설정 및 검색 습관을 기록하는 데도 사용됨
- ***히트수(hit)*** - 클릭된 웹 페이지 내의 모든 요소들(텍스트, 그래픽, 대화형 항목 포함)은 서버에 대한 히트수로 계산됨. 이 때, 페이지당 조회 수는 그래픽 수, 사용하는 브라우저 유형 및 페이지 크기에 따라 크게 다를 수 있음. 따라서 히트수는 특정 사이트의 트래픽 선호도를 측정할 수 있는 도구가 될 수 없음
- ***메타 태그*** - 해당 HTML 태그는 웹 페이지가 표시되는 방식에 영향을 주지 않음. 단순히 페이지 콘텐츠를 나타내는 키워드, 웹 디자이너, 페이지 업데이트 빈도와 같은 웹 페이지에 대한 정보만을 제공함. 이 때, 검색 엔진은 이 정보(특히 키워드)를 사용하여 색인을 생성함
- ***페이지 뷰(PV)*** - 한 사용자가 하나의 웹 페이지를 보는 것
- ***팝업 광고*** - 팝업 광고는 브라우저 창 상단에 표시되기에 사용자의 시야를 차단함
- ***팝언더 광고*** - 팝언더 광고는 브라우저 창 아래에 표시되기에 팝업 광고 보다는 방해가 적음
- ***시작 화면(splash screen)*** - 사용자가 사이트를 처음 방문할 때 표시되는 웹 페이지. 사용자의 관심을 끌고 사이트 내부를 탐색하기 위한 동기를 부여하도록 설계됨. 시작 화면에는 기업의 로고나 플러그인 설치와 같이 사이트 내부를 볼 수 있는 요구사항에 대한 메시지가 포함될 수도 있음
- ***스팟 임대(spot leasing)*** - 검색 엔진이나 디렉토리 사이트 내 일부 공간을 광고 목적으로 일정 기간 동안 임대. 스팟은 배치가 영구적이기 때문에 방문할 때마다 변경되는 배너 광고보다 이점이 있음. 하지만, Yahoo!와 같이 트래픽이 많은 사이트에서는 배너 광고보다 스팟의 비용이 더 비쌈

지능형 에이전트(13장에서 설명)와 푸시 기술(14장에서 설명)도 웹 마케팅 도구로 사용되기도 한다. 지능형 에이전트(intelligent agents)는 웹 마케팅에서 활용되는 인공지능 애플리케이션이다. 예를 들어 제품 중개 에이전트는 고객에게 신규 제품에 대해 알림 기능을 제공한다. 푸시 기술(push technology)은 사용자가 정보를 찾기 위해 웹을 검색하는 풀 기술의 정반대 형태이다. 즉, 푸시 기술을 사용하면 예전의 문의 내용, 혹은 관심사나 과거 제품 사양 등을 기반으로 맞춤형 정보가 사용자에게 제공된다. 해당

기술을 통해 마케팅 정보나 제품 및 가격 목록을 제공하거나 제품 업데이트 정보를 보내거나 실제로 업데이트 하는 데 사용될 수 있다. "Challenges in Using Digital Ads" 사례에서 디지털 광고를 사용함에 있어 나타나는 몇 가지 이슈를 다루고 있다.

8-6c 모바일 마케팅

최근 조사에 따르면 인터넷 접속의 약 60%가 스마트폰이나 태블릿과 같은 모바일 장치를 통해 이루어지는 것으로 나타났다. 특히 온라인 비즈니스의 경쟁력 유지를 위해서는 반드시 모바일 마케팅 전략이 뒷받침 되어야 한다. 널리 알려진 대표적인 모바일 마케팅 전략은 다음과 같다.

1. 앱 기반 마케팅: 이 전략은 모바일 앱을 사용하는 것이지만, 온라인 비즈니스 업체가 반드시 자체적으로 앱을 개발할 필요는 없다. Google AdMob과 같은 서비스는 광고주가 타사 모바일 앱에 표시되는 모바일 광고를 만들 수 있도록 도와준다. Facebook 또한 광고주가 Facebook의 모바일 앱과 연동되는 모바일 광고를 제작할 수 있도록 지원한다. Facebook의 모바일 프로모션 포스트 광고는 Facebook의 뉴스 피드와 연동해서 강력한 구전 효과를 발생시킨다.
2. 게임 내 모바일 마케팅: 이 전략은 인기 있는 모바일 게임 내에 표출되는 모바일 광고를 이용한다. 즉, 게임 로딩 화면 중간에 나타나는 배너 팝업이나 전체 페이지 상의 이미지나 동영상 광고 등과 같이 다양한 형태로 마케팅이 펼쳐진다.
3. 위치 기반 마케팅: 이 전략은 특정 비즈니스 위치(예: 비즈니스 반경 2마일 이내)를 기준삼아 사용자의 위치를 기반으로 모바일 장치에 표시되는 광고를 사용한다.
4. QR 코드(11장에서 설명 예정): 이 전략을 사용하면 사용자가 QR 코드를 스캔하고, 사용자는 제품이나 서비스에 대한 마케팅 메시지를 표시하는 웹 사이트로 바로 이동할 수 있다.
5. 모바일 검색 광고: 이 전략은 모바일 장치용으로 설계된 Google 또는 Bing과 같은 기본 검색 엔진 광고를 사용하는 것이다. 일반적으로 이러한 광고는 Google Maps에 대한 클릭 투 콜(click-to-call) 등과 같은 기능이 추가되기도 한다.
6. 모바일 이미지 광고: 이 전략은 모바일 장치에 표시되는 배너와 같이 이미지 기반 광고를 사용한다. 화면 크기 제한으로 인해 이러한 이미지는 모바일 장치용으로 특수 설계가 필요하다.
7. 단문 메시지 서비스(Short Message Service; SMS) 및 멀티미디어 메시징 서비스(Multimedia Messaging Service; MMS): 이 전략은 특정 용건이 포함된 단문 메시지를 모바일 장치 사용자에게 보내는 방식이다. SMS는 텍스트만 보낼 수 있는 반면, MMS는 텍스트뿐만 아니라 사운드 및 비디오가 결합된 멀티미디어도 보낼 수 있다.

garagestock/Shutterstock.com

8-6d 검색 엔진 최적화

검색 엔진 최적화(Search engine optimization:SEO)는 웹 사이트에 대한 트래픽의 양이나 품질을 개선하는 하나의 방식이다. 즉, 특정 웹 사이트가 검색 결과에서 높은 순위를 차지하도록 만듦으로써 해당 웹 사이트에 더 많은 수익을 창출하도록 만들어 준다. 검색에 사용되는 평균적인 키워드의 경우 검색 엔진에는 수백 또는 수천 개의 웹 사이트가 나열될 수 있지만 대부분의 사람들은 상위 5개에서 10개 사이트 정도만 방문하고 나머지는 무시하는 경향을 보인다. 따라서 상위 사이트에 랭크되는 것이 매우 중요하다.

웹 마케팅을 광범위하게 성공적으로 수행하기 위해서는 다양한 캠페인 전략이 필요하다. 이 때, 검색엔진 최적화가 바로 비즈니스 개선에 도움이 되는 또다른 방법이며, 이러한 SEO 서비스를 제공하는 기업들도 많이 있다. 검색 엔진의 목록에 비용을 지불하는 웹 마케팅 방법과 달리 SEO는 검색 엔진 자체에서 웹 사이트의 성능을 자연스럽게(무료로) 높이는 것을 목표로 한다. 7장에서 배운 것처럼 Google이나 Bing과 같은 일반적인 검색 엔진은 크롤러나 스파이더를 사용하여 웹 사이트를 찾은 다음 사이트의 콘텐츠와 관련성을 기반으로 색인을 생성하고 순위를 지정한다. 이 때, 웹 사이트를 최적화하기 위해서 사이트의 콘텐츠와 HTML 코드를 편집하여 특정 키워드와의 관련성을 높이는 작업이 수행된다. 그런데, SEO는 검색 엔진이 특정 키워드에 대한 사이트를 쉽게 찾고 색인을 생성할 수 있는 기술을 포함한다. 웹 사이트의 트래픽을 최적화하는 몇 가지 방식은 다음과 같다.

Search engine optimization (SEO) is a method for improving the volume or quality of traffic to a Web site. A higher ranking in search results should generate more revenue for a Web site.

- ***키워드*** - 웹 사이트를 가장 잘 설명하는 몇 가지 키워드를 결정하고 사이트 콘텐츠 전체에서 일관되게 사용
- ***페이지 제목*** - 페이지 제목이 사이트와 콘텐츠를 정확하게 반영하는지 확인
- ***인바운드 링크*** - 정해진 키워드 중 하나를 사용해서 사람들이 웹 사이트에 댓글을 달도록 유도
- ***콘텐츠*** - 정기적으로 웹 콘텐츠를 업데이트
- ***관계의 확장*** - 다른 웹 사이트들과 관계를 넓힘

Challenges in Using Digital Ads

FINANCE | TECHNOLOGY IN SOCIETY | SOCIAL AND ETHICAL ISSUES | SOCIAL RESPONSIBILITY

광고주는 웹 사이트에 대한 가짜 트래픽의 결과로 매년 수십억 달러의 손실을 보고 있다. 전 세계에 흩어져 있는 하이재킹된 PC에 의해 통제되고 있는 봇(bots)이 이러한 가짜 트래픽을 만들어 낸다. Solve Media는 현재 디스플레이 광고 트래픽의 최대 29%가 이러한 봇에 의해 발생되는 것으로 추정하고 있다.

예를 들어, 연구에 따르면, 최대 4,800만 개의 Twitter 계정이 사람이 아닐 수 있다고 보고한 바 있다. 즉, Twitter 계정 내 많은 숫자의 "좋아요", "리트윗", "팔로워"가 사실은 봇에 의해 생성된 것일 수도 있다는 의미다.

데이터 보안 관련 기업인 White Ops에 따르면 Songsrpeople.com은 대부분의 트래픽이 봇에 의해 만들어지는 대표적인 웹사이트이다. 흥미롭게도 Target, Amazon, State Farm과 같은 대기업조차도 해당 웹사이트에 디스플레이 광고를 게재하고 있다. 하지만, 웹 사이트 방문자의 대부분은 사람이 아니며, 컴퓨터로 생성된 데이터일 뿐이다. 이 때, 봇은 광고주를 오도하여 웹 사이트가 많은 트래픽을 수신하는 것처럼 보이게 만들고, 결국 해당 웹 사이트에서 이러한 사이트에 광고를 게재하는데 대해 광고주로부터 더 많은 비용을 청구할 수 있도록 만든다. 최근에 만들어지는 정교한 봇의 경우 한 사이트에서 다른 사이트로 클릭하거나 비디오를 "시청"하거나 장바구니에 어떤 항목을 추가함으로써 실제 사람이 쇼핑하는 것처럼 모방할 수도 있다. 정부 당국과 인터넷 보안 전문가에 따르면 인터넷에는 이런 종류의 사이트가 수 천개 존재하고 있다고 하며, 그들은 이런 사이트를 식별하여 블랙리스트로 분류하려고 노력하고 있다. 따라서 광고주는 디지털 광고에 투자하기 전에 합법적인 트래픽과 가짜 트래픽을 구별할 줄 알아야 한다.

질문 및 토론

1. 디지털 광고를 사용할 때의 두 가지 문제는 무엇인가?
2. 봇은 어떻게 광고주를 오도하는가?

8-7 전자상거래와 그 이후: 소셜 커머스

Social commerce is a subset of e-commerce that is influenced by social networks and other online media.

20억 이상의 소비자가 Facebook, Instagram, Twitter, Pinterest 및 Tumblr와 같은 소셜 네트워크를 사용하고 있으며 이 수치는 나날이 증가하고 있다. 이러한 소셜 네트워크의 사용자는 특정 제품이나 서비스를 친구에게 추천함으로써 많은 고객들의 구매 의사결정에 영향력을 행사한다. 어떤 소셜 네트워크는 고객이 바로 제품과 서비스를 구매할 수 있도록 직접 연결할 수 있는 링크도 제공한다. Gartner의 조사에 따르면, 소비자의 74% 정도가 소셜 네트워크에 의존해서 구매 의사결정을 내린다고 보고했다. 아울러 Facebook과 같은 인기 있는 소셜 네트워크가 등장하기 전에는 eBay와 같은 P2P(peer-to-peer) 웹 사이트를 통해 개인끼리 서로 연락하고 직접적으로 거래를 수행하기도 했다.

소셜 미디어는 비슷한 관심사를 가진 사람들끼리 모일 수 있는 커뮤니티를 제공함으로써 통찰력과 새로운 제품 발견 등이 가능하도록 도와준다. Pinterest 및 Wanelo와 같은 웹 사이트는 가상 쇼핑몰 및 디지털 카탈로그와 유사한 형태를 취함으로써 해당 사이트에 접속한 고객은 본인과 유사한 관심사를 가진 다른 사람들을 찾아보고 연결할 수도 있다.

그렇다면, 과연 소셜 커머스(social commerce)는 무엇일까? 여러 온라인 사이트나 전자상거래 전문가들이 내리는 몇 가지 정의가 존재한다. 이 교재에서는 **소셜 커머스(social commerce)**를 스마트폰 사용의 지속적인 증가로 강화된 소셜 네트워크 및 기타 온라인 미디어의 영향을 받는 전자상거래의 하위 집합으로 정의한다.

소셜 커머스를 이루는 소셜 네트워크와 온라인 미디어는 다음과 같은 다양한 범주로 구성되어 있다.

1. 소셜 네트워킹 사이트: 이러한 사이트(Facebook, Twitter, Google, Pinterest 등과 같은) 사용자가 친구에게 제품 또는 서비스를 추천하거나, Facebook의 'Shop' 탭 혹은 Twitter의 'Buy' 버튼과 같이 해당 사이트에서 쇼핑을 위한 직접 링크를 제공한다. 2015년 7월 15일 Google은 소비자가 모바일 검색 광고에서 직접 제품을 구매할 수 있도록 구매 버튼에 해당하는 "Purchases On Google(Google에서 사세요)"을 발표하기도 했다. 2015년 6월 30일에는 Pinterest에서 "Buyable Pins(구매 가능 핀)"를 출시했다. 즉, 사용자가 파란색 가격의 핀을 보면 모바일 장치를 사용하여 Pinterest 안에서 직접 그 핀을 구입할 수 있다. 이제 Pinterest에서는 이미지 검색을 통해 사고 싶은 제품을 더 쉽게 찾을 수도 있다. 2016년 Pinterest는 s-커머스 능력을 더욱 강화하는 두 가지 새로운 기능을 도입했다. 첫째, 사용자가 자신의 스마트폰 카메라로 제품을 검색한다. 사용자는 Pinterest 검색을 사용해서 본인이 좋아하는 품목의 검색 버튼을 탭할 수 있으며, Pinterest는 현재 사용자가 보는 모든 것에 대해 자동으로 시각적 검색을 수행한다. 둘째, 사용자가 Pinterest 이미지 안에 있는 이미지를 클릭하면 Pinterest가 해당 아카이브를 검색한다. 그러면 사용자는 주제별로 시각적 검색 결과를 필터링하면서 본인이 찾고자 하는 것을 정확하게 찾을 수 있다. 그러면, 결제 후 Instagram에서 바로 판매할 수 있으며, 이를 통해 다른 사람의 게시물에서 직접 해당 품목에 대해 비용을 지불할 수 있다.
2. 공동 구매 플랫폼: 해당 웹 사이트는 특정 수의 구매자가 24시간 이내와 같이 정해진 기간 동안 특정 제품이나 서비스를 구매하는 데 동의하는 경우 해당 제품 또는 서비스를 대폭 할인된 가격에 제공하는 것이다. 대표적인 예로 Groupon 및 LivingSocial 등이 있다.
3. P2P 플랫폼: 해당 웹 사이트는 개인이 서로 직접 연락해서 전자상거래를 진행할 수 있도록 만들어진 커뮤니티 기반의 시장이다. 대표적인 예로 Amazon Marketplace 및 Etsy가 있다.
4. 추천 웹사이트 : 구매한 상품이나 서비스에 대해 고객의 의견을 모아 같은 관심을 가진 사람들에게 추천하는 사이트이다. 일부 사이트의 경우 소셜 미디어를 통해 친구와 구매를 공유하는 개인에게 인센티브를 제

공하기도 한다. 대표적인 사이트로서 TripAdvisor와 Yelp가 있다.

5. 참여형 전자상거래: 해당 웹 사이트를 통해 소비자는 생산 프로세스에 참여하고 협업 방식으로 제품이나 서비스를 사이트에 가져올 수 있다. 인기 있는 예로서 CutOnYourBias 및 Kickstarter가 있다.
6. 사회적 조언: 해당 웹사이트는 채팅과 포럼을 통해 쇼핑에 대한 조언이나 의견을 제공한다. 대표적인 사이트로서 GoTryItOn 및 eBags가 있다.
7. 사용자 선별 쇼핑(User-curated shopping): 해당 웹 사이트는 사용자가 실제 제품을 만들거나 다른 사람이 선택할 수 있는 제품 목록을 만들 수 있는 플랫폼을 제공한다. 대표적인 예로서 Lyst 및 Polyvore가 있다.

Social media should be integrated into all operations, from sales to marketing, and for ongoing sustainability.

"Social Commerce at Coca-Cola Company" 사례에서는 Coca-Cola 기업에서 소셜 커머스를 어떻게 활용하고 있는지 보여준다.

8-8 하이퍼 소셜 조직

하이퍼 소셜 조직(Hypersocial organizations)은 비즈니스를 사회적 프로세스로 전환함으로써 결과적으로 고객과 더 잘 소통하고, 더 많은 제품과 서비스를 판매할 수 있도록 소셜 미디어를 활용하는 기업을 지칭한다. 그렇기에 하이퍼 소셜 조직은 다양한 경로를 통해 고객과 정보를 공유한다. 가장 대표적인 예로서 Facebook의 게시물, Twitter 페이지, 혹은 Instagram 등을 활용해서 직접적으로 소셜 미디어 소통을 수행한다. 아울러 이러한 기업은 블로그나 YouTube의 동영상

Hypersocial organizations are companies that leverage social media to better connect with customers and increase sales through the social process.

Social Commerce at Coca-Cola Company

FINANCE | TECHNOLOGY IN SOCIETY | APPLICATION | REFLECTIVE THINKING | GLOBAL

코카콜라는 이미 전세계적인 브랜드 파워를 가지고 있음에도 불구하고 여전히 시장에서의 입지 강화를 위한 노력을 게을리하지 않고 있다. 최근의 마케팅 캠페인 방향은 개인화된 맞춤형 제품과 관련된 것이었다. 코카콜라는 역사상 처음으로 전통적인 코카콜라 로고 대신 각 국가별로 가장 인기 있는 이름 250개를 코카콜라 라벨에 인쇄를 하였다 (예를 들어, '연아야,'"고마워'). 그 후 코카콜라는 텔레비전, 라디오, 소셜 미디어와 같은 대중 매체 채널을 사용하여 고객이 좋아하는 음료에 이름이 있을 수 있음을 고객에게 어필했다. 또한 각 병에는 #ShareACoke라는 해시태그를 사용하여 소셜 미디어에 개인화된 콜라 병의 사진을 게시하도록 하고, 소비자들에게 상기할 수 있도록 유도하였다. 콜라 병에 담긴 자신의 이름을 본 경험은 매우 독특하기에 소비자들은 실제로 더 높은 가격을 지불하였고, '자신의" 콜라 병을 구매하고 이를 소셜 미디어 공간에서 공유하였다. 콜라 병의 이미지는 Instagram, Twitter 및 Facebook에서 #ShareACoke 해시태그와 함께 공유된 다음 전국의 디지털 광고판에 게시되었다. 이러한 캠페인을 강화하기 위해 코카콜라는 www.shareacoke.com이라는 웹 사이트를 제작하였다. 해당 웹사이트에서 소비자는 소셜 미디어에서 공유할 친구와 가족의 이름이 적힌 가상 콜라 병을 만들 수도 있다. 캠페인 결과, 수백만 장의 사진이 게시되었고, 수천 개의 가상 콜라 캔이 만들어졌으며, 영국에서는 해당 캠페인 기간 동안 펩시와 비교하여 3배 더 많은 코카콜라가 판매되었다.

질문 및 토론

1. 코카콜라 회사는 자사 콜라 캠페인을 홍보하기 위해 소셜 미디어를 어떻게 사용했는가?
2. 캠페인이 성공한 이유는 무엇이었는지 논의해 보시오.

을 활용하고, 이와 관련된 자체 웹 사이트를 운영하기도 한다.

전 세계의 많은 사람들은 소셜 미디어를 믿을 만한 매체로 인식하고 있다. 수많은 고객들이 올리는 불만 사항들은 물론 일부는 실제로 조작되었을 수도 있지만 대체로 정확한 내용을 담고 있다 (Yelp의 레스토랑에 대한 고객 리뷰와 2015년 "가짜 리뷰어(fake reviewers)" 관련 Amazon의 소송을 참고하길 바란다).

특히, YouTube의 "사용법(how-to)" 콘텐츠와 같이 문제 해결형 플랫폼은 사람들이 아주 많이 신뢰한다. 이러한 신뢰성의 출발점은 비록 하나의 비디오가 문제를 해결하지 못하거나 질문에 대한 답변을 주지 못하더라도 도움이 되는 수 백 개의 비디오가 남아있다는 사실을 인지하는 것이다. 소비자의 구매 결정에 영향을 미치고 잠재적인 구매자를 비즈니스로 끌어들이는 데 소셜 미디어가 얼마나 큰 역할을 했는지에 대한 재미있는 통계들이 많이 있다. 2014년에 발표된 세 가지 통계 지표를 소개하면 다음과 같다.

- 고객의 71%는 소셜 미디어 추천을 기반으로 구매할 가능성이 더 높다.
- 구매 의사 결정에 가장 큰 영향을 미칠 가능성이 높은 상위 3개 소셜 미디어는 Facebook, YouTube, LinkedIn이다.
- 응답자의 78%는 기업의 소셜 미디어 게시물이 구매 결정에 영향을 미친다고 답했다.

기업은 경쟁력을 지속적으로 유지하기 위해서는 이렇듯 서로 간에 연결된 새로운 세상과 상호작용하는 방식을 끊임없이 고민해야 한다. 그렇기 때문에 기업은 소셜 미디어의 힘을 이해하고, 소셜 미디어가 가진 강점을 적극적으로 활용해야 한다.

하이퍼 소셜 조직은 온라인 커뮤니티의 힘을 활용한다. 성공적인 커뮤니티를 위한 4가지 핵심 요소로서 회원, 콘텐츠, 회원 프로필, 그리고 거래를 들 수 있다.

그 중에서도 회원이 가장 중요한 요소가 될 수 있으며, 커뮤니티에 회원이 많을수록 좋다. Facebook과 Twitter가 자주 비교되지만, Facebook의 회원수가 보다 많기 때문에 더 강력한 커뮤니티로 간주된다. 이러한 커뮤니티의 콘텐츠도 중요하다. 어떤 조직에서든 커뮤니티가 잘 돌아가고, 성장하기 위해서는 양질의 콘텐츠가 반드시 필요하다. 회원 프로필은 신규 회원을 유치하거나 커뮤니티에 대한 지식을 높이는 데 사용되는 주요 정보를 가져올 수 있다.

마지막으로 결국 거래가 발생되어야 한다. 커뮤니티 내에서 구성원이 거래에 참여하고, 무언가를 구매하고, 정보를 발견하는 데 도움이 될수록 다른 사람들에게 알릴 가능성도 높아지게 되며, 결국 구성원 증가를 가져온다. 이러한 네 가지 요소를 적절히 관리하면 조직은 경쟁 우위를 확보할 수 있다.

소셜 미디어는 소비자가 어떤 비즈니스에 대해 긍정적이든 부정적이든 자신의 의견을 표출하는데 사용할 수 있는 거대한 플랫폼을 제공해 주었다. 기업만이 제품과 서비스에 대해 목소리를 낼 수 있었던 시대는 지났다. 이제 소비자들은 서로 교류하며 정보를 교환하고 있다. 소셜 미디어를 통해 초사회성(hyper sociality)이 기업에 영향을 미치는 수준까지 확장될 수도 있다. 즉, 소비자는 기업으로부터 편향된 정보를 얻는 대신 다른 소비자로부터 직접적인 추천을 받을 수 있게 되었다.

오늘날 점점 더 많은 조직이 하이퍼 소셜 조직 모델을 채택하고 있다. 대표적으로 Huffington Post, Airbnb, Martell Home Builders, Glamour 잡지 등이 이에 해당될 수 있다. "Hypersocial Organization in Action: Spotify" 사례에서 Spotify가 어떻게 성공적인 하이퍼 소셜 조직이 되었는지 잘 나타내고 있다.

8-9 소셜 미디어 정보시스템

소셜 미디어 정보시스템(social media information system : SMIS)는 하드웨어, 소프트웨어, 사람, 그리고 구성원들 간에 콘텐츠 공유를 지원해 주는 절차 등과 같이 일반적인 정보시스템의 구성요소(1장에서 설명됨)를 그대로 포함하고 있는 정보시스템이다. 다만 여기에다가 SMIS는 다음의 세 가지 추가적인 구성 요소를 포함하고 있다.

애플리케이션(앱) 제공자; Facebook, Twitter, LinkedIn, Snapchat과 같은 소셜 미디어 사이트로 앱의 기

능을 만들고 사용자에게 무료로 제공

사용자 커뮤니티: 소셜 미디어 앱을 사용하는 모든 사람(우리 모두)

후원자: Walmart, Macy's 및 Intel과 같이 제품 및 서비스를 광고하기 위해 소셜 미디어 사이트에 돈을 지불하는 기업이나 조직. 이러한 기업은 무료로 소셜 미디어 사이트를 사용하여 제품과 서비스를 홍보하고 팬페이지를 만들고 FAQ, 블로그, 팟캐스트 등을 게시하여 고객과 소통하고 있다. 또한 기업은 사용 설명서와 같은 비디오를 올리고, 특정 고객이 서로 문제를 해결할 수 있도록 도와주기도 한다. 일반적으로 스폰서는 광고를 통해 수익을 창출한다.

SMIS는 사용자, 고객, 직원, 비즈니스 파트너와의 상호 작용을 상호 생산적인 관계로 발전시키는 커뮤니티를 만듦으로써 하이퍼 소셜 조직(장의 앞부분에서 설명)으로 성장하는데 중요한 역할을 담당한다. 또한 공통 관심사로 묶여진 커뮤니티나 집단, 혹은 군집을 활성화시킨다. 또한 이들은 스폰서를 위해 판매 및 마케팅과 같은 비즈니스 활동을 촉진하고 스폰서가 고객과의 유대와 충성도를 구축할 수 있도록 도와준다.

2019년 3월 기준 전 세계 인터넷 사용자는 약 43억 4천만명이 넘는다. 동시에 전체 소셜 미디어 사용자는 전세계적으로 20억 명이 넘는다. SMIS는 이러한 전략적 도구를 적절하게 설계하고 사용하는 기업 및 비즈니스 영역에 다

Hyper-Social Organization in Action: Spotify

FINANCE | TECHNOLOGY IN SOCIETY | APPLICATION | REFLECTIVE THINKING

PixieMe/Shutterstock.com

Spotify는 상업용 음악 스트리밍, 팟캐스트, 각종 비디오 서비스를 제공하는 스웨덴 기업이다. 2019년 2월 현재 전 세계적으로 9,600만 명의 유료 가입자와 1억 4,000만 명 이상의 사용자를 보유하고 있다.

이미 경쟁이 치열한 미디어 시장에서 이렇듯 빠른 성장률과 성공을 거둔 기업을 찾는 것은 힘들다. 이렇듯 하이퍼 소셜 통합을 통해 사용자가 음악을 듣는 방식을 변경하여 개인화되고, 소셜 미디어가 가진 장점을 누릴 수 있는 경험을 제공할 수 있었기 때문이다.

Spotify는 소셜 미디어를 사용하여 콘텐츠, 제품, 브랜드를 배포하고 있다. 이것이 성공할 수 있었던 주요 이유는 음악을 찾고 친구들과 공유하는 것이 너무 쉽기 때문이다. Facebook 사용자 이름으로 신규 가입을 바로 할 수 있으며, 해당 계정의 접속을 통해 위치와 상관없이 선호 채널을 설정할 수 있다. 또한 Spotify는 소셜 그래프(7장에서 설명)를 통해 이미 Spotify에 있는 친구나 가족을 보여주고, 사용자가 그들과 재생 목록을 공유하고, 다른 친구의 활동을 팔로우하고, 재생 목록을 구독할 수 있도록 해준다. 또한 Spotify를 사용하면 Facebook이나 Twitter에 담긴 음악 트랙이나 재생 목록을 손쉽게 공유할 수도 있다.

Spotify는 공유와 개인 정보 보호 사이의 명확한 경계를 성공적으로 만들어냄으로써 사용자는 옵트인(opt in) 혹은 옵트아웃(opt out)할 수 있다. 즉, 적극적으로든 아니든 음악을 공유하고 싶은 사람은 그렇게 할 수 있고, 공유하고 싶지 않은 사람은 그렇게 할 필요가 없도록 만들었다.

질문 및 토론

1. Spotify는 어떤 목적으로 소셜 미디어를 사용하는가?
2. Spotify가 성공을 거둘 수 있었던 두 가지 이유는 무엇인가?

음과 같은 주요 정보를 제공해 준다.

- 고객에 대한 소중한 정보와 통찰력(고객이 누구인지, 어디에 살고 있는지, 무엇을 좋아하는지, 브랜드에 대해 어떻게 느끼는지) 확보
- 실시간으로 고객과 소통하고 고객 관심사에 대응해서 브랜드 인지도 및 충성도 제고 가능
- 실시간 검색 결과에 따라 위치, 인구통계(지역 Target), 성별 등을 기반으로 한 Target 광고 실행
- 웹 사이트 트래픽 및 검색 순위 증가 - 소셜 미디어 활동이 많을수록 비즈니스 검색 순위가 높아짐
- 경쟁자들이 무엇을 하고 있는지 파악하고 경쟁자들과 싸우기 위한 실시간 전략적 의사결정 가능
- 새롭고 역동적인 콘텐츠에 대해 실시간 고객과 공유
- 거래 전, 거래 중, 거래 후 고객과의 관계 구축

SMIS를 설계하기 전에 기업은 소셜 미디어 정책을 명확하게 정의해야 하며, 해당 정책에 영향을 받는 모든 구성원들에게 명확하게 설명해야 한다. 이미 많은 기업에서 수립해 놓은 소셜 미디어 정책을 인터넷 검색을 통해 살펴볼 수 있다. 또한, 정책을 설계하기 전에 모범사례를 충분히 참조해야 한다. 기업에서 소셜 미디어 정책을 수립하기 위해서는 기본적으로 다음을 포함시켜 수행할 것을 권장한다.

- 회사의 평판 보호
- 법적 문제의 제거
- 영향을 받는 모든 개인의 개인 정보 보호
- 브랜드 인지도 제고

요약

8-1. 전자상거래를 정의하고 장점, 단점 및 비즈니스 모델을 설명할 수 있다. 전자상거래는 인터넷을 통해 제품과 서비스를 사고 파는 것이다. e-비즈니스는 기업에서 컴퓨터와 정보통신기술을 사용해서 제품과 서비스를 판매하고 구매하는 일체의 활동을 포함한다. 전자상거래의 가장 큰 장점 중의 한 가지는 공급자, 고객 및 비즈니스 파트너와 관계 강화와 "가격 투명성"을 제공하는 것이다.

8-2. 전자상거래의 주요 범주를 나열할 수 있다. 여기에는 C2C, C2B, C2G, B2C, B2B, B2G, G2C, G2B, G2G 등이 포함된다.

8-3. B2C 전자상거래의 5가지 주요 활동을 기술할 수 있다. 여기에는 정보 공유, 주문, 지불 및 결제, 주문 처리, 서비스 및 지원 등이 포함된다.

8-4. B2B 전자상거래의 4가지 주요 모델을 요약할 수 있다. 여기에는 판매자 중심의 마켓플레이스, 구매자 중심의 마켓플레이스, 제3자 교환 시장, 거래 파트너 계약 등이 포함될 수 있다.

8-5. 모바일 기반 전자상거래와 음성 기반 전자상거래를 설명할 수 있다. 스마트폰이나 무선 장치와 같은 휴대용 장치를 사용해서 온라인 중개 회사와 주식 거래를 하듯이 상거래를 수행한다. 음성 기반 전자상거래는 음성 인식 및 텍스트 음성 변환 기술에 기반한 전자상거래이다.

8-6. 전자상거래를 지원하는 4가지 기술을 설명할 수 있다. 여기에는 전자 결제 시스템, 웹 마케팅, 모바일 마케팅 및 검색 엔진 최적화 등이 포함된다.

8-7. 소셜 커머스를 정의하고 왜 이렇게 인기가 있는지 설명할 수 있다. 소셜 커머스는 소셜 네트워크 및 기타 온라인 미디어의 영향을 받는 전자상거래의 하위 집합으로 정의 내릴 수 있다. 오늘날 20억 이상의 소비자가 Facebook, Instagram, Twitter, Pinterest 및 Tumblr와 같은 소셜 네트워크를 사용하고 있으며 이 수치는 나날이 증가하고 있다.

8-8. 하이퍼 소셜 조직을 이해하고 인기 상승의 이유를 설명할 수 있다. 하이퍼 소셜 조직은 비즈니스를 사회적 프로세스로 전환함으로써 결과적으로 고객과 더 잘 소통하고, 더 많은 제품과 서비스를 판매할 수 있도록 소셜 미디어를 활용하는 기업을 지칭한다. 하이퍼 소셜 조직은 다양한 경로를 통해 정보를 공유하며, 대표적으로 Facebook의 인기 게시물, Twitter 페이지 및 Instagram과 같이 직접적으로 소셜 미디어를 통한 상호작용이 여기에 해당될 수 있다.

8-9. 소셜 미디어 정보시스템(SMIS)을 설명할 수 있다. SMIS는 하드웨어, 소프트웨어, 사람, 그리고 구성원들 간에 콘텐츠 공유를 지원해 주는 절차 등과 같이 일반적인 정보시스템의 구성요소(1장에서 설명됨)를 그대로 포함하고 있는 정보시스템이다. 다만 여기에 애플리케이션(앱) 제공자, 사용자 커뮤니티, 후원자 등이 포함된다.

2부

데이터 통신,
인터넷,
전자상거래 및
글로벌 정보시스템

9장 글로벌 정보시스템

학습목표

9-1 세계화의 이유와 e-비즈니스를 포함한 글로벌 정보시스템을 사용하는 이유에 대해 토론한다.

9-2 글로벌 정보시스템과 그 요구 사항 및 구성 요소를 설명한다.

9-3 글로벌 정보시스템을 사용하는 네 가지 유형의 조직 구조를 설명한다.

9-4 글로벌 정보시스템을 사용하는데 있어서의 다섯 가지 장애물에 대해 설명한다.

Sergey Nivens/Shutterstock.com

이 장에서는 e-비즈니스의 부상과 인터넷의 성장을 포함하여 조직이 세계화(globalization) 됨에 따라 글로벌 정보시스템을 채택해야 하는 이유에 대하여 학습한다. 글로벌 정보시스템은 최근 사용이 증가되는 통신 및 네트워킹 애플리케이션이다. 그리고, 글로벌 정보시스템과 함께 사용되는 조직 구조의 유형뿐 아니라 이러한 시스템의 요구 사항 및 구성 요소에 대하여 학습한다. 또한, 글로벌 정보시스템의 큰 혜택 중 하나인 역외 아웃소싱에 대해서도 논의한다. 마지막으로 글로벌 정보시스템을 사용하는데 있어 고려해야할 몇 가지 제한사항에 대하여 탐색한다.

9-1 왜 글로벌이 중요한가?

글로벌 경제는 전세계 통합 서비스(integrated worldwide services)를 요구하는 고객을 창출하고 있으며, 글로벌 시장의 확대는 이러한 통합 서비스를 처리하기 위한 글로벌 정보시스템을 개발하게 되는 주요한 요인이다.

전세계 통합 서비스의 필요성을 이해하기 위해 미국에 위치한 신발 회사의 예를 생각해 보자. 그 회사는 높은 품질의 가죽을 조달해야 하고, 높은 수준의 신발 봉제 지식이 필요하기 때문에 신발의 윗부분을 이탈리아에서 생산한다. 이탈리아에서 생산된 신발의 윗부분은 밑창을 부착하기 위해 저렴한 노동력을 보유한 중국으로 배송된다. 중국에서 밑창이 부착된 신발은 품질 테스트를 위한 하이테크 시설이 집중되어 있는 아일랜드로 배송되며, 테스트를 마친 신발은 마침내 미국의 다양한 소매점으로 배송되어 판매된다. 이탈리아에서 중국, 그리고 아일랜드에 이르는 전체 공급망은 미국에 위치한 본사에서 관리 및 조정되어야 한다. 이 예는 기업이 여러 국가에서 나누어 제조 프로세스를 진행하는 이유와 이러한 프로세스가 원활하게 조정되도록 하는데 통합이 얼마나 중요한지 잘 보여주는 사례이다.

> The growing trend toward global customers and products means globalization has also become an important factor in purchasing and the supply chain.

많은 기업이 국제화를 위해 노력하고 있다. 예를 들어, 무선 통신 제품 및 서비스를 설계하고 판매하는 Qualcomm은 2017년에 발생한 매출의 98%를 미국 이외의 지역에서 창출했다. Bespoke Investment Group에 따르면, 2017년 기준, 해외에서 매출의 50%를 차지하는 미국기업의 주식 가격은 매출의 90%를 미국 내에서 얻은 미국기업의 주식 가격 보다 19% 이상 더 비쌌다고 한다. 또한, 미국 내에서 90% 이상의 매출을 달성한 기업의 주가는 4.5% 상승에 그쳤다.

Procter & Gamble, IBM, HP, McDonald's, Unilever, Nestle 및 Motorola와 같은 굴지의 기업이 글로벌 정보시스템의 주 사용자이다. 오늘날의 다국적 기업은 다양한 시장과 문화에서 운영되기 때문에, 관습, 법률, 기술 문제, 지역의 독특한 비즈니스 요구 및 관행과 같은 요소에 대한 명확한 이해야 말로 글로벌 정보시스템 운영의 성공을 보장하는 전제 조건이다.

항공편 예약 시스템(airline reservation systems)은 최초의 대규모 양방향 글로벌 시스템으로 간주된다. 호텔 및 렌트카 제공 서비스, 신용카드 서비스 또한 보다 효율적이고 효과적으로 서비스를 제공하기 위해 전세계를 통합하는 데이터베이스(worldwide databases)가 필요하다. 전 세계에 걸친 모든 시장에 표준화될 수 있는 글로벌 제품 및 서비스는 국제 마케팅에 있어서 점점 더 중요해지고 있다. 또한 제조업체는 특정 지역에서만 얻을 수 있는 이점 때문에 작업을 "지역화(regionalization)" 할 수도 있다. 예를 들어, 원자재가 싱가포르보다 인도네시아에서 더 저렴하다면 원자재 획득은 인도네시아에서 실행하고, 생산에 필요한 전문 기술이 브라질보다 인도가 앞선다면 그 기술은 지역화를 통해 인도에서 획득할 수 있다.

글로벌 고객 및 제품에 대한 증가 추세는 글로벌화가 구매 및 공급망에서 중요한 요소가 되었음을 의미한다. 전 세계의 시장을 대상으로 저렴하고 품질 좋은 자원을 조달할 수 있는 공급업체는 국내 경쟁에서 뿐만 아니라 해외 경쟁에 있어서도 큰 인센티브를 얻을 수 있다. 또한 대규모 글로벌 조직은 더 저렴한 노동력을 활용할 수 있고, 자사의 제품과 서비스를 현지 및 국제적으로 판매할 수 있기 때문에 구매, 제조 및 유통 비용을 줄일 수 있다. "Global Information Systems at Rohm & Haas" 사례는 글로벌 정보시스템의 중요성을 잘 보여준다.

9.1a e-비즈니스: 성장의 원동력

e-비즈니스는 글로벌 정보시스템이 광범위하게 사용되는 데 있어서 매우 중요한 요소이다. 8장에서 논의한 바와 같이, e-비즈니스는 수익 창출을 지원하는 거래와 제품과 서비스의 구매 및 판매를 위한 거래가 포함된다. 이러한 수익 창출 거래에는 제품 및 서비스에 대한 수요 창출, 판매 지원 및 고객 서비스 제공, 비즈니스 파트너 간의 커뮤니케이션 촉진이 포함된다. 효과적인 글로벌 정보시스템은 이러한 모든 활동을 지원할 수 있다.

e-비즈니스는 네트워크가 제공하는 유연성을 추가하여 기존 비즈니스의 장점과 구조를 개선할 수 있다. 네트워크를 통해 지원받은 시기적절한 정보를 생성 및 제공함으로써, e-비즈니스는 기업 활동을 수행할 수 있는 새로운 기회를 창출한다. 예를 들어, 온라인 정보를 기업 활동에 사용함으로써 e-비즈니스는 여러 그룹이 더 쉽게 협력할 수 있도록 한다. 다국적 기업의 지사는 새로운 마케팅 캠페인을 계획하기 위해 정보를 공유할 수 있고, 다른 지사는 새로운 제품을 설계하거나 새로운 서비스를 제공하기 위해 협력할 수 있으며, 고객 관계를 개선하기 위해 고객과 정보를 공유할 수 있다.

인터넷은 커뮤니케이션 과정을 단순화하고, 비즈니스 관계를 개선하며, 소비자와 기업 모두에게 새로운 기회를 제공할 수 있다. 예를 들어, e-비즈니스가 성숙해지고 더 많은 회사가 온라인으로 비즈니스를 수행함에 따라 소비자는 더 쉽게 상품을 비교하며 쇼핑에 참여할 수 있다. 구매자와 판매자 간의 직접적인 커뮤니케이션이 증가했지만, 중개자에게는 여전히 새로운 기회가 있다. 예를 들어, 특정 소비자 만을 위해 특화된 시장을 추적하여 고객에게 그와

Global Information Systems at Rohm & Haas

FINANCE | TECHNOLOGY IN SOCIETY | APPLICATION | REFLECTIVE THINKING | GLOBAL

Rohm & Haas는 여러 국가에 생산 시설을 보유하고 있다. 과거에는 각 국가별로 운영되는 독립적인 재고관리 시스템이 있었다. 국가별로 운영되는 시스템의 문제는 특정 국가의 고객이 원하는 제품을 공급받지 못할 수 있다는 것이다. 예를 들어, 프랑스에 위치한 생산 시설에서 특정 제품이 품절되었을 경우, 불과 20마일 떨어진 독일에 위치한 자사 생산 시설에서 그 제품을 공급하고 있는지 여부를 쉽게 확인할 수 있는 방법이 없었다. 이러한 문제를 해결하기 위해 Rohm & Haas는 주문 입력 시스템(order entry systems)을 업그레이드하고 전사적 자재 관리 시스템(company-wide material management system)을 설치하여 글로벌 정보시스템을 전면 개편했다. 이러한 시스템은 글로벌 수요 계획 시스템(global demand planning system)과 연결되었다. 이후 Rohm & Haas는 고객에게 더 나은 서비스를 제공하고 필요에 따라 신속하게 다른 국가에서 제공되는 제품을 빠른 시간 안에 받을 수 있게 되었다. 이러한 노력을 통해 Rohm & Haas는 세계 시장에서 더 강한 경쟁 우위를 확보할 수 있었다.

질문 및 토론

1. Rohm & Haas는 주문 입력 시스템을 어떻게 개선했는가?
2. Rohm & Haas의 새로운 시스템의 주요 장점은 무엇인가?

관련한 할인 또는 시장 상황의 변화를 알리고, 찾기 어려운 품목을 찾기 위해 고객을 대신하여 제품 검색을 수행하기 위한 서비스를 제공할 수 있다. 물론 e-비즈니스를 가능하게 하는 것은 인터넷이다. 중소기업도 대기업이 수행하는 방식과 같이 온라인으로 비즈니스를 수행할 수 있을 뿐만 아니라 인터넷을 사용하여 내부 네트워크를 대체함으로써 비용을 절감할 수 있다. 다음 섹션에서는 e-비즈니스를 보다 활성화시킨 인터넷의 성장에 대해 논의한다.

9.1b 인터넷의 성장

오늘날 인터넷은 세계 대부분의 지역에서 일상 생활의 일부가 되었다. 2000년부터 2019년까지 인터넷 성장에 대해 연구한 Miniwatts Marketing Group에 따르면, 가장 높은 성장세는 아프리카이며, 북미가 가장 낮았다고 한다. 2019년 3월 기준 전 세계 인터넷 사용자는 약 43억 4,000만 명에 이른다(아시아 21억 9,000만 명; 유럽 7억 1,800

Making a Company Web Site Global

FINANCE | TECHNOLOGY IN SOCIETY | APPLICATION | REFLECTIVE THINKING | GLOBAL

다음은 기업의 웹 사이트를 글로벌하게 만들기 위한 제안 사항이다.

Rawpixel.com/Shutterstock.com

- 언어: 웹 사이트를 세계에서 가장 많이 사용되는 7개 언어(영어, 프랑스어, 이탈리아어, 독일어, 스페인어, 일본어 또는 중국어) 중 하나로 구성하라.
- 글꼴: 웹 사이트의 주요 기능을 다른 언어로 읽을 수 있는지 확인하라.
- 문화적 차이: 문화적 다양성을 고려하라. 예를 들어, 흰색은 미국에서 순결의 색이지만 동양 문화에서는 애도의 색이다. 또한 일본에서는 입을 가리지 않고 웃는 여성을 외설적인 여성으로 생각하기도 한다.
- 통화: 웹 사이트에 통화 변환 기능이 포함되어 있는지 확인하라.
- 날짜 형식: 이것은 전 세계적으로 다를 수 있다. 많은 국가에서는 월/일/년의 순으로 표기하지만, 일부 국가는 년/월/일의 순서로 표기한다.
- 그래픽 및 플래시 기능의 단순화: 세계 여러 지역의 대역폭 제한으로 인해 웹 사이트를 다소 단순하게 유지하는 것이 좋다.
- 이메일: 외국어로 이메일을 보내고 받을 수 있도록 준비한다.
- 지불: 모든 사람이 신용 카드를 사용하는 것은 아니다. 예를 들어 독일에서는 은행 송금이 인기가 있는 반면, 일본에서는 현금 착불(Cash on Delivery: COD)과 은행 송금이 모두 인기가 있다.
- 국제 물류: 해외배송을 위해 각 국가와 관련된 다양한 규정에 정통해야 한다.
- 국제 목록: 국제 검색 엔진 및 색인을 사용하여 웹 사이트를 표기하라.
- 지역 참여: 세계 시장에 출시하기 전에 해당 현지인이 웹 사이트를 검토하도록 하라.
- 국제 마케팅: 자사의 상품과 서비스를 출시할 국가의 언어로 웹 사이트를 홍보하라.

질문 및 토론

1. 기업의 웹사이트를 글로벌화하기 위한 세 가지 권장사항은 무엇인가?
2. 글로벌 웹사이트를 전환할 때 기업이 직면할 수 있는 문제는 무엇인가?
3. 글로벌 웹사이트를 구축함으로써 얻을 수 있는 두 가지 혜택은 무엇인가?

만 명; 라틴 아메리카/카리브해 4억 3,800만; 아프리카 4억 7,700만 명; 북미 3억 2,600만 명; 중동 1억 7,000만 명; 오세아니아/호주 2,800만 명)

인터넷과 전자상거래의 폭발적인 성장과 함께 글로벌 시장에서 활동하는 기업은 글로벌 고객을 위해 웹 사이트를 보다 매력적으로 만들어야 한다. 일부 회사는 비즈니스를 수행하는 각 국가에 대해 별도의 웹 사이트를 제공하기도 한다. 이것을 "웹 사이트의 현지화(localization of a web site)"라고 한다. 이 경우, 회사의 기본 웹 사이트는 가급적이면 드롭다운 메뉴를 통해 이러한 추가 웹 사이트에 대하여 명확하고 구체적인 참고사항들을 제공해야 한다. 그러나 많은 글로벌 고객들은 여전히 현지화되지 않은 기본 웹 사이트만 사용할 수 있는 실정이다. "Making a Company Web Site Global" 사례는 몇 가지 실용적인 제안을 제시한다. 또한 "Global Internet: Presents a Huge Payoff for Global E-commerce"의 사례로부터 글로벌 전자상거래의 잠재력을 확인할 수 있다.

9-1c 인터넷에서의 비영어권 사용자의 부상

cybrain/Shutterstock.com

인터넷을 사용하는 비영어권 사용자 수가 증가하고 있다. 2018년 9월 기준, 인터넷에서 사용되는 상위 10개 언어는 영어, 중국어, 스페인어, 아랍어, 포르투갈어, 인도네시아어/말레이시아어, 일본어, 러시아어, 프랑스어, 독일어였다. 이러한 언어는 전 세계 인터넷 사용자의 약 77%가 사용하는 언어이다. 다른 언어로도 많은 콘텐츠가 개발되고 있다. 2015년 기준, 인터넷 콘텐츠의 약 55%가 영어로 구성되어 있었지만, 이 수치는 다른 언

Global Internet: Presents a Huge Payoff for Global E-commerce

FINANCE | TECHNOLOGY IN SOCIETY | REFLECTIVE THINKING | GLOBAL

2019년 기준, 전 세계의 34억 명이 인터넷에 접속할 수 있다. 이 많은 사람들이 웹을 통해 연결된다는 사실은 새로운 비즈니스 기회를 창출하기 위해 대단히 중요하다. Amazon의 Project Kuiper는 3,236개의 위성을 대기권 밖의 궤도에 올려 전세계의 모든 지역에 초고속 인터넷을 제공할 계획이다. Amazon 외에 Elon Musk의 SpaceX, OneWeb(SoftBank 지원), Telesat, Boeing 등도 초고속 인터넷 위성을 구축하기 위해 노력하고 있다. ARK Invest 애널리스트 Sam Korus에 따르면, 모든 사람이 인터넷에 연결되면 전자상거래 전체 시장 규모가 거의 두 배가 되고, Amazon과 같은 회사는 이러한 전세계 연결을 통해 상당한 혜택을 얻을 수 있을 것으로 보고 있다.

모든 주요 업체 중에서 Amazon은 AWS를 위한 초기 위성 기반과 독립형 인터넷 광대역 네트워크를 통해 인터넷 액세스를 다른 제품과 번들로 묶을 수 있어 확고한 경쟁 우위를 가지고 있다. 이 프로젝트의 총 비용은 아직 알려지지 않았지만 위성 한 개당 100만 달러, 총 사업비 30억 달러 이상으로 추산된다. 멀리 떨어진 아프리카 또는 알래스카 마을을 연결하는 데에는 다른 기술적 문제도 있다. 실시간 연결을 위해서는 지상 인프라가 필요하다는 것이다. 이를 위해 Amazon은 궤도에 있는 위성과 데이터를 주고받는데 필요한 링크를 제공하기 위해 전 세계에 12개의 위성 시설을 건설할 예정이다.

질문 및 토론

1. Amazon의 Project Kuiper가 구현된다면, 글로벌 전자상거래의 잠재력은 어떻게 변하겠는가?
2. 초고속 인터넷 위성을 구축하고 발사하려고 노력하는 많은 기업이 있다. 이들 기업이 이처럼 막대한 투자를 하는 이유는 무엇인가?

어의 사용자 수가 증가함에 따라 바뀔 것으로 예상된다.

약 13억 6,000만 명의 인구를 보유하여 세계에서 두 번째로 인구가 많은 국가인 인도는 2019년에 약 6억 2,700만 명의 인터넷 사용자를 보유하고 있다. 이 중 약 47%가 자신의 현지 언어인 힌두어를 사용한다. 2015년에는 총 디지털 광고 지출의 약 5%가 인도의 현지 언어를 사용한 광고에 지출되었다. 이 수치는 2021년까지 30%로 증가할 것으로 예상된다.

인터넷에서 언어의 다양성이 증가함에 따라 글로벌 기업은 큰 기회와 도전을 맞이하고 있다. 글로벌 기업은 콘텐츠를 여러 언어로 제공하고 웹 사이트를 여러 언어로 접속할 수 있도록 보장해야 한다.

9-1d 모바일 컴퓨팅 및 세계화

모바일 컴퓨팅과 모바일 앱은 세계화를 가속화하며 더 많은 사람들을 온라인에 연결하는데 중요한 역할을 한다. 여전히 많은 개발도상국에는 통신 네트워크가 구축되어 있지 않기 때문에 모바일 네트워크는 이러한 국가들에게 매력적인 대안이 될 수 있다. 2018년 기준, 인구 9,600만 명의 베트남의 경우, 인터넷 보급률은 57%였으며 3,200만 명이 스마트폰을 사용했으며, 인구 2억 6,600만 명의 인도네시아의 경우, 인터넷 보급률은 42%였으며 7,000만 명이 스마트폰을 사용했다. 2019년 기준, 인구 13억 6천만 명의 인도는 6억 2,700백만 명의 인터넷 사용자와 약 8억 3,000만 대의 스마트폰이 사용되고 있었다.

모바일 앱은 개발도상국을 위한 은행, 결제, 농업 정보 등 기본적인 사회 서비스와 전자상거래 기능을 제공함으로써 세계화에 중요한 역할을 할 수 있다. 다음은 전 세계적으로 더 많은 사람들을 온라인으로 끌어들이는 앱의 몇 가지 사례이다.

- **M-Pesa**: Vodafone Group PLC의 케냐 자회사인 Safaricom이 2007년에 시작한 아프리카의 모바일 결제 서비스로 기본적인 뱅킹 기능을 제공하며 1,800만 명이 넘는 사용자를 보유하고 있다.
- **SoukTel**: 중동에 기반을 두고 있으며 구인/구직 및 사회 서비스에 대한 정보를 제공한다. 취업알선 기능은 요르단, 르완다, 튀니지 등의 구직자들과 문자메시지로 소통하는 기능이다.
- **Esoko**: 가나에 기반을 둔 농부들을 위한 일종의 소셜 네트워킹 사이트이며, 문자메시지를 사용하여 날씨 알림, 제품 가격 정보 및 광고를 제공하고 있다.
- **Frogtek**: 라틴 아메리카에 기반을 둔 개발도상국의 소규모 소매업체가 스마트폰 및 태블릿과 같은 모바일 장치를 사용하여 재고 및 판매를 추적할 수 있도록 지원한다.
- **Ver Se' Innovation**: 인도 Bengaluru에 기반을 둔 업체로 구인/구직 및 재산과 관련된 차별화된 광고를 제공하고 iPay를 전자 지불 시스템(electronic payment system)으로 사용한다.

A **global information system (GIS)** is an information system that works across national borders, facilitates communication between headquarters and subsidiaries in other countries, and incorporates all the technologies and applications found in a typical information system to gather, store, manipulate, and transmit data across cultural and geographic boundaries.

9-2 글로벌 정보시스템

글로벌 정보시스템(Global Information Systems: GIS)은 국경을 넘어 작동하고 서로 다른 국가에 위치한 본사와 자회사간의 통신을 용이하게 하며, 데이터를 수집, 저장, 조작 및 전송하기 위해 일반적인 정보시스템에서 볼 수 있는 모든 기술과 애플리케이션을 통합하는 정보시스템이다. 글로벌 정보시스템은 문화적, 지리적 경계를 넘어 글로벌 운영(global operation)을 가능케하고, 다국적 기업의 의사결정 프로세스를 지원하고, 글로벌 운영 및 이를 위한 의사결정에 있어서의 복잡한 변수를 처리하기 위한 정보시스템이다.

다국적 기업은 글로벌 정보시스템을 사용하여 자회사에 대한 통제력을 높이고 그들의 활동을 더욱 효율적으로 조정함으로써 새로운 글로벌 시장에 접근할 수 있다. 전략 수립도 글로벌 정보시스템의 핵심 기능 중 하나이다. 자회사 간에 정보를 효율적으로 공유할 수 있으므로 다국

> **With a GIS in place, an international company can increase its control over its subsidiaries and better coordinate their activities, thereby gaining access to new global markets.**

적 기업은 실적, 생산 일정, 배송의 대안 및 회계관련 자료 등을 보다 정확하게 추적할 수 있다.

글로벌 정보시스템은 통제와 조정이라는 두 가지 차원에 따라 정의될 수 있다. 통제는 조직의 목표를 준수하기 위해 관리 권한을 사용하는 것으로 구성된다. 조정은 조직의 서로 다른 전문화된 부분에서 개별 활동 간의 상호작용을 관리하는 프로세스이다. 효과적인 통제를 위해서 데이터 관리를 위한 중앙집중식 구조, 조직 전체에서 사용되는 표준화된 정의, 보고서의 표준 형식, 다양한 프로세스에 대해 정의된 행위(예: 고객이 불만 사항이 있을 때 대응하는 방법), 성과 추적 시스템 등이 필요하다. 효과적인 조정을 위해서 데이터 관리를 위한 분산 구조, 부서 내 표준화, 이러한 표준을 다른 부서에 전달할 수 있는 능력, 협업 시스템, 비공식 커뮤니케이션 및 사회화를 지원하는 기술이 필요하다. 필요한 통제의 양과 필요한 조정의 양 사이의 균형은 조직의 세계화 전략의 방향을 정하는데 필수적이다. 글로벌 조직은 높은 통제와 높은 조정, 높은 통제와 낮은 조정, 낮은 통제와 높은 조정, 또는 낮은 통제와 낮은 조정의 조합을 사용할 수 있다.

높은 수준의 조정을 실현할 경우, 다음과 같은 이점이 있다.

- 다양한 국가 및 시장의 경쟁업체에 유연하게 대응할 수 있는 능력 향상
- 한 국가에서 다른 국가의 변화에 대응하는 능력의 향상
- 전 세계 시장의 요구 사항을 지속적으로 통제할 수 있는 능력의 강화
- 부서와 해외 지사간의 지식 공유 및 전달 능력의 향상
- 고객의 요구 사항을 충족하는 효율성 및 효과성 향상
- 운영 비용의 절감

9-2a 글로벌 정보시스템의 구성 요소

글로벌 정보시스템은 기업의 규모와 그 기업의 비즈니스 요구 사항에 따라 상이할 수 있지만, 대부분의 글로벌 정보시스템은 글로벌 데이터베이스와 정보공유 기술의 두 가지 기본 구성 요소를 가지고 있다.

글로벌 데이터베이스

글로벌 데이터베이스(global database)를 설계하고 구현하는 것은 기술적인 도전이라 할 정도로 어려운 일이다. 그 이유는 국가 별로 사람의 이름과 주소를 표현하는데 필요한 문자 집합이 다르고, 전화 번호와 우편 번호같은 데이터의 자릿수 등의 형식이 다르기 때문이다. 일부 소프트웨어는 이러한 문제를 해결하기 위해 사용될 수 있지만, 통화(currency)와 같은 데이터의 완벽한 변환은 데이터베이스 개발의 과제이기도 하다. 이러한 문제를 극복하기 위해 SAP(Systems Applications and Products)는 글로벌 정보시스템에 유용한 기능을 제공한다.

정보공유 기술

다국적 기업은 통합 글로벌 정보시스템 구축을 위해 다양한 기술을 사용할 수 있다. 소규모 회사는 회사 내부에서 사용할 수 없는 전문 지식을 활용하기 위해 아웃소싱을 활용할 수 있다. 반면에 리소스와 전문성을 갖춘 대기업은 국경을 넘어 공유할 맞춤형 애플리케이션을 개발할 수 있다. 시스템 사용에 따라 글로벌 정보시스템은 이메일, 원격 데이터 입력, 오디오, 비디오, 컴퓨터 회의 및 분산 데이터베이스용 네트워크로 구성될 수 있다. 그러나 소규모 회사는 여러 국가와의 통신을 위해 인터넷 또는 부가 가치 네트워크(value-added networks)와 같은 기존 공용 네트워크 공급자를 활용할 수 있다. 부가 가치 네트워크는 제3자가 관리하고 조직에서 구독 기반으로 사용하는 사설 다중점(multipoint) 네트워크이며, 이는 전자문서교환, 암호화, 보안 이메일, 데이터 동기화와 같은 서비스를 제공한다. 그러나 인터넷의 확산으로 인해 많이 사용되지 않고 있다. 오늘날 기업의 규모와 상관없이 대부분의 기업은 일반적으로 인터넷을 사용하여 국제 비즈니스를 수행한다. 조직의 규모나 범위에 관계없이 조직의 리소스에 대한 글로벌 통제를 위한 통합 네트워크는 모든 글로벌 정보시스템의 기초가 된다("The Internet and Globalization in Action." 사례 참고).

The Internet and Globalization in Action

FINANCE | TECHNOLOGY IN SOCIETY | APPLICATION | GLOBAL

개발도상국의 기업가는 인터넷을 활용해 대규모 투자 없이 사업을 시작하고 확장할 수 있다. 예를 들어, 젊은 기업가인 Muhammad Hassaan Khan은 파키스탄 Faisalabad에 기반을 둔 디자인 및 컨설팅 비즈니스인 Zuha Innovation을 설립할 수 있었다. 인터넷은 전 세계 소기업이 시장에 진출하는데 있어서의 장벽을 낮추었고, 인도, 중국, 멕시코, 브라질 등의 기업가들이 인터넷을 통해 시장에 적극적으로 진출할 수 있었다. 온라인 비즈니스는 사업자의 위치에 관계없이 수행될 수 있다. 필요한 것은 인터넷 접속 가능 여부이다. 이러한 비즈니스는 특정 지역에서 생산된 제품을 세계시장에 판매하는 전자상거래 사이트로부터 광고 수익으로 수입을 올리는 블로거에 이르기까지 매우 다양하게 수행될 수 있다. YoungEntrepreneur.com의 Adam Toren 사장은 "인터넷은 모든 대륙, 인종, 도시, 마을을 하나의 글로벌 무역 및 통신 네트워크로 연결할 수 있다"라고 말한다.

질문 및 토론

1. Zuha Innovation은 인터넷을 활용하여 어떤 이점을 얻었는가?
2. "인터넷은 모든 대륙, 인종, 도시, 마을을 하나의 글로벌 무역 및 통신 네트워크로 연결할 수있다"라는 말에 동의하는가? 이에 대하여 논의하라.

정보시스템 관리자는 글로벌 네트워크를 개발할 때, 설계 및 구현에 있어서 큰 문제에 직면하곤 한다. 국내용 네트워크의 일반적인 구성 요소 외에도 글로벌 네트워크에는 여러 네트워크가 전 세계적으로 연결될 수 있도록 하는 브리지, 라우터 및 게이트웨이가 필요하기 때문이다. 또한 글로벌 네트워크에는 패킷을 목적지로 안내하는 스위칭 노드 또한 필수로 구비되어 있어야 한다(6장 참조).

정보시스템 관리자는 광섬유, 위성, 마이크로파 또는 기존 전화선과 같은 글로벌 성과 및 트래픽 요구 사항을 충족하는 최상의 통신 매체를 결정해야 한다. 고려해야 할 요소에는 대역폭, 범위, 노이즈 및 비용이 포함된다. Sprint, AT&T, 그리고 Verizon과 같은 글로벌 공급자는 그 기업이 제공하는 사양에 대한 구체적인 정보를 제공한다. 노이즈 요인은 통신 매체가 외부로 부터의 전자 간섭에 대해 얼마나 안정된 통신을 보장할 수 있는지가 관건이다. 또한, 구성 요소, 설치, 그리고 임대 비용은 다른 요소와의 균형을 맞출 수 있도록 고려해야 한다.

정보시스템 관리자는 글로벌 네트워크의 요구 사항에 가장 적합한 전송 기술을 선택해야 한다. 안정적인 전송이 보장되지 않으면 그 네트워크는 가치가 없다. 현재 전송 기술은 동기식, 비동기식, 다중화, 디지털(기저대역) 및 아날로그(광대역) 기술들이 주로 사용된다. 동기식 전송(synchronous transmission)을 사용하면 전화 통화와 같이 양 당사자가 동시에 연결된다. 다만, 국제기업은 그 자회사가 소재한 국가의 통신 기반시설에서 지원하는 전송기술에 따라 다소 제한될 수도 있다. 정보시스템 관리자는 연결을 관리하고 오류율을 최소화하기 위해 올바른 네트워크와 프로토콜을 선택해야 한다.

정보시스템 관리자는 네트워크 아키텍처를 결정할 때 회사의 목표도 고려해야 한다. 예를 들어, 기업의 국제 통신 요구사항이 단순한 파일 공유만을 수반하고 응답 시간이 중요한 요소가 아닌 경우, 한 번에 한 방향으로 전송되는 반이중 전송(half-duplex transmission)이 적절할 수 있다. 그러나 일반 파일 및 데이터베이스 공유 외에 멀티미디어 애플리케이션(예: 화상 회의 및 전자 회의 시스템)을 사용하는 경우 양방향 동시 전송이 가능한 전이중 전송(full-duplex transmission)이 더 효율적이다. 또한, 사설망이나 전용회선은 개발도상국과 같이 통신 인프라가 불충분할 때 전송 프로토콜의 안정성을 제공할 수 있다.

네트워크의 주요 기능은 사용자가 정보를 공유할 수 있도록 하는 것이다. 따라서 글로벌 네트워크가 구축된 후 국제기업은 전자 회의 시스템 또는 화상 회의, 그룹 지원 시스템, FTP, 데이터 동기화 및 애플리케이션 공유와 같은 정보공유 기술 유형을 결정해야 한다("The Internet

Transborder data flow (TDF) restricts what type of data can be captured and transmitted in foreign countries.

A **multinational corporation (MNC)** is an organization with assets and operations in at least one country other than its home country. An MNC delivers products and services across national borders and is usually centrally managed from its headquarters.

and Globalization in Action." 사례 참고).

이러한 결정을 내리는 동안 정보시스템 관리자는 표준화된 소프트웨어와 하드웨어가 이상적이지만 항상 실현 가능한 것은 아니라는 점을 염두에 두어야 한다. 예를 들어, 다른 국가에서도 동일한 하드웨어를 사용하는 것이 바람직할 수 있지만, 시스템을 다른 국가로 배송하고 연결하는 것이 간단하지 않을 수 있다. 공급업체가 해당 국가에서 기술 지원을 제공하지 않거나 다른 국가의 기술 표준이 다를 수 있기 때문이다. 다른 나라에서 동일한 소프트웨어를 사용하는 경우, 언어, 비즈니스 방식 및 **국제 데이터 유통(transborder data flow; TDF)**의 차이로 인해 더 복잡해질 수도 있다. 데이터 캡처 및 전송 방법에 대한 제한 사항 또한 적용된다. TDF는 미국 내 국내법과 개인정보 보호 및 데이터 보안에 대한 국제 협약으로 구성된다. 그러나 국가간의 협력과 조정 덕분에 이러한 문제를 보다 쉽게 관리할 수 있게 되었다.

9-2b 글로벌 정보시스템의 요구 사항

무엇이 정보시스템을 글로벌하게 만드는가? 글로벌 정보시스템은 복잡한 글로벌 환경 속에서의 의사결정을 지원할 수 있어야 한다. 이러한 복잡성은 다국적 기업이 운영되고 있는 글로벌 환경에서 비롯된다. **다국적 기업(multinational corporations; MNCs)**은 본국이외에 최소 한 국가이상에서 자산과 사업을 운영하는 조직이기 때문에 국경을 넘어 제품과 서비스를 제공하고 일반적으로 본사로부터 중앙 집중식으로 관리된다. 글로벌 환경에는 법적(지적재산권법, 특허 및 상표법, TDF 규정 등), 문화적(언어, 윤리적 문제 및 종교적 신념), 경제적(통화, 세금 구조, 이자율, 통화 및 재정 정책), 정치적(정부 유형 및 안정성, 다국적 기업에 대한 정책 등) 요인 등이 포함될 수 있다.

국제적인 비즈니스를 위한 계획 수립에 있어서, 다국적 기업 운영의 글로벌 위험, 특히 정치, 외환 및 시장 위험을 이해하는 것이 중요하다. 정치적 위험에는 불안정한 정부로 인한 문제가 포함되며, 이는 최근 몇 년 동안 빈번히 발생한 정치적 폭동을 감안할 때 중요한 고려 사항이다. 정부가 불안정하면, 환율이 비정상적으로 변동하거나 해

Video-Conferencing Systems Support Globalization

FINANCE | TECHNOLOGY IN SOCIETY | APPLICATION | REFLECTIVE THINKING | GLOBAL

화상회의 애플리케이션은 최근 몇 년 동안 빠르게 성장하고 있다. 조직은 일반적으로 사내 설치(on-premise) 또는 클라우드 기반의 두 가지 방법으로 이 기술을 이용할 수 있다. 이러한 성장의 원동력은 세계화와 노동력의 이동성(mobility) 증가에 기인한다. 화상 회의는 적은 비용으로 대면 비즈니스 회의의 차선책으로 전 세계의 다양한 시간대와 위치에 상관없이 사용할 수있다. 최근 몇 년간의 경기 침체와 COVID-19로 인해 점점 더 인기를 얻게 되었다.

화상회의 시스템은 이메일 및 전화를 활용한 소통에 비해 비즈니스 회의에 더 효과적인 환경을 제공한다. 따라서 글로벌 기업에서 전 세계에 퍼져있는 본사와 지역 사무소 간의 비즈니스관계를 유지하기 위해 점점 더 많이 사용되고 있다. 최근 몇 년 동안 데스크탑 화상 회의의 기능이 크게 향상되었으며, 기존 화상 회의 시스템에 비해 훨씬 저렴한 비용으로 사용가능하다. 이러한 비용 절감으로 인해 소규모 회사에서 이 기술을 보다 적극적으로 사용할 수 있게 되었다. 화상 회의 시장의 주요 업체로는 Cisco Systems, Poly, Avaya, Sprint, 그리고 Zoom이 있다.

질문 및 토론

1. 비즈니스 환경에서 화상 회의를 위해 주로 쓰이는 두 가지 사용 방법은 무엇인가?
2. 화상회의 애플리케이션이 성장하는 두 가지 이유는 무엇인가?

> **A GIS, like any information system, can be classified according to the different kinds of managerial support it provides: operational, tactical, and/or strategic.**

당 국가의 정치 권력에 있어서 예측할 수 없는 변화가 있을 수 있어 기업 운영에 영향을 미치는 문제가 발생할 수 있다. 예를 들어, 정치적 위험을 고려하는 회사의 경우, 불안정한 정치적 상황 때문에 중동이나 아프리카 국가의 저렴한 비용에도 불구하고 해당 지역에 지사를 설치하는 것을 원하지 않을 수 있다. 또한 안정적인 글로벌 운영을 위하여 모회사가 소재한 국가의 정부와 자회사가 위치한 국가간의 잠재적인 갈등 또한 고려해야 한다.

모든 정보시스템과 마찬가지로 글로벌 정보시스템은 지원하는 관리적 내용에 따라 운영적 지원, 전술적 지원, 그리고 전략적 지원으로 분류될 수 있다. 전략적 지원에는 광범위하고 장기적인 목표가 포함되며, 전술적 지원은 조직이 장기적인 목표를 달성하기 위한 활동을 지원하기 위한 중기 목표에 집중한다. 운영 지원에는 일상적인 활동이 포함된다. 이 분류에 따라 글로벌 정보시스템은 각 지원 유형에 적합한 방식으로 다양한 유형의 정보를 수집, 처리 및 생성해야 한다.

글로벌 의사결정의 복잡성은 글로벌 정보시스템이 일반적인 정보시스템의 요구 사항과는 다른 기능측면에서의 특별한 요구 사항을 가지고 있음을 의미한다. 또한 운영관리와 전술적 관리의 경계 또한 모호해지고 있다.

아래의 요구 사항 중 처음 4개는 운영관리를 위한 요구 사항으로 분류되고 나머지 요구 사항은 전략적 요구 사항으로 분류된다.

- ***글로벌 데이터 접근***: 경영진은 전 세계에 걸친 정보에 대한 온라인 액세스를 통해 본사에서 글로벌 운영 현황을 모니터링할 수 있다. 글로벌 네트워크는 음성, 데이터 및 비디오를 통합하여 모회사와 글로벌 자회사간의 실시간 통신이 가능한 링크로써의 역할을 한다. Hewlett-Packard, General Electric, Texas Instruments 및 IBM과 같은 다국적 기업은 전 세계에 걸쳐 연결된 기업 데이터베이스를 갖추고 있다.
- ***통합 글로벌 보고서***: 이것은 해외에 위치한 자회사 관리를 위한 중요한 도구이다. 이 보고서에는 회계 및 재무 데이터, 제조 관련 업데이트, 재고 현황 등이 포함되어야 하며, 이 보고서를 통해 경영진이 모든 자회사의 재무 정보를 쉽게 비교할 수 있어야 한다. 회계 절차 및 기준의 차이로 인해 이러한 비교가 어려울 수 있기 때문에, 통합 글로벌 보고 기능은 이러한 어려움을 줄이는 데 도움이 될 수 있다.
- ***본사와 자회사간 커뮤니케이션***: 의사결정 및 계획 수립을 용이하게 하기 위해 글로벌 정보시스템은 다국적 기업의 본사와 자회사간의 효과적인 커뮤니케이션 수단을 제공해야 한다.
- ***단기 외환 위험 관리***: 오늘날의 국제 통화시스템은 정부의 개입이 없는 자유 변동시스템, 정부가 일정 부분 개입하는 변동 관리시스템, 그리고 고정 환율시스템 등이 혼합되어 매우 복잡한 특징을 갖고 있다. 환율은 매일 변할 수 있으므로 경영진은 모회사와 자회사가 위치한 국가에서 환율 변동의 영향을 최소화해야 한다. 외환 위험을 관리하기 위해 많은 기업이 전문가 시스템과 의사결정지원시스템을 개발하고 있다(12, 13장 참조). 최근 몇 년간 미국 달러화의 가치가 상승했으며, 이는 특정 다국적 기업의 수입과 이익에 부정적인 영향을 미칠 수도 있다.
- ***전략적 계획수립 지원***: 이는 모든 글로벌 정보시스템의 핵심 기능이다. 다양한 국가로부터 수급되는 자원을 보다 효과적으로 배분하고, 정치 및 외환 위험 증가, 글로벌 경쟁과 같은 급격한 환경 변화에 대응하는 데 중점을 두고 있다.
- ***글로벌 세금 위험 관리***: 세금 위험 관리 시스템을 설계하려면 국제 금융, 국제 통화 시스템 및 국제 세법에 대한 자세한 지식이 필요한다.

9-2c 글로벌 정보시스템 구축

국가마다 문화, 정치, 사회 및 경제 인프라, 비즈니스 방식이 서로 다르기 때문에 글로벌 정보시스템 구현이 어려울 수 있다. 국제화 정책도 다를 수 있으며, 이는 커뮤니케이션 및 표준화 프로세스에 영향을 미칠 수 있다. 일부에서는 실제로 글로벌 기업이 존재하지 않으며, 글로벌 기업운영을 지원하는 글로벌 정보시스템이 더 이상 존재하지 않는다고 주장하기도 한다. 따라서 다음을 포함한 몇 가지 문제를 먼저 해결해야 한다.

- 조직은 글로벌 시장에서의 비즈니스 기회를 식별해야 한다.
- 의사결정자는 이전부터 투입해온 자원들을 고려하며, 글로벌 정보시스템 구축을 위한 투자의 정당성을 입증해야 한다.
- 글로벌 정보시스템을 구현하는 것이 일반적인 정보시스템을 구현하는 것보다 더 어렵기 때문에 조직이 보유하고 있는 기술 및 비즈니스 전문성을 심사해야 한다.
- 글로벌 정보시스템으로의 전환을 시도할 경우, 구성원이 기존에 사용해 오던 시스템으로부터 새로운 시스템으로 저항없이 이동할 수 있도록 주의해야 한다.

정보시스템을 글로벌 규모로 사용하는 것은 훨씬 어려운 일이다. 이 장의 뒷부분에서 자세히 설명하는 이슈에는 인프라, 언어, 시간대 및 문화와 같은 요소가 포함된다. 성공적인 글로벌 정보시스템을 설계하기 위해, 경영진은 글로벌 기업이 공유해야 하는 정보의 종류를 우선적으로 결정해야한다. 또한 경영진은 고객의 요구, 선호도, 그리고 글로벌 경쟁의 변화 가능성 때문에 기업이 제공하는 제품이나 서비스가 계속해서 동일한 방식으로 판매될 것이라고 생각하기는 어렵다. 조직 전체의 운영 효율성은 국제적인 비즈니스 활동을 조정하는데 중요하기 때문에, 글로벌 기업은 글로벌 시장에 대응하기 위해 생산 및 마케팅 전략을 변경해야 한다. "Globalization in Action: Alibaba" 사례는 Alibaba Group의 글로벌 전략에 대한 시사점을 제공한다.

Globalization in Action: Alibaba

FINANCE | TECHNOLOGY IN SOCIETY | APPLICATION | REFLECTIVE THINKING | GLOBAL

BigTunaOnline/Shutterstock.com

중국에 본사를 둔 Alibaba(www.alibaba.com)는 세계화와 인터넷의 주요 수혜자 중 하나이다. Alibaba Group의 일부로 1999년에 설립된 Alibaba는 86,000명 이상의 직원을 고용하고 있으며, 전 세계 수백만 명의 구매자와 공급업체를 연결해 주는 글로벌 플랫폼을 제공하고 있다.

Alibaba는 중국 전체 온라인 소매 판매의 80%를 차지한다. 수익의 대부분은 다양한 사이트의 광고에서 발생하며 연간 145억 건 이상의 거래가 웹 사이트에서 처리된다.

이 플랫폼을 사용하면 중소기업은 200개 이상의 국가에 제품을 판매할 수 있다. Alibaba의 판매자는 일반적으로 중국에 본사를 두거나 미국, 인도 및 파키스탄과 같은 전 세계 제조 국가에 기반을 둔 제조업체 및 유통업체이다. 이 플랫폼을 통해 독일의 기업은 손쉽게 중국에 소재한 제조업체를 찾고 원하는 제품의 생산 및 배송을 요청할 수 있다. Alibaba는 이러한 전체 프로세스를 관리한다.

또한, 이 플랫폼은 Taobao.com(중국 최대 개인간 거래 쇼핑 웹사이트), Tmall.com(브랜드 상품 웹사이트), Alipay.com(PayPal과 유사한 전자결제시스템) 등과 같은 Alibaba Group의 다른 웹 사이트에서도 지원된다.

질문 및 토론

1. Alibaba와 경쟁하는 미국의 두 기업은 어디인가? 각 기업의 장점은 무엇인가?
2. Alibaba의 운영을 지원하는 웹사이트는 무엇이며, 어떻게 작동되는가?

9-3 조직 구조 및 글로벌 정보시스템

아래의 네 가지 유형의 조직이 국경을 넘어 사업을 수행한다.

- 다국적 조직(Multinational organizations)
- 글로벌 조직(Global organizations)
- 국제화 조직(International organizations)
- 초국가적 조직(Transnational organizations)

각각의 조직 구조는 아래에서 세부적으로 기술하듯이 글로벌 정보시스템의 구조를 결정한다.

9-3a 다국적 구조

다국적 구조(Multinational structure)(그림 9.1 참조)에서는 생산, 판매 및 마케팅이 분산되어 있으며, 재무관리는 여전히 모회사의 책임 아래에 있다. Tyco Corporation은 다국적 구조를 가진 회사의 한 예이다. Tyco는 자회사가 위치한 국가의 고객 요구에 부응하기 위해 현지의 기업 활동에 중점을 둔다. 따라서 회사의 자회사는 자율적으로 운영되지만 정기적으로 모회사에 보고해야 한다. 다국적 구조를 가진 또 다른 회사는 Nestlé로 전 세계 자회사에서 140개의 서로 다른 금융시스템을 사용하고 있다. 이 회사의 다국적 구조는 자회사와 본사 간의 커뮤니케이션 필요성을 줄여 자회사가 많은 결정을 스스로 내릴 수 있다는 장점이 있다. 현지의 하드웨어 및 소프트웨어 공급업체는 다국적 기업이 선택하는 애플리케이션에 영향을 미치며, 필연적으로 각 자회사는 서로 다른 플랫폼에서 운영되기 때문에 경제적으로 다소 실용적이지 못한 측면이 있다.

In a **multinational structure**, production, sales, and marketing are decentralized, and financial management remains the parent's responsibility.

A **global structure** (also known as a franchiser) uses highly centralized information systems. Subsidiaries have little autonomy and rely on headquarters for all process and control decisions as well as system design and implementation.

그림 9.1 - 다국적 조직

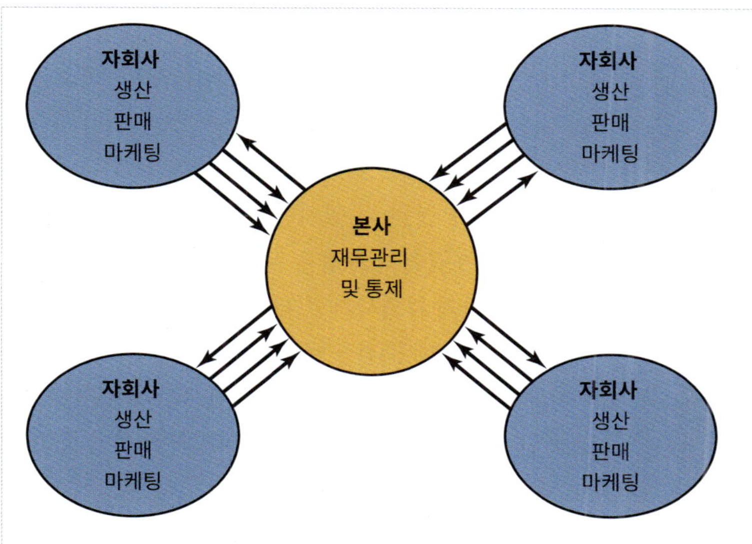

9-3b 글로벌 구조

"프랜차이저(franchiser)"라고도 불리는 **글로벌 구조(global structure)**의 조직은 고도로 중앙집중화된 정보시스템을 사용한다. 자회사는 자율성이 거의 없으며, 모든 프로세스와 시스템 설계 및 구현에 있어서 본사에 의존한다. 따라서 이러한 유형의 조직을 관리하려면 광범위한 통신망이 필요하며 글로벌 정보시스템은 이러한 구조에 적합해야 한다.

생산, 마케팅 및 인적자원 관리에 필요한 통합은 본사에 대한 의존도가 높기 때문에 글로벌 구조로 달성하기 어려울 수 있다. 따라서 조직의 효율성을 달성하려면 중복 정보시스템(duplicate information systems)을 개발해야 한다. 기업이 제공하는 제품은 일반적으로 본사의 국가에서 생산되며, 자회사는 해당 국가의 요구 사항과 취향에 맞게 마케팅하고 현지화할 책임이 있다. 예를 들어, McDonald's는 현지 입맛에 어필하기 위해 인도에서 제공하는 햄버거에 감자, 완두콩, 당근 및 일부 인도 향신료로 구성된 100% 채식주의 제품을 제공하기도 한다. McDonald's 외에도 Mrs. Field 's Cookies와 Kentucky Fried Chicken(KFC)은 글로벌 구조를 가진 회사이다. 또 다른 예는 글로벌 정보시스템을 사용하여 전 세계의 재고 정보를 통합하는 General

그림 9.2 - 글로벌 조직

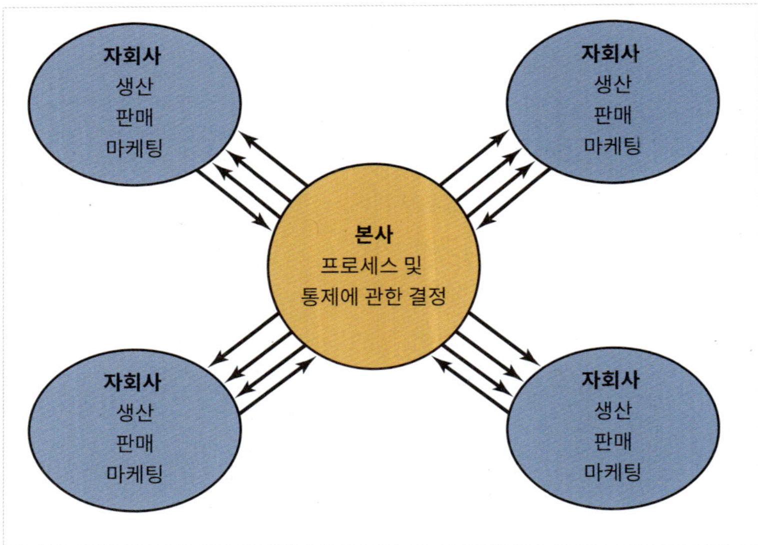

Motors이다. General Motors는 또한 전자 회의시스템을 사용하여 전 세계에서 수행되고 있는 연구 및 개발 프로세스를 조정하기도 한다.

9-3c 국제화 구조

국제화 구조(International structure)를 가진 조직은 다국적 기업과 매우 유사하게 운영되지만, 자회사는 프로세스 및 생산 관리에 있어서 본사에 더 의존한다. 정보시스템 담당자는 마케팅, 금융 및 생산 프로세스를 위한 애플리케이션의 공동 개발을 장려하기 위해 정기적으로 자회사를 돌며 업무를 수행한다. 이는 지리적으로 분산된 인원의 협력 문화를 장려하며, 국제화 구조를 지원하기 위해 글로벌 정보시스템을 보다 효과적으로 운용하는데 도움이 된다. 자회사의 글로벌 정보시스템은 협업 정도에 따라 중앙 집중식 방식 또는 분산 방식으로 운용될 수 있다.

Chintung Lee/Shutterstock.com

> McDonald's, in order to appeal to local tastes, changed the burgers it serves in India to a 100 percent vegetarian product consisting of potatoes, peas, carrots, and some Indian spices.

그림 9.3은 양방향 통신을 사용하는 국제화 구조를 보여준다. 예를 들어, 전문 지식과 같은 정보는 본사에서 자회사로 전달되고 재무 정보는 자회사에서 본사로 전달됨을 보여준다. Caterpillar Corporation과 같은 중장비 제조업체는 일반적으로 국제화 구조를 가지고 있다.

9-3d 초국가적 구조

초국가적 구조(Transnational structure)를 가진 조직에서 모회사와 모든 자회사는 시장에 제품과 서비스를 제공하기 위한 정책, 절차 및 물류를 설계하는데 함께 협력한다. 이러한 유형의 조직에는 권한과 책임을 공유하는 여러 지역 부서가 있을 수 있지만 일반적으로 특정 국가에 본부가 없다. 초국가적 조직은 일반적으로 공급 자원을 최적화하고 각각의 자회사가 소재한 현지에서 얻을 수 있는 이점을 활용하는데 중점을 둔다. 많은 기업이 노동력이 보다 저렴한 국가에서 제조 시설을 찾을 때 이러한 구조가 효과적일 수 있다. 예를 들어, 중국, 인도, 베트남 등의 국가는 미국보다 인건비가 저렴하다. 글로벌 정보시스템은 본사와 자회사간의 협력 및 정보공유를 통해 글로벌 활동

그림 9.3 - 국제화 조직

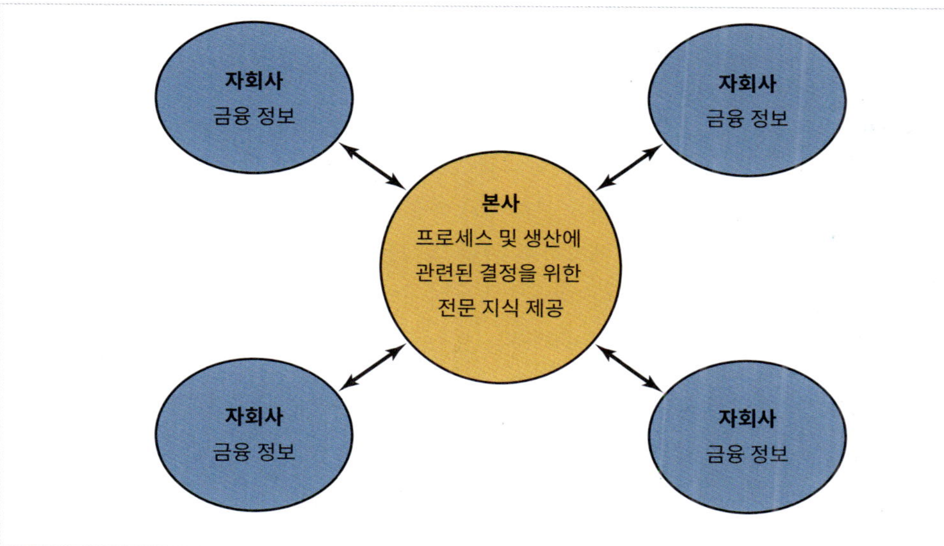

An organization with an **international structure** operates much like a multinational corporation, but subsidiaries depend on headquarters more for process and production decisions.

In an organization with a **transnational structure**, the parent and all the subsidiaries work together in designing policies, procedures, and logistics for delivering products and services to the right market.

With **offshore outsourcing,** an organization chooses an outsourcing firm in another country that can provide needed services and products.

그림 9.4 - 초국가적 조직

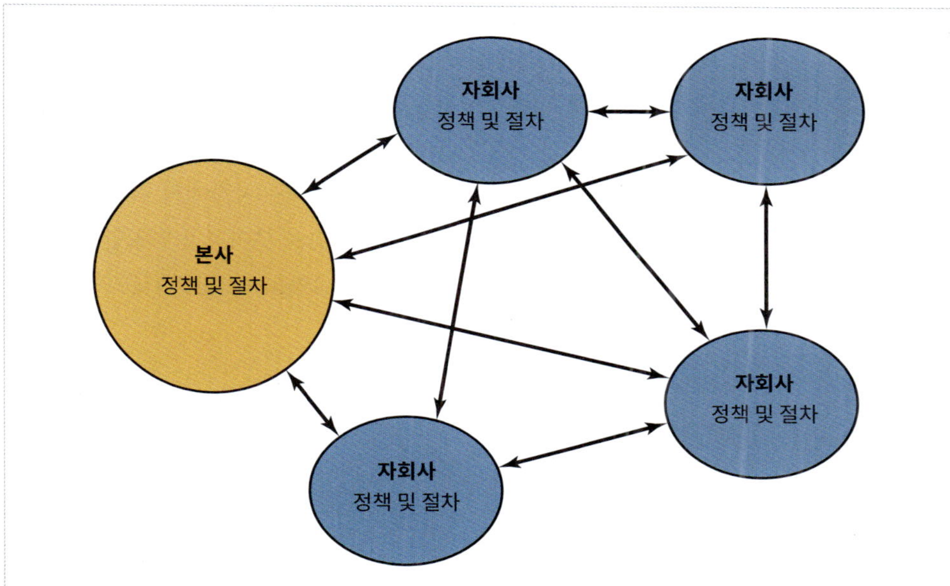

을 통합함으로써 이러한 초국가적 구조에 적합하다.

초국가적 구조의 글로벌 정보시스템 아키텍처는 글로벌 효율성을 위해 더 높은 수준의 표준화와 획일성을 요구하지만 지역적 특성에 대한 대응성 또한 유지해야 한다. 예를 들어 범용 데이터 사전 및 표준 데이터베이스는 글로벌 정보시스템의 통합을 향상시킨다.

초국가적 구조에 필요한 협력과 조정의 수준은 오늘날의 경영 환경에서 완벽히 이루어지기 어려울 수 있다. 그러나 국가간 협력이 증가함에 따라 이러한 구조의 효과성은 점차 향상되고 있다. Citigroup, Sony, Ford 등은 초국가적 구조를 채택하기 위해 노력해 왔다. 실제로 세계화 추세는 이미 국경을 넘어 혁신을 공유하고 현지 요구에 대해 즉시 응답해야 하는 기업들간의 경쟁으로 인해 많은 조직이 이 구조를 고려할 수밖에 없는 요인이 되고 있다. 이러한 기업은 생산 프로세스가 다양한 지역에서 가장 효율적인 방식으로 수행될 수 있기 때문에 운영의 효율성을 향상시킬 수 있다.

그림 9.4는 본사와 자회사, 자회사간의 협력이 가능한 초국가적 구조를 보여준다. 전 세계의 외환 딜러와 중개자가 상호 작용할 수 있는 외환 시스템은 이러한 구조를 지원하는 정보시스템의 예이다.

9-3e 해외 아웃소싱을 지원하는 글로벌 정보시스템

역외 아웃소싱(Offshore outsourcing)은 정브시스템 개발을 위한 대안이 될 수 있다. 이 접근 방식을 통해 기업

표 9.1 3개 지역의 상위 12개 IT 아웃소싱 국가

동유럽	아시아	라틴 아메리카
1.우크라이나	1.인도	1.멕시코
2.폴란드	2.중국	2.아르헨티나
3.벨라루스	3.말레이시아	3.콜럼비아
4.불가리아	4.인도네시아	4.페루

은 타 국가의 아웃소싱 회사로부터 서비스와 제품을 제공받을 수 있다. 역외 아웃소싱은 저렴한 노동력을 찾기 위해 제조 분야에서 주로 사용되었지만, 최근에는 아래의 영역을 포함하여 많은 정보 기술 관련 비즈니스 프로세스에도 도입되고 있다.

- 의료 진단
- 세무 관련 프로세스
- 프로그래밍
- 애플리케이션 개발
- 웹사이트 개발
- 헬프 데스크 / 사용자 지원
- 품질 보증 / 소프트웨어 테스트

인터넷의 광범위한 가용성, 개선된 통신 시스템, 감소된 통신 비용 및 증가된 대역폭은 모든 유형의 조직에 역외 아웃소싱을 더욱 매력적으로 만들었다. GIS는 모든 참가자가 제품 설계 및 글로벌 마케팅 캠페인과 같은 개발 활동을 조정하는 데 사용할 수 있는 글로벌 네트워크를 제공함으로써 역외 아웃소싱을 지원하는데 중요한 역할을 한다. 표 9.1은 2019년 3개 지역의 상위 12개 IT 아웃소싱 국가를 보여준다. 국가를 평가하는 기준에는 언어 숙련도, 지방 정부의 역외 사업 지원, 잠재적 노동인력 풀, 기존 인프라(도로, 철도 서비스 및 공항), 교육 시스템의 품질 등이 포함된다.

9-4 글로벌 정보시스템 사용의 장애 요인

글로벌 정보시스템은 조직이 국제적으로 수행하는 비즈니스 프로세스를 조정하고 개선하며, 글로벌화를 촉진하는 요소를 관리하기 위해 사용된다. 또한 전략적 계획 수립을 지원하여 경쟁력을 유지하는데 도움이 된다. 그러나 모든 정보시스템 프로젝트와 마찬가지로 글로벌 정보시스템을 구현하고 유지 관리하는 데에는 잠재적인 문제가 있다. 글로벌 정보시스템을 사용하려는 기업은 이러한 문제를 분석하고 해결해야 한다. 발생 가능한 문제를 사전에 예방하기 위한 방식을 취하면 시스템을 성공적으로 사용할 가능성이 높아진다. 다음은 글로벌 정보시스템의 성공을 방해하는 요소들이다.

- 표준화 부족(시간대, 세금, 언어 및 직무관련 관습 차이 포함)
- 문화적 차이
- 다양한 규제 및 관행
- 열악한 통신 인프라
- 숙련된 분석가 및 프로그래머 부족

글로벌 정보시스템 개발에 있어서 보다 미묘한 장애물은 조직이 정보시스템의 통제권을 호스트 국가에 위임하는 것을 꺼린다는 점이다. 국제적으로 수행되는 비즈니스 프로세스를 고려했을 때, 조직은 다른 국가에서 직무를 수행하고 있는 핵심 인력에게도 권한을 부여하고 원활한 피드백을 보장하기 위한 정보공유 기술에도 관심을 기울여야 한다.

9-4a 표준화 부족

표준화의 부족은 국경을 넘어 정보 자원을 공유할 수 있는 응집력 있는 글로벌 정보시스템 개발을 방해할 수 있다. 데이터 교환, 이메일 및 통신 표준은 전 세계적으로 다양하며, 다양한 모든 표준을 준용한다는 것은 불가능할 것이다. 그리고 오픈 소스 시스템이 대중화되고 다양한 시스템을 연결하는 기술을 사용할 수 있을지라도, 서로 다른 표준을 따르고 있는 다양한 플랫폼을 통합하는 비용 또한 감당하기 어려울 것이다.

너무 많은 표준화도 문제가 될 수 있으며, 시간 차이를 포함하여 지역별 다양한 선호도에 대응해야 하는 조직의 유연성 또한 떨어진다. 예를 들어, 조직은 모든 자회사가 미터법을 사용하도록 강요해서는 안된다. 필요한 경우, 한 시스템에서 다른 시스템으로 변환하여 지역별로 익숙한 측정 시스템을 사용할 수 있어야 한다.

표준 시간대는 글로벌 정보시스템 관리에 어려움을 야기할 수도 있다. 예를 들어, 국제 표준에 따라 중앙집중식 정보시스템을 관리하며 여러 시간대에 정보 리소스를 공유하는 정보시스템 담당자는 백업 및 유지 관리를 위해 시스템을 일시적으로 오프라인으로 전환할 경우, 적절한 시간을 찾는 데 어려움을 겪을 수 있다.

통합의 용이성, 모듈화, 시스템의 맞춤화, 지역적 대응을 위한 애플리케이션을 허용하는 국제 시스템 표준간의 균형 또한 필요하다.

이러한 요소를 고려할 때 현실적으로 소프트웨어 공유는 대단히 어려울 수 있다. 기업이 사용하고 있는 애플리케이션의 5-15%만이 본질적으로 글로벌 환경에 적합하도록 제작되어 있다. 대부분의 애플리케이션은 본질적으로 특정 지역에 한정해 제작되어 있어 글로벌 정보시스템 인프라에 통합되기 어렵다. 소프트웨어를 전세계적으로 통합할 수 있는 경우에도 지원 및 유지 관리 문제가 발생할 수 있다. 네트워크가 다운되면 시스템을 다시 온라인 상태로 전환하는 책임은 누구에게 있는가? 또한 헬프 데스크에 전화하는 직원은 헬프 데스크 직원과 동일한 언어를 사용하지 않는 경우도 있을 수 있다. 따라서 글로벌 정보시스템을 사용하려면 지역별 상이한 요구 사항의 변화에 대한 조정 및 계획이 중요하다는 사실도 반드시 고려해야 한다.

9-4b 문화적 차이

가치관, 태도, 행동양식 등 문화적 차이는 글로벌 정보시스템을 사용하는데 중요한 역할을 한다. 예를 들어, 일부 문화권에서는 기술을 사용하는 것은 천박하고 낮은 수준의 작업으로 간주되기도 한다. 반면, 또 다른 문화권에서는 기술 관련한 지식을 습득하고 있다는 것이 사회적으로 존중받을 수 있는 중요한 요인이 되기도 한다.

저렴한 가격으로 막바지에 예약을 하는 고객을 대상으로 한 여행 웹 사이트는 영국에서 많은 인기를 얻었으나, 사전에 여행 계획이 수립되는 경우가 많은 독일과 같은 다른 국가에서는 큰 호응을 얻지 못하였다. 기업은 웹 사이트에서 콘텐츠나 이미지의 변화를 세심하게 살펴보아야 한다. 예를 들어, 특정한 방식으로 옷을 입은 여성 사진은 서구 문화권에서는 용인될 수 있지만 중동에서는 용납되지 않을 수 있다. 그러나, 문화적 차이의 경우, 직원을 대상으로 한 교육과 훈련을 통해 적절히 해결될 수 있다.

In some cultures, using technology is considered a boring, low-level task; in others, being technologically knowledgeable is seen as a sign of social importance.

9-4c 다양한 규제 및 관행

다양한 규제와 관행도 통합 프로세스를 방해하는 요인 중 하나이다. 이 방해 요소는 반드시 국제 데이터 유통(trans border data Flow; TDF) 규정에 적용되는 것은 아니다. 이는 비즈니스 관행 및 기술 사용에 관한 정책에 적용될 수 있다. 또한 많은 국가에서 수입하거나 사용할 수 있는 하드웨어 및 소프트웨어 유형이 특정 국가에서 사용할 수 없는 경우가 있고, 일반적으로 다양한 국가와 거래하는 공급업체가 문화적, 정치적 이슈로 인해 특정 국가에 서비스를 제공하지 않을 수 있다. 예를 들어, 2019년에 중국 경찰은 중국 내의 온라인 검열을 강화하였고, 이에 따라 소셜 미디어 플랫폼이 중국에서 차단되기도 했으며, 많은 수의 Twitter 사용자들이 조사를 받거나 구금되는 경우가 있었다. 중국 외에도 파키스탄, 북한, 쿠바, 이란, 방글라데시, 베트남, 모리셔스, 이집트, 시리아 등 특정 소셜 미디어를 차단한 국가가 다수 있었다. 오픈소스 시스템을 채택하면 이 문제의 일부를 해결할 수 있다. 그러나 앞서 언급한 바와 같이 이러한 시스템을 채택할 수 있는 조직은 많지 않다.

글로벌 정보시스템에 포함된 콘텐츠의 관할권 문제도 고려해야 한다. ISP, 콘텐츠 제공자, 서버 및 이러한 엔터티(entity)를 보유하고 있는 기업은 전 세계에 흩어져 있고 국가별로 다양한 규칙과 규정에 따라 운영될 수 있다. 예를 들어, Yahoo!는 자사 온라인 경매사이트에서 나치 기념품이 팔려나갔다는 이유로 프랑스 법원에서 소송을 당했다. 현재까지 프랑스와 미국 법원은 이 결의안에 대해 합의하지 않았으며 프랑스 법원이 관할권을 갖고 있다. 사이버 공간과 관련된 사건에서 관할권을 결정하는 것은 매우 어렵다.

지적재산권법의 성격과 이와 관련하여 다른 국가에

서 시행되는 방식도 다양하다. 소프트웨어 불법 복제는 모든 국가에서 문제이지만, 일부 국가에서는 불법 복제율이 90% 이상에 달하기도 한다. 이 문제로 인해 전 세계적으로 400억 달러의 손실이 예상되기도 하였다. 다른 법적 문제로는 개인정보 보호 및 사이버 범죄법, 검열 및 정부 통제가 있으며 국가마다 크게 다르다. 4장의 "일반 데이터 보호 규정(GDPR)" 섹션에서는 미국과 유럽 연합(EU) 간의 개인정보 보호법의 차이점에 대한 몇 가지 예를 제공하였다. 일반 데이터 보호 규정은 유전 정보, 건강, 인종 또는 민족, 종교적 신념을 포함한 EU 시민의 개인 데이터를 보호하기 위한 일련의 법령을 다룬다. 목표는 EU 국가 전체에 걸쳐 소비자와 개인정보를 보다 일관되게 보호하는 것이며 유럽 연합의 각 회원국에 적용된다. EU에 거주하는 소비자들에게 제품이나 서비스를 판매하는 회사는 회사가 위치한 국가에 관계없이 이 법이 적용된다. 그런 점에서 EU에 소재하고 있는 기업과 EU 소비자를 대상으로 하는 국제 기업간에 차이가 없다. 기업의 웹 사이트가 EU 사용자로부터 규제 데이터를 수집하는 경우, GDPR을 준수해야 한다. 위반자는 회사의 글로벌 연간 매출의 최대 4%에 해당하는 금액이 벌금으로 부과될 수 있다. 또한, GDPR에 따르면 개인은 "개인정보 이동권(right to portability)"이라고 불리는 권리로 인하여 개인 정보를 서비스 제공업체간에 쉽게 전송할 수 있다.

GDPR은 미국에 기반을 둔 다국적 기업들이 개인정보 보호 문제에 대해 적극적으로 대응케 하는 역할을 톡톡히 하고 있다 예를 들어, GDPR의 관련 조항으로 인해 Facebook과 같은 기업은 사용자에게 개인정보 설정을 검토하도록 요청하고 있다. 사용자의 자기결정권이 강화되어, 어떤 정보를 공유하고 어떤 정보를 공유하지 않을지 결정하는 것은 사용자의 고유 권한이 되었다. Facebook은 미국에 기반을 둔 회사이지만, 사용자가 전 세계에 걸쳐 존재하기 때문에 국가별로 존재하는 규칙에 따라 운영 방식은 영향을 받게 되었다.

9-4d 열악한 통신 인프라

앞서 언급했듯이, 국제 기업은 글로벌 정보시스템을 추가하기 전에 자회사가 위치한 국가의 통신 인프라를 고려해야 한다. 개별 기업이 전 세계적으로 통합된 시스템을 구현할 수 있는 리소스와 기술을 갖추고 있을지라도 오랜 시간 동안 구축되어온 통신 인프라를 변경할 수는 없다. 또한, 통신 시스템의 차이로 인해 통합이 어렵다. 예를 들어, 25개국을 포괄하는 글로벌 정보시스템을 구현하는 것은 각 국가별 상이한 서비스 옵션, 가격 및 정책 때문에 더 많은 비용이 소요되고 시스템 구현을 위한 작업이 어려울 수 있다.

인터넷 접속이 느리거나 비용이 많이 드는 국가에서는 웹 페이지에 더 많은 대역폭이 필요한 그래픽과 애니메이션이 많이 포함된 콘텐츠를 가급적 적게 탑재해야 한다. 그러나, 고속 접속이 일반적인 한국과 같은 국가의 사용자들은 그래픽 기능이 많은 보다 정교한 웹 사이트를 선호하기도 한다.

두 국가의 통신 인프라가 비슷하더라도 표준의 차이로 인해 문제가 발생할 수 있다. 예를 들어, 미국과 이집트에 지사를 두고 있는 회사는 이집트에서 사용되고 있는 인터넷 프로토콜, 더 높은 비용, 느린 속도 및 낮은 안정성 문제에 직면할 수 있다.

9-4e 숙련된 분석가 및 프로그래머 부족

자격을 갖춘 정보시스템 전문가가 매우 부족한 미국과 서유럽에서 글로벌 정보시스템 구현에 대한 지식을 갖춘 숙련된 분석가와 컨설턴트를 보유하는 것은 대단히 중요하다. 통합 팀을 구성할 때, 기업은 각 문화의 특성과 다른 국가의 기술 차이를 고려해야 한다. 예를 들어, 싱가포르와 한국의 전문가들은 높은 수준의 직업 윤리와 폭넓은 기술 기반으로 인해 아시아 최고의 컨설턴트로 여겨지고 있다. 독일 전문가들은 프로젝트 관리 기술로, 일본 전문가들은 전반적인 품질 관리로 명성이 높다. 조직이 이상적인 "드림팀"을 구성하기 위해서는 다른 국가의 특화된 전문가들과 그들이 갖춘 기술을 연결하는 것이다. 그러나, 문화적, 정치적 차이는 글로벌 통합에 필요한 환경에 영향을 미칠 수 있다. 인터넷을 통해 제공되는 교육 및 인증 프로그램은 개발도상국에서 이러한 기술 격차를 좁힐 수 있는 한 가지 가능한 솔루션이 될 수 있다.

요약

9-1 세계화(globalization)의 이유와 e-비즈니스 및 인터넷 성장을 포함한 글로벌 정보시스템을 사용하는 이유에 대해 논의한다. 글로벌 경제는 전세계 통합 서비스를 요구하는 고객을 창출하고 있으며, 글로벌 시장의 확대는 이러한 통합 서비스를 처리하기 위한 글로벌 정보시스템을 개발해야 하는 중요한 이유이다. 인터넷은 커뮤니케이션을 단순화하고, 비즈니스 관계를 개선하며, 소비자와 기업 모두에게 새로운 기회를 제공할 수 있다.

9-2 글로벌 정보시스템과 그 요구사항 및 구성요소를 설명한다. 글로벌 정보시스템은 국경을 넘어 작동하고 다른 국가의 본사와 자회사간의 통신을 용이하게 하고 데이터를 수집, 저장, 처리 및 전송하기 위해 일반적인 정보시스템에서 볼 수 있는 모든 기술과 애플리케이션을 통합하는 정보시스템이다. 문화적, 지리적 경계를 넘어 그들의 요구 사항에는 글로벌 데이터 접근, 통합 글로벌 보고서, 본사와 자회사간의 커뮤니케이션 등이 포함된다. 대부분의 글로벌 정보시스템에는 글로벌 데이터베이스와 정보공유 기술이라는 두 가지 기본 구성 요소가 있다.

9-3 글로벌 정보시스템을 사용하는 네 가지 유형의 조직 구조를 설명한다. 여기에는 다국적 조직(multinational organizations), 글로벌 조직(global organizations), 국제화 조직(international organizations) 및 초국가적 조직(transnational organizations)이 포함된다.

9-4 글로벌 정보시스템을 사용하는데 있어서 다섯 가지 장애물에 대해 설명한다. 여기에는 표준화 부족(시간대, 세금, 언어 및 작업 습관의 차이 포함), 문화적 차이, 다양한 규제 및 관행, 열악한 통신 인프라, 숙련된 분석가 및 프로그래머 부족이 포함된다.

3부

정보시스템 개발,
엔터프라이즈시스템,
인공지능,
최신 트렌드

10장

성공적인 정보시스템 구축

학습목표

10-1 정보시스템 개발을 위한 방법으로 시스템 개발 수명 주기(SDLC)를 적용한다.

10-2 계획단계에서 수행되는 작업을 설명한다.

10-3 요구사항 수집 및 분석단계에서 수행되는 작업을 설명한다.

10-4 설계 단계에서 수행되는 작업을 설명한다.

10-5 구현 단계에서 수행되는 작업을 설명한다.

10-6 유지보수단계에서 수행되는 작업을 설명한다.

10-7 서비스 지향 아키텍쳐(SOA), 신속한 애플리케이션 개발(RAD), 익스트림 프로그래밍(XP), 및 애자일 방법론 등을 포함한 시스템 분석 및 설계의 새로운 추세를 이해한다.

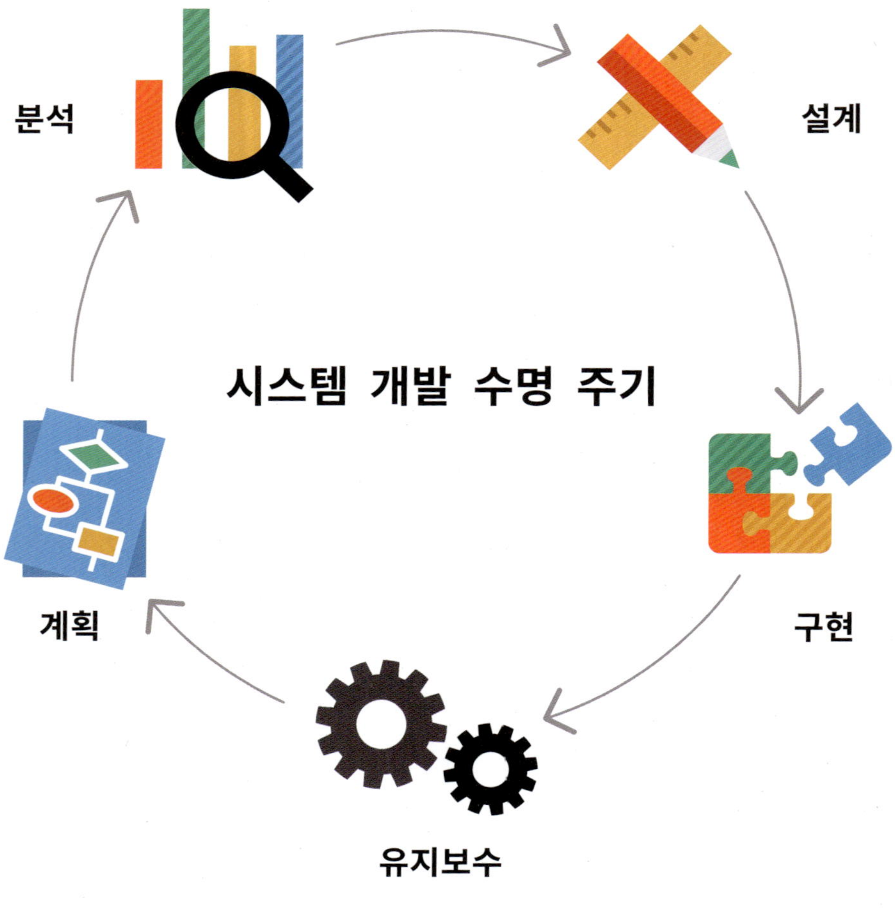

Yulia Buchatskaya/Shutterstock.com

이 장에서는 시스템 또는 프로젝트를 개발하기 위한 모델인 시스템 개발 수명 주기(systems development life cycle; SDLC)에 관해 설명한다. 이 주기는 일반적으로 5단계로 나뉘며, 각 단계에서 수행되는 작업에 관해 학습하게 된다. 예를 들어, 첫 번째 단계인 계획에서는 일반적으로 타당성 조사가 수행되고, SDLC 태스크포스가 구성된다. 또한 SDLC 모델에 관한 두 가지 대안인 셀프소싱(self-sourcing)과 아웃소싱(outsourcing)에 대해서도 배운다. 마지막으로 서비스 지향 아키텍처(service-oriented architecture; SOA), 신속한 애플리케이션 개발(rapid application development; RAD), 익스트림 프로그래밍(eXtreme Programming; XP) 및 애자일 방법론(agile methodology)과 같은 시스템 분석 및 설계의 새로운 동향을 검토한다.

10-1 정보시스템 개발 수명 주기 : 개요

정보시스템 분야에서 시스템 실패는 마감기한을 초과하거나, 사용자의 요구사항을 충족하지 못하거나, 고객이 만족하지 못하거나, 최고 경영진의 지원이 부족하거나, 예산이 초과하는 등 여러 가지 이유로 발생될 수 있다. 용량과 주어진 시간 내에 처리할 수 없는 노후 장비도 시스템 장애의 원인이 된다. 시스템 개발 방법을 사용하면 이러한 장애를 방지할 수 있다. 성공적인 정보시스템을 설계하려면 사람, 소프트웨어 및 하드웨어를 통합해야 한다. 이러한 통합을 달성하기 위해 설계자는 종종 '폭포수 모델(waterfall model)'이라고도 하는 **시스템 개발 수명 주기(systems development life cycle; SDLC)**를 따른다. 시스템 또는 프로젝트를 개발하는 데 사용되는 프레임워크로서 순서대로 수행되는 잘 정의된 일련의 단계이다. 그림 10.1은 이 장 전반에 걸쳐 설명되는 SDLC의 단계를 보여준다. 이 모델에서는 각 단계의 출력(결과)이 다음 단계의 입력이 된다. 이 모델을 따를 때 정보시스템의 주요 목표는 적절한 의사결정자에게 유용한 정보를 적시에 제공하는 것이다.

오늘날의 시스템 계획은 구현해야 할 모든 잠재적 시스템을 평가하는 것이다. 각각의 요구사항에 대한 사전 분석이 이루어지고, 각 시스템에 대한 타당성 조사가 수행된다. 그런 다음 조직은 어떤 것을 '진행'할지 결정하고 다음 단계로 넘어간다.

정보시스템 프로젝트는 종종 기존 시스템의 확장이거나 오래된 기술을 새로운 기술로 교체하는 것을 포함한다. 그러나 때로는 정보시스템을 처음부터 설계해야 하며, SDLC 모델은 이러한 상황에 특히 적합하다.

> **Systems development life cycle (SDLC)**, also known as the "waterfall model," is a series of well-defined phases performed in sequence that serves as a framework for developing a system or project.
>
> During the **planning phase**, which is one of the most crucial phases of the SDLC model, the systems designer must define the problem the organization faces, taking care not to define symptoms rather than the underlying problem.

기존 정보시스템의 경우 SDLC 모델을 사용할 수 있지만, 일부 단계는 적용되지 않을 수 있다. 또한, 정보시스템을 설계할 때 조직의 성장률을 예측하는 것이 중요하다. 그렇지 않으면 정보시스템은 설계된 직후부터 비효율적일 수 있다.

10-2 1단계 : 계획

SDLC 모델의 가장 중요한 단계 중 하나인 **계획 단계(planning phase)**에서 시스템 설계자는 조직의 근본적인 문제보다 증상을 정의하지 않도록 주의하면서 조직이 직면한 문제를 정의해야 한다. 문제는 내부 또는 외부에서

그림 10.1 시스템 개발 수명 주기의 단계

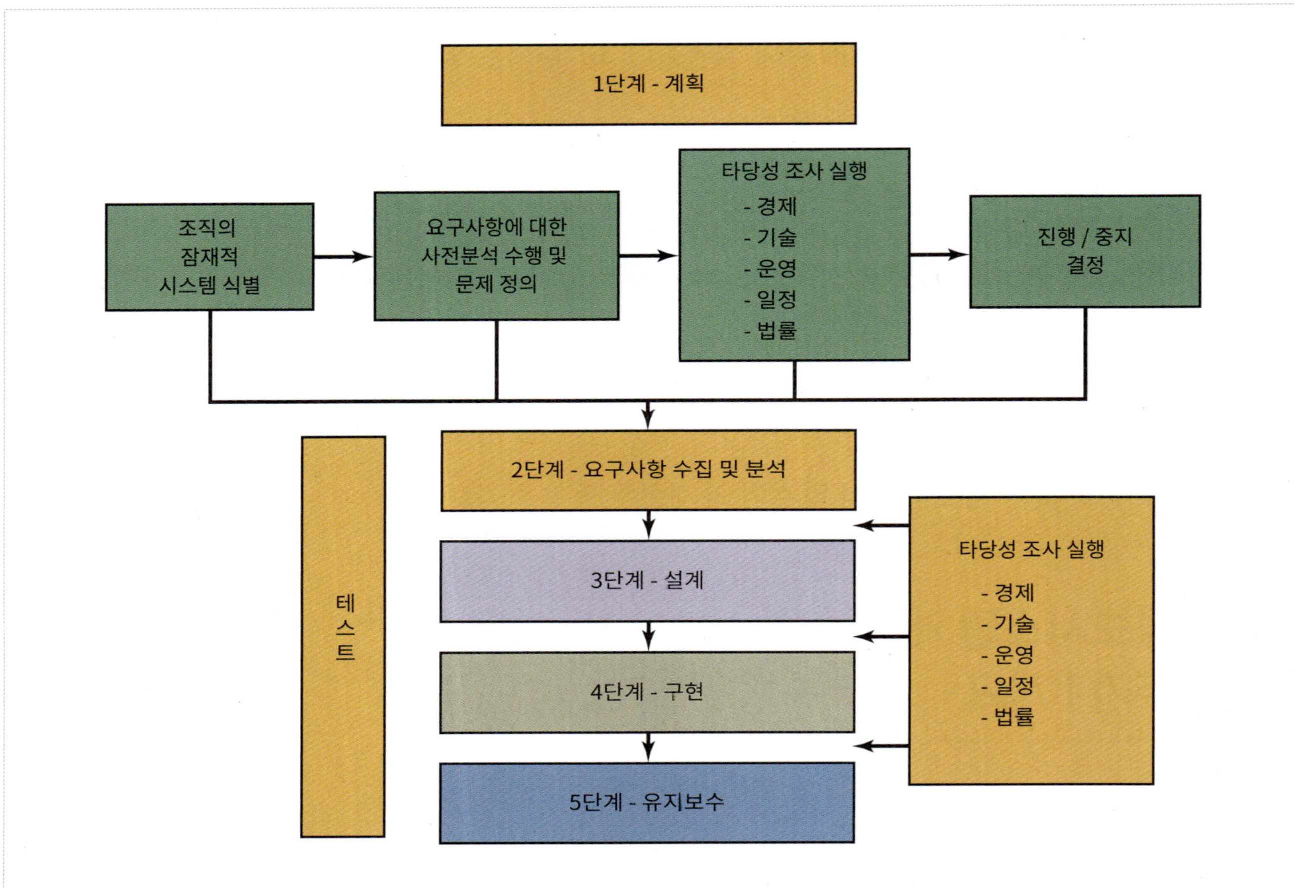

확인할 수 있다. 내부적으로 확인된 문제의 예로는 경영진이 시장에서 조직의 경쟁력 부족에 관한 우려를 표명하는 것이다. 외부에서 확인된 문제의 예로는 공급업체가 재고관리 절차의 비효율성을 지적하는 것이다.

문제를 확인한 후, 분석가 또는 분석가 팀은 다음 질문에 답함으로써 조직 또는 특정 사용자 그룹의 현재와 미래 요구 사항을 평가한다.

- 해당 정보시스템이 개발되어야 하는 이유는 무엇인가?
- 정보시스템의 현재와 미래 사용자는 누구인가?
- 정보시스템이 새로운 것인가, 아니면 기존 정보시스템의 업그레이드 또는 확장인가?
- 어떤 기능 영역(부서)에서 정보시스템을 사용할 것인가?

평가의 일환으로 분석가는 조직의 전략적 목표, 제안된 시스템이 이러한 목표를 지원할 수 있는 방법, 제안된 시스템의 성공에 중요한 요소 및 제안된 시스템의 성과를 평가하기 위한 기준을 검토해야 한다. 평가 기준을 설정하면 SDLC 프로세스 전반에 걸쳐 객관성이 보장된다.

또한 분석가는 문제와 정보시스템의 필요성에 대해 사용자로부터 피드백을 받아야 한다. 이 단계에서는 사용자는 다음 네 가지 W를 이해해야 한다.

- ***왜(Why)*** : 시스템을 왜 설계해야 하는가? 어떤 결정이 영향을 받을 것인가?
- ***누가(Who)*** : 시스템을 누가 사용할 것인가? 한 명의 의사결정자가 사용할 것인가, 의사결정자 그룹이 사용할 것인가? 이 질문은 또한 사용자 유형에 관한 것이다. 예를 들어 마케팅 부서에서 시스템을 사용할 것인가? 그리고 제조부서는 시스템을 정보의 공급자로 사용할 것인가 아니면 정보의 소비자로 사용할 것인가?
- ***언제(When)*** : 시스템이 언제부터 운영되어야 하는가? 비즈니스 프로세스에서 언제(어떤 단계에서) 시

스템이 사용되는가?

- ***무엇(What)***: 시스템이 제공해야 할 기능은 무엇인가? 이러한 기능은 어떻게 사용될 것인가?

이 단계의 최종 결과물은 사용자와 최고 경영진에게 문제가 무엇인지와 정보시스템이 문제를 어떻게 해결할 것인지에 대한 명확한 견해를 제공해야 한다. 예를 들어 ABC Furniture가 부정확한 재고 예측 문제를 해결하기 위해 정보시스템을 어떻게 계획하고 있는지 살펴보자. 현재 ABC Furniture는 New England Wood(NEW)에서 목재를 사고 있다.

- ***왜(Why)***: ABC Furniture는 재고를 추적하고, 제품 수요에 대한 보다 정확한 예측을 생성하고, New England Wood에서 주문할 목재에 대한 요구사항을 추적하기 위한 정보시스템이 필요하다. 분명히, 보다 정확한 재고는 재고 비용을 줄이고 ABC Furniture와 New England Wood 및 유통업체의 관계를 개선하고, 회사 제품을 소매업체가 사용할 수 있도록 보장하며, 시장에서 ABC Furniture의 이미지를 개선하는데 도움이 된다.
- ***누가(Who)***: 정보시스템의 주요 사용자는 New England Wood에 주문을 담당하는 조달그룹, 재고를 추적하고 완제품 수요 충족 보장을 담당하는 제조부서, 유통업체로부터 주문받는 영업사원과 소매업체로부터 주문받는 유통업체가 될 것이다.
- ***언제(When)***: 회사의 주요 경쟁업체가 6개월 이내에 새 매장을 열 계획이므로 향후 4개월 이내에 시스템이 운영되어야 한다. 또한 시스템은 제조공정의 자재 발주 단계, 생산 계획 단계 및 출하 단계를 지원해야 한다. 또한 ABC Furniture가 5개월 내에 진행할 예정인 마케팅 캠페인에 대한 정보를 제공하고 ABC Furniture의 새로운 지역으로의 확장을 지원해야 한다.
- ***무엇(What)***: 인바운드 측면에서 시스템은 대기 중인 배송 및 입고된 납품, 원자재 수량, 원자재 주문, New England Wood를 포함한 모든 ABC Furniture 공급업체의 원자재 수준을 추적해야 한다. 운영 측면에서 시스템은 모든 제품, 원자재의 재고 수준, 각 제조 단계별로 진행 중인 작업, 입고된 원자재 품질, 검사된 완제품 품질, 불량품 등에 대한 정보를 제공해야 한다. 아웃바운드 측면에서 시스템은 완제품에 대한 주문, 미처리 주문, 이행된 주문은 물론 각 유통업체와 소매업체 수요에 대한 주문 명세를 추적해야 한다.

10-2a 태스크포스 구성

정보시스템의 성공을 보장하기 위해 사용자는 계획, 요구사항 수집 및 분석, 설계 및 구현 단계에서 정보를 입력해야 한다. 이러한 이유로 태스크포스는 각 부서(IT 포함)의 대표, 시스템 분석가, 기술 자문위원 및 최고 경영진으로 구성된다. 이 팀은 사용자 피드백을 수집하고 처음부터 사용자를 참여시키기 위해 노력한다. 시스템 설계자와 분석가는 태스크포스가 사용자 참여에서 무엇을 찾아야 하는지 알 수 있도록 새로운 시스템의 목표와 이점을 설명해야 한다. 일반적으로 정보시스템은 태스크포스가 피드백을 수집해야 하는 내부와 외부의 두 그룹의 사용자가 있다.

내부 사용자(Internal users)는 시스템을 정기적으로 사용할 직원으로, 시스템의 강·약점에 대한 중요한 피드백을 제공할 수 있다. **외부 사용자(External users)**는 직원은 아니지만, 시스템을 사용한다. 여기에는 고객, 계약업체, 공급업체 및 기타 비즈니스 파트너가 포함된다. 외부 사용자는 일반적으로 태스크포스의 일원이 아니지만, 이들의 의견은 필수적이다.

정보시스템 설계를 위한 태스크포스를 사용하는 것은 협동 애플리케이션 설계 방식을 사용하는 것과 유사하다. **협동 애플리케이션 설계(Joint application design; JAD)**는 사용자, 최고 경영진 및 IT 전문가가 참여하는 집단 활동이다. 사용자와 시스템 전문가가 함께 애플리케이션을 개발하는 구조화된 워크숍(JAD 세션이라고 함)을 중심으로 한다. 여기에는 상세한 의

> **Internal users** are employees who will use the system regularly; they can offer important feedback on the system's strengths and weaknesses.
>
> **External users** are not employees but do use the system; they include customers, contractors, suppliers, and other business partners. Although they are not normally part of the task force, their input is essential.
>
> **Joint application design (JAD)** is a collective activity involving users, top management, and IT professionals. It centers on a structured workshop (called a JAD session) where users and system professionals come together to develop an application.

A **feasibility study** analyzes a proposed solution's feasibility and determines how best to present the solution to management. It usually has five major dimensions: economic, technical, operational, scheduling, and legal.

Economic feasibility assesses a system's costs and benefits.

제, 시각적 보조 자료, 세션을 진행하는 리더, 세부 사항을 기록하는 서기가 포함된다. 그 결과 데이터 요소, 워크플로우, 화면, 보고서 및 일반 시스템 사양에 대한 정의가 포함된 최종 문서가 생성된다. JAD 방식의 장점은 조직의 다양한 기능 영역에서 여러 관점을 통합하여 애플리케이션에 대해 수집된 요구 사항이 너무 좁거나 일차원적이지 않도록 보장한다는 것이다.

10-2b 타당성 조사

타당성(feasibility)은 정보시스템이 조직에 얼마나 유익하고 실용적인지를 측정하는 척도이다. SDLC 프로세스 전반에 걸쳐 지속해서 측정되어야 한다. ("A Feasible Project Becomes Unfeasible" 사례 참조). 고위 경영진은 종종 조직의 전략적 목표와 무관하거나 부적절한 성과를 내는 정보시스템, 시스템 사용자와 설계자 간의 의사소통 부족, 설계자가 사용자의 선호도와 업무 습관에 대한 배려 부족 등으로 좌절감을 느끼는 경우가 많다. 이러한 요인에 초점을 맞춘 상세한 타당성 조사는 정보시스템 투자에 대한 경영진의 좌절감을 완화하는 데 도움이 될 수 있다.

계획 단계에서 분석가는 제안된 솔루션의 타당성을 조사하고 자금 조달을 위해 경영진에게 솔루션을 제시하는 최선의 방법을 결정한다. 이 목적을 위해 사용되는 도구가 **타당성 조사(feasibility study)**이며, 일반적으로 경제적, 기술적, 운영적, 일정 수립, 그리고 법률적 타당성의 5가지 주요 차원이 있으며, 다음 섹션에서 논의한다.

경제적 타당성

경제적 타당성(Economic feasibility)은 시스템의 비용과 이점을 평가한다. 간단히 말해서, 시스템을 구현하면 25만 달러의 순이익이 발생하지만, 시스템 비용이 50만 달러인 경우 시스템은 경제적으로 실현 가능하지 않다. 경제적 타당성 조사를 수행하기 위해 시스템 분석팀은 제안된 시스템의 모든 유·무형의 비용과 이점을 식별해야 한다. 또한 팀은 정보시스템과 관련된 기회비용을 인식해야 한다. 기회비용은 시스템이나 기능을 갖추지 않음으로써 놓칠 수 있는 것을 측정한다. 예를 들어, 만약 경쟁업체가 웹사이트를 가지고 있고 당신이 가지고 있지 않다면, 실제로 웹사이트가 필요하지 않더라도, 웹사이트를 가지고 있지 않은 비용은 얼마인가? 만약 당신이 웹사이트가 없다면, 시장 점유율을 어느 정도 잃을 수 있는가?

> **Feasibility is the measure of how beneficial or practical an information system will be to an organization; it should be measured continuously throughout the SDLC process.**

경제적 타당성을 평가하기 위해, 팀은 시스템의 개발 및 운영 비용을 집계하고(유형 및 무형), 이를 시스템의 예상되는 재정적 이점과 비교한다. 개발 비용에는 다음이 포함된다.

- 하드웨어 및 소프트웨어
- 소프트웨어 임대 또는 라이선스
- 프로그래밍, 테스트 및 프로토타이핑을 위한 컴퓨터 시간
- 모니터링 장비와 소프트웨어 유지보수 비용
- 컨설턴트, 시스템 분석가, 네트워크 전문가, 프로그래머, 데이터 입력 사무원, 컴퓨터 운영자, 비서와 기술자의 급여를 위한 인건비
- 소모품 및 기타 장비
- 시스템을 사용할 직원 교육

일부 판매자와 공급업체가 비용을 제공할 수 있지만, 일반적으로 시스템 실행을 위한 운영 비용은 고정비와 변동비로 구성되기에 추정할 수밖에 없다(사용률에 따라 상이함). 이러한 비용을 항목별로 분류한 후, 팀은 예산을 작성한다. 이 때, 많은 경우에 개발 비용, 특히 전문 기술자(프로그래머, 설계자, 관리자)의 비용이 예산에 충분히 반영되지 않아 많은 정보시스템 프로젝트가 예산을 초과한다.

정보시스템의 범위와 복잡성은 분석 또는 설계 단계 이후에 변경될 수 있으므로, 팀은 초기에 실행가능한 정보시스템 프로젝트가 이후에 실행 불가능해질 수 있음을 명심해야 한다. 타당성 검사를 SDLC 프로세스에 통합하는

것은 시스템의 성공을 보장하기 위한 좋은 생각이다. 필요한 경우 프로젝트는 타당성 검사에서 언제든지 취소되거나 수정될 수 있다.

경제적 타당성 조사를 완료하기 위해 팀은 정보시스템의 유·무형의 이점을 식별해야 한다. 유형의 이점은 월별 또는 연간 절감액으로 계량화할 수 있다. 예를 들어 한 조직이 5명이 아닌 3명의 직원으로 운영될 수 있는 새로운 시스템이나 이익을 증가시키는 새로운 시스템 등이 그것이다. 중요한 문제는 무형의 비용과 이익을 정확하게 평가하는 것인데, 이런 요인에 현실적인 금전적 가치를 부여하는 것이 어렵기 때문이다. 무형의 이점은 금액으로 계량화하기 어렵지만, 적어도 그것들이 식별되지 않으면, 많은 정보시스템 프로젝트를 정당화할 수 없다. 무형의 이점 예로는 직원의 사기 향상, 고객 만족도 향상, 인적자원의 보다 효율적인 활용, 비즈니스 운영의 유연성 향상, 의사소통 향상 등이 있다. 예를 들어, 고객 서비스를 현재의 총 매출을 유지하고 순이익을 향상하기 위해 매출을 10% 증가시키는 것으로 계량화할 수 있다. 정시 출근율이나 초과 근무율로 직원 사기를 계량화하는 등과 같이 무형의 가치를 평가하기 위한 다른 측정 방법이 개발되었다. 고객만족도는 무형이지만, 만족도 조사를 사용하여 측정할 수 있으며, 인터넷은 이 방법을 더욱 쉽게 만들었다.

팀은 비용 및 이점에 대한 정보를 수집한 후, 비용 효과 분석을 수행할 수 있다. 이 분석은 현재의 1달러가 1년 후의 1달러보다 더 가치가 있다는 개념을 기반으로 한다. 만약 시스템이 충분한 투자 수익을 창출하지 못한다면, 그 돈은 다른 곳에 더 잘 사용될 수 있다. 가장 일반적인 분석 방법은 투자 회수, 순현재가치(net present value; NPV), 투자수익률(return on investment; ROI), 내부수익률(internal rate of return; IRR)이다. 이 작업의 최종 결과는 최고 경영진에게 시스템을 판매하는 데 사용되는 비용 편익 분석(cost-benefit analysis; CBA) 보고서다.

Technical feasibility is concerned with the technology to be used in the system. The team needs to assess whether the technology to support the new system is available or feasible to implement.

이 보고서는 형식이 다양할 수 있지만, 다음 사항이 포함되어야 한다. 초록, 서론, 범위 및 목적, 분석 방법, 권고 사항, 정당성, 구현 계획, 요약 및 부록 항목(여기에는 근거 서류가 포함될 수 있다). 유용한 근거 서류의 몇 가지 예로는 조직도, 워크플로우 계획, 평면도, 통계 정보, 프로젝트 순서 다이어그램, 타임라인 또는 이정표 차트 등이 있다.

기술적 타당성

기술적 타당성(Technical feasibility)은 시스템에서 사용될 기술과 관련이 있다. 팀은 새로운 시스템을 지원하는 기술을 사용할 수 있는지 또는 구현할 수 있는지를 평가해

A Feasible Project Becomes Unfeasible

FINANCE | TECHNOLOGY IN SOCIETY | APPLICATION

Calgary의 Canadian 할인 항공사인 WestJet Airlines는 프로젝트에 3천만 달러를 투자했음에도 불구하고 AiRES라는 새로운 예약 시스템 개발을 중단한다고 발표했다.

문제는 시스템을 개발하는 회사인 Travelport가 아니었다. WestJet은 예상보다 빠르게 성장했으며, 예약 시스템의 원래 사양은 이러한 빠른 성장을 처리하지 못했다. 경영진은 국제 항공사와 제휴할 수 있는 기능 등을 추가하려고 했지만, 시스템은 대규모 국제 항공사가 아닌 소규모 할인 항공사에 적합하도록 계획되었다. WestJet은 150여명의 내부 IT 전문가와 50여 명의 외부 컨설턴트의 업무를 중단했다. 이 사례는 프로젝트의 수명주기를 통해 타당성 조사를 수행할 필요성을 보여준다. WestJet이 프로젝트를 계속했다면, 잠재적 손실은 3천만 달러 이상이 되었을 것이다.

질문 및 토론

1. 왜 WestJet Airlines의 예약 시스템이 실행 불가능하게 되었는가?
2. WestJet은 3천만 달러를 지출한 후 프로젝트를 중단하기로 한 것은 올바른 결정인지 토론해 보시오.

Operational feasibility is the measure of how well the proposed solution will work in the organization and how internal and external customers will react to it.

Scheduling feasibility is concerned with whether the new system can be completed on time.

Legal feasibility is concerned with legal issues, including political repercussions and meeting the requirements of the Information Privacy Act.

In the **requirements-gathering and analysis phase**, analysts define the problem and generate alternatives for solving it.

야 한다. 예를 들어, 완전한 기능을 갖춘 음성 인식 모니터링 시스템은 현재로서는 기술적으로 실행하기 어렵다. 그러나, 기술 발전의 속도를 감안할 때 이러한 문제 중 많은 부분이 결국 해결책을 갖게 될 것이다. 기술적 타당성 부족 또한 새로운 시스템을 구현할 전문지식, 시간 또는 인력이 부족한 조직에서 발생할 수 있다. 이 문제는 "조직의 준비 부족(a lack of organizational readiness)"이라고도 한다. 이 경우 조직은 결점을 해결하기 위한 조치를 한 다음 새로운 시스템을 고려할 수 있다. 광범위한 훈련을 통해 해당 문제를 해결할 수도 있다.

운영 타당성

운영 타당성(Operational feasibility)은 제안된 솔루션이 조직에서 얼마나 잘 작동하고, 내부 및 외부 고객이 어떻게 반응하는지를 측정하는 것이다. 대답해야 할 주요 질문은 정보시스템이 구현할 가치가 있는가 하는 것이다. 운영 타당성을 평가하기 위해 팀은 다음과 같은 질문에 답해야 한다.

- 정보시스템이 해야 할 일을 하고 있는가? 예를 들어, ABC의 정보시스템은 재고를 더욱 정확하게 추적하여 원자재 주문을 줄여 줄 것인가?
- 정보시스템이 사용될 것인가?
- 사용자의 저항이 있을 것인가?
- 최고 경영진이 정보시스템을 지원할 것인가?
- 제안된 정보시스템이 조직에 도움이 될 것인가?
- 제안된 정보시스템이 고객(내부 및 외부 모두)에게 긍정적인 영향을 줄 것인가?

일정 수립 타당성

일정 수립 타당성(scheduling feasibility)은 새로운 시스템이 제때 완성될 수 있는지와 관련이 있다. 예를 들어, 조직은 재해로 인해 기존 네트워크가 파괴되어 즉시 무선 네트워크가 필요할 수 있다. 그러나 새로운 시스템이 제때 제공되지 못한다면, 고객 상실로 인해 조직은 폐업될 수도 있다. 이 경우, 제안된 시스템은 일정 수립 관점에서 실현 불가능하다. 정보시스템 분야에서 마감 기한을 넘기는 문제는 흔히 발생하지만, 설계자는 종종 프로젝트 관리 도구를 사용하여 이 문제를 최소화할 수 있다(이 장의 뒷부분에서 설명).

법률적 타당성

법률적 타당성(legal feasibility)은 법적 문제와 관련이 있으며, 일반적으로 다음과 같은 문제를 다룬다.

- 정보시스템이 사용될 국가의 법적 문제를 위반하는가?
- 정보시스템을 사용하는 데 정치적 영향이 있는가?
- 제안된 정보시스템과 법적 요구사항간에 충돌이 있는가? 예를 들어, 정보시스템은 개인정보 보호법을 고려하고 있는가?

10-3 2단계: 요구사항 수집 및 분석

요구사항 수집 및 분석 단계(requirements-gathering and analysis phase)에서 분석가는 문제를 정의하고, 정의된 문제의 해결을 위한 대안을 생성한다. 이 단계에서 팀은 시스템에 대한 요구사항을 이해하려고 시도하고, 이러한 요구사항을 분석하여 현재 시스템 또는 프로세스의 주요 문제를 파악하고, 새로운 시스템을 설계하여 문제를 해결할 방법을 모색한다.

이 단계에서 첫 번째 단계는 요구사항을 수집하는 것이다. 이를 위해 인터뷰, 설문조사, 관찰 및 앞에서 설명한 JAD 방식을 포함한 여러 가지 기법을 사용할 수 있다. 목적은 다음 사항을 파악하는 것이다.

- 사용자가 수행하는 작업
- 사용자의 작업 수행 방법
- 업무 수행 시 직면하는 문제
- 새로운 시스템이 이러한 문제를 해결하는 방법

표 10.1 SSAD 분석 모델에 사용되는 도구의 예

모델링 도구	분석 대상	용도
데이터 흐름도(DFD)	프로세스 분석 및 설계	복잡한 프로세스를 더 간단하고 관리하기 쉽고 이해하기 쉬운 하위 프로세스로 세분화하는 데 도움이 된다. 각 프로세스에 필요한 데이터가 프로세스 간에 어떻게 흐르고 시스템에 어떤 데이터가 저장되는지 보여준다. 또한 시스템의 범위를 정의하는 데 도움이 된다.
플로우차트	프로세스 분석	프로세스의 논리적 단계를 설명하지만 데이터 요소 및 연결을 표시하지는 않는다. DFD를 보완하고 분석가가 프로세스 작동 방식을 이해하고 문서화하도록 도울 수 있다.
컨텍스트 다이어그램	프로세스 분석 및 설계	보다 일반적인 수준의 프로세스를 보여주고 최고 경영진과 태스크포스에게 프로세스 작동 방식을 보여주는 데 도움이 된다.
개념적 데이터 모델 (엔터티 관계 모델 등)	데이터 분석	분석가가 데이터 요소를 정의하고 데이터 요소간의 연관성을 보여줌으로써 시스템이 충족해야 하는 데이터 요구 사항을 이해하도록 돕는다.

- 사용자가 시스템에서 기대하는 것
- 의사결정할 것
- 의사결정에 필요한 데이터
- 데이터 출처
- 데이터 표시 방법
- 사용자의 의사결정을 위해 데이터를 검토하는 데 필요한 도구

팀은 모든 관련 정보를 기록하고, 이 정보를 사용하여 새로운 시스템이 수행해야 할 작업(프로세스 분석)과 해당 프로세스를 수행하는 데 필요한 데이터(데이터 분석)를 결정한다.

팀은 요구사항 수집 단계에서 수집된 정보를 사용하여 주요 문제를 파악하고, 프로젝트 범위(실행해야 하는 것과 해서는 안 되는 것 포함)를 정의하고, '시스템 사양서(system specifications)'를 작성한다. 그런 다음 이 문서는 승인을 위해 주요 모든 사용자와 태스크포스 구성원에게 전송된다. 이 문서의 작성은 분석 단계의 종료와 설계 단계의 시작을 나타낸다.

정보시스템의 분석 및 설계에는 구조화된 시스템 분석 및 설계(structured systems analysis and design; SSAD) 접근법과 객체 지향 접근법의 두 가지 주요 접근 방식이 있다. (객체 지향 접근법은 객체 지향 데이터베이스에 대한 논의와 함께 3장에서 소개되었다). 웹의 등장과 객체 지향 언어인 Java의 출시로 SSAD와는 다른 접근 방식이 요구되었다. 두 접근 방식의 차이점을 이해하려면 먼저 모든 시스템이 프로세스, 데이터 및 사용자 인터페이스의 세 부분으로 구성되어 있음을 인식해야 한다. 분석 단계의 요구사항 분석은 프로세스와 데이터 관점에서 수행된다. SSAD 접근법은 프로세스와 데이터를 독립적으로 처리하며 설계를 시작하기 전에 분석을 완료해야 하는 순차적 접근 방식이다. 객체 지향 접근법은 프로세스와 데이터 분석을 결합하며, 분석과 설계 사이의 경계가 너무 얇아서 분석과 설계는 그림 10.1처럼 구분된 단계가 아니라 하나의 단계로 처리된다.

이러한 두 가지 접근법은 분석 모델을 생성하기 위해 서로 다른 도구를 사용한다. 표 10.1은 SSAD 접근법에 사용되는 도구의 몇 가지 예를 보여준다.

그림 10.2는 ABC의 재고관리시스템에 대한 데이터 흐름도의 예를 보여주고, 그림 10.3은 컨텍스트 다이어그램을 보여준다. 그림 10.2에서 프로세스가 원으로 표시되었음을 알 수 있다. 시스템과 상호작용하지만, 시스템 일부가 아닌 모든 항목은 "외부 엔터티(external entity)"로 간주하며 파란색 직사각형으로 표시된다. 데이터 저장소(데이터베이스, 파일 시스템, 심지어 파일 캐비닛까지)는 회색 직사각형으로 표시된다.

그림 10.3에서 DFD는 "레벨 0 흐름도"이라고도 불

그림 10.2 ABC의 재고관리시스템을 위한 데이터 흐름도

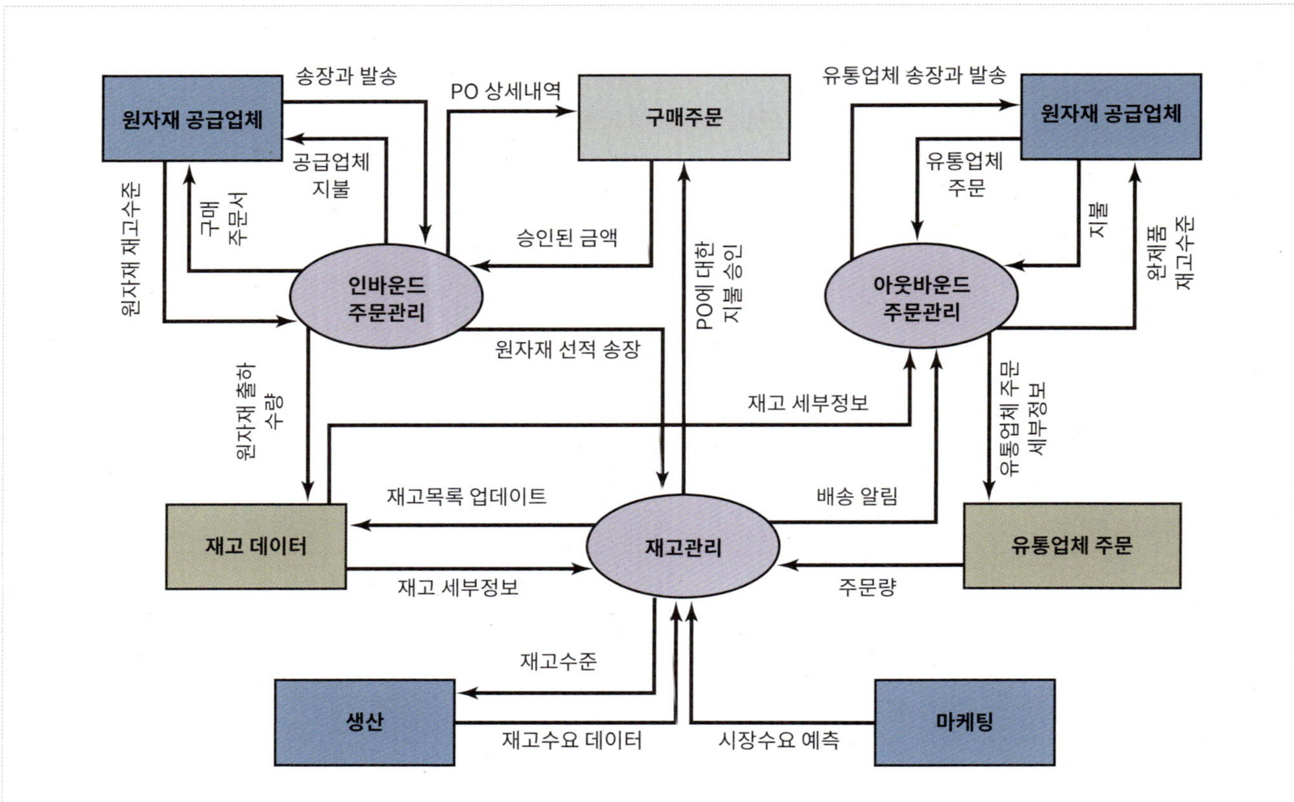

그림 10.3 ABC의 재고관리시스템을 위한 컨텍스트 다이어그램

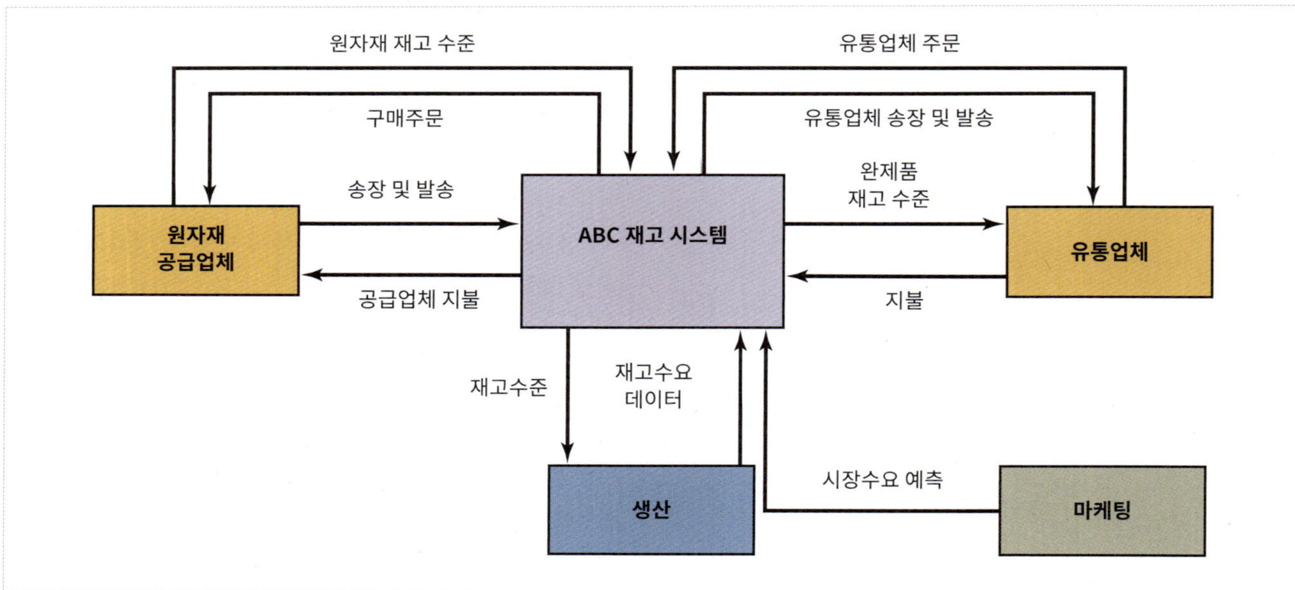

리는 컨텍스트 다이어그램(context diagram)으로 단순화되었다. 컨텍스트 다이어그램의 각 프로세스는 "레벨 1"이라는 별도의 흐름도로 나눌 수 있다. 두 모델링 도구는 모두 프로세스와 외부 엔티티 간의 데이터 흐름을 보여주며, DFD는 프로세스와 데이터 저장소 간의 데이터 흐름도 보여준다. 이러한 데이터 흐름은 일반적이므로 특정

데이터 요소를 표시하지 않는다. 예를 들어, 주문 번호, 주문 날짜, 품목 번호 및 품목 수량과 같이 구매 주문을 구성하는 모든 데이터 대신 "구매주문"이 그림 10.2에 표시된다. 분석단계에서 생성된 모델은 설계 사양을 구성한다. 이러한 사양을 사용자와 확인한 후, 분석가는 시스템 설계를 시작한다.

10-4 3단계: 설계

설계 단계(design phase)에서 분석가는 가장 현실적이고 조직에 가장 높은 보상을 제공하는 솔루션을 선택한다. 제안된 솔루션의 세부 사항이 요약되어 있으며, 이 단계의 출력물은 파일 및 데이터베이스, 양식 및 보고서, 문서, 절차, 하드웨어 및 소프트웨어, 네트워킹 구성요소, 일반 시스템 사양을 포함하여 시스템 구현에 필요한 정확한 사양이 명시되어 있는 문서다. 특히 대규모 프로젝트의 경우 컴퓨터 지원 시스템 공학 도구(다음 절에서 설명)가 분석 및 설계 단계에서 유용하다. 설계 단계는 개념 설계, 논리 설계 및 물리 설계의 세 부분으로 구성된다. 개념 설계는 시스템의 개요이며 하드웨어 또는 소프트웨어 선택 사항을 포함하지 않는다. 논리 설계는 Linux servers, Windows clients, 객체 지향 프로그래밍 언어, 관계형 DBMS와 같은 하드웨어와 소프트웨어를 지정함으로써 개념 설계를 보다 구체화한다. 이러한 선택은 일반적으로 선택한 플랫폼과 프로그래밍 언어에 맞게 개념 설계를 변경해야 한다. 마지막으로 Ubuntu Linux를 실행하는 Dell Server, Windows 10과 Internet Explorer를 실행하는 Dell 노트북, 프로그래밍 언어용 Java, 관계형 DBMS를 위한 SQL Server 2019를 선택하는 것과 같은 특정 플랫폼에 대한 물리 설계가 생성된다.

> **During the design phase, analysts choose the solution that is the most realistic and offers the highest payoff for the organization.**

10-4a CASE

시스템 분석가는 애플리케이션 개발 프로세스의 일부를 자동화하기 위해 **컴퓨터 지원 시스템 공학(computer-aided systems engineering; CASE)** 도구를 사용한다. 이러한 도구는 설계 단계의 일부를 자동화하기 때문에 대규모 프로젝트의 조사 및 분석에 특히 유용하다. 분석가는 이를 사용하여 최상의 버전을 선택하기 위해 여러 설계 버전을 수정하고 업데이트할 수 있다. CASE 도구는 분석가가 다음 작업을 수행할 수 있도록 지원함으로써 설계 단계를 지원한다.

- 모델을 서로 일관되게 유지한다.
- 설명과 주석을 사용하여 모델을 문서화한다.
- 특정 규칙에 따라 모델이 생성되었는지 확인한다.
- 단일 시스템과 관련된 모든 모델의 단일 저장소를 생성하여 분석 및 설계 사양의 일관성을 보장한다.
- 설계 변경 사항을 추적하고 관리한다.
- 설계의 여러 버전을 생성한다.

CASE 도구는 건축가와 엔지니어가 사용하는 CAD (Computer-Aided Design) 도구와 유사하다. 이러한 기능은 제품에 따라 다르지만, 일반적으로 다음을 포함한다.

- 시스템의 작동을 설명하기 위한 데이터 흐름도와 같은 그래픽 도구
- 시스템의 작동을 상세히 기록하도록 설계된 사전(dictionary) 도구
- 입력 및 출력 형식, 양식 및 화면을 설계하기 위한 프로토타이핑 도구
- 프로그래밍 작업을 최소화하거나 없애 주는 코드 생성 도구
- 시스템의 일정 및 예산을 제어하는 데 도움이 되는 프로젝트 관리 도구

During the **design phase** analysts choose the solution that is the most realistic and offers the highest payoff for the organization. Details of the proposed solution are outlined, and the output of this phase is a document with exact specifications for implementing the system, including files and databases, forms and reports, documentation, procedures, hardware and software, networking components, and general system specifications.

Computer-aided systems engineering (CASE) tools automate parts of the application development process. These tools are particularly helpful for investigation and analysis in large-scale projects because they automate parts of the design phase.

Fernando Blanco Calzada/Shutterstock.com

CA ERwin Process Modeler(http://erwin.com), Oracle Designer(www.oracle.com/technetwork/developer-tools/designer/overview/index-082236.html) 및 Visible System's Visible Analyst (www.visible.com/Products/Analyst/vacorporate.htm)를 비롯한 여러 CASE 도구를 사용할 수 있다. CASE 도구는 일반적으로 다음과 같은 출력물이 포함된다.

- 사양 문서(specification documents)
- 모델 및 설명을 포함한 분석 문서화
- 문서화와 관련된 설계 사양
- 개념 설계에 기반한 논리 및 물리 설계 문서
- 시스템에 통합될 수 있는 코드 모듈

In **prototyping**, a small-scale version of the system is developed, but one that is large enough to illustrate the system's benefits and allow users to offer feedback.

A **proof-of-concept prototype** shows users how a particular task that was not technically feasible can be done.

A **selling prototype** is used to sell a proposed system to users or management by showing some of its features.

10-4b 프로토타이핑

프로토타이핑(prototyping)은 작은 작업 모델을 먼저 구축하는 것이 전체 시스템을 구축하는 것보다 더 쉽고 비용이 적게 들기 때문에 자연 과학 분야에서 수년 동안 사용되어 왔다. 프로토타입을 테스트하여 잠재적인 문제를 감지하고 해결책을 고안할 수도 있다.

프로토타이핑은 요구사항이 빠르게 변경될 수 있고 시스템에 대한 사양 부족이 문제가 될 수 있기 때문에 정보시스템 설계에서 인기를 얻었다. 일반적으로 소규모 버전의 시스템이 개발되지만, 시스템의 이점을 설명하고 사용자가 피드백을 제공할 수 있을 만큼 충분히 큰 버전도 개발된다. 프로토타이핑은 정보시스템을 작동시키는 가장 빠른 방법이기도 하다. 프로토타입은 일반적으로 다음과 같은 목적으로 사용된다.

- ***시스템 요구사항 수집*** - 계획 단계에서 프로토타입을 설계하고 사용자에게 보여주는 것은 추가 정보를 수집하고, 제안된 시스템에 대한 요구사항을 구체화하는 좋은 방법이다.
- ***시스템 요구사항 결정 지원*** - 사용자가 원하는 정보시스템 유형에 대해 확신이 없는 경우, 프로토타입은 시스템의 기능적 능력을 보여주는 중요한 도구로 사용될 수 있으며, 그 후 사용자에게 반응을 요청할 수 있다.
- ***시스템의 기술적 타당성 결정*** - 시스템이 기술적으로 실행가능하지 않거나 실행 불가능해 보이는 경우 프로토타입을 사용하여 특정 작업을 수행할 수 있음을 사용자에게 보여줄 수 있다. 이러한 유형의 프로토타입을 **개념 증명 프로토타입(proof-of-concept prototype)**이라고 한다.
- ***제안된 시스템을 사용자와 경영진에게 판매*** - 프로토타입은 제안된 시스템의 기능 중 일부를 제공하고 조직에 얼마나 유용한지를 보여줌으로써 사용자와 경영진에게 제안된 시스템을 판매하는 데 종종 사용된다. 이러한 유형의 프로토타입을 **판매 프로토타입(selling prototype)**이라고 한다.

프로토타이핑은 일반적으로 4단계로 수행된다.

1. 초기 요구사항 정의
2. 프로토타입 개발

Lena Pan/shutterstock.com

3. 프로토타입 검토 및 평가
4. 프로토타입 수정

초기 요구사항을 정의하는 것은 프로토타이핑이 문제 해결에 가장 적합한 접근법이라는 사용자와 설계자간의 합의를 포함한다. 접근 방식에 동의한 후, 사용자와 설계자는 프로토타입의 구성요소와 이러한 구성요소가 서로 어떻게 관련되어 있는지에 대한 정보를 수집하기 위해 협력한다.

팀은 프로토타입을 구성하기 위해 다음 방법의 하나를 결정할 수 있다 : 외부 공급업체 사용, 소프트웨어 패키지 또는 4세대 프로그래밍 언어 사용, 또는 고급 프로그래밍 언어를 사용 및 처음부터 프로토타입 개발

구축 단계에서 발생하는 일부 문제는 사용자 또는 최고 경영진만이 해결할 수 있으므로 구축 단계에 사용자와 최고 경영진을 포함하는 것은 필수적이다. 예를 들어, 일반적으로 최고 경영진은 시스템 자금 조달 문제를 해결해야 하며, 시스템의 성능 문제는 사용자가 해결하기에 더 적합한 문제이다. 또한, 이 단계에서 사용자와 최고 경영진은 정보시스템이 해결할 문제에 대해 더 많이 배울 수 있으며, 사용자와 설계자 팀은 조직의 의사결정에 대해 많은 것을 배울 수 있다. 프로토타입을 완성한 후 사용자는 프로토타입을 사용하고, 성능을 평가하기 시작한다. 결과에 따라 프로토타입 수정, 정보시스템 프로젝트 취소, 새로운 프로토타입 개발 또는 프로토타입을 기반으로 완전한 시스템 구축 중 하나를 결정한다. 결정과 관계없이 프로토타입은 사용자와 설계자 팀에 유용한 정보를 제공한다. 즉, 문제는 더 잘 정의되고, 시스템 작동방식이 더 명확하게 이해된다.

프로토타입 개발 도구

시스템 프로토타입을 구축하기 위해 다양한 도구를 사용할 수 있다. 널리 사용되는 도구에는 Microsoft Excel과 같은 스프레드시트 패키지와 Microsoft Access와 같은 데이터베이스 관리 패키지가 있으며, Visual Basic은 일반적으로 프로세스에 필요한 로직을 코딩하는 데 사용된다. CASE 도구와 3세대 및 4세대 프로그래밍 언어를 사용하여 프로토타입을 신속하게 개발할 수 있다. 사용자 인터페이스 디자인을 위한 프로토타이핑 도구에는 Designer Vista(http://designvista.com)와 GUI Design Studio(www.carettasoftware.com/guidesignstudio)가 있다.

프로토타이핑의 장단점

앞서 언급한 바와 같이 프로토타이핑은 다음과 같은 여러 가지 장점을 제공한다.

- 문제가 제대로 정의되지 않고 정보 수집이 어려운 환경을 조사하는 방법을 제공한다.
- 사용자가 시스템 개발에 참여하기 때문에 정보시스템 사용자를 교육할 필요성이 줄어든다.
- 모델을 구축하는 것이 완전한 시스템을 구축하는 것보다 저렴하기 때문에 비용이 절감된다. 사용자와 최고 경영진이 시스템을 개발하지 말아야 한다고 결정하더라도 조직은 완전한 시스템을 구축하는 데 사용되었을 모든 비용을 잃지 않는다.
- 사용자의 참여를 장려함으로써 시스템의 성공 가능성을 높인다.
- 완전한 시스템보다 프로토타입을 수정하는 것이 더 쉽다.
- 사용자와 설계자가 시스템의 여러 버전을 검토할 수 있기 때문에 문서화가 향상된다.
- 구체적인 모델을 보면 시스템의 잠재적 사용자가 질문을 하고, 의견을 표명하고, 장단점을 지적하는 등의 작업이 보다 쉽게 이루어지기 때문에 사용자, 최고 경영진과 정보시스템 담당자 간의 의사소통이 향상된다.

이러한 모든 장점에도 불구하고 프로토타이핑에는 몇 가지 단점이 있다.

- 사용자와 최고 경영진이 제공하고자 하는 것보다 더 많은 지원과 도움이 필요할 수 있다.
- 프로토타입은 최종 시스템의 실제 작동을 반영하지 않을 수 있으므로 오해의 소지가 있을 수 있다.
- 프로토타입을 개발하면 분석가와 설계자가 포괄적인 테스트와 문서화를 포기하게 될 수 있다. 프로토타입이 작동하면 팀은 최종 시스템도 작동할 것이라고 확신할 수 있으며, 이러한 가정은 오해의 소지가 있다.

10-5 4단계: 구현

구현 단계(implementation phase)에서 솔루션은 문서에서 실행으로 옮겨지고 팀은 시스템을 구성하고 해당 구성요소를 조달한다. 구현 단계에서는 다음과 같은 다양한 작업이 수행된다.

- 새로운 장비 획득
- 신규 직원 채용
- 직원 교육
- 시스템의 물리적 레이아웃 계획 및 설계
- 코딩
- 테스트
- 보안 조치 및 안전장치 설계
- 재해 복구 계획 수립

정보시스템을 전환할 준비가 되면 설계자는 다음과 같은 몇 가지 옵션을 선택할 수 있다.

- ***병렬 전환*** - **병렬전환(parallel conversion)**에서는 신규 시스템이 올바르게 작동하는지 확인하기 위해 이전 시스템과 새로운 시스템이 짧은 시간 동안 동시에 실행된다. 그러나 이 접근방식은 비용이 많이 들고 운영체제가 이미 구축된 경우에만 사용할 수 있다.
- ***단계적 전환*** - **단계적 도입 단계적 폐지 전환(phased-in-phased-out conversion)**에서는 새로운 시스템의 각 모듈이 변환됨에 따라 이전 시스템의 해당 부분이 폐기된다. 이 프로세스는 전체 시스템이 작동할 때까지 계속된다. 이 접근방식이 모든 상황에 적합하지는 않지만, 회계와 재무에서 효과적일 수 있다.
- ***직접 전환*** - **직접 전환(plunge (direct cutover) conversion)**에서는 이전 시스템을 중지하고 새로운 시스템이 구현된다. 이 접근방식은 새로운 시스템에 문제가 있는 경우 위험하지만, 조직은 이전 시스템과 새로운 시스템을 동시에 실행하지 않음으로써 비용을 절감할 수 있다.
- ***파일럿 전환*** - **파일럿 전환(pilot conversion)**에서 분석가는 부서나 부서와 같은 조직의 제한된 영역에만 시스템을 도입한다. 시스템이 제대로 작동하면 나머지 조직 영역에서 단계적으로 또는 한꺼번에 구현된다.

During the **implementation phase**, the solution is transferred from paper to action, and the team configures the system and procures components for it.

In **parallel conversion**, the old and new systems run simultaneously for a short time to ensure the new system works correctly.

In **phased-in–phased-out conversion**, as each module of the new system is converted, the corresponding part of the old system is retired. This process continues until the entire system is operational.

In **plunge (direct-cutover) conversion**, the old system is stopped and the new system is implemented.

In **pilot conversion**, the analyst introduces the system in only a limited area of the organization, such as a division or department. If the system works correctly, it is implemented in the rest of the organization in stages or all at once.

IT project management includes activities required to plan, manage, and control the creation and delivery of an information system.

10-5a IT 프로젝트 관리

최근 한 보고서에 따르면, IT 프로젝트의 절반 이상이 실패했는데, 이는 3년 전의 유사한 조사에서도 거의 동일한 결과가 나타났다고 한다. 프로젝트 관리와 프로젝트 관리 도구 및 기술의 적절한 활용의 부족은 이러한 높은 실패율과 많은 관련이 있다. **IT 프로젝트 관리(IT project management)**에는 정보시스템의 생성 및 제공을 계획, 관리 및 제어하는 데 필요한 활동이 포함된다. 활동에는 SDLC 프로세스 중에 발생하는 모든 작업이 포함된다. 앞서 언급한 바와 같이 IT 프로젝트는 다음과 같은 여러 가지 이유로 실패한다.

- 마감 시간 초과
- 충족되지 않은 사용자의 요구사항
- 고객의 불만족
- 최고 경영진의 지원 부족
- 예산 초과
- 부적절한 계획

- 팀 구성원 간의 원활한 의사소통 부족
- 부적절한 프로젝트 관리 도구 및 기술

정보시스템의 구현은 복잡한 작업이 될 수 있다. 이러한 복잡성을 관리하고 예산과 일정에 맞게 구현 계획을 유지하기 위해 시스템 분석가는 프로젝트 관리 도구와 기술을 사용한다. 이러한 기능은 시스템 분석가가 일정 문제를 해결하고, 목표를 계획하고 설정하며 잠재적인 병목 현상을 강조할 수 있도록 도와준다. 시스템 분석가는 Wrike, Smartsheet 및 Clarizen과 같은 프로젝트 관리 소프트웨어를 사용하면 일정 변경의 비용, 시간 및 자원 영향을 조사할 수 있다. 추가 프로젝트 관리 소프트웨어는 http://infogoalcom/pmc/pmcswr.htm에서 참고할 수 있다. PERT(program evaluation review technique), CPM(critical path method) 및 Gantt 차트를 포함한 프로젝트 관리 기법도 사용된다.

PERT와 CPM 기술은 일련의 상호 연관된 활동을 완료하기 위한 '주 경로(critical path)'를 결정함으로써 작동한다. 여기에는 여유 시간이 전혀 없이 프로젝트를 완료하는데 매우 중요한 모든 활동이 포함된다. 활동 중 하나라도 지연되면 전체 프로젝트가 지연된다. 주 경로에 있지 않은 활동은 더 유연하며 프로젝트를 지연시키지 않고 지연될 수 있다. PERT 또는 CPM 네트워크를 구축하기 위해, 분석가는 프로젝트 완료에 필요한 모든 활동을 식별하고, 선행조건 목록(먼저 완료해야 하는 활동)을 식별 및 설정하며, 주 경로 지속 기간을 계산한다. 그림 10.4는 프로젝트의 시작부터 끝까지 이어지는 여러 경로를 보여준다. 각 경로의 지속 기간은 해당 경로를 구성하는 활동의 지속 기간에 따라 결정된다. 다음은 몇 가지 예다.

$1 \rightarrow 2 \rightarrow 4 \rightarrow 6 \rightarrow 7 = 5 + 15 + 6 + 11 = 37$

$1 \rightarrow 4 \rightarrow 6 \rightarrow 7 = 13 + 6 + 11 = 30$

$1 \rightarrow 4 \rightarrow 5 \rightarrow 6 \rightarrow 7 = 13 + 9 + 10 + 11 = 43$

$1 \rightarrow 3 \rightarrow 4 \rightarrow 5 \rightarrow 6 \rightarrow 7 = 7 + 10 + 9 + 10 + 11 = 47$

$1 \rightarrow 3 \rightarrow 4 \rightarrow 6 \rightarrow 7 = 7 + 10 + 6 + 11 = 34$

$1 \rightarrow 2 \rightarrow 4 \rightarrow 5 \rightarrow 6 \rightarrow 7 = 5 + 15 + 9 + 10 + 11 = 50$

이 예제에서 마지막 경로는 완료되는 데 가장 오래 걸리기 때문에 주 경로가 된다. 이 경로가 완료되는 동안 다른 경로도 완료된다. 다른 경로에서의 활동은 한동안 지연될 수 있으며, 프로젝트는 여전히 제시간에 완료될 것이다. 그러나 프로젝트가 제시간에 완료되려면 마지각 경로의 모든 활동이 제시간에 완료되어야 한다. 시스템 분석가는 임계 경로를 사용하여 Gantt 차트를 작성할 수 있다. Gantt 차트는 x축에 완료 시간(때로는 "마일스톤(milestone)"이라고도 함)을 나열하고 y축에는 모든 활동을 나열한다. 이를 통해 시스템 분석가는 프로젝트의 진행 상황을 모니터링하고 프로젝트의 일일 운영 지연을 감지할 수 있다. 지연이 발견되면 시스템 분석가는 전체 프로젝트를 예정대로 완료하기 위한 추가 자원을 고려해야 한다. 그림 10.5는 Gantt 차트를 보여준다.

다음은 성공적인 IT 프로젝트 관리를 위한 7가지 지침이다.

- 개발 중인 정보시스템에 프로젝트 관리자를 할당한다.
- 모든 프로젝트 회의의 목표를 확인한다.
- 이메일, 메모, 위키 또는 내부 소셜 미디어(해당되는 경우)를 사용하여 각 프로젝트 회의를 문서화한다.
- 프로젝트 기술 담당자와 정기적으로 대면 회의를 시행한다.

그림 10.4 PERT 네트워크

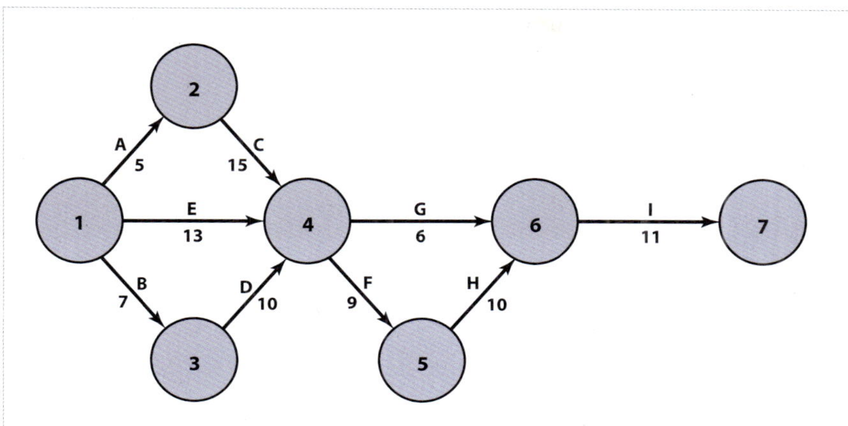

그림 10.5 Gantt 차트

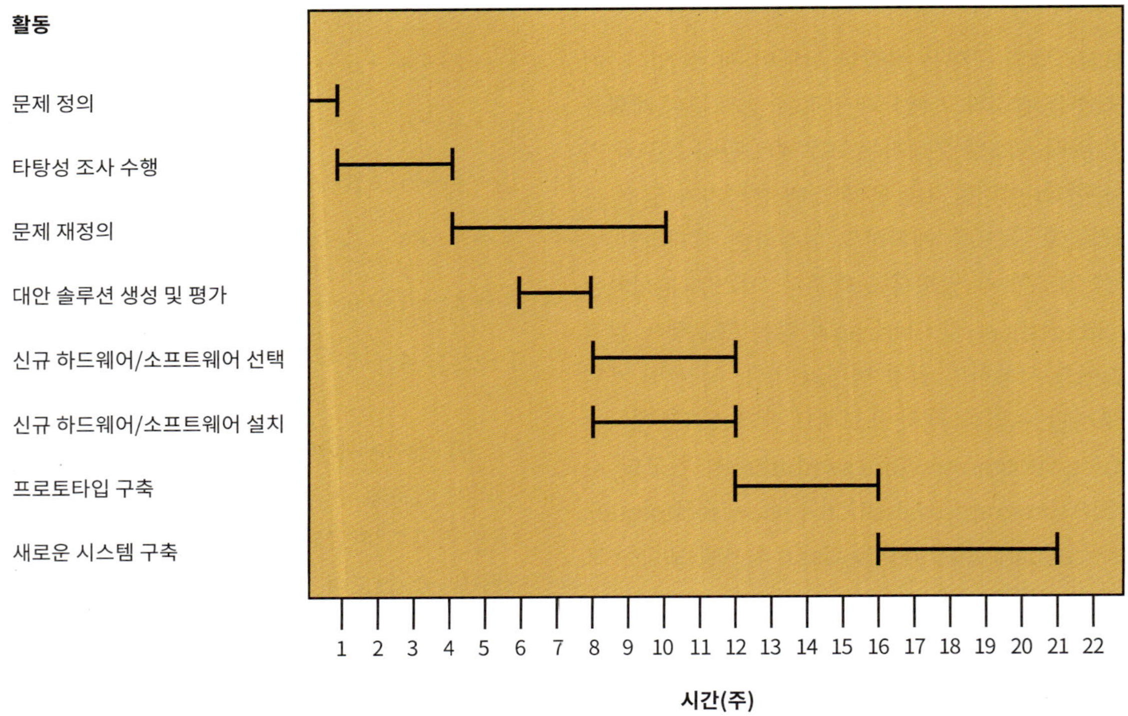

- 뒤처지는 팀원을 위해 새로운 사람이 프로젝트 관리자를 맡아야 한다.
- 팀 구성원에게 공개하지 않고 프로젝트를 위한 여유 시간을 확보한다.
- 프로젝트에 가능한 한 최고의 기술 인력을 배정한다.

"Preventing IT Project Failures Using Best Practices" 사례에는 실제 사례와 함께 IT 프로젝트 실패 이유를 보여준다.

10-5b 제안 요청서

제안 요청서(request for proposal; RFP)는 공급업체로부터 장비, 공급품 또는 서비스에 대한 입찰을 요청하는 데 사용되는 상세 사양이 포함된 서면 문서다.

A **request for proposal (RFP)** is a written document with detailed specifications that is used to request bids for equipment, supplies, or services from vendors.

그림 10.6 ABC furniture 재고시스템을 위한 RFP의 주요 구성 요소

1. 소개
   a. ABC의 배경 및 조직 목표
2. 시스템 요구 사항
   a. 해결해야 할 문제
   b. 예비 분석의 세부사항
   c. 주요 통찰력 확보
3. 추가 정보
   a. 사용 가능한 하드웨어
   b. 소프트웨어 기본 설정
   c. 기타 기존 시스템 및 통합 요구 사항
   d. 얻을 수 있는 이점에 대한 이해
   e. 필요한 비즈니스 이해(ABC와 협력할 입찰자)
   f. 기술 및 필요한 기술 노하우
4. 프로젝트 기간
5. 연락처 및 제출 절차

RFP는 일반적으로 구현 단계에서 준비되며 제안된 정보시스템의 기능, 기술 및 비즈니스 요구사항에 대한 자세한 정보가 포함되어 있다. RFP 초안을 작성하는데 6~12개월이 걸릴 수 있지만, 소프트웨어, 인터넷 및 기타 온라인 기술을 사용하면 시간과 비용을 줄일 수 있다. 이 프로세스의

Preventing IT Project Failures Using Best Practices

FINANCE | APPLICATION, REFLECTIVE THINKING

2017년 프로젝트 관리 연구소(project management institute; PMI)는 IT 프로젝트 실패에 대한 몇 가지 흥미로운 통계를 다음과 같이 공개했다.

- IT 프로젝트의 14%가 실패했다.
- 31%는 명시된 목표와 목적을 달성하지 못했다.
- 43%가 초기 예산을 초과했다.
- 49%가 일정을 초과했다.

본 연구에서는 IT 프로젝트 실패의 9가지 주요 원인을 파악했는데, 여기에는 부정확한 요구사항, 프로젝트 후원자의 참여 부족, 프로젝트 목표 변경, 부정확한 추정치, 예상치 못한 위험(알 수 없는 변수), 부품 지연, 적절한 자원 부족, 프로젝트 관리 부실, 팀원 불성실 등이 포함된다. 장의 앞부분에서 설명한 것처럼, 적절한 IT 프로젝트 관리 도구와 기술을 사용하면 성공 확률을 높일 수 있고, 위에 요약한 통계가 향상될 수 있다. 본 연구에서 파악한 IT 프로젝트 실패의 상위 4가지 이유는 아래에서 몇 가지 실제 사례를 통해 자세히 설명한다.

부정확한 요구사항. 이 문제를 방지하려면 모든 이해 관계자가 처음부터 참여해야 하며, 시스템의 목표와 목적을 신중하게 정의해야 한다. 앞에서 설명한 JAD 방식은 여기에서 도움이 될 수 있다. 호주의 국영 항공사인 Qantas는 4천만 달러 규모의 Jetsmart 프로젝트를 취소했는데, 그 이유는 기술자(시스템 사용자)에게 필요한 것이 무엇인지 묻는 대신, 그들이 적절하다고 생각하는 것을 구축했기 때문이다.

프로젝트 후원자의 참여 부족. 이 문제를 방지하기 위해 설계팀은 개발 단계에서 프로젝트 후원자가 참여하도록 해야 한다. ACA(Affordable Care Act)의 일부인 HealthCare.gov의 초기 실패는 개발 과정의 다양한 단계에서 의사소통이 원활하지 않았고, 이해관계자의 참여가 부족했기 때문이다.

프로젝트 목표 변경. 모든 IT 프로젝트는 시간, 범위 및 예산이라는 세 가지 주요 제약 조건 내에서 운영되어야 한다. 설계팀은 원래 목표를 달성하기 위해 모든 노력을 기울여야 한다. 변경이 절대적으로 필요한 경우 설계팀은 계획 기간을 단축해야 한다. FBI의 가상 사건 파일 시스템(virtual case file system)은 FBI의 IT 시스템을 현대화하고 기존 사건 관리 플랫폼을 대체하려는 초기 목표를 달성하지 못했기 때문에 폐기되었다.

부정확한 추정. 예산 초과와 일정 초과는 대부분의 IT 프로젝트에서 흔히 볼 수 있는 두 가지의 문제이다. 이 문제를 방지하기 위해 설계팀은 광범위한 추정치를 제공하고 더 자주 재평가해야 한다. 즉, 프로젝트의 수명 주기 전반에 걸쳐 타당성 조사가 수행되어야 한다. 대표적인 예로는 Denver International Airport 수하물 처리 시스템이 있다. 이 시스템은 16개월 지연되었고, 지연되는 동안 Denver 시는 매일 110만 달러의 비용을 지급했다. 오랜 지연과 5억 6천만 달러의 추가 비용이 발생했음에도 불구하고, 시스템은 결국 온전히 폐기되었다.

질문 및 토론

1. IT 프로젝트 실패의 3가지 주요 원인은 무엇인가?
2. ACA(Affordable Care Act)의 일환으로 HealthCare.gov가 초기에 실패한 원인은 무엇인가?

중요한 부분은 단일 공급업체와 여러 공급업체의 입찰을 비교하는 것이다. 단일 공급업체를 사용하여 정보시스템의 모든 구성요소를 제공받는 것은 편리하지만, 공급업체가 정보시스템 운영의 모든 영역에 대한 전문지식을 가지고 있지 않을 수 있다. RFP의 주요 이점은 모든 공급업체가 같은 정보와 요구사항을 받아 입찰을 더욱 공정하게 평가할 수 있다는 것이다. 또한 모든 공급업체는 입찰 제출 기한이 같으므로 입찰 제안을 준비할 시간이 더 많은 이점을 가진 공급업체는 없다. RFP는 또한 수많은 잠재적 공급업체의 목록을 좁히는 데도 유용하다.

RFP의 주요 단점은 제안서를 작성하고 평가하는 데 걸리는 시간이다. 정보 기술의 급속한 변화로 인해 시간이

> **With the help of development tools such as query languages, report generators, and fourth-generation programming languages, self-sourcing has become an important part of information system resources.**

많이 걸리는 RFP는 별로 매력적이지 않다. 많은 기업이 정보시스템 공급업체를 결정하기 위해 6~12개월을 기다릴 수 없다. 그림 10.6은 RFP의 주요 구성요소를 보여준다. RFP용 무료 템플릿은 Business-in-a-Box(www.biztree.com), TEC(https://technology evaluation.com) 및 Klariti(www.klariti.com)에서 검색하여 찾을 수 있다.

정보시스템 프로젝트를 신속하게 완료해야 할 필요성을 고려할 때 가능한 한, 제안서를 작성하고 평가하는 데 필요한 시간을 단축해야 하는 경우가 많다. RFP에 대한 한 가지 대안은 공급업체 정보를 수집하고 잠재적 공급업체 목록을 좁히기 위한 심사 문서인 **정보 요청서(request for information; RFI)**이다. RFI는 공급업체 선택에 중요한 프로젝트 요구사항에 중점을 두어 공급업체 선택을 관리하는 데 도움이 될 수 있다. 그러나 RFI에는 한계가 있다. 후보 목록에서 최종 후보 3~4곳을 선정하는 용도로만 사용할 수 있으므로 복잡한 프로젝트에는 적합하지 않다.

10-5c 구현 대안

SDLC 접근방식은 때때로 **인소싱(insourcing)**이라고 불리는데, 이는 조직 내부에서 시스템을 개발한다는 것을 의미한다. 정보시스템을 개발하기 위한 두 가지 다른 접근방식은 다음 절에서 논의되는 셀프 소싱(self-sourcing)과 아웃소싱(outsourcing)이다.

A **request for information (RFI)** is a screening document for gathering vendor information and narrowing the list of potential vendors. It can help manage the selection of vendors by focusing on the project requirements that are crucial to selecting vendors.

셀프 소싱

시의적절한 정보에 대한 수요가 증가함에 따라 기존 시스템을 유지보수하고 수정하는데 이미 과부하가 걸려 있는 정보시스템 팀에 부담이 가중되고 있다. 많은 조직에서 기존 시스템을 계속 실행하는 작업은 가용 컴퓨팅 자원과 인력의 대부분을 차지하므로 새로운 시스템 개발을 위한 자원이 거의 남아 있지 않다. 결과적으로 사용자의 요구에 대응할 수 없게 되면서 직원 불만이 증가하게 되고, 잘 관리되는 조직과 제대로 관리되지 않는 조직 모두에서 시스템 개발이 지연되었다. 따라서 최근 몇 년 동안 더 많은 최종 사용자가 정보시스템 팀의 공식적인 지원을 거의 또는 전혀 받지 않고 자체 정보시스템을 개발하고 있다. 이러한 사용자는 프로그래밍 코드를 작성하는 방법을 모를 수도 있지만, 일반적으로 스프레드시트와 데이터베이스 패키지와 같은 기성 소프트웨어를 사용하여 맞춤형 애플리케이션을 제작할 수 있을 만큼 충분히 숙련되어 있다. **셀프 소싱(self-sourcing)**(또는 최종 사용자 개발)이라고 불리는 이러한 추세는 정보시스템 개발에 있어 오랜 백로그(backlogs), 저렴한 하드웨어와 소프트웨어의 가용성, 적시 정보에 대한 조직의 의존도 증가로 인한 것이다.

질의어, 보고서 생성기 및 4세대 프로그래밍 언어와 같은 개발 도구의 도움으로, 셀프 소싱은 정보시스템 자원의 중요한 부분이 되었다. 또한 맞춤형 애플리케이션 및 보고서를 만드는 데에도 유용하다. 셀프 소싱은 정보시스템 생성에 필요한 백로그를 줄이고 사용자의 정보 요구에 대응하는 유연성을 향상하는 데 도움이 될 수 있다. 그러나 백로그는 빙산의 일각에 불과하다. 백로그 목록이 길면 최종 사용자는 이러한 요청이 목록을 더 길게 만들 뿐이라고 믿기 때문에 필요한 많은 애플리케이션에 대한 새로운 요청을 중단하는 경우가 많다. 요청되지 않은 애플리케이션 목록은 백로그보다 긴 경우가 많으며, 이를 '보이지 않는' 백로그라고 한다.

셀프 소싱은 현재의 많은 문제를 해결할 수 있지만, 관리자는 최종 사용자의 적절한 시스템 분석 및 설계 배경 부족과 시스템 개발 표준 완화에 대해 우려하고 있다. 셀프 소싱의 다른 단점은 다음과 같다.

- 컴퓨팅 자원의 오용 가능성
- 중요한 데이터에 대한 액세스 부족
- 최종 사용자가 개발하는 애플리케이션과 시스템에 대한 문서화 부족

- 최종 사용자가 개발하는 애플리케이션과 시스템에 대한 부적절한 보안
- 최종 사용자가 개발한 애플리케이션이 정보시스템 표준을 충족시키지 못함
- 최고 경영진의 지원 부족
- 잠재적 사용자를 위한 교육 부족

셀프 소싱을 통해 최종 사용자는 단시간에 자체 애플리케이션을 개발하고 데이터를 생성, 액세스 및 수정할 수 있는 권한을 갖게 된다. 그러나 조직이 통제 및 보안 조치를 제대로 적용하지 않으면 이러한 권한은 파괴적일 수 있다. 예를 들어, 조직의 정보 처리 기능의 효율성을 방해하지 않도록 컴퓨팅 자원에 대한 최종 사용자의 액세스를 제어해야 한다. 적절한 시스템 개발 원칙에 기반하지 않은 정보시스템과 애플리케이션의 확산을 방지하기 위해 조직은 최종 사용자를 위한 지침을 개발하고 프로젝트 평가, 승인 또는 거부, 우선순위 지정 기준을 수립해야 한다. 기준에는 "기존 애플리케이션이 제안된 보고서를 생성할 수 있는가?" 또는 "하나의 애플리케이션을 개발하여 여러 사용자의 요구사항을 충족시킬 수 있는가?"와 같은 질문을 포함할 수 있다. 최종 사용자가 기본적으로 기존 애플리케이션과 동일한 기능을 처리하는 애플리케이션을 개발하지 못하도록 기존 애플리케이션을 분류하고 목록을 작성하는 것이 필요하다. 이러한 중복은 비용이 많이 들 수 있다. 또한 정보의 무결성과 신뢰성을 보장하기 위해 데이터 관리를 강화해야 한다. 개인 데이터 생성은 제거되지 않는 한, 반드시 최소화해야 한다. 때때로 효율적인 데이터 처리를 위해 중복 데이터가 존재할 수 있지만, 면밀히 모니터링해야 한다. 그러나 다양한 데이터를 사용하는 최종 사용자가 증가함에 따라 이 작업은 점점 더 어려워지고 있다. 기업 데이터베이스에서 유효하지 않고 일관성이 없는 데이터의 확산을 제어하는 가장 좋은 방법은 데이터베이스 관리자가 설정한 엄격한 데이터 입력 절차와 같이 데이터 흐름을 제어하는 것이다.

아웃소싱

아웃소싱(outsourcing) 접근방식을 통해 조직은 개발 서비스를 전문적으로 제공하는 외부 공급업체 또는 컨설턴트를 고용한다. 이 접근방식은 정보시스템 프로젝트의 시기적절한 개발에 대한 요구를 충족시키면서 추가 직원 고용 비용을 절감할 수 있다. 아웃소싱 서비스를 제공하는 회사에는 IBM Global Services, Accenture, Infosys Technologies 및 Computer Sciences Corporation 등이 있다.

With the **outsourcing** approach, an organization hires an external vendor or consultant who specializes in providing development services.

Crowdsourcing is the process of outsourcing tasks that are traditionally performed by employees or contractors to a large group of people (a crowd) through an open call.

Web 2.0의 발전과 함께 아웃소싱의 또 다른 형태인 **크라우드소싱(crowdsourcing)**이 대중화되었다. 이것은 전통적으로 직원이나 계약자가 수행하던 업무를 공개모집을 통해 대규모 집단(크라우드)에 아웃소싱하는 과정을 말한다.

시청에서 지역 사회에 더 나은 서비스를 제공하기 위해 웹사이트를 개발하고 있다고 가정해 보자. 크라우드소싱을 사용하여 모든 사람이 설계 과정에 참여하도록 요청할 수 있다. 크라우드소싱은 Web 2.0에서 제공하는 협업 기능을 활용하고자 하는 발행인, 언론인, 편집자 및 기업에 널리 인기를 얻고 있다. InnoCentive(www.innocentive.com)는 크라우드소싱에 매우 적극적인 기업이다. 조직 내부와 외부의 다양한 사고의 힘을 활용하여 조직과 협력하여 문제를 해결한다. SDLC 접근방식을 사용하는 아웃소싱 회사는 다음과 같은 옵션을 제공한다.

zaozaa19/Shutterstock.com

During the **maintenance phase**, the information system is operating, enhancements and modifications to the system have been developed and tested,
and hardware and software components have been added or replaced.

Service-oriented architecture (SOA) is a philosophy and a software and system development methodology that focuses on the development, use, and reuse of small, self-contained blocks of codes (called services) to meet the software needs of an organization.

- ***국내(Onshore) 아웃소싱*** - 조직은 같은 국가에서 아웃소싱 회사를 선택한다.
- ***근해(Nearshore) 아웃소싱*** - 미국 조직이 캐나다나 멕시코에서 회사를 선택하는 경우와 같이 조직은 인접 국가에서 아웃소싱 회사를 선택한다.
- ***역외(Offshore) 아웃소싱*** - 조직은 필요한 서비스를 제공할 수 있는 한 세계 어느 지역(보통 이웃 국가보다 멀리 떨어진 국가)에서 아웃소싱 회사를 선택한다.

아웃소싱은 비용이 저렴하고, 정보시스템을 더욱 신속하게 제공하며, 조직이 다른 프로젝트 뿐만 아니라 핵심 기능에 집중할 수 있는 유연성을 제공한다는 장점이 있지만 몇 가지 단점이 있다. 여기에는 다음을 포함한다.

- ***통제력 상실*** - 정보시스템 기능을 통제하기 위해 아웃소싱 회사에 의존하면 시스템이 조직의 정보 요구사항을 완벽하게 충족시키지 못할 수 있다.
- ***종속성*** - 조직이 아웃소싱 회사에 지나치게 의존하게 되면 아웃소싱 회사의 재무 상태나 경영 구조의 변화가 조직의 정보시스템에 큰 영향을 미칠 수 있다.
- ***전략적 정보의 취약성*** - 제3자가 아웃소싱에 관여하기 때문에 경쟁업체에게 기밀 정보가 유출될 위험이 증가한다.

10-6 5단계: 유지보수

유지보수 단계(maintenance phase)에서는 정보시스템이 운영되고, 시스템의 개선과 수정사항이 개발 및 테스트 되며, 하드웨어와 소프트웨어 구성요소가 추가되거나 교체된다. 유지보수팀은 시스템 작동방식을 평가하고 시스템을 계속 가동하기 위한 조치를 한다. 이 단계의 일부로써, 팀은 성능 데이터를 수집하고, 사용자, 고객 및 새로운 시스템의 영향을 받는 다른 사람들과 대화하여 시스템이 목표를 달성하고 있는지에 대한 정보를 수집한다. 시스템의 목표가 충족되지 않으면, 팀은 시정 조치를 취해야 한다. 사용자를 지원하는 헬프 데스크를 만드는 것은 이 단계에서 또 다른 중요한 작업이다. SDLC 접근방법의 지속적인 특성으로 인해 팀에서 시스템이 올바르게 작동하지 않는 것을 발견하면 유지보수의 결과를 바탕으로 계획 단계부터 주기를 시작할 수 있다.

10-7 시스템 분석 및 설계의 새로운 트렌드

SDLC 모델은 다음과 같은 상황에서는 적절하지 않을 수 있다.

- 문제 정의가 명확하지 않아 요구사항 명세 내용이 부족한 경우
- 입출력 프로세스를 완전히 식별할 수 없는 경우
- 문제가 재발할 우려가 없는 일회성, 즉 애드혹(ad hoc)인 경우
- 사용자의 요구사항이 계속 변하여, 시스템에 계속적인 변화가 요구되는 경우. SDLC 모델은 단기적으로는 작동할 수 있지만, 장기적으로 이러한 상황에서는 적합하지 않다.

이러한 상황에서는 다음 섹션에서 설명하는 다른 접근방법이 더 적합하다.

10-7a 서비스 지향 아키텍처

서비스 지향 아키텍처(service-oriented architecture; SOA)는 조직의 소프트웨어 요구 사항을 충족시키기 위해 작지만 자체 기능을 가진 코드 블록(서비스라고 함)의 개발, 사용 및 재사용에 중점을 둔 철학이자 소프트웨어 및 시스템 개발 방법론이다. SOA는 기존 서비스를 인식, 수용 및 활용하여 소프트웨어 개발 문제를 해결하려고 한다. 배송 상태, 고객 신용 또는 재고 상태 확인은 이러한 서비

스의 몇 가지 예다. 보다 구체적으로, 서비스는 데이터베이스 테이블, 관련 데이터베이스 테이블 집합, 임의 형식의 하나 이상의 데이터 파일 또는 다른 서비스에서 얻은 데이터일 수 있다.

SOA의 기본 원칙은 "코드 블록"을 다양한 애플리케이션에서 재사용한다는 것이며, 이를 통해 기존 서비스 풀에서 새로운 비즈니스 프로세스를 만들 수 있게 된다. 이러한 서비스는 네트워크를 통해 필요할 때 액세스할 수 있도록 구성되어야 한다. SOA는 애플리케이션 개발 시간 단축, 유연성 향상, 투자 수익률 개선 등 조직에 많은 잠재적 이점을 제공한다.

어느 비즈니스 조직에서나 주문 처리 시스템과 같이 자주 변경되지 않는 것들이 있다. 이러한 기능은 종종 비즈니스의 주요 부분을 나타내므로 핵심 비즈니스 기능이라고 한다. 동시에 세금과 마케팅 캠페인 내용 등과 같이 정기적으로 변경되는 기능과 활동도 있다. SOA는 핵심 비즈니스 기능과 시시각각 변화하는 동적 기능을 분리해야 한다고 주장한다. SOA를 통해 조직은 고객의 요구와 시장 요구에 가장 효과적으로 대응하는 서비스를 선발하고 선택할 수 있다. 서비스 또는 "코드 블록"은 대체, 변경 또는 심지어 결합할 수 있다.

많은 조직에서 SOA를 철학과 방법론으로 사용한다. 예를 들어, Starwood Hotels and Resorts Worldwide는 기존 객실 예약 시스템을 SOA 기반 시스템으로 교체하고 있다. SOA를 사용하면, 그들은 웹 표준을 기반으로 구축된 150개의 서비스 기반 애플리케이션을 제공할 수 있다. T-Mobile은 또한 내부 통합 및 재사용과 외부 수익 창출 서비스 모두를 위해 SOA를 사용하고 있다. 이를 통해 T-Mobile은 Time Warner와 Bertelsmann Group과 같은 제3자 콘텐츠 제공업체와 효과적으로 협력하여 고객에게 서비스를 제공할 수 있게 되었다.

10-7b 신속한 애플리케이션 개발

신속한 애플리케이션 개발(rapid application development; RAD)은 사용자 참여와 사용자와 설계자간의 지속적인 상호작용에 중점을 둔다. 계획 및 분석 단계를 하나의 단계로 결합하고 시스템의 프로토타입을 개발한다. RAD는 사용자의 피드백을 기반으로 필요에 따라 설계, 개발 및 테스트 단계를 반복하는 반복 프로세스("점진적 개발"이라고도 함)를 사용한다. RAD는 저코드(low-code) 또는 무코드(no-code) 시스템 개발 접근 방식으로도 알려져 있다. 시각적 인터페이스를 사용하여 IS 직원이 소프트웨어 라이브러리에서 다양한 구성요소를 끌어서 특정 방식으로 서로 연결해서 코딩이 거의 또는 전혀 필요 없는 애플리케이션을 만들 수 있다. 초기 프로토타입 후, 소프트웨어 라이브러리를 검토하고, 라이브러리에서 재사용할 수 있는 구성요소를 선택하여 프로토타입과 통합하고, 테스트를 수행한다. 이 단계 이후의 나머지 단계는 SDLC 접근 방식과 유사하다. RAD의 한 가지 단점은 향후 개발을 제한할 수 있는 좁은 초점(focus)이다. 또한 이러한 애플리케이션은 빠르게 구축되기 때문에 품질이 저하될 수 있다.

Rapid application development (RAD) concentrates on user involvement and continuous interaction between users and designers.
It combines the planning and analysis phases into one phase and develops a prototype of
the system. It uses an iterative process (also called "incremental development") that repeats the design, development, and testing steps as needed, based on feedback from users.

Extreme programming (XP) is a method for developing software applications and information system projects in which the project is divided into smaller functions and developers cannot go on to the next phase until the current phase is finished. Each function of the overall project is developed in a step-by-step fashion.

10-7c 익스트림 프로그래밍

익스트림 프로그래밍(extreme programming; XP)은 소프트웨어 애플리케이션과 정보시스템 프로젝트를 개발하기 위한 최근의 방법이다. Kent Beck은 Chrysler 종합 보상시스템(chrysler comprehensive compensation system)에 대한 작업 중에 특정 목표를 설정하고 적시에 이를 달성하기 위한 방법으로 이 방법을 고안했다. XP는 프로젝트를 더 작은 기능으로 나누고, 개발자는 현재 단계가 완료될 때까지 다음 단계로 진행할 수 없다. 분석가는 제안된 시스템이 갖추어야 할 기능('스토리'라고 불림)을 색인 카드에 기록한다. 카드에는 이러한 기능을 개발하는

Pair programming is where two programmers participate in one development effort at one workstation. Each programmer performs the action the other is not currently doing.

Agile methodology is similar to XP in focusing on an incremental development process and timely delivery of working software. However, there is less emphasis on team coding and more emphasis on limiting the project's scope.

데 필요한 시간과 노력이 포함되어 있으며, 조직은 현재의 요구사항에 따라 어떤 기능을 어떤 순서로 구현해야 하는지 결정한다. 전체 프로젝트의 각 기능은 단계별로 개발된다. 처음에는 직소 퍼즐과 비슷하다. 개별적으로는 조각이 의미가 없지만, 결합되어 완성되면 완전한 그림을 볼 수 있다. XP 방식은 가능한 한 빨리 사용자에게 시스템을 제공한 후 사용자가 제안하는 변경 사항을 적용한다. XP 환경에서 프로그래머는 일반적으로 워크스테이션을 공유하고 동일한 코드로 작업하는 두 명의 팀으로 구성된다. 이것을 **페어 프로그래밍(pair programming, 키보드 공유라고도 함)**이라고 하며, 각 프로그래머는 다른 프로그래머가 현재 수행하지 않는 작업을 수행한다. 이러한 방식으로 진행하면서 프로그래밍 오류를 감지하고 수정할 수 있는데, 이것은 전체 프로그램이 작성된 후에 오류를 수정하는 것보다 더 빠르다. 또한 코드 개발 중에 프로그래머들 간의 의사소통이 더 원활하게 된다.

XP는 프로젝트를 전체적으로 보는 SDLC 모델과 같은 전통적인 소프트웨어 개발에서 크게 벗어난 것이다. XP는 시스템의 품질을 개선하기 위해 점진적인 단계를 사용하여 이전에 검토되지 않았던 주요 문제를 해결한다. SDLC는 전체 시스템을 한 번에 개발한다. RAD와 마찬가지로 XP는 새로운 시스템에 통합할 수 있는 재사용 가능한 부분에 소프트웨어 라이브러리를 사용한다. IBM, Chrysler, Microsoft 등은 이 방법을 성공적으로 사용해 왔으며, 주요 특징은 다음과 같다.

- 간결함
- 점진적 프로세스
- 변화하는 요구사항과 기술 변화에 대한 대응
- 팀워크
- 핵심 참여자 간의 지속적인 커뮤니케이션
- 사용자의 즉각적인 피드백

"Extreme Programming in Action" 사례는 Sabre Holdings Corp. 와 기타 회사에서의 XP 사용을 강조한다.

10-7d 애자일 방법론

애자일 방법론(agile methodology)은 점진적인 개발 프로세스와 작동하는 소프트웨어의 적시 제공에 초점을 맞추는 XP와 유사하다. 그러나 팀 코딩은 덜 강조하고, 프로젝트의 범위를 제한하는 데 더 중점을 둔다. 애자일 방법론은 최소한의 요구사항을 설정하고 이를 실제 제품으로 전환하는 데 초점을 맞춘다. Agile Alliance(www.agilealliance.org) 단체는 프로그래머와 비즈니스 전문

Extreme Programming in Action

FINANCE | TECHNOLOGY IN SOCIETY | APPLICATION | REFLECTIVE THINKING

Sabre Holdings Corp는 프로그래머가 키보드를 공유하도록 하는 것을 포함하여 많은 XP 원칙을 채택했다. XP 방식을 사용하여 Sabre 의 소프트웨어 품질은 향상되었고, 오류 수가 감소했다. 지속 가능한 컴퓨팅 컨소시엄(Sustainable Computing Consortium)에 따르면, 결함이 있는 소프트웨어로 인해 미국 기업들이 연간 1,000억 달러 이상의 비용을 지출하고, 컴퓨터 다운타임의 45%를 차지한다고 한다. XP는 소규모 출시를 도입하고, 처음부터 고객들을 테스트 과정에 참여시킨 IBM에서도 사용되었다.

질문 및 토론

1. Sabre Holdings Corp는 XP 방법론을 사용하여 무엇을 달성했는가?
2. 컴퓨터 다운타임의 몇 퍼센트가 결함이 있는 소프트웨어와 관련이 있는가?

가 간의 협업(되도록 대면 커뮤니케이션과 팀워크)을 강조하는 이 방법에 대한 지침을 개발했다. 단계별 접근방식의 목표는 정해진 계획을 고수하고 작동하는 고품질 소프트웨어를 개발하는 대신 변화하는 요구에 대응하는 것이다. 애자일 방법론은 또한 고객의 요구사항을 더 잘 충족시키기 위해 소프트웨어를 신속하게 제공하기 위해 노력한다.

널리 사용되는 애자일 프레임워크에는 스크럼(Scrum)과 칸반(Kanban) 두 가지가 있다.

스크럼은 스프린터(sprint)라고 하는 전달 주기와 계획, 책임, 그리고 매일의 스탠드업 회의로 구성된 회의 구조에 중점을 두며 팀들이 개발 상태와 전략에 대한 변경사항을 이야기하도록 한다. 스프린트는 시스템의 주요 기능이 사용자에게 표시되는 데모 회의로 끝난다. 후속 회의는 팀이 무엇이 잘 되었고, 다음 라운드에서 개선이 필요한 부분에 대해 논의하는 과정을 완료한다.

칸반은 다양한 프로세스을 통해 이동하는 프로젝트를 관리하기 위한 시각적 시스템이다. 이 프레임워크를 사용하여 설계 팀은 접수 게시판에서 사용자 요청을 가져와 완료될 때까지 단계별 개발 프로세스를 통해 전달한다. 스크럼이 칸반보다 더 인기가 있지만, 둘 다 투명한 문화 속에서 완제품을 빠르게 제공하는 데 중점을 둔다. 둘 다 프로세스를 개선하고 프로젝트를 더 작고 관리하기 쉬운 부분으로 분할하는 데 도움이 된다.

Agile Alliance는 다음과 같은 원칙을 포함하는 선언문을 작성했다.

- 가치 있는 소프트웨어를 조기에 지속해서 제공하여 고객을 만족시킨다.
- 개발 지연에도 불구하고 변화하는 요구사항을 환영한다.
- 프로젝트 전반에 걸쳐 비즈니스 담당자와 개발자가 매일 함께 작업하도록 한다.
- 동기 부여된 사람들을 중심으로 프로젝트를 구축한다. 그들에게 필요한 환경과 지원을 제공하고, 그들이 그 일을 완수할 수 있도록 신뢰한다.
- 항상 기술적 우수성에 유의한다. 좋은 설계는 민첩성을 향상한다.
- 팀은 정기적으로 어떻게 하면 더 효과적으로 될 수 있는지 숙고한 다음 그에 따라 행동을 조율하고 조정해야 한다.

"Agile Methodology at HomeAway, Inc." 사례에서 애자일 방법론이 어떻게 사용되는지 설명한다.

Agile Methodology at HomeAway, Inc.

FINANCE | APPLICATION | REFLECTIVE THINKING

Taxas주 Austin에 본사를 둔 HomeAway(Expedia, Inc.의 일부)는 전 세계 190개 국가와 지역에서 약 100만 개의 휴가용 임대 주택 목록을 제공하는 휴가 임대를 위한 세계 최고의 온라인 마켓플레이스 중 하나이다.

HomeAway에서 250명의 소프트웨어 개발자는 소프트웨어 및 시스템 개발 방법론으로 애자일(agile)을 사용한다. 과거에는 개발자와 시스템 설계자가 서로 다른 시스템 개발 방법론을 사용했지만, 지난 6년 동안 애자일은 전사적인 시스템 개발 방법론이었다. HomeAway의 엔지니어링 담당 부사장인 Jack Yang에 따르면, 누구도 애자일 방식으로 전환하도록 강요받지 않았지만, 시간이 지남에 따라 시스템 설계자는 변화, 특히 신속하게 구현해야 하는 예상치 못한 변화에 대처하기 위한 최상의 방법론임을 알게 되었다고 한다. HomeAway의 경험이 시사하는 바는 애자일 방법론이 계속해서 소프트웨어와 시스템 개발을 위한 주요 도구가 되고 있다는 것이다. 기업과 시스템 개발자는 유연하지 않은 절차 기반 SDLC 접근 방식보다 팀 중심, 협업 및 모듈 방식을 선택한다.

질문 및 토론

1. HomeAway가 다른 시스템 개발 방법론에서 애자일 방법론으로 전환한 이유는 무엇인가?
2. 다른 방법론과 비교하여 애자일 방법론이 갖는 두 가지 장점은 무엇인가?

요약

10-1 정보시스템 개발 방법으로 시스템 개발 수명 주기(SDLC)를 적용한다. 폭포수 모델이라고도 하는 시스템 개발 수명 주기는 시스템이나 프로젝트를 개발하기 위한 프레임워크 역할을 하는 순서대로 수행되는 잘 정의된 일련의 단계이다. 이 모델에서 각 단계의 출력물(결과)은 다음 단계의 입력이 된다.

10-2 계획 단계에서 수행되는 작업을 설명한다. SDLC 모델의 가장 중요한 단계 중 하나인 계획 단계에서 시스템 설계자는 근본적인 문제보다는 증상을 정의하지 않도록 주의하면서 조직이 직면한 문제를 정의해야 한다. 문제는 내부 또는 외부에서 확인할 수 있다.

10-3 요구사항 수집 및 분석 단계에서 수행되는 작업을 설명한다. 요구사항 수집 및 분석 단계에서 분석가는 문제를 정의하고 이를 해결하기 위한 대안을 제시한다. 이 단계에서 팀은 시스템에 대한 요구사항을 이해하려고 시도하고, 이러한 요구사항을 분석하여 현재 시스템 또는 프로세스의 주요 문제를 결정하고, 새로운 시스템을 설계하여 문제를 해결할 방법을 모색한다.

10-4 설계 단계에서 수행되는 작업을 설명한다. 설계 단계에서 분석가는 가장 현실적이고 조직에 가장 큰 보상을 제공하는 솔루션을 선택한다. 제안된 솔루션의 세부 사항이 요약되어 있으며, 이 단계의 출력물은 파일 및 데이터베이스, 양식 및 보고서, 문서, 절차, 하드웨어 및 소프트웨어, 네트워킹 구성요소 및 일반 시스템 사양을 포함하여 시스템을 구현에 필요한 정확한 사양이 명시된 문서이다.

10-5 구현 단계에서 수행되는 작업을 설명한다. 구현 단계에서 솔루션은 문서에서 실행으로 옮겨지고, 팀은 시스템을 구성하고 이를 위한 구성요소를 조달한다. 구현 단계에서는 새로운 장비 획득, 신규 직원 채용, 직원 교육, 시스템의 물리적 레이아웃 계획 및 설계, 코딩, 테스트, 보안 조치 및 안전장치 설계, 재해 복구 계획 수립 등 다양한 작업이 수행된다.

10-6 유지보수 단계에 관련된 작업을 설명한다. 유지보수 단계에서는 정보시스템이 운영되고, 시스템의 개선과 수정사항이 개발 및 테스트 되며, 하드웨어 및 소프트웨어 구성요소가 추가 또는 교체된다. 유지보수팀은 시스템이 어떻게 작동하는지 평가하고 시스템을 계속 가동하기 위한 조치를 한다. 이 단계의 일부로써, 팀은 성능 데이터를 수집하고 사용자, 고객 및 새로운 시스템의 영향을 받는 다른 사람들과 대화하여 시스템이 목표를 달성하고 있는지에 대한 정보를 수집한다.

10-7 서비스 지향 아키텍처(SOA), 신속한 애플리케이션 개발(RAD), 익스트림 프로그래밍(XP) 및 애자일 방법론을 포함한 시스템 분석 및 설계의 새로운 동향을 설명한다. SDLC 모델은 다음과 같은 상황에서 적절하지 않을 수 있다. 즉, 문제 정의가 명확하지 않아 요구사항 명세 내용이 부족하거나 입출력 프로세스를 완전히 식별할 수 없는 경우이다. 이러한 상황에서 분석가는 새로운 방법론을 사용해야 한다.

3부

정보시스템 개발,
엔터프라이즈시스템,
인공지능,
최신 트렌드

11장

엔터프라이즈시스템

학습목표

11-1 조직 내에서 공급망관리가 어떻게 사용되는지 설명한다.

11-2 고객관계관리시스템에 관해 설명한다.

11-3 지식관리시스템을 설명한다.

11-4 전사적자원관리시스템을 설명한다.

11-5 클라우드 기반 엔터프라이즈시스템의 장단점을 설명한다.

TechnoVectors/Shutterstock.com

엔터프라이즈시스템(enterprise system)은 비즈니스의 모든 기능에 사용되며, 조직 전체에 걸쳐 의사결정을 지원하는 애플리케이션이다. 실제로 전사적자원관리시스템은 제조, 생산, 마케팅 및 인적자원 간의 운영, 자원 및 의사결정을 조정하는 데 사용된다. 이전 장에서 배운 것처럼 인트라넷과 웹 포털을 사용하여 부서 간의 의사소통을 개선하고 전반적인 효율성을 높이기 위해 많은 조직에서 사용된다. 엔터프라이즈시스템은 중요한 정보를 조직 전체의 의사결정자가 쉽게 이용할 수 있도록 하는 또 다른 방법이다.

An **enterprise system** is an application used in all the functions of a business and that supports decision making throughout the organization.

A **supply chain** is an integrated network consisting of an organization, its suppliers, transportation companies, and brokers used to deliver goods and services to customers.

Supply chain management (SCM) is the process of working with suppliers and other partners in the supply chain to improve procedures for delivering products and services.

이 장에서는 공급망관리(SCM), 고객관계관리(CRM), 지식관리시스템(KMS) 및 전사적자원관리(ERP)와 같은 엔터프라이즈시스템에 대해 배운다. 각 유형의 엔터프라이즈시스템에서 시스템의 목표, 시스템에 사용되는 정보기술과 관련 문제를 검토한다. 또한 기존 엔터프라이즈시스템을 대체하는 클라우드 기반 엔터프라이즈시스템을 검토한다.

11-1 공급망관리

공급망(supply-chain)은 고객에게 상품과 서비스를 제공하는 데 사용되는 조직, 공급업체, 운송회사와 중개업자로 구성된 통합 네트워크다. 그림 11.1에서 알 수 있듯이, 제조업체의 공급망에서 원자재는 공급업체에서 제조업체(완제품으로 변형된 곳), 유통업체, 소매업체, 최종적으로 소비자에게 전달된다. 공급망은 서비스 조직과 제조 조직 모두에 존재하지만, 공급망의 복잡성은 조직과 산업에 따라 크게 다를 수 있다. 제조 분야에서, 공급망의 주요 연결고리는 공급업체, 제조시설, 유통센터, 소매업체와 고객이다. 부동산, 여행산업, 인력파견업 및 광고와 같은 서비스 조직에서의 연결은 공급업체(서비스 제공업체), 유통센터(예: 여행사 등) 및 고객이 포함된다.

공급망관리(supply chain management; SCM)는 제품과 서비스를 제공하는 절차를 개선하기 위해 공급망 내 공급업체 및 기타 파트너와 협력하는 프로세스이다. SCM시스템은 다음과 같은 기능을 조정한다.

- 자재 조달(서비스 조직에서 자원 및 정보도 포함 가능)
- 자재를 중간 및 완제품 또는 서비스로 변환
- 완제품이나 서비스를 고객에게 배송

제조업체의 SCM시스템에서 커뮤니케이션은 다음 영역 간에 이루어진다.

- ***제품의 흐름*** - 고객 서비스 및 지원을 포함하여 공급업체에서 고객에 이르기까지 모든 제품의 이동 관리
- ***정보의 흐름*** - 주문 처리 주기 전반에 걸쳐 주문 전송 및 배송 상태 업데이트 감독
- ***재무의 흐름*** - 신용 조건, 지급 일정, 위탁 및 소유권 계약 처리

SCM시스템은 제조 과정을 감독하고 재고 및 배송을 관리하기 위해 이러한 모든 영역의 의사소통을 관리해야 한

그림 11.1 제조업체의 공급망 구성

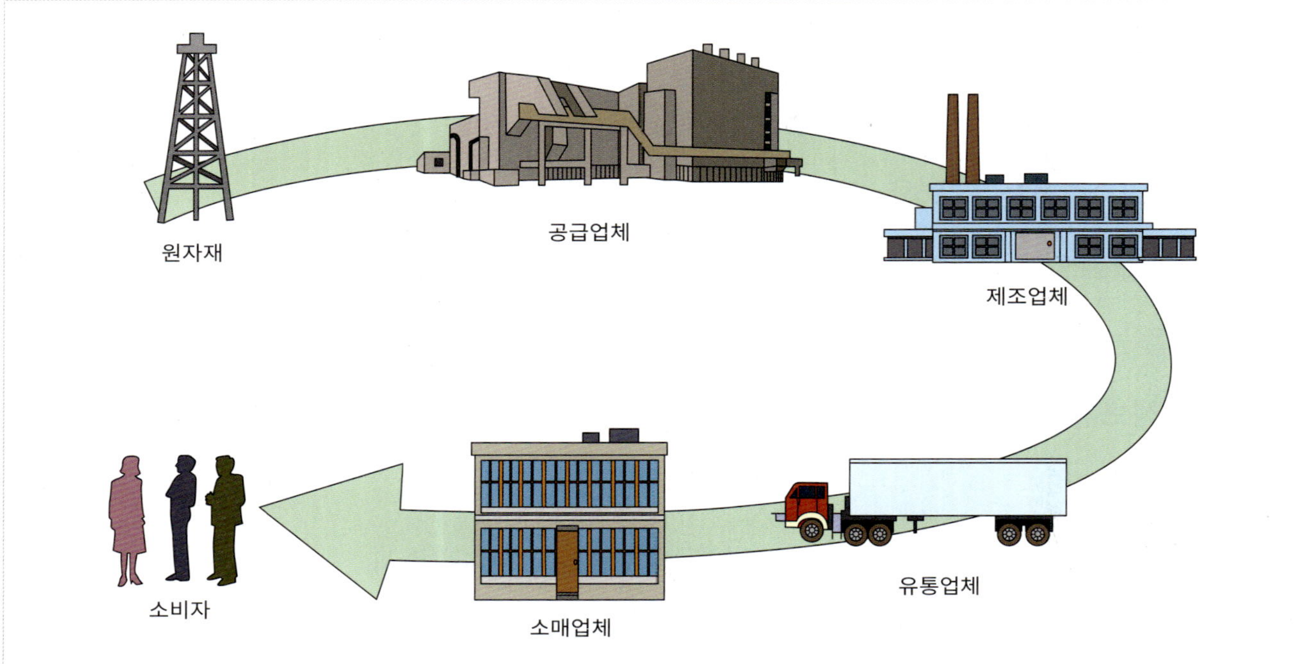

다. 제조와 관련된 SCM의 네가지 주요 결정은 다음과 같다.

- ***위치*** - 제조시설은 어디에 배치해야 하는가?
- ***재고*** - 언제 주문해야 하는가? 얼마나 주문해야 하는가?
- ***생산*** - 무엇을 생산해야 하는가? 얼마나 생산해야 하는가?
- ***운송*** - 어떤 운송시스템이 비용을 절감하고 배송 과정을 신속하게 처리하는가?

SCM시스템을 개발할 내부 자원이 없는 조직을 위해 다양한 솔루션 업체가 포괄적인 서비스를 제공한다. SAP(sap.com/products/digital-supply-chain.html), Oracle(https://www.oracle.com/applications/supply-chain- management/), JDA software(www.jda.com), Ariba(www.ariba.com) 및 Manhattan Associates(www.manh.com). 또한 호스팅 서비스는 이제 SCM시스템에서 사용할 수 있다. 이러한 추세를 '서비스로서의 소프트웨어(Software as a Servi-ce)'라고 한다(SaaS; 14장에서 설명). "Supply Chain Management at Coca-Cola Company" 사례는 Coca-Cola company의 공급망을 강조한다.

Electronic data interchange (EDI) enables business partners to send and receive information on business transactions.

제조, 포장, 운송 및 창고 보관 등 모든 SCM 활동을 포괄하는 그린 물류와 그린 SCM이 SCM의 추세로 떠오르고 있다. 그린 물류는 기후 변화, 대기 오염, 수질 오염, 토양 황폐화, 고체 폐기물, 소음, 진동 및 사고 등의 환경적 영향을 최소화하는 형태의 SCM을 지지한다. 이 책에서 논의된 많은 정보기술 도구는 조직이 친환경 목표를 달성하는 데 도움이 될 수 있다: 그린컴퓨팅(4장에서 설명), 경영지원시스템(12장에서 설명), 협업 계획, 예측 및 보충(CPFR), 3D 및 4D 프린팅, 사물인터넷(IoT)(이 장의 뒷부분에서 설명). "Green SCM in Action: Walmart" 사례는 Walmart의 그린 SCM을 강조한다.

11-1a SCM 기술

정보기술과 인터넷은 SCM시스템을 구현하는 데 중요한 역할을 한다. 관련 도구는 다음 섹션에서 설명한다.

전자문서교환

전자문서교환(Electronic data interchange; EDI)을 통해 비즈니스 파트너는 비즈니스 거래에 대한 정보를 주고받을 수 있다. 많은 회사에서 구매 주문서, 송장, 배송 통지

Supply Chain Management at Coca-Cola Company

FINANCE | APPLICATION | REFLECTIVE THINKING

Vytautas Kielaitis/Shutterstock.com

Coca-Cola Company는 200개 이상의 국가에서 500개의 탄산 및 비탄산 브랜드를 판매하는 세계 최대의 음료 회사다. 이 회사는 다른 시스템과 잘 작동하는 보다 현대적인 SCM시스템이 필요했다. 또한 새로운 SCM시스템은 다른 회사의 인수를 지원하기 위한 프로세스와 정보를 제공해야 하며, 제조 정보를 소매 운영과 통합해야 한다. 이러한 목표를 달성하기 위해 Coca-Cola는 17개의 유럽 공장에서 기존 시스템 중 일부를 대체하는 새로운 공급망관리시스템을 구현하기로 했다. SAP ERP가 주요 시스템으로 채택되었으며, 일부 애플리케이션은 CSC(www.csc.com)에 아웃소싱되었다. 새로운 SCM 구현은 더 많은 자동화를 제공하고 다양한 SCM 프로세스를 최적화함으로써 성공했다. 또한 새로 인수한 기업이 적시에 온라인으로 연결하는 데 도움이 되었다. 더 중요한 것은 새로운 SCM시스템이 수요와 공급 데이터를 단일 시스템으로 연결한다는 것이다. 전반적으로, 새로운 시스템은 주요 의사 결정권자에게 전체 공급망 운영의 전반적인 효율성과 효과성을 높일 수 있는 시기적절하고 유용한 정보를 제공한다.

질문 및 토론

1. Coca-Cola Company가 SCM시스템을 도입한 이유는 무엇인가?
2. SCM시스템이 전체 공급망 운영의 효율성에 어떤 영향을 미치는가?

Green SCM in Action: Walmart

FINANCE | SOCIAL RESPONSIBILITY | REFLECTIVE THINKING | GLOBAL

Walmart는 자사의 지속 가능성 모범 사례가 공급망 DNA의 일부이며, 소매업체 내·외부의 모든 핵심 업체 간의 협업을 통해 달성된다고 말한다.

Walmart의 지속 가능성 이니셔티브는 여러 가지 목표를 달성하기 위해 고안되었다. 이러한 목표를 달성하기 위해서는 소매업체와 공급망 네트워크의 주요 파트너와 함께 몇 가지 정책을 시행해야 한다. 2015년 Fortune 잡지는 Walmart의 지속 가능성 노력을 4위로 선정했다. Vodafone과 Safaricom이 공동 1위를, Google과 Toyota는 각각 2위와 3위를 차지했다. 이로 인해 Walmart는 상위 100위 안에 드는 가장 높은 순위의 소매업체이자 소비재 회사가 되었다.

Walmart의 지속가능성 목표는 다음과 같다.

- 재생 에너지 목표-2015년, Walmart 전기 중 26%가 재생 에너지로 전 세계에 공급되었다. Walmart는 2020년까지 2010년 대비 600% 증가한 70억 킬로와트시(kWh)의 재생 에너지 구매 목표를 설정하였다.
- 폐기물 제로 목표-2014년 미국에서 Walmart는 폐기물의 82.4%를 사용 가능한 자원으로 전용했다. 미국 이외의 지역에서는 68%의 폐기물 전환을 달성했다. 목표는 2025년까지 미국에서 모든 매립 폐기물을 없애는 것이다. Walmart에 따르면, 전 세계적으로 동일한 목표를 달성하는 것은 더 도전적일 것이다.
- 온실가스 배출량 목표-2015년으로 끝나는 10년 동안, Walmart는 글로벌 SCM에서 온실가스 배출량을 2천만 메트릭톤(MMT)을 감축했다. 이는 1년 동안 590만 대 이상의 자동차를 도로에서 없애는 것과 같다. Walmart는 또한 10년 동안 차량 효율성을 두 배로 높였다. 친환경 및 친환경 제품의 홍보도 지속 가능성 목표 중 하나다.

2019년 4월, 2019 지속 가능성 이정표 정상회의에서 Walmart는 처음으로 미국 매장에서 고객이 구매할 수 있는 재사용할 수 있는 가방을 판매할 것이라고 발표했다. 이 새로운 캠페인의 목표는 매장에서 찾기 쉽고 눈에 잘 띄는 곳에 재사용할 수 있는 가방을 배치함으로써 플라스틱 폐기물을 줄이고, 고객들의 편의성을 높이는 것이다. 출시의 일환으로, Walmart는 재활용된 소비재로 만들어진 새로운 종류의 재사용 가능한 가방을 전시하고 있다.

질문 및 토론

1. Walmart는 공급망을 어떻게 더 지속 가능하게 만들었는가?
2. 재사용할 수 있는 가방을 출시하는 목표는 무엇인가?

An **e-marketplace** is a third-party exchange (B2B model) that provides a platform for buyers and sellers to interact with each other and trade more efficiently online.

서와 같은 종이 문서를 인쇄, 우편 및 팩스로 보내는 것을 EDI로 대체한다. 정보의 전자적 교환을 위해 인터넷과 표준화된 웹 프로토콜을 사용함으로써 기업은 공급망 프로세스의 효율성과 효과성을 향상할 수 있다. EDI는 무엇보다도 다음 프로세스에서 정확한 정보의 전달을 촉진한다.

- 거래 승인
- 재무 보고
- 청구서 및 지급처리
- 주문현황
- 구매
- 배송 및 수령
- 재고 관리 및 판매 예측

또한, EDI에 인터넷과 웹 프로토콜을 사용하면 문서 전송 비용이 절감된다. 이 방법을 웹 기반 EDI 또는 Open EDI라고 한다. 플랫폼에 독립적이고 사용하기 쉽다는 장점이 있다. 그럼에도 불구하고, 인터넷을 통한 전송은 독점적인 프로토콜과 네트워크를 사용하는 기존 EDI보다 더 많은 보안 위험을 수반한다. EDI를 사용하는 것은 몇 가지 단점이 있다. 예를 들어, EDI는 독점 표준을 사용한다. EDI 공급자는 EDI 네트워크(가상사설망(VPN))를 설정하고 조직은 네트워크에 등록한다. EDI는 협력사 수가 적을수록 협력사당 비용이 더 높아지기 때문에 EDI 네트워크에 기업이 많을수록 유리하다. 이러한 이유로 대기업은 공급업체와 유통업체가 동일한 EDI 네트워크의 일부가 되어야 한다고 주장하는 경향이 있는데, 많은 소규모 공급업체와 유통업체가 이를 감당할 수 없다. XML(eXtensible Markup Language)의 출현으로 조직은 인터넷과 Open EDI를 사용하여 EDI가 수행하는 것과 동일한 기능을 수행할 수 있게 되어 기존 EDI의 인기는 떨어졌다.

인터넷 기반 SCM

인터넷 기반 SCM은 공급망 전체에서 정보 공유를 개선하여 정보 전송 비용을 줄이고 고객 서비스를 개선한다. 예를 들어, 많은 기업은 판매 중인 제품을 스캔하고 이 데이터를 실시간으로 수집하는 POS(point-of-sale)시스템을 사용한다. 이 정보는 조직이 재고를 보충하기 위해 재주문할 항목을 결정하는 데 도움이 되며, 인터넷을 통해 공급업체에 전송되어 실제 판매량과 생산량을 동기화할 수 있다. 인터넷 기반 SCM은 다음과 같은 활동을 개선할 수 있다.

- ***구매/조달*** - 글로벌 조달 전략을 사용하여 상품 및 서비스를 온라인으로 구매 및 결제, 가격 및 기간 계약 협상 및 재협상
- ***재고 관리*** - 실시간 재고 정보 제공, 신속하고 효율적으로 재고 보충, 재고 소진 품목 추적
- ***운송*** - 고객이 배송 및 배송 정보를 위해 인터넷을 사용할 수 있도록 허용
- ***주문 처리*** - 주문 배치 및 주문 상태 확인, 주문 처리 속도 및 품질 개선, 반품 처리 및 고객에게 품절 알림
- ***고객 서비스*** - 고객 불만 처리, 알림(예: 제품 리콜 등), 24시간 고객 서비스 제공
- ***생산 일정*** - 판매사 및 공급업체와 JIT(just-in-time) 재고 프로그램 조정, 기업과 공급업체, 판매사 간의 생산 일정 조정, 고객 수요 분석 수행

e-마켓플레이스

e-마켓플레이스(e-marketplace)는 구매자와 판매자가 상호작용하면서 온라인으로 더욱 효율적으로 거래할 수 있는 플랫폼을 제공하는 제3자 교환(B2B 비즈니스 모델)이다.

e-마켓플레이스는 다음과 같은 방법으로 기업이 공급망에서 경쟁력을 유지하도록 돕는다.

- 판매자와 구매자가 새로운 거래 파트너십을 구축할 기회 제공
- 모든 참가자가 접근할 수 있는 가격, 가용성 및 재고 수준에 대한 단일 플랫폼 제공
- 국제 무역의 시간 제약 문제 해결 및 24시간 비즈니스 수행 가능
- 각 판매자에게 연락하는 데 시간을 소비하지 않고, 단일 출처에서 가격과 제품을 쉽게 비교할 수 있도록 지원

- 기존 판매 채널보다 마케팅 비용 절감

littleny/Shutterstock.com

전자 유통업체(e-distributor)는 e-마켓플레이스의 일반적인 예다. 전자 유통업체는 제품의 전자 카탈로그를 제공하는 제3자가 소유하고 운영하는 마켓플레이스다. 예를 들어 전자 유통업체는 다양한 하드웨어 및 소프트웨어 제품이 포함된 카탈로그를 제공하여 네트워크 관리자가 여러 다른 공급업체로부터 구성요소를 구입하는 대신 조직의 네트워크에 필요한 모든 장비와 애플리케이션을 주문할 수 있다. 전자 유통업체가 제공하는 또 다른 일반적인 제안은 MRO(유지보수, 수리 및 운영) 서비스다. 기업은 여러 공급업체의 서비스를 포함할 수 있는 MRO 패키지를 살 수 있지만, 전자 유통업체는 고객을 위해 이를 하나의 패키지로 만들어 제공한다. 이렇게 하나의 패키지로 만드는 것은 여러 공급업체가 참여하는 비즈니스 프로세스 또는 기능을 조정하는 데 집중하는 수평적 시장(horizontal markrt)의 한 예이다. 전자 유통업체는 일반적으로 저렴한 가격으로 다양한 제품과 서비스를 신속하게 제공하며, 기업이 상품을 검색하는 시간과 비용을 줄일 수 있도록 지원한다.

8장에서 배운 것처럼, 제3자 교환은 수평적 시장뿐만 아니라 수직적 시장에서도 구매자와 판매자를 연결한다. 구매자는 상품과 판매자에 대한 정보를 수집할 수 있으며, 판매자는 더 많은 잠재적 구매자에게 접근할 수 있다. 제3자 교환의 예로는 PowerSource Online(www.powersourceonline.com) 및 Farms.com(www.farms.com)이 있다.

온라인 경매

경매(auctions)는 시장에 정해진 가격이 없을 때 상품과 서비스의 가격을 결정하는 데 도움이 된다. **온라인 경매(online auction)**는 간단하면서도 혁신적인 비즈니스 개념이다. 인터넷을 사용하여 전 세계의 고객에게 전통적인 경매를 제공하고 기존 경매보다 훨씬 더 많은 상품과 서비스를 판매할 수 있다.

이는 8장에서 논의된 구매자와 판매자를 가상 시장에서 함께 모으는 중개 비즈니스 모델을 기반으로 한다. 일반적으로 경매를 주최하는 조직은 서비스에 대한 거래 수수료를 징수한다. 온라인 경매는 과도한 재고를 판매하는 데 특히 비용 효율적이다. 일부 회사들은 판매자가 제품과 서비스에 대한 입찰가를 제출하도록 요청하는 **역경매(reverse auctions)**를 사용한다. 즉, 구매자는 한 명이고 판매자는 여러 명인, 일대다 관계다. 그매자는 가장 낮은 가격으로 서비스나 제품을 제공하는 판매자를 선택할 수 있다.

> By using the Internet, an **online auction** brings traditional auctions to customers around the globe and makes it possible to sel far more goods and services than at a traditional auction.
>
> A **reverse auction** invites sellers to submit bids for products and services. In other words, there is one buyer and many sellers: a one-to-many relationship. The buyer car choose the seller that offers the service or product at the lowest price.

협업 계획, 예측 및 보충

협업 계획, 예측 및 보충(Collaborative planning, forecasting, and replenishment; CPFR)은 POS(point-of-sale) 데이터 공유 및 공동 계획을 통해 공급망 구성원을 조정하는 데 사용된다(그림 11.2 참조). 즉, POS시스템으로 수집

> **Collaborative planning, forecasting, and replenishment (CPFR)** is used to coordinate supply chain members through point-of-sale (POS) data sharing and joint planning.

된 모든 데이터는 공급망의 모든 구성원과 공유되므로 재고 수요에 대한 생산과 계획을 조정하는 데 유용하다. 목표는 운영 효율성을 높이고, 재고를 관리하는 것이다. 예를 들어, 공급망 구성원 간에 정보를 공유하는 구조화된 프로세스를 통해 소매업체는 고객 수요 또는 판매 예측을 제조업체의 주문 예측과 비교할 수 있다. 예측에 차이가 있을 때, 구성원이 모여 주문할 정확한 수량을 결정할 수 있다. 공급망 성과 향상의 주요 장애물 중 하나는 기업이 고객이 무엇을 원하는지 충분히 알지 못하여 소매업체와 제조업체들의 매출 손실과 미판매 재고로 이어질 수 있다는 것이다. CPFR은 모든 공급망 구성원의 상품화, 재고 및 물류 비용을 줄일 수 있는 이점이 있다.

공급망을 조정하는 것은 어려울 수 있다. 이러한 문제를 이해하려면 10장에서 사용된 ABC furniture company의 예를 상기해 보자. ABC furniture company는 New England wood에서 목재를 구매하고 Vermont hardware에서 철물(너트, 볼트 등)을 구매한다. ABC furniture company는 또한 유통업체인 Furniture distribution company(FDC)를 통해 최종 제품을 소매업체에 보낸다. 따라서 ABC furniture company의 공급망에는 공급망의 “상류(upstream)” 측에 New England wood 및 Vermont hardware가 포함되며, 공급망의 “하류(downstream)” 측에는 FDC, 소매업체와 고객이 포함된다.

이 공급망의 유일한 파트너인 소매업체는 판매된 가구의 수와 재고로 판매가능한 가구의 수를 정확히 알고 있으며, 계약이 체결되지 않는 한 대부분의 소매업체는 이 정보를 공유하지 않는다. 유통업체인 FDC는 소매업체들이

그림 11.2 CPFR 프로세스

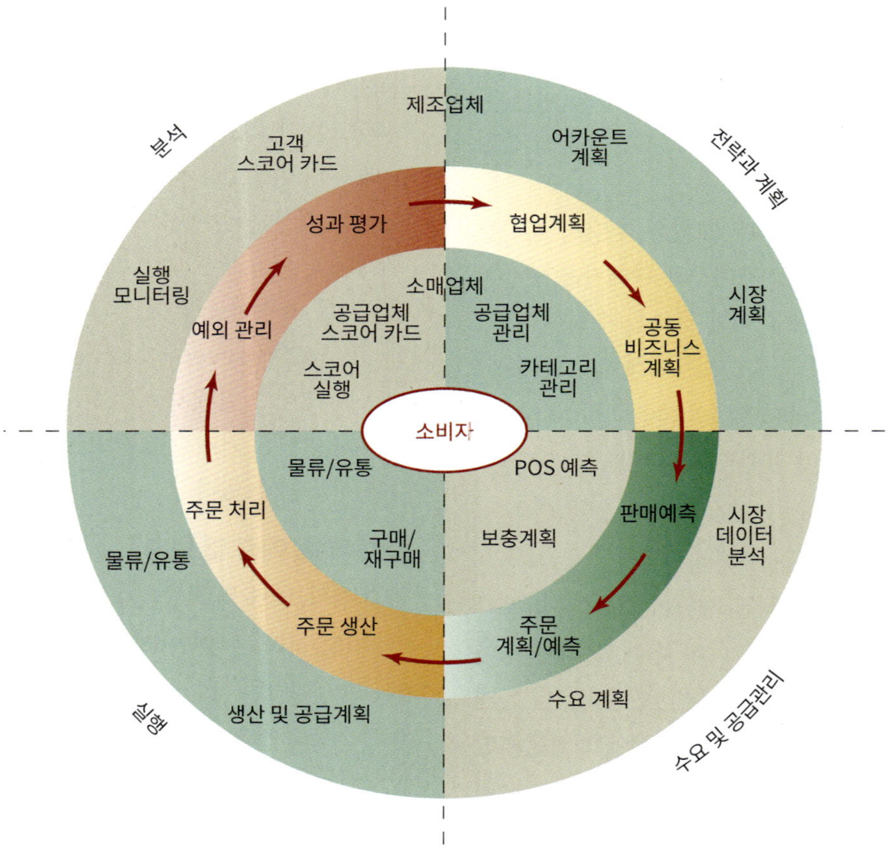

재고를 보충하기 위해 주문한 수량만 알고 있을 뿐, 판매된 정확한 수량은 알지 못한다. 따라서 FDC는 소매업체의 주문 예측을 기반으로 ABC furniture company에 주문한다. ABC furniture company는 FDC가 얼마나 많은 재고를 보유하고 있는지 정확히 알지 못하고, FDC가 주문한 수량만 알 수 있다. 따라서 ABC furniture company는 유통업체의 예측에 따라 New England wood 및 Vermont hardware에 공급품을 주문한다.

소매업체가 판매하거나 재고로 비축할 수 있는 것보다 더 많은 제품을 공급받으면 FDC로 제품을 반환하고, FDC는 비용의 일부를 부담한다. 그러면 FDC 역시 일부 제품을 ABC furniture company로 돌려보내며, ABC furniture company가 이 비용의 일부를 부담하게 된다. ABC furniture company는 재고가 너무 많아져서 생산 속도를 늦춰야 한다. 하지만, New England wood로 목재를 반환할 수 없기 때문에, 결국 여분의 원자재를 재고로 유지해야 하는 비용을 감당해야 한다. 결과적으로, ABC furniture company는 공급망에서 가장 높은 비용을 부담하고, 소매업자들은 가장 적은 비용을 부담하게 된다.

CPFR은 공급망 구성원이 정확한 판매 및 재고 수준을 알 수 있도록 공급망 전체에서 재고 및 판매 데이터가 공유되도록 보장한다. 이 프로세스의 협업 부분은 데이터 공유 방법, 재고 과잉 문제 해결 방법, 각 파트너의 비용을 공유하거나 최소화하는 방법을 설정한 모든 공급망 파트너 간의 협약이다. 또한 이 협약은 소매업체가 유통업체 및 제조업체와 중요한 데이터를 공유하도록 권장하며, 종종 더 나은 할인 혜택을 제공한다. 소매업체들은 또한 ABC furniture company에 더 많은 영향력을 주기 위해 더 많이 팔려는 동기가 있다. ABC furniture company는 더 많은 제품이 팔릴수록 수익이 더 높아지기 때문이다.

협약이 이루어진 경우에도 예상치 못한 문제가 발생할 수 있으므로 이러한 '예외'에 대한 계획이 중요하다. 예상치 못한 문제를 처리하는 것을 '예외 관리'라고 하며, 이 과정에서 얻은 교훈을 향후 계획 수립에 활용할 수 있다.

3D 및 4D 프린팅

> **3D printing** is a process that creates a physical object from a three-dimensional digital mode by laying down many successive layers of material.

3D 프린팅(3D printing) 또는 적층 제조는 3차원 디지털 모델에서 물리적 개체를 만드는 과정이다. 이것은 재료를 연속적으로 얇게 여러 층으로 쌓음으로써 이루어진다. 2016년에 발표된 연구에 따르면, 3D 프린팅 시장은 2022년까지 301억 9천만 달러(연간 약 28% 성장)에 달할 것으로 예상되었다. 이러한 성장에는 효율성을 개선하기 위해 제조 분야에 배치하는 것뿐만 아니라 최종 사용자 제품에 대한 프로토타입을 개발하는 애플리케이션도 포함된다.

3D 프린터는 30년 이상 존재해 왔지만, 높은 비용과 복잡성으로 인해 대부분 대기업에서만 사용되었다. 디지털 스캐너와 소프트웨어 기술의 발전으로 최근에는 소규모 조직에서도 경제적으로 사용할 수 있게 되었다.

3D 프린팅의 장점은 10장에서 논의한 프로토타이핑과 동일한 비용 절감, 위험 감소, 의사결정자 간의 의사소통 개선, 피드백 증가, 제품 및 서비스의 개인화를 들 수 있다. 3D 프린팅은 식품, 군사, 전자제품, 장난감, 의약품, 건강관리, 자동차 등을 포함한 거의 모든 산업에 영향을 미친다. 3D 프린터는 인체 조직처럼 기존의 공장에서 만들 수 없었던 제품도 만들 수 있다. 또한 3D 프린팅은 폐기물을 줄이고, 제품의 수명을 연장하며, 운송을 줄이고, 미판매 제품을 줄임으로써 환경 및 지속 가능성 문제에 긍정적인 영향을 미칠 수 있다.

3D 프린팅은 SCM에서 중요한 역할을 한다.

- 제조 리드 타임이 몇 주 또는 며칠에서 몇 시간, 몇 분으로 크게 단축된다.
- 고객의 요구는 더 빠르고 구체적으로 충족된다.
- 제조업체는 주문형으로 인쇄하여 재고를 보유할 필요가 없다.
- 새로운 디자인이 훨씬 더 빨리 시장에 출시된다.
- 남은 자재를 다른 프로젝트에 사용할 수 있으므로 재료를 보다 효율적으로 사용한다.

"3D Printing in Action: The Medical Field" 사례는 의료 분야에서 3D 프린팅 기술의 적용을 소개한다.

4D printing uses special materials and sophisticated designs that are "programmed" to prompt the 3D printed objects to change its shape and structure by the influence of external factors.

4D 프린팅

4D 프린팅은 3D 프린팅 기술을 기반으로 하며, 한 가지 중요한 차이점이 있다. **4D 프린팅(4D printing)**은 3D 프린팅된 물체가 외부 요인의 영향으로 모양과 구조를 변경되도록 "프로그램된" 특수 재료와 정교한 디자인을 사용한다. 이러한 외부 요인에는 온도, 빛 또는 다른 환경적인 자극이 포함될 수 있다. 이 기술을 통해 기업은 자가 조립, 자체 형상 변형 또는 변화하는 조건에 반응할 수 있는 제품을 제조할 수 있다.

4D 프린팅의 일반적인 응용 분야는 다음과 같다.

- **항공 우주** : 공기 환기, 엔진 냉각 및 기타 유사한 용도로 자체 전개 구조물 생산
- **국방** : 위장을 변경하거나 접촉 시 유독 가스나 파편으로부터 더 잘 보호할 수 있는 군복 생산
- **의료** : 조직 공학 및 스마트 생체의학 장치와 화학 요법을 위한 나노 입자 및 나노 로봇 제작
- **자동차** : 변화하는 환경 조건에 적응할 수 있는 자동

3D Printing in Action: The Medical Field

FINANCE | SOCIAL RESPONSIBILITY | REFLECTIVE THINKING | TECHNOLOGY IN SOCIETY

3D 프린팅 기술은 환자 진료를 개선하고 의료비를 줄이기 위해 의료 분야에서 점점 더 많이 사용되고 있다. 또한 프레젠테이션, 미디어 이벤트 및 다른 의료 홍보 활동에도 사용되고 있다. 3D 프린팅은 복잡한 수술의 위험과 비용을 낮춘다. Boston Children's Hospital은 이 기술을 사용하여 외과 의사, 의사 및 의대생을 지원하고 있다. 신경외과 의사가 4개월 된 아이의 생명을 구하는 데 도움이 되었는데, 수술 며칠 전에 의료 기술자들이 표준 영상을 사용하여 아이 뇌의 고해상도 사본을 인쇄하고 외과 의사가 검사한 다음, 실제 수술 전에 예행 연습을 통해 실전 감각을 익혔다. 수술의 도전과 리허설을 위한 촉각을 서서히 발달시켰다.

Cincinnati Children's와 New York Presbyterian Morgan Stanley Children's hospitals는 이 기술을 사용하여 환자의 CT나 MRI 스캔으로 만든 심장같은 장기를 인쇄하여 복잡한 수술 절차를 미리 연습해 왔다.

Miami's Nicklaus Children's hospital에서 5세 아동의 3D 프린팅 모형은 외과 의사가 수술 전에 수술 방법을 정확히 알 수 있도록 도움을 주었다.

이 기술은 또한 New York Buffalo에 있는 Kaleida Health's Gates Vascular Institute에서 뇌동맥류를 앓고 있는 56세의 세 아이를 둔 어머니의 생명을 구하는 데 도움을 주었다.

3D 프린팅은 아래의 의료 분야에 도움이 될 수 있다.

혈관을 이용한 조직 만들기, 저렴한 보철 부품, 처방 약, 맞춤형 의료 센서, 암 종양과 같은 의료 모델, 심장 판막, 귀 연골, 의료 장비, 두개골 교체, 합성 피부, 그리고 간, 심장, 신장 등의 기관.

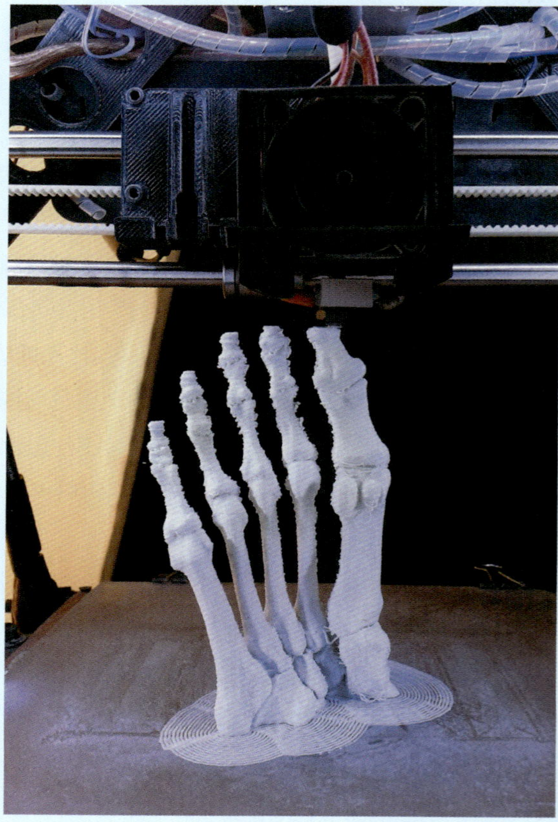

Dario Sabljak/Shutterstock.com

질문 및 토론

1. 의료 분야에서 3D 프린팅 기술의 세 가지 응용 분야는 무엇인가?
2. Boston Children's Hospital은 3D 프린팅 기술을 어떻게 활용했는가?

차 부품 생산.

- **소비재** : 자동으로 조립되는 의자나 테이블과 같은 플랫팩(flatpack) 가구 부품 생산

드론

드론(Drone)은 특정 자동화 작업을 수행하면서 비행하도록 설계된 특수 로봇이다. 드론은 모양과 크기가 다양하고 정교함도 다양하며, 주로 레크리에이션용으로 많이 사용되지만 최근에는 많이 변하고 있다. 여러 회사가 드론을 SCM에 사용하고 있다. Walmart는 드론을 사용하여 창고에서 재고를 집계하고 있으며, 실내 운영을 위해 드론을 테스트하고 있다.

드론은 재고를 운반하고 지정된 장소로 배달할 수 있다. Amazon은 드론 배송 함대의 공항으로 사용할 수 있는 수백 개의 물리적 매장을 열고 있다. 농업 분야에서 동물을 감독하기 위해 드론을 사용하며, 유전처럼 위험한 환경에서는 유지보수 작업을 수행할 수 있다. Domino는 뉴질랜드에서 드론으로 피자 배달을 테스트하고 있다. 드론 배송을 요청한 고객은 배송지에 가까워지면 알림을 받게 된다. 고객이 배송지 주소 밖으로 나가 스마트폰의 버튼을 누르면 드론은 테더(tether)를 통해 음식을 내린다. 피자 포장물이 해제되면 드론은 테더를 다시 끌어 올려 원래 위치로 다시 날아간다. 전문가들은 드론이 라스트 마일 물류에서 중요한 역할을 하고 기존의 논리시스템을 보완할 것으로 보고 있다. 자율주행, "감지와 인식" 기술의 추가발전과 배터리 수명 증가 등으로 인해 드론은 현대 SCM의 필수 요소가 될 것이다.

FAA는 아직 상업용 드론에 대한 안전 규정을 완벽히 확정하지 못했다. 드론 출원이 늘어나면서 안전한 운영을 개선하기 위해 규제가 강화될 것이다. 공급망에서 드론의 일반적인 다섯 가지 활용 분야는 다음과 같다.

- **창고보관** : 드론은 대형 창고, 물류 센터 및 야드 주변을 날아다니며, 재고 RFID 태그를 판독하여 지속적인 재고 모니터링, 재고 불일치 방지 및 품목 위치를 파악할 수 있음
- **라스트 마일 배송** : 규제 승인 후 드론을 사용하여 식료품, 의류, 의약품 및 기타 품목을 특정 지역에 배달할 수 있음. 2019년 5월 3일 Baltimore에서 드론이 처음으로 장기를 전달했음. 전문가들은 드론이 더 저렴하고 효율적인 운송 수단을 제공할 수 있기 때문에 이러한 관행이 더 보편화될 것이라고 믿음. 장기 이식은 기증자의 몸에서 제거된 후 신속하게 전달되어야 하므로 드론이 매력적인 운송 수단이 됨
- **농업** : 센서, 카메라 및 GPS가 장착된 드론은 곤충 침입 지역, 급수가 필요한 지역, 비료가 필요한 지역, 고사한 식물 및 기타 여러 문제가 있는 지역을 감지하여 농부로 하여금 해당 지역을 구체적 목표로 삼아 적절한 비용으로 작물 수확량을 개선할 수 있게 함
- **건설** : 드론은 교량, 터널, 타워, 공장, 발전소, 송전선, 파이프라인 및 풍력 발전소에 대한 측량, 진행 상황 추적, 점검, 보안, 안전, 위험 완화 및 입찰 처리에 사용될 수 있음
- **글로벌 인프라**: 드론은 검사, 모니터링, 견적 제공, 보험금 청구 처리에 사용될 수 있음

사물인터넷(IoT)

7장에서 사물인터넷(internet of things; IoT)과 만물 인터넷(internet of everything; IoE)에 대해 논의하였다. 이 섹션에서는 SCM의 효율성과 효과성을 향상하는 데 있어 이들의 역할에 대해 간략하게 설명한다. IoT 기기의 수는 2025년까지 전 세계적으로 754억 4천만 개에 달할 것으로 예상되며, 이는 10년 동안 5배 증가한 수치이다.

Valentin Valkov/Shutterstock.com

이는 제조 프로세스의 자동화부터 운송 중이거나 창고에 보관된 제품의 가시성 개선에 이르기까지 다양한 방식으로 SCM에 영향을 미

Marketing strategies in a CRM system focus on long-term relationships with customers instead of transactions.

A **radio frequency identification (RFID)** tag is a small electronic device consisting of a small chip and an antenna. This device provides a unique identification for the card or the object carrying the tag.

칠 것이다. 제품이 제조업체, 공급업체, 유통센터, 소매업체, 최종적으로 고객에게 전달될 때 IoT는 의사결정자가 의사결정의 효과를 향상하는 데 사용할 수 있는 정보를 적시에 제공할 수 있다. 제품의 적시 도착, 온도 제어 또는 교통 체증 방지 등 의사결정자가 대처할 수 있도록 미리 보고된다. 다시 말하자면, 사후 대응 프로세스가 사전 예방적 프로세스로 변환된다. 즉, 트럭 운전자는 차량 정체가 되기 전에 경로를 피할 수 있다. IoT는 기기가 적시에 서로 커뮤니케이션할 수 있도록 함으로써 SCM이 다음과 같은 목표를 달성하는 데 도움이 될 것이다.

- 창고 또는 운송 중인 제품의 재고 손실 감소
- 최적의 경로를 선택하고 교통 체증을 방지하여 연료비 절감
- 특히 부패하기 쉬운 제품의 경우 제품 운송 중 온도 안정성 보장
- 재고가 부족한 제품에 대한 재고 관리
- 빠르고 효율적인 제품 배송과 주문 상태의 신속한 알림을 통해 고객 서비스 개선
- 제품 판매 후 고객의 제품 사용에 대한 정보 수집

RFID : 개요

무선 주파수 식별(Radio-frequency identification; RFID) 태그는 마이크로칩과 안테나로 구성된 소형 전자 장치이다(그림 11.3 참조). 이 장치는 바코드, 범용 제품 코드(universal product codes; UPC) 및 신용카드 및 직불카드의 마그네틱 띠와 동일한 작업을 수행한다. 즉, 카드 또는 태그가 부착된 개체에 대한 고유한 식별 정보를 제공한다.

바코드 및 다른 시스템과 달리 RFID 장치는 판독을 위해 스캐너와 접촉할 필요가 없다. 그림 11.4는 RFID 리더를 보여준다. 안테나가 내장되어 있기 때문에, 약 20피트 거리에서 읽을 수 있다. RFID 태그의 장점과 함께 저렴해진 가격(태그당 10센트 미만)으로 인하여 RFID 장치는 소매업계 및 기타업계에서 더욱 인기를 얻고 있다.

RFID 태그에는 수동형(passive)과 능동형(active)의 두 가지 유형이 있다. 수동형 RFID 태그에는 내부 전원 공급 장치가 없으므로 매우 작을 수 있다. 일반적으로, 수신 장치로부터 신호를 받아, 이 신호를 에너지로 변환하고, 이 에너지를 사용하여 수신기에 응답한다. 수동형 태그는 일반적으로 능동형 태그보다 더 오래 사용할 수 있고, 가장 좋은 태그의 수명은 약 10년이다. 능동형 RFID 태그는 내부 전원이 있으며, 일반적으로 수동형 태그보다 안정적이며 훨씬 더 넓은 범위에서 신호를 보낼 수 있다. 이 태그는 스티커나 피부(사람 또는 동물) 아래에 삽입할 수도 있다.

RFID의 장점에도 불구하고, 몇 가지 기술적인 문제와 개인정보 보호 및 보안 문제가 있다. 기술적인 수준에서 여러 판독기의 신호가 중첩될 수 있고, 신호가 방해받

그림 11.3 FRID 태그

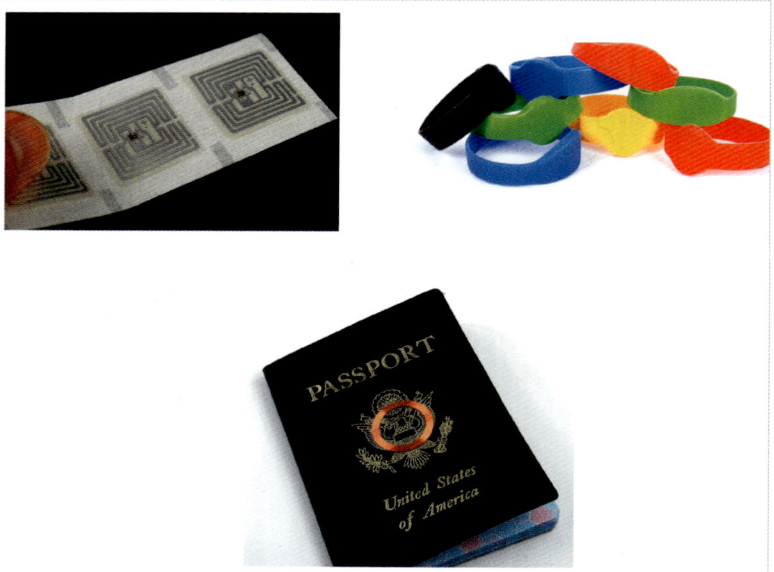

Albert Lozano/Shutterstock.com, vetkit/Shutterstock.com, Albert Lozano/Shutterstock.com

그림 11.4 - RFID 리더

Tilborg Jean-Pierre/Shutterstock.com

거나 중단될 수 있으며, 태그를 제거하기가 어렵다. 개인 정보 보호 및 보안 문제에는 상품이 매장을 떠난 후에도 태그의 내용을 읽을 수 있는 것, 고객 모르게 태그를 읽을 수 있는 것, 고유한 일련번호를 가진 태그가 신용카드 번호와 연결되는 것 등이 포함된다.

표 11.1 RFID 응용분야

범주	예
추적 및 식별	철도 차량 및 선적 컨테이너, 가축 및 애완동물, 공급망 관리(제조업체에서 소매업체, 고객에 이르기까지 상품 추적), 재고 관리, 소매점 계산대 POS 시스템, 재활용 및 폐기물 처리
지불 및 가치 저장 시스템	전자 통행료 시스템, 비접촉식 신용 카드(긁을 필요없음), 지하철 및 버스 승차권, 카지노 토큰, 콘서트 티켓
접근 통제	건물 출입 카드, 스키 리프트 패스, 자동차 시동 시스템
위조 방지	카지노 토큰, 고액권 지폐, 사치품, 처방약
건강 관리	의료 도구 및 환자(특히 신생아 및 알츠하이머 환자) 추적, 프로세스 제어, 환자 데이터 모니터링

RFID 응용분야

A **QR (quick response)** code is a matrix barcode consisting of black modules arranged in a square pattern on a white background.

RFID 장치는 Walmart, 미국 국방성, Toyota, Gap을 포함한 공공 및 민간 부문의 많은 조직에서 사용되고 있다. 표 11.1은 RFID의 일반적인 응용분야를 5가지 주요 범주로 분류하여 나열하였다.

"Coca-Cola Company Uses RFID Based Dispensers for Generating Business Intelligence" 사례는 Coca-Cola Company가 RFID를 사용하는 방법을 설명한다.

QR 코드

QR(Quick response) 코드는 흰색 바탕에 정사각형 패턴으로 배열된 검은색 모듈로 구성된 매트릭스 바코드다. 표준 UPC 바코드에 비해 더 큰 저장 용량을 제공한다(그림 11.5 참조). QR 코드는 수년 동안 사용되어 왔지만, 최근에 와서야 특히 마케팅 도구로서 인기가 증가하고 있다.

기존 바코드와 비교하여 QR 코드는 다음과 같은 특징이 있다.

- 높은 저장 용량
- 작은 인쇄 크기
- 내오염성과 방진성
- 모든 방향에서 읽을 수 있음
- 일본어 문자 집합과 호환 가능

QR 코드는 카메라가 장착된 스마트폰으로 읽을 수 있다. 카메라가 QR 코드를 읽을 수 있으려면 스캐너 앱을 먼저 스마트폰에 다운로드해야 한다. 이렇게 하면 부피가 큰 휴대용 스캐너가 필요하지 않기 때문에 바코드나 RFID 태그보다 QR 코드가 인기가 높다.

잡지 광고, 광고판, 레스토랑 메뉴, 웹 페이지, 블로그, 소셜 네트워킹 사이트, 심지어 티셔츠와 스포츠 용품에서도 QR 코드를 볼 수 있다. 실제로 인기의 주된 이유는 URL 링크, 지리 좌표 및 텍스트를 포함하여 훨씬 더 많은 데이터를 저장할 수 있고, 디지털 방식으로 표시할 수 있기 때문이다.

기업 역시 비즈니스 파트너에게 정보를 전달하기 위해 명함, 커피잔, 웹 사이트, 팝업 배너 등에 더 많은 QR 코드를 사용할 수 있다. 즉, 기업 직원은 더 이상 종이 문서를 가지고 다닐 필요가 없다. QR 코드는 무역 박람회에

Global supply chain management incorporates management processes around the globe that integrates the network of suppliers, manufacturers, warehouses, and retail outlets in order to source high-quality raw materials, efficiently converted
to finished goods, and shipped in the right quantities to the right locations in a timely manner with the highest possible quality.

서 고객을 기업 웹 사이트로 유인하기 위해 사용될 수 있다.

QR 코드는 몇 가지 문제가 있다. 즉, 일부 사용자는 영양 정보와 같은 중요한 정보를 스캔하지 않는다는 것이다. Delaware 대학에서 실시한 최근 연구에 따르면, 소비자의 1%만이 스마트폰을 사용하여 QR 코드를 스캔하여 추가 정보에 액세스했고, 또 다른 20%는 링크를 클릭했으며, 약 50%는 별도의 스캔 장치가 제공되었을 때 QR 코드를 사용했다고 한다.

온라인에서 무료로 QR 코드를 만들 수 있다. 한 가지 방법은 URL이 단축될 때마다 웹 페이지에 대한 QR 코드를 자동으로 생성하는 Google URL 단축기(http:// goo.gl)를 사용하는 것이다. 다른 웹 사이트에서도 무료로 QR 코드를 생성할 수 있다.(예: invx.com)

"QR Codes in Action" 사례에서 QR 코드를 마케팅 도구로 사용하는 여러 회사를 소개한다.

그림 11.5 - QR 코드

rangizzz/Shutterstock.com

11-1b 글로벌 공급망관리

글로벌 공급망관리(Global supply chain management)는 고품질의 원재료를 조달하고, 이를 효율적으로 완제품으로 변환하고, 가능한 한 최고의 품질로 적시에 적절한 수량으로 적절한 위치에 배송하기 위해 공급업체, 제조업체, 창고 및 소매점의 네트워크를 통합하는 전 세계의 공급망 관리 프로세스를 통합한다. 국내 SCM과 마찬가지로 글로벌 공급망의 성공적인 통합을 위해서는 다음 세 가지 영역 간에 커뮤니케이션이 이루어져야 한다.

Coca-Cola Company Uses RFID-Based Dispensers for Generating Business Intelligence

FINANCE | APPLICATION | REFLECTIVE THINKING | TECHNOLOGY IN SOCIETY

Coca-Cola Company는 100가지 이상의 탄산음료, 주스, 차, 그리고 향이 첨가된 물(flavored water)을 제공하는 시스템을 시행하고 있다. 이 시스템은 California, Georgia, 및 Utah에서 테스트하고 있으며, 회사는 전국적으로 이 시스템을 확장할 계획이다. "프리스타일" 디스펜서는 고객에게 자신만의 맛 조합을 혼합할 수 있도록 함으로써 다양한 종류의 청량음료 선택권을 제공할 뿐만 아니라 Coca-Cola가 청량음료 생산과 유통의 효율성과 효과성을 향상하는 데 사용할 수 있는 귀중한 비즈니스 인텔리전스를 수집한다.
디스펜서는 RFID 칩이 태그된 카트리지가 포함되어 있으며, 각 디스펜서는 RFID 판독기를 포함하고 있다. 이 시스템은 고객이 어떤 음료를 구매하고 얼마나 구매하는지에 대한 자료를 수집한다. 그런 다음 이 정보는 무선 네트워크를 통해 Georgia 주 Atlanta에 있는 데이터웨어하우스시스템으로 전송된다. Coca-Cola는 데이터를 분석하고 새로운 음료가 시장에서 어떤 성과를 내고 있는지에 대한 보고서를 생성한다.

질문 및 토론

1. Coca-Cola Company의 RFID 기반 디스펜서는 어떻게 BI를 생성하는가?
2. Coca-Cola Company는 이 데이터를 의사결정에 어떻게 활용할 것인가?

- **정보의 흐름**: 구매 주문서, 배송 통지서 및 송장
- **자재의 흐름**: 원재료 및 완제품
- **재무의 흐름**: 지급 및 환불

글로벌 공급망관리시스템의 성공적인 구현을 위해서는 세 가지 핵심 요소가 적절하게 통합되어야 한다: 사람 (공급망에 대한 기술과 지식을 갖춘 사람), 프로세스 (구매, 유통, 운송, 창고보관, 판매 및 고객 서비스), SCM 기술 (EDI, 인터넷, e-마켓플레이스, 온라인 경매, CPFR, 3D 및 4D 프린팅, IoT, RFID, QR 코드 등).

9장에서 논의된 글로벌 정보시스템의 장단점은 대부분의 글로벌 공급망관리에 적용된다. 글로벌 공급망관리의 구체적인 장단점은 다음과 같다.

장점

- 조달 기회를 확대할 것이다. 조직은 직원, 자재와 제품을 광범위하게 선택할 수 있게 된다. 이것은 더 낮은 비용으로 더 높은 품질의 제품으로 이어질 수 있다.
- 새로운 시장에서 새로운 요구를 가진 새로운 고객들에 대한 접근성을 강화하고 증가시킬 것이다. 이것은 조직의 전체 매출뿐만 아니라 순이익도 향상시킬 것이다.
- 새로운 시장에 접근함으로써 성장 기회를 확대할 것이다.

단점

- 재고 관리 및 유통 문제를 포함한 대규모의 어려운 관리 문제가 발생할 수 있다.
- 자연재해, 항만 폐쇄, 정치적 봉기와 같은 높은 위험을 수반한다.
- 동일한 자원을 놓고 경쟁하는 다른 업체들과 글로벌 경쟁을 수반한다.
- 공급망 네트워크의 핵심 요소가 전 세계에 흩어져 있기 때문에 정보 수집에 어려움을 겪을 수 있다.

QR Codes in Action

FINANCE | APPLICATION | REFLECTIVE THINKING | TECHNOLOGY IN SOCIETY

Minnesota 주 Prior Lake에 본사를 둔 Sacre Bleu Wine은 광고 캠페인을 위해 Facebook, Twitter, 및 YouTube 등을 포함한 소셜 미디어를 활용하고 있다. 그리고 현재 이 회사는 Cabernet Sauvignon과 Sauvignon Blanc이라는 두 종류의 와인 라벨에 QR 코드를 추가했다. QR 코드를 통해 회사는 와인을 구매할 때 중요한 정보를 소비자에게 전달할 수 있다. 스마트폰으로 QR 코드를 스캔한 고객은 프로모션 정보, 특별 행사 및 와인을 다양한 음식과 혼합하고 매칭하는 것과 관련하여 최고 세프의 추천, 조언 및 팁에 대한 정보가 포함된 웹 사이트로 연결된다. 이것은 회사가 제품을 홍보하고 고객 충성도를 창출할 수 있는 저렴한 방법이다.

다음은 효과적인 방법으로 QR 코드를 사용하는 회사의 다른 예이다

Luckylight/shutterstock.com

- Best Buy는 QR 코드를 사용하여 매장에서 고객이 무엇을 스캔하는지 기록한다.
- Calvin Klein은 2010년에 광고판에 QR 코드를 사용했다.
- Dell Computer는 참가자가 새 노트북을 받을 수 있는 온라인 콘테스트에 QR 코드를 사용했다.
- McDonald는 QR 코드를 사용하여 영양 정보를 표시한다.
- Pepsi는 비디오 콘텐츠를 푸시하기 위하여 QR 코드를 사용한다.
- Ralph Lauren은 QR 코드를 사용하여 소비자를 매장 위치로 끌어들인다.
- Starbucks는 결제 수단으로 QR 코드를 사용한다.

질문 및 토론

1. QR 코드를 활용하고 있는 기업의 두 가지 예는 무엇인가? 그들은 어떤 목적으로 그것을 사용하고 있는가?
2. QR 코드를 마케팅 도구로 활용하면 얻을 수 있는 두 가지 장점은 무엇인가? 이 접근법의 잠재적인 문제점은 무엇인가?

- 비즈니스 관행, 개인정보 보호 및 국제 데이터 유통과 관련된 법적 문제에 직면할 수 있다.

11-2 고객관계관리

고객관계관리(Customer relationship management; CRM)는 기업이 고객과의 접촉을 추적하고 조직화하는 데 사용하는 프로세스로 구성된다. CRM 시스템의 주요 목표는 고객에게 제공되는 서비스를 개선하고 고객 접촉 정보를 타겟 마케팅에 활용하는 것이다. 기업은 기존 고객을 유지하고 지속하는 것이 신규 고객을 유치하는 것보다 비용이 적게 든다는 것을 알고 있으며, 효과적인 CRM 시스템은 해당 목표를 달성하는 데 유용하다.

CRM 시스템의 마케팅 전략은 거래보다는 고객과의 장기적 관계에 중점을 둔다. 이러한 전략에는 고객 세그먼트 식별, 고객의 요구를 충족하기 위한 제품 및 서비스 개선, 고객 유지 개선, 기업의 가장 수익성 높은(그리고 충성도가 높은) 고객 식별 등이 포함된다. 이러한 전략을 최대한 활용하기 위해 CRM 시스템은 조직이 데이터, 정보 및 지식을 더 잘 활용하여 고객을 이해하도록 돕는다. CRM 시스템은 영업 사원 및 고객 서비스 담당자가 업무를 보다 효과적이고 효율적으로 수행할 수 있도록 고객 상호작용에 대한 정보를 수집한다. 해당 정보에는 고객의 선호도, 배경, 소득, 성별 및 교육수준이 포함될 수 있다.

CRM은 단순히 고객과의 접촉을 추적하고 구성하는 것 이상이다. 이를 통해 조직은 고객에 대한 보다 완벽한 정보를 얻을 수 있다. CRM 시스템에는 3장에서 설명한 데이터웨어하우스와 데이터마이닝 도구와 같은 고객 데이터에 대한 복잡한 분석을 수행하기 위한 도구가 포함된다. 이러한 시스템을 통해 조직은 인구 통계 및 기타 외부 데이터를 고객의 거래 데이터와 통합하여 고객의 행동을 더 잘 이해할 수 있다. 이러한 분석을 기반으로 조직은 제품을 고객에게 더 효과적으로 표적화하고 고객 문제를 관리하여 고객 만족도와 유지율을 높일 수 있다. 또한 조직은 고객이 조직에 얼마나 가치 있는지를 기준으로 고객을 분류하고 그에 따라 고객을 관리할 수 있다.

Customer relationship management (CRM) consists of the processes a company uses to track and organize its contacts with customers. It improves services offered to customers and uses customer contact information for targeted marketing.

고객에게 할인 혜택이 있는 로열티 카드를 제공하는 식료품점은 CRM 시스템에서 거래 데이터가 사용되는 방법을 보여주는 예이다. 한 고객이 지난 주에 4갤런의 우유를 구입했다는 사실을 아는 것은 식료품점에 많은 정보를 제공하지 않지만, 로열티 카드를 사용하면 그 상점은 특정 고객에 대한 모든 종류의 정보를 추적할 수 있다. 예를 들어 고객이 로열티 카드를 신청할 때 이름, 나이, 결혼 여부, 주소와 같은 인구 통계학적 정보를 제공하도록 요청받을 수 있다. 따라서, 한 상점은 "49번 고객이 지난 주에 4갤런의 우유를 구입했다"는 사실을 아는 대신, "35세의 기혼으로 우편번호 11223에 거주하고 있는 James Smith가 지난 주에 4갤런의 우유를 구입했다"는 사실을 알 수 있다. 이 정보를 통해, 그 상점은 James Smith에게 어린 자녀가 있다고 가정할 수 있다. 추가로, James Smith가 같은 주에 시리얼을 구매하지 않았다면, 그 상점은 그가 다른 상점에서 시리얼을 구매하고 있다고 가정할 수 있다(그 양의 우유를 사고, 어린 자녀가 있다면 시리얼을 먹고 있을 가능성이 높기 때문이다). 따라서, 그 상점은 James Smith에게 시리얼 할인 쿠폰을 보내기로 결정하게 된다. 이를 '교차 판매(cross-selling)'라고 한다. 즉, 고객이 추가 제품을 구매하도록 유도한다. 또한, 그 상점은 James Smith 가족이 해당 브랜드를 선호하기를 바라면서 더 비싼 우유 브랜드 쿠폰을 보낼 수도 있다. 이러한 관행을 '상향 판매(upselling)'라고 한다.

조직은 잠재 고객에 대한 추가 데이터에 대해 외부 기관에 비용을 지급할 수도 있다. 이 데이터는 주택 소유 여부, 소유 주택 가치 및 추정 주택 담보 대출 금액 또는 임대료와 같이 공개 또는 비공개일 수 있다. 이렇게 함으로써 조직은 분석할 수 있는 더 많은 정보를 얻을 수 있다.

CRM 시스템을 사용하여 조직은 다음을 수행할 수 있다.

- 고객의 요구에 맞는 서비스와 제품을 제공한다.
- 여러 채널(인터넷뿐만 아니라 기존 채널)을 통해 더 나은 고객 서비스를 제공한다.

- 제품의 교차 판매 및 상향 판매를 통해 기존 고객으로부터의 수익을 증대한다.
- 고객의 배경에 대한 데이터를 제공하여 영업 담당자가 거래를 더 빨리 체결할 수 있도록 지원한다.
- 기존 고객을 유지하고 새로운 고객을 유치한다.

교재 전반에 걸쳐 논의된 여러 IT 도구는 고객 서비스를 개선하는 데 사용된다. 예를 들어, 이메일, 인터넷, 웹 포털 및 자동화된 콜센터는 CRM 시스템에서 중요한 역할을 담당해 왔다. 전자상거래 사이트는 이메일을 사용하여 구매 상품 목록을 확인하고, 배송 준비를 확인하며 새로운 상품과 서비스에 대한 알림을 보낸다. FedEx.com과 같은 웹 포털 및 엑스트라넷을 통해 고객은 배송 상태를 확인하고, 패키지 픽업 준비와 같은 작업을 수행할 수 있다. 데이터베이스시스템, 데이터웨어하우스 및 데이터마이닝 도구는 고객의 구매 패턴을 추적하고 분석하는 데 효과적이며, 이는 기업이 고객의 요구를 충족할 수 있도록 지원한다.

하지만, 이러한 정보는 조직이 새로운 제품과 서비스를 제공할 때 향후 계획에 사용할 수 있는 예측 분석 정보를 생성하는 데 사용될 수도 있다. 빅데이터와 만물 인터넷의 출현은 수익 증대와 고객 서비스를 개선하기 위해 고객에게 다가갈 수 있는 추가 채널을 열어 줄 수 있다. CRM 시스템은 다음과 같은 활동을 포함한다.

- 영업 자동화
- 주문 처리
- 마케팅 자동화
- 고객지원
- 지식관리
- 개인화 기술

CRM at Delta Air Lines

FINANCE | APPLICATION | REFLECTIVE THINKING

Sorbis/Shutterstock.com

Delta Air Lines는 매년 1억 8천만 명 이상의 고객에게 서비스를 제공한다. 6개 대륙 57개국의 323개 목적지에 서비스를 제공한다.

Salesforce를 사용하여 Delta Air Lines는 영업팀 간의 커뮤니케이션과 협업을 지원하고 개선하기 위해 CRM을 구현했다. 회사가 이 프로그램이 필요했던 주요 업무 중 하나는 글로벌 영업 담당자가 계정 정보를 공유하고 고객의 요구를 해결할 수 있도록 하는 것이다.

Delta Air Lines는 계정, 활동 및 접촉 정보를 위해 Sales Cloud를 사용했다. 이 시스템은 영업 담당자가 기존 고객을 방문하거나 신규 고객에게 서비스를 제공할 때 필수적인 정보를 제공한다. 앱은 기업 및 대행사 프로그램을 자동화하고 영업 담당자가 모든 요청을 추적할 수 있도록 지원한다.

영업 운영 담당 부사장인 Kristen Shovlin에 따르면, 이 시스템은 Delta Air Lines에 전 세계의 기회와 프로그램에 대한 완전한 가시성을 제공한다. 영업팀은 이제 모바일 장치를 사용하여 시스템에 액세스할 수 있으며 언제 어디서나 고객 서비스를 제공할 수 있다. Delta Air Lines는 또한 팀 구성원 간의 협업을 더욱 향상하기 위해 채터(chatter) 소셜 네트워크를 구현했다. 이 플랫폼은 직원들이 파일을 공유하고 필요한 정보를 적시에 찾을 수 있도록 도와준다. 채터는 Delta Air Lines에서 실시간 협업을 실현했다.

질문 및 토론

1. Delta Air Lines의 CRM 애플리케이션은 무엇인가?
2. 채터는 고객 서비스를 개선하는데 어떻게 도움이 되는가?

CRM 소프트웨어에 의해 수행되는 이러한 활동은 다음 섹션에서 더 자세히 논의한다. “CRM at Delta Air Lines” 사례는 Delta Air Lines의 CRM 애플리케이션을 소개한다.

11-2a CRM 애플리케이션

일반적으로 CRM 애플리케이션은 사내 CRM 또는 웹 기반 CRM의 두 가지 접근 방식 중 하나로 구현된다. IT 인프라가 구축된 조직은 다른 IT시스템과 매우 유사하게 구현되는 사내 CRM을 선택하는 경우가 많다. 웹 기반 CRM을 사용하면 회사는 자체 컴퓨터에서 애플리케이션을 실행하는 대신 웹 인터페이스를 통해 애플리케이션에 접근하고 웹 호스팅 서비스와 유사한 서비스(SaaS)로 CRM 소프트웨어를 사용하기 위해 비용을 지급한다. 또한 SaaS 공급업체는 기술적인 문제도 처리한다(SaaS는 14장에서 더 자세히 다룬다). Amdocs CRM(www.amdocs.com/About/Pages/default.aspx), Optima Technologies Ex Sellence(www.optima-tech.com), Infor CRM(www.infor.com/solutions/crm), 및 SAP CRM(http://help.sap.com/CRM) 등을 포함하여 여러 소프트웨어 패키지가 CRM 시스템을 설정하기 위해 사용될 수 있다. 이들 페키지는 다양한 기능들을 제공하고 있지만, 다음과 같은 공통 기능을 제공한다.

- ***영업 자동화*** - 재고 관리, 주문 처리, 고객 상호 작용 추적, 판매 예측 및 성과 분석 등의 작업을 지원한다. 또한 영업 접촉 및 잠재 고객의 수집, 저장 및 관리를 지원한다.
- ***eCRM 또는 웹 기반 CRM*** - 웹 기반 고객 상호작용을 허용하고, 이메일, 통화 기록, 웹 사이트 분석 및 캠페인 관리 등의 업무를 자동화하는 데 사용된다. 기업은 남부 California의 고객이나 18~35세 연령층의 고객에게 맞춤화된 마케팅 캠페인을 설계하는 것과 같이 마케팅 캠페인을 맞춤화하기 위해 캠페인 관리 도구를 사용한다.
- ***설문조사 관리*** - 온라인 조사, 여론 조사, 설문 조사를 자동화한다. 이는 고객의 선호도에 대한 정보를 수집하는 데 유용하다.
- ***자동화된 고객 서비스*** - 콜 센터와 헬프 데스크를 관리하는 데 사용되며, 때때로 고객의 질문에 자동으로 응답할 수 있다.

> **Personalization** is the process of satisfying customers' needs, building customer relationships, and increasing profits by designing goods and services that meet customers' preferences better.
> It involves not only customers' requests, but also the interaction between customers and the company.
>
> **Customization** allows customers to modify the standard offering, such as selecting a different home page to be displayed each time you open your Web browser.

CRM, IoT, 소셜 미디어 및 분석의 통합은 새로운 고객을 유치하고 기존 고객에게 더 나은 서비스를 제공하기 위해 다음과 같은 작업을 수행할 수 있는 CRM 환경을 조성했다.

- **소셜 CRM** - 인터넷 및 소셜 미디어를 통해 고객과 상호 작용한다.
- 고객의 소셜 미디어 정보를 사용한 분석을 통해 고객에게 메시지를 개별화한다.
- **하이퍼 타겟팅** - 전체 고객 모집단의 매우 구체적인 고객 하위그룹에 고도로 맞춤화된 콘텐츠를 제공한다. 이것은 고객이 특별하다고 느끼게 하는 개인적인 커뮤니케이션을 만들어 낸다.

11-2b 개인화 기술

개인화(personalization)는 고객의 선호에 더 잘 맞는 상품과 서비스를 설계하여 고객의 요구를 충족시키고, 고객 관계를 구축하며, 수익을 높이는 과정이다. 그것은 고객의 요청뿐만 아니라 고객과 회사 간의 상호작용도 포함한다. 관심사와 선호도에 따라 콘텐츠를 조정하는 웹 사이트에 대해 잘 알고 있을 것이다. 예를 들어, Amazon은 과거의 검색과 구매 습관을 기반으로 사용자가 즐길 수 있는 제품을 제안한다.

개인화와는 다소 차이가 있는 **맞춤화(customization)**는 고객이 브라우저를 열 때마다 다른 홈페이지가 표시되도록 선택하는 것과 같이 표준 제안을 수정할 수 있게 해준다. 다른 예로, 사용자는 Yahoo!에 회원 가입한 후, 선호하는 레이아웃, 콘텐츠 및 색상을 선택하여 시작 페이지를 맞춤화할 수 있다. 어린이들이 자신의 테디베어를 디자인할 수 있는 Build-A-Beer Workshop이나 고객이 스타일과 색상을 선택하여 자신만의 신발을 만들 수 있는 Nike 등과 같이 소매업체에서도 맞춤화 사례가 많다.

개인화 및 맞춤화는 기업이 고객의 선호와 요구 사항을 충족시키는데 도움이 되기 때문에 고객은 종종 보다 효율적인 쇼핑 프로세스를 경험하게 되고 결과적으로 유사한 제품이나 서비스를 얻기 위해 경쟁업체로 전환할 가능성이 작아진다. 그러나 개인화를 사용하기 위해서는 고객의 선호도와 쇼핑 패턴에 대한 많은 정보를 수집해야 하는데, 일부 고객들은 그들의 선호도에 대한 긴 설문조사에 응답하는 것에 참을성이 부족할 수 있다. 또한 이러한 정보를 수집하는 것은 고객의 프라이버시에도 영향을 미칠 수 있다. 예를 들어, 약국 고객들은 약국에 저장된 자신들의 처방전 정보가 오용되어 보험 적용범위에 나쁜 영향을 미칠 것이라고 염려할 수 있다. 이러한 우려를 완화하기 위해 기업은 웹사이트에 개인정보가 어떻게 수집되고 사용되는지를 명시하는 명확한 개인정보 보호 정책을 포함해야 한다.

Amazon은 개인화를 사용하여 '이 상품을 구매한 고객도 구매했다'라는 메시지와 함께 제안 목록을 표시하여 고객에게 제품을 추천하는 것으로 유명하다. Amazon의 추천 시스템은 고객의 이전 구매 내용이 저장된 거대한 데이터베이스와 추천 알고리즘으로 구성된다. 고객이 Amazon에 로그인하면 추천 시스템이 먼저 고객의 구매 내역과 유사 고객의 구매 내역을 확인한다. 이 정보를 사용하여 고객의 쇼핑 내역과 유사한 구매 내역을 가진 다른 고객의 선택을 기반으로 추천 상품 목록이 표시된다. 또한 Amazon은 고객에게 추천을 평가할 기회를 제공한다. 고객이 더 많은 상품을 구매하고 추천을 더 많이 평가할수록 고객 맞춤형 추천이 더 잘 이루어진다.

다른 많은 회사에서 고객 서비스를 개선하기 위해 개인화 기술을 사용한다. 예를 들어, Nordstrom.com에서 정장을 사는 경우, 그 사이트는 같은 카테고리의 유사한 정장이나 정장과 어울리는 신발이나 넥타이를 제안한다. Apple iTunes에서 노래를 구매하려고 하면 여러분과 같은 청취자가 구입한 다른 곡들을 추천한다. 또한 Google은 Google 계정 소유자들을 위해 개인화된 서비스를 제공한다. 사용자는 자신들의 이전 검색 내역을 기반으로 재정렬된 개인화된 검색 결과를 얻을 수 있다. Google의 제품 관리자인 Avni Shah는 사용자의 이전 검색 내역에 "플라이 낚시(fly fishing)"가 있고, "bass"를 검색하면 악기에 관한 페이지보다는 물고기에 관한 웹 페이지를 가리키는 검색 결과에 더 많은 가중치가 부여된다고 설명했다. Google은 사용자가 나중에 사용할 수 있도록 유용한 검색 결과를 저장할 수 있는 북마크 기능도 있다. 웹 페이지의 텍스트를 저장하는 Yahoo!의 MyWeb 기능과는 달리 이 기능은 단순히 페이지에 대한 링크를 저장한다.

> **Collaborative filtering (CF)** is a search for specific information or patterns using input from multiple business partners and data sources. It identifies groups of people based on common interests and recommends products or services based on what members of the group purchased or did not purchase.

개인화 시스템을 구현하기 위해서는 인터넷, 데이터베이스, 데이터웨어하우스/데이터마트, 데이터마이닝 도구, 모바일 네트워크, 협업 필터링 등을 포함한 여러 IT 도구가 필요하다. **협업 필터링(collaborative filtering; CF)**은 여러 비즈니스 파트너와 데이터 소스의 입력을 사용하여 특정 정보 또는 패턴을 검색하는 것이다. 공통 관심사에 따라 사람들의 그룹을 식별하고 그룹의 구성원이 구매했거나 구매하지 않은 항목을 기반으로 제품이나 서비스를 추천한다. 책, 컴퓨터 등과 같은 단일 제품 범주를 취급하는 쇼핑몰에 적합하다. CF의 한 가지 단점은 제대로 작동하려면 사용자와 콘텐츠의 샘플이 많이 필요하다는 것이다. 또한 특정 노래를 좋아하는 고객이 특정 컴퓨터를 좋아할 것이라고 예측하는 것과 같이 관련이 없는 범주에 걸쳐 추천하는 데 유용하지 않다.

협업 필터링의 한 가지 애플리케이션은 유사한 사용자를 기반으로 고객의 선호도와 관심사에 대해 자동으로 예측하는 것이다. 예를 들어 사용자가 여러 편의 영화에 대한 등급을 매긴 다음 다른 사용자의 평가가 포함된 데이터베이스에 추가되면 CF 시스템은 사용자가 평가하지 않은 영화에 대한 사용자의 평가 등급을 예측할 수 있다. 좋아할 만한 다른 영화 목록이 표시되는 Netflix.com에서 이 기능을 사용하는 것을 본 적이 있을 것이다. 최근 Netflix는 Netflix 추천 시스템의 정확도를 높이는 최고의 알고리즘을 제안하는 공모전에서 우승한 팀에 100만 달러를 지급했다. CF 시스템을 사용하여 고객 서비스를 개선

10 FACE/Shutterstock.com

Knowledge management (KM) draws on concepts of organizational learning, organizational culture, and best practices to convert tacit knowledge into explicit knowledge, creates a knowledge-sharing culture in an organization, and eliminates obstacles to sharing knowledge.

하는 다른 웹사이트로는 Amazon, Barnes and Noble, Netflix가 있다.

"Amazon's Personalization Assists Sellers on Its Marketplace" 사례에서는 Amazon이 개인화 기술을 사용하여 마켓플레이스의 효율성과 효과성을 높이는 방법을 설명하고 있다.

Customization, which is somewhat different from personalization, allows customers to modify the standard offering, such as selecting a different home page to be displayed each time a browser is opened.

11-3 지식경영

지식경영(Knowledge management; KM)은 작업 수행 방법에 대한 사실인 '노하우'를 식별, 저장 및 배포하여 CRM 시스템(및 기타 여러 시스템)을 개선하는 데 사용되는 기술이다. 노하우는 명시적 지식(공식적, 서면 절차) 또는 암묵적 지식(개인적 또는 비공식적 지식)일 수 있다. 지식은 비즈니스 인텔리전스를 생성하고 시장에서 경쟁 우위를 유지하기 위해 조직 전체에서 공유되어야 하는 자산이다. 따라서 지식경영은 조직 학습, 조직 문화, 모범 사례의 개념을 활용하여 암묵적 지식을 명시적 지식으로 전환하고, 조직에서 지식 공

Amazon's Personalization Assists Sellers on Its Marketplace

FINANCE | APPLICATION | REFLECTIVE THINKING

Amazon은 데이터마이닝 도구와 개인화 기술을 사용하여 고객의 구매 습관에 맞게 상품과 서비스를 맞춤화한 최초의 회사 중 하나다. 2009년부터 이 회사는 개인화 기술을 사용하여 전 세계 Amazon의 다양한 마켓플레이스에 상품과 서비스를 제공하는 제3자 판매자들을 지원하고 있다. Amazon 마켓플레이스는 2000년 11월에 출시되었다. 이를 통해 판매자가 Amazon 인프라를 사용하여 Amazon 자체 제품 바로 옆에 새 제품과 중고 제품을 제공할 수 있다. 오늘날, Amazon은 10개국에 기반을 둔 Amazon 마켓플레이스에서 2백만 명 이상의 판매자를 보유하고 있으며, 전 세계적으로 2억 명 이상의 고객에게 서비스를 제공하고 있다.

Amazon은 개인화 기술을 사용하여 모든 판매자에게 예측 데이터 기반 추천을 제공한다. 개인화 기술은 이러한 판매자가 얼마나 많은 제품을 취급할 것인지, 어떤 제품을 취급해야 할 것인지, 새로운 시장과 지역으로 확장하는 방법을 포함하여 재고의 모든 측면을 관리하는 데 도움이 된다. 계절적 변화에 따라 재고를 관리하고 연휴 동안에 제공되는 제품을 관리하는 것은 어려운 작업이다. Amazon은 자사의 사이트에 있는 고객 데이터와 소셜 미디어에서 이용할 수 있는 데이터를 사용하여 이러한 추천을 제시한다. 최근, Amazon은 그들의 판매자가 본국 밖에서 팔 수 있는 제품들을 추천하기 시작했다.

질문 및 토론

1. Amazon의 개인화 기술은 판매자에게 어떤 도움을 주고 있는가?
2. Amazon은 판매자를 위한 개인화에 투자하는 이유가 무엇인가?

유 문화를 조성하며, 지식 공유의 장애물을 제거한다. 이러한 점에서 지식경영은 정보관리의 많은 목표를 공유하고 있다. 하지만, 정보관리가 명시적 지식에만 초점을 맞추는 경향이 있기 때문에 범위면에서는 지식경영이 더 넓다.

지식은 정보와 데이터 그 이상이다. 그것은 또한 맥락과도 관련이 있다. 판매 성사 방법과 같은 명시적 지식을 데이터 저장소에 저장하여 공유할 수 있다. 전문 영업사원은 성공적인 판매 성사 방법을 문서화할 수 있으며, 이 문서를 사용하여 신규 영업사원 또는 판매 성사에 어려움을 겪고 있는 영업 사원을 교육시킬 수 있다. 그러나 암묵적인 지식은 그렇게 쉽게 포착될 수 없다. 누군가가 경험을 통해 얻은 지식은 그것이 사용된 상황, 즉 맥락에 따라 달라질 수 있다. 일반적으로 이러한 정보를 수집하는 가장 좋은 방법은 직원이 문제를 처리하는 방법에 대해 구체적으로 질문하는 것과 같이 대화식으로 정보를 수집하는 것이다. 상호작용은 암묵적 지식 관리의 핵심 부분이기 때문에 지식관리시스템은 일반적으로 이메일, 인스턴트 메시징, 사내 위키, 화상 회의, 그리고 가상 교육 환경을 만드는 WebEx 또는 GoToMeeting과 같은 도구를 통해 열린 커뮤니케이션과 아이디어 교환을 장려해야 한다.

전문가로부터 수집된 지식을 저장함으로써 직원이 필요할 때 참조할 수 있는 지식 저장소를 만들 수 있다. 가장 일반적인 예는 일반적인 고객 불만 사항 및 해결책에 대한 지식 베이스를 만드는 것이다. Dell Computer는 이러한 유형의 지식 베이스를 사용하므로 고객이 컴퓨터에 발생한 문제에 대해 문의할 때 문제를 해결하는 단계가 문서화되고 쉽게 액세스할 수 있으므로 응답 시간이 단축된다.

지식 베이스는 신제품을 설계할 때도 사용될 수 있다. 기업은 유사한 설계의 과거 경험, 테스트 중에 발생한 실수 등을 저장하여 납품 일정을 단축하고 같은 실수를 방지할 수 있다. 이러한 지식 베이스 사용은 소프트웨어 제품 및 서비스를 설계하는 데 특히 유용하다.

A knowledge management system can track how often an employee participates in knowledge-sharing interactions with other employees and track any resulting improvements in performance.

직원들이 자신의 전문 지식을 공유하기를 꺼릴 수 있다. 왜냐하면 모든 사람이 자신이 알고 있는 것을 알게 되면 조직에 대한 자신의 가치가 줄어들 것이라고 생각하기 때문이다. 그들이 지식을 공유하도록 동기를 부여하기 위해서는 보상이 제공되어야 한다. 지식관리시스템(knowledge management system; KMS)은 직원이 다른 직원과의 지식 공유 상호작용에 참여하는 빈도를 추적하고, 그에 따른 성과 향상을 추적할 수 있다. 이 정보는 암묵적인 지식을 공유한 댓가로 직원을 보상하는 데 사용될 수 있다. 예를 들어, 직원이 회사 내부 위키에 얼마나 자주 기여하는지 추적하여 명시적 지식을 공유하도록 보상시스템을 설정할 수도 있다.

간단한 지식관리시스템은 Google Apps for Work 또는 Microsoft SharePoint Server와 같은 협업 소프트웨어(12장에서 설명)를 사용하여 조직에서 문서를 작성, 관리 및 배포하는 것으로 구성될 수 있다. 이러한 문서에는 고객 서비스 담당자를 위한 절차의 개요 또는 과거의 설계 노력에 대한 보고서와 같이 이전에 논의된 종류의 정보가 포함된다. 다른 도구와 기술에는 데이터베이스관리시스템, 데이터 마이닝 도구 및 의사결정지원시스템(12장에서 설명)이 포함될 수 있다. 지식관리는 기업이 지식 자산을 사용하여 고객 서비스와 생산성을 개선하고, 비용을 절감하며, 더 많은 수익을 창출할 수 있도록 지원하기 때문에 CRM 시스템의 성공에 핵심적인 역할을 한다. 지식관리시스템은 조직이 다음 중 하나 이상을 수행할 수 있도록 도움이 되어야 한다.

- 자유로운 아이디어 교환을 장려하여 혁신 촉진
- 응답 시간을 단축하여 고객 서비스 개선
- 제품 및 서비스의 제공 시간을 단축하여 수익 증대
- 직원의 지식을 보상하여 직원 유지율 개선

지식, 지식경영 및 지식관리시스템의 중요성 대문에, 일부 조직은 최고 지식 책임자(chief knowledge officer; CKO)라는 임원 직책을 만들었다. CKO는 조직 내에서 지식관리를 감독할 책임이 있으며, 핵심 지식 자원이 주요 의사 결정권자들 사이에서 적절하게 수집, 저장 및 배포되도록 하고, 조직이 직원, 프로세스 및 지식재산권과 같은 지식 자원으로부터 이익을 얻도록 보장한다. 마지막으

Enterprise resource planning (ERP) is an integrated system that collects and processes data and manages and coordinates resources, information, and functions throughout an organization.

로, CKO는 지식관리, 지식관리시스템 및 프로세스와 관련된 투자수익률(ROI)을 극대화하기 위해 노력한다.

"Knowledge Management in Action" 사례는 Goodwin Procter 법무법인의 지식관리 애플리케이션을 소개하고 있다.

11-4 전사적자원관리

전사적자원관리(Enterprise resource planning; EPR)는 데이터를 수집하고 처리하며 조직 전체의 자원, 정보 및 기능을 관리하고 조정하는 통합시스템이다. 일반적인 ERP 시스템은 하드웨어, 소프트웨어, 절차 및 모든 기능 영역으로부터의 입력을 포함한 많은 구성요소가 있다. 조직 전체의 정보를 통합하기 위해, 대부분의 ERP 시스템은 통합 데이터베이스를 사용하여 다양한 기능에 필요한 데이터를 저장한다(그림 11.6 참조). 표 11.2에는 ERP 구성요소의 기능이 요약되어 있다.

잘 설계된 ERP 시스템은 다음과 같은 이점을 제공한다.

- 통합 정보의 가용성 및 적시성 향상
- 데이터 정확도 향상 및 응답 시간 단축
- 고객 만족도 향상
- 직원 만족도 향상
- 계획 및 일정 개선
- 공급업체 관계 개선
- 정보의 신뢰성 향상
- 재고 비용 감소
- 인건비 절감
- 주문 처리 시간 단축

ERP 시스템은 모든 장점과 함께 높은 비용, 설치의 어려움, 광범위한 교육의 필요성, 레거시 시스템과의 호환성 문제와 같은 단점도 가지고 있다.

"ERP Streamlines Operations at Naghi Group" 사례에는 Naghi Group이 ERP 시스템을 통해 얻은 운영 효율성의 이점 중 일부가 요약되어 있다.

대부분의 ERP 시스템은 모듈로 제공되므로 조직은 필요한 구성요소만 구입하고, 필요한 경우 나중에 다른 구성요소를 추가할 수 있다.

모듈식 구성요소를 갖는다는 것은 비용을 절감할 수 있기 때문에 ERP 시스템 성공의 주요 요인이다. SAP, Oracle, Sage Group, Microsoft 등 40개 이상의 공급업체가 다양한 기능을 갖춘 ERP 소프트웨어를 제공한다. 조직이 완전한

Knowledge Management in Action

FINANCE | APPLICATION | REFLECTIVE THINKING

Goodwin Procter는 대형 법무법인이었지만 큰 문제가 있었다. 8개의 사무실과 850명의 변호사와 직원으로 구성된 회사는 연간 6억 1,100만 달러에 달하는 비용을 고객에게 청구하고 있지만, 문서를 작성하고 다양한 출처에서 정보를 수집하는데 너무 많은 시간을 소비하고 있었다. 2TB의 데이터, 6만건의 사례, 거의 1,000만 건의 문서를 관리할 시스템이 필요했다. Microsoft SharePoint를 사용하여 변호사들이 비즈니스 데이터와 고객 정보에 액세스할 수 있는 허브인 매터페이지시스템(matter page system)이라는 지식관리시스템을 개발했다. 이 플랫폼을 통해 8개 사무소의 모든 변호사는 업무를 공유할 수 있게 되었다. 이 시스템을 갖추기 전에는 여러 파일과 파일 시스템을 검색해야 했기 때문에 고객의 질문에 답하는 데 몇 시간을 소비해야 했다. 새로운 시스템은 그들이 사건을 처리할 때 과거의 경험을 공유할 수 있게 해준다.

질문 및 토론

1. 지식경영은 Goodwin Procter에 어떤 이점을 제공하는가?
2. Goodwin Procter가 지식관리시스템에 투자하지 않았다면 어떤 위험이 발생했을까?

그림 11.6 ERP 구성

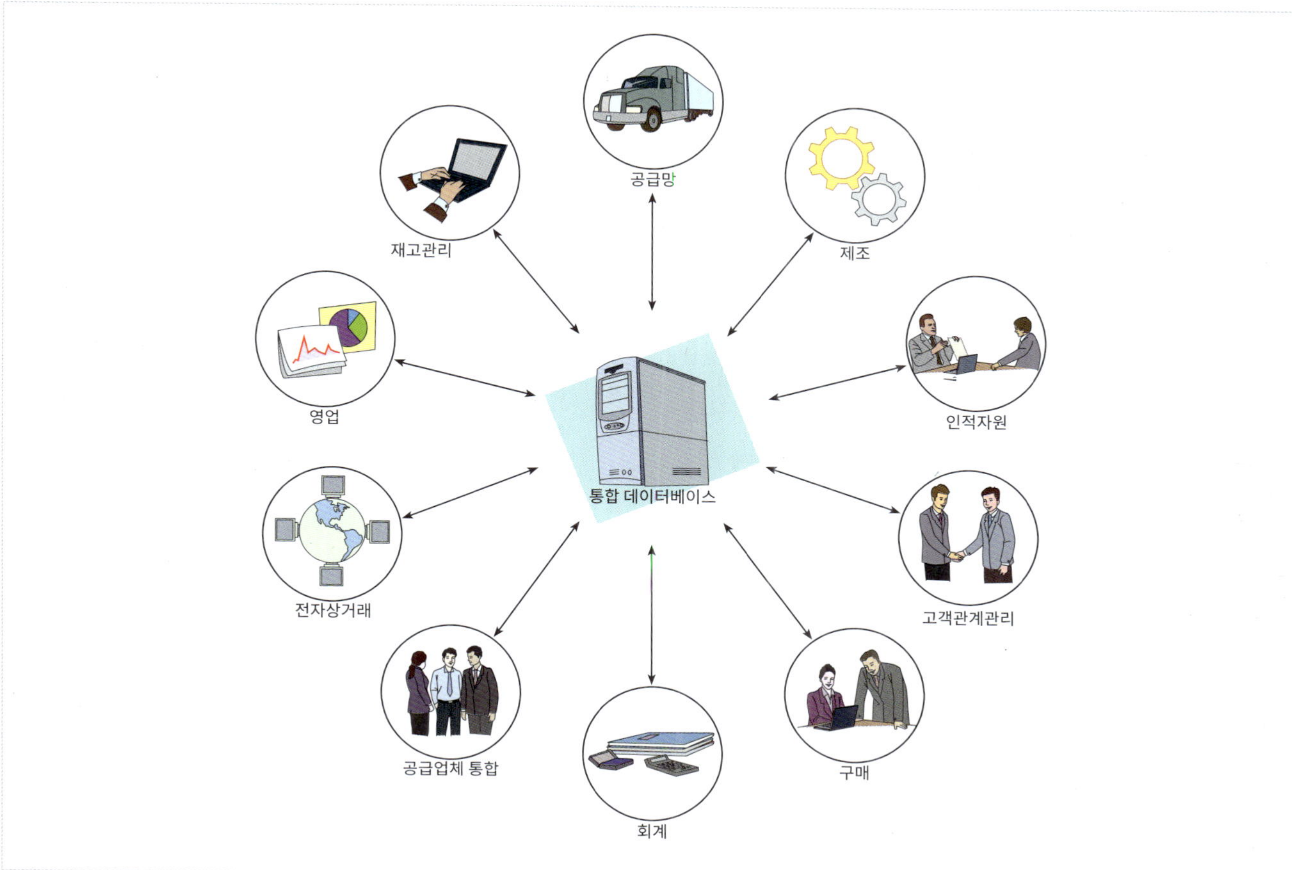

표 11.2 ERP 구성요소

구성요소	기능
통합 데이터베이스	관련 내외부 데이터 및 기타 기능에서 필요로 하는 정보 수집 및 분석
재고 관리	재고현황 및 재고예측 제공
공급망	공급업체, 제조, 유통 및 고객을 포함한 공급망 구성원에 대한 정보를 제공
제조	생산 비용 및 가격 정보 제공
인적자원	구직자 평가, 직원 일정 및 배정, 향후 인력 수요 예측에 대한 정보를 제공
고객관계관리	고객과 고객의 요구 및 선호도에 대한 정보 제공
구매	전자조달 등 구매기능 관련 정보 제공
회계	예산 할당, 차변 및 대변 기록과 같은 재무 정보 추적
공급업체 통합	제품 가격, 사양 및 가용성에 대한 데이터의 자동 다운로드 제공과 같은 공급업체 정보 통합
전자상거래	주문현황과 관련된 B2C 정보와 공급업체 및 협력업체와 관련된 B2B 정보 제공
영업	영업 및 마케팅에 대한 정보를 제공

기능을 갖춘 ERP 시스템을 사용하기로 하면 10장에서 소개한 시스템 개발 수명주기(SDLC) 방식을 사용할 수 있다.

11-5 클라우드 기반 엔터프라이즈시스템

조직에는 SCM, CRM 또는 ERP와 같은 엔터프라이즈시스템을 선택하는 두 가지 옵션이 있다. 사내 옵션이나 클라우드 버전을 선택할 수 있다. 사내 옵션은 모든 IS 구현과 유사하며 10장에서설명된 단계가 적용된다. 클라우드 컴퓨팅은 14장에서 자세히 설명한다. 간단히 말해서, 클라우드 컴퓨팅은 원격 서버를 통해 액세스되며 고객은 이를 유틸리티 서비스와 유사하게 사용한다. 클라우드 공급자는 하드웨어, 소프트웨어 및 기타 필요한 유틸리티 프로그램을 제공할 책임이 있다. 클라우드 기반 엔터프라이즈시스템의 장단점은 다음과 같다. 클라우드 컴퓨팅의 장단점 대부분은 일반적으로 엔터프라이즈시스템에도 적용되지만 약간의 차이는 있다. 구체적인 장점은 다음과 같다.

- **비용 절감**: 클라우드 컴퓨팅 비용은 사용한만큼 지불되어 조직의 비용이 절감된다. 또한 소프트웨어 개발 비용은 많은 참여자가 분담하기 때문에 일반적으로 기존 컴퓨팅 방법보다 저렴하다.
- **스토리지 증가**: 조직은 사설 컴퓨터 시스템보다 더 많은 데이터를 저장할 수 있으며, 조직의 성장에 따라 스토리지도 증가할 수 있다.
- **고도로 자동화된 기능**: IT 담당자는 더 이상 소프트웨어를 최신 버전으로 유지하는 것에 대해 걱정할 필요가 없다. '필요한 소프트웨어의 버전(what version of the software do I need)' 증후군이 제거된다.
- **유연성 및 확장성**: 클라우드 컴퓨팅은 기존 컴퓨팅 방법보다 훨씬 더 많은 유연성과 확장성을 제공한다. 수직적 뿐만 아니라 수평적 유연성과 확장성을 제공할 수 있다.
- **이동성 향상**: 직원은 책상에 앉아 있지 않고도 어디서나 정보에 접근할 수 있다. 데이터와 애플리케이션 모두에 진정한 이동성을 제공한다.
- **IT의 초점 전환**: 지속적인 서버 업데이트 및 기타 컴퓨팅 문제에 대해 더 이상 걱정할 필요가 없이 조직은 자유롭게 혁신과 비즈니스 성장에 집중할 수 있다. 핵심 애플리케이션(mission-critical application)이 주요 초점이 된다.
- **향상된 보안**: 일부 사람들은 클라우드 컴퓨팅이 기존

ERP Streamlines Operations at Naghi Group

FINANCE | APPLICATION | REFLECTIVE THINKING

사우디아라비아 Jeddah에 본사를 둔 Naghi Group은 중동 전역에서 다양한 제품과 서비스를 제공하는 여러 회사를 운영하고 있다. 불행하게도, 회사가 사용하던 레거시 소프트웨어는 그룹에서 사용하고 있는 유통 및 제조 소프트웨어와 커뮤니케이션하고 통합할 수 없었다. 이러한 통합 부족으로 인해 Naghi Group은 다양한 출처의 데이터를 조정하고 중요한 재무 관리 보고서를 작성하기 위해 매달 많은 시간을 소비했다. 재무, 영업, 공급망관리 등을 포함한 주요 기능 영역을 통합하기 위한 ERP 시스템이 필요했다. 또한 재고 현황과 구매 활동도 모니터링해야 했다.

해결책은 ERP 소프트웨어, 특히 Vormittag Associates, Inc.의 S2K Distribution Suite였다. 이제 회사의 관리자는 재무 데이터를 볼 수 있고, 재고 상태를 추적할 수 있으며, 고객의 구매 활동을 실시간으로 분석할 수 있게 되었다. ERP 시스템은 운영을 간소화하고 고객 서비스를 개선했다. 또한 보다 시의적절한 비즈니스 결정에 기여했다.

질문 및 토론

1. Naghi Group의 ERP 시스템은 어떠한 성과를 거두었는가?
2. Naghi Group이 ERP 시스템에 투자한 이유는 무엇인가?

컴퓨팅보다 안전하지 않을 수 있다고 생각하지만, 대부분의 클라우드 서비스 제공업체는 중복을 위해 종종 서로 다른 지리적 위치에 여러 개의 데이터 복사본을 보유한다는 점을 기억해야 한다. 따라서 데이터가 손실될 가능성은 매우 낮다.

이러한 모든 장점과 함께 조직에서 고려해야 할 몇 가지 단점도 있다.

- **맞춤화 부족**: 조직은 클라우드 공급자의 표준 제안을 수용해야 하며, 특정 조직의 특정 요구 사항을 충족하지 못할 수 있다. 이러한 이유로 일부 특수 제조업체는 여전히 특정 작업에 가장 적합한 사내 ERP 시스템을 사용하고 있다.
- **다운타임 가능성**: 클라우드 플랫폼은 다운되는 경우가 있는데 이는 큰 단점이다. 클라우드 플랫폼의 안정성이 점점 더 높아지고 있지만, 서비스 중단은 항상 가능하며, 여러 가지 이유로 인해 발생할 수 있다.
- **공급업체 종속**: 조직이 특정 공급업체와 계약을 체결하면 다른 공급업체로 전환하는 것이 어려워질 수 있다. 비용 외에도 다른 공급업체로 이전하는 동안 조직의 데이터가 노출되어 추가적인 보안 및 프라이버시 위험이 발생할 수 있다.

요약

11-1 조직 내에서 공급망관리가 어떻게 사용되는지 설명한다. 공급망은 서비스 조직과 제조 조직 모두 존재하지만, 공급망의 복잡성은 조직과 산업에 따라 크게 다를 수 있다. 조직은 공급망관리를 사용하여 공급자와 소비자 사이의 가장 효율적인 연결고리를 만든다. 사람, 프로세스 및 기술의 적절한 통합은 이것을 가능하게 한다.

11-2 고객관계관리시스템에 관해 설명한다. 고객관계관리(CRM)는 기업이 고객과의 접촉을 추적하고 조직화하는 데 사용하는 프로세스로 구성된다. CRM 시스템의 주요 목표는 고객에게 제공되는 서비스를 개선하고 고객 접촉 정보를 타겟 마케팅에 활용하는 것이다. 기업은 기존 고객을 유지하고 지속하는 것이 신규 고객을 유치하는 것보다 비용이 적게 든다는 것을 알고 있으며, 효과적인 CRM 시스템은 이러한 목표를 달성하는 데 유용하다.

11-3 지식관리시스템에 관해 설명한다. 지식관리(knowledge management)는 작업 수행 방법에 대한 '노하우'를 식별, 저장 및 보급함으로써 CRM 시스템(및 기타 여러 시스템)을 개선하는 데 사용되는 기술이다. 지식관리시스템은 직원이 다른 직원과의 지식 공유 상호작용에 참여하는 빈도를 추적하고 그에 따른 성과 개선을 추적할 수 있다.

11-4 전사적자원관리시스템에 관해 설명한다. ERP(enterprise resource planning)는 데이터를 수집하고 처리하며, 조직 전체의 자원, 정보 및 기능을 관리하고 조정하는 통합시스템이다. 일반적인 ERP 시스템에는 하드웨어, 소프트웨어, 절차 및 모든 기능 영역으로부터의 입력을 포함한 많은 구성요소를 가지고 있다.

11-5 클라우드 기반 엔터프라이즈시스템의 장단점을 설명한다. 비용 절감, 스토리지 증가, 높은 자동화, 유연성 및 확장성, 이동성 향상 등이 장점이다. 맞춤화 부족, 다운타임 가능성, 공급업체 종속성 등이 단점이다.

3부

정보시스템 개발,
엔터프라이즈시스템,
인공지능,
최신 트렌드

12장

의사결정 및 프로세스 지원

학습목표

12-1 의사결정의 유형을 설명한다.

12-2 의사결정지원시스템을 설명한다.

12-3 의사결정에 있어서 중역정보시스템의 중요성을 설명한다.

12-4 지리정보시스템의 용도를 요약한다.

12-5 유형 및 선택 기준을 포함하여 협업시스템을 설명한다.

12-6 경영지원시스템 설계를 위한 지침을 설명한다.

Rawpixel.com/Shutterstock.com

이 장에서는 의사결정 프로세스의 단계와 의사결정 유형을 요약하는 것으로 시작한다. 다음으로, 의사결정지원시스템(Decision Support System: DSS)의 구성 요소 및 기능에 대해 논의하고, 의사결정지원시스템을 사용하는 것이 조직에 어떤 이점이 되는지 확인한다. 또한, 의사결정에 사용되는 기타 경영지원시스템인 중역정보시스템(Executive Information Systems: EIS), 지리정보시스템(Geographic Information Systems: GIS) 및 협업시스템에 대해 학습한다. 끝으로 경영지원시스템을 설계하기 위한 지침에 대하여 논의한다.

12-1 의사결정의 유형

일반적인 조직에서의 의사결정은 다음 범주 중 하나로 분류될 수 있다.

- *구조화된 의사결정* - **구조화된 의사결정(Structured decisions)** 또는 프로그래밍 가능한 작업은 의사결정에 있어서 잘 정의된 표준 운영 절차가 있기 때문에 자동화하기에 수월하다. 기록의 보관, 급여 및 단순 재고 관련 유형의 문제는 구조화된 작업의 예이다. 정보기술은 구조화된 의사결정을 내리기 위한 중요한 지원 도구이다. 1장에서 논의된 거래처리시스템(TPS)은 이러한 유형의 의사결정에 쓰일 수 있는 이상적인 도구이다.
- *반구조화된 의사결정* - **반구조화된 의사결정(Semistructured decisions)**은 표준 운영 절차에 의해 잘 정의되지 않지만, 정보 검색, 분석 모델 및 정보시스템 기술의 이점을 얻는 약간의 구조화된 측면을 포함한다. 예를 들어, 예산을 할당하기 위해 부서별 할당 가능한 비율로 계산할 경우, 이는 구조화된 측면이 있다. 반구조적 의사결정은 판매 예측, 예산 준비, 자본 획득 분석 및 컴퓨터 구성 등에 사용된다. 이 장의 뒷부분에서 설명하는 의사결정지원시스템(decision support systems; DSS)은 이러한 유형의 의사결정에 적합하다.

Semistructured and unstructured decisions are challenging because they involve multiple criteria, and often users have to choose between conflicting objectives.

- *비구조화된 의사결정* - **비구조화된 의사결정(Unstructured decisions)**은 일반적으로 일회성 결정이며 관련된 표준 운영 절차가 없다. 정보기술이 이러한 유형의 의사결정을 지원하는 것은 쉽지 않기 때문에 의사결정자의 직관(intuition)이 가장 중요한 역할을 한다. 구조화되지 않은 의사결정과 관련된 영역에는 연구 및 개발, 고용 및 해고, 신제품 도입 등이 포함된다. 이러한 의사결정은 대부분 장기적 사업과 관련된 사항이 많으며, 구현을 위해 외부 데이터 소스가 필요하다. 이 장의 뒷부분에서 설명하는 중역정보시스

Structured decisions, or programmable tasks, can be automated because a well-defined standard operating procedure exists for these types of decisions.

Semistructured decisions include a structured aspect that benefits from information retrieval, analytical models, and information systems technology.

Unstructured decisions are typically one-time decisions, with no standard operating procedure pertaining to them.

그림 12.1 조직 수준 및 의사결정 유형

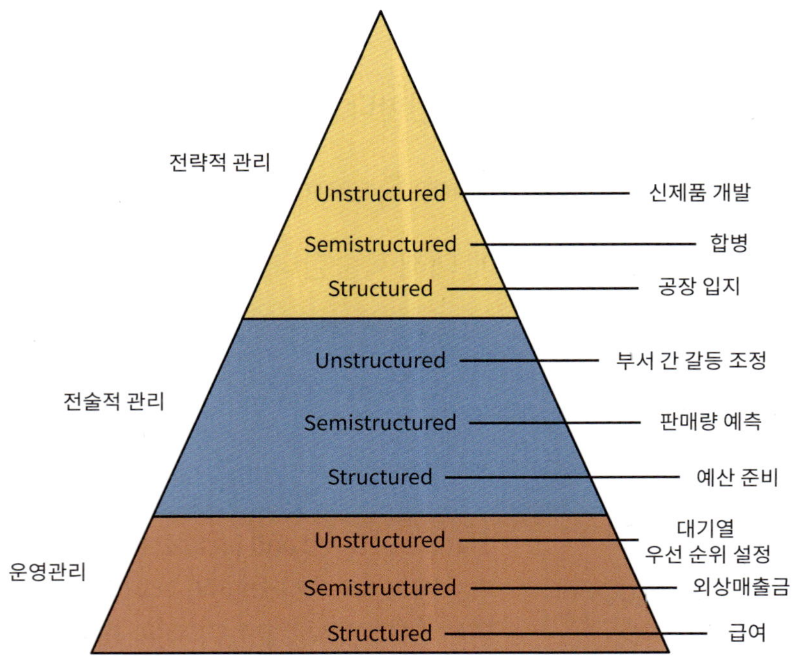

템(executive information systems; EIS)은 이러한 유형의 결정에 적합하다.

반구조화된 의사결정과 비구조화된 의사결정은 여러 기준을 포함해야 하고, 종종 사용자 간의 이해관계가 상충되는 목표 중에서 선택해야 하는 상황이 발생하기 때문에 어려움에 직면할 수도 있다. 예를 들어, 한 관리자가 직원들의 사기를 높이고 직원의 이직을 줄이기 위해 임금을 인상해 주려 하나, 총 생산 비용을 줄이도록 요청을 받을 수 있다. 이 두 가지 목표는 적어도 단기적으로는 상충된다. 그림 12.1은 조직 수준(운영, 전술 및 전략)과 의사결정 유형을 보여준다.

특정 유형의 의사결정을 지원하기 위해 다양한 유형의 정보시스템이 개발되었다. 이러한 시스템을 총칭하여 **경영지원시스템(Management Support Systems:MSSs)**이라고 하며 각 유형은 이 장에서 설명하는 고유한 목표와 목적에 부합하도록 설계되었다.

Management support systems (MSSs) are the different types of information systems that have been developed to support certain aspects and types of decisions. Each type of MSS is designed with unique goals and objectives.

In the **intelligence phase**, a decision maker examines the organization's environment for conditions that need decisions. Data is collected from a variety of sources (internal and external) and processed. From this information, the decision maker can discover ways to approach the problem.

In the **design phase**, the objective is to define criteria for the decision, generate alternatives for meeting the criteria, and define associations between the criteria and the alternatives.

12-1a 의사결정 과정의 단계

1978년에 노벨 경제학상을 수상한 Herbert Simon은 의사결정 과정의 세 단계를 인식 단계, 설계 단계, 선택 단계로 정의했다. 네 번째 단계인 구현 단계를 추가할 수 있다.

인식 단계

인식 단계(intelligence phase)에서 의사결정자(예: 마케팅 관리자)는 의사결정이 필요한 조직의 환경을 조사해야 한다. 이를 위해 다양한 소스(내부 및 외부)에서 데이터를 수집하고 처리해야 한다. 이렇게 수집한 정보로부터 의사결정자는 문제에 접근하는 방법을 찾을 수 있다. 이 단계는 세 부분으로 구성된다. 첫째, 문제를 정의하기 위해 실제로 무슨 일이 일어나고 있는지 확인한다. 둘째, 발생한 문제를 보다 정확하게 이해하기 위해 데이터와 정보를 수집한다. 셋째, 문제 해결을 위한 대안을 정의하는데 필요한 데이터와 정보를 수집한다.

예를 들어, 우리가 속한 조직이 지난 6개월 동안 총 매출 감소를 경험하고 있다고 가정해 보자. 문제의 원인을 정확히 찾아내기 위해, 조직은 고객, 시장 및 경쟁업체로부터 데이터를 수집할 수 있다. 데이터가 처리된 후 분석을 통해 가능한 해결 방법을 제안할 수 있다. 정보기술, 특히 데이터베이스 관리 시스템이 이러한 분석에 도움이 될 수 있다. 또한 Nielsen과 Dow Jones와 같은 업체는 시장, 특정 산업의 경쟁 현황 및 경제의 일반적인 상태에 대한 데이터 수집을 전문으로 한다. 그들이 수집하는 정보는 의사결정의 인식 단계를 지원할 수 있다.

설계 단계

설계 단계(design phase)의 목표는 의사결정에 대한 기준을 정의하고, 기준을 충족하기 위한 대안을 생성하고, 기준과 대안 간의 연관성을 정의하는 것이다. 기준은 의사결정자가 특정 성과의 수준을 달성하기 위해 설정하는 목표이다. 예를 들어, 위의 매출 감소의 사례에서의 기준은 매출 증가일 수 있다. 이 기준을 더 구체적으로 만들기 위해 "향후 3개월 동안 매월 3%씩 매출 증가"로 명시할 수 있다. 아래와 같이 매출 증가를 위한 또 다른 대안이 제시될 수 있다.

- 목표 시장에 더 많은 영업 사원을 배치한다.
- 현재 영업 사원을 재교육하고 동기를 부여한다.
- 현재 영업 사원을 재배치한다.
- 변화하는 소비자의 취향과 니즈에 맞춰 제품을 개선한다.
- 새로운 광고 캠페인을 개발한다.
- 기존 광고를 다른 미디어에 재할당한다.

대안과 기준 간의 연관성을 정의하려면 각 대안이 기준에 미치는 영향을 이해해야 한다. 예를 들어, 영업 인력을 늘리면 얼만큼의 매출이 증가하는가? 매출량을 3% 증가시키려면 영업 인력을 얼마나 늘려야 하는가? 일반적으로 정보기술은 의사결정 단계 중 설계 단계를 효과적으로 지원하기 어려울 수 있지만, 이 장의 뒷부분에서 설명하는 협업시스템과 화상회의시스템은 유용할 수 있다.

선택 단계

선택 단계(choice phase)는 상대적으로 간단하게 진행될 수 있다. 실질적인 대안 중에서 가장 효과적인 대안을 선택하면 된다. 각 대안과 기준과의 관계를 분석하여 실현 가능한지 여부를 결정하는 것으로 시작한다. 예를 들어, '추가된 각 영업 사원으로 인한 매출이 어떻게 증가할 것으로 예상되는가', '이 결과가 경제적으로 도움이 되는가' 등의 질문에 대해 심도 있는 분석을 시행한 후, 의사결정권자가 최상의 대안을 추천하는 것으로 선택 단계가 종료된다. 만일, 매출 감소 문제에 대해 조직은 목표 시장에 더 많은 영업 사원을 배치하기로 결정했다면, 의사결정지원시스템(DSS)은 이 단계에서 특히 유용할 수 있다. 이러한 시스템은 조직에 가장 적합한 솔루션을 선택하기 위해 가능한 솔루션들을 분류하는데 도움이 된다. 일반적으로 비용-편익 비율을 계산하는 도구가 포함된다. 예를 들어, 조직에서 소매점으로 제품을 배송하는데 사용할 세 가지 운송 시스템을 결정한다고 가정해 보자. 의사결정지원시스템은 비용 요소를 평가하고 비용을 최소화하는 운송 시스템이 이익을 최대화하는 운송 시스템이라 결정할 수 있다. 일반적으로 정보기술은 설계 단계보다 인식 및 선택 단계에서 더 유용하게 쓰일 수 있다.

bloomua/Shutterstock.com

> During the **choice phase**, the best and most effective course of action is chosen.
>
> In the **implementation phase**, the organization devises a plan for carrying out the alternative selected in the choice phase and obtains the resources to implement the plan.

구현 단계

조직은 선택 단계에서 선택한 대안을 수행하기 위해 **구현 단계(implementation phase)**에서 계획을 수립하고 계획을 구현하기 위한 리소스를 확보한다. 즉, 아이디어가 행동으로 전환되는 단계이다. 정보기술, 특히 의사결정지원시스템도 이 단계에서 유용할 수 있다. 의사결정지원시스템은 솔루션이 얼마나 잘 수행되고 있는지에 대한 후속 평가를 수행할 수 있다. 운송 시스템을 선택하는 이전 예의 경우, 의사결정지원시스템은 조직이 선택한 시스템이 예상한 대로 수행되지 않고 있음을 밝히고 대안을 제안할 수 있다.

12-2 의사결정지원시스템

의사결정지원시스템(Decision support system; DSS)은 조직의 의사결정자를 지원하기 위해 설계된 하드웨어, 소프트웨어, 데이터 및 모델(수학 및 통계)로 구성된 대화형 정보시스템으로 반구조화 또는 비구조화 작업에 적합하다. 의사결정지원시스템은 다음 요구 사항을 충족해야 한다.

- 사용자와 상호작용해야 한다.
- 인적 요소와 하드웨어 및 소프트웨어를 통합해야 한다.
- 내부 데이터와 외부 데이터를 모두 사용해야 한다.
- 수학적 및 통계적 모델을 포함해야 한다.
- 모든 조직 수준에서 의사결정자를 지원해야 한다.
- 반구조화 또는 비구조화 작업에 초점을 맞추어야 한다.

A decision support system (DSS) is an interactive information system consisting of hardware, software, data, and models (mathematical and statistical) designed to assist decision makers in an organization. Its three major components are a database, a model base, and a user interface.

The **model base** component includes mathematical and statistical models that, along with the database, enable a DSS to analyze information.

12-2a 의사결정지원시스템의 구성요소

그림 12.2에 표시된 의사결정지원시스템은 데이터베이스, 모델 베이스 및 사용자 인터페이스의 세 가지 주요 구성 요소를 포함한다. 또한, 네 번째 구성 요소인 DSS 엔진은 이러한 주요 구성 요소를 관리하고 조정한다. 데이터베이스 구성 요소에는 내부 및 외부 데이터가 모두 포함되며 데이터베이스 생성, 수정 및 유지 관리를 위해 데이터베이스관리시스템(database management system; DBMS)이 사용된다. 이 구성 요소들을 통해서 의사결정지원시스템이 데이터 분석 작업을 수행하게 된다.

모델 베이스(model base) 구성 요소에는 데이터베이스와 함께 의사결정지원시스템이 정보를 분석할 수 있도록 하는 수학적 또는 통계적 모델이 포함된다. 모델은 실제 상황의 표현이다. 예를 들어, Microsoft Excel에는 수백 개의 재무, 수학 및 통계 모델이 포함되어 있다. Excel에서는 이를 함수라고 표현한다. 의사결정자는 처음부터 자신의 모델을 구축할 수도 있다. Excel의 PMT 함수를 통해 모델을 구축할 수 있다. 대출 상환액을 계산하기 위해 함수에는 이자율, 지불 횟수 및 현재 가치의 세 가

그림 12.2 의사결정지원시스템의 구성 요소

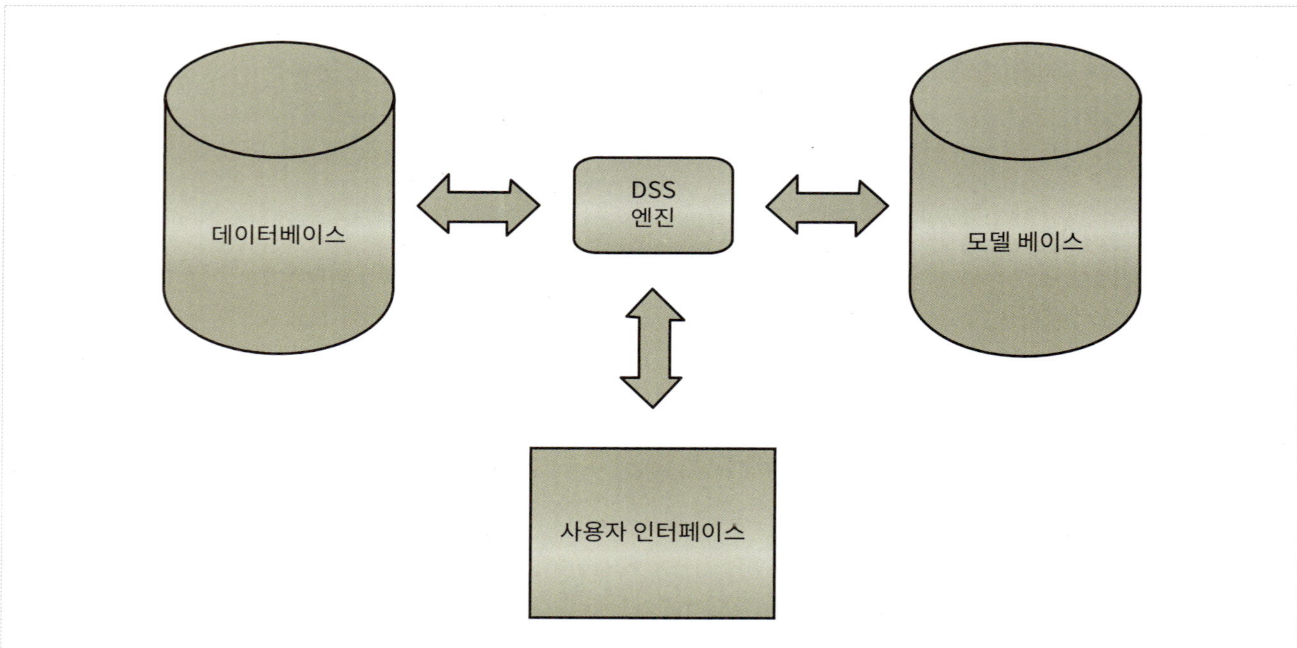

지 입력 변수가 필요하다. 의사결정자는 특정 결과에 도달하기 위해 이러한 변수를 조작할 수 있다. 또 다른 예로 손익분기점을 고려할 수 있다. 고정 비용이 $500, 변동 비용이 단위당 $10, 판매가격이 단위당 $15인 경우 손익분기점은 100단위(units)가 된다. 즉, 100단위 보다 적게 팔면 기업이 손실을 보며 100단위 이상의 매출을 달성하면 수익이 발생하게 된다. 모델베이스관리시스템(model base management system; MBMS)은 DMBS의 작동원리와 유사하게 작업을 수행한다. 예를 들어, 모델베이스관리시스템에는 특정 요인에 따라 예측이 어떻게 달라지는지 보여주는 보고서를 생성할 수 있도록 What-if 분석을 수행하기 위한 도구가 포함될 수 있다. 마지막으로 사용자 인터페이스 구성 요소는 사용자가 결정을 내리는데 도움을 주기 위해 데이터베이스 또는 모델 베이스를 질의할 때와 같이 의사결정지원시스템에 액세스하는 방법이다. 최종 사용자의 관점에서 인터페이스는 의사결정지원시스템의 가장 중요한 부분이며 가능한 한 유연하고 사용자 친화적이어야 한다. 대부분의 의사결정지원시스템 사용자는 컴퓨터 교육을 거의 받지 않은 고위 경영진이므로 이러한 시스템에 있어서 사용자 친화적인 인터페이스를 구축하는 것은 대단히 중요한 요소이다.

Rawpixel/Shutterstock.com

12-2b 의사결정지원시스템의 기능

의사결정지원시스템에는 의사결정을 지원하기 위해 다음과 같은 유형의 기능이 포함된다.

- ***What-if 분석***: "인건비가 4% 증가한다면, 제품의 최종 비용은 어떤 영향을 받는가?", "광고예산이 2% 증가하면 총매출에 미치는 영향은?" 등과 같은 질문에 답하여 한 변수의 변경 효과를 보여준다.
- ***목표 추구(Goal seeking)***: What-if 분석의 정반대 개념이라 생각할 수 있다. 예를 들어, "20만 달러의 수익을 창출하기 위해 제품의 가격을 얼마로 설정해야 하는가?" 또는 "총 매출액 1천 만 달러를 달성하기 위해 광고 예산을 얼마나 책정해야 하는가?"와 같이 특정 목표를 달성하기 위해 필요한 구체적인 답을 제시해 준다.
- ***민감도 분석(Sensitivity analysis)***: 여전히 수익을 내면서 원자재에 대해 지출할 수 있는 최대 가격을 결정하거나, 월 700달러를 납부하고 10만 달러 상당의 주택을 구입하려면 이자율을 얼마나 낮춰야 하는지 결정하는 등 다양한 변수를 적용할 수 있다.
- ***예외 보고 분석(Exception reporting analysis)***: 총 매출액이 가장 높은지역이나 예산을 초과한 생산 센터를 정확히 파악하는 등 정의된 범위를 벗어난 변수의 성과를 모니터링한다.
- ***최적화 분석(Optimization analysis)***: 의사결정자가 이익을 최대화하거나 비용을 최소화하기 위해 주요 변수를 조절할 수 있다. 이러한 상황에서 의사결정자에게는 일련의 제약 조건이 주어진다. 예를 들어, 100단위의 노동력과 200단위의 가죽을 보유하고 있다고 가정해 보자. 이익을 극대화하려면 몇 켤레의 신발과 가방을 만들어야 하는가? 당연히, 신발 한 켤레와 가방 한 개는 서로 다른 양의 자원을 사용하고, 각각의 가방과 신발은 서로 다른 이윤으로 총 이익에 기여한다.

> **Because most DSS users are senior executives with little computer training, user friendliness is essential in these systems.**

일반적인 의사결정지원시스템에는 그래픽 분석, 예측, 시뮬레이션, 통계 분석 및 모델링 분석과 같은 더 많은 기능이 있다.

12-2c 의사결정지원시스템 환경 구축을 위한 역할

의사결정지원시스템을 설계, 구현 및 사용하려면 여러 역할이 필요하다. 여기에는 사용자, 관리 설계자(managerial designer), 기술 설계자(technical designer) 및 모델 개발자(model builder)가 포함된다.

사용자는 의사결정지원시스템을 실제 실무에서 사용하는 객체이기 때문에 가장 중요한 역할을 한다. 따라서 시스템의 성공은 시스템이 요구 사항을 얼마나 잘 충족하는지에 달려 있다. 사용자는 사람 만을 의미하는 것은 아니고 조직 내 부서 또는 조직 단위를 포함할 수 있다.

관리 설계자(managerial designer)는 의사결정지원시스템을 설계하고 사용할 때 관리 문제를 정의한다. 이러한 문제는 시스템의 기술적 측면과 관련이 없다. 그것들은 경영진의 목표와 요구사항과 관련이 있다. 관리 설계자들은 데이터 요구 사항, 필요한 모델, 이러한 모델이 사용되는 방법 및 사용자가 결과(그래픽, 텍스트 등)를 보는 방법 등을 지정한다. 관리 설계자는 통상 아래와 같은 문제들을 해결한다.

- 어떤 유형의 데이터를 수집해야 하며, 어떤 소스로부터 수집해야 하는가?
- 수집된 데이터는 어느정도의 최신 상태를 유지하고 있어야 하는가?
- 데이터를 어떻게 구성해야 하는가?
- 데이터를 어떻게 업데이트 해야 하는가?
- 집계(총액) 데이터와 세분화(항목별) 데이터 간의 균형은 어떻게 유지해야 하는가?

A **managerial designer** defines the management issues in designing and using a DSS. These issues do not involve the technological aspects of the system; they are related to management's goals and needs.

The **technical designer** focuses on how the DSS is implemented and usually addresses questions about data storage, file structure, user access, response time, and security measures.

A **model builder** is the liaison between users and designers. He or she is responsible for supplying information on what the model does, what data inputs it accepts, how the model's output should be interpreted, and what assumptions go into creating and using the model.

기술 설계자(technical designer)는 의사결정지원시스템이 구현되는 방식에 중점을 두고, 일반적으로 다음과 같은 질문을 다룬다.

- 데이터를 어떻게 저장해야 하는가(중앙집중형 또는 분산형)?
- 사용할 파일 구조 유형(순차, 임의 또는 인덱스 순차)은 무엇인가?
- 어떤 유형의 사용자 액세스를 사용해야 하는가? 예를 들어, 쿼리와 같은 메뉴 기반으로 구성할 것인가 아니면 구조화된 쿼리 언어와 같은 명령줄 형식의 창을 제공할 것인가?
- 어떤 종류의 보안대책을 실행해야 하는가?

기술 설계자는 컴퓨터 전문가이거나 회사 외부의 컨설턴트일 수 있으며 상용 의사결정지원시스템 패키지를 사용하거나 시스템 코드를 처음부터 작성할 수 있다.

모델 개발자(model builder)는 사용자와 설계자를 연결하는 역할을 한다. 예를 들어, 디자인 단계에서 모델 개발자는 관리 설계자나 기술 설계자에게 사용자의 요구 사항을 설명할 수 있다. 나중에 구현 단계에서 모델 개발자는 회귀 분석의 결과를 사용자에게 설명하고 모델의 기본 가정, 한계 및 장점을 설명할 수 있다. 모델 개발자는 모델이 하는 일, 모델이 받아들이는 데이터 입력, 모델의 출력을 해석하는 방법, 모델을 만들고 사용하는데 필요한 가정에 대한 정보를 제공할 책임이 있다. 일반적으로 모델이 수행해야 하는 작업에 대한 요구 사항은 관리 설계자에게서 나오고, 모델 구현은 기술 설계자가 수행하며, 모델 사양은 모델 개발자가 제공한다. 모델 개발자는 의사결정지원시스템의 새로운 또는 다른 애플리케이션을 제안할 수도 있다.

12-2d 의사결정지원시스템의 비용과 이점

일부 의사결정지원시스템은 조직에서 이미 사용 가능한 리소스로부터 개발될 수 있으므로 비용을 절감할 수 있지만, 많은 경우 새로운 하드웨어와 소프트웨어가 필요하다. 이러한 투자를 하기 전에 조직은 의사결정지원시스템 사용의 비용과 이점을 잘 따져 보아야한다. 그러나 이러한 시스템은 효율성보다는 효과성에 중점을 두고 있기 때문에 비용과 혜택을 평가하기 어려울 수 있다. 또한 의사결정지원시스템은 시스템 개선을 용이하게 하지만, 반드시 개선의 원인이 되지는 않는다. 예를 들어, 의사소통을 촉진하거나 문제 해결을 촉진하기 위해 금전적 투자에 소극적일 수 있다.

전 MIT 교수인 Peter Keen은 조직에서 의사결정지원시스템을 사용하는 방법에 대한 흥미로운 연구를 수행했으며, 의사결정지원시스템 구축 결정은 비용보다는 가치에 기초한다고 결론지었다. 그는 의사결정지원시스템의 이점을 다음과 같이 설명했다.

- 검증된 대안의 수 증가
- 예상치 못한 상황에 대한 빠른 대응
- 탁월한 의사결정 능력
- 새로운 통찰력과 학습 능력
- 커뮤니케이션 개선
- 생산 비용 통제와 같은 운영의 효율성 달성을 위한 통제 개선
- 더 나은 의사결정을 내리고 짧은 시간에 여러 시나리오(What-if)를 분석할 수 있어 비용 절감
- 보다 효과적인 팀워크
- 시간 절약
- 데이터 리소스의 효율적 사용

이 연구에서 알 수 있듯이, 대부분의 이점은 무형의 것이라서 평가하기 어렵다. 그러나 이러한 이점에 대한 평가는 계산을 수행하는 사람의 역량에 따라 다를 수 있기는 하지만, 어느 정도의 정량화는 가능할 수 있다. 예를 들어, 의사결정지원시스템을 활용함으로써, 즉시 찾을 수 있는 정보를 찾기 위해 2시간을 낭비했다면, 아낄 수 있었던 시간 비용을 수량화 할 수 있을 것이다.

경영진과 직원 간의 의사소통 및 상호작용 개선의 이점은 아마도 수량화 하기 가장 어렵지만 가장 중요한 요소 중에 하나일 것이다. 의사결정지원시스템은 의사결정권자들이 수행하는 과업과 그들이 시간을 소비하는 방법까지도 평가하고 이를 개선시켜 줄 수 있을 것이다. 의사결정권자와 쉽게 소통하며 그들의 과업 수행 방식에 대하여 피드백을 제공하기 어렵다는 측면을 고려하면, 의사소통 마저도 개선할 수 있다는 것은 의사결정지원시스템을 운용하는 주요 목표 중 하나가 될 수 있다.

> **You can quantify the benefit of saving time, for instance, by measuring the two hours a manager wasted looking for information that a DSS could have made available immediately.**

직원이 업무를 수행하는데 의사결정지원시스템이 유용하다고 생각하면, 의사결정지원시스템의 사용 목표를 달성했다고 말할 수 있을 것이다. 예를 들어, 재무 의사결정지원시스템을 사용하여 다양한 시나리오를 분석하는 포트폴리오 관리자는 이자율 및 경제 예측과 같은 다양한 변수를 이 시스템을 활용하면 보다 쉽게 분석할 수 있다는 것을 알게 될 것이다. 관리자는 이 시스템을 통해 여타의 변수들에 대해 빠르고 쉽게 분석하여 어떤 변수가 큰 영향을 미치는지 확인하고 어떤 포트폴리오가 가장 수익성이 높은지 보다 효율적으로 결정할 수 있다. 또한, 일브 의사결정지원시스템은 사무 비용 절감에 도움을 주기도 하고, 어떤 시스템은 의사결정 프로세스를 개선해 주기도 한다. "Decision Support Systems at Family Dollar" 사례는 소매 상품 체인인 Family Dollar의 의사결정지원시스템 애플리케이션에 대해 설명해 준다.

> **Executive information systems (EISs)**, branches of DSSs, are interactive information systems that give executives easy access to internal and external data and typically include "drill-down" features and a digital dashboard for examining and analyzing information.

12-3 중역정보시스템

의사결정지원시스템의 한 부류인 **중역정보시스템(executive information systems; EIS)**은 경영진에게 내부 및 외부 데이터에 쉽게 접근할 수 있도록 하는 대화형 정보시스템으로, 일반적으로 "드릴-다운(drill-down)" 기능(3장에서 설명)과 정보를 검사 및 분석하는 디지털 대시보드(digital dashboard)를 포함한다.

사용편의성(Ease of use)은 중역정보시스템의 성공에 중요한 역할을 한다. 대부분의 중역정보시스템 사용자는 컴퓨터 전문가가 아니기 때문에 시스템의 단순화

Decision Support Systems at Family Dollar

FINANCE | REFLECTIVE THINKING

Tupungato/Shutterstock.com

미국의 North Carolina 주 Charlotte에 본사를 둔 Family Dollar는 46개 주에 8,000개 이상의 매장을 보유한 소매 체인업체이다. 매장은 고객이 빠르게 출입할 수 있도록 설계되었다. 약 5년 전에 회사는 동일 매장 매출 성장이 둔화되고 영업 이익이 감소하는 것을 발견했다. 문제는 고객 선호도에 맞게 전국 각지의 매장을 맞춤화 하는 것이었다. 이 회사는 각지의 지점을 방문하는 고객이 원하는 상품을 적시에 배치하여 고객이 다시 그 매장을 찾아오게 함으로써 매출을 증가시키길 원했고 이를 가능케 하는 의사결정지원시스템이 필요했다. Family Dollar는 이것을 구현하기 위해 SAS Integrated Merchandise Planning 플랫폼을 사용했다. 이 시스템은 전국에 있는 각각의 매장에 맞추어 최적화, 계획 및 분석을 제공하여 재고회전율을 줄이는 데 도움이 되었다.

질문 및 토론

1. 의사결정지원시스템이 Family Dollar에서 개선한 것은 무엇인가?
2. Family Dollar는 왜 의사결정지원시스템이 필요했는가?

A **digital dashboard** integrates information from multiple sources and presents it in a unified, understandable format, often as charts and graphs. It offers up-to-the minute snapshots of information and assists decision makers in identifying trends and potential problems.

가 매우 중요하며, 시스템 설계자는 사용자 인터페이스를 개발할 때, 시스템의 단순화에 중점을 두어야 한다. 일반적으로 그래픽 사용자 인터페이스(Graphical User Interfaces: GUI)가 사용되지만, 멀티미디어, 가상현실, 음성 입출력 등의 기능을 추가하면 사용편의성을 높일 수 있다.

효과적인 중역정보시스템의 또 다른 중요한 요소는 내부 및 외부 데이터에 대한 액세스이다. 중역정보시스템을 활용하여 중역은 추세를 포착하고, 예측하고, 다양한 유형의 분석을 수행할 수 있다. 중역정보시스템을 보다 효과적으로 사용하기 위해 기업은 비즈니스의 성패를 좌우하는 문제와 관련된 데이터도 수집해야 한다. 은행과 금융기관에서는 금리가 중요한 성공 요인으로 간주된다. 자동차 제조업체에게는 대리점의 위치가 중요한 성공 요인이 될 수 있다. 중역정보시스템은 조직의 중요한 성공요인과 관련된 정보를 제공하도록 설계되어야 한다.

대부분의 중역정보시스템에는 **디지털 대시보드(digital dashboard)**가 포함되어 있는데, 이 대시보드는 여러 소스의 정보를 통합하고, 차트 및 그래프와 같이 한 눈에 들어와 이해하기 쉬운 통합 형식으로 표시한다. 디지털 대시보드와 스코어 카드는 최신 정보의 스냅샷을 제공하고 의사결정자가 동향 및 잠재적인 문제를 쉽고 빠르게 식별하는 데 도움이 된다. 일반적인 디지털 대시보드는 통합(consolidation), 드릴-다운(drill-down), 슬라이스 앤 다이스(slice-and-dice) 및 피벗 분석(pivot analysis)을 포함한 네 가지 기능을 제공한다. 통합은 데이터를 집계함을 의미한다. 예를 들어, 캘리포니아 북부, 중부 및 남부 캘리포니아에 대한 판매를 추가하여 캘리포니아 주에 대한 총 판매액을 생성한다. 드릴-다운 분석은 통합의 반대 개념이다. 예를 들어, 캘리포니아의 총 판매량을 북부, 중부, 남부의 세 지역으로 나누고, 세 지역 내 특정 도시나 도시의 일부 등으로 더 세분화될 수 있다. 3장에서 논의한 바와 같이 슬라이스 앤 다이스는 다양한 정보를 분석하여 세분화하거나 특별한 정보(예: 제품의 성능, 특정 기간 및 특정 판매 지역)를 제공한다. 피벗 분석은 동일한 데이터에 대한 다른 관점을 얻기 위해 데이터를 회전시킨다. 예를 들어, 테이블의 행과 열을 바꾸기도 한다. 그림 12.3은 디지털 대시보드의 예를 보여준다.

다음은 중역정보시스템의 몇 가지 중요한 특성이다.

- 경영진의 정보 요구 사항에 맞게 맞춤 제작
- 중요한 데이터의 추출, 압축, 필터링 및 추적 가능
- 온라인 상태 액세스, 추세 분석 및 예외 보고 제공
- 그래픽, 표 및 텍스트 형식의 정보 제공
- 데이터 요약 및 구조화를 위한 통계적 분석 기법 포함
- 다양한 플랫폼 및 데이터 형식의 데이터 검색
- 맞춤형 애플리케이션 개발 도구 포함
- 이메일, 화상 회의 등 전자 통신 지원

그림 12.3 디지털 대시보드

그래프와 차트는 중역정보시스템 환경에서 사용자에게 정보를 전달하는 데 중요한 역할을 한다. 다음은 중역정보시스템에서 사용하는 인기 있는 차트 유형이다.

- **선형 차트(Line charts)** 시계열 차트라고도 불리는 선형차트는 시간에 따른 데이터 변화를 보여준다. 이러한 유형의 분석에서 한 변수는 시간이고 다른 변수는 총 매출, 총 제작비, 총 광고 예산 등이 될 수 있다. 선형 차트를 이용하면 광고 예산 추이, 총 매출 추이, 관리비 추이를 쉽게 나타낼 수 있다.
- **파이 차트(Pie charts)**는 각기 다른 데이터 항목의 비율을 표시하는 데 사용된다. 예를 들어, 총 생산 비용을 유틸리티 비용, 임대 비용 및 공급 비용으로 나누어 표시할 수 있다.
- **막대 차트(Bar charts)**는 데이터 항목 간의 차이점을 강조할 때 유용하게 쓰인다. 예를 들어 막대 차트를 사용하여 특정 회사의 다섯 개 제품에 대한 총 판매 수치를 비교하거나, 다섯 개 유정에 대한 석유 생산 수준을 비교하거나, 여섯 개 주립 대학의 학생 수를 비교하거나, 세 개 주의 판매 데이터를 비교할 수 있다.
- **XY(산점: scatter) 차트**는 두 데이터 세트 간의 관계를 보여준다(예: 총 판매 및 광고 예산, 또는 교육 기간 및 연간 수입).
- **세로 막대형 차트(Column charts)**는 일정 기간 동안의 데이터 변화를 보여주거나 항목 간의 차이를 설명하는 데 유용한다. 예를 들어, 세 개의 특정 기간 동안, 세 명의 영업 사원의 성과를 비교하거나, 세 개의 서로 다른 지역에서 세 제품의 판매 성과를 비교할 수 있다.

일반적으로 경영진은 중역정보시스템으로부터 지원받을 수 있는 여섯 가지 작업(성과 추적, 예외 플래그 지정, 순위 지정, 비교, 동향 파악, 조사/탐색)을 수행한다. 예외 또는 편차 보고는 관리자가 비정상적이거나 정상적인 범위를 벗어난 데이터에 플래그를 지정하는데 사용되는 또 다른 유용한 기술이다. 비정상적 이벤트와 주기적 이벤트를 모두 정의하여 시각적 신호를 트리거 하거나 지능형 에이전트를 활성화하여 특정 작업을 수행할 수 있다. 13장에서 다루는 지능형 에이전트는 반복적인 작업을 수행하고 지정된 조건에 따라 결정을 내리도록 프로그래밍할 수 있는 "스마

Line charts (or time-series charts) show data changes over time.

Pie charts are used to show the proportions of different data items.

Bar charts emphasize the differences among data items.

XY (scatter) charts show relationships between two sets of data—for example, total sales and advertising budgets or years of education and yearly income.

Column charts are useful for showing data changes over a period of time or for illustrating comparisons among items.

트" 프로그램이다. 그림 12.4는 중역정보시스템 플랫폼인 Tableau의 화면을 보여준다.

12-3a 중역정보시스템을 사용하는 이유

중역정보시스템은 관리자에게 효과적인 분석 및 의사결정 도구를 제공할 수 있으며, 경영진이 중요한 결정을 내리는데 도움이 되는 데이터를 시각화 하여 제공한다. 또한, 경영진은 중역정보시스템을 사용하여 다른 사람과 정보를 더 빠르고 쉽게 공유할 수 있다. 관리자는 이러한 도구를 사용하여 다음과 같은 방식으로 의사결정의 효율성과 효과성을 향상시킬 수 있다.

- 관련 정보에 대한 빠르고 쉬운 액세스를 제공하여 관리자의 생산성을 높인다.
- 관리자가 다양한 비즈니스 시나리오를 분석하고, 특정 의사결정이 조직에 미치는 영향을 쉽게 확인할 수 있도록 중요 정보를 막대 차트나 그래프와 같은 다른 형식으로 변환하여 시각화된 자료로 제공한다.
- 제조 공장의 수익성 및 생산 비용에 대한 데이터를 바탕으로 동향을 파악하고 예외를 보고하여, 공장을 폐쇄하는 것이 공장을 계속 유지하는 것보다 유익한지의 여부를 객관적으로 판단할 수 있게 돕는다.

12-3b 중역정보시스템의 설계 및 사용에 있어서의 실패 방지

다른 관리지원시스템과 마찬가지로 중역정보시스템의 효과적인 설계 및 구현에는 최고 경영진의 지원, 사용자 참여 및 적절한 기술이 요구된다. 아래의 상황은 중역정보시스템 도입 실패를 야기할 수 있다.

- 기업 문화가 준비되지 않았거나, 중역정보시스템 도입을 위한 프로젝트에 대한 조직의 저항이 있거나, 구성원들이 시스템 도입이 중요하지 않다고 생각한다.
- 경영진이 관심을 갖지 않거나, 프로젝트에 전념하지 않는다.
- 목표 및 정보 요구사항을 명확하게 정의할 수 없거나, 시스템이 목표를 충족하지 못한다.
- 시스템의 목표가 조직의 성공에 중요한 요소들과 관련이 없다.
- 프로젝트에 투입되는 비용이 적절하지 않다.

그림 12.4 Salesforce 스타터 시스템

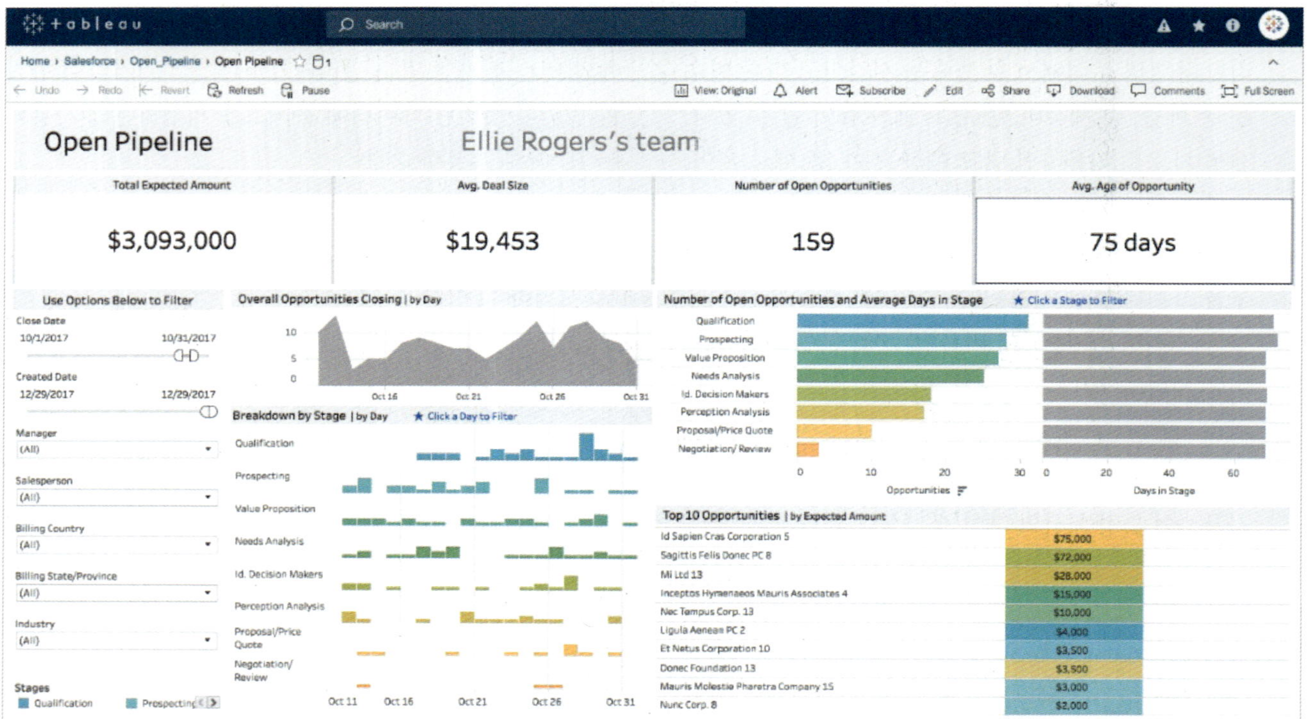

- 애플리케이션 개발에 시간이 너무 많이 걸리거나, 시스템이 너무 복잡하다.
- 시스템 공급업체의 지원이 중단되었다.
- 일부 중역정보시스템에는 임원의 업무에 대한 이해가 부족하여 고위 임원이 필요로 하는 정보가 포함되어 있지 않다. 설계자는 시스템을 설계하기 전에 임원진이 어떤 유형의 정보를 필요로 하는지 결정해야 한다. "Executive Information Systems at Hyundai Motor Company" 사례는 현대자동자에서의 EIS 애플리케이션을 소개하고 있다.

12-4 지리정보시스템

경영진은 종종 다음과 같은 질문에 답해야 한다.

- 가장 많은 고객을 유치하기 위해 새로운 매장은 어디에 개점해야 하는가?
- 환경에 미치는 영향을 최소화하기 위해 신공항은 어디에 위치해야 하는가?
- 배송을 위한 트럭의 운행 시간을 줄이기 위해 어떤 경로로 운행해야 하는가?
- 법 집행 자원을 어디에 배치해야 하는가?

A geographic information system (GIS) captures, stores, processes, and displays geographic information or information in a geographic context, such as showing the location of all city streetlights on a map.

잘 설계된 **지리정보시스템(geographic information systems; GIS)**은 이러한 질문에 답할 수 있다. 이 시스템은, 지도에 모든 도시의 가로등 위치를 표시하는 것과 같이, 지리정보 또는 지리학적 콘텍스트에서 특정 정보를 캡처, 저장, 처리 및 표시한다. 지리정보시스템은 선 네트워크(도로, 강, 거리) 및 보고 구역(우편번호, 도시, 카운티,

Executive Information Systems at Hyundai Motor Company

FINANCE | REFLECTIVE THINKING | GLOBAL

JuliusKielaitis/Shutterstock.com

현대자동차는 세계 최대의 자동차 제조업체 중 하나이다. 65,000명 이상의 직원을 고용하고 있으며 서울, Tokyo, Peking, Detroit, 그리고 Frankfurt에 제조 공장 뿐 아니라 전 세계에 여러 자회사를 두고 있다.

SAS 소프트웨어로 설계된 현대자동차의 중역정보시스템은 기업 전체 경영진의 의사결정을 지원하고 촉진한다. 기업정보관리시스템(Enterprise Information and Management System: EIMS)이라고 하는 이 시스템에는 경고 시스템, 목표지향 시스템 및 의사결정지원시스템 등 세 가지 주요 구성 요소가 있다. 경고 시스템은 현재 판매 및 생산량 수치에 대해 경영진에게 경고하고 과거 실적과 비교하고 편차를 적시에 제공해 준다. 이를 통해 실적이 좋지 않은 부문에 대해 임원들의 관심을 끌 수 있다. 목표지향 시스템은 회사가 설정한 장기 목표를 달성하기 위해 회사가 추진하고 있는 사업의 진행 상황에 대한 정보를 경영진에게 계속하여 전달한다. 의사결정지원시스템 구성 요소는 경영진에게 의사결정 활동과 관련된 시기 적절하고 정확한 정보를 제공한다. 필요한 정보를 전달하기 위해 시스템은 인적 자원, 국내외 판매 및 생산 데이터를 수집한다. 기업정보관리시스템을 통해 경영진은 사전 예방적 방식과 사후적 방식으로 의사결정을 내릴 수 있다.

질문 및 토론

1. 현대자동차의 기업정보관리시스템의 세 가지 주요 구성 요소는 무엇인가?
2. 기업정보관리시스템의 데이터 출처는 어디인가? 이 데이터들은 경영진의 의사결정을 지원하는데 어떻게 사용되는가?

주)을 포함하여 복잡한 지리적 개체의 좌표를 저장하기 위해 공간 및 비공간 데이터와 전문 기술을 사용한다. 대부분의 지리정보시스템은 분석 결과를 지도에 중첩하여 표시할 수도 있다. 일반적으로 지리정보시스템은 세 가지 지리적 개체를 사용한다.

- ***점(points)*** - 공항이나 레스토랑의 위치와 같은 지도 상 선의 교차점
- ***선(lines)*** - 일반적으로 지도 상 점들의 연속된 연결(예: 거리 또는 강)
- ***지역(area)*** - 일반적으로 특정 우편번호 권역이나 큰 관광명소와 같은 지도의 한 부분

디지털화된 지도와 공간 지향 데이터베이스는 지리정보시스템의 두 가지 주요 구성 요소이다. 예를 들어, Oregon주 Portland 남서부에 새 매장을 열고 계획된 위치에서 도보 거리 내에 거주하는 사람이 몇 명인지 알고 싶다고 가정해 보자. 이 시스템을 사용하면 미국 전체가 보이는 지도로 시작하여, 내가 원하는 지점에 도달할 때까지 계속하여 확대를 할 수 있다. 계획된 매장 위치를 지도에 표시하고 주변에 원을 그려 합리적인 도보 거리를 나타낼 수 있다. 다음으로, 특정 구역 내 거주자들의 특정 데이터(소득 수준, 연령, 결혼 여부 등)를 얻을 수 있다. 지리정보시스템은 특정 고객에 집중할 수 있는 모든 종류의 정보를 제공할 수 있다. 이 시스템은 다음 작업을 수행할 수 있다.

- 제조 공장의 평방 피트와 같은 공간 속성을 지도의 점, 선 및 다각형과 연결한다.
- 지도와 데이터베이스의 데이터를 쿼리와 통합(예: 상대적으로 소득이 높은 노인 인구가 많은 우편번호 권역 찾기) 한다.

분석 기능을 갖춘 지리정보시스템은 공간 데이터를 해석하여 의사결정의 영향을 평가한다. 모델링 도구 및 통계 기능은 추세 분석 및 시뮬레이션을 포함한 예측 목적으로 사용된다. 많은 지리정보시스템은 매핑된 영역과 관련된 비공간 데이터를 동시에 볼 수 있도록 다중 창을 제공한다. 또한 포인트, 라인 및 다각형을 색상으로 코딩하여 비공간 특성을 나타낼 수 있다. 확대/축소 기능은 다양한 세부 수준으로 지리적 영역을 보는데 유용하다. 지도 오버레이는 지정된 지역의 주유소, 공립학교 또는 패스트푸드점과 같은 위치정보를 확인하는데 유용할 수 있다. 버퍼링 기능은 인구 밀도를 기반으로 새 매장 위치를 찾는 것과 같이 특정 기준을 충족하는 위치를 강조 표시하는 핀 맵을 만든다. 그림 12.5는 지리정보시스템 소프트웨어의 주요 공급업체인 Environmental Systems Research Institute(ESRI)의 시각 자료를 사용하는 Microsoft Power BI의 출력 예를 보여준다. 다양한 지도 유형은 www.esri.com에서 확인이 가능하다.

그림 12.5 지역 별 판매 리드 현황: 핀 맵 사례

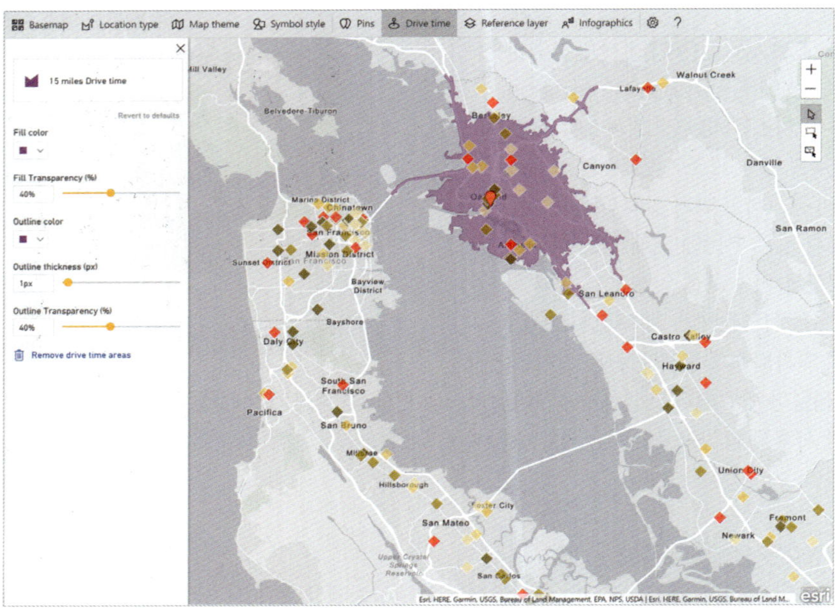

지리정보시스템의 일반적인 예는 Google Maps에서 운전 경로를 얻는 것이다. 출발지에서 목적지까지의 경로를 식별하고, 지도에 경로를 오버레이하고, 주변 랜드마크의 위치를 표시하고, 거리 및 운전 시간을 추정하는 대화형 지리정

A GIS can provide all kinds of information that enables you to zero in on specific customers.

보시스템이다. 또한, 다른 지점을 드래그하여 경로를 변경할 수 있고, 대체 경로(예: 고속도로 대신 이면도로를 택하는 경우 등)에 대해 What-if 분석을 수행할 수 있기 때문에, 어떤 경로가 가장 좋은지 결정하는데 도움을 주는 의사결정지원시스템으로 간주되기도 한다. Google Maps에는 경로를 시각화 하는데 도움이 되는 사용자 친화적인 인터페이스를 갖추고 있으며, 결정을 내린 후에는 운전 방향과 지도를 인쇄할 수 있다.

12-4a 지리정보시스템의 응용

지리정보시스템은 다양한 소스의 공간 데이터를 통합하고 분석한다. 주로 정부 및 유틸리티 회사에서 사용되지만, 특히 마케팅, 제조, 보험 및 부동산 관련 업계의 많은 기업이 사용하고 있다. 대부분의 애플리케이션은 데이터를 정보로 변환하고, 데이터를 지도와 통합하고, 다양한 유형의 분석을 수행하기 위해 지리정보시스템이 필요하다. 지리정보시스템을 응용한 프로그램은 다음과 같은 범주로 분류할 수 있다.

- ***교육 계획*** - 학군 경계를 변경하거나 새 학교를 지을 위치를 결정하기 위해 인구 통계학적 데이터를 분석한다.
- ***도시 계획*** - 대중 교통 시스템에서 승객수의 변화를 추적하기도 하고, 인구 통계 데이터를 분석하여 새로운 선거구(투표 구역)를 결정한다.
- ***정부*** - 긴축 예산에 대처하면서 인력과 장비를 최대한 활용하고, 범죄 및 화재 현장에 인력과 장비를 파견하고 범죄 통계를 유지한다.
- ***보험*** - 자연 재해 다발 지역, 범죄율 지수 등과 같은 잠재적 위험에 대한 정보(일부 연방 및 주 기관의 정보)를 찾기 위한 검색 기능과 행정구역 경계, 주소 및 우편 번호와 같은 데이터를 결합한다.
- ***마케팅*** - 잠재 고객이 가장 많이 집중된 지역을 정확히 파악하고, 지리적 맥락에서 매출 관련 통계수치를 표시하고, 인구 통계 및 라이프 스타일 데이터를 평가하여 새로운 시장을 식별한다. 또한, 특정 인구를 대상으로 신제품을 타겟팅하고, 새로운 매장 위치와 관련하여 시장 점유율 및 인구 증감 추세를 분석한다. 지리적 위치를 기반으로 소매점들의 위치를 평가한다. 예를 들어, Pepsico는 지리정보시스템을 사용하여 새로운 Pizza Hut 및 Taco Bell 매장을 위한 최적의 위치를 찾는다.

  GM은 지리정보시스템을 사용하여 고객이 특정 GM 모델을 구매하는 위치를 결정한 다음, 해당 지역에 구체적으로 광고를 타겟팅한다. 과거에 GM의 광고는 "샷건 접근법(shotgun approach)"인 일반 대중을 대상으로 했다. GM의 고급 네트워크 분석 관리자인 Bruce Wong은 "지리정보시스템을 사용하면 더 적은 비용으로 더 높은 매출을 올릴 수 있다"고 주장한다.

  미국에서 가장 큰 약국 체인 중 하나인 Walgreens는 모든 종류의 활동에 지리정보시스템 애플리케이션을 사용한다. 그들은 이 시스템을 사용하여 지역 사회의 동향을 시각화하고, 수요에 맞추어 백신을 주문하여 수요부족을 방지하고 있다.

- ***부동산*** - 인구 조사 데이터, 다양한 매물 목록 파일, 모기지 정보 및 구매자 프로필의 조합을 사용하여 구매자의 선호도 및 가격 범위에 맞는 부동산 매물을 제공한다. 지리정보시스템은 비교 가능한 지역의 평균 판매 가격을 식별하기 위해, 전체 도시를 조사하여 주택 판매 가격을 설정하는데 도움을 주기도 한다. 또한, 지리정보시스템은 국가 및 지역 경제 동향과 지역 부동산 수요 간의 관계를 결정하기 위한 평가 목적으로 사용될 수도 있다.
- ***운송 및 물류*** - Uber는 고객이 스마트폰에서 픽업 위치를 설정할 수 있는 앱을 위해 지리정보시스템 애플리케이션을 사용한다. 이 앱을 통해 고객은 운전자의 사진을 확인할 수 있고, 차량의 위치를 추적할 수 있으며, 주행이 끝나면 운전자의 성과를 평가할 수 있다. 등록된 신용카드를 통해 고객은 정확하고 신속하게 거래를 완료할 수 있다.

웹 사이트 "gisgeography.com/gis-applicationsuses/"에는 56개 범주로 분류된 1,000개 이상의 지리정보시스템 애플리케이션이 나열되어 있고 정기적으로 업데이트 중이다. 이 웹 사이트를 통해 개인적 관심사 뿐 아니라 전문적인 관심사와 관련 있는 분야의 정보를 찾을 수 있다.

"GISs for Fighting Disease" 사례에서는 지리정보시스템을 사용하여 질병의 확산을 모니터링하고 줄이는 방법에 대해 설명한다.

GISs for Fighting Disease

FINANCE | APPLICATION | TECHNOLOGY IN SOCIETY | REFLECTIVE THINKING | GLOBAL

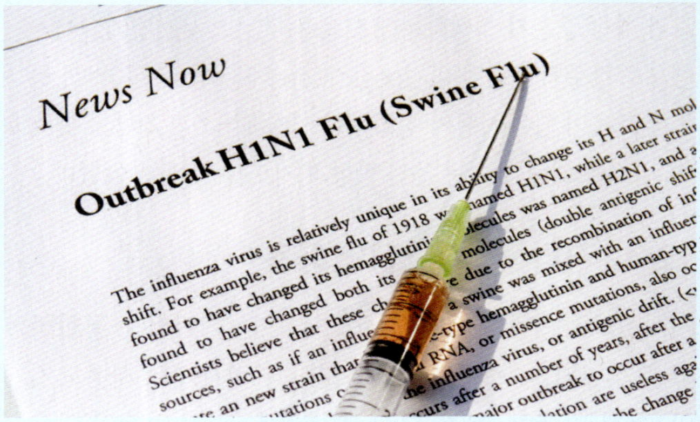

Patricia Hofmeester/Shutterstock.com

전 세계의 공중 보건 담당자들과 정부 기관은 지리정보시스템, 인구 통계 정보, 원격 감지 데이터 및 Google Maps를 사용하여 조류 독감, 말라리아, H1N1(돼지 독감), SARS 등과 같은 질병 퇴치를 위해 노력하고 있다. 보건 담당자들은 이 시스템을 사용하여 전염병 확산 지도를 작성하고, 전염병이 발병하기 전에 고위험 인구 지역을 식별할 수 있다. 이는 발병 원인을 추적하여 사망률을 낮추고 전염병의 확산을 줄이는데 도움이 될 수 있다. 지리정보시스템은 다음 작업에서도 유용할 수 있다.

- 수인성 질병의 오염된 수원 탐색
- 확진 및 의심 사례를 지도에 표시
- 기존 의료 인프라 식별
- 보건의료센터까지의 이동거리 및 대중교통 이용 가능 여부 결정
- 바이러스 돌연변이 발생 여부 및 위치 모니터링, 감염자 또는 동물의 조기 식별 지원
- 질병의 지리적 분포 파악
- 방역 개입 계획 및 타겟팅
- 의료 종사자, 장비 및 용품을 원격으로 이동
- 가까운 의료기관 찾기

질문 및 토론

1. GIS를 사용하여 추적할 수 있는 질병의 세 가지 예는 무엇인가?
2. 여러분에게 친숙한 GIS 애플리케이션 세 가지에 대해 설명하시오.

12-5 협업시스템

오늘날의 비즈니스 환경에서 의사결정권자는 때때로 그룹으로 작업하므로 그룹 컴퓨팅(group computing) 또는 협업 컴퓨팅(collaborative computing)이라는 용어가 자주 사용된다. 모든 주요 소프트웨어 공급업체는 이 시장에 진입하거나, 빠르게 성장하는 이 분야에서 시장 점유율을 높이기 위해 경쟁하고 있다.

협업시스템(collaboration systems)은 팀의 의사소통, 협업 및 다양한 활동의 조정에 도움을 준다. 공유 환경과 정보에 대한 액세스를 제공하여 의사결정자를 지원하는 애플리케이션 모음이다. 공유 환경은 데이터베이스, CEO의 이메일 또는 신제품이나 서비스를 홍보하는 비디오 클립이 될 수 있다. 다양한 기능과 가격표를 가진 수백 개의 협업 소프트웨어가 시장에 출시되어 있다.

> **collaboration system** or software assists teams in communicating, collaborating, and coordinating their activities.

협업 소프트웨어의 장점은 다음과 같다.

- 의사결정자가 다른 팀원들과 보다 쉽게 의사소통 할 수 있도록 돕는다.
- 생산성을 높인다.
- 의사결정자가 전 세계에 흩어져 있는 팀원들과 조정하고 협업할 수 있다.
- 팀워크를 용이하게 한다.
- 모든 팀원에게 적시에 정보를 제공하여 업무 수행 시간을 절약할 수 있다.
- 의사결정자의 이동을 줄여주기 때문에 비용(항공료, 호

텔 및 식사 비용 포함)과 스트레스 수준을 감소시킨다.

- 의사결정자들은 먼 거리를 여행하지 않기 때문에 구성원과 소통하고 문제 해결할 시간을 보장받는다.
- 협업을 늘리면 의사결정자의 효율성이 향상된다.

협업 소프트웨어의 단점은 다음과 같다.

- **대면 접촉의 부족**: 인간의 손짓, 악수, 눈맞춤 및 기타 비언어적 신호가 부족하여 회의의 효율성을 저해할 수 있다. 그러나, 가상현실 기술의 발전(14장 참조)은 이 문제를 해결할 수 있다.
- **불필요한 회의**: 협업 세션을 주선하기가 쉽기 때문에 필요 이상의 회의를 개최하는 경향이 있어 시간과 에너지를 낭비할 여지가 있다.
- **보안 문제**: 협업 소프트웨어는 다른 데이터 통신 시스템과 동일한 보안 문제를 가지고 있기 때문에, 개인 또는 조직의 정보가 권한이 없는 사람의 손에 들어갈 가능성이 있다. 협업 세션에 액세스하고 데이터를 전송하기 위한 엄격한 보안 조치는 필수적이다.

12-5a 협업 소프트웨어 유형

협업 소프트웨어는 동기식 및 비동기식의 두 가지 형식으로 나눌 수 있다. 동기식 또는 실시간 소프트웨어를 사용하면 팀원들이 동시에 함께 작업할 수 있다. 예를 들어, 팀원들은 문서를 편집하거나 동시에 브레인스토밍 세션을 수행할 수 있다. 비동기식 소프트웨어를 사용하면 팀원들이 서로 다른 시간에 함께 작업할 수 있다. 이메일은 비동기식 도구의 한 예이다. 예를 들어, 팀원이 다른 팀원에게 메시지를 남기거나 문서를 보낼 수 있다. 수신자는 나중에 응답할 수 있다. 협업 소프트웨어는 특징과 기능에 따라 크게 통신 소프트웨어, 작업 관리 소프트웨어, 문서 및 콘텐츠 관리 소프트웨어의 세 가지로 나눌 수 있다.

음성 및 화상 회의를 포함하는 **통신 소프트웨어(Communication software)**는 실시간 통신을 가능하게 하는 채팅, 메시징 또는 비디오 기능을 제공한다. 여기에는 다이렉트 메시지를 사용한 문자 대화나 그룹 채팅 또는 비공개 또는 공개 채널의 화상 통신이 포함될 수 있다. 화상 회의 기능을 사용하면 팀 구성원이 위치에 관계없이 서로 보며 대화할 수 있다. 팀 구성원은 다른 팀원을 방해하지 않고 그룹 채팅이나 비공개 채널에서 하나의 특정 메시지에 답장할 수 있다. 또한, 통신 소프트웨어는 파일을 빠르고 쉽게 업로드하고 공유할 수 있는 파일 공유 기능을 제공한다. 이 중 시장에서 인지도가 높은 상위 세 개의 협업 소프트웨어 프로그램은 Slack, Zoho Cliq, 그리고 join.me 이다. 이 소프트웨어 그룹에서 화상 회의 기능을 사용하는 것 외에도 팀 구성원은 타사 도구를 사용할 수도 있다.

작업 관리 소프트웨어(Task management software)를 사용하면 팀 구성원이 작업의 우선 순위를 지정하고 추적할 수 있으므로 마감일을 추적하는 데 도움이 된다. 이 프로세스를 보다 효율적으로 만들기 위해 소프트웨어는 보드, 타임라인 및 캘린더를 제공한다. 주문 입력 시스템 설계 또는 전자상거래 웹 사이트 설계와 같은 모든 IT 프로젝트에는 프로젝트가 가동되기 전에 완료해야 하는 여러 작업이 포함된다. 작업 관리 소프트웨어는 팀 구성원이 작업관리 목록 및 기타 노트를 한 곳에 보관할 수 있도록 도와준다. 팀 구성원이 다른 작업을 시작하기 전에 작업을 진행하고 작업 진행률을 효과적으로 모니터링할 수 있도록 지원한다. 대부분의 경우, 이러한 작업은 서로 관련되거나 종속되지 않고 독립적이다. 작업 관리 소프트웨어는 비교적 배우기 쉽고 거의 모든 플랫폼에서 액세스할 수 있다. 한편, 프로젝트 관리 소프트웨어(2장과 10에서 논의)는 프로젝트를 완료하기 위한 협업과 조정을 관장하는 소프트웨어다. 프로젝트 관리 도구와 작업 관리 앱 사이에는 길부 중복되는 부분이 있다. 후자는 팀의 각 구성원의 생산성을 향상시키는 것에 초점을 맞추고 있다. 최근의 한 연구는 프로젝트와 그의 성과 및 완료 시간에 대한 몇 가지 흥미로운 사실을 밝혀냈다. 조직의 총비용의 9.9%가 부실한 프로젝트의 성과로 인해 낭비되고 있으며, 43%의 프로젝트가 예산 내에서 완료되지 않으며, 48%의 프로젝트가 제 시간에 완료되지 않는다는 사실이다.

작업 관리 소프트웨어의 주요 기능은 다음과 같다.

- 작업 생성 및 관리를 위한 보드

Communication software, which also includes audio and video conferencing, provides chat, messaging, or video features that enable real-time communication.

Task management software enables team members to prioritize and track tasks, which helps to keep track of deadlines.

Document and content management software enables team members to store, share, and work together on different files.

- 다양한 작업에 팀 구성원을 지정하는 작업 할당 도구
- 작업 이동 및 프로젝트 일정 설정을 위한 작업 우선 순위 도구
- 일정표와 달력을 사용하여 계획을 세우고 마감일을 맞추기 위한 계획 및 일정 도구
- 파일 업로드 및 공유를 위한 파일 관리 도구

상위 세 개의 작업 관리 소프트웨어에는 Asana, Zoho Connect, 그리고 Wrike가 있다.

문서 및 콘텐츠 관리 소프트웨어(Document and content management software)를 사용하면 팀 구성원이 서로 다른 파일을 저장, 공유하거나 함께 작업할 수 있다. 이러한 도구의 대부분은 서로 다른 팀 구성원이 수행한 변경 내역을 추적할 수 있도록 돕는다. 문서 및 콘텐츠 관리 소프트웨어의 주요 기능은 다음과 같다.

- 팀 구성원이 문서와 파일을 저장하고 추적할 수 있도록 지원하는 문서 및 콘텐츠 관리 도구
- 팀 구성원이 함께 콘텐츠를 작성하고 일관된 전문 비즈니스 문서를 작성할 수 있는 비즈니스 작성 도구
- 여러 팀 구성원이 같은 문서를 동시에 편집하고 변경 사항을 실시간으로 볼 수 있는 동기식 편집 도구
- 팀원들이 더 빠르게 문서를 작성할 수 있도록 지원하는 다양한 템플릿

상위 세 개의 문서 및 콘텐츠 관리 소프트웨어에는 Google Apps for Work, Confluence, 그리고 Samepage가 포함된다. Microsoft Office SharePoint Server는 문서와 웹 서비스를 생성, 관리 및 공유하는 데 널리 사용되는 공동 작업 소프트웨어이기도 하다. 앞에서 제시된 "Microsoft Office SharePoint Server: A Popular Collaboration Platform." 사례와 "Remote Collaboration with Google Apps for Work" 사례는 원격 협업을 위한 포괄적인 도구에 대하여 설명해 준다.

12-5b 어떤 협업 소프트웨어가 적합한가?

앞서 언급했듯이, 시장에는 다양한 가격대의, 다양한 기능을 가진 다양한 협업 소프트웨어가 있다. 하나를 선택하기 전에 다음 요소를 고려해야 한다.

1. 요구 사항을 정의한다. 어떤 목적을 위해 협업 소프트웨어가 필요한가? 협업 소프트웨어는 많은 기능을 제공한다. 그러나, 이들 모두가 이러한 모든 기능을 제공하는 것은 아니다. 특정 소프트웨어의 제안과 귀하의 요구 사항을 비교해야 한다. 예를 들어, 디지털 대시보드가 요구 사항 중 하나인 경우, 염두에 두고 있는 소프트웨어가 이 기능을 제공하는지 확인해야 한다.

Microsoft Office SharePoint Server: A Popular Collaboration Platform

FINANCE | APPLICATION | TECHNOLOGY IN SOCIETY | REFLECTIVE THINKING

Microsoft Office 제품군의 일부인 Microsoft Office SharePoint Server 2019는 협업을 개선하고, 콘텐츠 관리 기능을 제공한다. 또한, 비즈니스 프로세스를 수행하고, 조직 목표에 필수적인 정보에 대한 액세스를 제공하는 데 사용된다(https://docs.microsoft.com/en-us/sharepoint/what-s-new/new-and-improved-features-insharepoint-server-2019). 콘텐츠 게시, 콘텐츠 관리, 기록 관리 및 비즈니스 인식 요구 사항을 지원하는 SharePoint 사이트를 만들 수 있다. 아울러 사람, 문서 및 데이터에 대한 검색을 수행하고, 대량의 비즈니스 데이터에 액세스하여 분석할 수 있다. SharePoint Server 2019는 직원이 팀 구성원과 협업하고, 조직 리소스를 찾고, 전문가 및 정보를 검색하며, 콘텐츠 및 워크플로를 관리하고, 찾은 정보를 사용하여 더 나은 의사결정을 내릴 수 있는 단일한 통합 공간을 제공한다.

질문 및 토론

1. Microsoft Office SharePoint Server의 두 가지 비즈니스 애플리케이션은 무엇인가?
2. Microsoft Office SharePoint Server의 두 가지 특징과 기능은 무엇인가? 그리고 이것은 조직에서 어떻게 사용될 수 있는가?

Remote Collaboration with Google Apps for Work

FINANCE | APPLICATION | TECHNOLOGY IN SOCIETY | REFLECTIVE THINKING

Yeamake/Shutterstock.com

지금까지 학습한 바와 같이 원격 협업에 사용할 수 있는 도구가 많이 있다. Google Apps for Work는 사용자가 효과적인 방식으로 원격으로 협업할 수 있는 가장 완벽한 옵션 중 하나를 제공한다. 네 가지 주요 구성 요소에는 커뮤니케이션, 저장, 협업 및 협업 프로세스 관리를 위한 도구가 포함된다.

커뮤니케이션을 위해 Gmail, Hangouts(음성 및 영상 통화용), Calendar를 제공한다. 문서 및 협업 콘텐츠의 저장, 공유, 동기화를 위해 Drive를 사용할 수 있다. 협업을 위해 Docs(워드 프로세싱), Sheets(스프레드시트), Forms(설문조사 및 설문지), Slides(프레젠테이션) 및 Sites(웹 사이트)를 제공한다.

관리를 위해 Admin 및 Vault가 사용된다. Admin은 사용자 추가 및 삭제, 장치 관리, 보안 및 개인 정보 설정을 가능하게 한다. Admin 및 Vault는 데이터와 협업 프로세스의 개인정보 보호 및 무결성을 유지하기 위한 도구를 제공한다. Vault는 협업 세션의 콘텐츠를 관리, 저장, 검색 및 내보내는 데에도 사용된다.

Google Drawings은 순서도, 밴다이어그램 및 기타 차트를 만드는 데 사용할 수 있다. 이러한 도구는 모두 클라우드 기반이며 언제든지 사용할 수 있다.

질문 및 토론

1. Google Apps for Work의 두 가지 비즈니스 애플리케이션은 무엇인가?
2. Google Apps for Work의 두 가지 특징 또는 기능은 무엇인가?

2. 협업 소프트웨어는 다양한 가격대의 소프트웨어들이 있다. 가장 비싼 소프트웨어가 반드시 가장 적합한 것은 아니다. 필요한 모든 기능을 제공하는 더 저렴한 소프트웨어를 선택할 수도 있다.
3. 공급업체의 지원이 중요하다. 모든 공급업체가 동일한 품질의 서비스를 제공하는 것은 아니다. 공급업체의 지원, 업데이트 및 패치 빈도, 뉴스레터 가용성 및 사용자 그룹을 평가해야 한다. 이들은 모두 최종 결정을 내리기 전에 고려해야 하는 중요한 요소이다.

12-6 경영지원시스템 설계를 위한 지침

경영지원시스템(Management Support Systems: MSS)을 설계하기 전에 시스템의 목표를 명확하게 정의한 다음, 10장에서 논의한 시스템 개발 방법을 따를 수 있다. 경영지원시스템은 여타의 정보시스템과 다소 다르기 때문에 이를 설계할 때, 목적 상 중요한 요소들은 다음과 같다.

- ***최고 경영진의 지원*** - 최고 경영진의 전폭적인 지원 없이는 시스템의 성공 가능성이 낮다.
- ***목표와 혜택의 명확한 정의*** - 비용은 항상 화폐단위로 계산되지만, 혜택은 질적으로 계산된다. 설계팀은 최고 경영진에게 설득력 있는 사례를 제시하기 위해 모든 비용과 혜택을 식별하는 데 시간을 할애해야 한다. 고객 서비스 개선과 같은 무형의 이점이 있는 경우, 설계 팀은 이점을 판매 증가와 같은 측정 가능한 요소와 연관시켜야 한다.
- ***경영진의 정보 요구 파악*** - 경영진이 사용하고 있는 의사결정 프로세스를 조사하여, 어떤 종류의 의사결정을 내리고 있는지, 어떤 종류의 정보를 사용하여 이러한 의사결정을 내려야 하는지 확인한다.

- ***개방적 의사소통 라인 유지*** - 주요 의사결정자가 경영지원시스템 설계에 참여하도록 하기 위해 의사소통 라인을 개방적으로 유지하는 것이 중요하다.
- ***시스템의 복잡성은 숨기고 인터페이스는 단순하게 유지*** - 경영진에게 시스템을 설명할 때, 시스템이 너무 기술적이라고 생각하면 흥미를 잃을 수 있으므로 가급적 기술적인 용어의 사용은 자제하라. 예를 들어, 경영진은 플랫폼이나 소프트웨어 선택에는 관심이 없다. 그들의 주요 관심사는 가능한 가장 간단한 방법으로 필요한 정보를 얻는 것이다. 또한, 시스템은 교육을 거의 또는 전혀 받지 않고도 경영진이 쉽게 배울 수 있어야 한다. 대부분의 경영진에게 인터페이스는 시스템 자체로 여겨지기 때문에, 시스템의 인터페이스를 사용하는데 있어서의 용이성은 시스템 성공의 중요한 요소이다.
- ***모양과 느낌을 일관되게 유지*** - 설계자는 일관성과 사용의 편의성을 위해 창, 메뉴 및 대화 상자에서 표준 레이아웃과 표준 색상을 사용해야 한다. 그렇게 하면 시스템의 데이터베이스 부분을 배운 사용자라도 인터페이스에 익숙하지 않더라도 문제 없이 보고서 생성 부분도 친숙하게 사용할 수 있다. Microsoft Office는 모든 애플리케이션에서 "도구 모음 형식(formatting toolbars)"과 같은 유사한 기능을 사용한다. 따라서, MS Word에 익숙한 사용자들은 인터페이스가 익숙하기 때문에 MS 엑셀 사용법을 빨리 배울 수 있다.
- ***유연한 시스템 설계*** - 사용자 인터페이스를 포함한 경영지원시스템의 거의 모든 측면은 기술의 급속한 발전과 역동적인 비즈니스 환경으로 인해 시간이 지남에 따라 변경된다. 유연한 시스템은 변경 사항을 신속하게 통합할 수 있다.
- ***신속한 응답 보장*** - 경영진은 느린 응답 시간을 용납하지 않기 때문에, 경영지원시스템 설계자는 시스템의 응답 시간을 정기적으로 모니터링 해야 한다. 또한, 시스템 기능이 몇 초 이상 걸리는 경우 시스템이 요청을 처리하고 있다는 메시지가 표시되는지 확인하라. 진행률을 표시해 주면 사용자의 실망감을 줄이는데 도움이 된다.

요약

12-1 의사결정 과정의 각 단계에서 내려지는 의사결정의 유형을 설명하라. 의사결정에는 세 가지 유형이 있다. 이러한 유형의 결정에 대해 잘 정의된 표준 운영 절차가 있기 때문에 구조화된 결정 또는 프로그래밍 가능한 작업을 자동화할 수 있다. 반구조적 의사결정은 표준 운영 절차에 의해 잘 정의되지는 않지만, 정보 검색, 분석 모델 및 정보시스템 기술의 혜택을 받는 구조화된 측면을 포함한다. 구조화되지 않은 의사결정은 일반적으로 관련 표준 운영 절차가 없는 일회성 결정이다. 중역정보시스템은 이러한 유형의 결정을 지원한다.

12-2 의사결정지원시스템에 대해 설명하라. 의사결정지원시스템은 조직의 의사결정자를 지원하기 위해 설계된 하드웨어, 소프트웨어, 데이터 및 모델(수학적 및 통계적)로 구성된 대화형 정보시스템이다. 세 가지 주요 구성 요소는 데이터베이스, 모델 베이스 및 사용자 인터페이스이다.

12-3 의사결정에 있어서 중역정보시스템의 중요성을 설명하라. 의사결정지원시스템의 한 분야인 중역정보시스템은 경영진이 내부 및 외부 데이터에 쉽게 액세스할 수 있도록 하는 대화형 정보시스템이며, 일반적으로 정보를 검사하고 분석하기 위한 "드릴-다운" 기능과 디지털 대시보드를 포함한다.

12-4 지리정보시스템의 용도를 요약하라. 지도에 모든 도시의 가로등 위치를 표시하는 것과 같이, 지리정보 또는 지리학적 콘텍스트에서 특정 정보를 캡처, 저장, 처리 및 표시한다.

12-5 유형 및 선택 기준을 포함하여 협업시스템을 설명하라. 협업시스템은 팀의 의사소통, 협업 및 다양한 활동의 조정에 도움을 준다. 공유 환경과 정보에 대한 액세스를 제공하여 의사결정자를 지원하는 애플리케이션 모음이다. 통신 소프트웨어, 작업 관리 소프트웨어, 문서 및 콘텐츠 관리 소프트웨어의 세 가지 유형이 있다.

12-6 경영지원시스템 설계를 위한 여덟 가지 지침에 대해 설명하라. 여덟 가지 지침은 (1) 최고 경영진의 지원, (2) 목표와 혜택의 명확한 정의 (3) 경영진의 정보 요구 파악, (4) 개방적 의사소통 라인 유지, (5) 시스템의 복잡성은 숨기고, 인터페이스는 단순하게 유지, (6) 모양과 느낌을 일관되게 유지, (7) 유연한 시스템 설계, (8) 신속한 응답 보장 등이다.

3부

정보시스템 개발, 엔터프라이즈시스템, 인공지능, 최신 트렌드

13장 인공지능과 자동화

학습목표

13-1 인공지능을 정의하고, 인공지능 기술이 의사결정을 지원하는 방법에 대해 정의한다.

13-2 전문가시스템, 애플리케이션 및 구성 요소에 대해 설명한다.

13-3 설계 및 구현과 관련된 4Rs를 포함하여 사례 기반 추론에 대해 설명한다.

13-4 네 가지 유형의 지능형 에이전트 각각의 특성과 사용 방법을 요약한다.

13-5 퍼지 논리와 그 용도를 설명한다.

13-6 기계학습과 인공신경망에 대해 설명한다.

13-7 유전 알고리즘이 어떻게 사용되는지 설명한다.

13-8 자연어 처리와 그 주요 범주를 설명한다.

13-9 인공지능 기술을 의사결정지원시스템에 통합할 때의 다섯 가지 이점을 설명한다.

13-10 콘텍스트 컴퓨팅을 이해한다.

13-11 인공지능이 자동화에 미치는 영향을 설명한다.

13-12 인공지능의 윤리적 문제를 설명한다.

이 장은 인공지능(Artificial Intelligence: AI)을 시작으로 지능형 정보시스템의 활용에 대하여 논의한다. 인공지능 기술이 의사결정에 사용되는 방식에 대해 논의하고, 초기 애플리케이션 중 하나인 로봇에 대한 개요를 설명한다. 이어 전문가시스템의 구성 요소와 이 시스템이 사용되는 방식에 대해 설명한다. 사례 기반 추론 및 지능형 에이전트도 인공지능의 애플리케이션으로 논의된다. 다음으로, 퍼지 논리, 인공신경망, 유전 알고리즘 및 자연어 처리 시스템과 인공지능 기술을 의사결정지원시스템에 통합할 때의 이점에 대해 설명한 뒤, 콘텍스트 컴퓨팅에 대한 개요를 제공하고 자동화에 대한 인공지능의 영향을 설명한다. 마지막으로 인공지능의 윤리적 문제에 대해 논의한다.

13-1 인공지능이란?

컨설팅 회사인 Accenture가 2016년에 발표한 보고서에 따르면, 인공지능은 2035년까지 연간 경제성장률을 두 배로 늘릴 수 있다고 한다. 이 연구는 미국을 포함한 12개 선진국을 모델로 했다. 그렇다면 인공지능이란 무엇인가?

인공지능(Artificial intelligence: AI)은 사고, 말하기, 느낌 및 추론을 포함하여 인간의 사고와 행동을 시뮬레이션하고 재현하려는 관련 기술로 구성된다. 인공지능 기술은 지식, 지각, 추론, 이해 및 인지 능력이 필요한 영역에 컴퓨터를 적용한다. 이러한 기능을 달성하려면 컴퓨터에서 다음을 수행할 수 있어야 한다.

- 상식을 이해한다("Computers Understanding Common Sense" 사례 참고).
- 사실을 이해하고 정성적인 데이터를 조작한다.
- 예외 및 불연속성을 처리한다.
- 사실 간의 관계를 이해한다.
- 자신의 언어로 인간과 상호작용한다.
- 이전 학습을 기반으로 새로운 상황을 처리한다.

정보시스템은 데이터를 수집, 저장, 검색 및 처리하는 것과 관련이 있지만, 인공지능 기술은 지식과 사실을 생성하고 표시하는 것과 관련이 있다. 정보시스템 분야에서 논의한 바와 같이 프로그래머와 시스템 분석가는 시기 적절하고, 정확하며, 통합된 정보를 제공함으로써 의사결정자를 돕는 시스템을 설계한다. 인공지능 분야에서 지식 엔지니어는 일반적으로 인간이 처리하는 작업을 컴퓨터가 수행할 수 있도록 하는 "경험 법칙(rules of thumb)"을 발견하려고 노력한다. 인공지능 분야에서 사용되는 규칙은 수학, 심리학, 경제학, 인류학, 의학, 공학, 물리학 등의 분야에서 다양한 전문가 그룹으로부터 나온다. 인공지능은 로봇공학, 전문가시스템, 퍼지 논리 시스템, 지능형 에이전트, 인공신경망, 유전 알고리즘 및 자연어 처리를 포함하여 이 장에서 논의하는 여러 관련 기술을 포함한다.

이러한 애플리케이션과 기술은 진정한 인간지능을 제공하지 못할 수도 있지만, 확실히 기존의 정보시스템보다 더 지능적이다. 수

Artificial intelligence (AI) consists of related technologies that try to simulate and reproduce human thought behavior, including thinking, speaking, feeling, and reasoning. AI technologies apply computers to areas that require knowledge, perception, reasoning, understanding, and cognitive abilities.

Information systems are concerned with capturing, storing, retrieving, and working with data, but AI technologies are concerned with generating and displaying knowledge and facts.

표 13.1 인공지능 기술의 적용

분야	조직	적용 기술
Energy	Arco and Tenneco Oil Company	석유 및 가스 매장지를 정확히 찾아내기 위한 인공신경망
Government	Internal Revenue Service	세금 보고서를 확인하여 사기를 발견하기 위한 소프트웨어
Human services	Merced County, California	신청자가 복지 혜택을 받아야 하는지 여부를 결정하기 위한 전문가시스템
Marketing	Spiegel	구매 확률이 가장 높은 구매자를 찾기 위한 인공신경망
Telecommunications	BT Group	2만명 이상의 엔지니어에게 작업 일정을 제공하는 일정 애플리케이션을 위한 휴리스틱 검색
Transportation	American Airlines	항공기의 정기 유지보수 일정을 잡는데 사용되는 전문가시스템
Inventory/forecasting	Hyundai Motors	배송 시간을 20% 단축하고 재고회전율을 3에서 3.4로 늘리는데 사용되는 인공신경망과 전문가시스템
Inventory/forecasting	SCI Systems	인공신경망과 전문가시스템을 사용하여 보유 재고를 15% 줄여 연간 1억 8천만 달러의 경비 절감
Inventory/forecasting	Reynolds Aluminum	인공신경망과 전문가시스템을 사용하여 예측 오류를 2% 줄여 재고물량 100만개 감축
Inventory/forecasting	Unilever	인공신경망과 전문가시스템을 사용하여 예측 오류를 40%에서 20%로 줄여 수백만달러 경비 절감

년에 걸쳐 이러한 시스템의 능력은 인공지능과 인간지능 간의 격차를 좁히기 위해 개선되었다. 다음 섹션에서는 의사결정 프로세스에서 인공지능 기술을 사용할 수 있는 가능성에 대해 논의한다.

13-1a 의사결정을 지원하는 인공지능 기술

모두 알고 있는 바와 같이, 정보기술은 의사결정의 여러 단계를 지원하는데 사용된다. 인공지능 기술의 가장 최근의 발전은 의사결정지원의 새로운 영역으로 확대되고 있

Computers Understanding Common Sense

FINANCE | REFLECTIVE THINKING

인간은 상식을 당연하게 여긴다. 예를 들어, 우리는 물고기가 바다에서 발견되고, 나무와 덤불이 숲에서 발견되며, 사람들이 음식을 먹어야 살 수 있다는 것을 알고 있다. 그리고 우리는 공을 손에서 놓으면 땅으로 떨어질 것을 알고 있다. 컴퓨터에게 이렇게 간단한 것을 이해시키는 것은 어려운 일이지만, 조금씩 진보하고 있다.

Carnegie Mellon University에서는 Never Ending Image Learner라는 컴퓨터가 하루 24시간 작동하며 웹을 통해 이미지를 찾고 분석하여 이러한 이미지 간의 연관성(associations)을 인식할 수 있는 시각적 데이터베이스를 구축한다. 웹에는 다양한 유형의 수십 억 개의 이미지가 있다. Facebook에만 2,000억 개 이상의 이미지가 있다. Never Ending Image Learner는 2013년 7월 시작한 이래 300만 개 이상의 이미지를 분석하고 50만 개 이미지와 1,200개 유형의 장면에서 1,500개 유형의 물체를 식별했다. 그 결과, 컴퓨터가 점들을 연결함으로써 2,500개의 연관성을 학습했다. 예를 들어, 건물이 옆으로 누워 있지 않고 수직이며 대부분의 자동차에는 바퀴가 4개 있다는 것을 알고 있다. 분석된 이미지의 수가 증가함에 따라 컴퓨터는 더 많은 것을 학습하고 연관성의 수를 증가시킬 것이다. 이 프로젝트의 흥미로운 측면은 연구원들이 인간의 개입없이 컴퓨터가 스스로 상식을 배울 수 있도록 하고 있다는 것이다.

질문 및 토론

1. Carnegie Mellon University의 Never Ending Image Learner라는 컴퓨터가 이루고자 하는 것은 무엇인가?
2. 당신은 스스로 학습하는 컴퓨터를 보며 이것이 상식이라고 생각하는가?

다. 표 13.1은 다양한 조직에서 사용되고 있는 인공지능 관련 기술의 일부 애플리케이션을 보여준다.

의사결정자는 다음과 같은 유형의 의사결정에 정보기술을 활용한다.

- What-is 분석은 일반적으로 거래처리시스템 및 경영정보시스템에서 사용된다. 예를 들어, 고객 계좌번호를 입력하면 시스템은 고객의 현재 잔액을 표시해준다. 그러나 이러한 시스템은 실시간 정보를 보고하거나 미래에 일어날 수 있는 일을 예측하는 기능이 부족하다. 예를 들어, 회계정보시스템에서 생성된 이전 회계 분기의 실적을 보여주는 보고서는 과거 이벤트로 구성되어 있으므로 의사결정권자는 이 정보만으로는 많은 작업을 수행할 수 없다.
- What-if 분석은 의사결정지원시스템에서 사용된다. 의사결정자는 이를 사용하여 하나 이상의 변수의 값이 변경되었을 경우에 어떠한 결과가 도출되는지 모니터링 할 수 있다. Microsoft Excel과 같은 스프레드시트 프로그램에서 사용할 수 있다.

이러한 유형의 분석 외에도 의사결정자는 종종 정보에 대하여 다음 질문에 답할 수 있어야 한다. '그 이유는 무엇인가', '그것은 무엇을 뜻하는가', '이제 어떻게 해야 하는가', '언제 해야 하는가' 등 인공지능 기술은 의사결정자가 이러한 질문에 답하는 데에 도움이 될 가능성이 있다.

인공지능과 증강지능

소위 차세대 인공지능은 증강지능, 지능증강 또는 인지증강이라고 불린다. **증강지능(Augmented intelligence)**의 목표는 의사결정자를 대체하는 것이 아니라 보완하는 것이다. 우리 모두가 항상 우리와 함께 있고, 우리의 일을 더 현명하고 빠르게 처리할 수 있도록 도와주는 초지능적인 도우미를 얻을 수 있다고 상상해 보자. 증강지능을 통해 일자리를 얻는 대신 인간과 기계가 서로를 보완할 수 있다. 인공지능 칩의 혁신은 더 많은 장치에 이 기능을 탑재하여 잠재적으로 Deloitte가 일컬었던 '퍼베이시브 인텔리전스(pervasive intelligence)'로 귀결될 것이다. 로봇에서 카메라, 의료기기에 이르기까지 스마트 장치는 이를 배치하는 조직에 훨씬 더 큰 효율과 효과를 제공할 수 있을 것이다. 제조, 의료, 건설, 물류 및 유통, 자동차 및 운송, 농업, 에너지, 보안과 관련된 다양한 산업군에서 퍼베이시브 인텔리전스로부터 혜택을 받을 것이다. AI가 우리의 일상 생활에서 무엇을 하고 있는지, AI가 어디까지 왔는지 보려면 "AI in Action: Retail Industry" 사례를 통해 알 수 있다.

Augmented intelligence complements a decision maker capabilities, not replaces him or her.

Robots are one of the most successful applications of AI. They perform well at simple, repetitive tasks and can be used to free workers from tedious or hazardous jobs.

13-1b 로봇공학

로봇(robots)은 인공지능의 가장 성공적인 애플리케이션 중 하나이다. 공장에서 사용되는 로봇이나 뉴스에서 본 로봇에 대해 잘 알고 있을 것이다. 그들은 지적인 것과는 거리가 멀지만 꾸준히 발전해 오고 있다. 특히, 단순하고 반복적인 작업을 잘 수행하며, 위험하거나 지루한 작업으로부터 노동자를 해방시키는데 사용될 수 있다. 로봇은 현재 컴퓨터 통합 제조의 일환으로 일본과 미국의 조립 라인에서 주로 사용되지만, 군사, 우주항공, 의료 산업 뿐만 아니라 직원에게 우편물을 배달하는 등의 서비스를 수행하는 데에도 사용되고 있다.

OliverSved/Shutterstock.com

산업용 로봇의 가격은 10만 달러에서 15만 달러 또는 그 이상으로 매우 비싸다. 일반적으로 이동성은 제한된다. 예를 들어, 한 지점에서 다른 지점으로 물체를 움직이는 고정 팔만 있을 수 있다. 일부 로봇은 물체가 다른 물체와 격리되어 있는 한 물체를 찾고 집어내는데 유용한 제한된 시야를 가지고 있다. 로봇의 동작은 언제, 얼마나 멀리 도달해야 하는지, 어느 방향으로 움직여야 하는지 또는 어떤 물체를 언제 잡아야 하는지 등의 명령이 포함된 컴퓨터 프로그램에 의해 제어된다. 로봇 제어를 위한 프로그래밍 언어에는 VAL(Variable Assembly Language), FROB(Functional Robotics) 및 AML(A Manufacturing Language) 등이 있다.

가장 앞선 기술을 자랑하는 로봇 중 하나는 Honda의 ASIMO(Advanced Step in Innovative Mobility, http: //

AI in Action: Retail Industry

FINANCE APPLICATION | TECHNOLOGY IN SOCIETY | REFLECTIVE THINKING

인공지능 기술은 많은 소매업체들이 방문객 수를 늘리고, 고객 서비스를 개선하며, 개인화된 제품과 서비스를 제공케 함으로써 수익을 높일 수 있도록 지원했다. 다음은 10가지 성공적인 사례이다.

Sephora는 고객의 피부를 스캔하여 파운데이션과 컨실러(concealer)에 대한 맞춤형 쉐이드를 추천하는 Color IQ라고 하는 인공지능 기반 제품을 사용한다. 이는 방문자 수를 늘리고 Sephora가 쇼핑 경험을 제공하는 데 도움이 되었다.

Olay Skin Advisor는 기계학습을 사용하여 노화방지 스킨케어 라인에서 뷰티 제품을 추천한다. 인공지능 도구는 고객의 셀카 이미지를 분석하여 피부 나이와 피부에 문제가 있는 부위를 진단한다.

온라인 의류 구독 서비스인 Stitch Fix는 인공지능 도구를 사용하여 고객에게 맞춤 의류 추천을 제공한다. 인공지능 도구는 고객의 몸 치수 및 피드백, 현재 스타일 및 트렌드, 의류 전문가의 전문 지식을 사용하여 개인화된 경험을 제공한다.

North Face는 IBM Watson을 사용하여 고객에게 가장 적합한 재킷을 찾도록 지원한다. Watson은 고객에게 원하는 재킷 유형에 대해 질문하고 일상을 위한 용도인지 겨울스포츠를 즐기기 위한 용도인지에 대해서도 질문을 한다. 사이트는 이러한 정보를 기반으로 고객에 맞는 제품을 추천한다.

온라인 패션 소매업체인 ASOS는 인공지능 도구를 사용하여 쇼핑객들이 과거에 구매하여 보관하고 있는 의류를 기반으로 옷 사이즈를 추천한다. 인공지능 도구는 차후에 고객에게 적절한 추천을 하기 위해 고객이 반품한 항목도 분석한다.

Best Buy, REI, 1-800-Flowers, Domino's, Uber 및 Wingstop은 고객이 Amazon의 Alexa를 사용하여 음성 명령을 통해 제품이나 서비스를 구매할 수 있도록 지원함으로 고객의 구매가 훨씬 빠르게 이루어지고 편지해졌다.

Pinterest의 렌즈 기능은 인공지능 도구와 Pinterest 앱의 카메라를 사용하여 방문자가 사진을 찍은 다음 시각적으로 유사한 핀을 검색할 수 있도록 돕는다. 미국의 종합쇼핑몰인 Target은 고객이 자사의 웹 사이트를 통해 다양한 제품을 탐색, 발견 및 구매할 수 있도록 Pinterest에서 라이선스를 부여한 동일한 기술을 사용한다.

Amazon Go는 식료품 쇼핑 경험을 완전히 자동화한 계산원이 없는 식료품점이다. 쇼핑객은 앱을 사용하여 체크인하고 매장에 입장할 수 있다. 매장에 들어서면 매장 전체에 배치되어 있는센서가 쇼핑객이 장바구니에 넣은 항목을 정확하게 추적한다. Amazon은 쇼핑객이 매장을 떠날 때 자동으로 구매한 상품에 대한 요금을 청구한다. Amazon은 2021년까지 이러한 편의점을 최대 3,000개까지 열 계획이다.

eBay는 인공지능 도구를 사용하여 판매자가 수요에 따라 재고를 관리하고 상품의 경쟁력 있는 가격을 책정할 수 있도록 지원한다.

Tommy Hilfiger는 보다 개인화된 대화형 쇼핑 경험을 제공하기 위해 Facebook Messenger 챗봇을 사용한다. 인공지능 도구는 고객 질문에 응답할 뿐만 아니라 스타일에 대한 조언과 제품 추천도 제공한다.

질문 및 토론

1. Sephora는 인공지능 기술을 어떻게 사용하고 있는가? 그리고 이것은 회사의 매출 증가에 어떻게 도움이 되는가?
2. 인공지능 기술은 Stich Fix를 어떻게 돕고 있는가? 이에 대해 논의 하시오.

world.honda.com/ASIMO)이다. Honda의 인텔리전스 기술을 통해 ASIMO는 다른 로봇과 협력할 수 있다. 움직이는 물체, 소리, 몸짓, 다양한 환경, 얼굴, 자세 등을 인식할 수 있다. 또한, ASIMO는 다가오는 사람들의 예측된 움직임을 기반으로 한 발 물러서서 우선권을 양보하거나 계속 전진하는 것 중에서 스스로 선택할 수 있다. 충전량이 일정 수준 이하로 떨어지면 자동으로 배터리를 충전하기도 한다.

최근 개인용 로봇이 주목받고 있다. 이 로봇은 제한된 이동성, 제한된 시력 및 약간의 언어 구사 능력을 가지고 있다. 현재는 주로 노약자 돕기, 아침식사 차리기, 요리하기, 문 열기, 쟁반과 음료수 나르기 등의 서비스를 테스트하기 위한 프로토타입으로 주로 사용된다. 예로는 Twendy-One, Motoman, ApriAttenda Robot 및 PR2 등이 있다. 오늘날 시장에서 가장 성공적이고 진보된 개인용 로봇 중 하나인 PR2는 가정과 사무실에서 다양한 일상적인 작업을 수행하고 있다.

로봇은 직장에서 인간에 비해 다음과 같은 이점을 제공한다.

- 동료와 사랑에 빠지거나 모욕감을 느끼지 않고, 병가를 요청하지 않는다.
- 늘 한결같다.
- 방사성 물질을 다루는 작업과 같이 인체에 유해한 환경에서 사용될 수 있다.
- 경쟁자들을 염탐하거나, 임금인상을 요구하거나, 더 긴 휴가를 얻고자 로비를 하지 않는다.

인기를 얻고 있는 또 다른 유형의 로봇은 **소프트 로봇(soft robot)**이다. 소프트 로봇은 기존 로봇과 같이 단단한 물리적 재료로 제작되지 않는다. 그들은 고무와 유사한 재료인 엘라스토머(elastomer)로 만들어진다. 그들은 부드럽고 만들기가 간단하며, 기존 로봇보다 저렴하다. 다음과 같은 다양한 애플리케이션에 사용되고 있다.

catwalker/Shutterstock.com

- 패스트푸드 취급
- 정확한 선택 및 배치
- 창고 물류
- 고급 조립
- 약품 생산

A **soft robot** is made of elastomer, is simpler to make and less expensive, and is used for an increasing number of applications.

최근에는 기존 로봇의 능력을 뛰어넘는 흥미로운 로봇이 소개되고 있다.

- Cozmo라는 손바닥 크기의 장난감 로봇은 얼굴을 인식하고, 게임을 하며, 다양한 감정을 표현한다. 새로운 사람에게 사교적이고 예의 바르다. 무시당하면 불행한 감정을 느끼고 스스로 무기력해진다. 게임에서 지면 좌절하기도 하고 이기면 기뻐한다.
- 19세의 Stanford 대학생 Joshua Brow-der가 디자인한 Do-NotPay는 변호사로 활동하고 있으며, 이미 London과 New York에서 16만 장이 넘는 주차 위반 티켓에 대해 성공적으로 이의를 제기했다. 인간 변호사와 마찬가지로 질문을 하고 답변을 할 수 있다. 무료로 사용할 수 있으며, 지금까지 2년도 안 되는 기간 동안 400만 달러 이상의 범칙금을 절감해 주었다.
- 폴란드의 University of Warsaw 연구자들은 빛으로 움직이는 애벌레처럼 작은 로봇을 설계했다. 이 소프트 로봇은 걸을 수 있고, 비탈을 오르며, 자신보다 10배나 무거운 물체를 밀 수도 있다.

또한, 로봇은 더 큰 메모리, 계산 능력 및 집단 학습 등 자체 역량이 없는 추가 자원을 활용할 수 있는 클라우드 환경에서도 작동될 수 있다.

전문가시스템 및 자연어 처리와 같은 인공지능 관련 분야의 발전은 로봇 산업의 미래 발전에 영향을 미칠 것이다. 예를 들어, 자연어 처리는 인간의 언어로 로봇과 더 쉽게 의사소통할 수 있게 해준다.

13-2 전문가시스템

전문가시스템(expert systems)은 가장 성공적인 인공지능 관련 기술 중 하나였으며 1960년대부터 존재해 왔다. 이 시스템은 잘 정의된 영역에서 문제를 해결하기 위해 특정 분야의 인간의 전문 지식을 모방한다. 전문가시스템은 인간 전문가들이 성공적으로 해결한 특정 영역에서의 인간 사고와 행동을 모방하는 프로그램으로 구성된다. DENDRAL이라고 불리는 최초의 전문가시스템은 1960년대 중반 Stanford 대학에서 분자의 화학 구조를 결정하기 위해 개발되었다. 전문가시스템이 성공하기 위해서는 의학, 지질학, 교육, 석유 탐사 작업과 같이 인간 전문가가 이미 처리한 활동에 적용해야 한다. PortBlue는 복잡한 재무 구조 검토, 외환 위험 관리 등 다양한 금융 애플리케이션에 적용할 수 있는 전문가시스템의 예이다. COGITO(이탈리아 기반 전문가시스템)는 블로그, 댓글 섹션, 게시판 및 웹 기반 기사에서 소비자가 작성한 내용을 모니터링하는 데 사용된다. 또한, 검색 엔진에서 사용자의 질의를 더 잘 이해하는 데 사용되기도 한다.

Expert systems mimic human expertise in a particular field to solve a problem in a well-defined area.

의사결정지원시스템은 데이터, 모델 및 잘 정의된 알고리즘을 사용하여 정보를 생성하지만, 전문가시스템은 휴리스틱 데이터와 함께 작동한다. 휴리스틱은 상식, 경험 법칙, 본능적 판단으로 구성되며, 휴리스틱 데이터를 사용하면 경험에 기반한 지식을 적용하여 문제를 해결하거나 설명할 수 있다. 즉, 휴리스틱 데이터는 공식적인 지식이 아니지만 엄격한 알고리즘을 따르지 않고 문제에 대한 해결책을 찾는 데 도움이 된다.

RP-VITA는 의학적 조언을 제공하지 않으며 환자를 치료하지도 않는다. 대신 의사와 간호사가 그들의 환자와 의사소통하는 데 사용된다. 또한, InTouch Health의 클

Medical Robotics in Action

FINANCE | APPLICATION | TECHNOLOGY IN SOCIETY | SOCIAL AND ETHICAL ISSUES | REFLECTIVE THINKING

로봇은 20년 동안 의료 분야에서 활용되어 왔다. 그들은 의료 인력(의사, 치과의사, 간호사)을 훈련시키는 데 사용되어 왔으며, 재활 중 인 노인 환자를 도왔고, 외과의사가 특정 유형의 수술을 위해 더 작은 절개를 할 수 있도록 도왔다. 또한, 실습생 훈련을 위해 실제 환자의 고통을 연출하는 모형으로도 사용되었다.

iRobot Corporation의 RP-VITA(Remote Presence Virtual + Independent Telemedicine Assistant)는 병원에서 사용하기 위해 미국 식품의약국(FDA)의 승인을 받은, 5피트 4인치 크기에 140파운드의 최초의 로봇이다.

로봇을 최대한 사람과 비슷하게 만들기 위해 머리에는 비디오 화면, 입에는 마이크와 스피커, 눈에는 두 대의 고화질 카메라가 있다. 그 기능 중 하나는 의사가 원격으로 병원을 돌도록 돕는 것이다. 유선 또는 무선 네트워크를 사용하여 태블릿 컴퓨터로 제어할 수 있으며 이동할 수 있고 장애물을 피할 수 있을 만큼 똑똑하다.

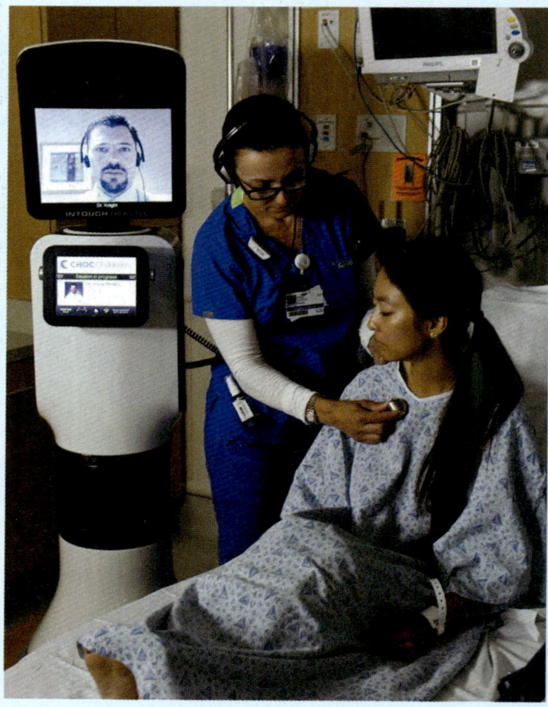

Source: iRobot Corporation

질문 및 토론

1. RP-VITA 로봇은 무엇을 하는가?
2. 의료 분야에서 로봇은 주로 어떻게 사용되는가?

라우드 서비스와 연동해 의사와 간호사에게 실시간 전자 진료기록을 제공할 수 있다. 또한, 로봇은 귀 내부를 검사하기 위해 검이경과 같은 진단 장치와 연결될 수 있으며, 초음파 검사도 수행할 수 있다.

13-2a 전문가시스템의 구성 요소

일반적인 전문가시스템에는 아래 목록에 설명된 구성요소가 포함된다(그림 13.1 참고).

- *지식습득 장치(knowledge acquisition facility)* - 지식습득 장치는 전문가시스템이 성장할 수 있도록 새로운 규칙과 사실을 획득하고 통합하기 위한 수동 또는 자동 방법을 갖춘 소프트웨어 패키지이다. 이 구성 요소는 지식베이스관리시스템(이 목록의 뒷부분에 설명됨)과 함께 작동하여 지식베이스가 가능한 최신 상태로 유지되도록 한다.
- *지식베이스(knowledge base)* - 지식베이스는 데이터베이스와 유사하지만 사실과 수치를 저장하는 것 외에도 사실과 관련된 규칙과 설명을 추적한다. 예를 들어, 금융전문가시스템의 지식베이스는 현금, 예금 및 미수금을 포함하여 현재 자산을 구성하는 모든 수치를 추적할 수 있다. 또한, 유동자산이 1년 이내에 현금으로 전환될 수 있다는 사실을 추적할 수도 있다. 학업 환경의 전문가시스템에는 GMAT 점수 및 평균 학점처럼 모든 대학원생에 대한 데이터와 분류된 대학원생이 GMAT 650 이상, GPA 3.4 이상이어야 한다는 규정이 포함될 수 있다. 또한, 보다 진보한 전문가시스템으로 자리매김하려면 지식베이스 구성 요소에 다음 유형의 지식이 포함되어야 한다.
  - *사실적 지식* - 특정 학문, 주제 또는 문제와 관련된 사실. 예를 들어, 신장 문제와 관련된 사실에는 신

A **knowledge acquisition facility** is a software package with manual or automated methods for acquiring and incorporating new rules and facts so the expert system is capable of growth.

A **knowledge base** is similar to a database, but in addition to storing facts and figures it keeps track of rules and explanations associated with facts.

그림 13.1 전문가시스템의 구성

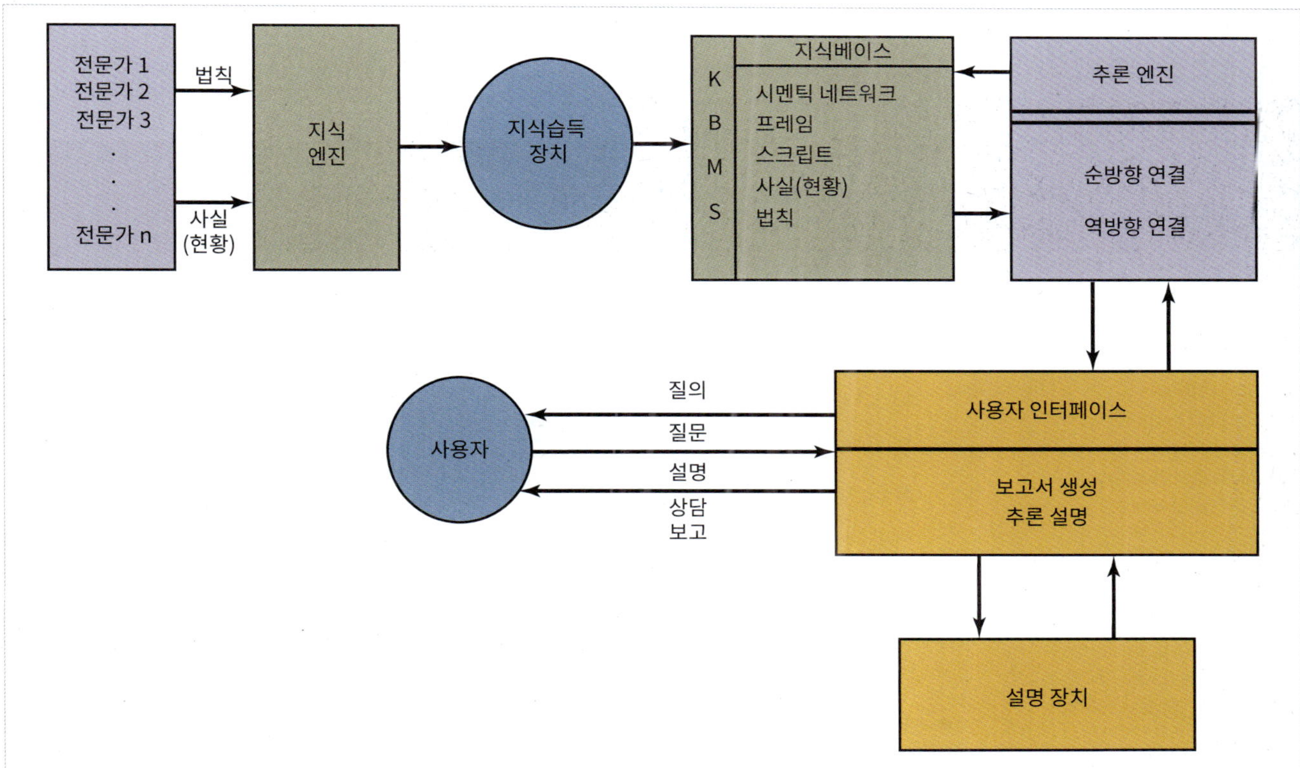

장 크기, 특정 효소의 혈중 농도, 통증 기간 및 위치가 포함될 수 있다.

- ***발견적 지식*** - 문제 또는 분야와 관련된 규칙. 예를 들어, 환자에게 신장 문제가 있음을 나타내는 일반적인 규칙에는 등의 왼쪽 아래 또는 오른쪽 아래에 심한 통증과 높은 수준의 크레아티닌 농도 및 혈액 요소 질소가 포함될 수 있다.
- ***메타 지식*** - 지식에 대한 지식이다. 이를 통해 전문가시스템은 경험에서 배우고 관련 사실을 조사 및 추출하여 해결책의 경로를 결정할 수 있다. 또한, 전문가시스템의 향후 계획 또는 실행 단계를 안내한다. 예를 들어, 전문가시스템이 결정을 내리는 방법을 아는 것은 메타 지식으로 간주된다. 이러한 유형의 지식은 현재 전문가시스템에서 사용할 수 없지만 신경망을 전문가시스템에 통합하면 가능할 수도 있다.

- ***지식베이스관리시스템*** - 데이터베이스관리시스템과 유사한 **지식베이스관리시스템(knowledge base management system: KBMS)**은 수치 및 규칙의 변경으로 지식베이스을 최신 상태로 유지하는 데 사용된다.
- ***사용자 인터페이스*** - 의사결정지원시스템의 사용자 인터페이스 구성 요소와 동일하다. 전문가시스템에 대한 사용자 친화적인 액세스를 제공한다. 그래픽 사용자 인터페이스(GUI)가 이 구성 요소를 개선했지만, 인공지능 기술의 한 가지 목표는 사용자 인터페이스에 자연어(뒷부분에서 설명)를 제공하는 것이다.
- ***설명 장치*** - **설명 장치(explanation facility)**는 권장 사항이 도출되는 방법을 최종 사용자에게 설명함으로써 인간 전문가가 하는 것과 유사한 작업을 수행한다. 예를 들어, 대출 평가 전문가시스템에서 설명 기능은 신청자가 승인되거나 거부된 이유를 설명해 줄 수 있어야 한다. 예를 들어, 의료 전문가시스템에서 시스템이 환자에게 신장 결석이 있다고 결론 내린 이유를 설명한다. 이 구성 요소는 사용자에게 시스템 결과에 대한 확신을 주기 때문에 매우 중요하다.
- ***추론 엔진*** - **추론 엔진(inference engine)**은 의사결정지원시스템의 모델 베이스 구성요소와 유사하다(12장 참조). 순방향 및 역방향 연결(다음 단락에서 설명)과 같은 다양한 기술을 사용하여 추론 엔진은 일련의 규칙을 조작한다. 일부 추론 엔진은 의사결정 테이블과 유사한 조건 및 규칙의 여러 행을 포함하는 사실 행열로부터 작동한다. 이 경우, 규칙을 한 번에 하나씩 평가한 다음 조언을 제공한다. 일부 추론 엔진들은 작업을 수행하면서 배운다.

A **knowledge base management system (KBMS)**, similar to a DBMS, is used to keep the knowledge base updated, with changes to facts, figures, and rules.

An **explanation facility** performs tasks similar to what a human expert does by explaining to end users how recommendations are derived.

An **inference engine** is similar to the model base component of a decision support system. By using different techniques, such as forward and backward chaining, it manipulates a series of rules.

In forward chaining, a series of "if–then–else" condition pairs is performed.

In **backward chaining**, the expert system starts with the goal—the "then" part—and backtracks to find the right solution.

순방향 연결(forward chaining)에서는 일련의 "if-then-else" 조건 쌍이 수행된다. "if" 조건이 먼저 평가된 다음 해당 "then-else" 작업이 수행된다. 예를 들어, "if" 온도가 80°F 미만이고 잔디 길이가 3인치이면 "then" 잔디를

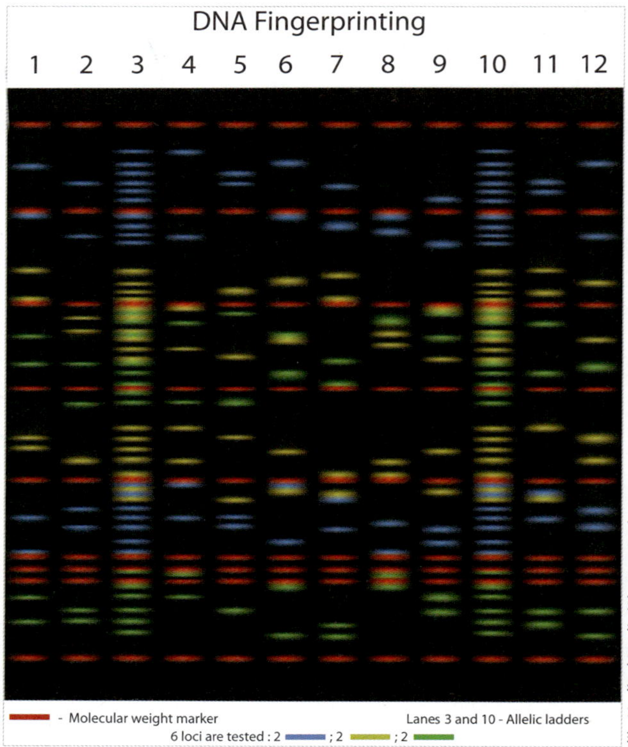

Alila Medical Media/Shutterstock.com

자르거나 "else"는 기다린다. 의료 진단 전문가시스템에서 시스템은 다음과 같이 문제를 평가할 수 있다.

- if 환자의 체온이 101°F 이상이고
- if 환자에게 두통이 있는 경우
- then 환자가 독감에 걸렸거나(95% 확률), else 다른 질병의 가능성을 검사한다.

역방향 연결(backward chaining)에서 전문가시스템은 "then" 부분의 목표에서 시작하여 올바른 해결책을 찾기 위해 역추적한다. 즉, "이 목표를 달성하려면 어떤 조건이 충족되어야 하는가?"로부터 시작한다.

이 두 기술의 차이점을 이해하려면 다음을 고려해야 한다. 투자자에게 투자를 위한 조언을 제공하는 전문가시스템에서 시스템은 순방향 연결을 사용하고 50개의 질문을 통해 가스, 채권, 보통주, 공공 유틸리티 및 운송 등 다섯가지 투자 범주 중 어느 것이 적합한지 결정할 수 있다. 또한, 각 투자자는 특정 조세 구간에 속하며 각 투자 솔루션은 서로 다른 조세 피난처를 제공한다. 순방향 연결에서 시스템은 최종 결정을 내리기 전에 모든 "if-then-else" 조건을 평가한다. 역방향 연결에서 시스템은 투자자가 지정한 공공 유틸리티 범주에서 시작하여 모든 "if" 조건을 거쳐 이 투자자가 이 투자 범주에 적합한지 여부를 확인한다. 역방향 연결 기술은 관련 없는 규칙을 고려할 필요가 없기 때문에 일부 상황에서는 더 빠를 수 있지만 시스템이 권장하는 솔루션이 최선이 아닐 수도 있다는 문제가 발생한다.

링크와 노드로 정보를 나타내는 시멘틱(연관적) 네트워크, 조건이나 개체를 계층적 순서로 저장하는 프레임, 일련의 이벤트를 설명하는 스크립트와 같은 다른 기술이 전문가시스템의 지식베이스에서 지식을 표현하는 데 사용된다. 예를 들어, 어린이 생일 파티의 경우, 이벤트에는 케이크 구입, 친구 초대, 촛불 켜기, 케이크 서빙 등이 포함될 수 있다. 구매 주문을 생성하기 위한 스크립트에는 주문할 수량 파악, 공급업체 식별 및 데이터 수집, 구매 주문서 생성 및 공급업체에 발송, 미지급 계정 업데이트, 주문이 완료되었음을 수신 부서에 알리는 등의 이벤트가 포함될 수 있다.

13-2b 전문가시스템의 사용

많은 기업들이 전문가시스템의 연구 및 개발에 참여하고 있으며 이러한 시스템은 현재 다음과 같은 분야에서 사용되고 있다.

- ***항공 산업*** - American Airlines는 상용 고객 거래를 관리하는 전문가시스템을 개발했다.
- ***법의학 연구실 작업*** - 전문가시스템을 사용하여 범죄 현장의 DNA 샘플을 검토하고 결과를 빠르고 정확하게 생성하여 연구실의 백로그인을 줄이고 국가 범죄 데이터베이스에 더 빠르게 데이터를 입력할 수 있다.
- ***은행 및 금융*** - JPMorgan Chase는 과거 동향, 새로운 이벤트, 매수 및 매도 요인을 평가하기 위해 외환 거래 전문가시스템을 개발했다.
- ***교육*** - Arizona State University는 수학을 가르치고 학생들의 수학 능력을 평가하기 위한 전문가시스템을 개발했다.
- ***식품 산업*** - Campbell's Soup Company는 고도로 전문화되고 오랜 기간 근무한 직원이 습득한 공장 운영 및 살균 기술에 대한 전문 지식을 종업원들이 공유할 수 있도록 전문가시스템을 개발했다.
- ***인사 관리*** - IBM은 기술자 교육을 지원하기 위해 전문가시스템을 개발하여 훈련 시간을 단축했다.
- ***보안*** - Canada Trust Bank(현재 TD Canada Trust의 일부)는 신용 카드 소지자의 구매 경향을 추적하고 카드의 비정상적인 활동과 같은 편차를 보고할 수 있는 전문가시스템을 개발했다.
- ***미국 정부*** - 전문가시스템은 원자력 발전소를 모니터링하고, 의사결정 과정에서 국세청, 이민국, 우정청, 교통부, 에너지부 및 국방부와 같은 부서를 지원하기 위해 개발되었다.
- ***농업*** - The National Institute of Agricultural Extension Management는 벼의 병해충을 진단하고 예방 대책을 제시하기 위한 전문가시스템을 설계하였다.

"Expert Systems in the Baltimore County Police Department" 사례는 전문가시스템의 실제 적용 사례를 보여준다. 이 시스템은 강도 및 범죄 행위 탐지에 사용된다. 이 시스템은 경찰 작전을 수행하는데 소요되는 시간과 비용을 줄였다.

13-2c 전문가시스템 사용 기준

다음 조건 중 하나 이상이 존재하는 경우 전문가시스템을 사용해야 한다.

- 많은 사람의 전문 지식이 필요하지만 한 명의 전문가가 혼자서 문제를 해결할 수 없다(전문가시스템은 여러 전문가의 경험과 지식을 보다 쉽게 통합할 수 있다).
- 필요한 지식은 규칙이나 휴리스틱으로 나타낼 수 있으며, 잘 정의된 알고리즘은 사용할 수 없다.
- 특정 의사결정 또는 작업은 이미 전문가에 의해 성공적으로 처리되어 전문가시스템이 인간의 전문 지식을 모방하는 것이 가능하다.
- 특정 의사결정 또는 작업에는 일관성과 표준화가 필요하다(표준 절차를 따를 때 컴퓨터가 더 정확하기 때문에 이런 상황에서는 전문가시스템이 인간보다 더 나을 수 있다).
- 대상 영역이 제한되어 있다(전문가시스템은 조사 중인 문제의 폭이 좁을 경우 더 잘 작동한다).
- 특정 의사결정 또는 작업을 수행하기 위해 많은 규칙(일반적으로 100에서 10,000개 사이)과 복잡한 논리가 포함된다.
- 조직 내 전문가가 부족하거나 핵심 전문가들이 은퇴하고 있다(전문가시스템은 은퇴하는 장기 직원의 지식과 전문성을 획득하는 데 사용될 수 있다).

13-2d 전문가시스템 적용이 어려운 환경

아래의 환경에서는 전문가시스템을 사용하기에 부적절할 수 있다.

- 관련된 규칙이 거의 없다(10개 미만). 이러한 경우에는 실제 전문가가 문제를 해결하는 것이 더욱 효과적이다.
- 너무 많은 규칙(보통 10,000개 이상)이 관련되어 있다. 처리 속도가 허용할 수 없는 수준으로 느려질 수 있다.
- 잘 구조화 되어있는 수치 문제(예: 급여 처리)가 관련되어 있다. 이는 표준거래처리 방법을 통해 보다 빠르고 효율적으로 문제를 처리할 수 있음을 의미한다.
- 다양한 주제가 관련되어 있지만, 적용할 수 있는 규칙이 많지 않다. 전문가시스템은 해결해야할 문제의 영역이 좁고 깊을 때 더 잘 작동된다.
- 특정 문제를 해결하는데 전문가 사이에 이견이 많다.
- 인간만이 보유한 특성으로 문제를 해결해야 하는 경우이다. 예를 들어, 향수를 선택하는 것처럼 미각, 후각 등 오감의 조합이 요구되는 경우에는 인간 전문가가 더 잘 해결할 수 있다.

13-2e 전문가시스템의 장점

전문가시스템은 인간에 비해 다음과 같은 장점을 가질 수 있다.

Expert Systems in the Baltimore County Police Department

FINANCE | APPLICATION | TECHNOLOGY IN SOCIETY | SOCIAL AND ETHICAL ISSUES | REFLECTIVE THINKING

Baltimore County는 형사들이 강도 현장에 대한 정보를 분석하고 유력한 용의자를 식별할 수 있도록 전문가시스템 개발하였다. 시스템에 입력된 데이터는 알려진 강도에 대한 정보, 300건의 미제 강도 사건의 기록, 3,000건의 미제 사건의 기록을 포함했다. 이후 18명의 형사를 인터뷰하여 지역 강도에 대한 지식을 수집했다. 형사는 사건이 발생한 지역에 거주하는 주민의 특성, 도난당한 재산 유형과 같은 절도에 대한 진술을 입력할 수 있었다. 이 시스템은 유력한 용의자에 대한 정보를 제공하고 있으며, 현재 미국의 다른 주에 소재하는 경찰국에서도 사용되고 있다.

질문 및 토론

1. Baltimore County는 는 어떤 목적으로 전문가시스템을 사용하고 있는가?
2. 이 조직에서 전문가시스템을 사용하는 것의 두 가지 이점은 무엇인가? 이에 대해 토론하라.

- 주의가 산만하거나, 깜빡 잊거나, 피곤함을 느끼지 않는다. 따라서, 노동자가 선호하지 않는 단조로운 작업에 특히 적합하다.
- 희소한 전문가의 전문성을 복제 및 보존할 수 있으며, 다양한 전문가의 전문성을 통합할 수 있다.
- 퇴직 또는 퇴사하는 직원의 전문성을 보존할 수 있다.
- 의사결정에 일관성을 부여하고 비전문가의 의사결정 능력을 향상시킨다.

13-3 사례기반추론

전문가시스템은 일련의 if-then-else 규칙을 통해 문제를 해결하지만, **사례기반추론(case-based reasoning; CBR)**은 이전에 해결된 사례 및 솔루션에 새로운 사례(문제)를 일치시키는 문제 해결 기술이다. 각 사례는 이를 식별하기 위한 설명 및 키워드와 함께 데이터베이스에 저장된다. 새로운 사례와 데이터베이스에 저장된 사례가 정확히 일치하지 않을 경우, 시스템은 사용자에게 설명이나 추가 정보를 요구할 수 있다. 일치하는 항목을 찾은 후, 사례기반추론시스템은 솔루션을 제공한다. 만일, 추가 정보를 제공한 후에도 일치하는 항목이 발견되지 않으면, 전문가가 직접 문제를 해결해야 한다. 그런 다음, 새로운 사례와 해당 솔루션이 데이터베이스에 추가된다.

모든 사례기반추론 애플리케이션의 설계 및 구현에는 4R이 포함된다: 검색(Retrieve), 재사용(Reuse), 수정(Revise) 및 유지(Retain)

1. 현재 문제가 되는 사례를 해결하기 위해, 시스템은 데이터베이스에 저장된 사례와 비교하여 과거 사례 라이브러리에서 가장 유사한 사례를 검색한다(Retrieve).
2. 검색된 사례는 현재의 문제를 해결하기 위해 재사용된다(Reuse).
3. 검색된 사례는 추가 개선을 위해 필요한 경우 수정된다(Revise).
4. 최종 솔루션은 나중에 사용할 수 있도록 라이브러리의 일부로 보관된다(Retain).

Case-based reasoning (CBR) is a problem-solving technique that matches a new case (problem) with a previously solved case and its solution, both stored in a database. After searching for a match, the CBR system offers a solution; if no match is found, even after supplying more information, the human expert must solve the problem.

Intelligent agents are software capable of reasoning and following rule-based processes; they are becoming more popular, especially in e-commerce.

Hewlett-Packard는 사례기반추론을 사용하여 프린터 사용자를 지원한다. 이 시스템은 헬프 데스크 운영자의 역할을 수행한다. 지난 몇 년 간 이용자들의 불만과 애로사항은 사례와 해결방안으로 데이터베이스에 저장되어 있다. 이 정보는 과거 사용자와 동일한 문제가 있을 가능성이 있는 신규 사용자를 처리하는 데 사용된다. 장기적으로 이러한 시스템은 헬프 데스크 직원 수를 줄임으로써 고객 서비스를 개선하고 비용을 절감할 수 있다.

또 다른 예로, 일부 은행은 데이터베이스에 저장된 과거 고객의 매개변수를 사용하여 사례기반추론시스템을 사용하여 고객에게 대출 자격을 부여한다. 이러한 매개변수에는 총 소득, 피부양자 수, 총 자산, 순자산 및 요청된 대출 금액 등이 포함된다. 또한, 데이터베이스에는 신청에 대한 최종 결정(승인 또는 거부) 결과가 저장된다. 신구 고객이 대출을 신청하면, 사례기반추론시스템이 과거 신청 사례와 비교하여 담당직원에게 답변을 제공한다. 금번 대출 신청 사항과 그 결과가 차후에 사용될 수 있도록 데이터베이스에 저장된다.

13-4 지능형 에이전트

봇(Bots: Robots 줄임 말)이라고도 불리는 **지능형 에이전트(intelligent agents)**는 추론하고 규칙기반 프로세스를 따를 수 있는 소프트웨어이다. 특히, 전자상거래에서 더욱 인기를 얻고 있다. 가상 에이전트(Virtual Agents: VA) 또는 지능형 가상 에이전트(Intelligent Virtual Agents: IVAS)라고도 한다. 정교한 지능형 에이전트에는 다음과 같은 특성이 있다.

- *적응성* - 이전 지식에서 배우고 이전에 제공된 정보

를 뛰어 넘을 수 있다. 즉, 시스템이 조정할 수 있다.

- ***자율성*** - 최소한의 입력으로 작동이 가능하다. 시스템은 환경으로부터의 자극에 반응하고 사용자의 지시 없이 결정을 내리고 필요한 경우 선제적 조치를 취할 수 있다.
- ***협업 행동*** - 공동의 목표를 달성하기 위해 다른 에이전트와 협력하고 작업할 수 있다.
- ***인간과 같은 인터페이스*** - 보다 자연스러운 언어로 사용자와 상호작용할 수 있다.
- ***이동성*** - 최소한의 인적 개입으로 한 플랫폼에서 다른 플랫폼으로 이전될 수 있다.
- ***반응성*** - 주의가 필요한 문제나 상황을 선택하고 대처할 수 있다. 이 능력을 가진 에이전트는 일반적으로 환경으로부터의 자극에 반응할 수 있다.

Intelligent agents can collect information about customers, such as items purchased, demographic information, and expressed and implied preferences.

오늘날 대부분의 지능형 에이전트는 이러한 기능을 완벽하게 구현하지는 못하지만 가까운 장래에 개선될 것으로 예상된다. 이미 사용 가능한 지능형 에이전트의 중요한 애플리케이션 중 하나는 웹 마케팅이다. 지능형 에이전트는 구매 항목, 인구 통계 정보, 명시적 및 묵시적 선호도와 같은 고객에 대한 정보를 수집할 수 있다. 전자상거래 사이트는 이 정보를 사용하여 제품과 서비스를 고객에게 더 효과적으로 마케팅 할 수 있다. 제품 중개 에이전트(product-brokering agents)라고 하는 또 다른 에이전트는 고객에게 새로운 제품과 서비스를 알릴 수 있다. Amazon은 이러한 에이전트를 성공적으로 사용했다.

Shopping and information agents help users navigate through the vast resources available on the Web and provide better results in finding information. These agents can navigate the Web much faster than humans and gather more consistent, detailed information. They can serve as search engines, site reminders, or personal surfing assistants.

지능형 에이전트는"가상 카탈로그(virtual catalogs)" 라고 하는 스마트 또는 대화형 카탈로그에도 사용된다. 가상 카탈로그에는 고객의 이전 경험과 선호도를 기반으로 제품 설명이 표시된다.

현재 사용 가능한 지능형 에이전트는 다음 범주에 속한다.

- 쇼핑 및 정보 에이전트(shopping and infor-mation agents)
- 개인 에이전트(personal agents)
- 데이터마이닝 에이전트(data-mining agents)
- 모니터링 및 감시 에이전트(monitoring and survei-llance agents)

13-4a 쇼핑 및 정보 에이전트

쇼핑 및 정보 에이전트(Shopping and information agents)는 사용자가 웹에서 사용할 수 있는 방대한 리소스를 탐색하고 정보를 찾는데 더 나은 결과를 제공하도록 도와준다. 이러한 에이전트는 사람보다 훨씬 빠르게 웹을 탐색하고 보다 일관되고 자세한 정보를 수집할 수 있다. 검색 엔진, 사이트 알림 또는 개인 서핑 도우미 역할을 할 수 있다. Pricewatch(www.pricewatch.com)는 상품의 최저가를 찾아주는 커머셜 쇼핑 업체로 다수의 상품이 경쟁력 있는 가격으로 표시된다. 많은 밀레니얼 세대가 사용하는 Honey(www.joinhoney.com)는 온라인 쇼핑 분야의 또 다른 인기 있는 가격 비교 사이트이다. 또 다른 예는 BestBookBuys(www.bestbookbuys.com)로, 이 사이트는 소비자가 제목, 저자 또는 ISBN 정보를 입력하면, 이 책을 취급하는 모든 온라인 서점을 찾아 가장 저렴한 것부터 가장 비싼 것까지 목록을 구성하여 보여준다.

유즈넷(Usenet) 및 뉴스 그룹 에이전트에는 정보를 찾기 위한 정렬 및 필터링 기능이 있다. 예를 들어, DogPile(www.dogpile.com)은 사용자에 대한 정보를 찾기 위해 Google, Yahoo!, Yandex를 비롯한 여러 검색 엔진을 사용하여 웹을 검색한다. DogPile은 중복된 결과를 제거하고 결과를 분석하여 가장 관련성이 높은 결과가 최상단에 오도록 정렬할 수 있다.

13-4b 개인 에이전트

개인 에이전트(Personal agents)는 웹 양식을 작성하기 위한 정보를 기억하거나, 처음 몇 개의 문자를 입력한 후 이메일 주소를 완료하는 것과 같은 특정 태스크를 수행한다. 이메일 개인 에이전트는 일반적으로 다음 태스크를 수행할 수 있다.

- 자동 응답 메시지를 생성한다.
- 수신된 메시지를 전달한다.
- 수신된 메시지의 내용에 따라 이메일 답장을 작성한다.

13-4c 데이터마이닝 에이전트

데이터마이닝 에이전트(Data-mining agents)는 데이터웨어하우스와 함께 작동하며, 추세를 감지하고, 쉽게 식별할 수 없는 데이터 항목 간의 새로운 정보 및 관계를 찾는다. Volkswagen은 시장 상황에 대한 조기 경고 시스템 역할을 하는 데이터마이닝 에이전트를 사용한다. 예를 들어, 데이터마이닝 에이전트는 경제 상황이 악화되어 고객들로부터 대금 지불이 지연될 수 있는 문제를 미리 감지할 수 있다. 이 정보를 조기에 확보하면 의사결정자가 고객들로부터 대금 지불 지연에 따른 부정적인 영향을 최소화하는 솔루션을 제시할 수 있다.

13-4d 모니터링 및 보안 감시 에이전트

모니터링 및 보안 감시 에이전트(Monitoring and surveillance agents)는 일반적으로 시스템 충돌 또는 장애가 발생할 수 있는 시기를 예측하기 위해 컴퓨터 장비 및 네트워크 시스템을 추적하고 보고한다. NASA의 제트 추진 연구소(Jet Propulsion Laboratory)에는 비용을 줄이기 위해 장비의 재고, 계획 및 일정을 모니터링하는 에이전트를 가지고 있다.

13-5 퍼지 논리

모호한 질문일 수 있지만, '예' 또는 '아니오' 응답을 기대하는 설문지를 받아 본 적이 있는가? '일반적으로', '때때로', '경우에 따라', 그리고 이와 유사한 단어를 사용하고 싶은 경우도 있지만, 응답을 분석하는 데 사용되는 소프트웨어는 '예' 또는 '아니오'라는 선택지 외에는 아무 것도 처리할 수 없다는 것을 알고 있다. 그러나, 퍼지 논리(fuzzy logic)의 발달로 설문지 및 기타 설문 조사 도구에서 다양한 응답이 가능하다. **퍼지 논리(Fuzzy logic)**는 인간과 컴퓨터 어휘 사이의 부드럽고 점진적인 전환을 허용하고 소속도(degree of membership)를 사용하여 용어의 변화를 처리한다. 소속도는 항목이나 개체가 집합과 얼마나 관련이 있는지 보여준다. 숫자가 높을수록 관련성이 높음을 나타내고 숫자가 낮을수록 관계가 적음을 나타낸다. 예를 들어, 물을 가열할 때 온도가 50°C에서 75°C로 변하면 물이 따뜻하다고 말할 수 있다. 물의 온도가 85°C에 도달하면 어떻게 될까? 더 따뜻하다고 표현할 수 있지만, 어떤 시점에서 물이 뜨겁다고 설명할 수 있는가? 다양한 정도의 따뜻함을 설명하고, 따뜻함의 특정 범주에 속하는 구성원(membership)을 지정하는 것은 매우 모호하다.

> **Personal agents** perform specific tasks for a user, such as remembering information for filling out Web forms or completing e-mail addresses after the first few characters are typed.
>
> **Data-mining agents** work with a data warehouse, detecting trends and discovering new information and relationships among data items that were not readily apparent.
>
> **Monitoring and surveillance agents** usually track and report on computer equipment and network systems to predict when a system crash or failure might occur.
>
> **Fuzzy logic** allows a smooth, gradual transition between human and computer vocabularies and deals with variations in linguistic terms by using a degree of membership.

퍼지 논리는 컴퓨터가 일반적인 상황에서 모호함과 불확실성을 시뮬레이션하는데 도움이 되도록 설계되었다. Lotfi Zadeh는 부정확하거나 주관적인 정보를 처리하기 위해 "퍼지 집합"이라는 수학적 방법을 사용하여 1960년대 중반에 퍼지 논리 이론을 개발했다. 퍼지 논리는 컴퓨터가 인간과 유사한 방식으로 추론할 수 있게 하며, 근사치와 모호한 데이터가 있더라도 명확하게 정의할 수 있는 답변을 도출할 수 있게 한다.

퍼지 논리는 집합(개체의 모음)의 소속도에 따라 작동된다. 예를 들어, 4피트, 5피트 및 6피트를 기준으로 모집단의 키 집합을 구성할 수 있다. 퍼지 집합은 0에서 1 사이의 값을 가지며, 요소(element)가 집합에서 구성원(membership)이 되는 정도를 나타낸다. 0일 경우, 요소

그림 13.2　기존 집합의 예

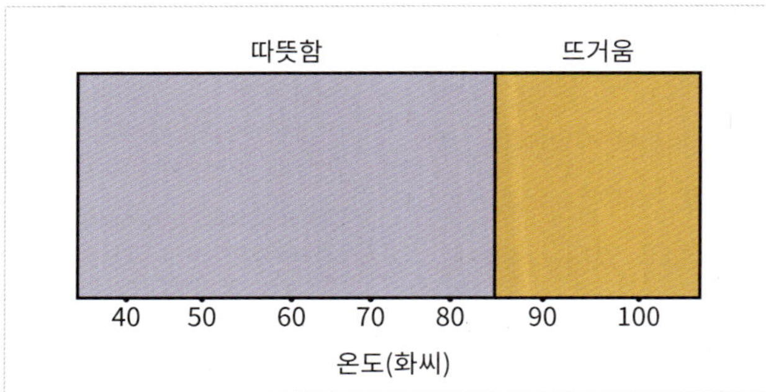

Machine learning is a process and procedure by which knowledge is gained through experience. In other words, computers learn without being explicitly programmed.

는 구성원이 없고 1에서 전체 구성원을 가진다.

기존 집합에서 구성원은 흑백 방식(이분법적 방식: 흰색 아니면 검은색)으로 정의되며, 회색은 있을 수 없다. 예를 들어, 90% 이상을 획득해야 이 코스에서 "합격" 등급을 받을 수 있는 경우, 89.99%를 얻었다고 해서 "합격" 영역의 멤버십이 부여되지 않는다. 따라서, 89.99%를 얻었음에도 불구하고 이 코스에서는 “불합격”할 것이라고 판단한다. 이 예에서는 두 등급(합격 또는 불합격) 사이에 아주 작은 차이(0.01)가 있지만 합격과 불합격의 차이를 의미한다. 즉, 작은 차이가 큰 영향을 미친다는 의미이다. 이것은 퍼지 논리 환경에서는 발생하지 않는다. 소속 함수를 더 잘 이해할 수 있도록 그림 13.2는 기존 집합의 예를 보여준다. 이 예에서 84.9°F는 따뜻한 것으로 간주되고 85.1°F는 뜨거운 것으로 간주된다. 이러한 작은 온도 변화는 시스템에서 큰 반응을 유발할 수 있다. 그림 13.3은 동일한 집합이지만 퍼지 논리 규칙을 보여준다. 예를 들어, 80°F는 퍼지 집합 "따뜻함"에서 15%, 퍼지 집합 "뜨거움"에서 55%의 소속도를 가진다. 40°F에서 100°F까지의 모든 온도가 소속 집합을 구성한다.

그림 13.3　퍼지 시스템에서의 소속도

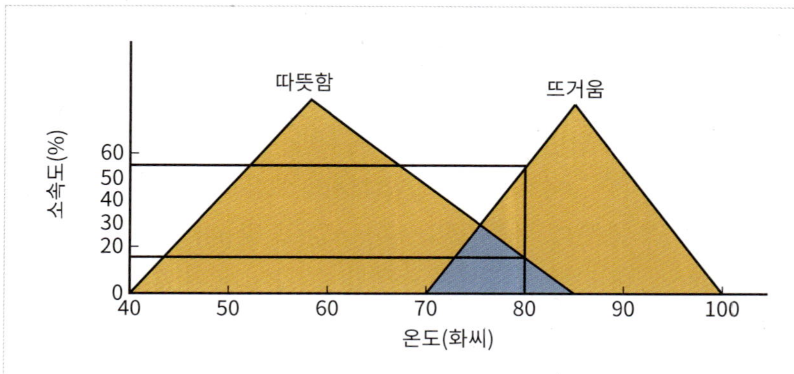

13-5a 퍼지 논리의 사용

Fuzzy logic has been used in search engines, chip design, database management systems, software development, and other areas.

퍼지 논리는 검색 엔진, 칩 설계, 데이터베이스관리시스템, 소프트웨어 개발 및 기타 영역에서 사용되어 왔다. 다음에서 볼 수 있듯이, 특정 기기에서 사용되고 있는 예가 더욱 익숙할 것이다.

- 적재량, 원단의 종류, 뜨거운 바람의 흐름에 대한 정보를 건조 시간 및 조건으로 변환하는 건조기
- 사용 패턴에 따라 해동 및 냉각 시간을 설정하는 냉장고
- 수온 변화를 억제하는 샤워 시스템
- 방 안의 시청자 위치에 따라 화면의 색상과 질감을 프레임 별로 조정하고 볼륨을 최적화하는 TV
- 이미지의 촬영 시 손떨림 영향을 제거하고, 초점과 조명을 자동으로 조정하는 비디오 캠코더

“Fuzzy Logic in Action” 사례는 미국 국방부에서 퍼지 논리를 어떻게 사용하고 있는 지 소개한다.

13-6 기계학습

기계학습(Machine learning; ML)은 경험을 통해 지식을 얻는 과정과 절차이다. 즉, 컴퓨터는 명시적으로 프로그래밍 되지

Fuzzy Logic in Action

FINANCE | TECHNOLOGY IN SOCIETY | REFLECTIVE THINKING

가전제품에서의 사용이 증가하는 것 외에도, 퍼지 논리는 정확한 데이터가 없는 다기준의사결정(multi-criteria decision-making) 프로세스에도 적용되고 있다. 오늘날 대부분의 자동차는 기계적으로 주행거리가 3,000마일에 도달했을 경우 엔진오일을 교환한다는 기존의 개념이 아니라, 엔진에 무리하게 가해진 힘이나 가혹한 조건(산악 주행, 장시간 주행 등) 속에서의 주행 거리를 기준으로 오일 교환 시기를 알려준다. 마찬가지로, 미국 국방부는 개별 무기 시스템의 비용과 이점을 평가하고 대체 무기 개발 전략을 평가하는 것과 같은 영역에서 복잡한 문제를 해결하기 위해 퍼지 논리를 사용한다(예: 대공 방어보다 지상 무기에 더 많은 예산을 지출). 정량적 데이터 뿐만 아니라 정성적 데이터를 사용하기 위해 언어, 규칙기반 의사결정지원, 지도 정보 등을 결합하는 주제별 전문가 패널을 구성하기도 한다.

질문 및 토론

1. 퍼지 논리는 자동차 산업에서 어떻게 활용되고 있는가?
2. 미국 국방부는 퍼지 논리를 어떻게 사용하고 있는가?

않고 학습한다. Facebook은 뉴스 피드에서 기계학습을 성공적으로 사용하고 있다. 친구의 게시물을 자주 읽거나 "좋아요"를 클릭하면, Facebook은 뉴스 피드에 이 친구의 게시물을 더 많이 포함시킨다. 이 친구의 게시물을 읽지 않거나 “좋아요” 클릭수가 줄어들게 되면 Facebook에서 그에 따라 뉴스 피드를 조정한다.

기계학습의 최근 잘 알려진 업적 중 하나는, 인류가 2,500년 동안 즐겨온 바둑 시합에서 한국 이세돌 9단을 꺾은 Google의 AlphaGo의 등장이다. 컴퓨터 프로그램이 인간 플레이어와의 게임에서 승리한 것은 이번이 처음이 아니다. 체커, 체스, 오델로 및 Jeopardy 등의 시합에서도 인간이 컴퓨터에 패배하고 말았다. 그러나, 바둑은 이러한 다른 게임보다 더 복잡하기 때문에 본능과 어느 정도의 고차원적인 인식을 필요로 하는 종목이라는 점에서 큰 이슈가 되었다.

이 경험은 컴퓨터가 사진 속에서 특정 인물의 얼굴

표 13.2 기계학습 응용 사례

기업	적용 분야	세부 적용 사항
Yelp	Large-scale image processing	기계학습을 사용하여 사용자 경험을 개선함. 기계학습은 회사가 수백만 개의 이미지를 보다 효율적으로 컴파일, 분류 및 레이블 할 수 있도록 지원함.
Pinterest	Enhanced content discovery	기계학습은 추천 알고리즘에 사용되며, 이메일 뉴스레터 구독자의 이탈을 줄임.
Facebook	Chatbot and user experience	기계학습은 고객 서비스를 개선하고 스팸 및 품질 불량 콘텐츠를 걸러내는데 사용되며, 시각 장애가 있는 사용자에게 이미지를 읽어주는 데도 사용됨.
Twitter	Timelines creation and management	기계학습을 활용해 각 트윗을 실시간으로 평가하고 개인의 선호도에 따라 정량평가를 하고 가장 많은 참여를 유도할 가능성이 높은 트윗을 표시함.
Google (parent company of Alphabet)	Artificial neural networks	기계학습은 자연어 처리, 음성 번역, 검색 순위 및 예측 시스템에 사용됨.
Edgecase (originally Compare Metrics)	Enhancing e-commerce conversion rates	기계학습을 통해, 구매하고 싶지만 아직 확실하지 않은 항목을 찾을 수 있도록 지원함으로써 고객 경험을 향상시켜 온라인 검색을 전통적인 소매 경험에 가깝게 만듦.
Baidu	Voice search	기계학습은 자연어 처리, 음성 검색, 음성 패턴 인식 시스템, 실시간 번역, 생체 인식 보안에 사용됨.
HubSpot	More intelligent sales	기계학습을 사용하여 잠재 고객을 보다 효과적으로 식별하고 기존 고객에게 더 나은 서비스를 제공함.
Salesforce	Intelligent customer relationship management (CRM)	Einstein이라 불리는 기계학습을 사용하여 보다 포괄적인 리드 스코어링과 보다 효과적인 고객 서비스를 창출하고 더 많은 기회를 창출함으로써 CRM의 모든 측면을 개선함.

Artificial neural networks (ANNs) are networks that learn and are capable of performing tasks that are difficult with conventional computers, such as playing chess, recognizing patterns in faces and objects, and filtering spam e-mail.

Genetic algorithms (GAs) are search algorithms that mimic the process of natural evolution. They are used to generate solutions to optimization and search problems using such techniques as mutation, selection, crossover, and chromosome.

을 식별하고, 스마트폰으로 하여금 사용자가 말하는 것을 인식하게 하고, 더 지능적인 로봇을 설계하는 등의 작업에 적용되고 있다. 표 13.2는 일부 기업에서 어떻게 기계학습을 적용하고 있는지 보여준다. 기계학습의 가장 잘 알려진 애플리케이션 중 하나는 아래에 설명된 인공신경망이다.

인공신경망(Artificial neural networks; ANNs)은 체스 게임, 얼굴과 사물의 패턴 인식, 스팸 이메일 필터링과 같은 기존 컴퓨터에서 수행하기 어려운 작업을 학습하고 수행할 수 있는 네트워크이다. 전문가시스템과 마찬가지로 인공신경망은 데이터가 모호하고 불확실성이 관련되어 있을 때 구조화되지 않은 문제에 사용된다. 인공신경망은 전문가시스템이 사용하는 'if-then else' 규칙을 사용하는 대신 패턴을 사용하기 때문에 인공신경망이 찾은 솔루션에 대하여 그 솔루션이 어떠한 과정을 거쳐 제시되었는지 구체적으로 설명할 수 없다.

인공신경망은 입력 및 출력을 기반으로 모델을 생성한다. 예를 들어, 대출 신청 문제에서 입력 데이터는 소득, 자산, 피부양자 수, 직업 이력 및 거주 상태로 구성된다. 출력 데이터는 대출 신청의 수락 또는 거부이다. 많은 대출

그림 13.4 인공신경망의 구성

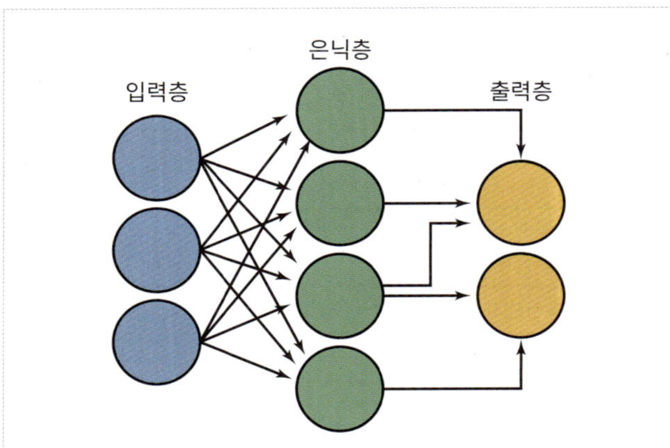

신청서를 처리한 후, 인공신경망은 신청을 승인할지 거부할지 결정하는 패턴을 스스로 설정할 수 있다.

그림 13.4에서 볼 수 있듯이, 인공신경망에는 출력 레이어, 입력 레이어, 학습이 일어나는 중간(숨겨진) 레이어가 있다. 은행에서 대출을 승인하기 위해 인공신경망을 사용하는 경우, 승인된 신청 사례와 거부된 신청 사례를 모두 포함하는 과거 데이터(대출이 승인되었는지 또는 승인되지 않았는지 이미 결과를 알고 있는 이전 대출신청 사례 데이터)를 사용하여 중간 레이어에서 컴퓨터가 스스로 학습을 한다. 입력 레이어에 입력된 데이터(신청자 정보, 대출 금액, 신용 등급 등) 패턴과 출력 레이어의 결과(승인 또는 거부 결정)에 따라 중간 레이어의 노드에 각기 다른 가중치가 할당된다. 이러한 가중치는 노드가 새로운 입력 데이터 세트에 반응하고 학습한 내용을 기반으로 의사결정을 모방하는 방식을 결정한다.

모든 인공신경망은 계속하여 학습과정을 반복해야 하고, 조직의 정책이 변경되면 네트워크를 재교육해야 새 정책을 모방할 수 있다. 또한, 딥러닝(deep learning)은 방대한 데이터 세트를 가질 수 있는 복잡한 문제를 처리하기 위해 많은 레이어를 포함하는 인공신경망 유형이다.

인공신경망은 다음을 포함한 많은 작업에 사용된다.

- 파산 예측
- 신용 등급 판별
- 투자 분석
- 석유 및 가스 탐사
- 타겟 마케팅
- 컴퓨터 및 네트워크 보안

다음 페이지에 제시한 "Neural Networks in Microsoft and the Chicago Police Department" 사례에서 신경망의 실제 적용에 대해 추가로 설명한다.

13-7 유전 알고리즘

유전 알고리즘(Genetic algorithms; GAs)은 널리 활용되고 있지는 않으나, 인공지능의 한 형태로 인식되고 있다. 주로 최적화 및 검색 문제에 대한 해답을 찾는데 사용

Neural Networks in Microsoft and the Chicago Police Department

FINANCE | TECHNOLOGY IN SOCIETY | REFLECTIVE THINKING

FeyginFoto/Shutterstock.com

Microsoft는 DM(direct mail)을 통한 수익을 극대화하기 위해 신경망 소프트웨어를 사용하고 있다. Microsoft는 매년 약 4천 만 개의 DM을 850만 명의 등록 고객에게 보낸다. 이 메일링의 목표는 고객이 소프트웨어를 업그레이드하거나 다른 Microsoft 제품을 구매하도록 권장하는 것이다. 첫 번째 메일은 회사 데이터베이스의 모든 고객에게 발송된다. 두 번째 메일은 응답할 가능성이 가장 높은 고객에게만 선별적으로 발송되며 신경망 소프트웨어를 사용하여 대상자를 선별한다. Microsoft 대변인 Jim Minervino에 따르면, 신경망 소프트웨어 BrainMaker는 응답률을 4.9%에서 8.2%로 높였다. 그 결과, 회사는 35%의 비용을 절감하면서 동일한 매출을 달성할 수 있었다.

Chicago 경찰청은 신경망 소프트웨어(BraninMaker)를 사용하여 위법 행위에 연루될 가능성이 있는 경찰관을 예측했다. 현직 경찰관들의 행동과 이전에 징계 처분을 받고 해고된 경찰관들의 행동을 비교했고, 이것을 기반으로 위법 행위에 연루될 가능성이 높은 경찰관들의 목록을 제공할 수 있었다. 또 다른 실제 적용 사례를 보려면 www.calsci.com/BrainIndex.html 접속하여 확인할 수 있다.

질문 및 토론

1. Microsoft의 신경망은 무엇을 달성했는가?
2. Chicago 경찰청은 신경망을 어떻게 사용하고 있는가?

된다. John Holland는 1940년대에 MIT에서 유전 알고리즘을 개발했으며, 이 알고리즘은 자연 선택과 적자 생존에 대한 Darwin의 아이디어를 기반으로 하는 컴퓨터 시스템에 적용되었다.

유전 알고리즘은 제트 엔진 설계, 포트폴리오 개발 및 네트워크 설계와 같은 많은 입력 변수를 다루는 최적화 문제에 사용된다. 그들은 가장 높은 수익을 내는 주식 포트폴리오나 가장 낮은 비용을 가진 네트워크 구성과 같이 가장 바람직한 출력을 생성하는 입력의 조합을 찾는다. 유전 알고리즘은 올바른 솔루션이 무엇인지에 대한 가정 없이 복잡한 문제를 조사할 수 있다. 유전 알고리즘 시스템에서는 다음 기술이 사용된다.

- ***적자 선택 또는 생존*** - 더 나은 결과를 선호하거나 더 높은 가중치를 부여한다.
- ***크로스오버*** - 서로 다른 결과의 좋은 부분을 결합하여 더 나은 결과를 얻는다.
- ***돌연변이*** - 다른 입력의 조합을 무작위로 시도하고 결과를 평가한다.
- ***염색체*** - 유전 알고리즘이 해결하려고 하는 문제에 대해 제안된 솔루션을 정의하는 매개변수의 집합이다. 일반적으로 간단한 문자열(sequence of characters)로 표시된다.

유전 알고리즘은 이미 일정 관리, 엔지니어링 설계 및 마케팅 문제를 해결하기 위해 신경망 및 퍼지 논리 시스템과 함께 사용되고 있다. 예를 들어, 도킹 알고리즘은 유전 알고리즘과 함께 신경망과 퍼지 기능을 사용하여 로봇이 도킹 베이로 이동할 최적의 최단 경로를 찾는다. 또한, General Electric 및 Rensselaer Polytechnic Institute

의 연구원은 유전 알고리즘을 사용하여 기존 방식으로 모델을 개발하는데 걸리는 시간의 1/4만을 소요하며 제트 엔진 터빈을 설계할 수 있었다.

AI 기술을 결합한 일부 하이브리드 제품[예: Gene Hunter(www.wardsystems.com/genehunter.asp) 및 NeuroDimension(www.nd.com/genetic)] 또한, 유전 알고리즘을 사용한다. 로봇 공학, 통신, 컴퓨터 게임 및 기타 분야에서 유전 알고리즘 사용 사례에 대한 추가 정보는 www.brainz.org/15-realworld-applicationsgenetic-algorithms에서 찾을 수 있다.

13-8 자연어처리

정보시스템을 사용자 친화적으로 만들기 위한 끊임없는 노력에도 불구하고, 정보시스템을 사용하기 위해서는 여전히 일정 수준의 컴퓨터 활용 능력과 기술을 필요로 한다. 2장에서 언급했듯이, **자연어처리(Natural-language Processing: NLP)**는 사용자가 인간의 언어로 컴퓨터와 통신할 수 있도록 개발되었다. 메뉴 및 아이콘과 같은 GUI 요소가 사람과 컴퓨터 간의 통신 문제를 해결하는 데 도움이 되었지만, GUI를 사용하기 위해서는 여전히 약간의 교육이 필요하고 사용이 번거로운 측면이 있다. 자연어처리 시스템은 보다 자연스럽고 사람들이 사용하기 쉬운 질의 응답 형태의 설정을 제공한다. 특히, 데이터베이스에 유용하다. 그러나, 이 제품들은 인간 사이의 대화와 비교할 수 있는 만큼의 수준에 이르지는 못했다. 인간 언어의 크기와 복잡성으로 인해 자연어처리시스템 개발이 어려워졌다. 하지만, 꾸준히 해당 기술은 진보하고 있으며, 특히, 통화 라우팅, 주식 및 채권 거래, 폰뱅킹과 같은 작업을 위한 자연어처리시스템은 이용 가능하다.

자연어처리시스템은 일반적으로 다음 범주로 나뉜다.

Natural-language processing (NLP) was developed so users could communicate with computers in human language.

- 데이터베이스를 위한 인터페이스
- 프랑스어에서 영어로 번역하는 것과 같은 기계 번역
- 많은 양의 텍스트를 요약하기 위한 텍스트 검색 및 지능형 인덱싱 프로그램
- 표준 문서의 자동 작성을 위한 텍스트 생성
- 컴퓨터와 음성 상호작용을 위한 음성 시스템

자연어처리시스템은 일반적으로 두 가지 유형의 활동을 수행한다. 첫 번째는 인터페이스이다. 인간의 언어를 입력으로 받아들이고, 해당 명령을 수행하고, 필요한 출력을 생성한다. 두 번째는 지식 습득이다. 컴퓨터를 사용하여 많은 양의 텍스트를 읽고, 중요한 포인트를 요약할 수 있을 만큼 정보를 잘 이해하고, 시스템이 내용에 대한 문의에 응답할 수 있도록 정보를 저장한다.

13-9 인공지능 기술과 의사결정지원시스템의 통합

전문가시스템, 자연어처리, 인공신경망과 같은 인공지능 관련 기술은 의사결정지원시스템의 품질을 향상시킬 수 있다. 설명 기능(전문가시스템 통합) 및 학습 기능(인공신경망 통합)을 추가하고 사용하기 쉬운 인터페이스(자연어처리시스템 통합)를 만들 수 있다. 이러한 시스템은 통합(또는 지능형) 의사결정지원시스템이다. 인공지능 기술, 특히, 전문가시스템 및 자연어처리는 데이터베이스, 모델베이스 시스템 및 의사결정지원시스템의 사용자 인터페이스 구성요소에 통합될 수 있다. 전문가시스템을 의사결정지원시스템의 데이터베이스 구성 요소에 통합하면 다음과 같은 이점이 있다.

- 기존 데이터베이스관리시스템 기능에 연역적 추론 추가
- 접속 속도 향상
- 데이터베이스 생성 및 유지 관리 개선을 위한 불확실성 및 퍼지 데이터 처리 기능 추가
- 휴리스틱 검색 알고리즘을 사용하여 질의 작업 단순화

마찬가지로, 의사결정지원시스템의 모델 베이스 구성요소에 인공지능 기술을 추가할 수 있다. 예를 들어, 전문가시스템을 추가하여 모델 베이스의 출력 결과에 대한 이

유와 설명을 제공하고, 모델 베이스의 분석 기능에 휴리스틱을 포함하고, 모델 구축 프로세스에 퍼지 집합을 통합하여 데이터 계산 시간과 비용을 줄일 수 있다. 또한, 해결책을 찾아야할 문제에 가장 적합한 모델을 선택할 수 있다.

또한, 전문가시스템 기능을 사용자 인터페이스 구성 요소에 통합하면 의사결정지원시스템의 품질과 사용자 친화성을 향상시킬 수 있다. 이 통합은 설명 능력과 같은 기능을 추가할 수 있다. 자연어처리를 통합하면 특히 컴퓨터에 익숙하지 않은 의사결정권자의 사용이 더 쉬워져 인터페이스의 효율성도 향상될 수 있다. Siri, Cortana, Alexa, Facebook의 M 등과 같은 가상 비서는 모바일 장치와의 인터페이스를 더 쉽고 편리한 대화식으로 만들었다. Google Assistant는 사용자로 하여금 인터페이스에 보다 쉽게 적응 가능하도록 만들어 보다 쉽게 개인화를 달성할 수 있게 되었다. 이러한 유형의 인터페이스는 의사결정지원시스템을 더 사용하기 쉽고 상호작용이 용이하게 하고 있다.

13-10 콘텍스트 컴퓨팅: 모바일 장치의 스마트화

우리는 수년 동안 스마트폰에서 GPS를 사용해 왔다. GPS 시스템은 위치 기반 서비스를 제공한다. 예를 들어, 특정 장소에 도착하기 위해 도시의 동쪽에서 서쪽으로 여행할 때 어느 경로로 이동해야 하는지 알려준다. 이것은 그 도시에 익숙하지 않은 사람에게 훌륭한 서비스가 될 수 있다. Apple의 Siri 및 Google Now와 같은 애플리케이션은 이 서비스를 조금 더 발전시켰다. 예를 들어, Google Now는 특정 사용자에 대한 정보를 사용하여 일기 예보, 거리 방향 또는 사용자가 좋아하는 스포츠 팀의 경기 결과를 제공한다. 사용자의 이전 행동과 현재 위치를 기반으로 이러한 정보를 제공한다.

상황 인식 소프트웨어의 또 다른 예는 사용자의 기분을 감지할 수 있는 Microsoft의 MoodScope이다. 이 "기분 센서(mood sensor)" 앱은 전화 통화, 문자 메시지, 인터넷 액세스 및 기타 스마트폰 활동을 분석하여 사용자의 기분을 예측할 수 있다. 이 애플리케이션은 개발 단계에 있지만, 중국과 미국의 사용자 32명을 대상으로 시행한 테스트에서 93%의 정확도를 보였다. 이러한 종류의 애플리케이션은 상당한 상업적 가치를 가질 수 있다. 예를 들어, 사용자의 기분은 Spotify(상업용 음악 스트리밍 서비스)와 공유되어 특별한 노래를 재생하거나 다른 유형의 커뮤니케이션을 장려하거나 억제하기 위해 사용자의 Facebook 타임라인으로 보낼 수 있다. 그것은 또한, 사용자에게 위안을 주는 음식을 제공할 수 있는 온라인 웹 사이트와 공유될 수 있다. 그러나, 이러한 애플리케이션은 사용자의 개인 정보를 침해하지 않도록 주의하여 사용해야 한다.

> **Contextual computing** refers to a computing environment that is always present, can feel our surroundings, and—based on who we are, where we are, and whom we are with—offer recommendations.

콘텍스트 컴퓨팅은 이 아이디어를 훨씬 더 발전시킬 것으로 예상된다. 예를 들어, 스마트폰은 다양한 소셜 미디어 사이트에 포함된 정보를 기반으로 특정 취업 박람회에 갈 경우, 채용 제안을 받을 확률을 80%로 즉시 예측할 수 있다. 스마트폰 및 기타 컴퓨팅 장치용 칩 제조업체인 Qualcomm은 콘텍스트 컴퓨팅을 가속화하기 위해 Brain-Inspired Zeroth 프로세서 제품군을 출시했다. Qualcomm에 따르면 이 소프트웨어 도구와 기술 제품군은 휴대용 장치가 그들의 환경에서 피드백을 받을 때 학습할 수 있게 한다.

인간은 자신이 어떤 것에 대해, 무엇을 알고, 어떻게 느끼는지에 따라 결정을 내리며, 일생 동안 축적한 경험이 바탕이 된다. 예를 들어, 어두운 골목에서 소음이 들리면 빠르게 방향을 바꿀 준비를 한다. 또는 슬퍼 보이는 친구를 보면 문제가 있는지 묻기도 한다. 이러한 시나리오는 컴퓨터가 이해하고 역할을 수행하기 어렵지만 콘텍스트 컴퓨팅이 실행할 수 있도록 설계된 시나리오이다.

우리의 여섯 번째, 일곱 번째, 여덟 번째 감각으로 일컬어 지는 **콘텍스트 컴퓨팅(contextual computing)**은 항상 존재해 왔고, 주변 환경을 느낄 수 있으며, '우리가 누구인지', '어디에 있는지'와 같은 상황의 인지를 기반으로 권장 사항을 제공하는 컴퓨팅 환경을 말한다.

콘텍스트 컴퓨팅의 이면에 있는 원칙은 인간의 두뇌가

자극을 이해하고 해석하는 방식과 유사하게 컴퓨터가 환경을 감지하고 이에 반응할 수 있다는 것이다. 본질적으로 콘텍스트 컴퓨팅은 사용자에 대해 알고 있는 것에 기초하여 특정 상황과 환경에서 사용자의 행동 과정을 조정할 수 있게 한다. 이를 달성하기 위해, 컴퓨터 네트워크, 소프트웨어, 하드웨어, 데이터베이스 시스템 및 인공지능 기술을 포함하여 이 교재에 논의된 많은 정보 기술이 사용될 수 있다.

13-11 인공지능과 자동화

기계학습과 인공지능은 자율주행차, 고객 상담에 응답할 수 있는 소프트웨어, 생산공정의 관리, 햄버거 뒤집기, 피자 조리, 보유 재고 확인 등이 가능한 로봇의 등장으로 이미 빠르게 확산되고 있다. 로봇 프로세스 자동화(Robotic process automation; RPA)는 적절한 애플리케이션에 전략적으로 배치할 경우 조직에 다음과 같은 여러 가지 이점을 제공한다.

- **비용 효율성** - RPA는 운영 비용을 25-50%까지 줄일 수 있다.
- **정확도 및 품질 향상** - RPA는 인간에 의해 발생할 수 있는 오류를 줄이고 재작업 사례를 제거하여 정확도와 품질을 높인다.
- **일관성** - RPA는 전반적으로 활동을 수행하는데 일관성을 제공한다.
- **향상된 분석** - 다양한 소스의 정확한 데이터에 대한 액세스를 제공하면 분석 품질이 향상된다.
- **직원 생산성 향상** - RPA는 직원이 일상적인 작업에서 벗어나 고객 서비스와 같은 중요한 활동에 더 집중할 수 있도록 한다.
- **고객 만족도 향상** - RPA는 고객 만족도를 높이는 고품질 제품과 서비스를 제공하는데 도움이 된다.
- **속도** - RPA는 제품 및 서비스의 실행 및 제공 속도를 높인다.
- **여러 시스템의 조정** - RPA는 사람의 개입 없이 여러 시스템의 데이터 및 정보 집계를 향상시킨다.
- **범용성** - RPA는 산업 전반에 걸쳐 적용할 수 있으며 광범위한 작업을 수행할 수 있다.

잠재적인 일자리의 감소, 높은 초기 투자 비용 및 숙련된 노동력의 부족은 RPA의 단점 중 하나이다. 로봇은 제조 및 기타 분야에서 이미 사용되고 있는 분야 외에도, 텔레마케터, 대출 담당자, 신용 분석가, 캐셔, 요리사, 변호사, 회계사, 지붕수리업자, 버스 운전사 등 9개의 직업군에 부분적으로 또는 완전히 투입될 수 있기 때문에, 이로 인한 잠재적인 일자리 감소가 최근 몇 년 동안 꾸준히 관심을 받았다. 자동화의 영향으로부터 가장 안전한 직업군은 사람을 관리하는 직무, 높은 수준의 전문 지식이 필요하고, 예측할 수 없는 환경을 처리하는 직업군이다. 이러한 직업에는 엔지니어, 과학자, 의료인, 교육자, IT 전문가, 정원사, 배관공 및 요양 관리사가 포함된다.

인공지능이 고용에 미치는 영향에 대하여는 전문가마다 서로 의견이 다르다. 인공지능 전문가이자 벤처 자본가인 Kai Fu Lee에 따르면 자동화는 노동력에 큰 변화를 일으킬 것이라고 주장한다. 그는 2034년까지 전 세계 일자리의 40%가 작업을 자동화할 수 있는 로봇으로 대체될 것이고, 블루칼라와 화이트칼라에 해당하는 직업군 모두에 영향을 미칠 것으로 내다보고 있다.

McKinsey Global Institute의 연구에 따르면 자동화는 2030년까지 미국에서 최대 7,300만 개의 일자리를 감소시킬 수 있지만, 경제 성장과 생산성 향상으로 인해 손실의 대부분은 상쇄될 것으로 예측되고 있다. 전 세계적으로 최대 8억 명의 근로자가 실직할 수 있으며, 최대 3억 7,500만 명이 새로운 직업군에 진출하기 위해 새로운 기술을 배워야 할 수도 있다. 미국과 같이 높은 임금을 제공하는 국가는 자동화로 인한 실직에 더 취약할 수 있다. 자동화의 영향을 최소화하기 위해 기업은 신기술에 대비할 수 있도록 직원을 지속적으로 교육해야 한다. UCLA의 Bhagwan Chowdhry 교수가 말했듯이, 기업은 직원을 지속적으로 교육하는 것이 조직과 직원 자신에게 가장 효과적인 투자가 될 것이다. 그는 직원들이 사내에서 보내는 시간의 40%를 훈련과 재교육에 투자해야 한다고 제안하고 있다.

13-12 인공지능의 윤리적 문제

Gallup이 시행한 여론 조사에 따르면, 2019년 기준, 미국인의 85%가 적어도 하나의 인공지능 기반 기기, 프로그램 또는 서비스를 사용하고 있다고 한다. 인공지능 기술의 채택은 가격이 내려가고 기능이 향상됨에 따라 앞으로 더욱 증가할 것이다. 인공지능 도입의 성공 가능성을 높이고 위험을 줄이기 위해 조직은 인공지능 시스템이 작동되기 전에 건전한 거버넌스와 윤리적 틀을 구축하고 아래의 다섯 가지 사항을 준비해야 한다.

1. 인공지능 목표 정의: 인공지능 시스템이 온라인 사진첩의 사진을 분류하는데 사용되는 경우, 정지 또는 주행을 결정하기 위해 자율주행차가 전방의 물체를 감지하는데 사용되는 인공지능 시스템 보다 훨씬 낮은 위험이 수반된다.
2. 문제의 복잡성 정의: 문제가 복잡해지면 인공지능 시스템에 오류가 발생할 확률이 높아진다. 예를 들어, 풀 모션 비디오에서 의미를 추출하는 것은 정지 상태의 스틸 이미지에서 동일한 작업을 수행하는 것보다 더 복잡하고 오류가 발생할 확률도 높다.
3. 환경을 안정적이거나 가변적인 것으로의 정의: 재무데이터를 사용하여 고객의 신용도를 승인하거나 거부하면 환경이 안정적인 것으로 간주된다. 반면 자율주행차가 개방된 도로에서 운행될 때 환경은 매우 가변적이며 예측할 수 없는 것으로 간주된다.
4. 편향에 대한 정의와 보호: 인공지능 시스템이 사람에 대한 예측을 하도록 설계될 때, 그들은 종종 편향의 위험을 내포할 수 있다. 인공지능 설계자는 전체 인구의 다양성을 반영하고, 인공지능 시스템이 다양한 그룹에 대해 어떻게 작동하는지 모니터링하기 위한 조치를 수립해야 한다.
5. 인간 관여 수준 정의: 인공지능 시스템의 자율성이 높아짐에 따라 모니터링도 증가해야 한다. 자율 인공지능 시스템은 인간이 최종 의사결정권자가 되도록 하는 증강 인공지능 시스템에 비해 더 많은 위험을 수반한다.

개인과 기업에 의한 인공지능 기술의 광범위한 채택은 신중하게 검토해야 하는 많은 윤리적 문제를 야기할 것이다. 인공지능 편향, 인공지능 실수, 부의 불평등, 인간성, 실업 등 다섯 가지 문제가 주요 문제들이다.

1. 인공지능 편향(AI bias): 인공지능 알고리즘과 프로그램은 대부분 남성인 프로그래머와 소프트웨어 엔지니어에 의해 개발되었으며, 개발자와 설계자의 편견이 이러한 프로그램에 영향을 미칠 수 있다. Gartner 연구에 따르면, 2022년까지 인공지능 프로젝트의 85%가 데이터, 알고리즘 또는 이를 관리하는 팀의 편향으로 인해 잘못된 결과를 제공할 것으로 예측됐다. 예를 들어, 여러 지원자 중 최고의 지원자를 선택하기 위해 이력서의 패턴을 찾는 Amazon 채용시스템은 남성 후보자가 더 낫다는 것을 스스로 학습했다. 알고리즘은 여성 또는 여성이라는 단어를 포함하거나 여자 대학에 다니는 것으로 언급된 이력서에 더 낮은 가중치를 부여했다. Carnegie Mellon University의 한 연구는, Google 광고가 여성에게 보여주었던 것보다 훨씬 더 높은 비율로 남성에게 고소득 일자리 관련 광고를 보여준다는 것을 발견했다. 또 다른 예로, 소프트웨어가 미래의 범죄자를 예측하는데 사용되었을 때, 흑인에 대한 편견이 나타났다. 인공지능 도구가 올바르게 사용된다면 윤리적 결정을 구현하기 위한 강력한 플랫폼이 될 수 있다.
2. 인공지능 실수(AI mistakes): 아직 완전히 개발되지 않은 인공지능 프로그램이 배포되면서, 인공지능의 실수 또는 소위 "인공적인 어리석음(artificial stupidity)"이 발생할 수 있다. 사용자와 의사결정자는 인공지능 실수를 경계하고 신중하게 고려해야 한다. 다음은 최근 몇 가지 사례이다.
   - Google 번역은 터키어-영어 번역에서 성별 편향을 보였다.
   - Apple Face ID는 150달러에 불과한 3D 프린터 마스크에 의해 보안장치가 무력화되었다.
   - Amazon Echo는 사용자가 외출했을 때, 사용자의 요청없이 무작위로 음악을 틀었다.
   - 2016년 Tesla의 오토 파일럿 기능이 충돌사고를

야기해 탑승 중이던 운전자가 사망했다.

- 2018년 Uber 자율주행차가 보행자를 치어 숨지게 했다.
- 인공지능의 2018년 월드컵 우승국 예측은 거의 모두 틀렸다.

3. 부의 불평등(wealth inequality): 전문가들은 인공지능이 부자와 가난한 사람 사이의 불평등을 심화시킬 것이라고 믿고 있다. 이 문제는 두 가지로 분석할 수 있다. (1) Ford 또는 General Motors와 같은 전통적인 제조 회사에 고용된 사람들의 수를 Alphabet 또는 Facebook과 같은 AI 기반 회사에 고용된 사람들의 수와 비교해 보라. 전통적 기업이 창출한 부는 AI 기반 기업에 비해 훨씬 더 많은 근로자에게 분배됐다. (2) 부유한 사람들은 경제 활동에 AI 도구를 사용할 여유가 있으며, 이는 경제적 이점을 얻는 데 도움이 될 수 있다. 즉, 고급 기술에 접근할 수 있는 사람은 경제적으로 더 앞서 나갈 수 있다.
4. 인간성(humanity): AI 기술의 광범위한 배치는 인간과 인간의 행동에 영향을 미칠 수 있다. 2장에서 기술했듯이, Jeoperdy 퀴즈 쇼에 참가한 IBM Watson은 질문에 대한 정확한 이해는 못했지만, 높은 수준의 자신감과 속도로 답변했다. 로봇은 더 나은 고객 서비스를 제공하거나 제품 또는 서비스 마케팅에서 더 나은 일을 할 수 있다. 인간은 다른 사람에게 쏟을 수 있는 관심과 인내에 한계가 있다. AI 도구는 관계를 구축하고 서비스를 제공하는데 무제한으로 리소스에 접근하여 이를 배포할 수 있다. AI 도구의 이러한 우수한 기능은 인간의 행동에 부정적인 영향을 미칠 수 있다.
5. 실업: 의심할 여지없이 AI는 고용에 영향을 미칠 것이다. 예를 들어, 조립 라인의 용접 및 납땜, 음식 준비 또는 포장과 같은 작업은 대부분 자동화될 수 있다. 자율주행차는 미국에서만 수백만 명의 트럭 운전사를 대체할 수 있다. AI가 많은 수의 새로운 일자리를 창출했지만, 창출된 일자리는 높은 수준의 전문 지식과 교육을 필요로 하는 반면, AI가 대체한 직업군은 대부분 경제적 여유가 없는 사람들이 주로 종사하는 낮은 수준의 기술이나 직무능력을 요구하는 직업군이다.

요약

13-1 인공지능을 정의하고 인공지능 기술이 의사결정을 지원하는 방법에 대하여 설명하라. 인공지능은 사고, 말하기, 느낌, 추론을 포함하여 인간의 생각과 행동을 시뮬레이션하고 재현하려는 관련 기술로 구성된다. AI 기술은 지식, 지각, 추론, 이해 및 인지 능력이 필요한 영역에 컴퓨터를 적용한다. 그 기술들은 제조분야, 의료분야, 금융분야 등과 같은 다양한 산업에서 사용될 수 있다.

13-2 전문가시스템, 전문가시스템의 애플리케이션 및 구성 요소에 대해 기술하라. 전문가시스템은 잘 정의된 영역에서 문제를 해결하기 위해 특정 분야에서 인간의 전문 지식을 모방한다. 전문가시스템의 구성 요소에는 지식습득 장치, 지식베이스, 지식베이스관리시스템(KBMS), 사용자 인터페이스, 설명 장치 및 추론 엔진이 포함된다.

13-3 설계 및 구현과 관련된 네 가지 R을 포함하여 사례기반추론에 대해 설명하라. 사례기반추론은 새로운 사례(문제)를 데이터베이스에 저장되어 있는 이전 사례 및 해당 솔루션과 일치시키는 문제해결 기법이다. 일치하는 항목을 검색한 후, 사례

기반추론시스템이 솔루션을 제공한다. 추가 정보를 제공한 후에도 일치하는 항목이 없으면 인간 전문가가 개입하여 문제를 해결해야 한다. 관련된 네 개의 R은 검색(Retrieve), 재사용(Reuse), 수정(Revise), 그리고 유지(Retain)이다.

13-4 네 가지 유형의 지능형 에이전트 각각의 특성과 사용 방법을 요약하라. 쇼핑 및 정보 에이전트는 사용자가 웹에서 사용할 수 있는 방대한 리소스를 탐색하고 정보를 찾는데 더 나은 결과를 제공하도록 도와준다 개인 에이전트는 웹 양식을 작성하기 위한 정보를 기억하거나, 처음 몇 개의 문자를 입력한 후 이메일 주소를 완료하는 것과 같은 특정 태스크를 수행한다. 데이터마이닝 에이전트는 데이터웨어하우스와 함께 작동하며, 추세를 감지하고, 쉽게 식별할 수 없는 데이터 항목 간의 새로운 정보 및 관계를 찾는다. 모니터링 및 감시 에이전트는 일반적으로 시스템 충돌 또는 장애가 발생할 수 있는 시기를 예측하기 위해 컴퓨터 장비 및 네트워크 시스템을 추적하고 보고한다.

13-5 퍼지 논리와 그 용도에 대해 설명하라. 퍼지 논리는 인간과 컴퓨터 어휘 사이의 부드럽고 점진적인 전환을 허용하고 소속도를 사용하여 용어의 변화를 처리한다. 가전 제품, 검색 엔진, 자동차 등에 사용되고 있다.

13-6 기계학습과 인공신경망에 대해 설명하라. 기계학습은 경험을 통해 지식을 얻는 과정과 절차이다. 즉, 컴퓨터는 명시적으로 프로그래밍 되지 않고 학습한다. 인공신경망은 체스 게임, 얼굴과 사물의 패턴 인식, 스팸 이메일 필터링과 같은 기존 컴퓨터에서 수행하기 어려운 작업을 학습하고 수행할 수 있는 네트워크이다.

13-7 유전 알고리즘이 어떻게 사용되는지 설명하라. 유전 알고리즘은 자연 진화 과정을 모방한 검색 알고리즘이다. 돌연변이, 선택, 크로스오버 및 염색체와 같은 기술을 사용하여 최적화 및 검색 문제에 대한 솔루션을 생성하는 데 사용된다.

13-8 자연어처리와 그 주요 범주를 설명하라. 자연어처리는 사용자가 인간 언어로 컴퓨터와 통신할 수 있도록 개발되었다. 주요 범주에는 데이터베이스를 위한 인터페이스, 기계 번역, 텍스트 스캐닝 및 대량의 텍스트 요약을 위한 지능형 인덱싱 프로그램, 표준 문서의 자동 작성을 위한 텍스트 생성, 컴퓨터와의 음성 상호작용을 위한 음성 시스템이 포함된다.

13-9 인공지능 기술을 의사결정지원시스템에 통합할 때의 다섯 가지 이점을 설명하라. (1) 기존 데이터베이스관리시스템 기능에 연역적 추론 추가, (2) 접속 속도 향상, (3) 데이터베이스 생성 및 유지 관리 개선, (4) 불확실성 및 퍼지 데이터 처리 기능 추가, (5) 휴리스틱 검색 알고리즘을 사용하여 질의 작업 단순화 등이다.

13-10 콘텍스트 컴퓨팅을 설명하라. 콘텍스트 컴퓨팅은 항상 존재해 왔고, 주변 환경을 느낄 수 있으며, '우리가 누구인지', '어디에 있는지'와 같은 상황의 인지를 기반으로 권장 사항을 제공하는 컴퓨팅 환경을 말한다.

13-11 인공지능이 자동화에 미치는 영향을 설명하라. 기계학습과 인공지능은 자율주행차, 고객 상담에 응답할 수 있는 소프트웨어, 생산공정의 관리, 햄버거 뒤집기, 피자 조리, 보유 재고 확인 등이 가능한 로봇의 등장으로 이미 빠르게 확산되고 있다. 로봇프로세스자동화(RPA)는 적절한 애플리케이션에 전략적으로 배치될 경우, 조직에 비용 효율성 및 품질 향상 등 여러 가지 이점을 제공한다.

13-12 인공지능의 윤리적 문제를 설명하라. 여기에는 인공지능 편견, 인공지능 실수, 부의 불평등, 인간성, 실업과 관련된 문제들이 포함된다.

3부

정보시스템 개발,
엔터프라이즈시스템,
인공지능,
최신 트렌드

14장

새로운 트랜드, 기술 및 애플리케이션

학습목표

14-1 소프트웨어 및 서비스 배포의 새로운 트렌드를 요약한다.

14-2 가상현실 구성 요소 및 애플리케이션에 대해 설명한다.

14-3 클라우드 컴퓨팅의 기초, 모델 및 애플리케이션을 설명한다.

14-4 나노기술의 사용에 대해 논의한다.

14-5 블록체인 기술과 암호화폐를 설명한다.

14-6 양자컴퓨팅과 그 응용에 대해 설명한다.

이 장에서는 풀 기술, 푸시 기술 및 SaaS(Software as a Service)를 포함한 소프트웨어 및 서비스 배포에 있어서의 새로운 트랜드에 대해 논의한다. 또한, CAVE(Cave Automatic Virtual Environment) 및 증강현실을 포함한 가상현실 구성 요소 및 애플리케이션에 대해 배우고, 가상세계가 통신 및 협업을 위한 새로운 플랫폼이 되는 방법에 대하여도 학습한다. 이어서 클라우드 컴퓨팅과 그와 관련한 다양한 모델 및 애플리케이션에 대해 배운다. 또한, 나노기술이 어떻게 사용되고 있는지, 그리고, 미래 애플리케이션에 대한 개요를 제공하고, 블록체인 기술과 암호화폐에 대해 학습한다. 끝으로, 양자컴퓨팅과 그 현재 및 미래 애플리케이션에 대해 논의한다.

14-1 소프트웨어 및 서비스 배포 트랜드

소프트웨어 및 서비스 배포의 최근 동향에는 풀 기술, 푸시 기술 및 애플리케이션 서비스 공급자가 포함된다. 이러한 모든 동향을 아래에서 구체적으로 설명한다.

14-1a 풀 기술과 푸시 기술

풀 기술(pull technologies)을 사용하면, 사용자가 특정 웹 사이트로 이동하기 위해 웹 브라우저에 URL을 입력할 때와 같이 사용자가 먼저 특정 정보(이 경우에는 URL를 뜻함)를 입력해야 한다. 그러나, 이 기술은 특정 제품 및 서비스를 소비자에게 선제적으로 마케팅하거나 맞춤형 정보를 제공하는 데에는 적합하지 않다. 예를 들어, 사람들은 마케팅 정보를 기업에 먼저 요청(입력) 하는 경우는 극히 드물다. 웹캐스팅이라 불리는 **푸시 기술(push technologies)**을 사용하면, 웹 서버는 사용자(서비스에 가입한 사용자)가 정보를 요청할 때까지 기다리지 않고 사용자에게 정보를 전달한다. 웹캐스팅은 많은 웹 브라우저에서 지원되며 공급업체에서도 사용할 수 있다. 푸시 기술을 사용하면 기업은 소비자가 좋아하는 웹 콘텐츠를 실시간으로 업데이트해 줄 수 있으며 데스크탑이나 모바일 장치로 보낼 수 있다. 푸시 기술은 기업 대 소비자(B2C) 및 기업 대 기업(B2B) 마케팅에도 효과적일 수 있다. 예를 들어, 자동차 제조업체는 새 모델, 가격 및 기능에 대한 최신 정보를 모든 딜러에게 실시간으로 보낼 수 있다. 또한, 네트워크 관리자는 바이러스 백신 업데이트를 직원의 워크스테이션에 자동으로 다운로드되어야 할 때 푸시 기술을 사용한다.

푸시 기술은 설정된 간격이나 새로운 이벤트가 발생하면 자동으로 사용자에게 콘텐츠를 전달한다. 예를 들어, "최신 버전의 Adobe Flash를 사용할 수 있습니다. 설치하시겠습니까?"와 같은 알림을 종종 볼 수 있을 것이다. 이 경우, 공급업체(Adobe)는 업데이트된 제품이 출시되는 즉시 사용자에게 안내하는데 이를 "푸시 트리거 이벤트(event triggering the push)"라고 한다. 물론, 이 이벤트는 이전 버전의 Adobe Flash를 다운로드하고, 푸시 업데이터에 등록했을 경우에 가능하다. 뉴스 및 영화 출시와 같은 콘텐츠 업데이트에도 동일한 프로세스가 적용된다. 이용자는 가입 시 자신이 원하는 콘텐츠(스포츠, 주식시장, 정치 뉴스 등)를 지정하고 "푸시"에 동의하게 된다. 또한 콘텐츠를 얼마나 자주 푸시할 지를 지정할 수도 있다. 예를 들어, 온라인 뉴스 서비스를 구독하고 중국에 대한 최신 경제 뉴스에 관심이 있다고 표시

> With **pull technology,** a user states a need before getting information, as when a URL is entered in a Web browser so the user can go to a certain Web site.
>
> With **push technology,** also known as webcasting, a Web server delivers information to users (who have signed up for this service) instead of waiting for users to request the information be sent to them.

한 경우, 이 온라인 서비스는 해당 뉴스가 제공되는 즉시 그 뉴스를 사용자에게 전송하며, 이후에도 사용자로부터 추가 요청이 없어도 이를 제공하게 된다.

> **Push technology streamlines the process of users getting software updates and updated content.**

푸시 기술은 사용자가 소프트웨어의 업데이트와 업데이트된 콘텐츠를 받는 프로세스를 간소화한다. 사용자와 지속적으로 연결되어 고객 충성도를 향상시킬 수 있기 때문에 공급업체에게도 이익이 된다. 이러한 이점은 종종 푸시 기술을 사용하는데 필요한 서버 및 기타 기술 리소스를 추가하는데 요구되는 비용을 능가하기도 한다. 또한, 푸시 기술은 사용자에게 필요한 정보를 보다 적시에 제공하기 때문에 고객관계 서비스를 향상시킨다.

다음은 푸시 기술의 세 가지 사례이다.

- ***Microsoft Direct Push(AT&T)*** - 사용자가 이동 중에도 Microsoft Outlook과의 연결 상태가 유지된다. 사용자는 Windows Mobile이 지원되는 스마트폰에서 이메일, 일정, 연락처 관리를 위한 완전한 무선 동기화를 통해 보다 효율적으로 작업할 수 있다. 사용자는 Microsoft Office Outlook Mobile 인터페이스를 통해 이메일을 빠르게 받고 응답할 수 있다.
- ***Apple 푸시 알림*** - 뉴스 업데이트 또는 소셜 네트워킹 상태 변경과 같은 알림을 Apple 장치로 전송한다.
- ***Facebook 푸시 알림*** - Facebook은 푸시 기술을 사용하여 사용자의 상태 업데이트에 대한 '좋아요' 및 댓글과 같은 반응이 있을 경우 이를 사용자에게 전송한다.

14-1b 애플리케이션 서비스 제공자

> **Application service providers (ASPs)** provide access to software or services for a fee.
>
> **Software as a service (SaaS)**, also known as on-demand software, is a model for ASPs to deliver software to users for a fee; the software is for temporary or long-term use.

7장에서는 유료로 인터넷에 액세스할 수 있는 ISP에 대해 학습했다. **애플리케이션 서비스 공급자(Application service providers; ASP)**라고 하는 보다 최근의 비즈니스 모델에서는 소프트웨어나 서비스에 대한 액세스가 유료로 제공된다. 주문형 소프트웨어라 불리는 **SaaS(Software as a Service)**는 ASP가 사용자에게 유료로 임시 또는 장기 사용이 가능한 소프트웨어를 제공하는 모델이다. 이 모델의 경우, ASP가 최신 버전의 소프트웨어를 제공하므로 사용자는 새 소프트웨어 버전 및 호환성 문제에 대해 염려할 필요가 없다. 또한, 사용자는 모든 애플리케이션 데이터를 ASP 서버에 저장할 수 있기 때문에 여행을 하거나 다른 위치에서 일하는 경우에 매우 편리하지만, 개인정보 및 보안 관련 문제가 야기될 여지도 있다. 사용자 자신의 워크스테이션 대신 ASP 서버에 데이터를 저장하면 그 데이터는 해커에 의해 더 많이 공격받거나 노출될 수 있다.

다음은 SaaS가 작동하는 방법에 대한 간단한 예이다. 파일명이 '14장 요약'인 문서를 편집하고 이 작업을 위한 워드 프로세서 소프트웨어가 필요하다고 가정해 보자. SaaS를 사용하면 자신의 컴퓨터에 별도의 소프트웨어를 설치할 필요가 없고, SaaS 공급자 사이트에 접속하기만 하면 된다. 그런 다음 공급자의 서버(컴퓨팅 리소스를 차지하지 않음) 또는 컴퓨터에서 소프트웨어를 실행할 수 있다. '14장 요약' 파일의 저장 위치는 중요하지 않다. 공급자의 SaaS 서비스를 사용하여 문서를 편집하고 해당 문서는 하드 드라이브(예: 플래시 드라이브)에 저장된다. 워드 프로세서 소프트웨어는 컴퓨터에 저장되지 않으므로 공급자의 SaaS 사이트를 통해 워드 프로세서 소프트웨어에 액세스하면 최신 버전을 얻을 수 있다. SaaS는 데이터 및 문

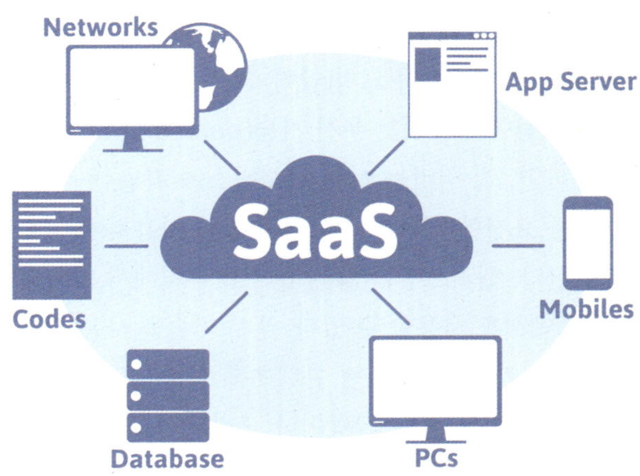

Good_Stock/Shutterstock.com

서 저장 또는 처리 능력 및 메모리와 같은 하드웨어 리소스가 아닌 소프트웨어만 처리한다.

SaaS 모델은 다음과 같은 여러 형태가 있다.

- 오피스 제품군 패키지와 같은 일반적인 사용을 위한 소프트웨어 서비스
- 신용카드 처리와 같은 특정 서비스
- 의사, 회계사 및 변호사와 같은 특정 고객층을 위한 소프트웨어 서비스

> "The distinction between immersion in a VR world and analyzing the same information using blueprints, numbers, or text is the difference between looking at fish in an aquarium and putting on your scuba gear and diving in."

일반적으로 아웃소싱의 장점(저렴한 비용과 보다 빠른 정보 제공)은 ASP 모델에도 적용된다. 특히 ASP에는 다음과 같은 몇 가지 특별한 장점이 있다.

- 고객은 소프트웨어가 최신 버전인지 여부에 대해 염려할 필요가 없다.
- 정보시스템을 담당하는 직원은 조직에 전략적으로 더 중요한 애플리케이션(예: 고객관계관리 및 재무정보시스템)에 집중할 수 있다.
- 소프트웨어 개발 비용은 여러 고객에게 분산되므로, 공급업체는 소프트웨어 개발 비용의 일부만을 부담하고 더 개선된 소프트웨어를 개발할 수 있다.
- 소프트웨어는 사용자의 요청에 따라 최신 상태로 유지된다.
- ASP 계약은 일정 수준의 기술 지원을 보장한다.
- 소프트웨어에 투입되는 비용은 예측 가능하며 절감될 수 있다.

다음은 ASP의 몇 가지 단점이다.

- 일반적으로 사용자의 필요에 맞춘 소프트웨어가 제공되지 않기 때문에 사용자는 ASP에서 제공하는 애플리케이션을 반드시 사용해야 한다.
- 조직은 애플리케이션 개발 방법에 대한 제어 권한이 적기 때문에 애플리케이션이 조직의 요구 사항을 완전히 충족하지 못할 위험이 있다.
- 조직에서 사용하고 있는 다른 애플리케이션 및 시스템과의 통합이 어려울 수 있다.

Google, Microsoft, Salesforce, NetSuite, Basecamp 및 Mint는 모두 SaaS를 제공하는 기업이다. Google은 Gmail for Business, Google 캘린더, Google 토크, Google 문서도구, Google 사이트 도구 등 기존 사무용 제품군과 유사한 여러 Google 제품을 포함하는 Google Apps for Work를 제공한다(Standard Edition은 무료임). Microsoft Office 365는 Microsoft Office Suite라는 클라우드 기반 사무지원 서비스를 제공함으로써 Google과 경쟁하고 있다. Salesforce는 고객관계관리(CRM)를 포함하여 SaaS 모델을 사용하는 다양한 엔터프라이즈 애플리케이션을 제공하며, NetSuite는 ERP 및 금융 소프트웨어 제품군을 제공한다. Basecamp는 사용자가 파일을 공유하고, 마감일을 설정하고, 작업을 할당하고, 피드백을 받을 수 있는 웹 기반 프로젝트 협업 도구이다. Mint는 웹기반 개인 재무관리 서비스이다. SaaS는 인적자원 애플리케이션과 ERP시스템에서도 일반적으로 사용되고 있다.

14-2 가상현실

Allied Market Research에 따르면, 증강현실(Augmented Reality: AR) 및 가상현실(Virtual Reality: VR) 시장은 2025년까지 전 세계적으로 5,714억 달러에 이를 것으로 예측되며, 연평균성장률은 63.3%에 달할 것으로 예상된다. Facebook, Microsoft, Google, Cannon, GoPro, Sony, Samsung 및 HTC는 이 분야에서 선두주자이다. 그렇다면 가상현실은 무엇인가?

가상현실(Virtual reality; VR)은 컴퓨터가 생성한 3차원 이미지를 사용하여 실제 환경에서 상

> **Virtual reality (VR)** uses computer-generated, three-dimensional images to create the illusion of interaction in a real-world environment.

호작용하는 것과 같은 환상(illusion)을 만든다. 스테레오 사운드와 촉각(tactile sensations)은 3차원 현실 세계에 빠져드는 듯한 느낌을 준다. VR 용어로 일상적인 물리적 세계를 정보 환경(information environment)이라고 한다.

가상현실 기술 이전에는 최고의 그래픽 프로그램도 2차원 환경을 사용하여 3차원 개체를 묘사했다. 가상현실 기술은 사용자가 이전에는 불가능했던 방식으로 사물과 상호작용할 수 있도록 3차원을 추가했다. 가상현실 분야의 개척자인 Thomas Furness는 "가상현실 세계에 몰입하는 것과 평면 이미지, 숫자 또는 텍스트를 사용하여 동일한 정보를 분석하는 것의 차이는 수족관에 있는 물고기를 밖에서 관찰하는 것과 스쿠버 장비를 착용하고 직접 다이빙을 하며 물고기를 관찰하는 것의 차이"라고 말한다.

가상현실은 1960년대 군사 목적의 비행 시뮬레이션으로 시작되었지만 당시의 가상현실 시스템은 오늘날의 시스템에 비해 초보적인 수준이었다. 1990년대에 일본의 Matsushita는 고객이 컴퓨터 상에서 다양한 설비와 가전제품을 교체하고 디자인을 변경한 다음 주방 공간을 가상으로 거닐 수 있는 가상 주방을 구축했다. 이를 통해 고객의 선호도를 주방의 최종 디자인을 위한 청사진에 반영할 수 있었다. 이것이 게임이 아닌 일반 대중을 위해 설계된 최초의 가상현실 시스템이었다.

다음 섹션에서 가상현실과 관련한 주요 용어에 대해 기술한다.

- ***시뮬레이션*** - 가상현실 환경 개체에 3D 모양을 구현하기 위해 질감 및 음영을 제공한다.
- ***상호작용*** - 데이터 장갑(data glove)을 사용하여 개체를 집어 들고 이동하는 것처럼 사용자가 가상현실 환경에서 개체에 대해 작업할 수 있다.
- ***몰입*** - 특수 하드웨어 및 소프트웨어(예: CAVE, 이 섹션의 뒷부분에서 설명)를 사용하여 사용자에게 환경의 일부라는 느낌을 제공한다. 가상현실 환경을 둘러싼 실제 현실 세계는 차단되어 사용자가 가상환경에 집중할 수 있다.

In an **egocentric environment**, the user is totally immersed in the VR world.

- ***텔레프레즌스(Telepresence)*** - 사용자가 다른 위치(지리적으로 멀리 떨어진 위치라도)에 있다는 느낌을 주고 실제로 해당 위치에 있는 것처럼 개체를 조작할 수 있다. 텔레프레즌스 시스템은 이후 섹션에서 설명하는 다양하고 정교한 하드웨어를 사용한다.
- ***전신 몰입*** - 대화형 환경을 카메라, 모니터 및 기타 장치와 결합하여 사용자가 자유롭게 이동할 수 있다.
- ***네트워크 통신*** - 두 개 이상의 가상 세계를 연결하여 서로 다른 위치에 있는 사용자가 동일한 세계에 있는 것처럼 동시에 상호작용하고 조작할 수 있도록 돕는다.

14-2a 가상환경의 종류

가상현실 사용자 환경에는 자기중심적 환경과 외중심적 환경 등 두 가지 주요 유형이 있다. **자기중심적 환경(egocentric environment)**에서 사용자는 가상환경에 완전히 몰입된다. 이 환경에서 사용되는 가장 일반적인 기술은 헤드 마운트 디스플레이(Head Mounted Display: HMD) 이다. 또 다른 기술인 가상 망막 디스플레이(Virtual Retinal Display: VRD)는 레이저를 사용한다. 그림 14.1은 헤드 마운트 디스플레이의 예를 보여준다.

그림 14.1 자기중심적 가상현실 기술

franz12/Shutterstock.com

외중심적 환경(exocentric environment)에서 사용자는 "창 보기"가 제공된다. 데이터는 여전히 3D로 렌더링 되지만 사용자는 화면에서만 볼 수 있고, 자기중심적 환경에서와 같이 개체와 상호작용할 수 없다. 이 환경에서 사용되는 주요 기술은 3D 그래픽이다.

14-2b 가상현실 시스템의 구성 요소

다음은 가상현실 시스템의 주요 구성 요소이다.

- ***시각 및 청각 시스템*** - 이러한 구성 요소를 통해 사용자는 가상 세계를 보고 들을 수 있다. 앞서 언급한 HMD에는 좌우의 눈동자 앞에 하나씩 두 개의 작은 TV 화면과 보기를 생성하는 돋보기가 있다. 헬멧 상단의 감지 장치는 사용자의 머리 방향과 위치를 결정한다. 그런 다음 정보가 컴퓨터로 전송되어 두 장의 사진이 생성되어 사람의 실제 눈동자처럼 각각의 눈동자가 약간 다른 시각을 갖게 된다. HMD는 또한 스테레오 사운드를 가상현실 환경에 통합하여 환경을 보다 사실적으로 만들 수 있다. VRD를 사용하면 이미지를 전달하는 초저전력 레이저 빔이 사용자의 눈 뒤쪽에 투사된다. HMD와 마찬가지로 사용자는 이미지를 놓치지 않고 어떤 방향으로든 머리를 움직일 수 있다. 시장에서 인지도가 높은 상위 5개의 가상현실 헤드셋에는 Oculus Rift, Sony PlayStation VR, HTC Vive, Samsung Gear VR 및 Microsoft HoloLens가 포함된다.
- ***탐색을 위한 수동 제어*** - 이 구성 요소를 사용하여 사용자가 가상현실 환경에서 탐색하고 다양한 개체를 제어할 수 있다. 가장 일반적으로 사용되는 장치는 데이터 장갑(data glove) 이다(그림 14.2 참조). 이를 통해 사용자는 물체를 가리키고 "잡고" 조작할 수 있으며 물체의 모양, 크기, 경도 또는 부드러움을 결정하는 것과 같은 제한된 촉각 감각을 경험할 수 있다. 데이터 글러브는 마우스처럼 입력 장치로도 사용할 수 있다. 예를 들어, 사용자는 소프트웨어와 함께 데이터 글러브를 사용하여 대화 상자를 열거나 메뉴를 스크롤 할 수 있다. 데이터 장갑은 사용자의 움직임을 그래픽으로 재구성하는 컴퓨터에 정보를 보내는 광학 센서로 덮여 있다.

그림 14.2 가상현실 구성 요소

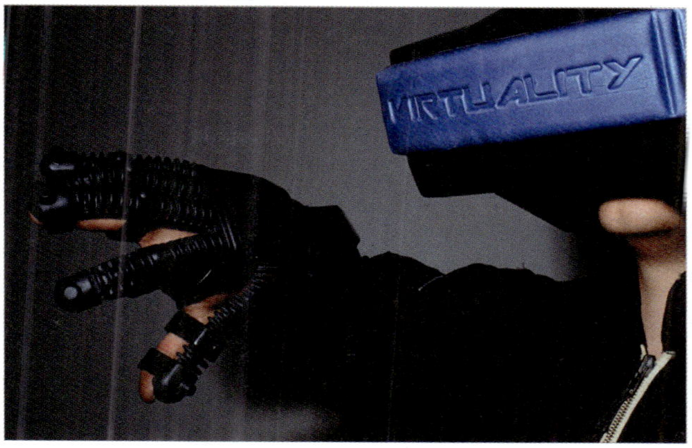

Floris Leeuwenberg/Getty Images

- ***중앙 조정 프로세서 및 소프트웨어 시스템*** - 이 구성 요소는 고품질 그래픽을 실시간으로 생성 및 조작하므로 매우 빠른 프로세서가 필요하다. 실시간으로 영상을 나타내기 위해서는 3D 영상 그래픽이 빠르게 렌더링 되어야 하고 화면의 재생 빈도가 매우 빨라야 한다.
- ***워커(Walker)*** - 이 입력 장치는 사용자가 다른 방향으로 걷거나 회전할 때 사용자의 발 움직임을 캡처하고 기록한다.

14-2c CAVE

CAVE(Cave Automatic Virtual Environment)는 특정 공간을 둘러싼 모든 벽이 리어 프로젝션 스크린(rear projection screen)인 큐브 모양의 방으로 구성된 가상 환경이다. CAVE는 실제 3D 형태로 이미지를 생성, 캡처 및 표시하는 홀로그래픽 장치를 사용한다(그림 14.3 참조). 사람들은 지리적으로 얼마나 멀리 떨어져 있든 다른 위치의 다른 CAVE에 들어갈 수 있으며 다른 사용자와 상호작용할 수 있다. 고속 디지털 카메라는 한 사용자의 존

In an **exocentric environment**, the user is given a "window view." Data is still rendered in 3D, but users can only view it on screen. They cannot interact with objects, as in an egocentric environment.

A **cave automatic virtual environment (CAVE)** is a virtual environment consisting of a cube-shaped room in which the walls are rear-projection screens. CAVEs are holographic devices that create, capture, and display images in true 3D form.

재와 움직임을 캡처한 다음 이러한 이미지를 재생성하여 다른 CAVE의 사용자에게 보낸다. 이와 같은 방식으로 사람들은 모두 같은 방에 있는 것처럼 대화를 계속할 수 있다.

CAVE는 고고학, 건축, 공학, 지질학 및 물리학을 포함한 많은 분야의 연구에 사용된다. 일부 엔지니어링 회사는 CAVE를 사용하여 제품 설계 및 개발을 개선하기도 한다. CAVE를 사용하면, 물리적 장비 및 레이아웃에 투자하지 않고도 프로토타입을 생성 및 테스트하고 인터페이스를 개발하며 공장 레이아웃 및 조립 라인을 시뮬레이션할 수 있다. Brown University, University of Illinois at Urbana-Champaign, Duke University를 비롯한 많은 대학교에서 지질 연구, 건축 연구 및 해부학 연구에 CAVE를 사용하고 있다.

그림 14.3 CAVE의 예시

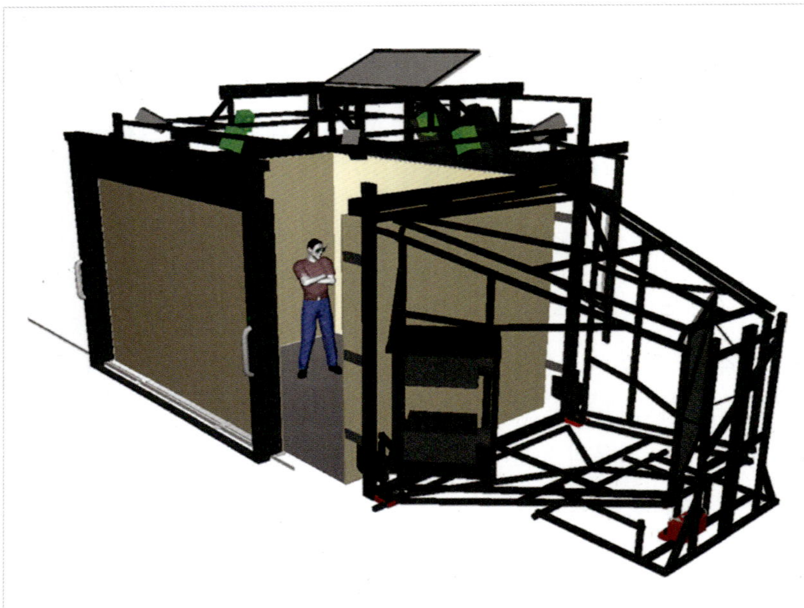

14-2d 가상현실 애플리케이션

미군은 비행 시뮬레이션을 위해 가상현실 시스템을 사용한다. 의학에서는 "무혈" 수술에 사용된다. 엔터테인먼트 산업에서는 게임과 극장에서 사용된다. 결국, 대부분의 정보시스템 사용자 인터페이스에 사용될 것이다. 이미 New York Times와 같은 일부 신문에서는 구독자가 가상현실 환경에서 뉴스 이벤트를 읽고 볼 수 있도록 허용했다. New York Times는 이를 위해 구독자에게 Google VR 뷰어를 보냈다. 이 장치를 사용하여 독자는 360도 몰입형 방식으로 뉴스 기사를 볼 수 있다. 영화 마이너리티 리포트(Minority Report)에서 배우 Tom Cruise의 캐릭터가 3D 사용자 인터페이스를 사용하여 범죄 보고서의 문서, 그래픽 및 비디오 파일을 검사하는 예를 본 적이 있을 것이다. 이 기술은 실제 많은 애플리케이션에서 사용되고 있다.

가상현실 시스템은 다른 많은 비즈니스 애플리케이션에도 사용될 수 있다. 예를 들어, 회사가 새 공장을 열려고 할 때 가상현실 시스템을 부지 선택에 사용할 수 있다. 가상현실 기능과 결합된 시뮬레이션 모델은 평면 지도와 청사진으로 구현 가능한 것보다 더 사실적인 정보 제공이 가능하다. 다음은 가상현실 시스템 기반의 비즈니스 애플리케이션이다.

- ***장애인 지원*** - 가상현실을 통해 장애인의 능력을 확장할 수 있다. 예를 들어, 사지 마비 환자는 HMD를 사용하여 주변 환경을 360도 볼 수 있으며, 뇌성 마비 환자는 가상현실 환경에서 전동 휠체어를 작동하는 방법을 배울 수 있다.
- ***건축 설계*** - 건축가와 엔지니어는 가상현실 시스템을 사용하여 청사진을 만들고 고객에게 보여줄 프로토타입을 만들 수 있다. 가상현실 시스템을 사용하면 다양한 요소를 수정한 결과를 고객에게 보

여주기 위해 여러 버전의 디자인을 만들 수 있다. 건축가와 엔지니어는 가상현실 시스템을 사용하여 물리적 재료를 사용하지 않고도 다양한 조건(예: 급변풍(wind shear)을 안전하게 테스트할 수 있다.

- ***교육*** - 가상현실 시스템은 수학 기술을 가르치는 '플래시카드(flashcards)' VR과 같은 교육 게임 및 시뮬레이션에 사용되기도 한다. 시각, 음향 및 터치를 게임에 통합하면 학습 과정을 개선하는 데 도움이 될 수 있다. 예를 들어, 세계 지리 수업에서 학생이 'VR 지구'의 특정 국가를 터치하면 언어, 인구, 정치 시스템 등 해당 국가에 대한 다양한 사실을 표시해 준다.
- ***비행 시뮬레이션*** - 민간 항공사와 군대는 수년 동안 비행 시뮬레이터를 사용해 왔다. 비행 시뮬레이터는 조종사가 새로운 장비나 비정상적인 작동 조건을 다룰 수 있도록 훈련하는 데 사용된다. 가상현실 환경에서의 훈련은 실제 장비에서 시행하는 훈련보다 안전하고 비용이 적게 든다.

Google Cardboard는 HMD 및 스마트폰 앱과 함께 사용하기 위해 Google에서 개발한 가상현실 플랫폼이다. 사용자는 Cardboard 안에 스마트폰을 넣고 HMD를 통해 사물을 본다. 플랫폼은 VR 애플리케이션에 대한 관심을 높이고 개발을 장려하기 위한 저비용 시스템으로 고안되었다. 이 20달러짜리 장치는 2D 환경에서는 볼 수 없는 3D 가상현실의 이미지를 제공하여 폐와 심장 반이 없는 아기의 생명을 구했다. 2016년 Miami에 있는 Nicklaus 아동 병원의 의사들은 이 장치를 사용하여 다른 방법으로는 상상할 수 없었던 수술을 계획했다. 이 장치를 사용하여 심장 내부에서 구조를 확인하는 것과 유사한 다양한 각도로 심장 내부를 볼 수 있게 되었다.

가상현실 시스템은 화상 회의 및 그룹 지원 시스템에서도 사용할 수 있다. TV 화면을 사용하는 현재 기술은 물리적으로 존재하는 타인의 감각을 완전히 포착할 수 없으며, 더욱이 TV 화면을 통해 사람들이 악수하거나 직접적인 눈맞춤을 할 수 없다. 가상현실 시스템은 참가자들에게 같은 방에 있는 듯한 느낌을 주어 진정한 상호작용을 가능하게 함으로써 이러한 장애물을 극복하는데 도움이 될 수 있다. 데이터 장갑이 있으면 수천 마일 떨어져 있어도 악수를 할 수 있다. 이 시나리오는 공상과학 소설 속의 이야기처럼 들릴지 모르지만, 기술은 이미 존재한다.

가상현실 기술은 특정 질환의 치료 목적으로도 폭넓게 사용될 수 있다. 성폭행 피해자, 자동차 사고의 피해자, 고소공포증을 갖고 있는 사람, 비행 또는 대중 연설을 두려워하는 사람, 섭식 장애 및 알코올 중독자를 위한 치료에

Virtual Reality at Lockheed Martin

FINANCE | TECHNOLOGY IN SOCIETY | APPLICATION

Maryland주 Bethesda에 본사가 있는 Lockheed Martin 항공사는 세계에서 가장 정교한 군용 항공기를 제작한다. 회사가 Colorado주 Littleton에 건설한 가상현실 및 시뮬레이션 연구소는 신제품을 시장에 출시하기 전에 시뮬레이션과 테스트를 담당하고 있다. 우주 시스템, 위성, 발사체 및 미사일 방어 시스템을 테스트하는데 가상현실 기술이 사용되고 있다. Lockheed Martin 항공사에 따르면, 가상현실 기술은 제품의 모델을 만들고 물리적으로 제조하기 전에 테스트함으로써 생산 비용을 절감할 수 있다고 한다. 당연히 모델을 수정하는 것이 실제 제품을 수정하는 것보다 훨씬 간단하며 비용이 적게 든다. 가상현실이 사용된 연구소의 첫 번째 제품 중 하나는 차세대 GPS라고도 하는 공군의 GPS III 시스템(14억 6천만 달러 프로젝트)이었다. 회사에 따르면, 본 시스템은 우주 비행사를 국제 우주 정거장과 그 너머로 데려갈 우주선인 NASA의 Orion 프로젝트에도 사용될 수 있다고 한다. Lockheed Martin 항공사는 가상현실 기술을 사용하는 원리에 있어서 "분자를 움직이는 것보다 전자를 움직이는 것이 더 쉽다"고 비유하며 설명했다.

질문 및 토론

1. Lockheed Martin 항공사는 가상현실 기술을 사용하여 어떻게 생산 비용을 줄였는가?
2. 가상현실 기술의 추가 애플리케이션은 무엇인가?

사용될 수 있다. 인간에 의한 치료와 가상현실 기반 치료의 차이점은 다양한 환경에서 가상현실 노출이 생성된다는 것이다. 헤드셋을 착용함으로써 환자는 특정 환경에 몰입하고 실제 상황에서 일어나는 일을 볼 수 있다. 한 연구에 따르면, 가상현실을 적용한 치료를 통해 참가자들은 외상후스트레스장애 증상이 15~67% 감소했다.

"Virtual Reality at Lockheed Martin" 사례는 Lockheed Matin에서 사용하고 있는 VR 애플리케이션에 대해 소개한다.

14-2e 가상현실 시스템 활용에 있어서의 장애물

가상현실 기술 사용의 한 가지 주요 장애물은 회의를 재현하기 위해, 가상현실 환경에 필요한 데이터 전송을 수행할 수 있는 광섬유 케이블이 충분하지 않다는 것이다. 서로 다른 지리적 위치에 있는 사람들과 함께 참가자가 실시간으로 상호작용하려면 고속 전송 기능이 필요하다. 이러한 인프라 없이는 가상현실 환경에서 행동하고 싶을 때마다 전송 지연으로 인해 몇 초를 기다려야 하는 상황이 발생할 수 있다.

가상현실 시스템은 최근 몇 년 동안 많은 관심을 불러일으켰지만 이 기술의 잠재력이 실현되기 전에 다음과 같은 문제를 해결해야 한다.

- ***가상현실 환경과 실제 환경 간의 혼동*** - 사용자가 현실과 가상현실을 구별할 수 없게 될 가능성은 잠재적인 위험요소가 될 수 있다. 특히, 사람들이 가상 환경에서 하는 모든 작업이 현실 세계에서 용인될 수 있다고 믿게 되는 경우에 더욱 그러하다. 이 위험은 사용자가 다른 사람을 고문하거나 죽일 수 있는 컴퓨터 게임에서 특히 문제가 될 수 있다.
- ***HMD의 이동성 및 기타 문제*** - 현재 기술로는 사용자가 HMD를 착용하는 동안 제한된 영역에 '연결되어(tethered)' 있어 장비를 제거하지 않고는 가상세계 외부의 실제 작업 수행을 할 수 없다. 또한, 현재 기술로는 HMD의 재생속도가 충분히 빠르지 않기 때문에 HMD를 착용하는 동안 어느 정도의 시각적 왜곡이 발생할 수 있다.
- ***소리 표현의 어려움*** - 3D 환경에서 소리를 표현하는 것은 비행기가 머리 위로 지나가는 것과 같이 소리의 이동성(좌측에서 우측으로, 위에서 아래로 등)이 있을 경우 매우 어렵다. 정지된 소리를 만드는 것은 쉽지만, 물체가 멀어지거나 가까워질 때, 소리가 사라지거나 커지는 효과를 구현하는 것은 현재 기술로는 어려움이 있다.
- ***추가 컴퓨팅 성능의 필요성*** - 가상현실 시스템은 대용량 그래픽 파일을 조작하고 실제 세계의 느낌을 주는데 필요한 즉각적인 응답을 제공하기 위해 많은 메모리와 빠른 속도가 요구된다. 프레임을 지속적으로 빠르게 그리고 새롭게 고치려면 고용량의 메모리가 장착된 초고속 컴퓨터가 필요하다. 그러나, 기술의 급속한 발전과 함께 이러한 문제는 가까운 장래에 해결될 수 있을 것으로 기대된다.

A **virtual world** is a simulated environment designed for users to interact with one another via avatars.

An **avatar** is a 2D or 3D graphical representation of a person in the virtual world, used in chat rooms and online games.

14-2f 가상세계

가상세계(virtual world)는 사용자가 아바타를 통해 상호작용하도록 설계된 시뮬레이션 환경이다. **아바타(avatar)**는 가상세계에 있는 사람의 2D 또는 3D 그래픽 표현으로 대화방 및 온라인 게임에서 사용된다(그림 14.4 참고). 기업 다양성 훈련, 교육 및 다양한 비즈니스 회의를 위한 롤 플레잉과 같은 영역에서 아바타를 활용한 새로운 애플리케이션들이 증가하고 있다.

사용자는 시뮬레이션된 세계에서 개체를 조작하고 다른 위치에 있는 느낌을 주는 제한된 텔레프레즌스를 경험할 수 있다. 사용자 간의 커뮤니케이션은 텍스트, 그래픽 아이콘 및 사운드의 형태를 취할 수 있다. 예를 들어, Linden Lab에서 개발한 가상세계 플랫폼인 Second Life에서 쇼핑을 할 수 있고, 팬 사이트, 블로그, 포럼, 뉴스 사이트 및 맞춤형 광고 등에도 가상세계가 적용되고 있다. 현재 가상세계는 게임, 소셜 네트워킹 및 엔터테인먼트에 가장 많이 사용되고 있다. 그러나, 가상세계는 비즈니스와 교육분야에도 사용되기 시작했다. 예를 들어, IBM은 클라이언트 교육에 가상세계를 사용하고 있다. 기타 기업들도 가

그림 14.4 Second Life의 아바타들

상세계를 사용하여 마케팅 및 영업, 제품 개발, 채용, 팀 회의와 같은 다양한 비즈니스 활동을 수행하고 있다. 예를 들어, Northrop Grumman Corporation은 현실 세계에서 위험하거나, 비용이 많이 들거나, 또는 실현이 불가능한 상황에서의 프로토타입을 표시하고 시뮬레이션을 수행할 때에도 Second Life를 사용한다. NOAA(National Oceanic and Atmospheric Administration)도 Second Life를 새로운 고객에게 다가가기 위한 마케팅 채널로 사용하고 있다. 널리 사용되고 있는 가상 세계는 다음과 같다.

- Second Life(virtual world platform; http://secondlife.com)
- ActiveWorlds(online virtual world; https:// www.activeworlds.com)
- Entropia Universe(multiplayer virtual universe; www.entropiauniverse.com)
- Habbo(social networking site; www.habbo.com)
- RuneScape(multiplayer role-playing game; www.runescape.com)

14-2g 증강현실

증강현실(Augmented Reality: AR)은 가상현실의 한 분야로 실제 물체에 가상 장면을 겹쳐서 생성한다. 목표는 사용자가 보거나 상호작용하는 실제 개체에 대한 사용자의 인식을

Augmented reality (AR) is a branch of virtual reality that generates a virtual scene that is overlaid on the real object.

향상시키는 것이다. 증강현실은 1960년대에 전투 인식, 훈련 및 항공기와 조종사 간의 통신을 포함한 군사 애플리케이션에 처음 사용되었다. 현재는 훈련, 엔터테인먼트, 의료 등의 분야에서 마케팅 도구로 활용되고 있다.

증강현실은 가상현실과 유사하지만 둘 사이에 한 가지 차이점이 있다. 증강현실 사용자는 객체와 상호작용하는 동안 실제 환경에 머무르는 반면, 가상현실 사용자는 가상 세계에 몰입한다. 증강현실 사용자는 자신이 아직 현실 세계에 있다는 것을 인식하고 있지만, 가상현실의 경우, 사용자는 자신이 새로운 가상세계에 있다고 착각하도록 유도된다.

이러한 환경에서는 사용자가 실제 물체와 디지털 물체를 구별하기 어렵다. 여러 실제 고양이와 개 사이에 디지털 고양이와 개를 배치한다고 상상해 보라. 가상의 것들은 실제와 너무 닮아서 사용자는 둘 사이의 차이를 느끼지 못할 수도 있다. Microsoft의 HoloLens 및 Magic Leap은 가상 개체가 실제 환경의 일부인 것처럼 보이는 일종의 증강현실 환경을 제공한다.

Google Glass와 Yelp의 Monocle은 증강현실 플랫폼의 두 가지 인기있는 사례이다. Yelp의 Monocle은 사용자가 자신의 기기에 장착된 카메라를 사용자의 주변에 비추어 주변 업체를 볼 수 있는 기능을 제공한다. Google Glass는 핸즈프리 형식으로 정보를 표시하고 사용자 및 웹과 자연어로 통신할 수 있다.

iOS 및 Android 기기를 위한 수 백 가지의 증강현실 앱이 있다. 다양한 기업과 조직에서 이러한 앱을 창의적인 방식으로 사용하고 있다. Hidden Ltd.에서 실시한 연구 결과, 증강현실을 통해 특정 제품을 살펴본 소비자들의 74%가 그 제품을 구매한 반면, 2D 또는 인쇄물을 통해 그 제품을 살펴본 소비자들의 경우, 45%의 소비자 만이 해당 제품을 구매했다. 증강현실을 사용한 몇 가지 사례는 다음과 같다.

1. BMW는 운전자가 건물, 교통 표지판, 위험 요소를 볼 수 있을 정도로 선명하게 도로 지도를 앞유리에 투영하는 증강현실을 사용하고 있다. BMW에 따르면 이 기술은 운전자의 안전을 향상시킬 뿐만 아니라 여행 경험을 더 즐겁게 만든다고 한다.
2. U.S. Postal Service는 고객이 우편 서비스에서 제공되는 배송 상자의 크기와 품목의 크기를 비교할 수 있는 증강현실을 사용한다. 이를 통해 고객은 품목을 배송하기 전에 어떤 상자를 구매할지 쉽게 확인할 수 있다. 또 다른 인기 있는 예는 고객이 증강현실을 사용하여 가구를 쇼핑할 수 있도록 하는 Wayfair의 Android 앱이다. 고객은 앱을 사용하여 스마트폰을 들고 원하는 가구를 가리키기만 하면 자신의 집에 배치된 모습을 사전에 확인해 볼 수 있다.
3. IBM In-Store AR 쇼핑 앱은 소비자가 식품을 포함한 제품을 쇼핑할 때 즐겁고 유익한 경험을 할 수 있도록 돕는다. 소비자가 스마트폰으로 품목을 가리키면 앱은 식품 품목의 영양 성분을 포함한 모든 종류의 정보를 표시해 준다. 소비자는 제품에 포함된 당분의 양이나 다른 고객이 작성한 해당 제품의 리뷰와 같은 특정 정보를 지정할 수도 있다. 예를 들어, 고객이 다양한 종류의 시리얼이 놓인 선반을 가리키면 앱은 그 고객의 요구에 충족하는 시리얼을 표시해 준다. 앱은 제품 별 프로모션이나 포인트도 제공할 수 있다. 또한 앱을 통해 매장의 재고를 관리하고 고객이 원하는 제품을 적시에 제공할 수 있다.
4. Siemens는 Berlin과 Munich에 본사를 둔 독일의 다국적 대기업이자 유럽에서 가장 큰 기업 중 하나로 해외에 많은 지사를 두고 있다. 제품의 기술적 특성 때문에 마케팅 직원은 특히 무역 박람회에서 제품의 기능을 잠재 고객에게 전달하는 데 어려움을 겪었다. Siemens의 AR 앱은 이 문제를 크게 해결했다. 이 AR 앱은 잠재 고객에게 각 제품의 다양한 기능을 인터랙티브 방식으로 안내하는 강력한 마케팅 도구의 역할을 하고 있다.

14-2h 혼합현실

증강현실과 가상현실 사이에 **혼합현실(Mixed Reality: MR)** 또는 하이브리드 현실(hybrid reality)이라는 또 다른 유형의 가상현실이 있다. 혼합현실은 실제 및 가상 개체를 병합하여 실제 및 디지털 개체가 실시간으로 상호작용하는 새로운 시각화를 생성한다. 혼합현실은 두 세계의 장점을 결합하고 가상현실과 증강현실을 결합하려는 시도이다. 혼합현실은 실제 개체에 가상 개체를 오버레이 할 뿐만 아니라 가상 개체를 서로 상호작용할 수 있는 현실 세계에 접목시킨다. 이 환경에서 사용자는 추적 가능하고 다루기 힘든 디지털 컨텐츠가 추가되는 동안 실제 환경에 남아 있는다. 또한 사용자는 가상 개체와 상호작용할 수 있다. 이러한 형태의 혼합현실은 증강현실의 고급 버전으로 간주되기도 한다. 예를 들어 MagicLeap은 콘텐츠 추출 및 공간 브라우징을 제공하여 3D 탐색을 가능하게 하는 혼합현실 플랫폼이다.

Microsoft의 Hololens는 홀로그램이 사용자를 둘러싼 환경과 상호작용할 수 있도록 하는 공간 매핑을 사용하여 사용자 환경을 매핑하는 인기 있는 혼합현실 플랫폼이다. 사용자는 시선, 음성 및 에어 탭 제스처를 사용하여 주변 환경과 상호작용할 수 있어 자연스러운 경험을 제공한다. Hololens의 사용자는 서로 연결하여 동일한 혼합현실 경험을 공유할 수도 있다. 이것은 높은 수준의 상호작용을 가능케하여 혼합현실 기술이 상호작용을 위한 자연스러운 플랫폼이 되도록 한다. 다음의 "Mixed Reality in Action" 사례는 혼합현실의 세 가지 실제 애플리케이션을 제시한다.

14-3 클라우드 컴퓨팅: 기초, 애플리케이션 및 모델

이번 절에서는 클라우드 컴퓨팅(cloud computing)과 다양한 애플리케이션 및 모델을 포함한 네트워킹의 최근 동향에 대해 설명한다. 서비스로써의 소프트웨어, 그리드 컴퓨팅 및 유틸리티 컴퓨팅과 같은 형태의 클라우드 컴퓨팅은 현재까지 사용되고 있다. 최근 몇 년 동안 애플리케이션이 폭발적으로 증가하면서 이와는 다른 모델이 등장했다. Oracle에 따르면 모든 엔터프라이즈 및 미션 크리티컬 워크로드(예: 내부 ERP, Oracle의 데이터베이스 등)의 80%가 2025년까지 클라우드 기반으로 운영될 것으로 예측되었다. 다음은 클라우드 컴퓨팅의 가장 인기 있는 10가지 애플리케이션이다.

Mixed Reality in Action

FINANCE | TECHNOLOGY IN SOCIETY | APPLICATION | REFLECTIVE THINKING

Microsoft의 HoloLens MR 플랫폼은 협업 도구, 모델링 도구 및 프로토타이핑 도구로 다양한 비즈니스 그룹에서 사용되고 있다.

장난감 제조업체 Mattel의 설계자, 엔지니어, 마케팅 담당자 및 제조업체로 구성된 다양한 팀은 Barbie 및 Hot Wheels와 같은 인기 브랜드의 공동 작업 도구로 HoloLens를 사용한다. HoloLens를 사용하면 공간 프로젝트 룸에서 함께 모여 작업할 수 있기 때문에 특정 장소에 모여야 하는 번거로움을 줄일 수 있다. Mattel의 설계자 중 한 명이 장난감 트럭의 3D 모델을 조작하여 생산 공정 초기에 설계 결함을 식별할 수 있는 방법을 보여주었다. 이렇게 함으로써 Mattel은 많은 비용을 절감할 수 있었다.

Trimble Plumbing and Heating Company는 HoloLens를 모델링 도구로 사용한다. 이를 통해 Trimble의 작업자는 프로젝트 도식을 볼 수 있다. 한 사례에서 작업자는 HoloLens의 3D 모델링 기능을 사용하여 계획된 배관 도식이 다른 설비와 호환되지 않는다는 사실을 발견할 수 있었다. 현장에서 작업을 수행하기 전에 문제를 식별했기 때문에 기업은 비용을 절감할 수 있었다. Volvo는 고객이 HoloLens를 사용하여 자동차를 구매하기 전에 사용자가 원하는 옵션들을 경험케 하였다. HoloLens를 사용하여 소비자는 전통적으로 쇼룸에서 수행했던 모든 작업을 수행할 수 있었다. 결과적으로 Volvo는 전시장으로 차량을 물리적으로 운반하지 않고도 고객 서비스를 개선함으로써 비용을 절감할 수 있었다.

질문 및 토론

1. Mattel은 어떤 용도로 HoloLens를 사용하고 있는가?
2. Volvo는 HoloLens를 어떻게 사용했는가? HoloLens를 모델링 도구로 어떻게 사용할 수 있는가?

Grid computing involves combining the processing powers of various computers. With this configuration, users can make use of other computers' resources to solve problems involving large-scale, complex calculations, such as circuit analysis or mechanical design—problems that a single computer is not capable of solving in a timely manner.

1. **확장 가능한 사용** - 클라우드 컴퓨팅은 다양한 구독(subscription) 모델을 통해 확장 가능한 리소스를 제공한다(예: Netflix, Amazon Prime Video 및 Hulu).
2. **챗봇** - 챗봇은 클라우드 컴퓨팅 기능을 활용하여 상황에 맞는 맞춤형 고객 경험을 제공할 수 있다(예: Siri, Alexa, Google Assistant 및 Microsoft Cortana).
3. **월드와이드 커뮤니케이션** - 클라우드 인프라는 글로벌 규모의 커뮤니케이션 도구를 제공한다(예: 이메일, Zoom, Skype 및 WhatsApp).
4. **글로벌 생산성 도구** - 클라우드 인프라는 지식 근로자가 글로벌 규모로 의사소통하고 협업할 수 있도록 협업에 필요한 도구를 제공한다(예: Microsoft Office 365 및 Google Apps for Work).
5. **비즈니스 프로세스 및 엔터프라이즈 시스템** - 클라우드 인프라는 CRM, ERP, SCM과 같은 애플리케이션을 위한 엔터프라이즈 시스템의 효과적인 활용을 위한 환경을 제공한다(예: Salesforce, SAP 및 Adobe Systems).

그림 14.5 그리드 컴퓨팅의 구성

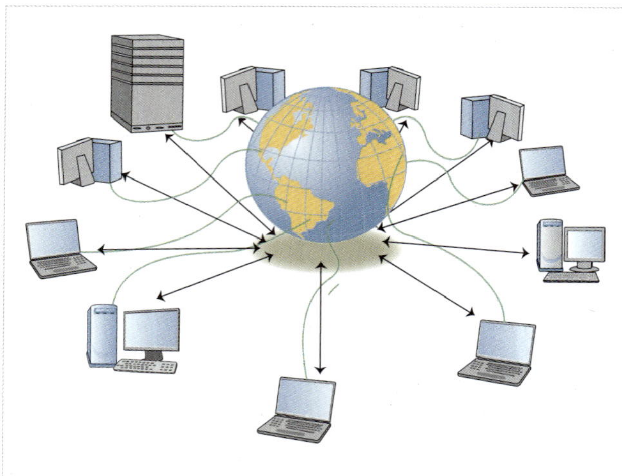

6. **백업 및 복구** - 클라우드 인프라는 백업 및 복구를 위한 유연성과 확장성을 제공한다(예: Box, Dropbox, Google Drive 및 Amazon S3).
7. **애플리케이션 개발** - 클라우드 인프라는 게임 개발을 포함한 애플리케이션 개발을 위한 확장 가능한 크로스 플랫폼을 제공한다(예: Amazon Lumberyard, Unity, Blender 및 Unreal Engine).
8. **테스트 및 개발** - 클라우드 인프라는 적당한 비용으로 테스트 및 개발을 위한 유연성과 확장성을 제공한다(예: WebLOAD, LoadStorm 및 BlazeMeter).
9. **빅 데이터 분석** - 클라우드 인프라는 많은 오픈 소스 빅데이터 도구를 위한 유연한 환경을 제공한다(예: Hadoop, Cassandra 및 HPCC).
10. **소셜 네트워킹** - 소셜 미디어는 클라우드 컴퓨팅에서 가장 널리 사용되는 애플리케이션 중 하나이다(예: Facebook, LinkedIn 및 Twitter).

14-3a 그리드 컴퓨팅

일반적으로 **그리드 컴퓨팅(grid computing)**은 다양한 컴퓨터의 처리 능력을 결합하는 것을 포함한다(그림 14.5 참조). 이 구성을 통해 사용자는 다른 컴퓨터의 리소스를 활용하여 회로 분석이나 기계 설계와 같은 단일 컴퓨터가 적시에 해결할 수 없는 대규모 복잡한 계산과 관련된 문제를 해결할 수 있다. 그리드의 각 참가자를 '노드'라고 한다. 비용 절감은 기업이 추가 장비를 구매할 필요가 없기 때문에 그리드 컴퓨팅의 주요 장점 중 하나이다. 또한, 과도하게 사용된 노드의 프로세싱은 유휴 서버 및 데스크탑 시스템으로 전환될 수 있다. 그리드 컴퓨팅은 이미 생물정보학, 석유 및 가스 시추, 금융 애플리케이션 분야에서 사용되고 있다.

그리드 컴퓨팅의 다른 장점은 다음과 같다.

Cost savings is a major advantage of grid computing because companies do not have to purchase additional equipment.

- ***향상된 신뢰성*** - 그리드의 한 노드에 장애가 발생하면 다른 노드가 대신 프로세스를 진행할 수 있다.
- ***병렬 처리*** - 복잡한 작업을 병렬로 수행할 수 있으므로 성능이 향상된다. 즉, 크고 복잡한 작업을 여러 노드에서 동시에 실행되는 더 작은 작업으로 분할할 수 있다.
- ***확장성*** - 필요한 경우 네트워크 운영에 영향을 미치지 않으면서 추가 컴퓨팅 성능을 위해 더 많은 노드를 추가할 수 있다. 그리드 성능에 큰 영향을 미치지 않으면서 그리드를 분할하고 단계적으로 업그레이드를 수행하여 이를 관리할 수도 있다.

그리드 컴퓨팅에는 몇 가지 단점이 있다. 일부 애플리케이션은 노드 간에 분산될 수 없으므로 그리드 컴퓨팅에 적합하지 않으며, 단일 노드가 제공할 수 없는 대용량 메모리가 필요한 애플리케이션도 그리드에서 사용할 수 없다. 또한, 라이센스 계약이 까다로울 수 있으며, 여러 다른 네트워크 도메인에서 작업을 동기화하는 것이 어려울 수 있고, 정교한 네트워크 관리 도구가 필요하다. 끝으로, 일부 조직은 자원을 공유하는 것이 이익이 된다 해도 이를 거부하기도 한다.

14-3b 유틸리티(주문형) 컴퓨팅

유틸리티(주문형) 컴퓨팅[Utility(on-demand) computing]은 주문형 IT 서비스를 제공하는 것이다. 사용자는 전기 및 물과 같은 유틸리티 비용을 지불하는 방식과 유사하게 사용한 만큼 컴퓨팅 또는 스토리지 리소스 비용을 지불한다. 편의성과 비용 절감은 유틸리티 컴퓨팅의 두 가지 주요 장점이지만, 개인정보 보호 및 보안 문제는 약점이 될 수 있다. 서비스가 기업의 외부로부터 제공되기 때문에 데이터 도난 또는 손상의 문제가 발생할 수 있다.

유틸리티 컴퓨팅은 이전에 배운 SaaS 모델과 함께 작동될 수 있다. Word 문서를 편집하는 예를 다시 생각해 보자. '14장 요약.doc' 파일이 많은 이미지를 포함하고 있어 용량이 매우 크다고 가정하자. 컴퓨터의 CPU가 오래되었고 파일 크기를 적절하게 처리하기에 충분한 RAM이 없기 때문에 작업이 느리게 실행되고 있다. 유틸리티 컴퓨팅을 사용하면 공급자에게 컴퓨팅 성능과 메모리를 요청할 수 있다. 필요한 기간 동안만 더 강력한 컴퓨터를 임대하는 것과 같다. SaaS는 소프트웨어를 다루지만 유틸리티 컴퓨팅은 CPU 처리 및 메모리와 같은 하드웨어 리소스를 처리한다.

표 14.1 클라우드 컴퓨팅 구분 및 선두 업체

구분	선두 업체
기반(클라우드 인프라 구축을 가능하게 하는 툴 및 소프트웨어)	VMware, Microsoft, Red Hat
인프라	Amazon, IBM
네트워크 서비스(클라우드 기반 및 인프라와 결합하여 클라우드 아키텍처를 형성하는 통신 구성 요소)	Level 3 Computing Services, Amazon, Cisco, Citrix
플랫폼	Amazon, IBM
애플리케이션	Google, Salesforce, Oracle, Dropbox
보안	EMC/RSA, Symantec, IBM
관리	IBM, Amazon

Utility (on-demand) computing is the provision of IT services on demand. Users pay for computing or storage resources on an as-needed basis, similar to the way one pays for utilities such as heat and water.

많은 대학교와 연구센터는 유틸리티 컴퓨팅을 활용하여 복잡한 프로그램을 실행하고 있다. Sun Microsystems(현재 Oracle의 일부)와 IBM은 스토리지 및 가상 서버의 형태로 이 서비스를 제공한다. 또 다른 회사들은 사용자가 메모리, 스토리지 및 컴퓨팅 기능을 결합할 수 있는 가상 데이터 센터를 제공하기도 한다(예: Liquid Computing의 LiquidIQ). 다른 공급업체로는 ENKI, Joyent 및 Layered Tech가 있다. NASA도 이와 같은 방식으로 자신이 가지고 있는 슈퍼 컴퓨터의 일부 리소스를 유료로 임대하여 수입을 올리고 있다.

Universities and research centers take advantage of utility computing to run complex programs for which they do not have the necessary resources.

14-3c 클라우드 컴퓨팅

클라우드 컴퓨팅(Cloud computing)은 SaaS 모델, 웹 2.0, 그리드 컴퓨팅 및 유틸리티 컴퓨팅을 포함한 많은 최신 기술을 하나의 플랫폼에 통합한다. 따라서, 인터넷을 통해 다양한 리소스를 사용자에게 제공할 수 있다. 비즈니스 애플리케이션은 웹 브라우저를 통해 액세스되며 데이터는 공급자의 서버에 저장된다. 또한, Amazon과 같은 클라우드 공급자는 필요한 SaaS, 유틸리티, 그리드 및 기타 필요한 서비스에 가입할 수 있는 환경을 설정하고 이러한 모든 서비스를 조정한다.

Cloud computing incorporates, under one platform, many recent technologies, including the SaaS model, Web 2.0, grid computing, and utility computing; hence, a variety of resources can be provided to users over the Internet. Business applications are accessed via a Web browser, and data is stored on the providers' servers.

거의 모든 기술 공급업체가 클라우드 컴퓨팅에 참여하고 있다. IT 컨설팅 회사인 BTC Logic은 클라우드 컴퓨팅을 7개 영역으로 분류하고 각 범주에서 일부 선두 업체를 구분했다(표 14.1 참조).

'14장 요약.doc' 파일을 편집하는 예로 돌아가서, 컴퓨터 대신 iPhone을 사용한다고 가정해 보자. 분명히 당신의 iPhone에는 이러한 대용량 파일을 저장할 수 있는 저장 공간이 없으며 필요한 컴퓨팅 성능이나 Word 소프트웨어가 설치되어 있지 않을 수 있다. 클라우드 컴퓨팅을 사용하면 공급업체의 SaaS 사이트에서 Word를 구독하고 공급업체에서 제공하는 외부 저장 장치에 문서를 저장하고 공급업체에서 제공하는 다중 프로세서 시스템에서 Word를 실행할 수 있다. 클라우드에서 사용 가능한 다른 컴퓨터에서 추가 RAM을 얻을 수 있으며, 클라우드 공급자가 이러한 모든 작업을 조정해 준다. iPhone은 단순히 문서를 편집하면서 보기 위한 장치이며 모바일 장치이기 때문에 어디서나 작업을 수행할 수 있다. 즉, 문서, 소프트웨어 및 컴퓨팅 리소스는 어디를 가든지 당신을 둘러싸고 있고 당신이 필요할 때마다 사용할 수 있는 클라우드와 같다.

Cloud Computing in Support of Small Businesses

FINANCE | TECHNOLOGY IN SOCIETY | APPLICATION

클라우드 컴퓨팅은 성장을 위한 유연성과 확장성을 제공함으로써 중소기업을 대기업과 같은 기반에 둘 수 있다. 어떤 면에서 클라우드 컴퓨팅은 IT 서비스 및 인프라에 대해 모든 비용을 선불로 지출하지 않음으로써 중소기업에 경쟁 우위를 제공할 수 있다. 기업은 클라우드 공급자로부터 필요한 것을 얻고 사용한 만큼의 비용만 지불할 수 있다. 그러나, 보안 및 가동 중지 시간은 소규모 기업이 클라우드 구축과 관련하여 우려하는 사항 중 하나이다.

클라우드 컴퓨팅을 통해 중소기업은 필요한 도구와 애플리케이션에 더 저렴하고 빠르고 쉽게 접근할 수 있다. 마케팅을 위한 Twitter와 Google의 Gmail은 소규모 기업에서 사용하는 초기 애플리케이션 중 하나이다. Emergent Research에서 실시한 설문 조사에 따르면, 중소기업(직원 수가 50명 미만인 기업)의 74%가 온라인 뱅킹 및 소셜 미디어와 같은 일부 클라우드 기반 애플리케이션을 사용하고 있다고 한다.

Florida주의 Hialeah에 위치한 7인이 운영하는 Kebroak BBQ Company의 공동 소유주인 Julia Suriano는 출산을 기다리고 있었다. 이 회사는 숯을 수입하여 전국의 소매점과 식당에 유통하고 있었다. 그녀는 언제 어디서나 회사 데이터에 액세스할 수 있어야 했다. 클라우드 컴퓨팅이 해답이었다. Gmail과 소셜 미디어를 사용하는 것 외에도, 회사는 Intuit QuickBooks의 데스크탑 소프트웨어를 클라우드 기반 회계 소프트웨어로 전환했다. Kebroak BBQ도 Dropbox를 자료 저장 및 공유를 위한 스토리지로 채택했다. 이제 Suriano는 어디서나 중요한 데이터에 액세스할 수 있다.

질문 및 토론

1. 소규모 기업에서 클라우드 컴퓨팅을 사용하면 두 가지 이점이 있다. 이에 대해 토론 하시오.
2. 소규모 기업에 도움이 되는 클라우드 컴퓨팅 도구는 무엇인가?

14-3d 클라우드 컴퓨팅 구성 요소

그림 14.6 클라우드 컴퓨팅

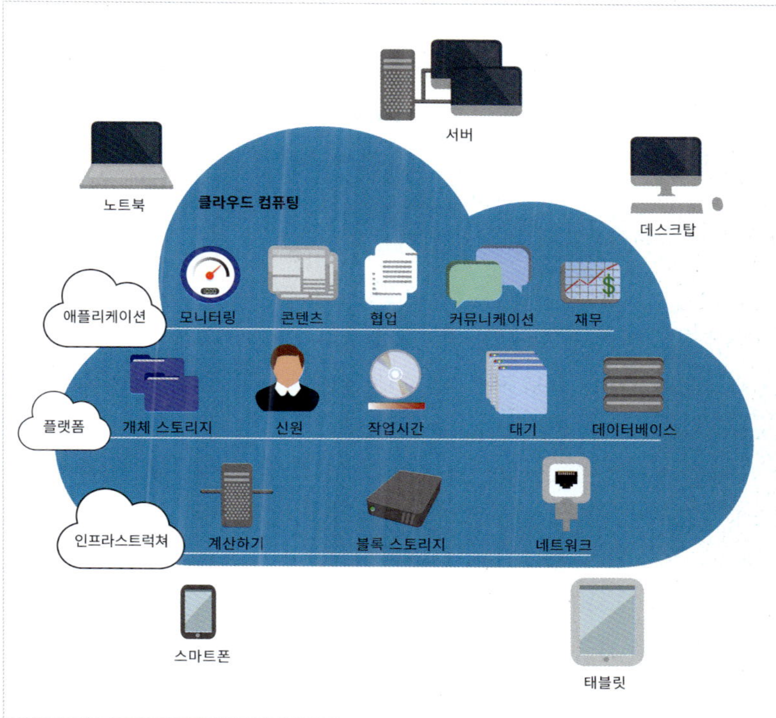

일반적으로클라우드컴퓨팅은IaaS(Infrastructure as a Service), PaaS(Platform as a Servi-ce), SaaS(Software as a Service) 형태의 구성 요소를 포함한다(그림 14.6).

HaaS(Hardware as a Service) 라고도 하는 **IaaS(Infrastructure as a Service)**는 컴퓨터 인프라(예: 스토리지, 하드웨어, 서버 및 네트워킹 구성 요소)가 서비스로 제공되는 것을 말한다. 서비스 제공자는 장비를 소유하고 있으며 보관, 운영 및 유지 관리할 책임이 있다.

서비스형 플랫폼인 **PaaS(Platform as a Service)**는 컴퓨팅 플랫폼과 서비스로써의 솔루션을 제공한다. 고객은 플랫폼과 환경을 사용하여 인터넷을 통해 애플리케이션과 서비스를 구축한다. PaaS 서비스는 클라우드에서 호스팅 되며 고객이 웹 브라우저를 통해 액세스한다. PaaS는 클라우드에서 애플리케이션의 구성, 배포 및 지속적인 관리를 자동화한다. 인기있는 예로는 AWS Elastic Beanstalk, Windows Azure, Heroku.com, Force.com, Google App Engine, Apache Stratos, Red Hat의 OpenShift 등이 있다.

클라우드 컴퓨팅은 분산 컴퓨팅의 많은 장점과 단점을 가지고 있다. 이 플랫폼을 통해 사용자는 서비스, 애플리케이션 및 스토리지를 요청할 수 있다. 중소기업의 경우, 대기업과 효과적으로 경쟁하기 위해 고가의 장비에 투자할 필요가 없고 그들이 제공하는 서비스와 제품에 집중할 수 있다. 클라우드 컴퓨팅 서비스는 일반적으로 유료이지만 일부는 무료로 제공되기도 한다. Gmail, Google Talk 및 Google 문서도구를 포함하는 Google Apps는 웹 브라우저를 통해 액세스하는 일반적으로 사용되는 애플리케이션을 제공한다. 소프트웨어와 데이터는 사용자의 컴퓨터가 아닌 Google 서버에 저장된다. 개인용 스탠다드 에디션은 무료로 제공된다. "Cloud Computing in Support of Small Businesses" 사례는 소규모 기업에서 사용하는 클라우드 컴퓨팅 애플리케이션을 소개한다.

14-3e 클라우드 컴퓨팅 대안

클라우드 컴퓨팅을 사용할 때 공용, 사설, 하이브리드, 멀티 클라우드 및 커뮤니티 클라우드 등 다섯 가지 옵션이 있다. 조직은 일반적으로 보안 요구 사항과 IT 관리자가 필요로 하는 참여 수준에 따라 사용할 옵션을 선택한다.

공용 클라우드(public cloud)를 사용하면 사용자는 인터넷을 통해 오프사이트 인프라에 연결된다. 많은 수의 사용자가 공용 클라우드 서비스와 인프라를 공유하기 때문에 이 옵션은 가장 높은 비용 절감 효과를 제공하며, 다른 네 가지 옵션 중 가장 인기가 있다. 그러나, 보안 및 개인정보 보호에 있어서의 위험도는 더욱 높다. 따라서, 확장성(리소스 추가 또는 삭제 기능)이 필

> **Infrastructure as a service (IaaS)**, also called hardware as a service (HaaS), is a type of cloud computing whereby computer infrastructure (such as storage, hardware, servers, and networking components) are delivered as a service.
>
> **Platform as a service (PaaS)** provides a computing platform and a solution as a service. Clients use the platform and environment to build applications and services over the Internet.

Edge computing pushes processing and data to the near edge of the network, which enables timely collection, processing, and analysis of data.

요하고, 웹을 통해 공동 프로젝트를 수행하거나 웹을 통해 이메일과 같은 표준 애플리케이션을 제공해야 하는 조직에 더 적합하다. 공용 클라우드 컴퓨팅은 IT 관리자의 참여를 최소화한다. 전반적으로 보안과 신뢰성이 이 옵션의 주요 관심사이다. 공용 클라우드 서비스의 예로는 Amazon Elastic Compute Cloud(EC2), IBM Blue Cloud, Google AppEngine 및 Windows Azure Services Platform 등이 있다.

사설 클라우드(private cloud)에서는 서비스와 인프라가 사설 네트워크에서 실행된다. 당연히 이 옵션은 공용 클라우드보다 더 높은 수준의 보안과 개인정보 보호를 보장한다. 참여 조직이 소프트웨어와 인프라 자체를 구매하고 유지 관리하기 때문에, 이 옵션은 공용 클라우드보다 비용 절감 효과가 적다. 높은 수준의 데이터 보안이 요구되는 조직에 권장된다.

공용 클라우드 서비스를 제공하는 일부 업체는 공용 클라우드의 사설 버전을 제공하기도 한다. 또한, 일부 사설 클라우드 서비스 제공업체는 사설 클라우드의 공용 버전을 제공하기도 한다. 사설 클라우드는 조각난 인프라를 통합하고, 공통 데이터 센터 작업을 자동화하고, 재정적 정확성과 책임을 제공함으로써 비용 절감을 달성한다. 또한, 조직은 셀프 서비스 방식으로 제공되는 사전 정의된 인프라 제품으로 표준화함으로써 더 큰 수준의 자동화를 달성하고 있다. 주요 사설 클라우드 서비스는 Eucalyptus, Elastra Enterprise Cloud Server, VMware Private-Cloud Architecture 및 Microsoft Azure가 있다.

개인 데이터와 공공 데이터 모두를 다루는 조직은 **하이브리드 클라우드(hybrid cloud)**를 선택할 수 있다. 하이브리드 클라우드는 하나 이상의 프라이빗 클라우드와 하나 이상의 공용 클라우드의 집합이라 할 수 있다. 하이브리드 클라우드 환경에는 여러 공급자와 함께 다양한 공개 및 비공개 옵션이 있다. 조직은 민감한 데이터를 사설 클라우드에서 실행하고, 공개 정보를 공용 클라우드에서 실행할 수 있다(보안 및 개인정보 보호 수준이 낮음). 하이브리드 클라우드를 통해 조직은 중요한 애플리케이션과 데이터를 외부에 노출하지 않고도 공용 클라우드 컴퓨팅 환경이 제공하는 확장성과 비용 효율성을 활용할 수 있다. 그러나, 이 옵션에는 여러 보안 플랫폼이 필요할 수 있으며, 모든 시스템이 효율적인 방식으로 서로 통신하는지 확인하는 것이 어려울 수 있다.

멀티클라우드(multicloud)는 조직에서 두 개 이상의 공용 클라우드를 사용하는 것을 의미한다. 조직은 가능한 최고의 플랫폼을 만들기 위해 각 클라우드 공급자의 특정 서비스를 사용하기로 결정할 수 있다. 예를 들어 Amazon, Google, Microsoft, IBM, HP Enterprise 또는 Oracle과 같은 다양한 공용 클라우드 제공업체로부터 다양한 서비스를 제공받을 수 있다. 이 옵션을 통해 조직이 필요한 최고의 제품을 제공받을 수 있을 뿐만 아니라, 특정 공급자에 대한 조직의 의존도를 줄일 수 있다. 멀티클라우드의 혼합 기능은 비즈니스 민첩성과 운영 비용의 효율성을 높일 수 있다. 그러나, 이 플랫폼은 공용 클라우드 환경보다 관리가 복잡하고 보안측면에서의 위험이 더 클 수 있다.

커뮤니티 클라우드(community cloud)를 통해 클라우드 인프라는 공통 관심사(예: 보안 요구 사항, 정책, 미션 및 규정 준수 고려 사항)를 공유하는 조직의 특정 사용자 커뮤니티에서 독점적으로 사용하도록 설계되었다. 이 인프라는 커뮤니티에 있는 하나 이상의 조직, 제3자 또는 일부 조합에 의해 소유, 관리 및 운영될 수 있다. 그러나, 인프라는 조직 내 또는 외부에 존재할 수 있다. 이 대안을 사용하면 공용 클라우드 보다 적은 수의 사용자(사설 클라우드 보다는 더 많은 사용자)에게 비용을 분산시켜 더 큰 비용절감 효과를 볼 수 있다. 이 옵션을 선택할 때 극복해야 할 과제는 비용과 책임의 할당, 거버넌스, 엄격한 보안 시스템 구현 등이다.

14-3f 엣지 컴퓨팅

사물인터넷(IoT)의 분산된 세계에서 엣지 컴퓨팅(edge computing)은 중요한 역할을 하고 있다. **엣지 컴퓨팅(Edge computing)**은 처리 및 데이터를 네트워크의 가장 가까운 엣지로 보내 적시에 데이터를 수집, 처리 및 분석할 수 있도록 한다. 즉, 엣지 컴퓨팅은 실시간으로 장치 내 처리 및 분석을 가능하게 한다. 반면에 클라우드 컴퓨팅은 시간에 민감한 정보에 대해 상대적으로 빠르지 않고 효율적이지 않을 수 있는 중앙집중식 클라우드 및 데이터 센터에서 데이터를 처리한다. 엣지 컴퓨팅은 클라우드 컴퓨팅의 대체제가 아니며 상호보완적인 역할을 한다.

엣지 컴퓨팅은 포그 컴퓨팅(fog computing)과는 다르다. 포그 컴퓨팅에서 단일 중앙집중식 컴퓨팅 장치는 네트워크의 여러 엣지 장치에서 데이터를 처리하며, 엣지 컴퓨팅에서는 네트워크의 각 장치가 자체 데이터를 처리한다. 엣지 컴퓨팅의 장점은 다음과 같다.

- 원격 데이터 센터나 클라우드가 아닌 엣지(네트워크에 연결된 모든 장치)에서 실시간 데이터 분석이 이루어진다.
- 로컬 장치의 운영 및 데이터 관리 비용의 감소로 인해 운영 비용이 절감된다.
- 로컬 장치에서 네트워크를 통해 데이터 센터 또는 클라우드로 전송되는 데이터가 줄어들기 때문에 네트워크 트래픽이 감소된다.
- 네트워크 엣지에서 지연 수준이 낮아져 애플리케이션 성능이 향상될 수 있다.
- 로컬 데이터 처리로 인한 지연 시간을 줄여 네트워크 성능을 높일 수 있다.
- 기존 클라우드 컴퓨팅은 중앙집중식 서버로 인해 DDoS(5장에서 설명) 공격 및 정전에 취약하다. 엣지 컴퓨팅은 처리, 스토리지 및 애플리케이션을 광범위한 장치 및 데이터 센터에 분산하므로 한 장비의 고장으로 인해 네트워크가 중단될 가능성이 낮다.
- 기업이 적절한 비용으로 IoT 장치와 엣지 데이터 센터를 결합하여 컴퓨팅 용량을 확장할 수 있도록 하여 향상된 확장성을 제공한다.
- 데이터 센터는 값비싼 인프라 확장에 투자하지 않고도 원하는 시장을 쉽게 공략할 수 있다. 또한, IoT 장치는 항상 켜져 있고 연결되어 있으므로 언제든 데이터를 수집할 수 있다.
- IoT 엣지 컴퓨팅 장치와 엣지 데이터 센터를 최종 사용자에게 더 가깝게 배치하면, 원거리에 있는 네트워크 문제가 현지 고객에게 영향을 미칠 가능성이 줄어든다. 가까운 곳에 위치한 데이터 센터가 정전된 경우에도 IoT 엣지 컴퓨팅 장치는 중요한 처리 기능을 보유하고 있기 때문에 계속해서 자체적으로 작동될 수 있다.

14-3g 클라우드 컴퓨팅 보안

대부분의 전문가들은 클라우드 컴퓨팅 플랫폼을 사용할 때 보안이 문제이며 사용자는 그 성공에 중요한 역할을 한다고 생각한다. 클라우드 컴퓨팅을 사용하는 조직은 최종 사용자(end-user) 교육을 제공하고 소프트웨어 업데이트를 강제 실행하며 클라우드 컴퓨팅 공급자와 협력하여 비정상적인 활동을 발견해야 한다.

클라우드 컴퓨팅 환경에는 클라이언트(사용자) 측과 서버(공급자) 측의 두 가지 유형의 보안 문제가 있다. 클라우드 서비스를 사용하는 조직은 서버 측의 보안 문제에 대해 많은 제어 권한을 갖고 있지 않고, 공급자가 이에 대한 책임이 있다. 그러나, 사용자 측의 보안은 클라우드 서비스를 사용하는 조직의 책임이다. 5장과 6장에서 논의된 많은 보안 조치는 사용자 측의 보안을 개선하는 데 사용할 수 있다.

클라우드 컴퓨팅은 다음과 같은 이유로 사내 데이터 센터보다 더 안전할 수 있다.

1. **더 뛰어난 기술 전문성** - 최고의 클라우드 제공업체는 수백 명의 보안 전문가를 고용하고 있다. 그 이유는 공급자의 수익성과 평판이 클라우드를 사용하고 있는 고객의 데이터를 얼마나 안전하게 지켜주고 있는가에 달려 있기 때문이다. 이러한 보안 전문가 팀을 고용한다는 것은 소규모 조직에서는 상상하기 어렵다.
2. **물리적 분리** - 클라우드의 데이터는 물리적으로 전 세계에 위치한 서버에 저장될 수 있으므로 물리적 공격 가능성이 훨씬 줄어든다. 반면에 데이터 보안 및 무결성에 대한 물리적 위협은 사내 데이터 센터에서 상당히 높다.
3. **취약점 감소** - 상위 클라우드 제공업체는 피싱 이메일에 대한 패치되지 않은 보안상의 허점과 같이 해커가 그 취약점을 악용하기 전에 이를 찾아 수정할 수 있는 더 많은 리소스를 보유하고 있다. 일부 클라우드 제공업체는 실제로 화이트 해커를 고용하여 보안 상의

Nanotechnology incorporates techniques that involve the structure and composition of materials on a nanoscale.

허점을 찾고 수정하기 위해 침투 테스트를 수행하기도 한다.

4. **복원력 향상** - 사내 데이터 센터는 홍수, 허리케인, 토네이도 및 산불과 같은 자연 재해로부터 취약할 수 있다. 공용 클라우드 공급자를 사용하여 정보를 백업하면 예기치 않은 재해로부터 복구할 가능성이 훨씬 높아진다.
5. **최신 기술** - 주요 클라우드 제공업체는 고객에게 더 많은 최첨단 컴퓨팅 리소스를 제공하기 위해 최신 기술을 사용하며, 이 기술들은 클라우드 데이터 센터가 보다 안전하고 효율적으로 고객을 지원하고 패치 작업을 수행할 수 있도록 돕는다. 반면에 사내 데이터 센터는 관리하기 어려운 많은 레거시시스템에 의존해야 한다.
6. **인공지능 활용** - 주요 클라우드 제공업체는 보안 프로그램에 인공지능을 활용하므로 취약점을 쉽게 찾아 제거하고 이를 수행하는 동안 자동으로 진보하게 된다.

그러나, 클라우드 컴퓨팅을 사용할 때 여러 가지 보안상의 위험이 존재할 수 있기 때문에 이를 주의 깊게 분석해야 한다. 분석 회사인 Gartner는 일곱 가지의 클라우드 컴퓨팅 보안 위험을 파악했다.

- ***권한 있는 사용자 접근*** - 데이터에 접근할 수 있는 사용자
- ***규정 준수*** - 외부 감사 및 보안 인증의 가용성
- ***데이터 위치*** - 특정 관할권 및 국가별 개인정보 보호 의무
- ***데이터 분리*** - 클라우드의 다른 데이터와 고객의 데이터를 분리하고 유지하는 방법
- ***복구*** - 재해 발생 시 데이터의 보호 및 보존 방법
- ***조사 지원*** - 특정 형태의 조사를 지원하기 위한 계약
- ***장기적인 생존 가능성*** - 제공업체가 폐업할 경우의 데이터 관리 및 처리 방법

기업은 하나를 선택하기 전에 클라우드 공급자가 이러한 보안 위험에 대한 명확한 정책을 갖고 있는지 확인하고, 각각의 보안 위험에 어떻게 대처할 것인지를 서면으로 문서화해야 한다. 또한, 공급자와 사용자 간에 일정 수준의 신뢰가 요구된다. 이것이 없으면 클라우드 컴퓨팅을 사용하는 것은 위험한 모험이 될 수 있다.

An organization must make sure a cloud provider has a clear policy regarding security risks and has indicated in writing how it will deal with each of them.

14-4 나노 기술

나노 기술(Nanotechnology)은 나노 규모 물질의 구조와 구성을 포함하는 기술을 통합한다. 10억분의 1미터인 나노미터를 기반으로 하여 많은 분야에서 흥미로운 발전이 진행되고 있다. 예를 들어, 과학자들은 막힌 동맥을 뚫고, 암세포를 찾아내어 제거하고, 수질 오염 물질을 걸러내는 등의 작업을 수행할 수 있는 소형 장치들을 연구하고 있다. 심장 마비와 뇌졸중 환자를 치료하는데 나노 기술이 사용되기도 하며 이는 많은 관심을 받고 있다. 연구원들은 "혈전 제거" 약물을 위한 나노캡슐을 개발하고 있다. 나노캡슐은 특정 혈전을 표적으로 삼고 필요할 때 정확히 약물을 배출하여 혈전을 녹여낼 수 있다. 이것은 링거를 통해 약물을 투여하는 것과 같은 전통적인 방법보다 훨씬 정확하고 효과적이다. 또한, 나노 기술은 컴퓨터를 훨씬 빠르고 작게 만들기 위해 개발되고 있다. 그러나, 나노 기술은 높은 비용으로 인해 도입이 늦어지고 있다. 추가 연구 및 기술 개발로 고비용의 문제를 해결할 것으로 기대된다.

정보시스템 분야에서 트랜지스터 및 기타 마이크로프로세서 제작에 필요한 부품을 소형화 하는 현재 기술은 향후 10년 안에 한계에 도달할 수 있으므로, 나노 기술을 비롯한 새로운 기술이 필요하다. 나노기술은 다음 영역에서도 역할을 할 수 있을 것으로 기대된다.

- 에너지(에너지 소비 감소, 에너지 생산 효율성 증가,

친환경적인 에너지 시스템)

- 정보 및 통신(더 크고 빠른 저장 장치, 더 빠르고 저렴한 컴퓨터, 에너지 소비가 적은 디스플레이 모니터)
- 중공업(항공우주, 건설, 정유, 자동차 제조)

나노 기술을 통합한 일부 소비재는 이미 시장에 나와 있다. 그들은 나노 소재(nanomaterials)이라고 불리는 것을 사용한다. 골프공, 테니스 라켓과 같은 스포츠 장비에 나노 소재을 추가하여 내구성을 높이고 반응성을 향상시켰다. 나노 물질을 포함한 테니스 공은 반발력이 훨씬 우수하다. 나노 소재는 또한 편안함과 내구성을 높이기 위해 안경의 코팅제로 적용되었으며, 의류 및 신발에 사용되어 박테리아 성장을 감소시키고 얼룩 발생을 방지하기도 한다. 또한, IBM은 원자를 촬영하고 나노 물질층을 하드 디스크 기록 헤드와 자기 디스크 코팅에 통합할 수 있는 주사터널현미경(scanning tunneling microscope; STM)을 개발했다. 이 기술은 또한 전자 회로 및 데이터 저장 장치를 개선할 수 있다. 2장에서 언급했듯이, IBM은 컴퓨터 칩에 포함되는 실리콘을 탄소나노튜브(CNT)로 대체하고 있다.

14-5 블록체인 기술과 암호화폐

블록체인(blockchain)은 연결된 장치 간의 거래(transactions)를 기록한 후 변경할 수 없는 데이터 블록으로 기록하는데 사용되는 분산형 네트워크이다. 일단 거래 내역이 기록되면, 그 거래는 블록으로 함께 묶이고, 그리고 나서 체인을 만들기 위해 서로 연결된다. 그래서 블록체인이라는 이름이 탄생했다. IoT의 응용이 증가함에 따라 비즈니스와 사회에서 블록체인의 역할과 응용이 나날이 증가하고 있다. 일부 전문가들은 이것을 모든 거래에 대해 높은 정확도로 기록하는 분산 원장이라고 칭한다. 블록체인 기술이 적절하게 구현될 경우 새로운 비즈니스 및 신뢰 모델을 지원할 것으로 예상된다.

블록체인 환경에서는 중앙관리자 없이 네트워크를 직접 공유하고 독립적으로 거래를 확인하고 처리할 수 있다. 분산 네트워크는 인증된 사용자만 네트워크에 액세스할 수 있도록 하는 암호화 기술을 통해 보호된다. 블록체인 환경에서는 높은 보안성으로 인해 데이터 품질이 더욱 향상되고 더욱 저렴한 비용으로 빠르게 거래가 처리된다. 그러나, 블록체인에 대한 불확실한 규제와 광범위한 기술의 채택 부족이 단점이 될 수 있다. 이 장의 뒷부분에서 설명하는 **암호화폐(Cryptocurrency)** 애플리케이션 외에도 블록체인 기술의 현재 및 미래 애플리케이션이 많이 있다. 아홉 가지의 애플리케이션은 다음과 같다.

> **Cryptocurrency** is digital money created from computer codes. It is monitored by a peer- to-peer Internet protocol.

- **식품 및 기타 상품 추적** - 블록체인 기술은 재료가 수확된 시점부터 소비자가 최종 구매하는 시점까지 전체 공급망을 안전하게 추적할 수 있다. 농부들에게 지불된 가격을 기록하여 가격의 공정성을 보장할 수 있다.
- **안전한 소프트웨어 개발** - 블록체인 기반 추적 시스템은 코드의 보안을 보장하고 개발 프로세스의 모든 단계를 추적하며 코드의 에러를 찾는 프로세스의 속도를 높일 수 있다.
- **디지털 콘텐츠 관리** - 블록체인 기반 도구는 콘텐츠의 저작권을 증명하고 콘텐츠에 접근한 사람을 추적하여 저작권 및 기타 지적 재산을 관리하여 불법 복제를 줄일 수 있다.
- **의료 기록 무결성 향상** - 블록체인 기술은 환자의 완전한 의료 기록을 저장하고 의사 및 기타 의료 직원과 같은 승인된 사용자가 안전하게 사용할 수 있도록 하는 도구를 제공한다.
- **모기지(mortgage) 승인 프로세스** - 블록체인 기반 도구는 대출자가 자신의 금융 정보를 안전한 블록체인 네트워크에 저장한 후, 이를 잠재적인 대출 기관과 공유할 수 있는 옵션을 제공하여 모기지 승인 프로세스의 속도를 크게 향상시킬 수 있다.
- **보험 청구 처리 개선 및 처리 속도 향상** - 블록체인 기반 도구는 부정 지급을 줄이고, 동일한 청구에 대한 이중 지불을 줄이는데 도움이 될 수 있으며, 여러 회사가 동일한 사고에 연루된 경우 처리 절차를 간소화할 수 있다.
- **감사 추적** - 블록체인 데이터베이스는 특정 사건을 한 곳에서 모두 감사하기 위해 법률 또는 회계를 맡고 있

는 에이전트에게 변경되지 않은 데이터를 다양한 형태로 제공할 수 있다.

- **전자 투표** - 블록체인 네트워크는 전자 투표 프로세스의 확실성(authenticity)과 신뢰성(reliability)을 보장하고 유권자가 선택한 장치를 사용하여 안전하게 투표할 수 있도록 도울 수 있다.
- **스마트 계약** - 블록체인 네트워크는 특정 조건이 충족되면 자동으로 현금을 이체할 수 있다. 인기 있는 암호화폐의 한 종류인 이더리움(ethereum)은 대표적인 스마트 계약 플랫폼 중 하나이다. 이것은 전자상거래 및 모바일상거래를 효과적으로 지원할 수 있다. “Blockchain Technology in Action: Walmart and Alibaba" 사례는 Walmart와 Alibaba에서 사용하고 있는 블랙체인 기술을 소개한다.

암호화폐는 블록체인 기술의 가장 인기 있는 애플리케이션이다. 암호화폐는 컴퓨터 코드로 만든 디지털 화폐로 P2P 인터넷 프로토콜에 의해 모니터링 된다. 암호화폐의 경우, 개인은 암호화폐 주소를 구성하는 개인 키와 해당 공개 키를 소유한다. 시장에는 여러 유형의 암호화폐가 있다. 가장 인기 있는 암호화폐는 비트코인(BTC), 리플(XRP), 이더리움(ETH), 모네로(XMR), 라이트코인(LTC), 지캐시(ZEC), Facebook의 리브라(Libra)가 있다. PayPal, 신용카드 및 체크카드와 같은 전자 결제 시스템과 비트코인과 같은 암호화폐의 가장 큰 차이점은 송금인과 수취인 사이에 은행이나 금융기관과 같은 제3자의 개입이 없다는 것이다. 전 세계 어디에서나 두 당사자 간에 발생할 수 있는 P2P 작업이다. 암호화폐의 장점은 다음과 같다.

- 보낸 사람이 위조하거나 번복하기 어려움
- 즉각적인 결제: 이메일과 유사한 방식으로 개인 간 전송 가능
- 낮은 거래 수수료
- 신용 도용 위험 없음
- 인터넷 접속이 가능한 모든 사용자가 사용 가능
- 특정 통화 또는 모니터링 시스템과의 연결 없는 글로벌 액세스

암호 화폐의 단점은 다음과 같다.

Blockchain Technology in Action: Walmart and Alibaba

FINANCE | TECHNOLOGY IN SOCIETY | APPLICATION | REFLECTIVE THINKING

Walmart, Alibaba, American Express와 같은 기업은 보다 효율적으로 비즈니스를 운영하고 고객으로부터의 신뢰와 안전성을 향상시키기 위해 블록체인에 분산 원장 기술을 사용하고 있다. Walmart와 같은 다국적 기업에서 공급망을 관리하는 것은 복잡한 작업이 될 수 있으며, 공장, 농장 또는 공급업체로부터 고객에 이르기까지의 제품 추적이 어려울 수 있다. 이러한 상황에서 공급망의 투명성은 매우 중요하다. 특히, 식품이 오염되었을 때처럼 어떤 문제가 발생할 경우 더욱 그러하다. 이 경우 기업은 신속하게 이 사실을 고객에게 알리고 오염된 품목을 선반에서 회수하기 위해 정확한 실시간 정보를 가지고 있어야 한다. 여기서 블록체인이 중요한 역할을 할 수 있다. IBM은 공급망 네트워크 참여자들이 정보를 공유할 수 있도록 Walmart, Kroger 및 Nestlé와 협력하고 있다. 모든 것이 계획대로 진행된다면, 안전이 향상되고, 위기 관리가 빨라지며, 고객 신뢰가 향상될 것이다.

Alibaba는 결함이 있고 오염된 제품을 추적하는 것이 유일한 문제해결 방법이 아니기 때문에 식품 사기(food fraud) 행위와 싸우기 위해 블록체인을 사용하고 있다. 식품 사기는 경제적 이익을 위해 식품을 대체하거나 허위의 사실을 적시하는 것이다. 일부 포장된 쇠고기 덮밥에 최대 60%의 말고기가 포함된 것으로 드러난 Tesco의 말고기 파동을 예로 들 수 있다. Alibaba는 뉴질랜드 및 호주에 소재한 네 개의 회사와 협력하여 블록체인 원장과 QR 코드 제품 태그를 결합하고 있다. 각 제품의 모든 이동 사항은 공개 대장에 기록된다. 모든 관련자는 원장에 접근할 수 있으며 제품이 무엇인지, 원산지와 목적지는 어디인지 정확히 알 수 있다. 이는 식품 안전을 크게 개선하고 소비자 신뢰를 높일 수 있다.

질문 및 토론

1. Walmart가 블록체인 기술을 도입한 이유는 무엇인가?
2. Alibaba에서 활용한 블록체인 기술의 두 가지 애플리케이션은 무엇인가?

표 14.2 기존 컴퓨터와 양자 컴퓨터의 차이

기존 컴퓨터	양자 컴퓨터
대규모 통합 다목적 컴퓨터	양자역학을 기반으로 한 고속 병렬 컴퓨터
정보 저장소는 전압 또는 전하를 기준으로 "비트" 0 또는 1이다.	정보 저장소는 전자 스핀의 방향에 기반한 양자 비트이다.
정보 처리는 NOT, AND, OR와 같은 논리 게이트에 의해 수행된다.	정보 처리는 양자 논리 게이트에 의해 수행된다.
회로 연산은 고전 물리학에 의해 관리된다.	회로 연산은 양자역학에 의해 관리된다.
정보를 나타내기 위해 이진 코드 0 또는 1을 사용한다.	큐비트 코드 0 또는 1을 사용하고 동시에 둘 다 사용하여 컴퓨터를 더 빨리 실행한다.
연산은 불(Boolean) 대수에 의해 정의된다.	연산은 선형 대수로 정의된다.

- 널리 받아들여지지 않음
- 결제 취소의 어려움
- 규정에 대한 불확실성
- 데이터 손실로 인한 재정적 손실 가능성
- 높은 가격 변동성 및 조작 가능성
- 종종 법정 화폐로 교환이 어려움

Facebook의 리브라는 새로운 암호화폐 중 하나이다. 그러나, 리브라와 비트코인과 같은 다른 암호화폐 사이에는 몇 가지 차이점이 있다. 주요 차이점은 다음과 같다.

- 애플리케이션(Application): 리브라는 사용자가 상품 및 서비스 구매 등의 거래에 대해 대금을 지불하고 돈을 보내고 받기 위해 사용할 수 있는 교환 도구로 사용된다.
- 채택(Adoption): 여러 회사의 지원과 낮은 거래 수수료로 인해 널리 채택될 것으로 예상된다.
- 변동성(Volatility): 은행 예금 및 국채와 같은 변동성이 낮은 자산군과 미국 달러 및 유로와 같은 주요 통화에 고정되어 있어 변동성이 적다.

14-6 양자 컴퓨팅

양자 컴퓨팅(quantum computing)은 양자 비트나 큐비트(qubits)를 생성하고 조작하는 양자 역학을 사용한다. 양자 컴퓨터는 기존 컴퓨터에서는 처리가 불가능하다고 생각되던 문제를 해결한다. 기존의 컴퓨터는 1 또는 0을 나타내는 전기 또는 광학 펄스의 스트림인 비트를 사용한다(2장에서 설명). 큐비트는 양자 정보의 기본 단위이며 동시에 1과 0의 수많은 가능한 조합을 나타낸다. 동시에 여러 상태에 있는 이 기능을 중첩(superposition)이라고 한다. 중첩 및 얽힘(entanglement)의 양자 특성을 배치함으로써 큐비트는 이진 비트보다 기하급수적으로 더 강력한 컴퓨팅 성능을 제공한다. 얽힘은 한 쌍의 두 멤버가 단일 양자 상태로 존재한다는 것을 의미한다.

양자 컴퓨터는 모든 응용 분야에 적합하지 않기 때문에 기존 컴퓨터를 대체하지는 않을 것이다. 사용자가 동시에 사용할 수 있는 중첩 기능을 사용하여 병렬 처리를 수행할 수 있는 특정 계산에서 특히 빠른 성능을 보인다. 일부 회사는 이미 양자 컴퓨팅을 사용하여 전기자동차에 쓰이는 더 가볍고 강력한 배터리를 개발하기도 하고, 새롭고 효과적인 약물을 만들고 있다. 일부 기업은 양자 컴퓨터를 구입하고 있고, 일부 기업은 클라우드 컴퓨팅 서비스를 통해 양자 컴퓨터 기능을 사용하고 있다. 표 14.2는 기존 컴퓨터와 양자 컴퓨터의 차이점을 보여준다.

14-6a 양자 컴퓨팅의 대중적인 응용

양자 컴퓨팅은 비즈니스 및 과학 분야의 다양한 애플리케이션에 적용되고 있다. 다음은 가장 인기 있는 애플리케이션들이다.

컴퓨터 및 네트워크 보안

양자 컴퓨팅은 디지털 자산에 대한 강력한 보호를 제공하고 암호화된 문서나 네트워크를 공격하는 것을 거의 불가능하게 만드는 강력한 암호화 기술을 제공할 수 있다. 양자 컴퓨터의 모든 장점들은 오늘날 존재하는 컴퓨터에 있어서는 보안 위협이 될 수 있다. 암호화 기술은 해커에 대한 가장 강력한 방어 수단이며, 특히, 금융 및 의료 정보를 다루는 정보 자산을 보호한다. 보안 전문가들에 따르면, 양자 방지 암호화가 대량으로 개발되고 배치되기까지는 최소 20년이 걸릴 수 있다고 한다. 강력한 양자 컴퓨터는 기존 컴퓨터보다 훨씬 짧은 시간에 정교한 암호화 알고리즘을 해독할 수 있다. 그때까지 보안 전문가들은 정보 자산을 보호하기 위해 여러 보안대책을 제시하고 배포해야 한다.

항공 산업

양자 컴퓨팅은 다양한 항공 시나리오의 복잡한 컴퓨터 모델링 및 시뮬레이션을 가능하게 한다. 이는 항공기의 경로와 일정을 조정하고 항공기 운항을 더욱 안전하게 유지하는데 도움이 된다. Lockheed Martin과 Airbus와 같은 주요 항공우주 기업은 이 분야에 적극적으로 연구하고 투자하고 있으며, 양자 컴퓨팅의 엄청난 힘을 활용하기 위해 노력하고 있다.

데이터 분석

양자 컴퓨팅은 여러 변수가 있는 대규모 문제를 해결하는데 도움이 될 수 있다. 예를 들어, NASA는 우주에 대해 수집한 방대한 양의 데이터를 분석하고, 더 우수하고 안전한 방법으로 우주를 연구하기 위해 양자 컴퓨팅을 사용하고 있다.

예측

양자 컴퓨팅은 날씨 또는 경제 주기와 같은 복잡한 시나리오 예측의 정확도를 크게 향상시킬 수 있다. 이러한 상황은 기존 컴퓨팅이 처리하기 어려운 수많은 입력 변수가 포함된다. 양자 컴퓨팅은 이러한 상황을 쉽고 정확하게 처리할 수 있다.

패턴 매칭

유사하거나 유사하지 않은 객체 중에서 객체를 찾고 이러한 객체의 행동과 패턴을 기반으로 미래 객체를 예측하는 것은 실생활과 실무에 많이 응용된다. 그러나, 이러한 애플리케이션을 실시간으로 처리하려면 양자 컴퓨팅이 처리할 수 있는 엄청난 컴퓨팅 성능이 필요하다. 예를 들어, Volkswagen은 이 기술을 사용하여 운전자가 특정구간을 운전하기 45분 전에 교통 상황을 미리 알려주고 있다.

의료 및 제약 연구

다양한 약물이 다양한 환자에게 어떻게 영향을 미칠 수 있고, 환자가 다양한 치료에 어떻게 반응할 수 있는지에 대한 가능성은 무수히 많다. 현재 신약을 시장에 출시하고 FDA 승인을 받는데 10년 이상이 소요된다. 양자 컴퓨팅은 엄청난 처리 능력으로 이 프로세스를 크게 가속화할 수 있다. 이 기술을 사용하여 암 치료를 개선하는 것이 최우선 과제 중 하나이다. 2015년 Roswell Park Cancer Institute의 연구원들은 양자 컴퓨팅을 사용하여 기존 컴퓨터보다 3~4배 빠른 방식으로 방사선 치료를 최적화하는 새로운 기술을 고안했다.

자율주행 자동차

대부분의 주요 자동차 제조업체와 Apple 및 Alphabet을 포함한 여러 기술 회사는 자율주행 자동차 기술을 개발하고 있다. Alphabet과 Volkswagen은 양자 컴퓨터를 사용하여 배터리, 운송 및 자율 주행 기술을 개발하고 있다. Volkswagen은 양자 컴퓨팅을 사용하여 Beijing에서 택시 10,000대의 운행 흐름을 최적화했으며 지속적으로 개선하고 있다.

요약

14-1 소프트웨어 및 서비스 배포의 새로운 트렌드를 요약하라. 풀/푸시 기술과 SaaS는 소프트웨어 및 서비스 배포의 새로운 트렌드 중 하나이다. 풀 기술을 사용하면 정보를 얻기 전에 사용자가 자신의 니즈를 먼저 알린다. 웹캐스팅이라 불리는 푸시 기술을 사용하여 웹 서버는 사용자에게 정보를 제공한다. 주문형 소프트웨어라 불리는 SaaS는 ASP가 유료로 소프트웨어를 사용자에게 제공하는 모델이다.

14-2 가상현실 구성 요소 및 애플리케이션에 대해 설명하라. 가상현실은 컴퓨터가 생성한 3차원 이미지를 사용하여 실제 환경에서 상호작용하는 것과 같은 환상(illusion)을 만든다. 가상현실의 사용자 환경에는 자기 중심적(egocentric)환경과 외중심적(exocentric)환경의 두 가지 유형이 있다. 가상현실 애플리케이션에는 장애인 지원, 건축 설계, 교육 등과 같은 영역이 포함된다.

14-3 클라우드 컴퓨팅의 기초, 모델 및 애플리케이션에 대해 설명하라. 클라우드 컴퓨팅은 SaaS 모델, 웹 2.0, 그리드 컴퓨팅 및 유틸리티 컴퓨팅을 포함한 많은 최신 기술을 하나의 플랫폼에 통합한다. 따라서, 인터넷을 통해 다양한 리소스를 사용자에게 제공할 수 있다. 비즈니스 애플리케이션은 웹 브라우저를 통해 액세스되며 데이터는 공급자의 서버에 저장된다.

14-4 나노 기술의 사용에 대해 토론하라. 나노 기술은 나노 규모 물질의 구조와 구성을 포함하는 기술을 통합한다. 에너지, 정보통신, 중공업 등 다양한 분야에서 활용되고 있다.

14-5 블록체인 기술과 암호화폐에 대해 설명하라. 블록체인은 연결된 장치 간의 거래를 기록한 후, 변경할 수 없는 데이터 블록으로 기록하는데 사용되는 분산형 네트워크이다. 암호화폐는 컴퓨터 코드로 만든 디지털 화폐로 P2P 인터넷 프로토콜에 의해 모니터링 된다.

14-6 양자 컴퓨팅과 그 애플리케이션에 대해 설명하라. 양자 컴퓨팅은 양자 비트 또는 큐비트를 생성하고 조작하는 양자 역학을 사용한다. 애플리케이션에는 컴퓨터 및 네트워크 보안, 항공 산업, 데이터 분석, 예측 등과 같은 영역이 포함된다.

ENDNOTES

1

1. Pisani, J. "Small Business On-the-Go? Smartphones Can Help." *USA Today*. 25 May 2014. Accessed 20 October 2014 @ http://www.usatoday.com/story/money/business/2014/05/25/smallbusiness-smartphone-apps/9445917/.
2. "Taking the Store with You." Apple Inc. 2014. Accessed 20 October 2014 @ http://www.apple.com/iphone/business/profiles/wine-connection/.
3. Karmin, C. "Smartphones to Open Doors at Some Hotels." *Wall Street Journal*. 26 January 2014. Accessed 20 October 2014 @ http://online.wsj.com/news/article_email/SB10001424052702304856504579339130820876304-lMyQjAxMTA0MDIwOTEyNDkyWj?mod=djem_jiewr_IT_domainid.
4. Reinhard, C-G. "YouTube Brands: 5 Outstanding Leaders in YouTube Marketing." Mashable. Accessed 5 July 2010 @ http://mashable.com/2009/06/01/youtube-brands.
5. Evans, M. "34 Ways to Use YouTube for Business." GigaOm. 28 July 2009. Accessed 20 January 2012 @ http://gigaom.com/collaboration/34-ways-to-use-youtube-for-business.
6. Liedtke, M. "Starbucks, Pepsi, Wal-Mart Pull YouTube Ads after They Were Placed on Racist Videos." *Chicago Tribune*. 24 March 2017. Accessed 6 November 2017 @ http://www.chicagotribune.com/bluesky/technology/ct-googleyoutube-ad-boycott-20170324-story.html.
7. Rash, W. "Google, YouTube Face Obstacles in Effort to Rein in Fraudulent Content." eWEEK. 14 March 2018. Accessed 8 March 2019 @ https://www.eweek.com/cloud/google-youtube-faceobstacles-in-effort-to-rein-in-fraudulent-content.
8. Salinas, S. "Nestle and Others Have Suspended Youtube Ads Over News of a Pedophile Network on the Site." CNBC. 20 February 2019. Accessed 8 March 2019 @ https://www.cnbc.com/2019/02/20/disney-pulls-youtube-ads-over-pedophile-networkreport.html.
9. Noyes, D. The Top 20 Valuable Facebook Statistics. Zephoria Inc. 21 June 2019. Accessed 2 July 2019 @ https://zephoria.com/top-15-valuablefacebook-statistics/.
10. Gaudin, S. "Half of Social Networkers Post Risky Information, Study Finds." *InfoWorld*. 4 May 2010. Accessed 5 July 2010 @ www.infoworld.com/d/security-central/half-socialnetworkers-post-risky-information-study-finds-623?source=IFWNLE_nlt_wrapup_2010-05-04.
11. "First ATM Opens for Business." A&E Television Networks. Accessed 20 November 2016 @ http://www.history.com/this-day-in-history/first-atm-opens-for-business.
12. DeCambre, M. "This Is What the ATM of the Future Looks Like." Quartz. 13 June 2014. Accessed 20 November 2016 @ http://qz.com/219950/behold-the-atm-of-the-futurejpmorgan-is-now-rolling-out/.
13. Lee, J. "More Banks Turn to Biometrics to Keep an Eye on Security." NerdWallet. 20 May 2016. Accessed 20 November 2016 @ https://www.nerdwallet.com/blog/banking/biometricswhen-your-bank-scans-your-voice-face-or-eyes/.
14. Fernandes, D. "Banks Use ATM Apps to Entice Millennials." *Boston Globe*. 3 September 2015. Accessed 20 November 2016 @ http://www.betaboston.com/news/2015/09/03/banks-use-atmapps-to-entice-millennials/.
15. Trichur, R. "Withdraw Cash Without a Card? There's an App for That." *Wall Street Journal*. 15 March 2015. Accessed 20 November 2016 @ http://www.wsj.com/articles/withdraw-cash-withouta-card-theres-an-app-for-that-1426459107.
16. Whitehouse, K. "Chase ATMs to Give Cash Via Smartphones." *USA Today*. 26 January 2016. Accessed 20 November 2016 @ http://www.usatoday.com/story/money/business/2016/01/26/chase-rollingout-atms-give-cash-via-phone/79374222/.
17. "Making Pizza Since 1960." biz.dominos.com. Accessed 21 January 2013 @ https://biz.dominos.com/web/public/about-dominos/history.
18. "Domino's Pizza Hits Unprecedented $1 Billion in U.S. Digital Sales in One Year, Thanking Customers with Weeklong 50% Off Pizza Online Offer." biz.dominos.com. Accessed 21 January 2013 @ http://www.prnewswire.com/news-releases/dominos-pizza-hits-unprecedented-1-billion-in-usdigital-sales-in-one-year-thanking-customers-withweeklong-50-off-pizza-online-offer-158409165.html.
19. Horowitz, B. "Domino's App Lets You Voice-Order Pizza." *USA Today*. 17 June 2014. Accessed 20 October 2014 @ http://www.usatoday.com/story/money/business/2014/06/16/dominos-voice-orderingapp-nuance-fast-food-restaurants/10626419/.
20. "Domino's to Roll Out Tweet-a-Pizza." 14 May 2015. *USA Today*. Accessed 1 December 2015 @ http://www.usatoday.com/story/money/2015/05/12/dominos-pizza-tweet-a-pizza-twitter-tweet-toorder-fast-food-restaurants/27175005/.
21. Bell, K. "You Can Now Order Domino's Pizza from a Facebook Messenger Bot." Mashable. 15 September 2016. Accessed 20 November 2016. @ http://mashable.com/2016/09/15/dominos-pizzafacebook-bot/#SNqwYdYmIOqG.
22. Bayly, L. "Domino's Debuts Pizza Delivery by Robot." *CNBC*. 18 March 2016. Accessed 20 November 2016 @ http://www.cnbc.com/2016/03/18/dominos-debuts-pizza-delivery-by-robot.html.
23. Zillman, C. "Domino's Is One Step Closer to Delivering Pizzas by Drone." *Fortune*. 25 August 2016. Accessed 20 November 2016 @ http://fortune.com/2016/08/25/dominos-pizza-dronedelivery.
24. "Domino's Testing Self-Driving Pizza Delivery." CNN. 29 August 2017. Accessed 6 November 2017 @ http://money.cnn.com/2017/08/29/technology/ford-dominos-self-driving-car/index.html.
25. Peters, B. "Domino's Pizza Just Began Delivery to Parks, Beaches, Thousands of Hot Spots." *Investor's Business Daily*. 16 April 2018. Accessed 8 March 2019 @ https://www.investors.com/news/dominos-pizza-hotspots-delivery/.
26. Smith, C. "Domino's Developing In-Car Pizza Ordering App Because Why Not?" Motor1.com. 26 March 2019. Accessed 27 March 2019 @ https://www.motor1.com/news/315498/dominos-creating-app-in-car-pizza/.
27. Schlesinger, J., and Day, A. "Card Sharks: ATM Skimming Grows More Sophisticated." CNBC. 16 September 2017. Accessed 6 November 2017 @ https://www.cnbc.com/2017/09/15/card-sharks-atmskimming-grows-more-sophisticated.html.
28. Finkle, J. "ATM Makers Warn of 'Jackpotting' Hacks on U.S. Machines." Reuters. 27 January 2018. Accessed 8 March 2019 @ https://www.reuters.com/article/us-cyber-atms-usa/atm-makerswarn-of-jackpotting-hacks-on-u-s-machines-idUSKBN1FG0WU.
29. Bidgoli, H. *Handbook of Management Information Systems: A Managerial Perspective*. San Diego, CA: Academic Press, 1999.
30. Bednarz, A. "The Home Depot's Latest Project: XML, Web Services." NetworkWorldFusion. 21 January 2002. Accessed 20 October 2010 @ http://www.highbeam.com/doc/1G1-82328410.html.
31. Songini, M. L. "Home Depot Kicks Off Big Data Warehouse Effort." *Computerworld*. 30 September 2002. Accessed 20 October 2010 @ www.computerworld.com/action/article.do?command=viewArticleBasic&articleId=74751.
32. "The Home Depot Transitions to Fujitsu U-Scan Retail Self-Checkout Software." Fujitsu.com. 13 January 2010. Accessed 20 October 2010 @ www.fujitsu.com/ca/en/news/pr/fci_20100113.html.
33. "5 Technologies That Will Change the Way You Shop." corporate.homedepot.com. 30 January 2017. Accessed 10 November 2017 @ https://corporate.homedepot.com/newsroom/nrf-2017-technologies-change-how-you-shop.
34. Sarah, F. G. "Small Companies Can Benefit from an HRIS." 26 September 2012. Accessed 2 January 2014 @ www.workforce.com/articles

/small-companies-can-benefit-from-an-hris.
35. Osterhaus, E. "Compare Web-Based Human Resources (HR) Software." 17 December 2013. Accessed 2 January 2014 @ www.softwareadvice.com/hr/web-based-hr-software-comparison.
36. "UPS Uses Technology and Operational Efficiencies to Reduce Fuel Consumption and Emissions." UPS Pressroom. Accessed 20 January 2012 @ www.pressroom.ups.com/Fact+Sheets/ci.UPS+Uses+Technology+and+Operational+Efficiencies+to+Reduce+Fuel+Consumption+and+Emissions.print.
37. "Why UPS Trucks Never Turn Left." YouTube. Accessed 20 January 2012 @ www.youtube.com/watch?v=HV_bJxkdNDE&feature=relmfu.
38. Terdiman, D. "UPS Turns Data Analysis into Big Savings." CNET. 2 April 2010. Accessed 20 January 2012 @ http://news.cnet.com/8301-13772_3-20001576-52.html.
39. "UPS Changes the Delivery Game with New Intercept Service." UPS Pressroom. 26 March 2007. Accessed 20 January 2012 @ http://www.businesswire.com/news/home/20070326005256/en/UPS-Delivery-Game-Intercept-Service#.U8lUKzNOXb0.
40. Gudema, L. "7 Marketing Technologies Every Company Must Use." *Harvard Business Review*. 3 November 2014. Accessed 20 November 2016 @ https://hbr.org/2014/11/7-marketing-technologiesevery-company-must-use.
41. Porter, M. "How Competitive Forces Shape Strategy." *Harvard Business Review* (March–April 1979): 57.
42. Hays, C. "What Walmart Knows About Customers' Habits." *New York Times*. 14 November, 2004. Accessed 28 January 2013 @ www.nytimes.com/2004/11/14/business/yourmoney/14wal.html?_r=1&.
43. Matney, L. "Walmart Is Bringing VR Instruction to All of Its U.S. Training Centers." Oath Tech Network. 31 May 2017. Accessed 6 November 2017 @ https://techcrunch.com/2017/05/31/walmart-is-bringing-vr-instructionto-all-of-its-u-s-training-centers/.
44. Wehner, M. "Walmart Is Deploying In-Store Autonomous Robots in over 50 Locations." BGR Media, LLC. 28 October 2017. Accessed 6 November 2017 @ http://bgr.com/2017/10/28/walmart-robots-store-locations-50-states/.
45. Schuman, E. "Walmart's mobile checkout trial is a major advance." Computerworld. 23 April 2018. Accessed 8 March 2019 @ https://www.computerworld.com/article/3269226/retail-it/walmarts-mobile-checkout-trial-is-a-major-advance.html.
46. Thomas, L. "Shopping by Text Message: Walmart Rolls Out a White Glove Members-Only Service." MSN.com. 31 May 2018. Accessed 8 March 2019 @ https://www.msn.com/en-us/money/companies/shopping-by-text-message-walmartrolls-out-a-white-glove-members-only-service/ar-AAy4yRK.
47. Porter, M. "How Competitive Forces Shape Strategy." *Harvard Business Review* (March–April 1979): 57.
48. Watson, A. "Number of Netflix Streaming Subscribers Worldwide from 3rd Quarter 2011 to 2nd Quarter 2019." Statista. 9 August 2019. Accessed 10 September 2019 @ https://www.statista.com/statistics/250934/quarterly-numberof-netflix-streaming-subscribers-worldwide/.
49. McEntee, K. "Cloud Connect Keynote: Complexity and Freedom." Netflix Tech Blog. 8 March 2011. Accessed 9 August 2011 @ http://techblog.netflix.com/2011/03/cloud-connecteynote-complexity-and.html.
50. Thompson, C. "If You Liked This, You're Sure to Love That." *New York Times Magazine*. 21 November 2008. Accessed 9 August 2011 @ www.nytimes.com/2008/11/23/magazine/23Netflix-t.html?pagewanted=all.
51. Borrelli, C. "How Netflix Gets Your Movies to Your Mailbox So Fast." *Chicago Tribune*. 4 August 2009. Accessed 9 August 2011 @ http://articles.chicagotribune.com/2009-08-04/entertainment/0908030313_1_dvd-by-mailwarehouse-trade-secrets.
52. "12 Hot In-store Marketing Technology Trends for Retail in 2015." Qliktag. 13 January 2015. Accessed 1 December 2015 @ http://corp.qliktag.com/blog/12-hot-in-store-marketing-technologytrends-for-retail-in-2015.
53. Quirk, M. B. "Neiman Marcus, Nordstrom & Other Retailers Trying Out Smart Fitting Room Mirrors." Consumerist.com. 11 May 2015. Accessed 1 December 2015 @ http://consumerist.com/2015/05/11/neiman-marcus-nordstrom-otherretailers-trying-out-smart-fitting-room-mirrors/.
54. Charlton, G. "11 great ways to use digital technology in retail stores." eConsultancy.com. 18 July 2013. Accessed 1 December 2015 @ https://econsultancy.com/blog/63087-11-great-ways-to-usedigital-technology-in-retail-stores/.
55. Linthicum, D. "The Cloud Job Market: A Golden Opportunity for IT Pros." *InfoWorld*. 1 July 2010. Accessed 3 July 2010 @ http://www.infoworld.com/d/cloud-computing/the-cloud-job-marketgolden-opportunity-it-pros-817.
56. Kawamoto, D. "CISOs' Salaries Expected to Edge Above $240,000 in 2018." *InformationWeek*. 1 September 2017. Accessed 6 November 2017 @ https://www.darkreading.com/applicationsecurity/cisos-salaries-expected-to-edge-above-$240000-in-2018/d/d-id/1329787.
57. "10 Jobs That Didn't Exist 10 Years Ago." *Kiplinger*. 15 February 2011. Accessed 20 January 2012 @ http://finance.yahoo.com/career-work/article/111973/jobs-that-didnt-exist-10-years-ago.
58. Strohmeyer, R. "The 6 Hottest New Jobs in IT." *InfoWorld*. 14 June 2011. Accessed 20 January 2012 @ www.infoworld.com/t/information-technology-careers/the-6-hottestnew-jobs-in-it-052?page=0,0&source=IFWNLE_nlt_daily_2011-06-18.
59. Granville, V. "6000 Companies Hiring Data Scientists." Data Science Central. 29 December 2013. Accessed 20 November 2016 @ http://www.datasciencecentral.com/profiles/blogs/6000-companies-hiring-data-scientists.
60. Chang, R. "What Is a Data Scientist?" Quora. 4 September 2015. Accessed 20 November 2016 @ https://www.quora.com/What-is-a-data-scientist-3.
61. "What Do Data Scientists Do?" University of Wisconsin. Accessed 20 November 2016 @ http://datasciencedegree.wisconsin.edu/data-science/what-do-data-scientists-do/.
62. Zhang, V., and Neimeth, C. "Top 5 Traits of Highly Effective Data Scientists." *InfoWorld*. 15 August 2017. Accessed 6 November 2017 @ http://www.infoworld.com/article/3215868/data-science/top-5-traits-of-highly-effective-data-scientists.html.
63. Davis, J. "Microsoft Launches Online Data Science Degree Program." *InformationWeek*. 15 July 2016. Accessed 20 November 2016 @ http://www.informationweek.com/big-data/big-dataanalytics/microsoft-launches-online-data-sciencedegree-program/d/d-id/1326276.
64. Thibodeau, Patrick. "Gartner's Crystal Ball Foresees an Emerging 'Super Class' of Technologies." *ComputerWorld*. 6 October 2014. Accessed 10 September 2019 @ http://www.computerworld.com/article/2691607/one-in-three-jobs-will-be-taken-bysoftware-or-robots-by-2025.html.
65. Thibodeau, P. "Gartner Lays Out Its Top 10 Tech Trends for 2015." *InfoWorld*. 8 October 2014. Accessed 20 October 2014 @ http://www.infoworld com/article/2692501/internet-of-things/gartner-laysout-its-top-10-tech-trends-for-2015.html?source=IFWNLE_nlt_cloud_2014-10-09#tk.rss_cloud computing.
66. Franklin Jr., C. "Gartner's 10 Tech Predictions That Will Change IT." *InformationWeek*. 28 October 2016. Accessed 20 November 2016 @ http://www.informationweek.com/devops/gartners-10-tech-predictions-that-will-change-it/d/did/1327316?_mc=NL_IWK_EDT_IWK_mobile_20161101&elqTrackId=f7beab6016e84b7ba7e91e766fd1c2b4&elqaid=74368&elqat=1&elqCampaignId=24079&im

age_number=1.
67. This information has been gathered from the Microsoft Web site and other promotional materials. For detailed information and updates, visit www.microsoft.com.
68. Babcock, C. "FedEx Locks in Customers by Tying Shipping Data to Back-Office Apps." *InformationWeek*. 12 September 2006. Accessed 3 July 2010 @ www.informationweek .com/news/management/showArticle. jhtml?articleID=192700339.
69. Gage, D. "FedEx: Personal Touch." *Baseline*. 13 January 2005. Accessed 3 July 2010 @ www .baselinemag.com/c/a/Projects-Supply-Chain /FedEx-Personal-Touch.
70. Zimmerman, A. "Check Out the Future of Shopping." *Wall Street Journal Online*. 18 May 2011. Accessed 20 January 2012 @ http://online.wsj. com/article/SB10001424052748703421204576329253050637400.html?mod=djem_jiewr_IT_domainid.

2

1. Alabaster, J. "IBM Moving to Replace Silicon with Carbon Nanotubes in Computer Chips." *Computerworld*. 29 October 2012. Accessed 21 January 2013 @ www.computerworld.com/s /article/9232997/IBM_moving_to_replace_silicon_ with_carbon_nanotubes_in_computer_chips.
2. Neuman, S. "IBM Announces Breakthrough in Chip Technology." 9 July 2015. NPR. Accessed 1 December 2015 @ http://www.npr.org/ sections/thetwo-way/2015/07/09/421477061/ ibm-announces-breakthrough-in-chip-technology.
3. Paul, I. "IBM Watson Wins Jeopardy, Humans Rally Back." *PCWorld*. 17 February 2011. Accessed 9 August 2011 @ www.pcworld.com/article/219900/ ibm_watson_wins_jeopardy_humans_rally_back. html.
4. Hamm, S. "Watson on Jeopardy! Day Three: What We Learned About How Watson Thinks." Building a Smarter Planet. 16 February 2011. Accessed 9 August 2011 @ http://asmarterplanet. com/blog/2011/02/watson-on-jeopardy-day-threewhat-
we-learned-about-how-watson-thinks.html.
5. IBM. "This Is Watson." IBM. Accessed 8 February 2012 @ http://www.ibm.com/ smarterplanet/us/en/ibmwatson/.
6. Sareen, H. "IBM Watson-Powered Mobile Apps Can Reinvigorate Brick-and-Mortar Retailers." *Wired*. 19 March 2014. Accessed 10 September 2019 @ http://www.wired.com/2014/03/ibm-watsonpowered-
mobile-apps-can-reinvigorate-brickmortar-retailers/.
7. Gaudin, S. "App as Fitness Instructor? Watson-Based App Aims to Keep You Healthier." *ComputerWorld*. 12 November 2014. Accessed 10 September 2019 @ http://www.computerworld. com/article/2846757/app-as-fitness-instructorwatson-based-app-aims-to-keep-you-healthier.html.
8. O'Neil, S. "Startup Pitch: IBM's Watson Powers New Travel Advice Tool Wayblazer." tnooz. 7 October 2014. Accessed 10 September 2019 @ http://www.tnooz.com/article/startup-pitchwayblazer-aims-travel-insights-service/.
9. "H&R Block with IBM Watson Reinventing Tax Preparation." HRB Digital LLC. 2 February 2017. Accessed 12 November 2017 @ https://www. hrblock.com/tax-center/newsroom/around-block /partnership-with-ibm-watson-reinventing-tax-prep//.
10. "Watson to Gain Ability to 'See' with Planned $1B Acquisition of Merge Healthcare." Clinical Leader. 6 August 2015. Accessed 1 December 2015 @ http://www.clinicalleader.com/doc/watsonto-gain-ability-planned-acquisition-mergehealthcare-0001.
11. Mastroianni, B. "How IBM's Watson Supercomputer is Battling Cancer with Advanced Genomics." FoxNews. 14 May 2015. Accessed 1 December 2015 @ http://www.foxnews.com/ tech/2015/05/14/how-ibms-watson-supercomputeris-battling-cancer-with-advanced-genomics/.
12. Martin, A. "Softbank's Supercomputer Solution for Call Centers Is Elementary: Watson." *Wall Street Journal*. 14 April 2015. Accessed 1 December 2015 @ http://blogs.wsj.com/for-call-centers-is-elementarywatson/?mod=ST1.
13. Nick, T. "A Modern Smartphone or a Vintage Supercomputer: Which Is More Powerful?" Phonearena. 14 June 2014. Accessed 1 December 2015 @ http://www.phonearena.com/news/ A-modernsmartphone-or-a-vintage-supercomputer-whichis-more-powerful_id57149.
14. Clayton, B. "There's a Supercomputer in Your Pocket." Mighty Mobile. Accessed 1 December 2015 @ http://dme.engin.umich.edu/mightymobile/.
15. Clement, J. "Number of Apps Available in Leading App Stores as of 1st Quarter 2019." Statista. 6 August 2019. Accessed 17 July 2019 @ https://www.statista.com/statistics/276623 /number-of-apps-available-in-leading-app-stores/.
16. Costello, S. "How Many Apps Are in the App Store?" Lifewire. 15 April 2019. Accessed 20 April 2019 @ https://www.lifewire.com/how-manyapps-in-app-store-2000252.
17. "The Disruptors: TouchlessComputing." CNBC. Accessed 2 January 2014 @ http://video. cnbc.com/gallery/?play=1&video=3000178509.
18. Ibid.
19. Welch, C. "Reading News Through Gestures: The *New York Times* to Release Leap Motion App." *The Verge*. 18 July 2013. Accessed 2 January 2014 @ www.theverge.com/2013/7/18/4535284/newyork-times-to-release-leap-motion-gesture-app.
20. Shah, A. "Screens That Fold and Roll Will Arrive as Early as Next Year." *Computerworld*. 8 July 2016. Accessed 20 November 2016 @ http:// www.computerworld.com/article/3093450 /computer-hardware/screens-that-fold-and-rollwill-arrive-as-early-as-next-year.html.
21. Haselton, T. "Samsung Just Announced the First Foldable Phone You Can Buy and It Will Cost $1,980." CNBC. 20 February 2019. Accessed 11 March 2019 @ https://www.cnbc.com/2019/02/20/ samsung-galaxy-fold-release-date-price-specs.html.
22. Papazoglou, G. "Foldable Phones: The Case For and Against this Latest Trend." fieldscale.com. 14 November 2018. Accessed 11 March 2019 @ https://fieldscale.com/blog/foldable-phones-foragainst-2/.
23. Elgan, M. "The Dark Side of Folding-Screen and Dual-Screen Smartphones." *Computerworld*. 3 November 2018. Accessed 11 March 2019 @ https://www.computerworld.com/article/3317520/ the-dark-side-of-folding-screen-and-dual-screensmartphones.html.
24. Fu, A. "What is Cloud Printing? How Cloud Printing Works." Uniprint. 7 February 2018. Accessed 11 March 2019 @ https://www.uniprint. net/en/what-cloud-printing/.
25. Associated Press. "Hear Google's Virtual Assistant Mimic a Human Voice to Book an Appointment by Phone – Video." *The Guardian*. 8 May 2018. Accessed 21 April 2019 @ https://www .theguardian.com/technology/video/2018/may/09 /new-google-assistant-mimics-human-voice-video.
26. Mearian, L. "Samsung Releases World's First 2TB Consumer SSDs." 7 July 2015. *Computer world*. Accessed 1 December 2015 @ http://www .infoworld.com/article/2944800/infrastructurestorage/ samsung-releases-worlds-first-2tb-consumer-ssds.html?phint=newt%3Dinfoworld_ tech_storage&phint=idg_eid%3D91294756a0e437074af2b88ac7d3cb7c#tk.IFWNLE_nlt_storage_ 2015-07-08.
27. Prigge, M. "Cloud Storage: The Final Nail in Tape's Coffin." *InfoWorld*. 24 September 2012. Accessed 21 January 2013 @ www.infoworld.com/ d/data-explosion/cloud-storage-the-final-nail-in-tapes-coffin-202891?source=IFWNLE_nlt_daily_ 2012-09-24.
28. Associated Press. "5 Reasons Your Business Will Love Cloud Storage." EZ Computer Solutions. Accessed 21 April 2019 @ https://www.ezcomputer solutions.com/blog/5-reasons-for-business-cloudstorage/.
29. Rathnam, L. "Why Is Cloud Storage a Good Idea?" Cloudwards. 8 March 2018. Accessed 21 April 2019 @ https://www.cloudwards.net /cloud-storage-good-idea/.
30. Brigham, K. "The United States Just Built the World's Fastest Supercomputer." CNBC. 20 June 2018. Accessed 12 March 2019 @ https://www.cnbc. com/2018/06/20/what-is-a-supercomputer.html.
31. "Apple Sells Three Million iPads in 80 Days." Apple Press Info. 22 June 2010. Accessed 5 July 2010 @ www.apple.com/pr/library/2010/06/22ipad. html.

32. Greene, T. "10 of the World's Fastest Supercomputers." Networkworld. 14 November 2018. Accessed 12 March 2019 @ https://www.networkworld.com/article/3236875/embargo-10-ofthe-worlds-fastest-supercomputers.html#slide1.
33. Fleck, C. "Top 10 Business Uses for the iPad." 1 April 2010. Accessed 5 July 2010 @ http://community.citrix.com/display/ocb/2010/04/01/Top+10+Business+Uses+For+the+iPad.
34. Ferguson, S. "Smart Wearables Hold Productivity Potential in Enterprises." *InformationWeek*. 9 September 2016. Accessed 20 November 2016. @ http://www.informationweek.com/mobile/mobile-devices/smart-wearables-hold-productivitypotential-in-enterprises/d/d-id/1326829?.
35. Leavitt, S. "Five Ways You'll See Wearable Technology in Manufacturing." *Exact*. Accessed 20 November 2016. @ http://blog.exactonline.com/five-ways-youll-see-wearable-technologymanufacturing/.
36. Thompson, C. "Wearable Tech Is Getting a Lot More Intimate." Entrepreneur. 26 December 2013. Accessed 18 July 2019 @ www.entrepreneur.com/article/230555.
37. "Computex Offers a Look at Our Tech Hardware Future" http://www.computerworld.com/s/article/9248945/Computex_offers_a_look_at_our_tech_hardware_future.
38. Greene, J. "Google, Nike, Jawbone and the Fight to Win Wearable Computing." CNET. 2 May 2013. Accessed 2 January 2014 @ http://news.cnet.com/8301-11386_3-57582475-76/googlenike-jawbone-and-the-fight-to-win-wearablecomputing/.
39. Savage, M. "Thousands of Swedes are Inserting Microchips Under Their Skin." NPR. 22 October 2018. Accessed 21 April 2019 @ https://www.npr.org/2018/10/22/658808705/thousandsof-swedes-are-inserting-microchips-under-theirskin.
40. Farr, C. "A Giant Insurer is Offering Free Apple Watches to Customers Who Meet Walking Goals." CNBC. 15 November 2018. Accessed 21 April 2019 @ https://www.cnbc.com/2018/11/14/unitedhealthcare-gives-free-apple-watches-ifwalking-goals-met.html.
41. "What's the Difference between Office 365 and Office 2016?" Microsoft. Accessed 20 November 2016. @ https://support.office.com/en-us/article/What-s-the-difference-between-Office-365-and-Office-2016-ed447ebf-6060-46f9-9e90-a239bd27eb96.
42. Devine, R. "What Is Microsoft Office 365?" Windowscentral. 22 September 2015. Accessed 20 November 2016 @ http://www.windowscentral.com/what-microsoft-office-365.
43. Moran, M. "Top 10 Benefits of Microsoft Office 365." LinkedIn. 22 September 2015. Accessed 20 November 2016 @ https://www.linkedin.com/pulse/top-10-benefits-microsoftoffice-365-michael-j-moran.
44. Berrios, F. "Office 365 Pros and Cons." Credera. 9 June 2014. Accessed 20 November 2016 @ https://www.credera.com/blog/technology-insights/microsoft-solutions/office-365-pros-cons/.
45. Mills, A. "5 Things to Know About the iOS 11.1 Update." Gottabemobile. 31 October 2017. Accessed 12 November 2017 @ https://www.gottabemobile.com/5-things-to-know-about-theios-11-1-update/.
46. Saeed, A. "Here are the Ten Best Programming Languages to Learn in 2019." Codinginfinite. 22 December 2018. Accessed 11 March 2019 @ https://codinginfinite.com/best-programminglanguages-to-learn-2019/.
47. This information has been gathered from the IBM Web site and other promotional materials. For detailed information and updates, visit www.ibm.com.
48. Sherr, I. "Manage Your Money." *Wall Street Journal*. 27 August 2012. Accessed 21 January 2013 @ http://online.wsj.com/article/SB10000872396390444405804577559160257519518.html?mod=djem_jiewr_IT_domainid.
49. Ludwig, L. "The Rise of the Robo Advisors – Should You Use One?" Investorjunkie. 2 April 2019. Accessed 21 April 2019 @ https://investorjunkie.com/35919/robo-advisors/.
50. Gruman, G. "Why Field Service Workers Love Their iPads." *InfoWorld*. 16 May 2014. Accessed 10 September 2019 @ http://www.infoworld.com/d/mobile-technology/why-field-service-workerslove-their-ipads-241135?source=IFWNLE_nlt_daily_pm_2014-05-16.

3

1. Smalltree, H. "Business Intelligence Case Study: Gartner Lauds Police for Crime-Fighting BI." TechTarget. 5 April 2007. Accessed 5 July 2010 @ http://searchbusinessanalytics.techtarget.com/news/1507220/Business-intelligence-case-study-Gartner-lauds-police-for-crime-fighting-BI.
2. Kim, S. H., Yu, B., and Chang, J. "Zoned-Partitioning of Tree-Like Access Methods." *Information Systems* 33(3) (2008): 315–331.
3. Jackson, J. "Graph Databases Find Answers for the Sick and Their Healers." *Computerworld*. 6 June 2014. Accessed 20 October 2014 @ http://www.computerworld.com/s/article/9248929/Graph_databases_find_answers_for_the_sick_and_their_healers.
4. "How Graph Databases Are Transforming Online Dating." bitnine. 28 September 2016. Accessed 1 May 2019 @ https://bitnine.net/blog-graph-database/how-graph-databases-aretransforming-online-dating/.
5. Sadowski, G., and Rathle, P. "Why Modern Fraud Detection Needs Graph Database Technology." neo4j. 4 January 2016. Accessed 1 May 2019 @ https://neo4j.com/blog/fraud-detection-graph-database-technology/.
6. Woods, D. "50 Shades of Graph: How Graph Databases Are Transforming Online Dating." *Forbes*. 14 February 2014. Accessed 20 October 2014 @ http://www.forbes.com/sites/danwoods/2014/02/14/50-shades-of-graph-howgraph-databases-are-transforming-online-dating/.
7. Storey, V. C., and Goldstein, R. C. "Knowledge-Based Approaches to Database Design." *MIS Quarterly* (March 1993): 25–32.
8. Rauch-Hindin, W. "True Distributed DBMSs Presage Big Dividends." *Mini-Micro Systems* (May 1987): 65–73.
9. Brueggen, D., and Lee, S. "Distributed Database Systems: Accessing Data More Efficiently." *Journal of Information Systems Management* (Spring 1995): 15–20.
10. Inmon, W. H. *Building the Data Warehouse*. 4th ed. New York: Wiley, 2005.
11. "About Marriott International: A World of Opportunity." Marriott. Accessed 27 January 2013 @ www.marriott.com/marriott/aboutmarriott.mi.
12. Swanborg, R. "CRM: How Marriott Broke Down Customer Data Siloes." CIO (USA). 16 November 2009. Accessed 27 January 2013 @ www.cio.com.au/article/325944/crm_how_marriott_broke_down_customer_data_siloes.
13. Tremblay, M. C., Fuller, R., Berndt, D., et al. "Doing More with More Information: Changing Healthcare Planning with OLAP Tools." *Decision Support Systems* 43(4) (2007): 1305–1320.
14. Nicas, J. "How Airlines Mine Personal Data In-Flight." *Wall Street Journal*. 8 November 2013. Accessed 2 January 2014 @ http://online.wsj.com/news/article_email/SB10001424052702304384104579139923818792360-lMyQjAxMTAzMDEwMjExNDIyWj?mod=djem_jiewr_IT_domainid.
15. Bertolucci, J. "Big Data Analytics: Descriptive vs. Predictive vs. Prescriptive." *InformationWeek*. 31 December 2013. Accessed 10 September 2019 @ http://www.informationweek.com/big-data/big-data-analytics/big-data-analytics-descriptivevs-predictive-vs-prescriptive/d/d-id/1113279.
16. "About Us." Airbnb Newsroom. Accessed 10 September 2019 @ https://www.airbnb.com/about/about-us.
17. "Generate more leads with the Airbnb + Mixpanel integration." Accessed 20 September 2019 @ https://leadsbridge.com/integrations/airbnb/mixpanel/.
18. "BENEFITS OF USING MIXPANEL." Accessed 20 September 2019 @ https://leadsbridge.com/integrations/airbnb/mixpanel/.
19. "Airbnb Now Uses Analytics to Boost Bookings." Pymnts. 3 July 2015. Accessed 1 December 2015 @ http://www.pymnts.com/news/2015/airbnb-now-uses-analytics-to-

boostbookings/.
20. Hansen, A. "3 Major Types of Mobile Analytics." Tune. 14 May 2014. Accessed 23 November 2017 @ https://www.tune.com/blog/3-major-types-ofmobile-analytics/.
21. Farmer, D. "Getting Your Hands on Data with Mobile Analytics." *InfoWorld.* 16 July 2014. Accessed 10 September 2019 @ http://www.infoworld.com/t/business-intelligence/gettingyour-hands-data-mobile-analytics-246331?source=IFWNLE_nlt_daily_pm_2014-07-16.
22. Dykes, B. "Web Analytics vs. Mobile Analytics: What's the Difference?" Analytics Hero. 24 July 2013. Accessed 10 September 2019 @ http://www.analyticshero.com/2013/07/24/web-analyticsvs-mobile-analytics-whats-the-difference/.
23. Vijayan, J. "Time Has Come for Chief Analytics Officers." *Computerworld.* 11 October 2012. Accessed 18 December 2012 @ www.computerworld.com/s/article/9232283/Time_has_come_for_chief_analytics_officers.
24. "eBay Study: How to Build Trust and Improve the Shopping Experience." W. P. Carey News. 8 May 2012. Accessed 10 September 2019 @ https://news.wpcarey.asu.edu/20120508-ebaystudy-how-build-trust-and-improve-shoppingexperience.
25. Vijayan, J. "How Predictive Analytics Can Deliver Strategic Benefits" *Computerworld.* 20 September 2011. Accessed 11 November 2011 @ www.computerworld.com/s/article/9220131/How_predictive_analytics_can_deliver_strategic_benefits.
26. Laney, D. "3D Data Management: Controlling Data Volume, Velocity, and Variety." META Group. 6 February 2001. Accessed 10 September 2019 @ https://blogs.gartner.com/doug-laney/files/2012/01/ad949-3D-Data-Management-Controlling-Data-Volume-Velocity-and-Variety.pdf.
27. Marr, B. "Why Only One of the 5 Vs of Big Data Really Matters." IBM Big Data & Analytics Hub. 19 March 2015. Accessed 23 November 2017 @ http://www.ibmbigdatahub.com/blog/why-only-one-5-vs-big-data-really-matters.
28. Hagen, C., et. al. "Big Data and the Creative Destruction of Today's Business Models." ATKearney. January 2013. Accessed 2 January 2014 @ www.atkearney.com/paper/-/asset_publisher/dVxv4Hz2h8bS/content/big-data-and-the-creativedestruction-of-today-s-business-models/10192.
29. "How Will Big Data Revolutionize Retail?" SAS. Accessed 2 January 2014 @ www.sas.com/en_us/news/sascom/2012q3/big-data-in-retail.html.
30. Jennings, R. "The Future of Retail: It's All in Big Data." *Forbes.* 26 November 2013. Accessed 2 January 2014 @ www.forbes.com/sites/netapp/2013/11/26/future-of-retail-big-data.
31. Nemschoff, M. "Big Ways Big Data Is Changing PR." DashBurst. 19 October 2013. Accessed 2 January 2014 @ http://dashburst.com/big-data-changing-pr.
32. Brandon, A. "Why Big Data Analytics Could Spell Big Energy Savings." TIBCO Spotfire. 27 February 2013. Accessed 2 January @ http://spotfire.tibco.com/blog/?p=17868.
33. Kennedy, K. "Analysis of Huge Data Sets Will Reshape Health Care." *USA Today*. 24 November 2013. Accessed 2 January 2014 @ www.usatoday.com/story/news/nation/2013/11/24/big-datahealth-care/3631211.
34. King, J. "Data Analytics: Eye-Popping Results from Intel, UPS and Express Scripts." *Computerworld*. 15 July 2013. Accessed 2 January 2014 @ www.computerworld.com/s/article/9240746/Data_analytics_Eye_popping_results_from_Intel_UPS_and_Express_Scripts.
35. Ibid.
36. Armerding, T. "The 5 Worst Big Data Privacy Risks (and How to Guard Against Them)." *Infoworld*. 8 December 2014. Accessed 10 September 2019 @ https://www.infoworld.com/article/2856262/the-5-worst-big-data-privacyrisks-and-how-to-guard-against-them.html#tk.IFWNLE__2014-12-08.
37. Herold, R. "10 Big Data Analytics Privacy Problems." SecureWorld. 1 August 2014. Accessed 10 September 2019 @ https://www.secureworldexpo.com/10-big-data-analytics-privacy-problems.
38. Dykes, B. "Web Analytics vs. Mobile Analytics: What's the Difference?" 24 July 2013. Accessed 10 September 2019 @ http://www.analyticshero.com/2013/07/24/web-analytics-vs-mobile-analyticswhats-the-difference/.
39. Patrizio, A. "IDC: Expect 175 Zettabytes of Data Worldwide by 2025." Network World. 3 December 2018. Accessed 1 May 2019 @ https://www.networkworld.com/article/3325397/idc-expect-175-zettabytes-of-data-worldwide-by-2025.html.
40. Verma, A. "Internet of Things and Big Data – Better Together." Whizlabs. 1 August 2018. Accessed 1 May 2019 @ https://www.whizlabs.com/blog/iot-and-big-data/.
41. Duval, J. "What Is Database Marketing and When Can It Be Used?." 21 August 2013. Customerthink. Accessed 1 December 2015 @ http://customerthink.com/what_is_database_marketing_and_when_can_it_be_used/.
42. Woods, L. "Strengths & Weaknesses of Database Marketing." bizfluent. 26 September 2017. Accessed 1 December 2015 @ https://bizfluent.com/info-8154604-strengths-weaknessesdatabase-marketing.html.
43. Kokemuller, N. "The Advantages & Disadvantages of Database Marketing." Chron. Accessed 1 December 2015 @ http://smallbusiness.chron.com/advantages-disadvantages-databasemarketing-22810.html.
44. Kirkpatrick, D. "Database Marketing: Hearst Increases Direct Mail Response 25%, Creates 200% ROI." Marketingsherpa. 11 October 2012. Accessed 20 November 2016 @ https://www.marketingsherpa.com/article/case-study/hearstincreases-mail-response.
45. Hughes, M. "Building Caterpillar Market Share with a Database." Database Marketing Institute. Accessed 10 September 2019 @ http://www.dbmarketing.com/articles/Art125.htm.
46. Ibid.
47. "Changing the Way You Think About Data." Tableau. Accessed 25 March 2019 @ https://www.tableau.com/.
48. "What is Power BI?" Microsoft. 6 February 2019. Accessed 25 March 2019 @ https://docs.microsoft.com/en-us/power-bi/power-bi-overview.
49. This information has been gathered from the company Web site and other promotional materials. For detailed information and updates, visit www.oracle.com.
50. Parry, M. "Big Data on Campus." *New York Times*. 18 July 2012. Accessed 14 December 2012 @ www.nytimes.com/2012/07/22/education/edlife/colleges-awakening-to-the-opportunities-of-datamining.html?pagewanted=all&_r=0.
51. Fiegerman, S. "Pandora Now Has 200 Million Registered Users." Mashable. 9 April 2013. Accessed 2 January 2014 @ http://mashable.com/2013/04/09/pandora-200-million-users.
52. "About Pandora." Pandora.com. Accessed 11 November 2011 @ www.pandora.com/corporate/.
53. "Data Mining: Because You're Worth It." Nabil's Brainstorm. Accessed 11 November 2011 @ www.laoudji.com/?p=306.
54. Lardinois, F. "Four Approaches to Music Recommendations: Pandora, Mufin, Lala, and eMusic." ReadWriteWeb. 26 January 2009. Accessed 11 November 2011 @ www.readwriteweb.com/archives/music_recommendations_four_approaches.php.

4

1. Samson, T. "Want a Job? This Site Reveals If You Have a Chance." *InfoWorld.* 11 November 2011. Accessed 28 January 2013 @ www.infoworld.com/t/information-technology-careers/want-job-sitereveals-if-you-have-chance-178745.
2. Porup, J. M. "How and Why Deepfake Videos Work—and What Is At Risk." CSO. 8 November 2018. Accessed 25 March 2019 @ https://www.csoonline.com/article/3293002/fraud/what-aredeepfakes-how-and-why-they-work.amp.html.
3. Hamblen, M. "Privacy Worries Are on the Rise, New Poll of U.S. Consumers Shows." *Computerworld.* 30 January 2017. Accessed 23 November 2017 @ http://www.computerworld.com/article/3163207/data-privacy/privacy-worries-areon-the-rise-new-poll-of-u-s-consumers-shows.

html.
4. Read, B. "A MySpace Photo Costs a Student a Teaching Certificate." *Chronicle of Higher Education*. 27 April 2007. Accessed 6 August 2010 @ http://chronicle.com/blogs/wiredcampus/a-myspace-photo-costs-a-student-a-teachingcertificate/2994.
5. Harper, B. "Harvard Rescinds Acceptances for Prospective Students Due to Offensive Memes." Fatherly. 5 June 2017. Accessed 23 November 2017 @ https://www.fatherly.com/love-money/harvardrejects-prospective-students-offensive-onlinebehavior/.
6. Hoyt, E. "Social Media Guidelines for Students." Fastweb. 11 January 2017. Accessed 22 May 2019 @ https://www.fastweb.com/student-life/articles/social-media-guidelines-for-students.
7. Ante, S., and Weber, L. "Memo to Workers: The Boss Is Watching." *Wall Street Journal*. 22 October 2013. Accessed 2 January 2014 @ http://online.wsj.com/news/articles/SB10001424052702303672404579151440488919138?mod=djem_jiewr_IT_domainid.
8. Pace, J., and K. Dozier. "White House Task Force Urges Limit on NSA Snooping." Associated Press. 18 December 2013. Accessed 2 January 2014 @ http://finance.yahoo.com/news/white-housetask-force-urges-234420576.html;_ylt=AwrTWf0s0LxSwxEAaz2TmYlQ.
9. "NSA Spying on Americans." Electronic Frontier Foundation. Accessed 2 January 2014 @ www.eff.org/nsa-spying/timeline.
10. "Health Information Privacy." U.S. Department of Health and Human Services. Accessed 1 December 2015 @ http://www.hhs.gov/ocr/privacy/.
11. "FACTA Disposal Rule Goes into Effect June 1." Federal Trade Commission. 1 June 2005. Accessed 1 December 2015 @ https://www.ftc.gov/news-events/press-releases/2005/06/facta-disposal-rule-goes-effect-june-1.
12. "Children's Online Privacy Protection Rule (COPPA)." Federal Trade Commission. Accessed 1 December 2015 @ https://www.ftc.gov/enforcement/rules/rulemaking-regulatory-reformproceedings/childrens-online-privacy-protectionrule.
13. De Groot, J. "A Definition of GDPR (General Data Protection Regulation)." Digital Guardian. 3 January 2019. Accessed 18 March 2019 @ https://digitalguardian.com/blog/what-gdpr-generaldata-protection-regulation-understanding-andcomplying-gdpr-data-protection.
14. "The Five Key Business Benefits of GDPR." Open Access Government. 16 April 2018. Accessed 18 March 2019 @ https://www.openaccessgovernment.org/the-five-key-businessbenefits-of-gdpr/44554/.
15. Chee, F. Y. "European Consumer Groups Want Regulators to Act Against Google Tracking." Reuters. 26 November 2018. Accessed 18 March 2019 @ https://www.reuters.com/article/us-eu-google-privacy/european-consumer-groupswant-regulators-to-act-against-google-trackingidUSKCN1NW0BS.
16. Porter, J. "Google Accused of GDPR Privacy Violations by Seven Countries." The Verge. 27 November 2018. Accessed 18 March 2019 @ https://www.theverge.com/2018/11/27/18114111/google-location-tracking-gdpr-challenge-europeandeceptive.
17. Tschabitscher, H. "The Number of Emails Sent Per Day in 2019 (and 20+ Other Email Facts)." Lifewire. 3 January 2019. Accessed 20 March 2019 @ https://www.lifewire.com/how-many-emailsare-sent-every-day-1171210.
18. Conner, C. "Do These 8 Things Now to Reduce Email Risks." *Forbes*. 29 May 2017. Accessed 22 May 2019 @ https://www.forbes.com/sites/cherylsnappconner/2017/05/29/do-these-8-things-now-to-reduce-email-risks/#38b916b37bc8.
19. Wawro, A. "How to Protect Yourself from Supercookies." *PCWorld*. 26 August 2011. Accessed 23 November 2017 @ https://www.pcworld.com/article/238895/how_to_protect_yourself_from_supercookies.html.
20. Liptak, A. "Cambridge Analytica's Use of Facebook Data Was a 'Grossly Unethical Experiment'." The Verge. 18 March 2018. Accessed 25 March 2019 @ https://www.theverge.com/2018/3/18/17134270/cambridge-analyticasfacebook-data-underscores-critical-flaw-americanelectorate.ata.
21. Albergotti, R., and Dwoskin, E. "Facebook Study Sparks Soul-Searching and Ethical Questions." *Wall Street Journal*. 30 June 2014. Accessed 10 November 2014 @ http://online.wsj.com/articles/facebook-study-sparks-ethical-questions-1404172292.
22. Chattopadhyay, D. "Where Ethics Rule: A Global Ranking of the World's Most Ethical Companies Could Be a Source of Worry for Asian Firms." *Business Today* (March 8, 2009).
23. "Identity Theft Victim Statistics." Accessed 10 September 2019 @ http://www.identitytheft.info/victims.aspx.
24. Dipietro, B. "Experiment Shows Speed at Which Stolen Data Travels." 16 April 2015. *Wall Street Journal*. Accessed 1 December 2015 @ http://blogs.wsj.com/digits/2015/04/16/experiment-shows-speed-at-which-stolen-datatravels/?mod=ST1.
25. "Businesses Can Have Their Identities Stolen, Too, Experts Warn." Pymnts. 14 June 2018. Accessed 22 May 2019 @ https://www.pymnts.com/news/b2b-payments/2018/ncss-business-identitytheft-cybersecurity-cybercrime/.
26. Schlesinger, J., and Day, A. "Criminals Are Using a New Form of Identity Theft: Stealing Business Data." CNBC. 23 December 2018. Accessed 18 March 2019 @ https://www.cnbc.com/2018/12/21/hackers-using-identity-thefttactics-to-scam-businesses-out-of-data.html.
27. "General Moral Imperatives." Association for Computing Machinery. 2018. Accessed 21 July 2019 @ https://www.acm.org/binaries/content/assets/about/acm-code-of-ethics-booklet.pdf.
28. Barquin, R. "Ten Commandments of Computer Ethics." Computer Ethics Institute. Accessed 5 December 2011 @ http://computerethicsinstitute.org/publications/tencommandments.html.
29. Cohn, C. "Social Media Ethics and Etiquette." Compukol. Accessed 1 April 2019 @ https://www.compukol.com/social-media-ethics-and-etiquette/.
30. "Internet Etiquette - 10 Rules of Netiquette." Uticaod. 7 September 2012. Accessed 1 April 2019 @ https://www.uticaod.com/article/20120907/BLOGS/309079938?template=ampart.
31. "Ethics in Business Networking." Business Networking Insiders. Accessed 1 April 2019 @ https://www.bni-mn.com/ethics-in-businessnetworking/.
32. Cummings, J. "Six Ways to Stay Ethical." Networkworld. 21 July 2003. Accessed 1 April 2019 @ https://www.networkworld.com/article/2335144/six-ways-to-stay-ethical.html.
33. "The Top 10 Countries with the Worst Internet Censorship in 2018." The VPN Guru. 17 February 2019. Accessed 25 March 2019 @ https://thevpn.guru/worst-internet-censorshipcountries/.
34. Morris, S., and Lennett, B. "Whither Net Neutrality?" Slate. 23 December 2013. Accessed 2 January 2014 @ http://akamai.infoworld.com/d/security/identity-fraud-in-us-reaches-highest-levelin-three-years-213199?source=IFWNLE_nlt_sec_2013-02-21.
35. Venezia, P. "Why All Business Should Care About Net Neutrality." *InfoWorld*. 21 July 2014 @ http://www.infoworld.com/d/data-center/why-allbusinesses-should-care-about-net-neutrality-246580?source=IFWNLE_nlt_daily_am_2014-07-21.
36. Statt, N. "Facebook Launches a Version of Messenger for Young Children." The Verge. 4 December 2017. Accessed 6 December 2017 @ https://www.theverge.com/2017/12/4/16725494/facebook-messenger-kids-app-launch-ios-iphonepreview.
37. "What Is Intellectual Property?" World Intellectual Property Organization. Accessed 6 August 2010 @ www.wipo.int/about-ip/en.
38. "What Is Copyright Protection?" WhatIsCopyright.org. 4 March 2007. Accessed 6 August 2010 @ www.whatiscopyright.org.
39. Pavento, M. "Patent Protection for E-Commerce Business Models." Jones & Askew, LLP. April 1999. Accessed 6 August 2010 @ http://www.inventorfraud.com/Benefits.aspx.
40. Tetzeli R. "Getting Your Company's Internet Strategy Right". *Fortune*, 18 March 1996: 72–78.

41. Fitzgerald, B. "Software Piracy: Study Claims 57 Percent of the World Pirates Software (Video)." Huffington Post. 6 December 2017. Accessed 25 March 2019 @ https://www.huffingtonpost.com/2012/06/01/software-piracy-studybsa_n_1563006.html.

42. Marvin, R. "The Top 20 Countries for Software Piracy." *SD Times*. 19 November 2014. Accessed 1 December 2015 @ http://sdtimes.com/top-20-countries-software-piracy/.

43. "2018 Revulytics Software Piracy Statistics and Thoughts on the BSA Global Software Survey." Revulytics. Accessed 25 March 2019 @ https://www.revulytics.com/blog/2018-revulytics-softwarepiracy-statistics.

44. "2018 Software Piracy Statistics. Revulytics. Accessed 25 March 2019 @ https://www.revulytics.com/resources/stat-watch.

45. Werdmuller, B. "Why Open Source Software Isn't as Ethical as You Think It Is." words.werd.io. 29 September 2017. Accessed 22 May 2019 @ https://words.werd.io/why-open-source-softwareisnt-
as-ethical-as-you-think-it-is-2e34d85c3b16.

46. "Creative Commons Licenses." Accessed 22 May 2019 @ https://creativecommons.org/share-your-work/licensing-types-examples/.

47. "Verizon Wins $33 Million in Suit Over Domain Names." *New York Times*. 24 December 2008. Accessed 6 August 2010 @ www.nytimes.com/2008/12/25/technology/companies/25verizon.html.

48. "WIPO Cybersquatting Cases Grow by 12% to Reach New Record in 2018." World Intellectual Property Organization. 15 March 2019. Accessed 22 May 2019 @ https://www.wipo.int/pressroom/en/articles/2019/article_0003.html.

49. Shenggao, Y. "DreamWorks Wins Cybersquatting Case." *China Daily*. 29 March 2018. Accessed 22 May 2019 @ http://www.chinadaily.com.cn/cndy/2018-03/29/content_35937827.htm.

50. Clement, J. "Internet Usage in the United States - Statistics & Facts." Statista. 20 August 2019. Accessed 25 March 2019 @ https://www.statista.com/topics/2237/internet-usage-in-the-unitedstates/.

51. "Internet Users in the World by Regions – 2019 June - Updated." Internet World Stats. Accessed 10 September 2019 @ https://internetworldstats.com/stats.htm.

52. "The Digital Divide Between Rural and Urban America's Access to Internet." CBS New. 4 August 2017. Accessed 25 March 2019 @ https://www.cbsnews.com/news/rural-areas-internet-accessdawsonville-georgia/.

53. Wheeler, T. "Closing the Digital Divide in Rural America." 20 November 2014. Federal Communications Commission. Accessed 1 December 2015 @ https://www.fcc.gov/blog/closing-digital-divide-rural-america.

54. Skyrme, D. "The Virtual Organization." KM Knowledge Management. 24 March 2011. Accessed 2 February 2012 @ www.skyrme.com/kmbriefings/2virtorg.htm.

55. Hindle, T. "The Virtual Organisation." *The Economist*. 23 November 2009. Accessed 2 February 2012 @ www.economist.com/node/14301746.

56. Tessler, F. "The Hidden Danger of Touchscreens." *InfoWorld*. 11 January 2012. Accessed 2 February 2012 @ www.infoworld.com/t/laptops/the-hidden-danger-touchscreens-181774?source=IFWNLE_nlt_daily_2012-01-11.

57. Shoshany, S. "Modern Spine Ailment: Text Neck." Spine-health. 11 June 2015. Accessed 20 November 2016 @ http://www.spine-health.com/blog/modern-spine-ailment-text-neck.

58. Borkhataria, C. "Do YOU suffer from 'Smartphone Thumb'? Doctors Warn Issue Is Becoming a Major Problem Across America." *Daily Mail*. 29 May 2017. Accessed 23 November 2017 @ http://www.dailymail.co.uk/sciencetech/article-4552760/Smartphone-thumb-majorproblem-US.html.

59. "Top 10 Ways to Prevent 'Smartphone Thumb.'" VIP Plastic Surgery. Accessed 23 November 2017 @ https://vipplasticsurgery.com/Preventing-Smartphone-Thumb.

60. Wallace, K. "Half of Teens Think They're Addicted to Their Smartphones." CNN. 29 July 2016. Accessed 20 November 2016 @ http://www.cnn.com/2016/05/03/health/teens-cell-phoneaddiction-parents/.

61. "7 Harmful Side Effects of Mobile Phones on Teenagers." MomJunction. 14 March 2016. Accessed 20 November 2016 @ http://www.momjunction.com/articles/side-effects-of-mobilephones-on-teenagers_00352682/.

62. Parker, N. "What is Snapchat Dysmorphia? People Seeking Plastic Surgery to Look Like Snapchat Filters." *Atlanta Journal-Constitution*. 4 August 2018. Accessed 25 March 2019 @ https://www.ajc.com/news/world/what-snapchatdysmorphia-people-seeking-plastic-surgery-looklike-snapchat-filters/rnenugYbLBW1D9K1PNA5dL/amp.html.

63. McCrum, K. "Children Reveal 'Hidden Sadness' of Parents Spending Too Much Time on Mobile Phones in Heartbreaking Video." *The Mirror*. 10 August 2015. Accessed 1 December 2015 @ http://www.mirror.co.uk/news/world-news/children-reveal-hidden-sadness-parents-6228329.

64. Becker, D. "When Games Stop Being Fun." CNET News. 12 April 2002. Accessed 6 August 2010 @ http://news.cnet.com/2100-1040-881673.html.

65. "WHO classifies gaming disorder as a disease." *USA Today*. 18 June 2018. Accessed 25 March 2019 @ https://www.usatoday.com/videos/news/health/2018/06/18/who-classifies-gaming-disorderdisease/36140051.

66. Edwards, D. "Man Dies After Playing Computer Games for 27 Days in a Row." *The Beijinger*. 23 February 2001. Accessed 26 December 2011 @ www.thebeijinger.com/blog/2011/02/23/Man-Dies-After-Playing-Computer-Games-for-27-Days-in-a-Row.

67. "Xbox Addict Dies from Blood Clot." *AFP*. 1 August 2011. Accessed 26 December 2011 @ http://games.yahoo.com/blogs/plugged-in/xboxaddict-dies-blood-clot-212851422.html.

68. "Study: Kids Say Parents Spend Too Much Time on Cell Phones." 12 August 2015. CBS Minnesota. Accessed 1 December 2015 @ http://minnesota.cbslocal.com/2015/08/12/study-kids-sayparents-spend-too-much-time-on-cell-phones/.

69. "What is Internet Addiction?" Healthy Place. Accessed 25 March 2019 @ https://www.healthyplace.com/addictions/center-forinternet-addiction-recovery/what-is-internetaddiction.

70. "Can You be Addicted to the Internet?" American Psychiatric Association. 20 July 2016. Accessed 20 November 2016 @ https://www.psychiatry.org/news-room/apa-blogs/apa-blog/2016/07/can-you-be-addicted-to-the-internet.

71. Kosoff, M. "Study: 420 Million People Around the World Are Addicted to the Internet." *Business Insider*. 20 December 2014. Accessed 20 November 2016 @ http://www.businessinsider.com/420-million-people-are-addicted-to-the-internet-study-2014-12.

72. Ayana. "15 Terrifying Statistics About Cell Phone Addiction." Daily Infographic. 17 May 2017. Accessed 23 November 2017 @ http://www.dailyinfographic.com/15-terrifying-statistics-about-cell-phoneaddiction.

73. Cahn, L. "This Causes 11,000 Injuries a Year—and You're Probably Doing It Every Day." *Reader's Digest*. Accessed 25 March 2019 @ https://www.rd.com/culture/texting-and-walking-injuries/.

74. "Distracted Walking a Major Pedestrian Safety Concern." Safety.com. 18 July 2018. Accessed 25 March 2019 @ https://www.safety.com/distracted-walking-a-major-pedestrian-safety-concern/.

75. Miles, K. "Selfie Deaths Are an Epidemic." *Outside*. 16 April 2019. Accessed 22 May 2019 @ https://www.outsideonline.com/2393419/selfie-deaths.

76. Jackson, S." 10 Ways to Overcome Internet Addiction." MoneySavingPro. 5 September 2019. Accessed 10 September 2019 @ https://www.moneysavingpro.com/internet-providers/internetaddiction/.

77. "Smartphone Addiction." HelpGuide. Accessed 25 March 2019 @ https://www.helpguide.org/articles/addictions/smartphone-addiction.htm/.

78. "Explaining Green Computing." YouTube. Accessed 4 July 2010 @ www.youtube.com/watch?v=350Rb2sOc3U.

79. Murugesan, S. "Harnessing Green IT: Principles and Practices." *IT Professional* 10(1)

(2006): 24–33.
80. Anam, A., and Syed, A. "Green Computing: E-waste Management through Recycling." *International Journal of Scientific & Engineering Research* 4(5) (May 2013): 1103–1106. Accessed 20 November 2016 @ http://www.academia.edu/6403222/Green_Computing_E-waste_management_through_recycling.
81. "IBM Project Big Green." IBM. 10 May 2007. Accessed 4 July 2010 @ www-03.ibm.com/press/us/en/photo/21514.wss.
82. Adams, W. M. "Power Consumption in Data Centers is a Global Problem." DCD. 21 November 2018. Accessed 25 March 2019 @ https://www .datacenterdynamics.com/opinions/powerconsumption-data-centers-global-problem/.
83. Babcock, C., and Franklin Jr., C. "Green Data Centers: 8 Companies Doing Them Right." *InformationWeek*. 8 May 2016. Accessed 20 November 2016 @ http://www.informationweek.com/data-centers/green-data-centers-8-companiesdoing-them-right/d/d-id/1326498.
84. Froehlich, A. "7 Cool Data Center Innovations." *InformationWeek*. 8 February 2016. Accessed 20 November 2016 @ http://www.informationweek.com/data-centers/7-cool-datacenter-innovations/d/d-id/1326436?itc=edit_in_body_cross&image_number=1.
85. This information has been gathered from the company Web site (http://anonymizer.com) and other promotional materials. For more information and updates, visit the Web site.
86. "State of Remote Work." Buffe. Accessed 18 March 2019 @ https://buffer.com/stateof-remote-work-2019.
87. Connley, C. "Salesforce, Dell and 8 Other Top Tech Companies Hiring Remote Workers Now." CNBC. 23 February 2019. Accessed 25 March 2019 @ https://www.cnbc.com/2019/02/22/salesforcedell-and-8-other-top-tech-companies-hiring-forremote-jobs.html.
88. "Employee Monitoring." Awareness Technologies. Accessed 28 January 2013 @ www.awarenesstechnologies.com/products_employee.html.
89. Shellenbarger, S. "Working from Home Without Slacking Off." *Wall Street Journal*. 11 July 2012. Accessed 28 January 2013 @ http://online.wsj.com/article/SB10001424052702303684004577508953483021234.html?mod=djem_jiewr_IT_domainid.
90. Newman, L. H. "How to Make Your Amazon Echo and Google Home As Private As Possible." *Wired*. 11 April 2019. Accessed 22 May 2019 @ https://www.wired.com/story/alexa-google-assistant-echo-smart-speaker-privacy-controls/.
91. Raphael, J. R. "14 Eyebrow-Raising Things Google Knows About You." *Computerworld*. 28 December 2016. Accessed 23 November 2017 @ http://www.infoworld.com/article/3150925/privacy/14-eyebrow-raising-things-google-knowsabout-nyou.html.
92. Hautala, L. "Google Sued Over Tracking User Location Amid Privacy Concerns." CNET. 20 August 2018. Accessed 25 March 2019 @ https://www.cnet.com/news/google-sued-over-keepinglocation-data-amid-privacy-concerns/.
93. Parfeni, L. "Google Street View WiFi Lawsuit to Move Ahead." Softpedia. 1 July 2011. Accessed 10 August 2011 @ http://news.softpedia.com/news/Google-Street-View-WiFi-Lawsuit-to-Move-Ahead-209339.shtml.
94. Zetter, K. "Lawsuits Pour in Over Google's Wi-Fi Data Collection." *Wired*. 26 May 2010. Accessed 10 August 2011 @ www.wired.com/threatlevel/2010/05/google-sued.
95. Axon, S. "Google Maps Lawsuit: Woman Follows Directions, Gets Run Over." Mashable. 30 May 2010. Accessed 10 August 2011 @ http://mashable.com/2010/05/30/google-maps-lawsuit.
96. Mueller, K. P. "Google Map Brings Recreation-Seeking Motorists in Droves to Clinton Township Family's Driveway." nj.com. 11 July 2011. Accessed 10 August 2011 @ www.nj.com/business/index.ssf/2011/07/google_map_brings_recreation-s.html.
97. Brito, J. "Explaining the Google Books Case Saga." *Time*. 23 March 2011. Accessed 10 August 2011 @ http://techland.time.com/2011/03/23/explaining-the-google-books-case-saga.
98. Gross, G. "Supreme Court Declines to Hear Google's Request in Street View Lawsuit." *PCWorld*. 30 June 2014. Accessed 10 November 2014 @ http://www.pcworld.com/article/2449360/supreme-court-declines-to-hear-googles-requestin-street-view-lawsuit.html.

5

1. "Cybercrime Could Cost Companies US$5.2 Trillion Over Next Five Years, According to New Research from Accenture." AP News. 17 January 2019. Accessed 28 March 2019 @ https://www.apnews.com/ac9bb114045c49c59089abae155045e4.
2. Hamblen, M. "19% of Shoppers Would Abandon a Retailer That's Been Hacked." *Computerworld*. 23 August 2016. Accessed 20 November 2016 @ http://www.computerworld.com/article/3111447/cybercrime-hacking/19-shoppers-would-abandona-retailer-thats-been-hacked.html.
3. Corbin, K. "Cyber Crime Costs U.S. Economy $100 Billion and 500,000 Jobs." *InfoWorld*. 24 July 2013. Accessed 2 January 2014 @ www.infoworld.com/d/security/cyber-crime-costs-us-economy-100-billion-and-500000-jobs-223352?source=IFWNLE_nlt_sec_2013-07-25.
4. Rashid, F. Y. "Insiders Still Pose Serious Security Risks." *InfoWorld*. 29 September 2015. Accessed 10 September 2019 @ https://www.infoworld.com/article/2985459/insiders-still-pose-serious-securityrisks.htm.
5. Noyes, K. "IRS: Actually, That Breach Last Year Was Way Worse Than We Thought." *Computerworld*. 26 February 2016. Accessed 20 November 2016 @ http://www.computerworld.com/article/3038832/government-it/irs-actuallythat-breach-last-year-was-way-worse-than-wethought.html.
6. Ohlemacher, S. "IRS: Computer Breach Bigger Than First Thought; 334K Victims." Business Insider. 17 August 2015. Accessed 1 December 2015 @ http://www.businessinsider.com/ap-irscomputer-breach-bigger-than-first-thought-334k-victims-2015-8.
7. Ledermanaugust, J. "IRS Missing Billions in ID Theft." YAHOO! Finance. 2 August 2012. Accessed 1 December 2015 @ http://finance.yahoo.com/news/irs-missing-billions-id-theft-164707999.html.
8. Constantin, L. "Ransomware Attacks Against Businesses Jumped 3X in 2016." *Computerworld*. 9 December 2016. Accessed 12 December 2016 @ http://www.computerworld.com/article/3149037/security/ransomware-attacks-against-businessesjumped-3x-in-2016.html.
9. Sullivan, T. "More than Half of Hospitals Hit with Ransomeware in Last 12 Months." Healthcare IT News. 7 April 2016. Accessed 20 November 2016 @ http://www.healthcareitnews.com/news/more-half-hospitals-hit-ransomware-last-12-months.
10. Green, M. "Hospitals Are Hit with 88% of All Ransomware Attacks." Becker's Healthcare. 27 July 2016. Accessed 20 November 2016 @ http://www.beckershospitalreview.com/healthcare-informationtechnology/hospitals-are-hit-with-88-of-allransomware-attacks.html.
11. Pagliery, J. "U.S. Hospitals Are Getting Hit by Hackers." CNN Money. 28 March 2016. Accessed 20 November 2016 @ http://money.cnn.com/2016/03/23/technology/hospital-ransomware/index.html.
12. Dobran, B. "27 Terrifying Ransomware Statistics & Facts You Need to Read." Phoenixnap. 31 January 2019. Accessed 28 March 2019 @ https://phoenixnap.com/blog/ransomwarestatistics-facts.
13. Siwicki, B. "Tips for Protecting Hospitals from Ransomware as Cyberattacks Surge." Healthcare IT News. 3 August 2016. Accessed 20 November 2016 @ http://www.healthcareitnews.com/news/tips-protecting-hospitals-ransomware-cyberattacks-surge.
14. Francis, R. "11 Ways to Fight Off Ransomware." *InfoWorld*. 2 July 2016. Accessed 20 November 2016 @ http://www.infoworld.com/article/3090977/data-security/11-ways-to-fight-offransomware.html#slide1.
15. Saunders, S. "Putting a Lock on Corporate Data." *Data Communications* (January 1996): 78–80.

16. McCumber, J. *Assessing and Managing Security Risk in IT Systems*. Boca Raton, FL: Auerbach, 2004.
17. Vijayan, J. "90 Percent of Companies Say They've Been Hacked." *Computerworld*. 23 June 2011. Accessed 11 August 2011 @ www.infoworld.com/d/security/90-percent-companies-say-theyvebeen-hacked-118.
18. Morgan, S. "Cybercrime Damages Expected to Cost the World $6 Trillion by 2021." IDG Communications. 22 August 2016. Accessed 25 November 2017 @ https://www.csoonline.com/article/3110467/security/cybercrime-damagesexpected-to-cost-the-world-6-trillion-by-2021.html.
19. "Prevent Data Theft Using Removable Devices." Get Safe Online. 2009. Accessed 10 August 2010 @ www.getsafeonline.org/nqcontent.cfm?a_id=1103.
20. Perlroth, N. "Hackers Used New Weapons to Disrupt Major Websites Across U.S." *New York Times*. 21 October 2016. Accessed 20 November 2016 @ http://www.nytimes.com/2016/10/22/business/internet-problems-attack.html.
21. Newman, L. H. "What We Know About Friday's Massive East Coast Internet Outage." *Wired*. 21 October 2016. Accessed 20 November 2016 @ https://www.wired.com/2016/10/internet-outage-ddos-dns-dyn/.
22. Nassiri, A. "5 Most Famous DDOS Attacks." A10 Networks. 15 August 2018. Accessed 28 March 2019 @ https://www.a10networks.com/resources/articles/5-most-famous-ddos-attacks.
23. Samson, T. "Cyber Criminals Tying Up Emergency Phone Lines Through TDoS Attacks." *InfoWorld*. 1 April 2013. Accessed 2 January 2014 @ www.infoworld.com/t/cyber-crime/cyber-criminals-tying-emergency-phone-linesthrough-tdos-attacks-215585?source=IFWNLE_nlt_sec_2013-04-02.
24. Hulme, G.V. "Social Engineering Attacks from the Front Lines." CSO. 29 January 2015. Accessed 1 December 2015 @ http://www.csoonline.com/article/2876707/social-engineering/social-engineering-stories-from-the-front-lines.html?phint=newt%3Dinfoworld_daily&phint=idg_eid%3Da74f01173c5d192b6e17e3ba45b5c85f#tk.IFWNLE_nlt_daily_pm_2015-02-02&siteid=&phint=tpcs%3D&phint=idg_eid%3Da74f01173c5d192b6e17e3ba45b5c85f.
25. Honan, B. "Ubiquiti Networks victim of $39 million social engineering attack." CSO. 6 August 2015. Accessed 1 December 2015 @ http://www.csoonline.com/article/2961066/supply-chain-security/ubiquiti-networks-victim-of-39-millionsocial-engineering-attack.html.
26. "Social Engineering Credential Compromise Jumped in 2018: Proofpoint." Darkreading. 25 January 2019. Accessed 27 March 2019 @ https://www.darkreading.com/attacks-breaches/social-engineering-credential-compro
27. Fazzini, K. "Google and Facebook Got Tricked Out of $123 Million by a Scam That Costs Small Businesses Billions Every Year — Here's How to Avoid It." CNBC. 28 March 2019. Accessed 1 April 2019 @ https://www.cnbc.com/2019/03/28/how-to-avoid-invoice-theft-scam-that-cost-googlefacebook-123m.html.
28. "Combating 'Screen Snoopers'." news4sanantonio.com. 29 June 2018. Accessed March 27 2019 @ https://news4sanantonio.com/news/nationworld/combating-screen-snoopers.
29. Nadeau, M. "What Is Cryptojacking? How to Prevent, Detect, and Recover From It." CSO. 13 December 2018. Accessed 27 March 2019 @ https://www.csoonline.com/article/3253572/what-is-cryptojacking-how-to-prevent-detectand-recover-from-it.html.
30. Mesenbrink, J. "Biometrics Plays Big Role with Airport Security." *Security*. 4 February 2002. Accessed 9 March 2012 @ www.securitymagazine.com/articles/biometrics-plays-big-role-with-airport-security-1.
31. Anderson, H. "Case Study: The Motivation for Biometrics." HealthCareInfoSecurity.com. 24 June 2010. Accessed 13 July 2010 @ www.healthcareinfosecurity.com/articles.php?art_id=2686.
32. Mesenbrink, J. "Biometrics Plays Big Role with Airport Security." *Security*. 4 February 2002. Accessed 9 March 2012 @ www.securitymagazine.com/articles/biometrics-plays-big-role-withairport-security-1.
33. "Facial Recognition: Is the Technology Taking Away Your Identity?" http://www.theguardian.com/technology/2014/may/04/facial-recognitiontechnology-identity-tesco-ethical-issues.
34. "Advertisers Start Using Facial Recognition to Tailor Pitches." http://articles.latimes.com/2011/aug/21/business/la-fi-facial-recognition-20110821.
35. "Never Forgetting a Face." http://www.nytimes.com/2014/05/18/technology/never-forgetting-a-face.html?_r=0.
36. Sharpe, N. "7 Shocking Statistics That Prove Just How Important Laptop Security Is." Techspective. 10 September 2018. Accessed 28 March 2019 @ https://techspective.net/2018/09/10/7-shocking-statistics-that-prove-justhow-important-laptop-security-is/.
37. Yegulalp, S. "Device Loss, Not Hacking, Poses Greatest Risk to Health Care Data." *InfoWorld*. 10 November 2014. Accessed 10 September 2019 @ http://www.infoworld.com/article/2844957/datasecurity/device-loss-not-hacking-puts-health-caredata-most-at-risk.html#tk.IFWNLE_2014-11-10.
38. Bueb, F., and Fife, P. "Line of Defense: Simple, Complex Security Measures Help Prevent Lost and Stolen Laptops." California Society of Certified Public Accountant and Gale Group. 2006. Accessed 10 August 2010 @ www.thefreelibrary.com/Line+of+defense:+simple,+complex+security+measures+help+prevent+lost…-a0155477162.
39. Kan, M. "Survey: Most Companies Want to Phase Out Passwords." *Computerworld*. 13 October 2016. Accessed 20 November 2016 @ http://www.computerworld.com/article/3131344/security/survey-most-companies-want-to-phase-out-passwords.html.
40. Henricks, M. "Why Biometrics Is Replacing Passwords." *Forbes*. 15 April 2014. Accessed 10 November 2014 @ http://www.forbes.com/sites/sungardas/2014/04/15/why-biometrics-isreplacing-passwords/.
41. Mims, C. "The Password Is Finally Dying. Here's Mine." *Wall Street Journal*. 13 July 2014. Accessed 10 September 2019 @ https://www.wsj.com/articles/the-password-is-finally-dying-heresmine-1405298376.
42. Fowler, G. A. "The Best Way to Manage All Your Passwords." *Wall Street Journal*. 6 May 2014. Accessed 1 December 2015 @ http://www.wsj.com/articles/SB10001424052702303647204579545801399272852.
43. "Why You Should Use a Password Manager and How to Get Started." How-To Geek. Accessed 1 December 2015 @ http://www.howtogeek.com/141500/why-you-should-use-a-passwordmanager-and-how-to-get-started/.
44. "Zero Trust Security | What's a Zero Trust Network?" Cloudflare. Accessed 20 April 2019 @ https://www.cloudflare.com/learning/security/glossary/what-is-zero-trust/.
45. Kindervag, J. "Build Security Into Your Network's DNA: The Zero Trust Network Architecture for Security & Risk Professionals." Virtualstarmedia. 5 November 2010. Accessed 20 April 2019 @ http://www.virtualstarmedia.com/downloads/Forrester_zero_trust_DNA.pdf.
46. "What Is a Zero Trust Architecture?" Palo Alto Network. Accessed 20 April 2019 @ https://www.paloaltonetworks.com/cyberpedia/what-is-azero-trust-architecture.
47. Bidgoli, H., ed. *Global Perspectives in Information Security: Legal, Social and International Issues*. Hoboken, NJ: Wiley, 2008.
48. Zurier, S. "Less Than 3% of Recycled Computing Devices Properly Wiped." Darkreading. 20 March 2019. Accessed 27 March 2019 @ https://www.darkreading.com/vulnerabilities---threats/lessthan-3--of-recycled-computing-devices-properlywiped/d/d-id/1334208.
49. Bidgoli, H. "Integrating Real Life Cases into a Security System: Seven Checklists for Managers." *American Journal of Management*, Vol. 16(4), 2016, pp. 9–25, (ISSN: 2165-7998).
50. This information was gathered from the company Web site (www.mcafee.com) and other promotional materials. For more information and updates, visit the Web site.
51. Talbot, D. "Computer Viruses Are 'Rampant' on Medical Devices in Hospitals." *MIT Technology*

Review. 17 October 2012. Accessed 2 January 2014 @ www.technologyreview.com/news/429616 /computer-viruses-are-rampant-on-medical-devicesin-hospitals.
52. Morgan, S. "Patient Insecurity: Explosion of the Internet of Medical Things." Cybersecurity Ventures. 19 February 2019. Accesses 1 April 2019 @ https://cybersecurityventures.com/patient-insecurityexplosion-of-the-internet-of-medical-things/.
53. Finkle, J. "J&J Warns Diabetic Patients: Insulin Pump Vulnerable to Hacking." Reuters. 4 October 2016. Accessed 20 November 2016 @ http://www.reuters.com/article/us-johnson-johnson-cyberinsulin-pumps-e-idUSKCN12411L.
54. Niccolai, J. "Thousands of Medical Devices Are Vulnerable to Hacking, Security Researchers Say." *Computerworld*. 30 September 2015. Accessed 1 December 2015 @ http://www.computerworld.com/article/2987737/security/thousands-of-medicaldevices-are-vulnerable-to-hacking-securityresearchers-say.html.
55. Weaver, C. "Patients Put at Risk by Computer Viruses." *Wall Street Journal*. 13 June 2013. Accessed 2 January 2014 @ http://online.wsj.com /news/articles/SB100014241278873241886045785 43162744943762?mod=djem_jiewr_IT_domainid.
56. "Company Profile." Equifax. Accessed 10 September 2019 @ https://www.equifax.com /about-equifax/company-profile/.
57. "Equifax Hack Lasted for 76 Days, Compromised 148 Million People, Government Report Says." *Fortune*. 10 December 2018. Accessed 22 May 2019 @ http://fortune.com/2018/12/10/equifax-hack-lasted-for-76-dayscompromised-148-million-people-governmentreport-says/.
58. Cimpanu, C. "US Government Releases Post-Mortem Report on Equifax Hack." ZDNet. 7 September 2018. Accessed 22 May 2019 @ https://www.zdnet.com/article/us-governmentreleases-post-mortem-report-on-equifax-hack/.

6

1. "GoToMeeting." GoToMeeting. Accessed 5 February 2013 @ www3.gotomeeting.com /m/g2mab_49sideLMlp.tmpl.
2. Frank, B. H. "Amazon Chime Goes After WebEx, Skype for Business and Others." Computerworld. 14 February 2017. Accessed 26 November 2017 @ https://www.computerworld.com/article/3169607/cloud-computing/amazonchime-goes-after-webex-skype-for-business-andothers.html.
3. "2016 Broadband Progress Report." Federal Communications Commission. 29 January 2016. Accessed 11 September 2019 @ https://www.fcc.gov/reports-research/reports/broadband-progressreports/ 2016-broadband-progress-report.
4. Keizer, G. "Forrester: iPad and Tablet Rivals Will Kill Netbooks." *InfoWorld*. 17 June 2010. Accessed 31 July 2010 @ www.infoworld.com/d/mobilize/forrester-ipad-and-tablet-rivals-will-killnetbooks-633.
5. Barr, A., and Pasztor, A. "Google Invests in Satellites to Spread Internet Access." *Wall Street Journal*. 1 June 2014. Accessed 11 September 2019 @ http://online.wsj.com/news/article_email/googleinvests-in-satellites-to-spread-internet-access-1401666287-lMyQjAxMTA0MDAwMjEwNDIyWj?mod=djem_jiewr_IT_domainid.
6. Hellman, M. "Google Is Investing in a Superfast Fiber-Optic Cable Across the Pacific." *TIME*. 23 August 2014. Accessed 11 September 2019 @ http://time.com/3106467/google-cable-systemfaster-transpacific-nec-telecom-infrastructure/.
7. Kharpal, A. "Google Plans to Build 3 New Underwater Cables to Expand Its Cloud Business." CNBC. 16 January 2018. Accessed 1 April 2019 @ https://www.cnbc.com/2018/01/16/google-plansto-build-3-new-underwater-cables-to-expand-cloudbusiness.html.
8. Handley, L. "Nearly Three Quarters of the World Will Use Just Their Smartphones to Access the Internet by 2025." CNBC. 24 January 2019. Accessed 2 May 2019 @ https://www.cnbc.com/2019/01/24/smartphones-72percent-of-peoplewill-use-only-mobile-for-internet-by-2025.html.
9. Clement, J. "Number of Apps Available in Leading App Stores as of 1st Quarter 2019." Statista. 6 August 2019. Accessed 11 September 2019 @ https://www.statista.com/statistics/276623 /number-of-apps-available-in-leading-app-stores/.
10. Costello, S. "How Many Apps Are in the App Store?" Lifewire. 15 April 2019. Accessed 20 April 2019 @ https://www.lifewire.com/how-manyapps-in-app-store-2000252.
11. Singh, A. "Top 10 Most Popular Apps 2018." Netsolutions. 12 November 2018. Accessed 1 April 2019 @ https://www.netsolutions.com/insights/top-10-most-popular-apps-2018/.
12. Whalen, J. "Health-Care Apps That Doctors Use." *Wall Street Journal*. 17 November 2013. Accessed 2 January 2014 @ http://online.wsj.com /news/articles/SB100014240527023033769045791 37683810827104?mod=djem_jiewr_IT_domainid.
13. Tan, K. "20 Mobile Apps for Shopping Discounts and Deals." Hongkiat. Accessed 2 January 2014 @ www.hongkiat.com/blog/mobileshopping-apps.
14. "Americans Rank the Top 10 Best and Worst Mobile Banking Apps." The Financial Brand. 22 August 2013. Accessed 2 January 2014 @ http://thefinancialbrand.com/32967/americans-rate-thebest-and-worst-u-s-mobile-banking-apps.
15. Prindle, D. "Best Music Apps for Your Smartphone (iPhone, Android, or Windows)." Digital Trends. 19 March 2014. Accessed 2 January 2014 @ www.digitaltrends.com/mobile/best-music-apps.
16. Baldwin, H. "Wireless Bandwidth: Are We Running Out of Room?" *Computerworld*. 25 January 2012. Accessed 14 March 2013 @ www.infoworld.com/d/mobile-technology/wireless-bandwidth-are-we-running-out-of-room-184999?source=IFWNLE_nlt_wrapup_2012-01-25.
17. Shah, A. "Coming Soon: Faster, Longer-Range Bluetooth 5." *Computerworld*. 9 September 2016. Accessed 15 December 2016 @ http://www.computerworld.com/article/3118299/internet-of-things/coming-soon-faster-longer-range-bluetooth-5.html.
18. Dowling, C. "5 Industries to Gain the Most from 5G." ITProPortal. 31 July 2017. Accessed 2 April 2019 @ https://www.itproportal.com /features/5-industries-to-gain-the-most-from-5g/.
19. McLellan, C. "5G: A Transformation in Progress." ZDNet. 1 February 2019. Accessed 2 April 2019 @ https://www.zdnet.com/article/5g-a-transfor mation-in-progress/.
20. Lawson, S. "Verizon to Begin Trials of 5G Wireless Next Year." 9 September 2015. *Computerworld*. Accessed 5 December 2015 @ *http*://www.computerworld.com/article/2981995 /networking/verizon-to-begin-trials-of-5g-wirelessnext-year.html.
21. Cha, B. "What Is 5G, and What Does It Mean for Consumers?" 13 March 2015. Recode.net. Accessed 5 December 2015 @ http://recode.net /2015/03/13/what-is-5g-and-what-does-it-meanfor-consumers/.
22. Apple. "iPhone in Business." Apple.com. Accessed 17 July 2010 @ http://www.apple.com /iphone/business/.
23. Gralla, P. "Preston Gralla: IT Is Caught in Crossfire When It Comes to Smartphone Privacy." *Computerworld*. 9 May 2011. Accessed 7 December 2011 @ www.computerworld.com/s/article/356168 /Smartphone_Privacy_IT_Caught_in_the_Crossfire.
24. Robertson, J. "Smart-Phone Tracking Raises Privacy Issues." NorthJersey.com. 23 April 2011. Accessed 7 December 2011 @ www.northjersey.com/news/120560334_Smart-phone_tracking_raises_privacy_issues.html.
25. Agarwal, A. "How to Secure Your Wireless (Wi-Fi) Home Network." Digital Inspiration. 7 August 2014. Accessed 5 December 2015 @ http://www.labnol.org/internet/secure-yourwireless-wifi-network/10549/.
26. Grimes, R. A. "How to Stop Wi-Fi Hackers Cold." 26 May 2015. *InfoWorld*. Accessed 5 December 2015 @ http://www.infoworld.com /article/2925636/security/how-to-stop-wi-fihackers-cold.html?phint=newt%3Dinfoworld_daily&phint=idg_eid%3Da74f01173c5d192b 6e17e3ba45b5c85f#tk.IFWNLE_nlt_daily_

am_2015-05-26&siteid=&phint=tpcs%3D&phint=idg_eid%3Da74f01173c5d192b6e17e3ba45b5c85f.
27. Cisco. "TelePresence: In-Person Experiences for All." Accessed 17 February 2012 @ www.cisco.com/web/telepresence/customers/retail.html.
28. This information has been gathered from the company Web site (www.cisco.com) and from other promotional materials. For more information and updates, visit the Web site.
29. "Data, Data Everywhere." *The Economist*. 25 February 2010. Accessed 16 February 2012 @ www.economist.com/node/15557443?story_id=15557443.
30. Petersen, C. "Walmart's Secret Sauce: How the Largest Survives and Thrives." 27 March 2013. Accessed 11 September 2019 @ http://www.retailcustomerexperience.com/blogs/walmartssecret-sauce-how-the-largest-survives-and-thrives/.
31. "Walmart Takes on Industrial Vehicle Management." *Food Manufacturing*. 29 September 2009. Accessed 10 August 2010 @ http://www.foodmanufacturing.com/articles/2009/09/wal-mart-takes-industrial-vehicle-management.
32. Gralla, P. "Preston Gralla: IT Is Caught in Crossfire When It Comes to Smartphone Privacy." *Computerworld*. 9 May 2011. Accessed 7 December 2011 @ www.computerworld.com/s/article/356168/Smartphone_Privacy_IT_Caught_in_the_Crossfire.
33. Gahran, A. "Mobile Phone Security: What Are the Risks?" CNN. 17 June 2011. Accessed 11 August 2011 @ http://edition.cnn.com/2011/TECH/mobile/06/17/mobile.security.gahran.
34. Haselton, T. "Many Apps on Your Phone Are Tracking Everywhere You Go — Here's How to Stop Them." CNBC. 12 December 2018. Accessed 1 April 2019 @ https://www.cnbc.com/2018/12/12/how-to-stop-apps-from-tracking-your-location.html.

7

1. Greene, T. "Cisco: Is the Internet as Important as Food, Water, Air, Shelter?" *Network World*. 23 September 2011. Accessed 25 November 2011 @ www.infoworld.com/d/networking/ciscothe-internet-important-food-water-air-shelter-173844?source=IFWNLE_nlt_networking_2011-09-27.
2. Gaudin, S. "Internet Hits Major Milestone, Surpassing 1 Billion Monthly Users." *Computerworld*. 26 January 2009. Accessed 10 August 2010 @ www.computerworld.com/action/article.do?command=viewArticleBasic&articleid=9126796.
3. Elgin, J. "New Generic Top-Level Domains Nearing Launch Date." *Mass Media Headlines*. January 2011. Accessed 16 July 2011 @ www.wileyrein.com/publications.cfm?sp=articles&id=6728.
4. "Get Ready for the Next Big Thing." YouTube. 2 July 2011. Accessed 16 July 2011 @ www.youtube.com/watch?v=AybZsS3NmFo.
5. Goya, C., and Moynihan, R. "The 23 Countries in the World with the Fastest Internet Speeds." Business Insider. 25 July 2018. Accessed 3 April 2019 @ https://www.businessinsider.com/the-23-countries-in-the-world-with-the-fastest-internetspeeds-2018-7.
6. Carlson, N. "This Is What Facebook Graph Search Looks Like." Business Insider. 15 January 2013. Accessed 5 February 2013 @ www.businessinsider.com/this-is-what-facebookgraph-search-looks-like-2013-1.
7. Makvana, M. "How to Enable Facebook Graph Search Right Now [Quick Tip]." maketecheasier. 10 August 2014. Accessed 1 July 2019 @ https://www.maketecheasier.com/enable-facebook-graphsearch/.
8. Sullivan, D. "Google Launches Knowledge Graph to Provide Answers, Not Just Links." Search Engine Land. 16 May 2012. Accessed 5 February 2013 @ http://searchengineland.com/googlelaunches-knowledge-graph-121585.
9. Gordon, W. "Everything You Didn't Know You Could Do with Google's Voice Commands." Lifehacker. 12 June 2013. Accessed 5 December 2015 @ http://lifehacker.com/everything-you-didntknow-you-could-do-with-google-voi-512727229.
10. Johnson, K. "Facebook Messenger Now Has 11,000 Chatbots for You to Try." Venturebeat. 30 June 2016. Accessed 28 November 2016 @ http://venturebeat.com/2016/06/30/facebookmessenger-now-has-11000-chatbots-for-you-to-try/.
11. Magid, L. "What Is Snapchat and Why Do Kids Love It and Parents Fear It?" *Forbes*. 1 May 2013. Accessed 5 January 2014 @ www.forbes.com/sites/larrymagid/2013/05/01/what-is-snapchat-and-whydo-kids-love-it-and-parents-fear-it.
12. Svetlik, J. "Facebook Stories: What Is It and How Does It Work?" BT. 19 February 2019. Accessed 1 July 2019 @ https://home.bt.com/techgadgets/internet/social-media/facebook-storieswhat-is-it-and-how-does-it-work-11364169985164.
13. Belkin, D. "Can MOOCs and Universities Co-Exist?" *Wall Street Journal*. 11 May 2014. Accessed 20 November 2014 @ http://online.wsj.com/news/articles/SB10001424052702303825604579515521328500810?mod=djem_jiewr_IT_domainid.
14. Adams, S. "Online Education Provider Coursera Is Now Worth More Than $1 Billion." *Forbes*. 25 April 2019. Accessed 1 July 2019 @ https://www.forbes.com/sites/susanadams/2019/04/25/online-education-provider-coursera-isnow-worth-more-than-1-billion/#5996885330e1.
15. Mossberg, W. "A Real-Estate App When You're Buying or Just Nosy." *Wall Street Journal*. 9 May 2012. Accessed 5 February 2013 @ http://online.wsj.com/article/SB10001424052702304451104577392112842506378.html?mod=djem_jiewr_IT_domainid.
16. Dougherty, C. "Redfin Aims to Bring E-Commerce to Home Buying." *New York Times*. 8 May 2019. Accessed 1 July 2019 @ https://www.nytimes.com/2019/05/08/business/redfinonline-real-estate.html.
17. Callow, R. "The Advantages of Buying Software Online vs Purchasing Programs in a Box." Bright Hub. 6 May 2010. Accessed 24 February 2012 @ www.brighthub.com/environment/green-computing/articles/8187.aspx.
18. Mearian, L. "Senate Bill Would Pay Doctors to Use Facetime with Patients. Computerworld. 3 April 2017. Accessed 2 December 2017 @ http://www.computerworld.com/article/3187102/healthcare-it/senate-bill-would-pay-doctors-touse-facetime-with-patients.html.
19. Ruiz, R. "How the Internet Is Changing Health Care." *Forbes*. 20 July 2009. Accessed 24 February 2012 @ www.forbes.com/2009/07/30/health-wellness-internet-lifestyle-health-onlinefacebook.html.
20. Snyder, B. "How Kaiser Bet $4 Billion on Electronic Records—and Won." *InfoWorld*. 2 May 2013. Accessed 2 January 2014 @ www.infoworld.com/d/the-industry-standard/how-kaiserbet-4-billion-electronic-health-records-and-won-217731?source=IFWNLE_nlt_daily_am_2013-05-02.
21. Bidgoli, H. *Electronic Commerce: Principles and Practice*. San Diego, CA: Academic Press, 2002.
22. Pernice, K. "10 Best Intranets of 2019." Nielsen Norman Group. 6 January 2019. Accessed 4 April 2019 @ https://www.nngroup.com/articles/intranet-design/.
23. "The 2019 World's 10 Best Intranets Demonstrate That the Intranet Has Firmly Arrived as the Hub of the Digital Workplace." Business-wire. 7 January 2019. Accessed 4 April 2019 @ https://www.businesswire.com/news/home/20190107005311/en/2019-World's-10-Intranets-Demonstrate-Intranet-Firmly.
24. Mista, M. "Extranet vs. Intranet in Company Use." Chron. Accessed 24 February 2012 @ http://smallbusiness.chron.com/extranet-vs-intranetcompany-use-11878.html.
25. Weston, R. "Business Value in Communication." *InformationWeek*. Accessed 24 February 2012 @ www.informationweek.com/720/commun.htm.
26. "Intranets & Extranets: Understanding Their Business Application and Value." Lyris HQ. Accessed 24 February 2012 @ www.lyris.com/usen/web-cms/57-Intranets-Extranets-Understandingtheir-business-application-and-value.
27. "Web 1.0, Web 2.0 and Web 3.0 with their difference."Geeksforgeeks. Accessed 1 July 2019 @ https://www.geeksforgeeks.org/web-1-0-web-2-0-and-web-3-0-with-their-difference/.

28. Van Grove, J. "LinkedIn Member Base Climbs Almost 40 Percent in Year." CNET. 29 October 2013. Accessed 5 January 2014 @ http://news.cnet.com/8301-1023_3-57609878-93/linkedin-memberbase-climbs-almost-40-percent-in-year.
29. Kawasaki, G. "Ten Ways for Small Businesses to Use LinkedIn." LinkedIn Blog. 12 April 2010. Accessed 23 February 2012 @ http://blog.linkedin.com/2010/04/12/linkedin-small-business-tips.
30. Weber, L. "LinkedIn, Lynda.com and the Skills You'll Need for Your Next Job." *Wall Street Journal*. 9 April 2015. Accessed 5 December 2015 @ http://blogs.wsj.com/digits/2015/04/09/linkedin-lynda-andthe-skills-you-need-for-your-next-job/?mod=ST1.
31. King, R. "No Rest for the Wiki." *Bloomberg BusinessWeek*. 12 March 2007. Accessed 10 August 2010 @ www.businessweek.com/technology/content/mar2007/tc20070312_740461.htm.
32. Gaudin, S. "Americans Spend 16 Minutes of Every Hour Online on Social Nets." *Computerworld*. 17 April 2013. Accessed 5 January 2014 @ www.computerworld.com/s/article/9238469/Americans_spend_16_minutes_of_every_hour_online_on_social_nets.
33. King, R. "How Companies Use Twitter to Bolster Their Brands." *Bloomberg BusinessWeek*. 6 September 2008. Accessed 10 August 2010 @ www.businessweek.com/technology/content/sep2008/tc2008095_320491.htm.
34. Moth, D. "How Walmart uses Pinterest, Facebook, Twitter and Google+." Econsultancy. 10 January 2013. Accessed 5 December 2015 @ https://econsultancy.com/how-walmart-usespinterest-facebook-twitter-and-google/.
35. Hanson, A. "How Walmart's PR Team Uses Twitter." *PR Daily*. 14 February 2014. Accessed 5 December 2015 @ http://prdaily.com/Main/Articles/How_Walmarts_PR_team_uses_Twitter_16062.aspx.
36. Clement, J. "Number of Social Network Users Worldwide from 2010 to 2021." Statista. 14 August 2019. Accessed 12 September 2019.
37. Clement, J. "Number of Monthly Active Twitter Users in the United States from 1st Quarter 2010 to 1st Quarter 2019." Statista. 9 August 2019. Accessed 12 September 2019 @ https://www.statista.com/statistics/274564/monthly-active-twitter-usersin-the-united-states/.
38. Newton, C. "Twitter Is Rolling Out 280-Character Tweets Around the World." The Verge. 7 November 2017. Accessed 2 December 2017 @ https://www.theverge.com/platform/amp/2017/11/7/16616076/twitter-280-characters-globalrollout.
39. Bell, K. "Twitter's New Relaxed Character Count Limits Have Finally Arrived." Mashable. 19 September 2016. Accessed 28 November 2016. @ http://mashable.com/2016/09/19/twitter-longertweets/#myExz9zSwqqJ.
40. "The Fastest, Simplest Way to Stay Close to Everything You Care About." Twitter. Accessed 5 February 2013 @ http://twitter.com/about.
41. "Case Studies." Twitter. Accessed 5 February 2013 @ https://business.twitter.com/optimize/case-studies.
42. Roques, G. "IoT: 50 Billion Things and Their Developer Kings." Developer Tech. Accessed 2 January 2014 @ www.developer-tech.com/news/2013/sep/11/iot-50-billion-things-and-theirdeveloper-kings.
43. Epps, S. "There Is No Internet of Things." *Forbes*. 17 October 2013. Accessed 2 January 2014 @ www.forbes.com/sites/forrester/2013/10/17/there-is-no-internet-of-things.
44. Manyika, J., and Chui, M. "By 2025, Internet of Things Applications Could Have $11 Trillion Impact." *Fortune*. 22 July 2015. Accessed 28 November 2016 @ http://www.mckinsey.com/mgi/overview/in-the-news/by-2025-internet-ofthings-applications-could-have-11-trillion-impact.
45. Eddy, N. "6 IoT Innovations Making Cities Smarter." *Informationweek*. 20 October 2016. Accessed 28 November 2016 @ http://www.informationweek.com/government/6-iotinnovations-making-cities-smarter/d/d-id/1326791.
46. Thibodeau, P. "All Hail the Next Big Job: Chief IoT Officer." *Computerworld*. 8 May 2015. Accessed 5 December 2015 @ http://www.infoworld.com/article/2920299/it-careers/all-hail-the-nextbig-job-chief-iot-officer.html?phint=newt%3Dinfoworld_tech_leadership&phint=idg_eid%3D91294756a0e437074af2b88ac7d3cb7c#tk.IFWNLE_tlead_2015-05-08.
47. Evans, D. "The Internet of Things: How the Next Revolution of the Internet Is Changing Everything." Cisco. April 2011. Accessed 2 January 2014 @ https://www.cisco.com/c/dam/en_us/about/ac79/docs/innov/IoT_IBSG_0411FINAL.pdf.
48. Ibid.
49. Hodkin, S. "The Internet of Me: Creating a Personalized Web Experience." *Wired*. Accessed 5 December 2015 @ http://www.wired.com/insights/2014/11/the-internet-of-me/.
50. "The Internet of Me." Accenture. Accessed 28 November 2016 @ https://www.accenture.com/us-en/insight-internet-of-me.
51. Claburn, T. "The 'Internet of Me' Is Getting Real In Healthcare." *Informationweek*. 11 May 2015. Accessed 28 November 2016 @ http://www.informationweek.com/strategic-cio/executiveinsights-and-innovation/the-internet-of-me-isgetting-real-in-healthcare/d/d-id/1320348.
52. "Avoiding the Pitfalls of the Internet of Me." 20 May 2015. g3n3ws.blogspot.com. Accessed 5 December 2015 @ http://g3n3ws.blogspot.com/2015/05/avoiding-pitfalls-of-internet-of-me.html.
53. Stephenson, D. "Why Collaboration Will Replace 'Zero Sum Game' for Internet of Things Success." Inex Advisors. 3 September 2013. Accessed 2 January 2014 @ http://inexadvisors.com/2013/09/03/why-zero-sum-game-is-not-theanswer-to-internet-of-things-success.
54. Evans, D. "The Internet of Things: How the Next Revolution of the Internet Is Changing Everything." Cisco. April 2011. Accessed 2 January 2014 @ https://www.cisco.com/c/dam/en_us/about/ac79/docs/innov/IoT_IBSG_0411FINAL.pdf.
55. "8 Uses, Applications, and Benefits of Industrial IoT in Manufacturing." newgenapps. 15 December 2017. Accessed 4 April 2019 @ https://www.newgenapps.com/blog/8-uses-applications-andbenefits-of-industrial-iot-in-manufacturing.
56. Transcendent. "How Connected Devices are Changing the Manufacturing Industry." iot for all. 16 October 2018. Accessed 4 April 2019 @ https://www.iotforall.com/iiot-devices-change-manufacturing-industry/.
57. Callaham, J. "What is a Smart Home — and Why Should You Want One?" Android Authority. 21 October 2018. Accessed 6 April 2019 @ cc.
58. Midrack, R. L. "What Is a Smart Refrigerator?" Lifewire. 18 November 2018. Accessed 6 April 2019 @ https://www.lifewire.com/smartrefrigerator-4158327.
59. Cassel, D. "Grocery-Watching Refrigerators Join the Internet of Things." thenewstack. 11 September 2016. Accessed 6 April 2019 @ https://thenewstack.io/grocery-watching-refrigerators-join-internet-things/.
60. O'Shea, D. "LG Introduces Smart Refrigerator with Amazon Alexa-Enabled Grocery Ordering." Retail Dive. 4 January 2017. Accessed 6 April 2019 @ https://www.retaildive.com/news/lg-introducessmart-refrigerator-with-amazon-alexa-enabledgrocery-ordering/433366/.
61. "The 7 Most Common IoT Security Threats in 2019." iot for all. 5 March 2019. Accessed 5 April 2019 @ https://www.iotforall.com/7-most-common-iot-security-threats-2019/.
62. "9 Ways to Improve IoT Device." Hewlett Packard Enterprise. 26 January 2017. Accessed 5 April 2019 @ https://www.hpe.com/us/en/insights/articles/9-ways-to-make-iot-devices-more-secure-1701.html.
63. Drolet, M. "8 Tips to Secure Those IoT Devices." CSO. 20 June 2016. Accessed 5 April 2019 @ https://www.csoonline.com/article/3085607/8-tipsto-secure-those-iot-devices.html.
64. This information has been gathered from the company Web site (www.google.com) and other promotional materials. For more information and updates, visit the Web site.
65. "The Scotts Miracle-Gro Company." Accessed 6 February 2013 @ www.thescottsmiraclegrocompany.com.
66. Manchester, A. "Intranet Award Winners Scotts Miracle-Gro Get Some Great Recognition #Intranet." alexmanchester.com. 14 February 2012. Accessed 6 February 2013 @ www.alexmanchester.

com/alexmanchester/2012/02/intranet-innovationaward-winners-scottsmiracle-gro-get-some-greatrecognition-intranet.html.
67. Kass, K. "How 'The Garden' Grew into an Award-Winning Intranet for Scotts Miracle-Gro." Simplycommunicate. Accessed 6 February 2013 @ www.simply-communicate.com/case-studies /company-profile/how-%E2%80%98-garden%E2%80%99-grew-award-winning-intranetscottsmiracle-gro.
68. Balwani, S. "5 Easy Social Media Wins for Your Small Business." Mashable Business. 28 July 2009. Accessed 11 August 2011 @ http://mashable.com/2009/07/28/social-media-small-business.

8

1. Porter, M. *Competitive Advantage: Creating and Sustaining Superior Performance*. New York: Free Press, 1985.
2. Hart, K. "33 of the Best Brands on Instagram Right Now." Jumper Media. 24 February 2019. Accessed 6 July 2019 @ https://jumpermedia.co/33-of-the-best-brands-on-instagram/.
3. West, C. "17 Instagram Stats Marketers Need to Know for 2019." Sprout Social. 22 April 2019. Accessed 6 July 2019 @ https://sproutsocial.com /insights/instagram-stats/.
4. Mohsin, M. "10 Instagram Stats Every Marketer Should Know in 2019 [Infographic]." Oberlo. 29 March 2019. Accessed 6 July 2019 @ https://www.oberlo.com/blog/ instagram-stats-every-marketer-should-know.
5. Smith, M. "How to Sell on Instagram: 8 Instagram Tips That Actually Work." Oberlo. 12 June 2019. Accessed 6 July 2019 @ https://www .oberlo.com/blog/how-to-sell-on-instagram.
6. Khan, H. "Consumers Are Showrooming and Webrooming Your Business, Here's What That Means and What You Can Do About It." Shopify. 7 June 2018. Accessed 12 September 2019 @ http:// www.shopify.com/blog/14513673-consumers-areshowrooming-and-webrooming-your-businessheres-what-that-means-and-what-you-cando-about-it.
7. Banjo, S. "Home Depot Lumbers into E-Commerce." *Wall Street Journal*. 16 April 2014. Accessed 20 November 2014 @ http://online.wsj .com/news/article_email/SB1000142405270230 4626304579505723441210120-lMyQjAxMTA0 MDIwMTEyNDEyWj?mod=djem_jiewr_IT_ domainid.
8. Team, T. "Here's How Home Depot's E-Commerce Strategy Is Driving Growth." *Forbes*. 15 February 2017. Accessed 17 December 2017 @ https://www.forbes.com/sites/greatspeculations/2017/02/15/ heres-how-home-depots-e-commerce-strategy-isdriving-growth/#759f65fd9b62.
9. "Home Depot's Online Sales Surge 23% in Q1, Reflecting a Hot Home Improvement Market." Digital Commerce. 16 May 2017. Accessed 17 December 2017 @ https://www.digitalcommerce360.com/2017/05/16/home-depots-online-sales-surge-23-reflect-hot-homeimprovement-market/.
10. Risley, J. "Roundup: Home Depot Grows Online Sales 28% in Q3." Digital Commerce 360. 14 November 2018. Accessed 6 April 2019 @ https://www.digitalcommerce360.com/2018/11/14 /home-depot-grows-online-sales-28-in-q3/.
11. Rappa, M. "Business Models on the Web." digitalenterprise.org. Accessed 22 July 2019 @ http://digitalenterprise.org/models/models.html.
12. "E-commerce Market Worth $24.3 Trillion by 2025." Globe Newswire. 24 December 2018. Accessed 10 April 2019 @ https:// www.globenewswire.com/news-release/2018/12/24/1678131/0/en/E-commerce-Market-Worth-24-3-Trillion-by-2025-Exclusive-Report-by-Meticulous-Research.html.
13. "US Online Retail Sales to Reach $1 Trillion in 2025 Astride Thriving Amazon." consulting.us. 14 September 2018. Accessed 10 April 2019 @ https://www.consulting.us/news/950/us-onlineretail-sales-to-reach-1-trillion-in-2025-astridethriving-amazon.
14. Hill, R. "Ecommerce 2020." *ECRM*. 8 January 2014. Accessed 8 January 2014 @ *www.ezinepost.com/articles/article-237942.html*.
15. O'Malley, G. "E-Commerce Forecast to Hit $279B by 2015." MediaPost. 28 February 2011. Accessed 8 January 2014 @ www.mediapost.com/ publications/article/145775/ecommerce-forecastto-hit-279b-by-2015.html.
16. "10 Must-Have Features of Government Websites." MunicipalCMS. Accessed 2 July 2019 @ https://www.municipalcms.com/pview.aspx?id=20800&catid=70.
17. "Multi-channel, Cross-channel, Omni-channel: What Difference?" GIST. 18 April 2018. Accessed 14 April 2019 @ https://blog.markgrowth.com /multi-channel-cross-channel-omni-channel-whatis-the-difference-3fc9f84c84b5.
18. Ong, A. "Multi-Channel Retailing and the Buyer's Journey: Opportunities and Challenges." GIST. Accessed 14 April 2019 @ https://getgist.com/multi-channel-cross-channel-omni-channel/.
19. Collomb, J. "7 Advantages of Integrating a Cross-Channel Approach into Your Business." MyFeelBack. 16 May 2017. Accessed 14 April 2019 @ https://www.myfeelback.com/en/blog/ advantagescross-channel-approach.
20. "5 Benefits of Providing an Omni-Channel Retail Experience." HSO. Accessed 14 April 2019 @ https://www.hso.com/en-us/blog/benefitsproviding-omni-channel-retail-experience/.
21. O'Shea, D. "Bay Goes Live with Image Search Capabilities." Retail Dive. 27 October 2017. Accessed 14 April 2019 @ https://www.retaildive.com/news/ebay-goes-live-with-image-search-capabilities/508302/.
22. Ridden, P. "IKEA Catalog Uses Augmented Reality to Give a Virtual Preview of Furniture in a Room." Gizmag. 14 August 2013. Accessed 14 April 2019 @ http:/www.gizmag.com/ikea-augmentedreality-catalog-app/28703/.
23. Elliottdec, A. M. "10 Awesome Uses of Augmented Reality Marketing." Mashable. 26 December 2009. Accessed 14 April 2019 @ http://mashable.com/2009/12/26/augmentedreality-marketing/#53kJDRDOIPqU.
24. "The Next Generation of Business Applications." Microsoft. Accessed 14 April 2019 @ https://dynamics.microsoft.com/en-us/.
25. Ovans, A. "E-procurement at Schlumberger." *Harvard Business Review* (May–June 2000): 21–22.
26. Shamorian, K. "B2B Ecommerce to Reach $1.8 Trillion by 2023." Cleverbridge. 28 February 2019. Accessed 10 April 2019 @ https://www.cleverbridge .com/corporate/b2b-ecommerce-to-reach-1-8-trillion-by-2023/.
27. "Top 5 eCommerce Trends to Take Advantage of in 2019." OroCommerce. Accessed 10 April 2019 @ https://oroinc.com/b2b-ecommerce/blog /top-5-ecommerce-trends-to-take-advantage-ofin-2019.
28. Demery, P. "B2B e-Commerce Sales Will Top $1.13 Trillion by 2020." Internet Retailer. 2 April 2015. Accessed 5 December 2015 @ https://www.internetretailer.com/2015/04/02/new-report-predicts-1-trillion-market-us-b2b-e-commerce.
29. Regan, S. "9 B2B eCommerce Best Practices That Make All the Difference." Optaros. 22 April 2014. Accessed 5 December 2015 @ https://www.optaros.com/insights/blog/9-b2b-ecommerce-bestpractices-make-all-difference.
30. Molla, R. "Starbucks's Mobile Payments System Is So Popular in the U.S., It Has More Users Than Apple's or Google's." Recode.net. 22 May 2018. Accessed 10 April 2019 @ https://www.recode .net/2018/5/22/17377234/starbucks-mobilepayments-users-apple-pay-google.
31. Elgan, M. "How Apps Are Changing Fast Food." *Computerworld*. 15 February 2014. Accessed 20 November 2014 @ http://www.computerworld .com/s/article/9246346/How_apps_are_changing_ fast_food.
32. Caswell, S. "Voice-Based E-Commerce Looms Large." *E-Commerce Times*. 28 March 2000. Accessed 14 July 2010 @ www.ecommercetimes .com/story/2838.html.
33. "Speak It, Get It: New Hound App Kicks Off Next Paradigm in User Behavior on Mobile." *Business Wire*. 16 May 2011. Accessed 3 March 2012 @ www.soundhound.com/index.php?action=s.press_release&pr=30.
34. Montenegro, C. "Are You Talking to Me?" *TheEconomist*. 7 June 2007. Accessed 3 March 2012 @ www.economist.com/node/9249338.
35. Kharpal, A. "Amazon's Voice Assistant Alexa

Could Be a $10 Billion 'Mega-Hit' by 2020: Research." CNBC. 10 March 2017. Accessed 17 December 2017 @ https://www.cnbc.com/2017/03/10/amazon-alexa-voice-assistan-couldbe-a-10-billion-mega-hit-by-2020-research.html.

36. Peltz, J. F. "Wal-Mart and Google Team Up on Voice-Activated Shopping, Challenging Amazon." *Los Angeles Times*. 23 August 2017. Accessed 17 December 2017 @ http://www.latimes.com/business/la-fi-walmart-voice-shopping-20170822-story.html.

37. Kumar, K. "Target Teams Up with Google for Voice-Assisted Shopping and Nationwide Delivery." *Star Tribune*. 12 October 2017. Accessed 17 December 2017 @ http://www.startribune.com/target-teams-up-with-google-for-voice-assistedshopping-and-nationwide-delivery/450595873/.

38. Martin, J. A. "7 Reasons Mobile Payments Still Aren't Mainstream." CIO. 7 June 2016. Accessed 17 March 2018 @ https://www.cio.com/article/3080045/payment-processing/7-reasonsmobile-payments-still-arent-mainstream.html.

39. Feinstein, E. "Top 5 Challenges in Online Payments and How to Overcome Them." *Direct Pay Online Digest*. 2 August 2017. Accessed 17 March 2018 @ http://blog.directpay.online/top-5-challenges-in-online-payments-and-howto-overcome-them.

40. "Apple Announces Apple Pay." 9 September 2014. Accessed @ http://www.apple.com/pr/library/2014/09/09Apple-Announces-Apple-Pay.html.

41. Barr, A. "Google's Other Mobile Payments Service: Hands Free at McDonald's." *Wall Street Journal*. 29 May 2015. Accessed 5 December 2015 @ http://blogs.wsj.com/digits/2015/05/29/googlesother-mobile-payments-service-hands-free-atmcdonalds/?mod=ST1.

42. Overby, S. "How Starbucks Brews Its Mobile Strategy." CIO. 25 October 2012. Accessed 12 September 2019 @ http://www.cio.com/article/2390899/retail/how-starbucks-brews-itsmobile-strategy.html.

43. Johnson, L. "Starbucks Whips Up Clever SMS, MMS Campaign for Summer Drink Buzz." Retail Dive. Accessed 12 September 2019 @ https://www.retaildive.com/ex/mobilecommercedaily/starbuckswhips-up-clever-sms-mms-campaign-for-summerdrink-buzz.

44. Sterling, G. "Report: 60 Percent of Internet Access Is Mostly Mobile." Marketing Land. 19 February 2014. Accessed 12 September 2019 @ http://marketingland.com/outside-us-60-percentinternet-access-mostly-mobile-74498.

45. Marrs, M. "What Is Mobile Marketing and Why Does It Matter? (So So Much!)." Word Stream. 6 August 2019. Accessed 12 September 2019 @ http://www.wordstream.com/blog/ws/2013/08/19/what-is-mobile-marketing.

46. Newberg, M. "As Many as 48 Million Twitter Accounts Aren't People, Says Study." CNBC. 10 March 2017. Accessed 17 December 2017 @ https://www.cnbc.com/2017/03/10/nearly-48-million-twitter-accounts-could-be-bots-says-study.html.

47. Stewart, C., and Vranica, S. "Phony Web Traffic Tricks Digital Ads." *Wall Street Journal*. 30 September 2013. Accessed 2 January 2014@ http://online.wsj.com/article_email/SB10001424052702303464504579107082064962434-lMyQjAxMTAzMDAwMTEwNDEyWj.html?mod=djem_jiewr_IT_domainid.

48. "Social Networking Reaches Nearly One in Four Around the World." Emarketer. Accessed 12 September 2019 @ http://www.emineomedia.com/social-networking-reaches-nearly-one-in-fouraround-the-world/.

49. "Gartner Says Majority of Consumers Rely on Social Networks to Guide Purchase Decisions." Gartner Newsroom. Accessed 12 September 2019 @ http://www.gartner.com/newsroom/id/1409213.

50. Smith, C. "The Rise of Social Commerce, and How It Will Completely Transform the Way We Shop on the Internet." Business Insider. 15 October 2013. Accessed 12 September 2019 @ http://www.businessinsider.com/the-rise-of-social-commerce-2013-10.

51. Cohen, H. "What Is Social Commerce?" 2 November 2011. Accessed 12 September 2019 @ http://heidicohen.com/what-is-social-commerc/.

52. Indvik, L. "The 7 Species of Social Commerce." Mashable. 10 May 2013. Accessed 12 September 2019 @ http://mashable.com/2013/05/10/socialcommerce-definition/.

53. Cavazza, F. "The Six Pillars of Social Commerce." Forbes. 1 February 2012. Accessed 12 September 2019 @ http://www.forbes.com/sites/fredcavazza/2012/02/01/the-six-pillars-of-social-commerce/.

54. Dholakiya, P. "4 Brands That Have Cracked the Social Commerce Code." Jeffbullas. 15 September 2014. Accessed 5 December 2015 @ http://www.jeffbullas.com/2014/09/15/4-brands-cracked-socialcommerce-code/.

55. Ha, A. "Google Unveils 'Purchases on Google,' Which Are Basically Buy Buttons in Mobile Ads." Techcrunch. 15 July 2015.Accessed 5 December 2015 @ http://techcrunch.com/2015/07/15/purchases-on-google/#.rlaojc:8hoC.

56. "Buyable Pins Start Rolling Out Today!" Blog. pinterest.com. 30 June 2015. Accessed 5 December 2015 @ https://blog.pinterest.com/en/buyable-pinsrolling-out-today.

57. Lynley, M. "Pinterest is Soon Launching a Way to Search for Products with Your Smartphone Camera." Techcrunch. 28 June 2016. Accessed 6 December 2016 @ https://techcrunch.com/2016/06/28/pinterest-is-launching-a-wayto-search-for-products-with-your-smartphonecamera/.

58. Ungerleider, N. "Pinterest Unveils New Image Search." *Fast Company*. 9 November 2015. Accessed 6 December 2016 @ http://www.fastcompany.com/3053408/fast-feed/pinterest-unveils-new-image-search.

59. Steiner, I. "Selling on Instagram Now Possible with Checkout Feature." Ecommerce Bytes. 19 March 2019. Accessed 6 April 2019 @ https://www.ecommercebytes.com/2019/03/19/selling-on-instagram-now-possible-with-checkout-feature/.

60. "Facebook E-commerce 2.0: Instagram Shopping Launches." Yahoo News Network. 2 November 2016. Accessed 6 December 2016 @ https://ca.sports.yahoo.com/video/facebooke-commerce-2-0-172452331.html.

61. "Amazon Targets 1,114 'Fake Reviewers' in Seattle Lawsuit." BBC. 18 October 2015. Accessed 5 December 2015 @ http://www.bbc.com/news/technology-34565631.

62. Ahmad, I. "301 Statistics How Social Media Influence Purchasing Decisions." Social Media Today. 24 January 2014. Accessed 5 December 2015 @ http://www.socialmediatoday.com/content/30-statistics-how-social-media-influence-purchasing-decisions-infographic.

63. Gossieaux, F., and Moran, E. *The Hyper-Social Organization: Eclipse Your Competition by Leveraging Social Media.* New York: McGraw-Hill Education, 2010.

64. Dormehl, L. "Spotify Surges to 96 Million Paying Subscribers." CultofMac. 6 February 2019. Accessed @ 10 April 2018 @ https://www.cultofmac.com/605166/spotify-now-has-96-million-payingsubscribers/.

65. Salyer, P. "5 Ways Spotify Is Pioneering the Hyper-Social Business Model. Mashable. 22 March 2012. Accessed 5 December 2015 @ http://mashable.com/2012/03/22/spotify-social-media/#kcMKYaHMbOq2.

66. White, K. "Three Brands That Have Changed Their Industries with Social Infrastructure." Gigya. Accessed 5 December 2015 @ https://www.gigya.com/blog/three-brands-that-have-changed-theirindustries-with-social-infrastructure/.

67. Ibid.

68. Porterfield, A. "9 Companies Doing Social Media Right and Why." Social Media Examiner. 12 April 2011. Accessed 5 December 2015 @ http://www.socialmediaexaminer.com/9-companies-doingsocial-media-right-and-why/.

69. "Calling All Fashionistas." *Glamour.* Accessed 5 December 2015 @ https://www.facebook.com/glamour/photos/sponsored-calling-all-fashionistasjoin-us-at-simon-lookbook-live-to-get-the-ult/10152667351695479/.

70. "Internet Users in the World by Regions – 2019 June – Updated." Internet World Stats. Accessed 12 September 2019 @ https://www.internetworldstats.com/stats.htm.

71. Chaffey, D. "Global Social Media Research

Summary 2016." Smart Insights. 8 August 2016. Accessed 29 November 2016 @ http://www.smartinsights.com/social-media-marketing/socialmedia-strategy/new-global-social-media-research/.
72. Copp, E. "10 Benefits of Social Media for Business." HootSuite Media. 17 August 2016, Accessed 29 November 2016 @ https://blog.hootsuite.com/social-media-for-business/.
73. Fontein, D. "How to Write a Social Media Policy for Your Company." HootSuite Media. 13 January 2016. Accessed 29 November 2016 @ https://blog.hootsuite.com/social-media-policy-for-employees/.
74. Jet, "5 Terrific Examples of Company Social Media Policies." HireRabbit. Accessed 29 November 2016 @ http://blog.hirerabbit.com/5-terrific-examples-of-company-social-media-policies/.
75. This information has been gathered from the company Web site (www.amazon.com) and other promotional materials. For more information and updates, visit the Web site.
76. Bensinger, G. "Amazon's Ordering Buttons Get Prime Placement." *Wall Street Journal*. 2 September 2015. Accessed 5 December 2015 @ http://blogs.wsj.com/digits/2015/09/02/amazonsordering-buttons-get-prime-placement/?mod=ST1.
77. Guttmann, A. "Mobile Advertising Spending in the United States from 2019 to 2023." Statista. 19 June 2019. Accessed 12 September 2019 @ https://www.statista.com/statistics/269916/mobile-advertising-spending-in-the-unitedstates/.
78. Guttmann, A. "Global Advertising Spending from 2011 to 2019." Statista. 9 August 2019. Accessed 12 September 2019 @ https://www.statista.com/statistics/236943/global-advertisingspending/.
79. Shields, M. "Audi and Starcom Turn to Data Firm PlaceIQ to Gauge Whether Mobile Ads Work." *Wall Street Journal*. 25 August 2015. Accessed 5 December 2015 @ http://blogs.wsj.com/cmo/2015/08/25/audi-and-starcom-turn-to-datafirm-placeiq-to-gauge-whether-mobile-ads-work/?mod=ST1.
80. Minyanville. "Qualcomm's Android-Capable Answer to Apple's iBeacon." Nasdaq. 11 December 2013. Accessed 2 January 2014 @ www.nasdaq.com/article/qualcomms-androidcapable-answer-toapples-ibeacon-cm310857.
81. "With iBeacon, Apple Aims to Guide You Inside Its Stores and, Soon, Everywhere." Associated Press. 7 December 2013. Accessed 2 January 2014 @ http://gadgets.ndtv.com/mobiles/news/with-ibeacon-apple-aims-to-guide-you-insideits-stores-and-soon-everywhere-455739.
82. Danova, Tony. "Apple's iBeacon Is Ready to Take Over the Retail Sector." *Business Insider*. 9 December 2013. Accessed 2 January 2014 @ www.onenewspage.us/n/Business/74w637lqo/AppleiBeacon-Is-Ready-To-Take-Over.htm.
83. Gaudin, S. "Neiman Marcus Wants to Merge the Online and In-Store Shopping Experience." *Computerworld*. 19 January 2016. Accessed 6 December 2016 @ http://www.computerworld.com/article/3024226/retail-it/neiman-marcuswants-to-merge-the-online-and-in-store-shoppingexperience.html.

9

1. Bidgoli, H. "An Integrated Case-Based Approach for Deployment of Global Information Systems." *iNFORMATION—An International Interdisciplinary Journal* 19(9B) (September 2016): 4139–4156.
2. McCarthy, N. "The U.S. Companies with the Highest Overseas Earnings." Statista. 26 October 2017. Accessed 15 April 2019 @ https://www.statista.com/chart/amp/11619/the-us-companieswith-the-highest-overseas-earnings/.
3. Shell, A. "Hottest American Stocks in 2017 Get the Bulk of Sales from Outside the U.S." *USA Today*. 26 September 2017. Accessed 25 December 2017 @ https://www.usatoday.com/story/money/2017/09/26/hottest-american-stocks-2017-get-bulk-sales-outside-u-s/681460001/.
4. Ives, B., and Jarvenpaa, S. "Application of Global Information Technology: Key Issues for Management." *Management Information Systems Quarterly* 15 (1991): 33–49.
5. Eom, S. B. "Transnational Management Systems: An Emerging Tool for Global Strategic Management." *Advanced Management Journal* 59(2) (1994): 22–27.
6. Lucas, H. *Information Systems Concepts for Managers*. San Francisco: McGraw-Hill, 1994: 137–152, 289–315.
7. Harrington, L. H. "The Information Challenge: The Dream of Global Information Visibility Becomes a Reality." *IndustryWeek* 246(7) (1997): 97–100.
8. "Internet Users in the World by Regions – 2019 June – Updated." Internet World Stats. Accessed 12 September 2019 @ https://www.internetworldstats.com/stats.htm.
9. "Globalizing Your Website." Schreiber Translations. Accessed 4 December 2011 @ www.schreibernet.com/site.nsf/1/globalizing-yourwebsite-1.htm.
10. Sheetz, M. "Bezos Hired a SpaceX Vice President to Run Amazon's Satellite Internet Project after Musk Fired Him." CNBC. 7 April 2019. Accessed 15 April 2019 @ https://www.cnbc.com/2019/04/07/amazon-hired-former-spacex-management-for-bezos-satellite-internet.html.
11. Sheetz, M. "Here's Why Amazon Is Trying to Reach Every Inch of the World with Satellites Providing Internet." CNBC. 8 April 2019. Accessed 15 April 2019 @ https://www.cnbc.com/2019/04/05/jeff-bezos-amazon-internet-satellites-4-billionnew-customers.html.
12. Sitsanis, N. "Top 10 Languages Used on the Internet Today." Speakt. 17 September 2018. Accessed 15 April 2019 @ https://speakt.com/top-10-languages-used-internet/.
13. Arfaoui, A. "Percentage of Internet Content for Users by Language." Trustiko. 1 November 2015. Accessed 5 December 2015 @ https://trustiko.com/percentage-of-internet-content-for-users-bylanguage/.
14. Malhotra, A. "How Non-English Speakers Are Taking Over the Internet." *Wall Street Journal*. 4 August 2015. Accessed 5 December 2015 @ http://blogs.wsj.com/briefly/2015/08/04/how-non-englishspeakers-are-taking-over-the-internet-at-a-glance/.
15. "How the Vietnamese Use the Internet, Including Social Media." The Pie Blog. 9 March 2018. Accessed 12 September 2019 @ https://blog.thepienews.com/2018/03/how-the-vietnamese-usethe-internet-including-social-media/.
16. Doan, E. Z. "Number of Smartphone Users in Vietnam from 2015 to 2022." Statista. 29 May 2019. Accessed 12 September 2019 @ https://www.statista.com/statistics/467739/forecastof-smartphone-users-in-vietnam/.
17. "Number of Internet Users in Indonesia from 2016 to 2023." Statista. 22 February 2019. Accessed 12 September 2019 @ https://www.statista.com/statistics/254456/number-of-internet-usersin-indonesia/.
18. "Number of Smartphone Users in Indonesia from 2011 to 2022." 19 February 2019. Accessed 12 September 2019 @ https://www.statista.com/statistics/266729/smartphone-users-in-indonesia/.
19. Ayyar, R. "Number of Indian Internet Users Will Reach 500 Million by June 2018, IAMAI Says." *The Times of India*. 20 February 2018. Accessed 16 April 2018 @ https://timesofindia.indiatimes.com/business/india-business/number-indian-internetusers-will-reach-500-million-by-june-2018-iamaisays/articleshow/62998642.cms.
20. "Number of Mobile Phone Users in India from 2013 to 2019." Statista. 31 August 2015. Accessed 12 September 2019 @ https://www.statista.com/statistics/274658/forecast-of-mobile-phone-usersin-india/.
21. Rusli, E. M. "Five Apps Bringing the Next Billion People Online." *Wall Street Journal*. 21 April 2015. Accessed 5 December 2015 @ http://blogs.wsj.com/digits/2015/04/21/five-apps-bringingthe-next-billion-people-online/?mod=ST1.
22. Eom, S. B. "Transnational Management Systems: An Emerging Tool for Global Strategic Management." *Advanced Management Journal* 59(2) (1994): 22–27.
23. Ives, B., and Jarvenpaa, S. "Application of Global Information Technology: Key Issues for

Management." *Management Information Systems Quarterly* 15 (1991): 33–49.
24. Edwards, R., Ahmad, A., and Moss, S. "Subsidiary Autonomy: The Case of Multinational Subsidiaries in Malaysia." *Journal of International Business Studies* 33(1) (2002): 183–191.
25. Karimi, J., and Konsynski, B. R. "Globalization and Information Management Strategies." *Journal of Management Information Systems* 7(4) (1991): 7–26.
26. Bar, F., and Borrus, M. "Information Networks and Competitive Advantage: Issues for Government Policy and Corporate Strategy." *International Journalof Technology Management* 7(6–8) (1992): 398–408.
27. Yadav, V., Adya, M., Sridhar, V., and Nath, D. "Flexible Global Software Development (GSD): Antecedents of Success in Requirements Analysis." *Journal of Global Information Management* 17(1) (2009): 1–30.
28. Klein, K. "Globalization, Small Biz-Style." *Bloomberg Businessweek*. 23 January 2008. Accessed 14 July 2010 @ www.businessweek.com/smallbiz/content/jan2008/sb20080123_487864.htm.
29. Kong, L. "Data Protection and Transborder Data Flow in the European and Global Context." *European Journal of International Law* 21(2) (2010): 441–456. Accessed 13 February 2013 @ http://ejil.oxfordjournals.org/content/21/2/441.full.
30. Ibid.
31. Eastwood, G. "Video Conferencing Market to Grow to $6 Billion by 2020." Ucinsight. 10 March 2015. Accessed 6 December 2016 @ http://www.ucinsight.com/latestnews/video-conferencingmarket-to-grow-to-6-billion-by-2020/.
32. Global Industry Analysts, Inc. "Globalization of Businesses and Workforce Mobility to Drive Global Market for Video Conferencing Systems." *PRWEB*. 19 February 2013. Accessed 2 January 2014 @ www.prweb.com/releases/video_conferencing_system/enterprise_ISDN_IP_system/prweb10444764.htm.
33. "Company Overview." Alibaba Group. Accessed 12 September 2019 @ http://www.alibabagroup.com/en/about/overview.
34. Broad, M. "Alibaba: What Exactly Does It Do?" *BBC*. 14 September 2014. Accessed 20 November 2014 @ http://www.bbc.com/news/business-29077495.
35. Mun, J. "Barriers for Globalization." *Yahoo! Voices*. 27 October 2008. Accessed 14 February 2013 @ http://voices.yahoo.com/barriersglobalization-2070111.html?cat=3.
36. Haeckel, S., and Nolan, R. "Managing by Wire (Enterprise Models Driving Strategic Information Technology)." *Harvard Business Review* 71 (1993): 122–132.
37. Passino, J., and Severance, D. "Harnessing the Potential of Information Technology for Support of the New Global Organization." *Human Resource Management* 29(1) (1990): 69–76.
38. Karimi, J., and Konsynski, B. R. "Globalization and Information Management Strategies." *Journal of Management Information Systems* 7(4) (1991): 7–26.
39. Schatz, W. "Scatter-Shot Systems: There Are Lots of Ways to Buy and Manage Technology in a Decentralized Environment." *Computerworld* 30 (August 1993): 75–79.
40. Kettinger, W., Grover, V., Guha, S., and Segars, A. "Strategic Information Systems Revisited: A Study in Sustainability and Performance." *Management Information Systems Quarterly* 18(1) (1994): 31–58.
41. Ives, B., and Jarvenpaa, S. "Application of Global Information Technology: Key Issues for Management." *Management Information Systems Quarterly* 15 (1991): 33–49.
42. Fleenor, D. "The Coming and Going of the Global Corporation." *Columbia Journal of World Business* 28(4) (1993): 6–10.
43. Laudon, K., and Laudon, J. *Management Information Systems: Organization and Technology*. Upper Saddle River, NJ: Prentice Hall, 1996: 668–692.
44. Lynch, C. "How General Motors Uses Socialtext for Its R&D." Socialtext. March 2010. Accessed 14 February 2013 @ www.socialtext.com/blog/2010/03/how-general-motors-uses-social.
45. Kettinger, W., Grover, V., Guha, S., and Segars, A. "Strategic Information Systems Revisited: A Study in Sustainability and Performance." *Management Information Systems Quarterly* 18(1) (1994): 31–58.
46. Unknown. "Top IT Outsourcing Countries in 2019." Existek. 14 February 2019. Accessed 15 April 2019 @https://existek.com/blog/top-it-outsourcing-countries-in-2019/.
47. "Technological Innovation at FedEx." FedEx. Accessed 19 February 2013 @ www.fedex.com/ma/about/overview/innovation.html.
48. Ibid.
49. "FedEx Global Trade Manager." FedEx. Accessed 19 February 2013 @ www.fedex.com/GTM?cntry_code=us.
50. "FedEx Innovation." FedEx. Accessed 19 February 2013 @ http://about.van.fedex.com/fedex-innovation.
51. Biehl, M. "Success Factors for Implementing Global Information Systems." *Communications of the ACM* 50(1) (2007).
52. Gelfand, M. J., Erez, M., and Ayean, Z. "Cross-Cultural Organizational Behavior." *Annual Review of Psychology* 58 (2007): 479–514.
53. Huff, S. "Managing Global Information Technology." *Business Quarterly* 56(2) (1991): 71–75.
54. Ambrosio, J. "Global Software: When Does It Make Sense to Share Software with Offshore Units?" *Computerworld* 2 (August 1993): 74–77.
55. Spiegler, R. "Globalization: Easier Said Than Done." *The Industry Standard* 9 (October 2000): 136–155.
56. Huff, S. "Managing Global Information Technology." *Business Quarterly* 56(2) (1991):71–75.
57. Mozur, P. "Twitter Users in China Face Detention and Threats in New Beijing Crackdown." *New York Times*. 10 January 2019. Accessed 15 April 2019 @ https://www.nytimes.com/2019/01/10/business/china-twitter-censorship-online.html.
58. "You Won't Believe this Countries BANNED Facebook, Twitter and YouTube." FreeBrowsingLink. Accessed 15 April 2019 @ https://www.freebrowsinglink.com/countries-banned-social-media/.
59. *Yahoo v. LICRA*. U.S. Court of Appeals (9th Cir., 2004, D.C. No. CV-00-21275-JF).
60. Business Software Alliance. "Fifth Annual BSA and IDC Global Software Piracy Study." 2007. Accessed 17 August 2010 @ http://global.bsa.org/idcglobalstudy2007/studies/2007_global_piracy_study.pdf.
61. Handley, L. "US Companies Are Not Exempt from Europe's New Data Privacy Rules — And Here's What They Need to Do About It." CNBC. 25 April 2018. Accessed 4 July 2019 @ https://www.cnbc.com/2018/04/25/gdpr-data-privacyrules-in-europe-and-how-they-apply-to-uscompanies.html.
62. Huff, S. "Managing Global Information Technology." *Business Quarterly* 56(2) (1991): 71–75.
63. This information has been gathered from the company Web site (www.sap.com) and other promotional materials. For more detailed information and updates, visit the Web site.
64. Norris, R. "An Evaluation of Toyota Motor Company (TMC) Information Systems." Yahoo! Voices. 23 May 2007. Accessed 15 February 2013 @ http://voices.yahoo.com/an-evaluation-toyotamotor-company-tmc-information-354371.html?cat=27.
65. "Toyota Production System." Toyota. Accessed 15 February 2013 @ www.toyotaglobal.com/company/vision_philosophy/toyota_production_system.
66. Duvall, M. "Toyota: Daily Dealings." Baseline. 5 September 2006. Accessed 15 February 2013 @ www.baselinemag.com/c/a/Infrastructure/What-Is-Driving-Toyota/2.
67. "Toyota Motor Europe Upgrades Vehicle Order Management System with Oracle E-Business Suite 12.1 to Help Improve Customer Allocation and Lead Times." Oracle. 5 October 2011. Accessed 15 February 2013 @ www.oracle.com/us/corporate/press/513279.
68. Baldwin, H. "Supply Chain 2013: Stop Playing Whack-a-Mole with Security Threats." *InfoWorld*. 30 April 2013. Accessed 2 January 2014 @ www.infoworld.com/d/security/supply-chain-2013-stop-playing-whack-mole-security-threats-

217547?source=IFWNLE_nlt_sec_2013-05-02.
69. Ibid.

10

1. Wood, J., and Silver, D. *Joint Application Design*. New York: Wiley, 1989.
2. Bensaou, M., and Earl, E. "The Right Mind-Set for Managing Information Technology." *Harvard Business Review* 76(5) (1998): 109.
3. Duvall, M. "Airline Reservation System Hits Turbulence." *Baseline*. 25 July 2007. Accessed 16 July 2010 @ http://www.baselinemag.com/c/a/Business-Intelligence/Airline-Reservation-System-Hits-Turbulence/.
4. Doke, E. "An Industry Survey of Emerging Prototyping Methodologies." *Information and Management* 18(4) (1990): 169–176.
5. Florentine, S. "More Than Half of IT Projects Still Failing." CIO. 11 May 2016. Accessed 16 April 2018. @ https://www.cio.com/article/3068502/project-management/more-than-half-of-it-projectsstill-failing.html.
6. Grimes, R. A. "7 Indispensable Project Management Tips." CSO. 29 July 2014. Accessed 12 September 2019 @ https://www.csoonline.com/article/2608606/7-indispensable-projectmanagement-tips.html.
7. Greene, J. "The Top 9 Reasons for IT Project Failure: Is Your Project at Risk?" Spoke. Accessed 5 July 2019 @ https://www.askspoke.com/blog/it/reasons-for-it-project-failure/.
8. Ibid.
9. Benson, D. "A Field Study of End User Computing: Findings and Issues." *MIS Quarterly* 7(4) (1983): 35–40.
10. Tayntor, C. "New Challenges or the End of EUC." *Information Systems Management* 11(3) (1994): 86–88.
11. McKendrick, J. "Ten Examples of SOA at Work, Right Now." ZDNet. 3 January 2006. Accessed 15 July 2010 @ www.zdnet.com/blog/service-oriented/ten-examples-of-soa-at-work-right-now/508.
12. Franklin Jr., C. "Rapid Application Development: Know the Right Tools." *Information Week*. 26 October 2016. Accessed 12 December 2016 @ http://www.informationweek.com/software/enterprise-applications/rapid-application-developmentknow-the-right-tools/a/d-id/1327294.
13. Ibid.
14. Goldstein, A. "Hand-to-Hand Teamwork. Sabre Airline Solutions." *Dallas Morning News*. 23 February 2003. Accessed 20 March 2012 @ http://www.sabre-holdings.com/newsroom/inTheNews/02_23_03.html.
15. Sacolick, I. "What Is Agile Methodology? Modern Software Development Explained." *InfoWorld*. 15 March 2018. Accessed 5 July 2019 @ https://www.infoworld.com/article/3237508/agile-development/what-is-agile-methodologymodern-software-development-explained.html.
16. "Principles Behind the Agile Manifesto." Accessed 16 July 2010 @ www.agilemanifesto.org/principles.html.
17. "About HomeAway, Inc." Homeaway.com. Accessed 19 February 2013 @ www.homeaway.com/info/about-us/company-info.
18. Krill, P. "Agile: How It Became a Way of Life at HomeAway." *InfoWorld*. 1 May 2012. Accessed 18 February 2013 @ www.infoworld.com/d/application-development/agile-how-it-becameway-of-life-homeaway-192102?source=IFWNLE_nlt_daily_2012-05-01.
19. This information has been gathered from the company Web site (www.ca.com) and other promotional materials. For more information and updates, visit the Web site.
20. "Latvia Builds a Comprehensive Business Platform on IBM Lotus Notes and Domino." IBM. 16 December 2008. Accessed 16 July 2010 @ ftp://ftp.software.ibm.com/common/ssi/pm/ab/n/loc14088lven/LOC14088LVEN.PDF.
21. York, M. "Crowdsourcing: It's Not Just for Logos and Web Design." About.com. Accessed 14 August 2011 @ http://entrepreneurs.about.com/od/casestudies/a/Crowdsourcing-Its-Not-Just-For-Logos-And-Web-Design.htm.

11

1. "Our Company." Coca-Cola Company. Accessed 20 February 2013 @ www.coca-colacompany.com/our-company.
2. "Coca-Cola Supply Chain Management Success Story." CSC. Accessed 20 February 2013 @ www.csc.com/application_services/success_stories/78846-coca_cola_supply_chain_management_success_story.
3. O'Reilly, J. "Green Logistics the Walmart Way." Inboundlogistics. June 2013. Accessed 14 December 2016 @ http://www.inboundlogistics.com/cms/article/green-logistics-the-walmart-way/.
4. Makower, J. "Walmart Sustainability at 10: An Assessment." GreenBiz. 17 November 2015. Accessed 14 December 2016 @ https://www.greenbiz.com/article/walmart-sustainability-10-assessment.
5. "Walmart to Cut 20 Million Metric Tons of Greenhouse Gas Pollution by 2015." ThinkProgress. 27 February 2010. Accessed 14 December 2016 @ https://thinkprogress.org/wal-mart-to-cut-20-million-metric-tons-of-greenhouse-gas-pollutionby-2015-46a123e47cd7#.o5qqo7at/.
6. "Walmart Launches New Reusable Bag Campaign; Announces 93 Million Metric Tons of Supplier Emission Reductions through Project Gigaton and Announces New Sustainable Textile Goals." Walmart. 10 April 2019. Accessed 3 May 2019 @ https://news.walmart.com/2019/04/10/walmart-launches-new-reusable-bag-campaignannounces-93-million-metric-tons-of-supplieremission-reductions-through-project-gigaton-andannounces-new-sustainable-textile-goals.
7. "3D Printing Market Worth 30.19 Billion USD by 2022." Markets and Markets. Accessed 6 December 2016 @ http://www.marketsandmarkets.com/PressReleases/3d-printing.asp.
8. Gilpin, L. "10 Industries 3D Printing Will Disrupt or Decimate." Techrepublic. 12 February 2014. Accessed 6 December 2016 @ http://www .techrepublic.com/article/10-industries-3d-printingwill-disrupt-or-decimate/.
9. "3D Printing and Its Impact on the Supply Chain." University of San Francisco. Accessed 6 December 2016 @ http://www.usanfranonline.com/resources/supply-chain-management/3dprinting-and-its-impact-on-the-supply-chain/#.WAvMlfkrJD8.
10. Wellers, D. and Rander, M. "4D Printing: Self-Assemble, Self-Shape, Self-Repair." *Digitalist*. 5 December 2018. Accessed 1 May 2019 @ https://www.digitalistmag.com/digitaleconomy/2018/12/05/4d-printing-self-assemble-selfshape-self-repair-06189497.
11. "What is 4D Printing, Anyway?" AMFG. 5 February 2019. Accessed 1 May 2019 @ https://amfg.ai/2019/02/05/what-is-4d-printing/.
12. Zaleski, A. "How 3D Printing Saved a 5-Year-Old's Life." *Fortune*. 7 October 2015. Accessed 6 December 2016 @ http://fortune.com/2015/10/07/3d-printing-saved-a-5-year-oldslife/.
13. Lee, K. "Medical 3D Printing Lowers Risksand Cost of Complex Surgeries." SearchHealthIT. Accessed 6 December 2016 @ http://searchhealthit.techtarget.com/feature/Medical-3D-printinglowers-risk-and-cost-of-complex-surgeries.
14. Mesko, B. "12 Things We Can 3D Print in Medicine Right Now." 3D Printing Industry. Accessed 6 December 2016 @ https://3dprintingindustry.com/news/12-things-we-can-3d-print-in-medicine rightnow-42867/.
15. Master, N. "3 Companies Successfully Using Drones in the Supply Chain." RFgen Software. 31 May 2016. Accessed 6 December 2016 @ http://www.rfgen.com/blog/3-companies-successfullyusing-drones-in-the-supply-chain.
16. McFarland, M. "Domino's Delivers Pizza by Drone in New Zealand." CNN Tech. 26 August 2016. Accessed 6 December 2016 @ http://money.cnn.com/2016/08/26/technology/dominosdrone-new-zealand/.
17. Young, T. "Can Drones be Taken Seriously in the Supply Chain." Supply Chain Digital. 30 July 2016. Accessed 14 December 2016 @ http://www.supplychaindigital.com/logistics/4368/Candrones-be-taken-seriously-in-the-supplychain.

18. Meola, A. "Here's What to Expect from the FAA's Upcoming Drone Regulations." *Business Insider*. 17 May 2016. Accessed 14 December 2016 @ http://www.businessinsider.com/hereswhat-to-expect-from-the-faas-upcoming-droneregulations-2016-5.
19. Craig, W. "2019 Trends: 5 Practical Uses for Drones in the Supply Chain." GSI. Accessed 3 May 2019 @ https://www.getgsi.com/2019-trends-5-practical-uses-for-drones-in-the-supply-chain/.
20. Freeman, D. "A Drone Just Flew a Kidney to a Transplant Patient for the First Time Ever — It Won't Be the Last. CNBC. 3 May 2019 Accessed 5 May 2019 @ https://www.cnbc.com/2019/05/03 /drone-flies-a-kidney-to-a-transplant-patient-forthe-first-time-ever.html.
21. "Internet of Things (IoT) Connected Devices Installed Base Worldwide from 2015 to 2025." Statista. 27 November 2016. Accessed 12 September 2019 @ https://www.statista.com/statistics/471264/iot-number-of-connected-devicesworldwide/.
22. Shankar, U. "How the Internet of Things Impacts Supply Chains." Inbound Logistics. Accessed 14 December 2016 @ http://www.inboundlogistics.com/cms/article/how-theinternet-of-things-impacts-supply-chains/.
23. Smith, S. D. "Why the IoT is the Key to Efficiency in the Supply Chain." ModusLink Global Solutions. 23 March 2016. Accessed 14 December 2016 @ https://www.moduslink.com /iot-key-efficiency-supply-chain/.
24. Weis, S. "RFID: Technical Considerations." In *The Handbook of Technology Management*. Edited by H. Bigdoli. Hoboken, NJ: Wiley, 2010.
25. "QR Code Features." QR Code.com. Accessed 7 December 2011 @ www.denso-wave.com/qrcode /qrfeature-e.html.
26. Weier, M. "Coke's RFID-Based Dispensers Redefine Business Intelligence." *Information Week*. 6 June 2009. Accessed 7 October 2010 @ www.informationweek.com/news/mobility/RFID/show-Article.jhtml?articleID=217701971.
27. Campbell, A. "QR Codes, Barcodes and RFID: What's the Difference?" *Small Business Trends*. 21 February 2011. Accessed 2 December 2011 @ http://smallbiztrends.com/2011/02/qr-codesbarcodes-rfid-difference.html.
28. Quinn, H. "QR Codes May Be Too Much Work for Consumers, UD Study Finds." technical.ly/Delaware. 12 Jun 2019. Accessed 24 July 2019 @ https://technical.ly /delaware/2019/06/12/qr-codes-may-be-too-muchwork-for-consumers-university-of-delaware-studyfinds/.
29. Sprague, M. "Close-Up with Google's New QR Code Generator." Search Engine Land. 7 October 2010. Accessed 2 December 2011 @ http://searchengineland.com/close-up-with-googles-new-qrcode-generator-52248.
30. Kotz, L. "Sacre Bleu Wine Adapts QR Codes to Labels." DataMart Direct. 8 August 2012. Accessed 6 March 2013 @ www.datamartdirect.com/index.php/2012/08/sacre-blue-wine-adapts-qr-codesto-labels.
31. Ankeny, J. "How One Small Company Is Using QR Codes." Entrepreneur. 3 October 2011. Accessed 6 March 2013 @ www.entrepreneur.com /article/220359.
32. Goldberg, J. "Best Buy Deploys QR Codes to Enhance Shopping Experience." Retail Geek. Accessed 6 March 2013 @ http://retailgeek.com /best-buy-deploys-qr-codes-to-enhance-shoppingexperience.
33. Tsirulnik, G. "Calvin Klein Activates Billboards with QR Codes Pushing Mobile Video Ad." Mobile Marketer. 29 July 2010. Accessed 6 March 2013 @ www.mobilemarketer.com/cms/news/advertising/6933.html.
34. Sprague, M. "QR Codes: Are You Ready for Paper-Based Hyperlinks?" Search Engine Land. 13 September 2010. Accessed 6 March 2013 @ http://searchengineland.com/qr-codes-are-youready-for-paper-based-hyperlinks-49684.
35. Kats, R. "McDonald's Continues Mobile Reign with QR Code Push." Mobile Marketer. 30 July 2012. Accessed 6 March 2013 @ www.mobilemarketer.com/cms/news/softwaretechnology/13410.html.
36. "Pepsi Uses QR Codes to Push Video Content." MediaPoondi. 30 October 2012. Accessed 6 March 2013 @ www.mediapoondi.com/2012/10/30 /pepsi-uses-qr-codes-to-push-video-content.
37. Lamb, R. "Ralph Lauren Steps Up Mobile Game with Customized QR Codes." *Luxury Daily*. 20 September 2011. Accessed 6 March 2013 @ www.luxurydaily.com/ralph-lauren-steps-upmobile-game-with-customized-qr-codes.
38. "Starbucks Customers Pay for Drinks with QR Codes." BeQRious. Accessed 6 March 2013 @ http://beqrious.com/starbucks-customers-pay-for-drinkswith-qr-codes.
39. Roy, E. "What is Global Supply Chain Management?" Trade Ready. 16 February 2017. Accessed 1 May 2019 @ http://www.tradeready.ca/2017/topics/supply-chain-management /global-supply-chain-management/.
40. Aswell, S. "4 Benefits & 6 Challenges with a Globalized Supply Chain." Contract Room. 13 September 2016. Accessed 1 May 2019 @ http://blog.contractroom.com/4-benefits-6-challenges-with-supply-chain.
41. Payne, A. *Handbook of CRM: Achieving Excellence Through Customer Management*. Oxford, MA: Butterworth-Heinemann, 2005.
42. Wailgum, T. "CRM Definition and Solutions." CIO. Accessed 26 July 2010 @ www.cio.com/article/40295/Customer_Relationship_Management.
43. Robinson, S. "Next Up for CRM? Customer Retention Through Contextual Messaging." *InformationWeek*. 12 June 2017. Accessed 14 January 14, 2018 @ http://informationweek.com /big-data/big-data-analytics/next-up-for-crmcustomer-retention-through-contextual-messaging/a/d-id/1329109?.
44. "Corporate Stats and Facts." Delta. 15 August 2019. Accessed 12 September 2019 @ http://news.delta.com/corporate-stats-and-facts.
45. "Delta Takes Off with Salesforce." Accessed 6 December 2015 @ http://www.salesforce.com /customers/stories/delta-airlines.jsp.
46. "Personalization vs. Customization." RapLeaf Blog. 22 February 2012. Accessed 26 March 2012 @ http://blog.rapleaf.com/blog/2012/02/22 /personalization-vs-customization-2.
47. Ray, R. "Selling with Personalization: Why Amazon.com Succeeds and You Can Too." Smallbiztechnology. 2 August 2008. Accessed 16 July 2010 @ smallbiztechnology.com /archive/2008/08/selling-with-personalizationw.html.
48. Ibid.
49. Aaronson, J. "Personalization Technologies: A Primer." ClickZ. 24 August 2007. Accessed 26 March 2012 @ www.clickz.com/3626837.
50. Rao, L. "How Amazon Is Tackling Personalization and Curation for Sellers on Its Marketplace." TechCrunch. 31 August 2013. Accessed 2 January 2014 @ http://techcrunch.com/2013/08/31/howamazon-is-tackling-personalization-and-curation-forsellers-on-its-marketplace.
51. Levinson, M. "Knowledge Management Definition and Solutions." CIO. Accessed 16 July 2010 @ www.cio.com/article/40343/Knowledge_Management_Definition_and_Solutions.
52. D'Auria, J. "Goodwin Procter Makes Strong Case for Knowledge Management." CIO. 1 August 2008. Accessed 3 December 2011 @ www.cio.com /article/440726/Goodwin_Procter_Makes_Strong_Case_for_Knowledge_Management?page=1&taxonomyId=3154.
53. Vormittag Associates. "Saudi-Based Auto and Electronics Distributor Streamlines Operations with VAI's S2K Software." VAI. Accessed 17 July 2010 @ www.vai.net/company/success-stories /naghi-group.html.
54. Bidgoli, H. "Cloud Computing Deployment: What Have we Learned from Real Life Implementations and Practices." *Journal of Strategic Innovation and Sustainability* 13(1) (2018): 36–52.
55. Brodkin, J. "Amazon and IBM are the Cloud's Biggest Players." *InfoWorld*. 15 July 2010. Accessed 1 April 2019 @ http://www.infoworld.com/d/cloudcomputing/amazon-and-ibm-are-the-clouds-biggest-players-484?page=0,0&source=IFWNLE_nlt_wrapup_2010-07-16.
56. "Advantages and Disadvantages of Cloud-Based ERP Systems." Planet Together. 6 June 2018. Accessed 1 April 2019 @ https://www.planettogether.

com/blog/advantages-and-disadvantages-of-cloudbased-erp-systems.
57. Larkin, A. "Disadvantages of Cloud Computing." Cloud Academy. 26 June 2018. Accessed 1 April 2019 @ https://cloudacademy.com/blog/disadvantages-of-cloud-computing/.
58. This information has been gathered from the company Web site (www.salesforce.com) and other promotional materials. For more information and updates, visit the Web site.
59. IBM. "Johns Hopkins Unites Its Businesses with SAP and IBM." IBM. 26 June 2008. Accessed 16 July 2010 @ www-01.ibm.com/software/success/cssdb.nsf/CS/STRD-7FYDM6?OpenDocument&Site=gicss67sap&cty=en_us.
60. "Starbucks Company Profile." Accessed 23 April 2016 @ http://www.starbucks.com/about-us/company-information/starbucks-company-profile.
61. "My Starbucks Idea: The Starbucks Crowdsourcing Success Story." Social Media for Business Performance. 12 February 2015. Accessed 23 April 2016 @ http://smbp.uwaterloo.ca/2015/02/my-starbucks-idea-the-starbucks-crowdsourcingsuccess-story/.

12

1. Simon, H. *The New Science of Management Decision*. Englewood Cliffs, NJ: Prentice-Hall, 1977.
2. Sprague, R., and Carlson, E. *Building Effective Decision Support Systems*. Englewood Cliffs, NJ: Prentice-Hall, 1982.
3. Ibid.
4. Keen, P. "Value Analysis: Justifying Decision Support Systems." *MIS Quarterly* 5(1) (1981): 1–15.
5. Alter, S. *Decision Support Systems: Current Practice and Continuing Challenges*. Reading, MA: Addison-Wesley, 1979.
6. Sauter, V. *Decision Support Systems for Business Intelligence*, 2nd Edition. Hoboken, NJ: Wiley, 2011.
7. Turban, E., Sharda, R., and Delen, D. *Decision Support and Business Intelligence Systems*, 9th Edition. Englewood Cliffs, NJ: Prentice-Hall, 2011.
8. "Family Dollar Accelerates Growth in Down Times." SAS. Accessed 2 January 2014 @ www.sas.com/offices/europe/uk/industries/retail/familydollar-case-study.html.
9. Watson, H., and Rainer, K., Jr. "A Manager's Guide to Executive Support Systems." *Business Horizons* 34(2) (1991): 44–50.
10. Liang, L., and Miranda, R. "Dashboards and Scorecards: Executive Information Systems for the Public Sector." *Government Finance Review*. December 2001. Accessed 16 July 2012 @ www.inst-informatica.pt/v20/ersi/13_ersi/documentos/Dashboards%20and%20Scorecards%20-Executive%20Information%20Systems%20for%20-the%20Public%20Sector.pdf.
11. Glover, H., Watson, H., and Rainer, R. "20 Ways to Waste an EIS Investment." *Information Strategy: The Executive's Journal* (Winter 1992): 11–17.
12. Watson, H., and Satzinger, J. "Guidelines for Designing EIS Interfaces." *Information Systems Management* (Fall 1994): 46–52.
13. "Technology Drives Decisions at Hyundai." SAS. Accessed 2 January 2014 @ www.sas.com/success/pdf/hyundai.pdf.
14. eSpatial. "GIS for Insurance." eSpatial. Accessed 1 April 2012 @ http://www.esri.com/library/whitepapers/pdfs/gis-for-insurance-claims-process.pdf.
15. "GIS Software for Insurance Mapping." Caliper Corporation. Accessed 1 April 2012 @ www.caliper.com/maptitude/insurance/default.htm.
16. Romeo, J. "Target Marketing with GIS." Geospatial Solutions. May 2005. Accessed 1 April 2012 @ http://tetrad.com/pub/documents/geospatial.pdf.
17. "Mapping Software for Sales & Marketing." eSpatial. Accessed 1 April 2012 @ https://www.espatial.com/info/mapping-softwarefor-online?utm_source=Google&utm_medium=PPC&kw=%2Bmapping%20%2Bsoftware&Network=Search&Placement=&Creative=25617727576&utm_campaign=US_Mapping&gclid=CKCHj8_Mz78CFQORfgodzkQAvQ.
18. Robb, D. "Geographic Information Systems: Mapping Out Enterprise Impact." Enterpriseappstoday. 10 February 2014. Accessed 25 December 2016 @ http://www.enterpriseappstoday.com/business-intelligence/geographic-information-systems-mapping-outenterprise-impact.html.
19. Clancy, H. "Why Walgreens Uses Interactive Maps Plus Analytics to Evaluate Store Locations." *Fortune*. 22 October 2015. Accessed 25 December 2016 @ http://fortune.com/2015/10/22/why-walgreens-uses-interactive-maps-plus-analyticsto-evaluate-store-locations/.
20. "GIS for Real Estate." ESRI. February 2007. Accessed 1 April 2012 @ www.esri.com/library/bestpractices/real-estate.pdf.
21. "Why Use GIS?" Geographic Information Systems. Accessed 1 April 2012 @ www.gis.com/content/why-use-gis.
22. Ibid.
23. "1000 GIS Applications & Uses – How GIS Is Changing the World. " GIS Geography. 25 April 2019. Accessed 13 June 2019 @ https://gisgeography.com/gis-applications-uses/.
24. O'Cionnaith, F. "GIS on the Front Lines in Fighting Disease." ESRI. 19 December 2007. Accessed 1 April 2012 @ http://www.esri.com/news/arcnews/fall12articles/can-gis-help-fight-thespread-of-malaria.html.
25. Dempsey, C. "Monitor the Swine Flu Real Time with Google Maps." GIS Lounge. 27 April 200. Accessed 16 July 2010 @ http://gislounge.com/monitor-the-swine-flu-real-time-with-google-maps.
26. Victoria, S. "3 Types of Collaboration Software Tools to Improve Your Workflow." Ruby Garage. 19 July 2019. Accessed June 13 2019 @ https://rubygarage.org/blog/collaboration-software-types.
27. "Skype Overview." Downloadinfo. Accessed 20 February 2013 @ http://allthingsd.com/20120821/a-chance-to-call-15-friends-to-video-chat-in-highdef/.
28. "FaceTime: Be in Two Places at Once." Apple. Accessed 20 February 2013 @ www.apple.com/ios/facetime/?cid=wwa-us-kwg-features-00001&siclientid=6381&sessguid=e5147ce0-ea29-47ed-914d-e1058f57bd71&userguid=e5147ce0-ea29-47ed-914d-e1058f57bd71&permguid=e5147ce0-ea29-47ed-914d-e1058f57bd71.
29. "Tango." *Tango.me*. Accessed 20 February 2013 @ tango.me.
30. "Get Started. About Hangouts." Google. Accessed 20 February 2013 @ http://support.google.com/plus/bin/answer.py?hl=en&answer=1215273.
31. "What Is ooVoo?" Oovoo. Accessed 20 February 2013 @ http://cdn01.oovoo.com/cdnhelp/en/content/what_is_oovoo.htm.
32. "One Consistent Enterprise Experience."Zoom.us. Accessed 20 February 2013 @ zoom.us.
33. Mossberg, W. S. "A Chance to Call 15 Friends to Video Chat in High Def." *Wall Street Journal*. 21 August 2012. Accessed 20 February 2013 @ http://online.wsj.com/article/SB1000087239639044443504577603383238616426.html?mod=djem_jiewr_IT_domainid.
34. Finnegan, M. "Task Management Apps: Collaborative Project Tracking Tools for the Digital Workplace." *Computerworld*. 3 April 2019. Accessed 13 June 2019 @ https://www.computerworld.com/article/3386418/task-management-appscollaborative-project-tracking-tools-for-the-digitalworkplace.html.
35. "What Is SharePoint?" Microsoft. Accessed 2 January 2014 @ http://office.microsoft.com/en-us/sharepoint-server-help/what-is-sharepoint-HA010378184.aspx.
36. "Google Apps for Work." Google. Accessed 6 December 2015 @ https://www.google.com/work/apps/business/products/.
37. Udell, J. "For Remote Collaboration, Google Apps Still Can't Be Beat." *InfoWorld*. 18 May 2015. Accessed 6 December 2015 @ http://www.infoworld.com/article/2923216/collaboration/for-remote-collaboration-google-apps-still-cantbe-beat.html?phint=newt%3Dinfoworld_cloud_computing&phint=idg_eid%3Da74f01173c5d192b6e17e3ba45b5c85f#tk.IFWNLE_nlt_cloud_2015-05-18&siteid=&phint=tpcs%3D&phint=idg_eid%3-Da74f01173c5d192b6e17e3ba45b5c85f.
38. Victoria, S. "3 Types of Collaboration Software Tools to Improve Your Workflow." Ruby Garage. 19 July 2019. Accessed June 13 2019 @ https://rubygarage.org/blog/collaboration-software-types.
39. Google Apps for Work. Accessed 22 September

2019 @ https://www.google.com/work/apps/business/products/.
40. This information has been gathered from the company Web site (www.sas.com) and other promotional materials. For more information and updates, visit the Web site.
41. "UPS Speeds ORION Deployment and Takes Routing Optimization to New Heights." UPS. 30 October 2013. Accessed 2 January 2014 @ www.pressroom.ups.com/Press+Releases/Archive/2013/Q4/UPS+Speeds+ORION+Deployment+And+Takes+Routing+Optimization+To+New+Heights.
42. Gilbert, E. "Predictive Analytics Route Planning Algorithm at UPS Followed a Long Path to Success." Dataversity. 19 July 2016. Accessed 30 December 2017 @ http://www.dataversity.net/predictive-analytics-route-planning-algorithm-upsfollowed-long-path-success/.
43. "PS Deploys Purpose-Built Navigation for UPS Service Personnel. UPS. 4 December 2018. Accessed 25 May 2019 @ https://www.pressroom.ups.com/pressroom/ContentDetailsViewer.page?ConceptType=PressReleases&id=1543925402585-887.
44. Miller, J. A. "How Tech Can Help Cities Reduce Crime." CIO. 9 April 2014. Accessed 22 September 2019 @ https://www.cio.com/article/2377330/how-tech-can-help-citiesreduce-crime.html.

13

1. Davis, J. "AI: Economic Boom But Jobs Bust." *Information Week*. 10 July 2016. Accessed 14 December 2016 @ http://www.informationweek.com/big-data/software-platforms/ai-economicboom-but-jobs-bust/d/d-id/1327116.
2. McCarthy, J. "What Is Artificial Intelligence?" Stanford University. 12 November 2007. Accessed 16 July 2010 @ www.formal.stanford.edu/jmc/whatisai/whatisai.html.
3. Schwartz, E. "Smart Programs Go to Work." *BusinessWeek*. 2 March 1992.
4. Lesaint, D., Voudouris, C., and Azarmi, N. "Dynamic Workforce Scheduling for British Telecommunications." *Interfaces* 30(1) (2000): 45–56.
5. Hall, O. "Artificial Intelligence Techniques Enhance Business Forecasts." *Graziadio Business Review* 5(2) (2002). Accessed 15 November 2009 @ http://gbr.pepperdine.edu/022/intelligence.html.
6. Bidgoli, H. "Integration of Technologies: An Ultimate Decision-Making Aid." *Industrial Management & Data Systems* 93(1) (1993): 10–17.
7. Gaudin, S. "Researchers Enable Computers to Teach Themselves Common Sense." *Computerworld*. 27 November 2013. Accessed 2 January 2014 @ www.computerworld.com/s/article/9244403/Researchers_enable_computers_to_teach_themselves_common_sense.
8. Ibid.
9. Dickson, B. "What is the Difference Between Artificial and Augmented Intelligence?"TechTalks. 4 December 2017. Accessed 12 May 2019 @ https://bdtechtalks.com/2017/12/04/what-is-the-differencebetween-ai-and-augmented-intelligence/.
10. Schatsky, D., Camhi, J., and Dongre, A. "Pervasive Intelligence." Deloitte. 7 November 2018. Accessed 12 May 2019 @ https://www2.deloitte.com/insights/us/en/focus/signals-for-strategists/pervasiveintelligence-smart-machines.html.
11. Johnson, Tara. "10 Jaw-Dropping Examples of Artificial Intelligence in Retail." Tinuiti. 29 January 2019. Accessed 13 September 2019 @ https://www.cpcstrategy.com/blog/2019/01/examples-of-artificial-intelligence/.
12. Hicks, J. "Soft Robotics Takes Shape." *Forbes*. 22 April 2012. Accessed 6 December 2015 @ http://www.forbes.com/sites/jenniferhicks/2012/04/22/soft-robotics-takes-shape/.
13. "Soft Robotics." Accessed 6 December 2015 @ http://www.softroboticsinc.com/.
14. Olivarez-Giles, N. "A Robot with Personality: Aniki's Cozmo Mixes Humor, Animation and AI." *Wall Street Journal*. 27 June 2016. Accessed 14 December 2016 @ http://www.wsj.com/articles/a-robot-with-personality-ankis-cozmo-mixeshumor-animation-and-ai-1467032404?mod=ST1.
15. Noyes, K. "Traffic Tickets Got You Down? This Robo Lawyer Has Already Saved Users $4 Million." *Computerworld*. 28 June 2016. Accessed 14 December 2016 @ http://www.computerworld.com/article/3089393/data-analytics/traffic-ticketsgot-you-down-this-robo-lawyer-has-already-savedusers-4-million.html.
16. Gaudin, S. "Tiny Robots Move Like Caterpillars, Powered By Light." *Computerworld*. 23 August 2016. Accessed 14 December 2016 @ http://www.computerworld.com/article/3110631/robotics/tiny-robots-move-like-caterpillarspowered-by-light.html.
17. Ives, B. "Expert System Puts More Meaning into Semantic Search." The AppGap. 2 June 2008. Accessed 16 July 2010 @ www.theappgap.com/expert-system-puts-more-meaning-into-semanticsearch.html.
18. Alison, D. "12 Advances in Medical Robotics." *InformationWeek*. 29 January 2011. Accessed 5 March 2013 @ www.informationweek.com/healthcare/patient/12-advances-in-medical-robotics/229100383.
19. "FDA Clears First Autonomous Telemedicine Robot for Hospitals." iRobot.com. 24 January 1 2013. Accessed 5 March 2013 @ www.irobot.com/us/Company/Press_Center/Press_Releases/Press_Release.aspx?n=012413.
20. Mearian, L. "Physician Robot to Begin Making Rounds." *Computerworld*. 25 July 2012. Accessed 5 March 2013 @ www.computerworld.com/s/article/9229616/Physician_robot_to_begin_making_rounds.
21. Kneale, D. "How Coopers & Lybrand Put Expertise into Its Computers." *Wall Street Journal*. 14 November 1986.
22. Roby, R. "Expert Systems Help Labs Process DNA Samples." *NIJ Journal*. July 2008. Accessed 16 July 2010 @ www.ojp.usdoj.gov/nij/journals/260/expert-systems.htm.
23. Wai, K., Rahman, A., Zaiyadai, M., and Aziz, A. "Expert System in Real-World Applications." Generation5. Accessed 16 July 2010 @ www.generation5.org/content/2005/Expert_System.asp.
24. Adderley, R., and Musgrove, P. "Police Crime Recording and Investigation Systems—A User's View." *Policing: An International Journal of Police Strategies and Management* 24(1) (2001): 100–114.
25. Lewis, D. "Intelligent Agents and the Semantic Web." IBM developerWorks. 28 October 2008. Accessed 16 July 2010 @ https://www14.software.ibm.com/webapp/iwm/web/signup.do?source=swg-BA_WebOrganic&S_PKG=ov7816&form=336&S_TACT=101KR81W&cmp=101KR&ct=101KR81W&cr=google&cm=k&csr=BI-Cognos_Enterprise_Demo-Branded-Search&ccy=us&ck=cognos%20powerplay&cs=e&mkwid=sqXkhASmCdc_33445287668_43246d30503&gclid=CLvpxsrPz78CFZSEfgod8kIAkQ.
26. Gaydos, M. "The Debate Room: Virtual Agents Will Replace Live Customer Service Reps." *Bloomberg Businessweek*. Accessed 5 March 2013 @ www.businessweek.com/debateroom/archives/2010/07/virtual_agents_will_replace_live_customer_service_reps.html.
27. "Louise." Chatbots. Accessed 5 March 2013 @ www.chatbots.org/virtual_agent/louise.
28. Claburn, T. "Google Search App vs. Apple Siri: 8 Questions." *InformationWeek*. 1 November 2012. Accessed 5 March 2013 @ www.informationweek.com/internet/google/google-search-app-vs-applesiri-8-questi/240012715.
29. Snyder, B. "Beyond 'Jeopardy': How IBM Will Make Billions from Watson." *InfoWorld*. 10 May 2012. Accessed 5 March 2013 @ www.infoworld.com/d/the-industry-standard/beyond-jeopardy-how-ibm-will-make-billionswatson-192814?source=IFWNLE_nlt_daily_2012-05-10.
30. Dorrier, J. "IBM's Watson Expands Commercial Applications, Aims to Go Mobile." SingularityHub. 14 October 2012. Accessed 5 March 2013 @ http://singularityhub.com/2012/10/14/ibms-watsonjeopardy-champ-expands-commercial-applicationsaims-to-go-mobile.
31. "Web Channel: Provide Instant, Accurate Answers to Your Customers' Questions Right from Your Website." Intelliresponse. Accessed 12 March 2013 @ http://www.intelliresponse.com/products/intelliresponse-virtual-agent/.
32. http://www.eweek.com/enterprise-apps/

microsofts-digital-assistant-cortana-spied-onwindows-9.html.
33. Craig, C. "Smarter than Siri: Viv Promises a Truly Intelligent Assistant." *InfoWorld*. 15 August 2014. Accessed 13 September 2019 @ http://www.infoworld.com/t/mobile-apps/smarter-siri-vivpromises-truly-intelligent-assistant-248405?source=IFWNLE_nlt_daily_pm_2014-08-15.
34. Kumparak, G. "Let's Call the Amazon Echo What It Is." Tech Crunch. 6 November 2014. Accessed 13 September 2019 @ http://techcrunch.com/2014/11/06/lets-call-the-amazon-echo-what it-is/.
35. Hamblen, M. "Alexa Voice Commands Can Now Be Spoken into Amazon's Smaller Echo Dot." *Computerworld*. 3 March 2016. Accessed 14 December 2016 @ http://www.computerworld.com/article/3040610/consumerization-of-it/alexa-voicecommands-can-now-be-spoken-into-amazonssmaller-echo-dot.html.
36. "Google Home." Accessed 13 September 2019 @ https://store.google.com/product/google_home.
37. Dobbs, D., Boehle, K., Goldwasser, D., and Stamps, J. "The Return of Artificial Intelligence." *Training* (November 2000).
38. Zadeh, L. "Yes, No and Relatively, Part 2." *Chemtech* (July 1987).
39. Foster, Z. "Guesstimates, Fuzzy Logic and Believe It or Not … Better Decision Making." Blogspot. 9 March 2011. Accessed 3 December 2011 @ http://talk-technology.blogspot.com/2011/03/guesstimates-fuzzy-logic-and-believe-it.html.
40. Klingenberg, B. "Fuzzy Logic Applications." Getting Started with Fuzzy Logic. Accessed 12 March 2013 @ http://www.calvin.edu/~pribeiro/othrlnks/Fuzzy/home.htm.
41. Sherman, C. "In Praise of Fuzzy Searching." Search Engine Watch. 5 June 2001. Accessed 12 March 2013 @ http://searchenginewatch.com/article/2064695/In-Praise-of-Fuzzy-Searching.
42. Feng, G. "A Survey on Analysis and Design of Model-Based Fuzzy Control Systems." *IEEE Transactions on Fuzzy Systems* 14(5) (2006): 676–697.
43. Shewan, D. "10 Companies Using Machine Learning in Cool Ways." WordStream. 11 December 2017. Accessed December 30, 2017 @ http://www.wordstream.com/blog/ws/2017/07/28/machine-learning-applications?amp.
44. Metz, C. "Google's AI Wins Fifth And Final Game Against Go Genius Lee Sedol." *Wired*. 15 March 2016. Accessed 14 December 2016 @ https://www.wired.com/2016/03/googles-ai-winsfifth-final-game-go-genius-lee-sedol/.
45. "Maximize Returns on Direct Mail with BrainMaker Neural Network Software." California Scientific. Accessed 20 July 2010 @ www.calsci.com/DirectMail.html.
46. "Neural Network Red-Flags Police Officers with Potential for Misconduct." California Scientific. Accessed 20 July 2010 @ www.calsci.com/Police.html.
47. Holland, J. "Genetic Algorithms." *Scientific American* (July 1992).
48. Wiggins, R. "Docking a Truck: A Genetic Fuzzy Approach." *AI Expert* 7(5) (1992): 28–35.
49. Marczyk, A. "Genetic Algorithms and Evolutionary Computation." *The Talk Origins Archive*. Accessed 9 May 2012 @ www.talkorigins.org/faqs/genalg/genalg.html.
50. Obermeir, K. "Natural Language Processing." *Byte* (December 1987).
51. Liu, S., Duffy, A., Whitfield, R., and Boyle, I. "Integration of Decision Support Systems to Improve Decision Support Performance." In *Knowledge and Information Systems*. London, UK: Springer, 2009.
52. Turban, E., and Watkins, P. "Integrating Expert Systems and Decision Support Systems." *MIS Quarterly* 10(2) (1986): 121–136.
53. Basu, R., Archer, N., and Mukherjee, B. "Intelligent Decision Support in Healthcare." *Analytics*. January, February 2012. Accessed 5 March 2013 @ www.analytics-magazine.org/januaryfebruary-2012/507-intelligent-decisionsupport-in-healthcare.
54. Ibid.
55. Ibid.
56. "Google DeepMind Teaches Artificial Intelligence Machines to Read." 17 June 2015. *MIT Technology Review*. Accessed 6 December 2015 @ http://www.technologyreview.com/view/538616/google-deepmind-teaches-artificial-intelligencemachines-to-read/.
57. Wilson, M. "Facebook Uses AI to Objects in Photos." BetaNews. Accessed 6 December 2015 @ http://betanews.com/2015/11/04/facebook-usesai-to-recognize-objects-in-photos/.
58. Anderson, G. "Amazon Uses Artificial Intelligence System to Improve Review/Rating System." 23 June 2015. RetailWire. Accessed 6 December 2015 @ http://www.retailwire.com/discussion/18364/amazon-uses-artificialintelligence-to-improve-review-rating-system.
59. Mizroch, A. "Amazon Boosts Its Artificial Intelligence." *Wall Street Journal*. 26 August 2015. Accessed 6 December 2015 @ http://blogs.wsj.com/digits/2015/08/26/amazon-com-offers-machinelearning-platform-hires-scientists/?mod=ST1.
60. Anderson, G. "Amazon Uses Artificial Intelligence System to Improve Review/Rating System." RetailWire. 23 June 2015. Accessed 6 December 2015 @ http://www.retailwire.com/discussion/18364/amazon-uses-artificial-intelligenceto-improve-review-rating-system.
61. Mochizuki, T. "Sony Artificial Brain to Guess How Much Houses Are Worth." *Wall Street Journal*. 8 October 2015. Accessed 6 December 2015 @ http://blogs.wsj.com/digits/2015/10/08/sony-artificial-brain-to-guess-how-much-housesare-worth/?mod=ST1.
62. Thomson, I. "Microsoft's MoodScope App Predicts Smartphones Users' Feelings." *The Register*. 28 June 2013. Accessed 13 September 2019 @ http://www.theregister.co.uk/2013/06/28/microsoft_moodscope_phone_mood_detector/.
63. Hachman, M. "Microsoft's 'MoodScope' Phone Software Senses Your Mood." CIO. 29 June 2013. Accessed 13 September 2019 @ http://www.cio.com/article/2384465/mobile/microsoft-s--moodscope--phone-software-senses-your-mood.html.
64. Cone Speaker Web Update. Accessed 6 December 2015 @ *http://www.aether.com/*.
65. Mulligan, C. "Contextual Computing Can Make Smartphones and Other Devices More Useful." *SD Times*. 22 May 2014. Accessed 6 December 2015 @ http://sdtimes.com/contextualcomputing-can-make-smartphones-and-otherdevices-more-useful/.
66. "The Nest Store." Accessed 6 December 2015 @ https://store.nest.com/product/thermostat/?gclid=CPTm_I2Dh8kCFQsDaQod01cJ1Q.
67. "Cone Speaker Web Update." Accessed 6 December 2015 @ http://www.aether.com/.
68. Wood, M. "The Move Toward Computing That Reads Your Mind." *New York Times*. 7 May 2014. Accessed 6 December 2015 @ http://www.nytimes.com/2014/05/08/technology/personaltech/the-appthat-knows-you.html?_r=0.
69. "EasilyDo: Your Smart Assistant." Accessed 6 December 2015 @ https://www.easilydo.com/.
70. Seifert, D. "New Android Homescreen App Says Context Is Everything." The Verge. 4 February 2014. Accessed 6 December 2015 @ http://www.theverge.com/2014/2/4/5375070/everythingme-android-contextual-app-launcher.
71. Olivarez-Gile, N. "Facebook M: Meet the Social Network's Answer to Siri and Google Now." *Wall Street Journal*. 26 August 2015. Accessed 6 December 2015 @ http://blogs.wsj.com/digits/2015/08/26/facebook-m-meet-the-social-networksanswer-to-siri-and-google-now/?mod=ST1.72. Cohen, R. "Contextual Computing: Our Sixth,Seventh and Eighth Senses." *Forbes*. 18 October 2013. Accessed 2 January 2013 @ www.forbes.com/sites/reuvencohen/2013/10/18/contextualcomputing-our-sixth-seventh-and-eighth-senses.
73. Mortensen, P. "The Future of Technology Isn't Mobile, It's Contextual." *Fast Company*. 24 May 2013. Accessed 2 January 2014 @ www.fastcodesign.com/1672531/the-future-of-technologyisnt-mobile-its-contextual.
74. "Advantages of Robotic Process Automation." 10xDS. 17 January 2019. Accessed 12 May 2019 @

https://www.10xds.com/blog/insights/advantagesof-robotic-process-automation/.
75. "9 Jobs Most Likely to be Taken Over by Robots." Salary.com. 19 April 2018. Accessed 12 May 2019 @ https://www.salary.com/articles/9-jobs-taken-over-by-robots/.
76. Reisinger, D. "A.I. Expert Says Automation Could Replace 40% of Jobs in 15 Years." *Fortune*. 10 January 2019. Accessed 12 May 2019 @ http://fortune.com/2019/01/10/automation-replace-jobs/.
77. Davidson, P. "Automation Could Kill 73 Million US Jobs by 2030." Transport Topics. 1 December 2017. Accessed 12 May 2019 @ https://www.ttnews.com/articles/automation-could-kill-73-millionus-jobs-2030.
78. Makarov, I. "Automation: How Can We Reskill the Workforce?" *InfoWeek*. 25 March 2019. Accessed 12 June 2019 @ https://informationweek.com/strategic-cio/team-building-and-staffing/automationhow-can-we-reskill-the-workforce/a/d-id/1334240?.
79. Cobey, C. "How to Build Trust with Artificial Intelligence." *InfoWeek*. 29 May 2019. Accessed 6 June 2018 @ https://informationweek.com/big-data/ai-machine-learning/how-to-build-trust-withartificial-intelligence/a/d-id/1334718?.
80. Searcy, S. "Biased AI Is Real; What Does that Mean for Women?" *InfoWeek*. 22 March 2019. Accessed 12 May 2019 @ https://informationweek.com/big-data/ai-machine-learning/biased-ai-is-realwhat-does-that-mean-for-women/a/d-id/1334223.
81. Bossmann, J. "Top 9 Ethical Issues in Artificial Intelligence." World Economic Forum. 21 October 2016. Accessed 12 May 2019 @ https://www.weforum.org/agenda/2016/10/top-10-ethical-issues-in-artificial-intelligence/.
82. Krauth, O. "Artificial Ignorance: The 10 Biggest AI Failures of 2017." Tech Republic.com. 4 January 2018. Accessed 12 May 2019 @ https://www.techrepublic.com/article/the-10-biggest-aifailures-of-2017/.
83. Peng, T. "2018 in Review: 10 AI Failures." Medium. 10 December 2018. Accessed 12 May 2019 @ https://medium.com/syncedreview/2018-in-review-10-ai-failures-c18faadf5983.
84. Daws, R. "Report: AI Will Increase the Wealth Inequality Between the Rich and Poor." Artificial Intelligence News. 11 January 2018 Accessed 12 May 2019 @ https://www.artificialintelligence-news.com/2018/01/11/ai-wealth-inequality/.
85. Ibid.
86. This information has been gathered from the company Web site (www.alyuda.com) and other promotional materials. For more information and updates, visit the Web site.
87. Rusli, E. M. "Firms Use Artificial Intelligence to Tap Shoppers' Views." *Wall Street Journal*. 14 April 2014. Accessed 13 September 2019 @ http://online.wsj.com/news/articles/SB10001424052702303887804579501800057021822?mod=djem_jiewr_IT_domainid.
88. Yegulalp, S. "Speech Recognition: Your Smartphone Gets Smarter." *Computerworld*. 16 March 2011. Accessed 14 August 2011 @ www.computerworld.com/s/article/9213925/Speech_recognition_Your_smartphone_gets_smarter?taxonomyId=15&pageNumber=1.
89. Cringely, R. "Apple's Siri Is AI with an Attitude." *InfoWorld*. 17 October 2011. Accessed 1 December 2011 @ www.infoworld.com/t/cringely/apples-siri-ai-attitude-176323?source=IFWNLE_nlt_blogs_2011-10-18.

14

1. Unknown. "Augmented and Virtual Reality Market to Reach $571.42 Bn, Globally, by 2025 at 63.3% CAGR, Says Allied Market Research." prnewswire.com. 13 December 2018. Accessed 17 May 2019 @ https://www.prnewswire.com/news-releases/augmented-and-virtual-realitymarket-to-reach-571-42-bn-globally-by-2025-at-63-3-cagr-says-allied-market-research-848843301.html.
2. Hamilton, J. "Virtual Reality: How a Computer-Generated World Could Change the Real World." BusinessWeek. 5 October 1992. Accessed 16 July 2010 @ www.businessweek.com/1989-94/pre88/b328653.htm.
3. Marquez, J. "Introduction to Virtual Reality: Humans and Automation Seminar." Spring 2002. Accessed 11 April 2012 @ http://web.mit.edu/16.459/www/VR1.pdf.
4. Lamkin, P. "The Best VR Headsets." 16 September 2015. Wareable. Accessed 6 December 2015 @ http://www.wareable.com/headgear/the-best-ar-and-vr-headsets.
5. D'Angelo, M., and Narayaran, S. "A Virtual Reality Environment to Assist Disabled Individuals." Accessed 11 April 2012 @ www.wright.edu/lwd/documents/virtual_rehabilitation_dangelo.pdf.
6. Cohen, E. "Google Cardboard Saves Baby's Life." Cnn.com. 7 January 2016. Accessed 15 December 2016 @ http://www.cnn.com/2016/01/07/health/google-cardboard-baby-saved/.
7. Schneider, R. "Lockheed Starts Using Virtual Reality to Test New Products." Talking Points Memo. 26 January 2011. Accessed 2 January 2014 @ http://talkingpointsmemo.com/dc/lockheedstarts-using-virtual-reality-to-test-new-products—2.
8. "Virtual Reality Therapy Shows New Benefits." http://online.wsj.com/articles/virtual-reality-therapyshows-new-benefits-1413841124?mod=djem_jiewr_IT_domainid.
9. Hotz, R. L. "Practice Personalities: What an Avatar Can Teach You." *The Wall Street Journal*. 19 January 2015. Accessed 12 December 2015 @ http://www.wsj.com/articles/practice-personalities-what-an-avatar-can-teach-you-1421703480.
10. "Virtual NOAA." ESRL Quarterly Newsletter. Summer 2009. Accessed 9 March 2010 @ www.esrl.noaa.gov/news/quarterly/summer2009/virtual_noaa.html.
11. Atanzariti, P. "What Is the Difference Between Virtual Reality, Augmented Reality and Mixed Reality?" Quora. 9 June 2015. Accessed 25 December 2016 @ https://www.quora.com/What-is-the-difference-between-virtual-realityaugmented-reality-and-mixed-reality.
12. "Pepsi and Coca-Cola Embrace New Technology." Augmented Pixels Co. Accessed 6 December 2015 @ http://augmentedpixels.com/pepsi-and-coca-cola-embrace-new-technology/.
13. "AR Technology of the Week: BMW Heads-Up Augmented Reality Display." 3 June 2014. SmartReality. Accessed 6 December 2015 @ http://smartreality.co/ar-technology-week-bmw-headsaugmented-reality-display/.
14. Elliottdec, A.M. "10 Awesome Uses of Augmented Reality Marketing." 26 December 2009. Mashable.com. Accessed 6 December 2015 @ http://mashable.com/2009/12/26/augmentedreality-marketing/#53kJDRDOIPqU.
15. Perez, S. "Wayfair's Android app now lets you shop for furniture using augmented reality." techcrunch.com. Accessed 31 July 2019 @ https://techcrunch.com/2018/03/20/wayfairs-android-appnow-lets-you-shop-for-furniture-using-augmentedreality/.
16. Elliottdec, A.M. "10 Awesome Uses of Augmented Reality Marketing." 26 December 2009. Mashable.com. Accessed 6 December 2015 @ http://mashable.com/2009/12/26/augmented-reality-marketing/#53kJDRDOIPqU.
17. Ibid.
18. Unknown. "10 Use Cases of Augmented Reality in Marketing." augment.com. 21 November 2016. Accessed 20 April 2019 @ http://www.augment.com/blog/10-use-cases-of-augmented-reality-marketing/
19. Unknown. "Mixed Reality Vs Augmented Reality: What's the difference?" newgenapps.com. 4 May 2018. Accessed 15 May 2019 @ https://www.newgenapps.com/blog/mixed-reality-vs-augmentedreality-the-difference.
20. Unknown. "The Benefits of Mixed Reality." codelitt.com. Accessed 15 May 2019 @ https://www.codelitt.com/blog/benefits-mixed-reality/.
21. Pilkington, I." Microsoft HoloLens 2 brings AR to industry." arm.com. 14 March 2019. Accessed 15 May 2019 @ https://www.arm.com/blogs/blueprint/microsofts-hololens-2-brings-augmentedreality-to-industry.
22. Danova, I. "The Industrial Applications of HoloLens." pegusapps.com. 29 September 2017 Accessed 15 May 2019 @ https://www.pegusapps.com/en/insights/the-industrial-applicationsof-hololens.
23. Erickson, J. "Prediction: 80% Of Enterprise

IT Will Move To The Cloud By 2025." forbes.com. 7 February 2019. Access 20 April 2019 @ https://www.forbes.com/sites/oracle/2019/02/07/prediction-80-of-enterprise-it-will-move-to-the-cloud-by-2025/#548ab2502a67.
24. Unknown. "Top 10 Cloud Computing Examples and Uses." newgenapps.com. 15 November 20017. Access 20 April 2019 @ https://www.newgenapps.com/blog/top-10-cloud-computing-examplesand-uses.
25. Knorr, E., and Gruman, G. "What Cloud Computing Really Means." InfoWorld. 7 April 2008. Accessed 9 March 2012 @ www.infoworld.com/article/08/04/07/15FE-cloud-computingreality_1.html.
26. Brodkin, J. "Amazon and IBM Are the Cloud's Biggest Players." InfoWorld. 15 July 2010. Accessed 31 July 2010 @ www.infoworld.com/d/cloudcomputing/amazon-and-ibm-are-the-clouds-biggest-players-484?page=0,0&source=IFWNLE_nlt_wrapup_2010-07-16.
27. "Small Businesses Seek to Take Off with the Cloud." http://www.computerworld.com/s/article/9250550/Small_businesses_seek_to_take_off_with_the_cloud.
28. Knorr, E., and Gruman, G. "What Cloud Computing Really Means." InfoWorld. 7 April 2008. Accessed 21 August 2010 @ www.infoworld.com/article/08/04/07/15FE-cloud-computingreality_1.html.
29. Linthicum, D. "What Is multicloud? The Next Step in Cloud Computing." InfoWorld. 25 September 2017. Accessed 6 January 2018 @ https://www.infoworld.com/article/3226484/cloud-computing/what-is-multicloud-the-nextstep-in-cloud-computing.html.
30. Mell, P., and Grance, M. "The NIST Definition of Cloud Computing." NIST. September 2011. Accessed 11 April 2012 @ http://csrc.nist.gov/publications/nistpubs/800-145/SP800-145.pdf.
31. Nasser, M. "Four Advantages of Edge Computing." Sprint.com. 10 November 2016. Accessed 6 January 2018 @ https://business.sprint.com/blog/four-advantages-edge-computing/.
32. Ibid.
33. Gyarmathy, K. "The 5 Best Benefits of Edge Computing." vxchnge.com, 15 March 2019. Accessed 16 May 2019 @ https://www.vxchnge.com/blog/the-5-best-benefits-of-edge-computing.
34. Unknown. "WHY THE PUBLIC CLOUD IS MORE SECURE THAN AN ON-PREMISES DATA CENTER." eplexity.com. 24 September 2018. Accessed 16 May 2019 @ https://eplexity.com/why-the-public-cloud-is-more-secure-than-an-onpremises-data-center/.
35. Linthicum, D. "How the Cloud has Made You More Secure." infoworld.com. 26 October 2018. Accessed 16 May 2019 @ https://www.infoworld.com/article/3316637/how-the-cloud-has-made-youmore-secure.html.
36. Brodkin, J. "Gartner: Seven Cloud-Computing Security Risks." InfoWorld. 2 July 2008. Accessed 3 December 2011 @ www.infoworld.com/d/security-central/gartner-seven-cloud-computingsecurity-risks-853?page=0,0.
37. Gaudin, S. "Nanotech Delivers Clot Busting Drugs to Heart Attack, Stroke Patients." 10 August 2015. Computerworld. Accessed 6 December 2015 @ http://www.computerworld.com/article/2965935/emerging-technology/nanotech-delivers-clotbusting-drugs-to-heart-attack-stroke-patients.html.
38. Wood, S., Jones, R., and Geldart, A. "Commercial Applications of Nano-Technology in Computing and Information Technology." Azonano.com. 29 October 2008. Accessed 21 August 2010 @ www.azonano.com/details.asp?ArticleID=1057.
39. Ibid.
40. "New Report on Nanotechnology in Consumer Goods." AZoM.com. 26 May 2009. Accessed 21 August 2010 @ www.azom.com/news.asp?NewsID=17263.
41. Harvey, C. "How to Use Blockchain: 10 Use Cases." InformationWeek. 18 December 2017. Accessed 14 January 2018 @ https://informationweek.com/strategic-cio/digital-business/how-to-useblockchain-10-use-cases/d/d-id/1330652?.
42. Shilov, K. "How Walmart, Alibaba, and Others are Shaking Up Retail With Blockchain." hackernoon.com. 21 July 2018. Accessed 20 April 2019 @ https://hackernoon.com/how-walmart-alibabaand-others-are-shaking-up-retail-with-blockchaina34fee518d69.
43. Rosic, A. "7 Incredible Benefits of Cryptocurrency." Huffingtonpost.com. 6 December 2017. Accessed 14 January 2018 @ https://www.huffingtonpost.com/ameer-rosic-/7-incrediblebenefits-of-_1_b_13160110.html.
44. "The Basics of Cryptocurrency: Disadvantages of Cryptocurrency." TopBrokers. 7 August 2017. Accessed 14 January 2018 @ https://topbrokers.trade/guide/basics-cryptocurrency/cryptocurrencydisadvantages/.
45. Mody, S. "The Difference Between Bitcoin and Facebook's Libra." cnbc.com. 18 June 2019. Accessed 1 August 2019 @ https://www.cnbc.com/2019/06/18/the-difference-between-bitcoinand-facebooks-libra.html.
46. Morse, A. "Everything You Need to Know About Facebook's Libra Cryptocurrency." cnet.com. 15 July 2019. Accessed 1 August 2019 @ https://www.cnet.com/news/everything-you-need-toknow-about-facebooks-libra-cryptocurrency/.
47. Giles, M. "Explainer: What is a Quantum Computer?" technologyreview.com. 29 January 2019. Accessed 20 June 2019 @ https://www.technologyreview.com/s/612844/what-isquantum-computing/.
48. Unknow. "Quantum Computer vs Classical Computer-Difference Between Quantum Computer and Classical Computer." fwirelessworld. Accessed 20 June 2019 @ http://www.rfwireless-world.com/Terminology/Quantum-Computer-vs-Classical-Computer.html.
49. Klint, L. "Ways Quantum Computing Can Help Businesses." pluralsight.com. Accessed 20 June 2019 @ https://www.pluralsight.com/resource-center/guides/quantum-computing-helping-business.
50. Martin, F. "Top 10 Unexpected FutureApplications of Quantum Computers." listverse.com. 10 January 2019. Accessed 20 June 2019 @ http://listverse.com/2019/01/10/top-10-unexpected-future-applications-ofquantum-computers/.
51. Giles, M. "Quantum Computers Pose a Security Threat that We're Still Totally Unprepared For." technologyreview.com. 3 December 2018. Accessed 30 July 2019 @ https://www.technologyreview.com/s/612509/quantum-computers-encryption-threat/.
52. Nazareth, D. P., and Spaans, J. D. "First Application of Quantum Annealing to IMRT Beamlet Intensity Optimization." iopscience.iop.org. Accessed 20 April 2019 @ https://iopscience.iop.org/article/10.1088/0031-9155/60/10/4137/meta.
53. This information has been gathered from the company Web site (www.mechdyne.com) and other promotional materials. For more information and updates, visit the Web site.
54. "About IHG." InterContinental Hotels Group. Accessed 6 March 2013 @ www.ichotelsgroup.com/ihg/hotels/us/en/global/support/about_ihg.
55. Babcock, C. "4 Companies Getting Real Results from Cloud Computing." InformationWeek. 15 January 2011. Accessed 6 March 2013 @ www.informationweek.com/hardware/data-centers/4-companies-getting-real-results-from-cl/229000706.
56. Unknown. "Top 5 Virtual Reality Business Use Cases." business.com. 3 July 2018. Accessed 17 May 2019 @ https://www.business.com/articles/virtual-reality-business-use-cases/.
57. Finch, S. "5 Business Uses Of Virtual Reality." disruptionhub.com. 8 May 2018. Accessed 17 May 2019 @ https://disruptionhub.com/business-virtual-reality-5-uses/.
58. Unknown. "5 Fantastic Examples of Brands That Use Virtual Reality (VR)." insights.samsung.com. 9 May 2018. Accessed 17 May 2019 @ https://insights.samsung.com/2018/05/09/5-fantastic-examples-of-brands-that-use-virtual-reality-vr/.
59. Unknown. "Top 5 Virtual Reality Business Use Cases." business.com. 3 July 2018. Accessed 17 May 2019 @ https://www.business.com/articles/virtual-reality-business-use-cases/.

INDEX

ㅂ

ㅅ

ㅇ

ㅈ

ㅊ

ㅋ

ㅌ

ㅍ

ㅎ

기호

A

B

C

D

E

I